本书由中国社会科学出版社和信阳师范大学共同资助出版

社 会 发 展 译 丛

主　编：赵剑英　宋争辉　李　俊　李汉林
副主编：王　茵　张　彦

技术、增长与发展
一个激发创新的视角

［美］弗农·W. 拉坦（Vernon W. Ruttan）/ 著
付凌琳 / 译

Technology, Growth,
and Development:
An Induced Innovation Perspective

中国社会科学出版社

图字：01-2013-0639 号

图书在版编目(CIP)数据

技术、增长与发展：一个激发创新的视角/（美）弗农·W. 拉坦著；付凌琳译 .—北京：中国社会科学出版社，2023.9
（社会发展译丛）
书名原文：Technology, Growth, and Development: An Induced Innovation Perspective
ISBN 978-7-5227-0297-1

Ⅰ.①技… Ⅱ.①弗… ②付… Ⅲ.①技术革新—研究 Ⅳ.①F062.4

中国版本图书馆 CIP 数据核字（2022）第 104299 号

"Technology, Growth, and Development: An Induced Innovation Perspective, First Edition was originally published in English in 2000. This translation is published by arrangement with Oxford University Press. China Social Sciences Press is responsible for this translation from the original work and Oxford University Press shall have no liability for any errors, omissions or inaccuracies or ambiguities in such translation or for any losses caused by reliance thereon."

出 版 人	赵剑英
责任编辑	马　明
责任校对	任晓晓
责任印制	王　超

出　　版	中国社会科学出版社
社　　址	北京鼓楼西大街甲 158 号
邮　　编	100720
网　　址	http://www.csspw.cn
发 行 部	010-84083685
门 市 部	010-84029450
经　　销	新华书店及其他书店

印刷装订	三河市华骏印务包装有限公司
版　　次	2023 年 9 月第 1 版
印　　次	2023 年 9 月第 1 次印刷
开　　本	710×1000　1/16
印　　张	46.75
插　　页	2
字　　数	790 千字
定　　价	198.00 元

凡购买中国社会科学出版社图书，如有质量问题请与本社营销中心联系调换
电话：010-84083683
版权所有　侵权必究

《社会发展译丛》编委会

主　　编　赵剑英　　宋争辉　　李　俊
　　　　　李汉林

副 主 编　王　茵　　张　彦

编　　委　折晓叶　　刘白驹　　沈　红
　　　　　葛道顺　　高　勇　　钟宏武

《社会发展译丛》编辑部

主　　任　王　茵
成　　员　夏　侠　　孙　萍　　马　明

总　序

党的十八大以来，以习近平同志为核心的党中央团结带领全党全国各族人民，推动党和国家事业发生历史性变革、取得历史性成就，中国特色社会主义进入了新时代，中华民族迎来了从站起来、富起来到强起来的伟大飞跃，迎来了实现中华民族伟大复兴的光明前景。

中国共产党坚持和发展中国特色社会主义，创造了中国式现代化道路，创造了人类文明新形态。发展始终是解决国计民生的硬道理，发展创新所带来的经验需要积累，需要科学总结，实现理论与实践的结合。与此同时，面对百年未有之大变局，国际形势剧烈动荡，我们要了解新情况、把握新形势、解决新问题、应对新挑战，必须进一步完善和提升发展理念。

"他山之石，可以攻玉"。国际上关于社会发展的经典理论、发展战略、发展模式、发展经验，我们可以有分析、有鉴别地借鉴和参考。国内有关社会发展的系统性研究尚较缺乏，以社会发展为主题编纂的专业丛书比较少见，关于社会发展的经典理论、发展战略、发展模式、发展经验，其引进和介绍尚处于零散和片面的状态。

本丛书的宗旨在于系统出版国外有关社会发展的理论、经验、战略、模式的著作，同时发扬经世致用的传统，研究社会发展的机制、动力，以及相应的制度环境和社会条件等结构性要素，从宏观与微观之间的中观层次出发，从发展理论与方法、发展模式、发展战略和发展经验四大主题出发，来完整呈现社会发展中的理论范式和关键议题。

需要说明的有：一是，入选本丛书的书目，反映和代表了不同历史时期的研究水平和成果，是其所在时代的经典之作，对于我们理解当时的历史和思想现状以及历史和思想的逻辑如何走到今天，依然具有重要参考价值。二是，鉴于第一条需要说明的情况，我们在翻译过程中，尽量完整呈现原著全貌，书中观点仅为原作者思想，不代表本丛书编委会立场，有待读者研究和评判。

我们衷心地期望，这套译丛的出版能够为中国社会学学科发展，以及为中国社会发展做出一些有益的探索和努力。

是为序。

《社会发展译丛》编委会

2022 年 12 月

前　言

　　1970年，我在明尼苏达大学（the University of Minnesota）经济学系负责讲授"技术和发展"这门课，这门课程由已故教授雅各布·斯穆克勒（Jacob Smookler）创设。

　　1973年，我离开了明尼苏达大学，担任美国农业发展委员会主席；1978年我再次回到这所大学，继续教授这门课程。70年代早期，我主要关注的是美国的生产率自20世纪40年代初以来迅速增长的原因；到70年代后期，我又面临到新的挑战：解释70年代初以来生产率开始下降的缘由。

　　80年代末，为了在课堂上呈现并作为讲义分发给学生，我开始更有条理地整理资料做笔记。90年代初，编写一本书以满足学生以及政策研究机构需求的想法开始成形。这本书于90年代末完成。在书中，我尝试阐释21世纪美国经济生产率复苏与经济可持续增长之间的潜在矛盾。

　　当然，这本书的内容并不全面——书中主要关注商品生产产业（物质消费增长的主要来源）的技术变革过程，而没有涵盖服务业的技术变革过程，这不免是一大憾事。据各种不同的估算，在发达工业经济体中，服务业占经济活动总量的60%—70%。

　　这本书的第一大特色是诉诸内生或者诱导创新理论来解释技术变革。没有什么因素比自然资源价格和劳动—资本比率的变化更能影响技术变革的方向和速度。

　　第二大特色是它突出了生物技术的重要性。长期以来，研究技术发展和科学政策的历史学家都忽视了生物技术。20世纪下半叶，生物科学和技术的发展推动了农业和卫生部门的巨大变革。经济可持续增长逐渐聚焦于农业及工业生产集约化对生物圈生态的影响。

　　本书并不是在为美国的科技成就邀功喝彩。过去50年间，美国在19世纪所具备的优秀品质（向他人学习、借鉴他人的知识和技术）逐渐丢失。要想在 21 世纪成功地向可持续发展过渡，需要加强目前贫困国家的科学技术能力。无论是发达国家还是欠发达国家都不应将此看作一种负担；相反，应该将它看作一次难得的机遇，扩充知识人才，以适应向可持续发展顺利过渡的需要。

最后，我要向斯隆基金会（the Sloan Foundation）和明尼苏达大学农业实验站在本书编写过程中给予的支持表示感谢；对那些阅读并帮助修改本书的诸多同事致以最深的谢意。在我全神贯注编写这本书的 3 年间，选修"技术、增长和发展"这门课的学生阅读了我的草稿，并就每一章节提出了宝贵的意见，对此也表示感谢。特别感谢 Jesse Ausubel, Zvi Griliches, Hans Binswanger, Robert Evenson, Irwin Feller, Arnulf Grubler, Yujiro Hayami, Edward Layton, Richard Nelson，他们的著作为我提供了大量的参考。Marilyn Clemen, Linda Littrell, Elizabeth Postigo 打印或重印了部分手稿，在此也表示感谢。Mary Heather Smith 的编辑保证了本书的质量。

目 录

第一篇 生产率与经济增长

第一章 经济增长可持续吗？ (3)
第一节 "末日论者"和"兴旺论者" (3)
第二节 沉闷科学 (4)
第三节 发展的局限 (7)
第四节 生产率提高 (8)
第五节 本书框架 (13)

第二章 追赶与落后 (14)
第一节 关于"趋同"的论战 (14)
第二节 增长经济学 (22)
第三节 经济增长的原因 (28)
第四节 落后 (36)
第五节 观点透视 (42)

第二篇 技术变革的根源

第三章 发明与创新的进程 (47)
第一节 发明与创新 (48)
第二节 累积合成模型：三个案例 (53)
第三节 科学与技术的联系 (62)

第四节 研究机构 ……………………………………… (65)
  第五节 干中学，用中学 ……………………………… (72)
  第六节 观点透视 ……………………………………… (78)

第四章 技术创新与制度创新 ……………………………… (79)
  第一节 技术变革的根源 ……………………………… (79)
  第二节 制度创新的根源 ……………………………… (98)
  第三节 诱导性创新模型 ……………………………… (111)

第五章 技术的采用、扩散与转移 ……………………… (115)
  第一节 传统研究的融合 ……………………………… (115)
  第二节 农业技术扩散 ………………………………… (116)
  第三节 工业技术扩散 ………………………………… (121)
  第四节 新理论和新方法 ……………………………… (127)
  第五节 产品周期与国际贸易 ………………………… (131)
  第六节 内生增长与技术转移 ………………………… (135)
  第七节 技术转移的成本 ……………………………… (135)
  第八节 技术抵制 ……………………………………… (138)
  第九节 观点透视 ……………………………………… (139)

第三篇 技术创新与产业变革

第六章 技术变革与农业发展 ……………………………… (143)
  第一节 农业发展模式 ………………………………… (144)
  第二节 农业的诱导性技术变革 ……………………… (151)
  第三节 科学和技术限制 ……………………………… (160)
  第四节 资源和环境限制 ……………………………… (163)
  第五节 农业研究体系 ………………………………… (171)
  第六节 从经验中汲取教训 …………………………… (188)

第七章 照明、动力与能源 ………………………………… (190)
  第一节 电流之战 ……………………………………… (191)

第二节　工业能源使用的转型 ………………………………………… (202)
　　第三节　重大石油危机 …………………………………………………… (210)
　　第四节　规模耗尽 ………………………………………………………… (216)
　　第五节　制度创新 ………………………………………………………… (223)
　　第六节　可替代能源的发展 ……………………………………………… (227)
　　第七节　观点透视 ………………………………………………………… (236)

第八章　化工行业的技术变革 ……………………………………………… (238)
　　第一节　发明者、发明及技术变革 ……………………………………… (240)
　　第二节　化学工程和石油化工革命 ……………………………………… (245)
　　第三节　国际扩散 ………………………………………………………… (252)
　　第四节　走向成熟 ………………………………………………………… (261)
　　第五节　观点透视 ………………………………………………………… (264)

第九章　计算机产业与半导体产业 ………………………………………… (266)
　　第一节　从计算器到计算机 ……………………………………………… (267)
　　第二节　IBM 设立大型主机标准 ………………………………………… (272)
　　第三节　晶体管革命 ……………………………………………………… (274)
　　第四节　小型计算机和微型计算机 ……………………………………… (281)
　　第五节　软件业 …………………………………………………………… (289)
　　第六节　国际扩散 ………………………………………………………… (294)
　　第七节　产业政策 ………………………………………………………… (304)
　　第八节　计算机与经济增长 ……………………………………………… (309)
　　第九节　计算机与社会 …………………………………………………… (314)

第十章　生物技术产业 ……………………………………………………… (316)
　　第一节　从生物的技术到生物技术 ……………………………………… (317)
　　第二节　分子生物学与生物技术 ………………………………………… (322)
　　第三节　产学结合 ………………………………………………………… (325)
　　第四节　制度创新 ………………………………………………………… (333)
　　第五节　商用生物技术 …………………………………………………… (337)
　　第六节　市场结构 ………………………………………………………… (350)

第七节　产业政策与国际竞争…………………………………（354）
　　第八节　生物技术与食品产业…………………………………（360）
　　第九节　21世纪的生物技术……………………………………（361）

第四篇　技术政策

第十一章　三种体系的技术创新………………………………（369）
　　第一节　美国技术创新体系……………………………………（370）
　　第二节　日本技术创新体系……………………………………（384）
　　第三节　德国技术创新体系……………………………………（400）
　　第四节　技术创新体系…………………………………………（407）
　　第五节　技术、贸易与竞争力…………………………………（412）
　　第六节　观点透视………………………………………………（416）

第十二章　技术、资源与环境…………………………………（418）
　　第一节　三股关注热潮…………………………………………（419）
　　第二节　资源经济学……………………………………………（420）
　　第三节　环境经济学……………………………………………（428）
　　第四节　生态经济学……………………………………………（432）
　　第五节　生产对环境的影响……………………………………（435）
　　第六节　消费对环境的影响……………………………………（446）
　　第七节　排放权交易……………………………………………（451）
　　第八节　全球气候变化…………………………………………（456）
　　第九节　观点透视………………………………………………（463）

第十三章　科学政策与技术政策………………………………（465）
　　第一节　科学和技术政策的原则………………………………（466）
　　第二节　专利制度………………………………………………（473）
　　第三节　军事采购………………………………………………（477）
　　第四节　科学技术政策的政治运作……………………………（483）
　　第五节　科技政策问题…………………………………………（493）
　　第六节　公共投资的经验………………………………………（516）

第七节　观点透视 …………………………………………（518）

第十四章　向可持续性发展过渡 ……………………………（521）
　　第一节　我们学到了什么？ ………………………………（521）
　　第二节　可持续性批判 ……………………………………（525）
　　第三节　塑造未来 …………………………………………（528）
　　第四节　可持续性转变 ……………………………………（532）
　　第五节　知识挑战 …………………………………………（537）
　　第六节　观点透视 …………………………………………（540）

附录 A　对技术革新与生产率增长的一些简单分析 ………（541）
　　第一节　指数和生产函数 …………………………………（541）
　　第二节　生产率测定产生偏差的原因 ……………………（546）

附录 B　分子生物学和生物技术相关术语 …………………（554）

参考文献 ………………………………………………………（559）

索引词中英对照 ………………………………………………（671）

第一篇　生产率与经济增长

自李嘉图（Ricardo）和马尔萨斯（Malthus）的时代以来，19世纪早期，人们对经济增长可持续性的关注集中在自然资源对发展造成的局限上——使用土地种植粮食供人食用的可能性，或利用能源燃料以满足工业社会需求的可能性（第一章）。近来，人们的关注点转移到了农业及工业活动的加剧对环境造成的破坏上。

自20世纪60年代以来，先进工业国家的经济增长速度大幅减缓（第二章）。与此同时，日本及其他一些东亚经济体的增长率滞后于西方高收入经济体。其他经济落后国家，特别是非洲国家，未能实现人均收入的适度增长。

20世纪80年代和90年代，经济学家对经济发展的来源和差异再次产生了浓厚的兴趣。经济学家普遍认为，先进工业国家的经济增长率有望达到"自然"增长率，这取决于劳动力的增长率、存款利率以及技术革新的速度。基于新的增长理论，经济学家重新审视了这一观点，并从历史经验出发，借助新型更强大的工具对这一观点进行了检验。对于技术革新在发展思维和经验中的作用，本篇以下章节将提供新的视角。

第一章　经济增长可持续吗？

经济增长可持续吗？技术变革是经济增长的动力吗？早自工业革命初，这些问题就已经引起了激烈的争论。而到了20世纪下半叶，这些争论变得越发激烈。

针对经济是否可持续增长的争论主要集中于土地和能源等可耗竭资源对人类的限制上——土地可用来种植供人类食用的粮食作物，而能源可用作工业社会机械的燃料。

对经济持续性增长的可能性，经济学家和技术专家持乐观态度，而生态学家和很多自然科学家往往更为悲观。生态学家保罗·埃利希（Paul Ehrlich）与经济学家朱利安·西蒙（Julian Simon）之间的持续辩论就代表了这两种截然不同的看法。

第一节　"末日论者"和"兴旺论者"

在1968年出版的《人口爆炸》（The Population Bomb）以及后续的一系列著作和论文中，保罗·埃利希认为，人口过多导致资源过度消耗和污染物过量排放，这对地球造成了严重威胁，地球终有一天将不再适宜人类居住。在他看来，早在20世纪60年代后期，人口数量和资源消耗就已经远远超过了地球的适度承载力。朱利安·西蒙却对此观点提出了质疑。1980年，西蒙在权威学术期刊《科学》（Science）上发表了一篇题为《资源、人口、环境：冗余的误导》（"Resources, Population, Environment: An Oversupply of False Bad News"）的战斗檄文，对埃利希的观点提出挑战。随后西蒙的著作中也常见到反对的论调。他对"人口增长是对社会繁荣的威胁"这类观点尤为反对。相反，他认为人就是终极资源，是创新观念和新奇发明的来源。

埃利希持有的马尔萨斯人口论与西蒙所代表的科纳科皮亚派之间的冲

突不仅仅局限在学术期刊和著作中，在社论版也可以看到他们的争吵。埃利希称西蒙为"太空时代货物崇拜"的领袖，引领经济学家们深信新的资源会奇迹般地如同甘露一样从天而降。①

1980年，西蒙对所有的马尔萨斯主义者发起挑战：任何人挑选任意一种自然资源，如谷类、石油、煤、木材或金属等，并假定其将成为稀缺资源的时间。西蒙认为，随着世界人口的增长，如果一种资源越来越稀缺，那么其价格一定会越来越高；而他愿意打赌，对方所选自然资源的价格会下跌。埃利希嘲弄地宣布，他会"在其他贪心的人加入之前接受西蒙匪夷所思的赌约"。随后，他与其他两位同事一起挑选了五种金属，分别是铬、铜、镍、锡、钨，以当前市场价格为准，设定各200美元的等价金属。双方签订了一份期货交易合同，明确写清：10年后，西蒙需以排除通货膨胀因素后的1980年价格向埃利希及其同事按照规定的数量出售这五种金属。如果最终的价格高于1000美元，西蒙须支付差额；反之，如果价格下跌，则由埃利希及其同事支付差额。在合同签署后长达10年的时间里，埃利希和西蒙在相互质疑对方的信用与智识中度过。

到80年代末，五种金属的平均价格（排除通货膨胀因素）下跌超过了40%。埃利希因此寄给西蒙一张金额为576.07美元的支票。但是，尽管赢了一局，西蒙却并不想善罢甘休，而埃利希也不想就此承认，人口增长带来的资源过度消耗和环境退化不会给地球带来灾难。他只承认自己在时间范畴上出了错，灾难仍然是不可避免的！西蒙想要再打一次赌：让末日论者选择与关乎人类福祉的任何一种趋势（如预期寿命、自然资源的价格或治理空气和水污染的方法），并选择地区范围和具体时间，让他们打赌如果所选的趋势继续发展，情况会变得更糟。埃利希和一个同事列出了15个指标。但直到1998年初西蒙逝世，二人还未能就这场新赌局的条款达成一致。

第二节 沉闷科学

尽管很多经济学家不愿将自己的观点与西蒙的极端繁荣主义联系在一

---

① 有关埃利希与西蒙之间的争论，见埃利希（Ehrlich, 1968）、埃利希与埃利希（Ehrlich and Ehrlich, 1970）、西蒙（Simon, 1980, 1981）。有关大众媒体对该争论的评论，见蒂尔尼（Tierney, 1990）、麦考伊（McCoy, 1995）、埃利希与施耐德（Ehrlich and Schneider, 1995）。另见迈尔斯与西蒙（Myers and Simon, 1994）。

起，但大多数人赞同：人口缓慢增长、资本积累以及技术变革等动因将会给大多数国家的人民带来更大的福音，例如，在未来能享受更高水平的物质消费。

然而，经济学家并不总是如此乐观。19世纪，经济学被认为是"沉闷科学"，核心问题是人口对资源供应造成的压力。托马斯·罗伯特·马尔萨斯（Thomas R. Malthus）是一名牧师，也是黑利伯格学院（Haileyburg College）的历史学教授和政治经济学教授；大卫·李嘉图（David Ricardo）是一位成功的股票经纪人，也是英国议会的议员。工业革命初期，他们二人对被称为"经济发展古典模型"的要素进行了清楚的表述。[1] 由于这一模型的构想带有浓厚的悲观主义色彩，并且其中很多要素引发了当今对于"经济发展过程中人口、资源和科技的作用"这一问题的争论，因此回顾一下这种被熊彼特（Schumpeter）称为古典模型中的"宏伟动态理论"是很有必要的。

古典经济学家普遍认为，劳动增长和资本积累是经济增长的根本来源；另外，从劳动分工和发明来看，农业领域中生产率增长的可能性要比制造业中的更为有限。在制造业领域，发明取得的成果足以抵消收益递减。但在农业领域及其他自然资源领域，发明取得的进步不能抵消收益递减带来的影响。最后，他们也一致认为，在制度决定的"自然"工资率下，劳动的长期供应是相当具有弹性的。

古典模型的动态理论主要在李嘉图那里得以完整发展，其内容可以表述为追踪一项新发明对产量增长所形成的影响。基于对新大陆或新原料的发现，我们可以研究出以下序列。

• 增加产量使资本家收入增长，除支付生存工资外，还有可供资本家自由支配的盈余。这些盈余代表了一种"工资储备"，资本家可以利用这些钱雇佣更多的劳动力。

• 工资储备的增加致使资本家们为了非弹性（短期内）劳动供给而相互竞争。结果就是工资率上涨，资本报酬率下降。

---

[1] 亚当·斯密（Adam Smith）的《国富论》（*Wealth of Nations*）（1937）于1776年出版，大卫·李嘉图（David Ricardo）的《政治经济与租税原理》（*On The Principles of Political Economy and Taxation*）（1911）于1817年出版。"古典综合"的概念出现于这两本书出版时间之间。马尔萨斯（Malthus）以其1798年发表的文章《人口原理》（*An Essay on the Principle of Population*）而闻名于世。有关古典综合的发展，见特赖布（Tribe, 1978: 110-146）。

- 高工资率导致人口增长。工资率上涨和人口增加引起粮食需求量的上升。
- 逐步将低品质土地投入生产，以满足粮食需求量的上升。在这种土地上，由资本和劳动的增加投入而产生的边际产量比一般土地要低。
- 为支付边际土地的生产成本，粮食价格上涨，实际工资率降低。工资率接近最低生活水平时，人口增长率下降。
- 生产盈余使资本家和工人初步实现高利润和高工资率。但由于地租上涨、劳动力需求量增加、生存工资上涨，盈余被用来支付地租和生存工资。盈余全部用完，则达到新的稳态均衡；此时所有超出劳动者最低生存工资的盈余全部落入土地所有者之手。新一轮的增长依赖于新的发明或发现。

在古典模型中，被用作增加土地非弹性供给而产生的劳动和资本报酬递减，这反映了对经济增长的根本限制。李嘉图的政策是为了废除粮食的关税（《谷物法》）；放宽粮食进口限制能够防止国内贸易条款对工业部门产生不利影响。李嘉图模型为新兴工业资本家们提供了意识形态上的支持，使他们能够与拥有土地的贵族进行竞争，争取赢得政治上的优势地位，从而获取经济利益。

回顾过去，对于农业技术进步的可能性，很明显李嘉图和马尔萨斯的态度过于悲观。当今发达国家的经济发展过程中，农业全要素生产率（总投入的单位产出）有所提高。尽管土地资源受限，但自19世纪中叶以来，农产品的实际价格下跌了。与李嘉图模型的预测相反，经济发展过程中，土地和其他自然资源产品在国家收入中所占的份额有所减少。农业和其他原材料领域的技术变革缓解了非弹性资源供应对经济增长的限制。

经济危机时期，对经济增长可持续性的担忧似乎变成了现实，因此这种担忧被人们进一步强化了。20世纪30年代末，美国经济大萧条即将结束，哈佛大学的阿尔文·汉森（Alvin Hansen）教授在美国经济学会的一场主席报告中说道："可以说，我们就要越过这道分水岭了，它把19世纪与如今我们所处的时代分隔开来。19世纪是国家不断发展壮大的伟大时代；而如今这个时期，即便是纯粹猜想也没有人能清楚或准确地定义"（Hansen, 1939: 2）。继而，汉森清楚说明，他重点关注的是技术革新的"节省劳动"特征、大面积土地开垦时代的结束以及人口增长率下降等。

第三节 发展的局限

第二次世界大战之后数年间，环境学者代替经济学家成为沉闷的科学家。由于经济大萧条造成的创伤和对二战后经济不稳定性的担忧，经济学家的关注点转向了探究促进经济"稳定"持续增长的条件和经济政策。技术变革带来的生产率增长是经济增长的一大基本来源。对自然资源稀缺造成发展限制的担忧减弱了。

20世纪70年代，全球爆发了能源危机；与此同时，发达工业国家的经济增长放缓。经济学家对经济增长的乐观态度因而备受质疑。一开始，李嘉图和马尔萨斯关注的是自然资源是否足以维持经济发展，而此时又增加了对环境恶化的极度担忧。罗马俱乐部当时资助出版了《发展的局限》（Limits to Growth）一书，在对这本书的新闻报道中，以上问题被突出强调，从而为大众所知。[①]

新的关注点有三大要素。

- 在人口持续增长的情况下，继续关注食物、原材料及能源短缺。
- 对环境消化残余物能力的需求不断上升——残余物指的是商品、能源生产过程中带来的副产品，即破坏环境的污染物质。
- 消费者对环境舒适度需求的增长——由于人均收入的增加和较高的弹性收入，人们想要直接地享受环境服务，如摆脱污染及交通拥堵。

20世纪80年代，人们对物质及能源是否充足的担忧减轻了。但是对一系列全球环境变化的担忧愈演愈烈，包括二氧化碳（CO_2）和其他温室气体的集中排放有可能引发气候的巨大变化，以及人类对环境的不断蚕食有可能会导致生物多样性无法挽回的损失等（Turner et al., 1990; Stern et al., 1992）。

20世纪70年代以来，人们开始关注"经济增长的社会性限制"。20世纪20年代，德国历史学家奥斯瓦尔德·斯宾格勒（Oswald Spengler, 1926, 1928）认为，西方"文化"已经失去了活力，正在成为一个静态的"文明"。80年代中期，耶鲁大学历史学家保罗·肯尼迪（Paul Kennedy, 1987）

[①] 见梅多斯等人（Meadows et al., 1972）。有关评论见诺德豪斯（Nordhaus, 1973）。新版为梅多斯等人（Meadows et al., 1992）。

在其发表的论文中提出，战略的"过度扩张"（战略承诺与经济承载力之间的不平衡状态）是导致过去一些大帝国没落的主要原因，也成为20世纪中叶以来美国和苏联经济增长的巨大负担。他预言苏联共和国即将解体，但即使这本书写成的时候已是1987年，这些言论还是被认为过于大胆。

其批评家们认为，技术变革使得现代世界和落后的贫穷国家都遭遇到一些问题。流行文化和精英文化都普遍持有一种观点：战争造成的灾难、环境的退化和社会快速变迁的心理成本等都折射出，现代科技对现代世界和人类的未来而言是危险的（Ruttan, 1971）。在对经济增长的社会性限制进行更为复杂的探索中，弗雷德·希尔斯（Fred Hirsch, 1976）认为，生活中的美好事物不仅受到自然和人力资源在物质上的限制，同时也受制于人类是否具备扩大消费而不影响质量的能力。

第四节　生产率提高

历史给人们的一个重要教训是，经济的可持续增长属于特例现象，并不具有典型性。而当代发展中国家的状况也告诉我们：实现经济持续增长极为困难。

笔者根据李嘉图—马尔萨斯古典模型建立了仿真模型，在这一节中将向大家呈现两大行业经济增长的模拟结果。与我们所生活的复杂世界相比，这个模型非常简单。但即使是在这样的简单当中，它的某些特征也与我们的世界有类似之处。该模型意在研究，经济中任何一个领域的技术变革停滞不前，是否会抑制整个经济的增长。这个模型与李嘉图—马尔萨斯模型的不同之处在于，其展示了即使资源限制不存在，人均收入的零增长也是无法避免的。

这个经济模型涉及两个产业——汽车产业和教育产业（见表1-1）。汽车产业中，由于技术变革，劳动生产率（每名工人实际产出）的年增长率为3.0%。教育产业中没有技术变革，劳动生产率（师生比例）保持不变。对这两个产业的命名并不重要，也可以将其中一个产业称为"职业体育"——在我的印象中，棒球和足球队队员的人数一直没有发生变化；将另一个产业称为"其他"——其他所有经历技术变革和生产率提高的商品和服务生产活动。当然，也可以将一个产业称为服务业，另一个称为物质商品生产产业。

表 1-1 呈现了两个子模型。模型Ⅰ中，生产率的提高得益于汽车消费的增加。由于汽车产业生产率提高，许多工人失业，但是剩余劳动并没有转化到教育（或服务）产业中，而是被用作生产更多的汽车（或物质产品）。在模型Ⅱ中，假设所有失业的工人转行到教育（或服务）产业。这两个模型可以被看作同一个基础模型下的两种极端案例。①

表 1-1　　　　　　两大经济业假想增长路线

年	汽车产业					教育产业				
	劳动输入（#）	劳动生产率（指数）	汽车产量（指数）	工资率（美元/小时）	汽车价格（美元/单位）	劳动输入（#）	劳动生产率（指数）	教育产量（指数）	工资率（美元/小时）	教育成本（美元/单位）
模型Ⅰ　劳动力无重新分配											
t0	100	100	100	1.00	1000	100	100	100	1.00	1000
t10	100	135	135	1.35	1000	100	100	100	1.35	1345
t20	100	181	181	1.81	1000	100	100	100	1.81	1805
t30	100	243	243	2.43	1000	100	100	100	2.43	2425
模型Ⅱ　劳动力完整再分配											
t0	100	100	100	1.00	1000	100	100	100	1.00	1000
t10	74	135	100	1.35	1000	126	100	126	1.35	1345
t20	55	181	100	1.81	1000	145	100	145	1.81	1805
t30	41	243	100	2.43	1000	159	100	159	2.43	2425

注：假设汽车行业生产率每年增长3%，教育行业为0.0%。
资料来源：笔者的计算。

在模型Ⅰ中，人口和劳动力保持不变——假设该经济模式为人口零增长。应该注意到，在该模型进行的整个30年间，两个产业的工人数量维持在100人（或100指数）。随着劳动生产率以每年3%的速度增长，同时工人数量保持不变，劳动生产率指数从100上升到了243。假设工人与汽车产业签有一份合同，合同中明确提出工资增长率需与劳动生产率的增长

---

① 表1-1中两个模型源于鲍莫尔（Baumol, 1967）的构想。见鲍莫尔等人（Baumol et al., 1989：124-126）。

10　技术、增长与发展

相同——该假设与第二次世界大战后大多数时期美国经济的整体趋势相一致（见图1-1）。因此，工资率提高至每小时2.43美元。如果最开始的工资为每小时10美元，那现在就涨至每小时24.30美元。此外，还需要注意的是，汽车的价格保持不变。由于劳动生产率有所提高，在工人工资率提高（由于生产率增长）的情况下，汽车价格有可能保持不变。

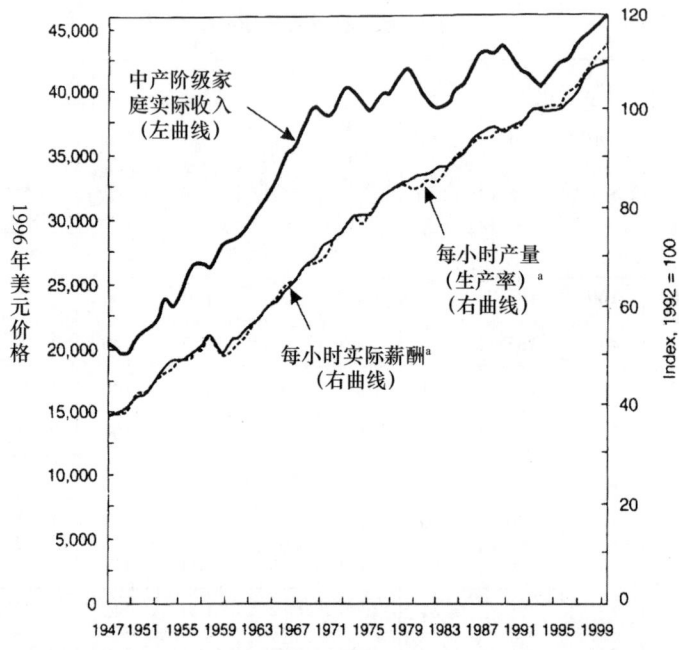

图1-1　1947—2000年美国经济实际收入、生产率和薪酬

注：[a]商业部门：以物价折算指数平减薪酬。

资料来源：Adapted from Chart 1-4 of *Economic Report of the President*, 1995, p. 26. Real income data for 1994-1997, productivity data for 1994-1998, and compensation data for 1994-1998 are from *Economic Report of the President*, 1999, pp. 336-384. Real income data for 1998-2000, productivity data for 1999-2000, and compensation data for 1999-2000 are projected。

现在分析一下教育产业的情况。劳动生产率没有增长，但是教师的工资率与汽车产业工资率的增长率相同。因为如果工资率没有增长，教师们会转向汽车产业谋职。但是，如果生长率不增长而工资上涨，教育成本（或者学费）势必会增加。在模型Ⅰ中，学生（或者纳税人）支付更多的教育费用，却没有享受到更多的教育。劳动密集型产业中，工资的增长未能促进生产率的增长，鲍莫尔把这一趋势定义为"服务行业的成本弊病"。

模型Ⅰ反映的社会现实与我们所生活的世界可能不太相像。但是，大多数人都承认这一点：与教育相比，汽车产业更容易实现生产率增长。并且，对大部分人而言，即使不看数据，他们也认为教育成本的增长速度要比汽车成本快。

模型Ⅱ更为接近现实一些。很有可能的是，即使我们还没达到每个车库都有两辆车的水平，对汽车（物质消费成分）的需求也已开始减少，人们已经觉得够了；用更专业的术语来说，对汽车（或物资消费）的需求弹性下降了。人们想要享有更多的教育或其他形式的"文化消费"（如棒球比赛或交响乐音乐会）。

虽然也许有点极端，但是在模型Ⅱ中，假设汽车消费保持不变，即每个车库中只有一辆车；由于生产率增长造成从事汽车生产的工人失业，他们转而投身于教育行业。这与20世纪下半叶美国经济结构的转型相似（见图1-2a与图1-2b）。美国农业商品消费不再随着工资的上涨而增长。20世纪90年代末，农业领域的就业人员从1870年占就业人口总数的50%下降至不到2%；制造业、矿业和建筑业的就业人数从1950年占总就业人口的30%降至约20%；而服务行业（包括政府部门在内）的就业人数占总劳动力的比例超过75%。

需要注意的是，该经济模型中汽车产业的就业人数在过去30年里从100人降至41人（或者说从10万人降至4.1万人）。如果持续运行该生产率增长模型，在不远的未来，汽车产业只剩1个员工的情形很有可能发生。还要注意的是，每10年间，劳动力以每年3%的比例减少，将使得转行进入教育产业的工人数量逐年减少（100名工人的3%是3名工人，67名工人的3%是2名工人，33名工人的3%是1名工人）。

汽车产业中生产率增长导致工人失业；随着失业人数的下降，教育产业中产出增长率也有所放缓。但是，与之前相同，教育产业中单位产量的成本持续上涨。由于汽车产业中可转入教育的工人数量减少，整个经济中教育产业的就业比例上升，经济总体的增长陷入停顿。无论是以消费更多汽车（见模型Ⅰ）还是更多教育（见模型Ⅱ）的方式（或者二者皆有），工人和消费者的消费水平都更高了。但是，最终的结果是经济增长停滞不前，我们只能回到经济零增长的状态。这并不是因为资源或者环境的制约，而是因为某些产业未能实现生产率增长。

从该模型来看,如果有一个产业未能实现生产率增长,最终就将导致整个经济体的经济发展停滞不前。并且,该产业在经济总体中所占的比例越大,经济发展停滞不前的速度就越快,古典经济学者把这种状态称为"稳态"。

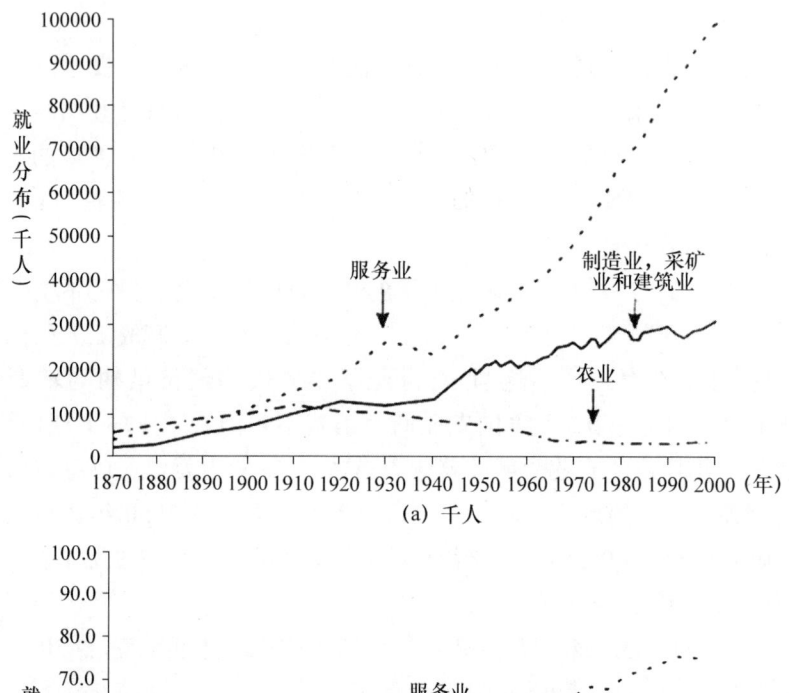

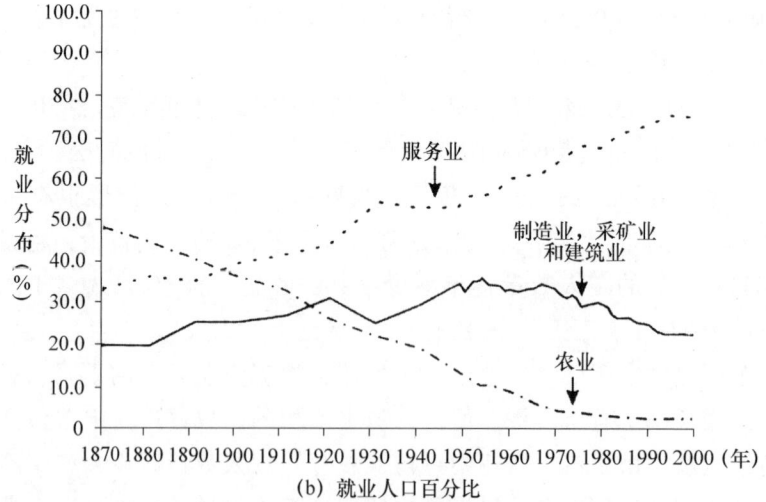

图 1-2　1870—2000 年美国就业板块分布

资料来源:《美国统计摘要》(*Statistical Abstract of the United States*),由 1899 年和 1911 年统计局、财政部整理发布;人口普查局数据;《美国的历史统计数字》(*Historical Statistics of the United States*),华盛顿:国家出版社,1970;《当今人口调查》(*Current Population Survey*),美国劳工部和劳动统计局出版。

古典经济学家臆断农业领域不可能出现生产率增长，这是一个错误；同样，他们也错误地认为服务产业不可能出现生产率增长。尽管曾经有所阻碍，但是计算机的使用促进了金融服务行业生产率的增长；电视使更多的人得以观看棒球大联盟的比赛或欣赏纽约大都会歌剧。然而，经济发展只是暂时摆脱了成本弊病而已。尽管电视信号的技术密集型传输的实际成本下降了，人工密集型编程的成本却大幅上涨（Baumol et al., 1989: 137-140）。通过引入更多产业，同时合理置换物资和服务消费成分，我们可以使以上模型更复杂更精细；也可以诉诸规模经济和"新增长理论"中使用的技术外溢效应（见本书第二章）。但即使这样，也无法避免得出下面的结论：在某些产业中生产率增长不可行或受到严格的限制，这将严重地影响和局限经济长期可持续性发展的可能。

第五节　本书框架

在后面的章节中，笔者会就绪论中提到的问题进行详细讨论。除本章之外，本书由五部分组成。

第一篇探讨经济发展中生产率变化的作用；第二篇探究的是创新过程、经济因素对制度和技术变革速度和方向的影响，以及技术传播的过程；第三篇回顾一些重要领域和产业中技术变革的历史，包括农业、能源产业、化工业、计算机及生物技术产业；第四篇讨论一些一般性问题，包括技术变革中的国家体系、技术和环境，以及技术政策等；最后一章将回到本书的主题，即向可持续发展转变。

第二章　追赶与落后[①]

在第二次世界大战结束后的 25 年里，美国无疑是世界上发展最迅猛的国家，在工业生产大国和新兴高科技工业国家中起主导作用，无论是在美国本土还是在其他国家，这都是公认的事实。但到了 20 世纪 70 年代，美国对其在世界科技领域享有的领导地位不再信心满满——劳动生产率难以提高，人均收入增长缓慢（见图 1-1）；美国在很多产业的领导力被削弱，在一些领域甚至落后于某些国家；而其他主要工业国家的人均收入迅速上升，趋同美国的人均收入（见图 2-1）。

80 年代中期，研究经济发展的学者们对这种趋同现象的原因和持续时间的长短众说纷纭。本章中，笔者将回顾关于趋同现象的不同观点，然后将介绍不同经济增长理论的发展——这些发展后的理论被用以解释技术革新在发达工业国家经济增长中所扮演的角色；接下来将探讨如何衡量技术革新对经济发展的贡献，并就其中一些分析性问题及实证问题进行探讨；最后一节则详细介绍在过去半个世纪里技术革新对美国经济发展所起到的作用。

第一节　关于"趋同"的论战

研究经济增长的学者们普遍认为，随着时间的流逝，成熟经济体的经济增长率朝着"自然率"的方向汇聚，彼此之间逐渐趋同——"自然率"的大小取决于劳动力、投资以及技术革新的增长速度。对"自然率"的偏离也被认为只是短暂的异常现象，可以用适当的政策措施予以挽救。

[①] 特别感谢摩西·阿布拉摩维兹（Moses Abramovitz）对本章标题所提供的建议，以及他在技术进步和经济发展方面的著作。同样感谢威廉·皮特森（Willis Peterson）、戈皮纳斯·穆尼萨米（Gopinath Munisamy）、莱里·罗（Lerry Roe）和图格鲁·泰莫（Tugrul Temmel）对本章早期草稿给出的中肯评价。

另一个普遍认同的观点是，长期来看，经济力量应该促使各个国家的经济增长率和收入水平都逐渐趋同。原因有以下几点。

- 就资本投资的边际报酬而言，资本—劳动比率高的国家比资本—劳动比率低的国家得到的报酬要少。趋同的出现是可再生资本收益递减、高资本密集型国家经济增长缓慢的结果。

- 发展技术的成本和技术水平之间是一种递增函数的关系。在高度发达的国家，这将导致科技变革的速度放缓。

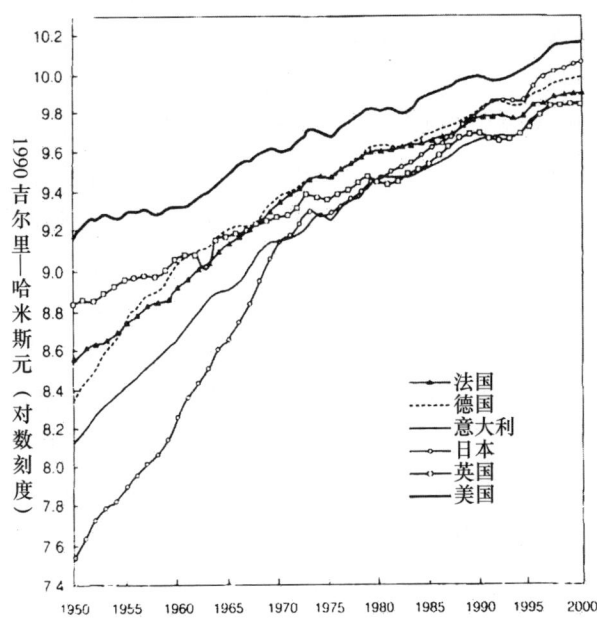

图2-1　经济合作与发展组织（OECD）六国的实际人均GDP（1950—2000年）

资料来源：Adapted from David Dollar and Edward N. Wolff, *Competitiveness*; *Convergence*; *and International Specialization*, Cambridge, MA: MIT Press, 1993. Data for 1950-1994 are from Angust Maddison, *Monitoring the World Economy*: *1820-1992*, Paris, France: Organization for Economic Cooperation and Development（OECD）, 1995. Data for 1995-1997 are converted from *National Accounts*: *Main Aggregates 1960 - 1997*, 162, Paris, France: Organization for Economic Cooperation and Development（OECD）, 1999. Data for 1998-2000 are projected。

- 经济发展起步早的国家和起步晚的国家之间存在技术上的差距，这使得起步晚的国家可以更快发展。这些后起之秀不仅可借鉴大量技术知识，还能避免发达经济体所犯过的错误。

• 如果制度能够适应既有技术，那么这些后起之秀会比先行者更有优势，因为前者采用新科技时受到的制度约束更少，他们在发展和新科技相适应的制度时也更为自由。

一 趋同俱乐部?

趋同假说是由威廉·鲍莫尔（William Baumol）于1986年在一篇文章中率先提出来的，随后引起了一场持久的争议战。一开始他提出，各国人均收入和劳动生产率之间存在巨大差距，这是现代社会的一个鲜明特征（见图2-2a和图2-2b）。关于早期人类生活水平的不完整证据表明：19世纪初以前，各国生产率均属较低水平且差距不大；然而在过去的150年中，科技带来的改变是人类历史上从未有过的局面，工人的人均产量大幅上涨。"古罗马人的生活水平……在很多方面超过18世纪英国人的生活水平……而美国1870年的人均产出比得上1980年洪都拉斯和菲律宾的人均产出，略少于1980年中国、玻利维亚、埃及的水平"（Baumol, 1986: 1073-1074）。[①]

鲍莫尔还认为，在1850年之前的几个世纪里，当今发达国家之间在科技水平、劳动生产率、人均收入上的差距逐渐累积。但是1850年，趋同进程悄然开始了。为证明这一点，鲍莫尔还引用了安格斯·麦迪逊（Angus Maddison, 1982）整理的数据。数据表明，1870年每工时国内生产总值（GDP）最低的国家比起步早的国家发展更为迅速（见图2-2a）；1870年人均产量越高的国家在20世纪的发展水平就越慢。趋同现象的一个总体趋势是，越穷的国家，其生产率发展速度越快。同样的关系也适用于1950—1979年这29年的时间（见图2-2b）：一个国家在1950年的生产率越高，在接下来的40年里，该国生产率发展也就越慢。鲍莫尔的分析还表明，无论是在中央计划经济体制的国家之间还是在发达的市场经济体制国家之间，趋同现象都是存在的。但是，欠发达国家与发达的市场经济国家之间是否存在这种趋同现象，他表示怀疑。

[①] 1870—1990年，美国实际人均国民生产总值（GNP）年均增长1.75%。"如果美国GNP增长率每年降低一个百分点，那么美国1990年的实际人均GNP就和现在的墨西哥及匈牙利一样了"（Barro and Sala—i—Martin, 1995: 1）。年生产率增长或人均收入增长之间的差别看似细微，但如果一直持续下去，一代人（20年）之后，增长率的差别就可达到3.5%—100%或2.7%—50%或1.1%—25%或0.5%—10%如此的范围。

鲍莫尔认为，经济上领先的国家之间不会因为趋同而导致经济形势恶化。日本生产率的提高使美国人和英国人能够以更便宜的价格进口汽车、照相机、电视设备和其他产品，其价格至少比日本生产率滞缓时期要便宜得多（Baumol，1986：1083）。他还补充到，日本和欧洲国家能够以更便宜的价格从美国购买食用谷物和油料种子，也要归功于美国农业生产率的提高。

然而，鲍莫尔的分析都是正确的吗？并不是所有人都同意他的观点。

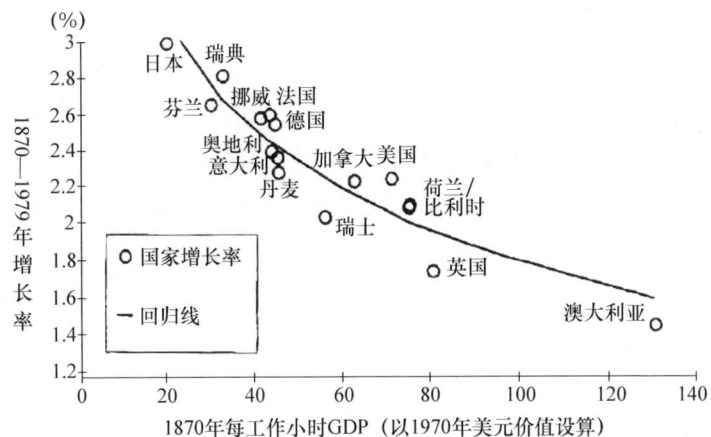

图 2-2　a. 1870—1979 年当今发达国家增长率对比

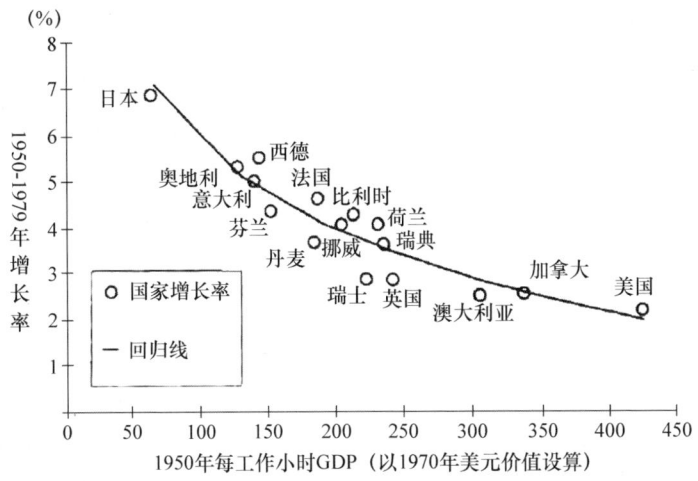

图 2-2　b. 1950—1979 年当今发达国家增长率对比

资料来源：W. J. Baumol, S. A. Batey Blackman, and E. N. Wolff, *Productivity and American Leadership：The Long View*, Cambridge, MA：MIT Press, 1989：94.

二 数据作假

鲍莫尔的理论一经提出便立即遭到质疑。反对者认为鲍莫尔的数据信息不完善，因为他只是挑选了几个发展"优胜国"作为分析对象（Delong，1988）。[①] 从"趋同俱乐部"中挑选几个发展最为迅速的国家作为研究对象，趋同是必然存在的。那么鲍莫尔应该怎样做呢？德隆（DeLong）认为，他应该以1870年所有相对富裕国家为研究对象。为此，他依照鲍莫尔的研究手法，比较了22个"曾经的富裕国家"，发现没有证据表明趋同的存在。这些国家包括西班牙、葡萄牙、爱尔兰、智利和阿根廷，但其发展都说明了趋同假说证据不足。为什么这些国家发展滞后了呢？德隆认为，一个很重要的原因就是宗教或民主政策的变化。即使将南北地域分布图相互替换，该结论也同样具有说服力（Sachs，1997）。

面对德隆的挑战，鲍莫尔统计了更多国家的数据予以回应。为此，他还引用贝洛赫（Bairoch，1976）一项研究中的数据，并和沃尔夫（Wolff，1988）一道研究几个国家的基准期发展（排位居世界第8、9、10、11）。他们证实，欧洲国家间的发展确实存在差异；直到19世纪下半叶，这种差异才有所缓解。然而，如果依照贝洛赫（1976）的方法，将所有19个欧洲国家作为研究对象，结果则证明，这种差异持续到了20世纪。鲍莫尔认为，这应该是意料之中的结果。"在工业革命以前，欧洲国家（除了荷兰共和国）大多都处于相对贫穷的水平。在此之后，大不列颠经济迅速腾飞，跃居榜首，其他欧洲国家如比利时、瑞士、荷兰、法国、德国紧随其后，形成了一段区别发展的时期"（Baumol and Wolff，1988：1156）。鲍莫尔和沃尔夫还研究了更多国家的发展历程，这些国家的实际国内生产总值来自萨默斯和赫斯顿（Summers and Heston，1984）统计的1950—1980年的数据。分析表明了低收入国家间的差异以及高收入国家间的趋同（Baumol and Wolff，1988：1159）。

1950—1980年富裕国家之间发展趋同主要表现为日本和意大利两国的迅速崛起。1980年以来，另外两个经济体——韩国和中国台湾也迅速趋近富裕。经济历史学家回溯到更早以前的19世纪，并查看那时的人均收入

[①] 弗里德曼（Friedman，1992：2129-2132）和奎阿（Quab，1993：247-443）在书中提到了同样的问题。

和生产率数据,再将研究拓宽到更多国家之后,他们发现,从19世纪初开始,差异和趋同是交替出现的(见图2-3)。西欧国家及其旁系国家(如美国、加拿大、澳大利亚)之间巨大的GDP差距最初出现在20世纪上半叶,而就是在这个时期内,西欧经历了两次极具破坏力的"内战"。第二次世界大战之后,不仅西欧国家迅速修复,南欧、东欧、拉美国家也丝毫不懈怠,而追赶速度最快的则属东亚。似乎只有非洲国家还没有完全走上现代化的道路(Maddison,1995;Williamson,1996)。

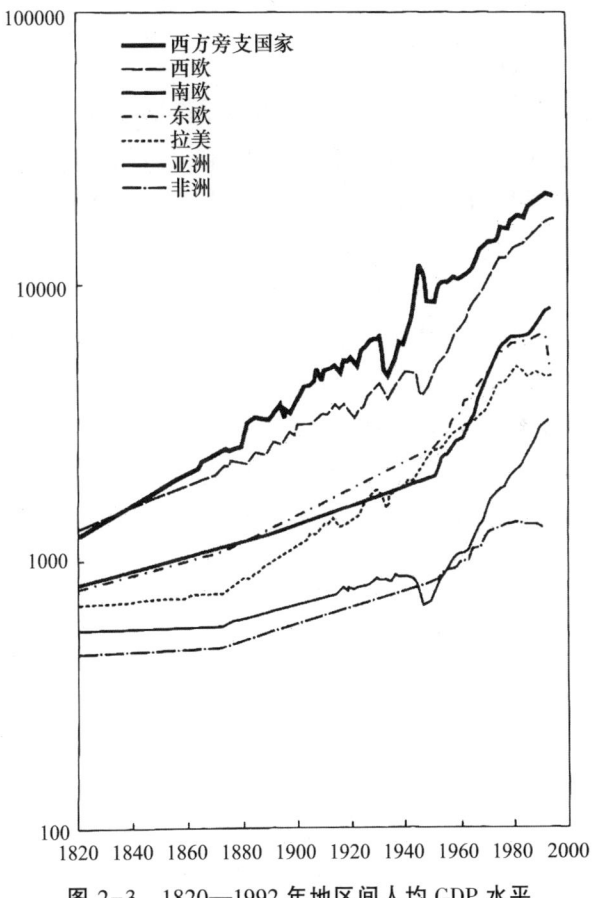

图2-3 1820—1992年地区间人均GDP水平

资料来源:A. Madission, *Monitoring the World Economy: 1820-1992*, Paris: Organization for Economic Cooperation and Development, Development Center, 1995:12。

从近期发表的作品中可以看出，鲍莫尔及其合著者对此前一直坚称的自然趋同不再确信无疑。"这个领域内存在很多谜团……奇怪的一点就是，远东国家逐渐趋同于富裕国家，但拉美国家的差距似乎越来越大了"（Baumol et al., 1989: 108）。至于趋同现象对美国的影响，他们表示担忧。他们认为，美国在第二次世界大战后的情形和英国在 20 世纪上半叶的经历是相似的——二战后，英国的经济长时间萎靡不振。"不难发现，无论在美国还是世界上其他国家，生产率的提高都是促使经济长期发展的关键因素"（Baumol et al., 1989: 108）。

三 有条件趋同

20 世纪 80 年代初，鲍莫尔和德隆引发的争论进入一个新的时期。一些学者坚称，趋同争议的涵盖范围过于狭窄，初始阶段的收入或生产率（无论在 1870 年还是 1950 年）与随后人均产量增加之间的关系过于简单，不适用于所有国家。一个国家增长率的高低不能只以初始阶段收入或生产率为依据，还应依据其他重要因素，如储蓄率、投资率、人口增长率、劳动生产率、就业人口的教育水平提高速度等（Dowrick and Nguyen, 1989; Mankiw et al., 1992; Williamson, 1996; Barro, 1997）。

图 2-4（Mankiw et al., 1992）中，一系列的图表显示出其他衡量条件对趋同走势的影响，包括物质资本（储蓄）的累积率、适龄劳动人口的增长率（见图 2-4b）、人力资本的累积率（表现为更多受过良好教育的劳动力群体的方式，见图 2-4c）等。图 2-4 显示了人口超过 100 万的 75 个国家在 1960—1985 年人均收入年增长率，以 1960 年人均收入为对数。图 2-4a 显示，没有证据可以说明在 1960 年较贫穷的国家发展得更快。图 2-4b 将投资（GDP 的一部分）和人口增长的因素考虑在内；它表明，如果投资和人口以 1960 年的水平持续增长，所反映的趋势就是，贫穷国家比富裕国家的经济增长速度更快。但是高投资率导致的结果是高经济增长率，劳动的高增长率则导致了工人人均收入的低增长率。此外，图 2-4c 显示，人力资本水平的提高进一步强化了趋同的走势。

从图 2-4（以及基于计量经济学分析得出的数据）中可以看出，有一种"自然"趋同的趋势。然而，通过增加资本投入、减缓劳动力增长速度、增加对劳动力教育的投入，富裕国家也能提高人均收入增长率（每个适龄劳动人口），且增长速度大致接近贫穷国家；如此一来，就避免了趋

a. 无条件

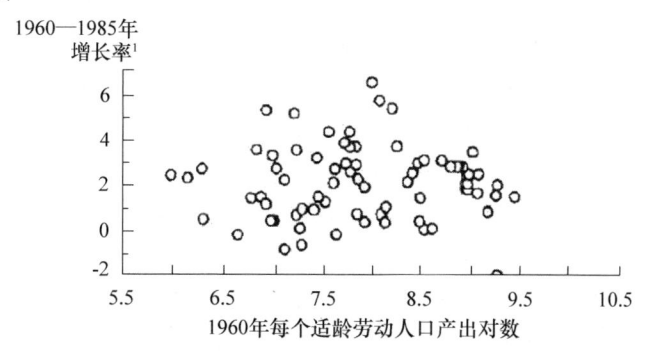

b. 在投资[2]和人口[3]增长的条件下

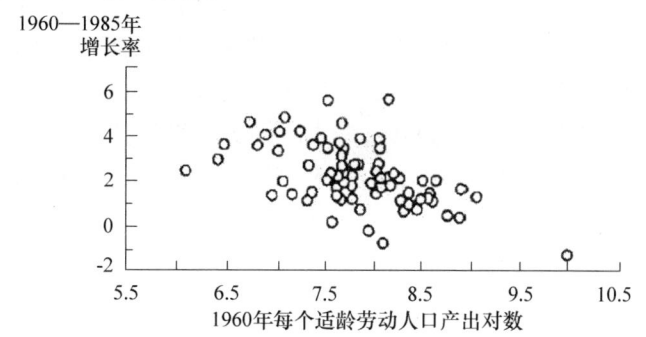

c. 在投资[2]、人口[3]、教育[4]增长的条件下

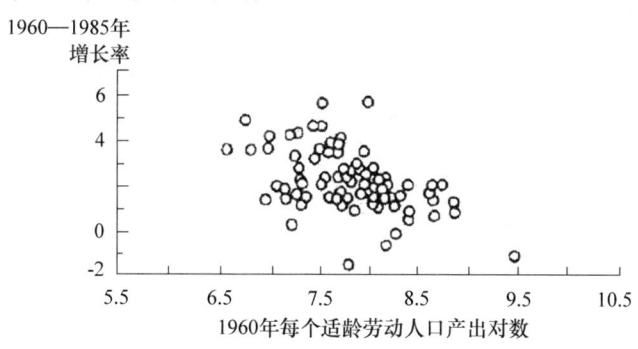

图 2-4 1960—1985年无条件趋同 vs. 条件趋同

注：(1) 1960—1985年适龄劳动人口人均产出增长率。(2) 实际国内生产总值中的平均实际投资份额。(3) 适龄劳动人口增长率（15—64岁）。(4) 中学学历适龄劳动人口比例。

资料来源：N. Gregory Mankiw, David Romer, and David N. Weil, "A Contribution to the Empirics of Economic Growth", *The Quarterly Journal of Economics*, 107：2, (May 1992), pp. 407-437. © 1992 by the President and Fellows of Harvard College and the Massachusetts Institute of Technology。

同现象的出现。计量经济学结果表明，如果贫穷国家能够加大对物质资本和人力资源的投入，且投资力度和速度超过富裕国家，再着力降低人口增长率，使之接近富裕国家，这样就有可能在大约 35 年的时间内将人均收入差距缩小一半。这和东亚新兴工业国家（NICs）的发展历程较为相似，但和大多数发展中国家的经历大相径庭。现代经济发展的一个显著特征就是国家间绝对收入和相对收入的巨大趋异（Pritchett，1997）。[1]

趋同现象对于美国的意义是什么呢？尼尔森和莱特（Nelson and Wright，1992）指出，对趋同来源的争议可归纳为三大类。一种观点认为美国经济的快速增长（尤其是第二次世界大战后的"井喷式"发展）是短暂的；美国的发展只是因为第二次世界大战后其他几个工业国家的经济遭到了破坏，新兴工业国家和现阶段较贫穷的国家发展起步又比较晚。另一种观点认为没有趋同现象的存在，美国工业是在和其他国家的竞争中失利了。他们认为，美国经济在退步，就如同 19 世纪的英国一样。第三种观点则认为美国经济受到了周边邻国的牵制。随着市场和技术变得越来越国际化，许多发明或改进新科技的人才和机构往往来自国际而不是国内。本书后面的章节中还会讨论这些问题。

第二节 增长经济学

对趋同现象的争论几乎没有关注现代宏观经济增长理论，但事实上，现代经济增长理论对解释趋同现象是十分重要的，本节将对此进行详细的探讨。

在过去的半个世纪里，宏观经济增长理论经历了三次重要的演变（见专栏 2-1）。[2] 哈罗德（Harrod，1939）和多马（Domar，1946，1947）的研究激起了第一次热潮；第二次发生在 20 世纪 50 年代，以索洛（Solow，1956，1957）和斯旺（Swan，1956）发展的新古典主义经济增长模式为代表；第三次发生在 20 世纪 80 年代中期，由罗默（Romer，1986）和卢卡斯（Lucas，1988）发起。

---

[1] 了解更多关于趋同的实践研究，见坦普尔（Temple，1999：112-156）。
[2] 可见沃尔夫（Wolff，1997）学术报告集。笔者也曾详细回顾经济增长历程及其对发展经济学的贡献，见拉坦（Ruttan，1998）。

专栏 2-1　　　　　　　　三种经济增长模型

凯恩斯（哈罗德—多马）增长模型

在哈罗德—多马模型中，"有保证的"增长率和"自然"增长率的不平衡导致经济发展不稳定。有保证的增长率公式为 s/v，自然增长率公式为 $n+m$，二者在平衡的条件下公式为：

$$s/v = n + m$$

其中：

s 指储蓄率（净产值中的一个固定值）

v 指单位产出的资本需求

n 指劳动（及人口）增长率

m 指劳动节约型技术变革率

因此，如果储蓄率是收入的 10%，资本—产出比为 4，有保证的增长率就应为 2.5%。如果每年劳动力增长率达到 1.0%，劳动生产率为 1.5%，那么有保证的增长率就与自然增长率等同。

新古典（索洛—斯旺）增长模型

新古典（索洛—斯旺）增长模型的贡献在于它用可变资本—产出比代替了哈罗德—多马模型中的固定资本—产出系数。这种模型中，总量生产函数的规模报酬保持恒定，资本和劳动系数可互相替换；假定部分产出会固定用于投资：

$$c_t + i_t = f(k_t, n_t)$$
$$k_t + i = k_t + i_t$$
$$i_t = \sigma f(k_t, n_t)$$

其中：

c 指消费

i 指投资

k 指资本

n 指劳动

σ 指产出用于投资的部分

内生（罗默—卢卡斯）增长模型

因为没有足够证据能表明当前发达国家经济趋同走向稳定的发展状态，也因为无法解释国家间增长率和收入水平的差异，所以在此情况下，内生增长"新"理论应运而生。该模型的初期阶段经常被称作 AK 模型，假定生产函数为 AK，K 代指综合资本货物，它包括实物资本和人力资本两个组成部分：

$$Y = K^{1-\alpha} (AL_Y)^a$$
$$A = \delta L_A$$

其中：

Y 指产出

A 指生产率、知识或创意

K 指资本

δ 指研发（R&D）效率参数。

两种活动［产量（L_Y）和创新研究（L_A）］中都使用了劳动，因此 $L_Y + L_A = L$。

假定代表知识的 A 达到一定水平，生产中资本和劳动的投入加倍足以带来产出的加倍；而知识存量加倍，得到的产出却不止双倍。

资料来源：R. F. Harrod, "An Essay in Dynamic Theory", *Economic Journal*, 49 (1939): 14-33; R. F. Harrod, *Toward a Dynamic Economics*, London: MacMillan, 1948; E. Domar, "Capital Expansion, Rate of Growth and Employment", *Econometrical*, 14 (1946): 137-147; E. Domar, "Expansion and Employment", *American Economics Review*, 37 (1947): 343-355; R. M. Solow, "A Contribution to the Theory of Economic Growth", *Quarterly Journal of Economics*, 70 (1956): 65-94; R. M. Solow, "Technical Change and the Aggregate Production Function", *Review of Economics and Statistics*, 29 (1957): 312-320; T. W. Swan, "Economic Growth and Capital Appreciation", *Economic Record*, 32 (1956): 343-361; P. M. Romer, "Increasing Returns and Long Run Growth", *Journal of Political Economic*, 94 (1984): 1002-1037; P. M. Romer, "The Origins of Endogenous Growth", *Journal of Economic Perspectives*, 8 (1994): 3-42; E. C. Prescott, "Robert M. Solow's Neoclassical Growth Model: An Influential Contribution to Economics", *Scandinavian Journal of Economics*, 90 (1): 7-12; V. W. Ruttan, "The New Growth Theory and Development Economics: A Survey", *Journal of Development Studies*, 35 (1998): 1-26; C. I. Jones, *Introduction to Economic Growth*, New York: W. W. Norton, 1998。

一　凯恩斯经济增长理论

下述问题是由哈罗德和多马提出来的，但是使用了不同的术语表达。在什么样的情况下，经济才能实现稳定增长呢？这个问题被提出来时，面对的是 20 世纪 30 年代经济大萧条所带来的经济走势，还有人们对第二次世界大战结束后将进入新的不稳定时期的预测。在哈罗德—多马看来，经济增长中的不稳定是由"有保证的"增长率和"自然"增长率不均等造成的。有保证的增长率取决于储蓄率和单位产量所需的既定资本。自然增长率是长期可持续增长的最大值，由劳动增长率和人均产出增长率决定。

哈罗德—多马模式的一大亮点在于，他们尝试以最近经济学家熟知的凯恩斯经济学理论来研究长期增长；这种模式迅速为许多新兴国家的规划机构所使用。发展经济学家和规划师们普遍认为，从慢速增长到快速增长的过渡要求储蓄率和投资率的稳定增长。该模式阐释了干预的基本原理，即通过提高储蓄率、鼓励对重工业的投资，可以打破资本设备所造成的产出限制。因此，资本主义国家实现持续增长比社会主义国家更困难，因为后者具有中央计划的功能，能够更直接地对储蓄率增长和投资分配进行调节，使资源达到最高效的使用。

二　新古典经济增长理论

新古典模式由索洛（Solow）和斯旺（Swan）发展而成，他们对"储蓄率的持续增长是经济从缓慢到快速增长转变的关键"这一论述表示怀疑。"在这种模式下，资本和劳动的相互替换对总量生产函数的规模报酬没有影响，在假定部分产出会固定用于投资的条件下成立"（Prescott，1988：7）。新古典主义模式产生于 1957 年的一篇论文中，该论文在阐释美国经济增长的原因时使用了总生产函数的两个要素：劳动和资本。让索洛惊讶的是，在 1909—1949 年这段时间内，美国人均产量增长的 80% 源于技术系数的变化，这也让大众感到震惊。这两篇论文无论是在理论还是在实践研究领域都引发了一场旋风，直至 20 世纪 70 年代才停息。

在索洛—斯旺新古典主义模式的初始阶段，他们认为，如果一个国家的储蓄率（投资率）呈现长期上涨的趋势，那么经过一段时间的增长后，该国的产出会比投资率非长期增长的国家更高。新的通用技术的发展和扩散可以促使生产率、产量、人均收入出现暂时性的"井喷式增长"。但除非一种新的通用技术出现，否则增长率会回到之前的"自然"增长率；一个国家的产出不可能一直保持高增长率（Solow，1988：308）。这似乎完全推翻了此前哈罗德—多马的理论，技术变革代替资本设备成为促进经济增长的首要因素。在这之后，新古典主义模式对资本的定义更广，多少降低了对"技术变革对经济增长的贡献"的估计。然而，如前所述，对美国和其他发达国家的研究调查显示，技术变革对经济的贡献仍然超过实物资本存量增长的贡献；但在贫穷国家或新兴发展中国家，生产率增长对经济增长的贡献往往要小得多。通常，这可以解释为由于低薪酬经济体从经济发达的高薪酬经济体引进的技术不能适应本地的环境，因此无法产生同样的生产率收益。

三　内生经济增长理论

内生经济增长理论于20世纪80年代出现在经济学文献中，首先是因为新古典经济增长理论中的理论描述与现实不符；其次，即使在当代发达国家中，也无法找到证据证明趋同稳定发展的迹象；再次，发达国家和发展中国家收入增长率或收入水平之间的差距难以解释。

内生经济增长模式的早期模型中，长期性增长主要依靠知识积累的驱动（Romer，1986）。新知识的生产似乎使厂商的报酬递减。然而，一家厂商的技术发明和新知识创造会对其他厂商的技术生产产生正外部效应。此外，消费品（知识存量及其他投入的函数）生产带来的报酬不断增加。即使会产生外部效应，三个因素也可保证竞争性均衡的存在：新知识带来的收益递减、新知识产生的外部效应、产量引起的报酬增加。

罗默（Romer）改进了内生增长的初级模型，他摒弃了新古典增长理论中的完全竞争假设，而假定资本带来的报酬长期不变或持续增长。该模式很重要的一个意义在于认定市场均衡并非最优选择，因为厂商在做出生产决策时没有考虑知识累积的外部效应。另外一点是，在新古典生产函数中通常被作为弹性系数的要素份额，不再被用来衡量资本和劳动的贡献。罗默认为，典型的资本系数（0.25）大大低估了资本的贡献，但劳动系数（0.75）又过分高估了劳动的贡献。

卢卡斯（Lucas，1988）的新古典模型则认为，人力资本是经济发展的动力所在。他采用了一种两部门模型，在这种模型中，人力资本由单一投入要素决定，即人力资本本身；而最终产出由人力资本和实物资本二者共同决定。卢卡斯模型对两种人力资本模式进行了分析。第一种是训练模式，人力资本的增长取决于工人在当前产品和人力资本集聚之间如何分配时间。第二种是干中学模式，人力资本的增长和投入到新产品中的努力呈正相关。1990年，在卢卡斯强调新知识和技术发展中人力资本重要性的基础上，罗默提出了内生经济增长模式。

在罗默的理论逐渐趋于成熟时，他转而研究"创意"作为经济增长的首要因素所做出的贡献（Romer，1993、1997）。罗默认为，新古典增长理论从技术和传统投入之间相互作用的角度阐释了增长的原理。他的最新研究表明，增长的根源在于"创意"和"实物"。创意具有非竞争性，而实物则具有竞争性。对于前者而言，规模效应很重要，因为创意具有非竞争性，在使用的过程中不产生消费，发展创意相当昂贵，但使用起来却很廉价。它们的价值随着市场规模的扩大而递增。创意的发展需要新的制度安排，它不同于传统的知识产权和政府津贴，而是在发展创新的过程中吸引适度水平投资。

罗默—卢卡斯内生增长理论对经济发展最重大的贡献在于将人力资本内生化，从而得出一个重要的分析结果：在资本边际产品规模报酬不断增长（如新古典主义模型那样）的经济环境中进行的投资，不会随着时间的流逝而减少到贴现率的水平。因此，至少是在这种模型中，提高人力资本和实物资本的动力将永久提高人均收入长期增长率；这使得政府可以通过积极的技术战略来长期性地提高经济增长率，而不只是提高人均收入水平（Verspagen，1992：659）。

对于新经济增长理论的讨论也有助于解释本章开头提到的难题。为什么经过短短两代人的努力，一些穷国的生产率水平和收入水平就已经大致达到老牌发达国家的水准呢？这是因为，一个穷国若有能力提高实物资本和人力资本的投资率，并充分利用知识和技术转型带来的机遇，降低人口增长率，那么它将有机会得以迅速发展。意大利、日本、韩国以及中国台湾的发展就是典型。然而，正如新古典增长理论所表现的那样，当这些发展机遇被用光的时候，新兴富裕国家的增长率将逐渐下降至老牌富国的增长水平，除非它们能发展内生能力，创造新知识和新技术（Basu and Weil，1998）。[1]

---

[1] 到20世纪90年代中期，罗默—卢卡斯的"新增长理论"引发了大量证明内生增长假说的实践活动。其中一些理论在前面的章节已有介绍。评论见坦普尔（Temple，1999）。罗默—卢卡斯的理论促进了一些教科书的编写，这些书中包含了增长经济学的评论及相关理论（Barro and Sala-i-Martin，1995；Aghion and Howitt，1998；Jones，1997）。

无论是旧增长模型还是新增长模型，它们都无法彻底破解本书第一章中讨论过的两种经典模型发展中的限制。自然资源（或大自然提供的服务）无弹性供给或者重要部门生产率没有得到提高，都会在很大程度上限制经济长期可持续发展。对于新古典主义理论和内生增长理论的第二个担忧是，它们都只关注增长的直接来源而不是更基本的原因，[1]它们也都忽略了经济发展的制度因素。在生产率得不到提高、制度缺乏创新的情况下，单凭实物资本和人力资本质量的提升，得到的依然是报酬递减。缺少技术变革，制度改革带来的新收入也得不到发展。接下来的章节将重点关注技术变革和制度创新产生的原因，以及二者作为经济发展诱导因素的相互影响。

第三节　经济增长的原因

在本书第一章以及本章节对趋同假说的讨论中，笔者主要关注的是劳动生产率，它是衡量技术变革的一项指标。劳动生产率（工人人均产出）是比较容易计算出来的。一直以来，劳动生产率和劳动报酬联系紧密（见图1-1），因此它还是衡量经济福利的一种粗略方式。斯旺—索洛新古典模型的发展将重心转向全要素生产率或总和要素生产率上（总投入的单位产出），并将其作为衡量技术变革和经济效益的一项指标（Griliches，1996：1324-1330）。

从使用部分生产率衡量标准（如劳动投入的单位产出）转而使用总投入的单位产出（或称为全要素生产率或总和要素生产率），这一转变遭遇一些分析和衡量的难题。创建全要素生产率指标也牵涉一些内在的分析问题，包括：（1）一段时间以来相对投入和产品价格的改变；（2）技术变革是偏向于劳动节约还是资本节约（非中立性）；（3）规模经济还是规模不经济。[2]

---

[1]　帕伦特和普雷斯考特的研究是一大例外（Parente and Prescott，1994、2000）。他们借助制度限制（对发达国家技术有效利用和扩散造成限制的制度）解释了各国生产率和收入水平之间一直存在的巨大差距，这是人力资本和实物资本差别所不能解释的。第二个例外就是最近罗默（Romer，1997）一直强调的新制度安排，他认为这有利于引入适度投资的发展观念。

[2]　全要素生产率测量方法简析见附录。权威解释见费舍尔和谢尔（Fisher and Shell，1998）。

关于要素投入的测量方式一直存在争议。[①] 20世纪60年代中期，桥根森（Jorgenson）教授和格瑞里茨（Griliches）教授（当时二人在芝加哥大学任教）认为，如果准确测量投入和产出数量，总投入增长就能大致解释总产出增长。具体而言，"如果纠正对产出、资本服务和劳动服务的测量错误，全要素生产率的增长速度将从每年1.6%降至每年0.1%"（Jorgenson and Griliches, 1967: 249）。批评者认为，桥根森和格瑞里茨是通过引入新错误来获得对生产率增长的较低预计的，尤其是他们调整了资本和土地的使用。爱德华·丹尼森（Edward Dennison）认为，他们在计算技术变革作为资本和土地收益增长的原因时，出现了不合理的地方。丹尼森和他们二人之间的辩论使生产率测量的方法论在很大程度上得以修正。最后，桥根森和格瑞里茨不得不承认，即使经过适当的修改，他们最初的研究计划——解释所有修正后的总投入带来的产出增长——也不可能实现（Jorgenson et al., 1972: 67; Hulten, 2000）。

一　生产率增长比较

在新古典经济发展模型的框架下，研究增长计算法的学者们往往对劳动质量或其他要素质量的变化进行调整，这会使得全要素生产率的变化产生偏向性。这些调整的概念框架是由安格斯·麦迪逊（Angus Maddison）提出来的，他是增长计算法的领军人物。概念框架见专栏2-2。

专栏 2-2

测量生产率发展的方法

劳动生产率　　　　　　　　$\dot{\pi}_1 = \dot{O} - \dot{L}$

资本生产率　　　　　　　　$\dot{\pi}_2 = \dot{O} - \dot{K}$

总和要素生产率　　　　　　$\dot{\pi}_3 = \dot{O} - a\dot{L} - (1-a)\dot{K}$

[①] 早期观点见格瑞里茨（Griliches, 1996）。爱德华·丁尼生（Edward Dennison）、戴尔·桥根森（Dale Jorgenson）和兹维·格瑞里茨（Zvi Griliches）相互之间探讨所形成的论文已被布鲁斯金研究所收集并出版（Jorgenson et al., 1972）。全面详细讨论见阿诺德·C. 哈伯格（Arnold C. Harberger）在美国经济协会（AEA）上所做的主席报告（1998: 1-32）。

> 扩大的总和要素生产率　　　　$\dot{\pi}_4 = \dot{O} - a\dot{L}^* - (1-a)\dot{K}^*$
>
> 剩余要素生产率　　　　　　　$\dot{\pi}_5 = \dot{O} - a\dot{L}^* - (1-a)\dot{K}^* - \dot{S}$
>
> 其中：
>
> $\dot{O}$ 指产出增长率
>
> $\dot{L}$ 指劳动投入增长率
>
> $\dot{K}$ 指资本投入增长率
>
> $\dot{L}^*$ 指扩大劳动的增长率（丹尼森）
>
> $\dot{K}^*$ 指扩大资本的增长率（麦迪逊）
>
> $\dot{S}$ 指补充要素变化率
>
> 补充要素：
>
> 1. 经济结构变化
> 2. 趋同（赶超）
> 3. 贸易自由化
> 4. 能源价格效应
> 5. 国家层面的规模经济
> 6. 自然资源开发
> 7. 政府法规和犯罪率
> 8. 劳动储备/释放
> 9. 容量效应
>
> 　　通过调整年龄、性别和教育，劳动投入的估值扩大了；而假定资本每年扩大约1.5%。因此，资本设备中的技术变革是建立在这些估值的基础之上的。
>
> ──────────
>
> 　　资料来源：Angus Maddison, "Growth and Slowdown in Advanced Capital Economics", *Journal of Economic Literature*, 25 (June 1987): 649-698。

　　麦迪逊教授对长期生产率增长的估算——包括总和要素生产率、扩大的总和要素生产率以及剩余要素生产率增长——呈现在表2-1中。最明显的有如下三种比较：

• 第二次世界大战结束后的头 25 年没有明显的不同。在 1952—1973 年这段时间内，各国生产率发展速度都超过 1913—1950 年或 1973—1984 年的发展速度。此外，法国、德国、日本、英国在 1973—1984 年的总和要素生产率比 1913—1950 年高。

• 美国在 1913—1950 年生产率发展最为迅速，但在 1950—1973 年和 1973—1984 年落后于其他国家。1973—1984 年，美国扩大的总和要素生产率为负。

• 扩大的总和要素生产率的评估受劳动质量和资本质量的影响，一般低于总和要素生产率的增长速度 0.5—1.0 个百分点。正如比较总和要素生产率那样，同样的对比关系也可以用来比较 1913—1950 年和 1973—1984 年这段时间内的生产率。

在补充因素中，重要的有下面几个：

• 结构变化是很重要的一个因素。在工业化初期，农业部门劳动力向非农业部门的转移为生产率的发展做出了重要贡献。而在当今工业国家中，只有日本继续从中受益。当农业份额降至 5% 以下时，劳动力从农业部门向其他部门的转移对经济增长的贡献减少。

表 2-1　　　　　　　发达工业国家长期生产率增长数据

(a) 1913—1984 年总和要素生产率（年平均复合增长率）[a]

	1913—1950 年	1950—1073 年	1973—1984 年
法国	1.42	4.02	1.84[*]
德国	0.86	4.32	1.55
日本	1.10	5.79[*]	1.21
荷兰	1.25	3.35	0.81
英国	1.15	2.14	1.22
美国	1.99	1.85	0.52[*]
平均值	1.30	3.58	1.19

续表

(b) 1913—1984 年扩大的总和要素生产率（年平均复合增长率）[b]

	1913—1950 年	1950—1073 年	1973—1984 年
法国	0.61	3.11	0.93
德国	0.19	3.61	1.13[*]
日本	0.04	4.69[*]	0.43
荷兰	0.53	2.38	0.14
英国	0.38	1.53	0.64
美国	1.19[*]	1.05	−0.27
平均值	0.49	2.73	0.50

(c) 1913—1984 年剩余（未解释）要素生产增长率（年平均复合增长率）[c]

	1913—1950 年	1950—1073 年	1973—1984 年
法国	0.48	1.81	0.59
德国	0.32	1.63	0.69
日本	0.13	0.46	0.04
荷兰	0.41	1.06	0.46
英国	0.38	1.06	0.49
美国	1.81	0.81	−0.01
平均值	0.42	1.17	0.38

注：*发展速度最快；a 总和要素生产率等于 GDP 增长减去劳动数量、常住居民资本数量以及非常住人口资本数量的贡献值；b 扩大的总和要素生产率等于总和要素生产率减去劳动质量及资本质量的贡献值；c 剩余要素生产率等于总和要素生产率减去产出增长中的补充资源贡献值。

资料来源：Angus Maddison, "Growth and Slowdown in Advanced Capital Economics", *Journal of Economic Literature*, 25 (June 1987): 649-698 (Tables 11a, 11b, 20)。

• 对于落后国，就是趋同研究中的那些国家，其工业发展和农业现代化进程得到了"赶超红利"。在主要工业国家之中，日本是这段时间内最大的受益者。19 世纪，美国和德国也是主要的受益者。

• 战争时期（1918—1940），经济保护主义者运用"阻尼效应"限制规模经济和生产率增长。第二次世界大战后，阻尼效应被更开放的贸易政策取代。

二 美国生产率发展趋势

20世纪80年代早期，众多学者发展了测量经济增长的方法，如丹尼森（Dennison）、格瑞里茨（Griliches）、桥根森（Jorgenson）和麦迪逊（Maddison），他们将要素质量的变化与生产率变化的其他因素分离开来。负责计算年投入、产出和生产率的联邦机构采用了他们的方法。[①] 1983年，美国劳动部劳工统计局（BLS）发布了自1948年以来，私人企业和非农业私人企业部门的多要素（总和要素）生产率评估结果。表2-2是美国劳动统计局对1948—1994年的评估汇总。劳动统计局的评估认为，1948—1973年美国的多要素生产率保持较高水平；1973年后呈下降趋势；而到了20世纪90年代，多要素生产率部分复苏，但并没能接近1948—1973年的水平。对1990年以来数据资料的解读则比较含糊。

表2-2　　　美国非农业私人企业部门实际产出增长来源　　　单位：%

	1948—1973年	1973—1979年	1979—1990年	1990—1997年
实际产出	4.1	2.9	2.6	2.4
构成产出因素				
全要素投入	2.2	2.6	2.7	2.0
劳动投入	1.0	1.4	1.5	1.4
时间	0.8	1.4	1.1	1.0
就业率	1.1	1.8	1.3	
工作周	-0.3	-0.4	-0.2	
组成	0.1	0.0	0.3	0.4
教育	0.2	0.3	0.3	
工作经验	-0.1	-0.3	0.1	
其他	0.0	0.0	0.0	

---

① 详见波斯金和劳（Boskin and Lau, 1992：32）。

续表

	1948—1973年	1973—1979年	1979—1990年	1990—1997年
资本投入	1.2	1.2	1.2	0.6
股票	0.9	0.9	0.9	
组合投资	0.3	0.3	0.3	
多要素生产率	1.9	0.4	0.0	0.4
研发	0.2	0.1	0.2	0.2
其他	1.7	0.2	-0.2	0.1

注：由于数字凑整，可能没有统计完整。

资料来源：劳动统计局数据。

桥根森教授也一直致力于划分总产出增长的构成因素，包括劳动数量、劳动质量、资本存量、资本质量、全（或总和）要素生产率等构成的变化（见图2-5）。20世纪60年代末70年代初，生产率下降使得产出构成中几个增长因素的比率也发生了明显变化。在1966—1973年及1973—1995年，劳动质量对经济增长的贡献值所占比率从13.1%降至9.8%，资本质量所占比率由2.1%上升至8.7%，生产率由32.0%降至10.2%，传统投入由52.8%上升至71.2%，这些数据和其他证据吻合，证实了美国自1973年以来的生产率下降。

比较几个经济部门中多要素生产率的增长和相对重要性的变化，我们可以洞悉生产率下降的原因（见表2-3）。第二次世界大战后一段时间内，农业部门的多要素生产增长率在所有经济部门中遥遥领先（Jorgenson and Gollop，1995：389-399）。20世纪70年代以来，制造业的多要素生产率增长最快，超过了其他非农业生产部门的增长率。很显然，多要素生产率的下滑多归因于服务部门生产率的缓慢增长。但上述论断的意义还不是很清楚，因为和商品生产部门的衡量方法相比，衡量服务部门产出变化和生产率变化的方法不仅不太精确，甚至可能不太正确。①

---

① 桥根森等人（Jorgenson et al.，1987）整理的资料表明，在1948—1979年这段时间内，商品生产部门中采掘业（如天然气、石油和煤产品）和单质金属行业的生产增长率最低。制造业部门中，生产率呈负增长的行业有运输服务业、电车道建设业、公共汽车线路业、出租车行业、广播电台业和影视业、商品服务业和机构建设业。几种交通运输部门增长率下跌和需求下降明显相关。

a.1948—1973年

b.1973—1996年

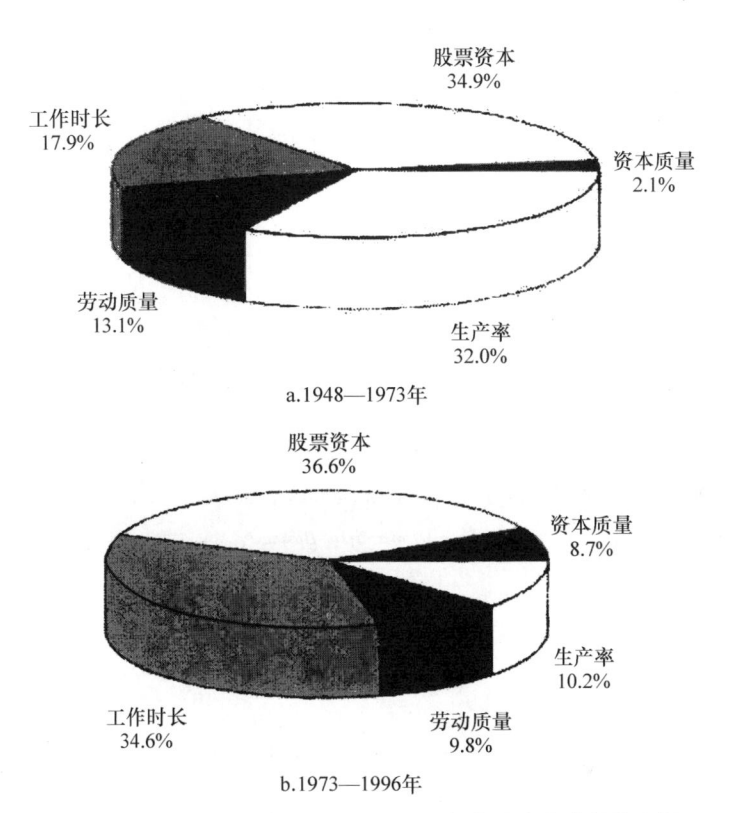

图 2-5 1948—1973 年和 1973—1996 年美国产出增长的来源

资料来源: D. Jorgenson and E. Yip, *Progress in Productivity Measurement: An Overview*, paper presented at a seminar in commemoration of Zvi Griliches' 20 years as Director of the NBER program on Productivity and Technological Progress. National Bureau of Economic Research, Cambridge, MA, March 5-6, 1999, appendix figures and tables。

表 2-3　　主要产业部门国民生产总值（GNP）现行价格分布　　　　单位:%

产业	1947 年	1959 年	1969 年	1977 年	1990 年	1997 年
农业、林业、渔业[a]	8.8	4.1	3.0	2.8	2.0	1.6
采矿业[a]	2.9	2.5	1.8	2.7	1.8	1.5
制造业[a]	28.1	28.6	26.9	23.6	18.4	17.0
运输及应用[a]	8.9	9.1	8.6	9.1	8.7	8.3
建筑业	3.9	4.8	5.1	4.8	4.4	4.1

续表

产业	1947年	1959年	1969年	1977年	1990年	1997年
批发贸易	7.1	6.9	6.7	7.0	6.5	6.9
零售贸易	11.7	9.9	9.8	9.6	9.3	8.8
金融、保险、房产	10.1	13.8	14.2	14.4	17.7	19.4
其他服务	8.6	9.7	11.5	13.0	18.9	20.4
政府	8.6	10.2	12.6	12.5	12.2	12.7
"可测量"部门[a]	48.7	44.3	40.3	38.2	30.9	28.4

注：1977年之前的数据没有经过严格比较，因为最新修订数据只回溯到1977年。

[a] 农业、林业、渔业、采矿业、运输业及应用。

资料来源：Adapted from Z. Griliches, "Productivity, R&D, and the Data Constraint", *American Economic Review*, 84, 1 (March 1994): 1–23. Data are from Tables 6.1 and 6.2 of the *National Income and Product Accounts*, 1928–1982, and *Survey of Current Business*, May 1993 and March 1999。

第四节 落后

如今，研究经济增长的学者大致认同一个观点，同第二次世界大战后的头25年相比，美国经济至少萎靡了一代人的时间（Krugman，1994：700）。本节将探讨生产率和人均收入增长下滑的一些原因。

最初，经济发展逐渐放缓，原因在于经济周期的短暂影响。当充分就业回归时，生产率发展开始下降且在随后的经济萧条中继续下滑。在经济萧条的最后阶段和经济复苏的初始阶段，生产率发展有明显增长趋势。这种周期表现的一个原因就是，在经济衰退初期，大多数公司不愿裁员，这样就能避免在下一个经济扩张时期招募员工带来的成本损失。经济扩张发生时，就业率增长较生产率增长更为缓慢。缺乏经验的劳动力和生产力不足的设备在经济衰退时期都是闲置起来的，而当企业经济扩张高峰期来临时，也不得不将它们用于生产线上（Sbordone，1996）。20多年来经济持续衰退削弱了经济周期的可信度。然而，尤其是在经济周期复苏的初期，我们往往就会在畅销报刊和商业报刊上看到一些文章出现，声称最新的数据显示，美国的经济生产率发展现已回升到一个新高度了。

如果经济发展放缓情况属实，那么原因何在？到目前为止还没有充足理由来回答这一问题。但有六个原因能大致解释经济放缓的现象,包括能源价格、私人资本形成、公共基础设施投资、技术进步、产出构成和政府法规。一些大众传言的解释虽然缺乏经验支撑,但也得到进一步证实。这些解释包括美国管理恶化、欺诈和犯罪现象增多、污染治理和安全管制带来的成本、自然资源损耗、职业道德下降("人们不想上班")以及商业学校已将教育重心由科技转向金融("管理者不了解科技"),等等。[①]

一 能源和原材料价格

桥根森(1986)认为,经济发展放缓的原因是能源价格大幅上涨,特别是在1973年和1979年,石油价格剧烈增长。能源价格解释论的可信度基于特殊的时期:1973年爆发石油危机,紧接着在1974年,生产率增长急剧下降;1979年石油危机再次爆发,随后在1980年,生产率增长再度下滑。桥根森认为,能源价格危机使得很多现存的能源密集型工业设备荒废,还使得电力和非电力能源投入替代了资本、材料和劳动的投入。批评家则认为,能源价格只占总成本的一小部分(1973年占1.5%,1997年占2.5%),因此能源价格在计算生产率的比重中影响不大(Berndt,1990)。如今,人们一致认为20世纪70年代爆发的能源危机对生产率的发展的确是一大负担,这场危机一直持续到80年代,但人们对其重要性却众说纷纭(见本书第七章)。大量证据表明,原材料价格和能源价格偶然性地同时上涨是阻碍生产率发展的一大重要原因(Bruno,1984)。

二 资本形成

作为造成生产率发展下降的原因之一,资本形成引发了大量争议。有几个原因导致解释证据的困难性。单位资本产出的确有小幅度下滑:1965—1973年下滑了13.5%,1973—1978年下滑了12.8%。然而,20世纪60年代以后,部分由于劳动力的增加,总工作时长快速增长(1948—1965年增加了0.38%,1965—1973年增加了1.44%;1973—1978年,年增长率为1.42%),结果导致资本在资本—劳动比率中下降。由于新资本设备较旧,资本设备生产率更高,因此,投资小幅下滑也是生产率增长下

[①] 这部分内容大量引用了丁尼生(Dennison,1985:44-57)和沃尔夫(Wolff,1985:29-57)书中的研究。

降的原因。60年代以后安装的部分新资本设备目的在于适应新环境和达到安全标准而不是提高生产率。沃尔夫认为，1965—1973年，资本形成比率及其构成变化占生产率发展放缓原因的1/2；而到了1973—1978年，资本形成比率及其构成变化只占生产率发展放缓原因的1/4。

三 公共基础设施建设投资

几位研究生产率增长的学者对公共基础设施与生产率增长之间的关系进行了探究（Aschauer，1989；Munnell，1990）。穆奈尔（Munnell）认为，大约2/3的非军事公共投资为"核心基础设施"，包括高速公路、飞机场、国家公共交通设施、电气应用工厂、供水设施和工业用途下水道建设等；第二类非军事公共投资项目为建筑，包括学校、国家研究实验室、医院、警察局、火警局、法院、车库和客运枢纽站，所有这些都促进了私人生产环境的形成。

非军事公共资本股票在1948—1969年增速为每年4.1%，而在1969—1987年的增长率仅为1.6%。公共投资率下降，公共资本—劳动比率的增长率同样下降。阿肖尔（Aschauer）估计，公共资本投资率下跌使得劳动生产率增长每年下降了0.1—0.2个百分点，而原来长期增长率为年均1.7%。[①]

四 服务业

导致生产率增长下降的另一个重要原因是产业部门结构的变化（见表2-3）。产出结构的变化影响生产率增长，使其在高生产率和低生产率之间波动。在战后早期阶段，美国生产率增长的一个重要原因就是农业到制造业部门就业率的转变。在20世纪八九十年代，服务业所占比重增加，成为美国生产率增长下降的首要因素。服务业涵盖面广泛，从建设文化设施（交响乐团和棒球队）到构建诸如金融服务、远程交流以及航班，这些都属于服务业的范畴。上述所有服务有一个共同点，那就是它们不是实体产品。人们对服务业及相关产业的一大担忧就是，相对而言，服务业属劳动密集型行业，因此生产率的提高难以实现（见本书第一章）。

---

① 彼得森（Peterson，1994）表示，公共资本投资下降是对公共资本边际报酬下降的回应。当然，该结论与"生产率增长放缓的部分原因是公共资本投资率增长缓慢"的结论不一致。

一项更为详细的分析显示，即使服务业在 GNP 及劳动就业比例中的比重都在上升，但如果不看制造业和服务业产出数据，而只估算它们的实际产出，我们会发现，美国"服务业与制造业实际产出的比例并没有增长"（Baumol et al., 1989：121）。这是为什么呢？原因在于，相比制造业，服务业在 GNP 中比重增长的主要原因是服务价格的上涨，尤其是在劳动更为密集的行业。1985 年的估算显示，60 年代以来生产率总增长率下降了 20%—25%，原因就是服务业在总产出部门构成中的比重增加（Wolff，1985：46）。

五　技术变革

此前说到，大多数研究将技术变革视为剩余要素，以此衡量技术变革的影响，研究者们试图量化技术变革对生产率下降的影响（见专栏 2-1）。由此产生的结果貌似可信，特别是在短时期内。人们尤其关注的是研发费用的减少对生产率发展的影响，并为此采用了更为复杂的计量经济学方法进行评估。结果显示，研发费用的减少对生产率发展影响较小，70 年代早期以来只占制造业全要素生产率下降因素的 10% 左右（Wolff, 1985：42-44, 51）。

然而，还有一个问题，增加研发投资会使生产率发展快速增长吗？美国非国防相关研发只占 GNP 的一小部分，约为 1.0%。批评家认为，冷战期间研究资源转移至国防和太空探索，这对国民经济技术变革是一大负担（见本书第十三章）。但我们不确定在 GNP 有增无减的情况下，研发开支是否会继续增加，且速度超过 GNP 的增长速度。许多学者不愿面对的一个问题是，在很多领域研发都是必不可少的。研发属劳动高度密集型行业，因此，它带有鲍莫尔所谓的"成本病"（见本书第一章）。内生增长理论家反驳称，虽然研发成本比一般物价水准上升得更快，但其可以带来的报酬递增完全可以抵消成本的上升。

六　无法测量

经济学家很难解释为什么美国生产率下降，其部分原因可能是测量方式不合理和数据不全的问题（Griliches, 1994）。美国国民经济收入数据的绘制方式起源于经济发展相对简单的时期，当时美国国民收入主要依靠庞大的农业生产体系和正在逐步发展的制造业。在那个时期，即使包括建筑业、服务业、政府和其他事业单位在内的部门也属于主要的经济生产部门，但缺乏足够的产出测算方式，价格平减指数也不全面。

第二次世界大战结束之初，美国整体经济中一半部门的产出都是可测量的。到了1990年，能合理准确测量的经济生产部门已不到1/3（见表2-3）。此外，商品生产的来源由技术的产生转为技能的发展，后者需要使用新技术以提高生产率，而这并没有被纳入国家收入计算数据之中（Howitt，1998）。劳动部劳工统计局（BLS）和商务部经济分析局（BEA）缺乏足够的资源以维护及改进国家经济核算基础设施。90年代中期，人们对测量精确度的争论衍生出了关于生活成本测量精确度的大辩论（见专栏2-3）。

专栏2-3

成本生活指数大辩论

测量生活成本指数的问题同构建生产率指数的问题相似。1994年，美联储董事会主席艾伦·格林斯潘（Alan Greenspan）在国会听证会上郑重指出，居民消费价格指数（CPI）每年都被夸大了1个百分点。这个等级的CPI指数上偏对政策的制定有着重要意义。每年，CPI衡量出的通胀率会调整收入纳税等级及社会保障收益。

1994—1995年冬春之际，参议院财政委员会举行听证会，著名经济学家们在会上强调了CPI的准确性。委员会随即任命五位经济学家组成咨询委员会研究CPI指数，米歇尔·博希金（Michael Boskin）为主席。他们在1995年9月发表中期报告，最终报告则发表于1996年12月。最终报告表明，他们的评估结果是每年CPI将通胀率夸大了1.1%。此文一出，立即引起了人们的广泛关注，人们呼吁调整纳税等级和社会保障支出。一般来说，记者和立法人员希望对指数编制这类晦涩难懂的问题了解得越少越好，因此，面对博希金教授的最新发现，他们很难理解并解释这一最新发现。

以博希金为首的咨询委员会发现了导致CPI偏差的四个主要来源。

一是替代性偏差：由于CPI监控固定一揽子的商品和服务价格，因此，它不考虑消费者在多大程度上通过选择价格上涨较慢的商品节省开支。咨询委员会评估认为，每年替代性偏差数值达到0.4%。

二是零售点替代偏差：CPI比较的是不同时间内同一类型商店内的商品价格。但如果消费者节省开支，选择在价低的折扣店进行消费，CPI就高估了消费者的实际购买力。委员会认为零售点替代偏差数值达到每年0.1%。

三是质量偏差：委员会声称，随着时间的推移，CPI没能完全体现商品和服务质量的提升。如果情况是这样，那么CPI评估商品价格上涨的报告就有误，因为实际上，消费者为购买一件质量更好的商品而花费了更多的钱。

四是新产品偏差：新产品在投入市场后，CPI不会立即对其进行评估。所导致的结果就是，新产品价格下降之后（大多数新产品都会如此，如手动计算器），CPI因忽略了这一点而夸大了通胀率。咨询委员会数据表明，质量偏差和新产品偏差共同导致的偏差为每年0.6%（Baker, 1998: 2-3）。

CPI偏差对生产率的发展也有重要影响。商务部经济分析局（BEA）采用的大部分价格资料和劳工统计局（BLS）收集的价格资料相同，但前者用以构建GDP的消费因素，后者用以构建CPI。因此，CPI在多大程度上夸大了通胀，也就在多大程度上低估了GDP消费构成。商品生产价格指数和消费品价格指数中同样存在这种偏差（Baker, 1998: 84）。

低估实际GDP增长意味着低估劳动生产率增长。劳动生产率增长是衡量私营企业部门（消费、投资、净出口）每小时实际最终产出增长率（或总投入百分比）的标准。因此，如果博希金委员会得出的结论是正确的，即每年CPI低估通胀率约1.1%，那么，生产率的测量也相应被低估（Baker, 1998: 84-85）。

批评者认为，实际上低估的数据并没有博希金委员会计算的那么多。他们认为，咨询委员会没能将测量技术已经取得的进步考虑在内，也没能分析CPI在多大程度上调整了质量变化。但他们基本认同委员会关于使用替代价格指数的技术建议，如使用几何加权法，以此更准确地计算替代性偏差。他们还对委员会所提倡的"加大力度研究如何更精确整合质量变化"的提议表示支持。此外，人们一致认同CPI上偏的存在。然而，让人吃惊的是，无论是博希金报告的支持者还是反对者，都未曾提议将资源分配给劳工统计局，而使之改进测量方法。

> 五位经济学家分别是国际商用机器公司（IBM）的艾伦·多伯格（Ellen Dulberger）、西北大学的罗伯特·戈登（Robert Gordon）、哈佛大学的格瑞里茨（Zvi Grilliches）及戴尔·桥根森（Dale Jorgenson）、斯坦福大学的米歇尔·博希金（Michael Boskin）。其中，博希金在布什执政期间曾是其经济顾问委员会负责人，后当选为咨询委员会主席。
>
> 咨询委员会研究CPI的成果编成了《向测量生活成本更准确的方法迈进》(Toward a More Accurate Measure of the Cost of Living) 一书 (Washington, DC: Senate Finance Committee)，1996年12月4日出版。在迪恩·贝克（Dean Baker）编辑出版的《得出正确的价格：关于居民消费价格指数的辩论》(Getting Prices Right: The Debate Over the Consumer Price Index) 一书中 (Armonk, NY: M. G. Sharp, 1998)，该报告及其评论被再次呈现。

最佳估计显示，"测量失败"不能作为导致20世纪70年代以来生产率增长下降0.2个百分点的原因。然而，精准测量的失败（Sichel, 1997）在很大程度上导致了后来被称作的"计算机悖论"（见本书第九章）。

第五节 观点透视

尽管新的内生增长模型带来了积极意义，但美国经济在20世纪中叶（大约30年代中期至70年代中期）生产率的快速增长是否为短暂的失常现象，或者它能否通过21世纪早期较为合理的经济政策而重现，答案仍然迷雾重重。有人认为20世纪五六十年代美国生产率的快速发展弥补了30年代经济大萧条时期生产率的下滑（见图2-6）。该观点认为，70年代美国经济只是重新开始了长期的新古典经济模型之旅："自1880年以来，美国经历的经济发展模型没有一种对经济发展率具有持续效应，或者是持续效应的作用的确发生了但又神奇地被抵消了。"（Jones, 1995: 499）

20世纪90年代晚期，经济学家一致认为在美国和当时其他高收入国家中，人均收入增长率每年持续上涨约2.0%。政策的失误也可能导致人均收入增长率发展缓慢，比如不正当的市场刺激因素、人力资源投资下降、新知识和科技停滞不前等。富裕的弊端之一就是，即使再积极有效的政策改革也不可能使人均收入增长率在2%的基础上再增加几十个百分点

(Barro，1997：17)。对穷国而言，他们可以从发达国家借鉴技术和制度化知识，还能实现人力资本、实物资本、制度资本的高投资率，至少，他们开始追赶经济领头人了。

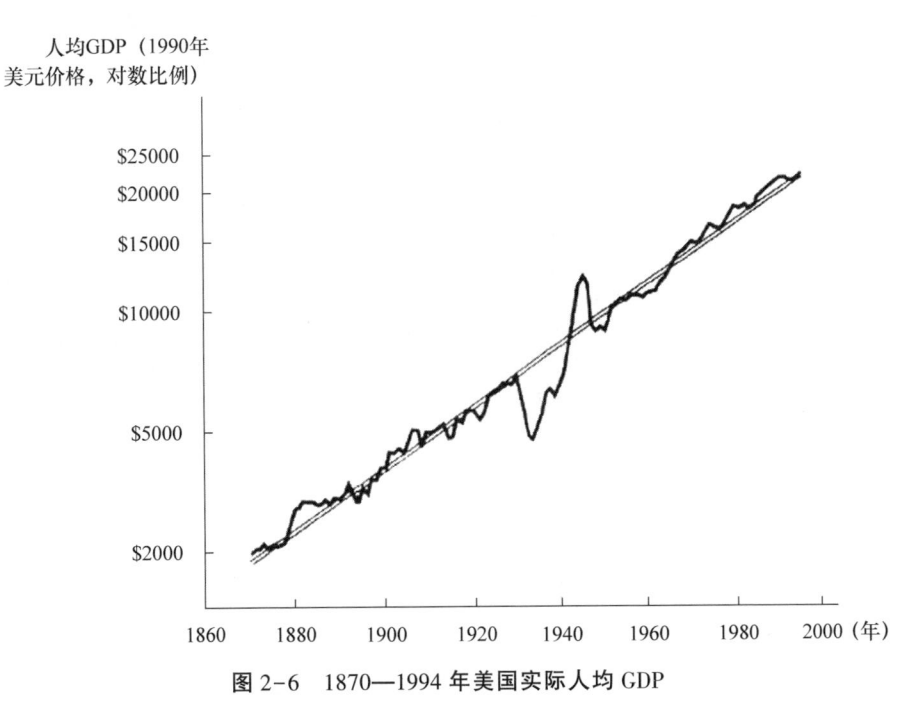

图 2-6　1870—1994 年美国实际人均 GDP

资料来源：*Introduction to Economic Growth* by Charles I. Jones，Copyright© 1998 by W. W. Norton & Company，Inc. Used by permission of W. W. North & Company，Inc。

当然，一些重要的发展资源无法得以重现。第二次世界大战后的一段时间不能算作未来经济发展的重要源头，但劳动人数（尤其是女性）增加，经济发展势头良好。目前，美国农业部门就业率不到整体劳动力的 2%。即使农业部门生产率增长持续超过其他部门的发展速度，其劳动力转移已不再是经济发展的动因。制造业部门生产率发展势头看似不再强劲。美国制造业部门的劳动力占有率从战后早期的 30%多下降至 90 年代的不到 20%。不难预测，在 21 世纪初的 10 年内，制造业劳动力就业率将不到总体的 10%。因此，即使将来制造业生产率快速增长，它对经济的影响力也将会越来越弱。

这种观点和第一章提到的假想模式相符合。显然，如果美国和其他富裕国家想要保持20世纪90年代相对适中的人均收入增长率，那么他们需要在这些领域更快地提高劳动生产率，当然，生产率较低或未测量的材料商品生产部门除外。本书写成之际，这种观点（尤其是在商业媒体中）还在持续不断地发展，认为服务业信息技术的普遍进步正推动美国进入一个加速发展的新时期（Madrick，1999）。如果推测变为现实，到21世纪上半叶，美国将更加有效地利用制度创新从而实现高效发展。

第二篇 技术变革的根源

本篇包含三章，主要讲述发明和创新的过程、决定技术变革速度及方向的因素，以及影响技术采用、扩散、转移的经济和社会因素。

自18世纪中期以来，西方社会发生了飞速的技术变革，这是科学与技术相融合的显著结果（第三章）。"19世纪最伟大的发明是发明了发明的方法。"制度创新包括建立农业实验站、工业实验室以及研究型大学。随着这些机构的建立，"科学研究"和"技术研究"先前明确的区分开始消失，知识在科学与技术之间进行双向流动。而且，技术的提供者和使用者通过"干中学"和"用中学"也会促使技术发展。

经济环境的变化影响了技术变革和制度变革的速度及方向，而新知识、新技术以及新制度的提供者（无论是政府还是个人）都在经济环境中发挥着巨大的作用（第四章）。20世纪50年代早期，经济学家认为技术和制度变革是经济体系的外生变量——"天赐之物"；而到90年代，技术和制度的变革很大程度上被认为是由经济环境变化（和差异）所诱导的内生变量。

20世纪40—50年代，众多有关技术采用和技术扩散的研究出现在社会学的分支领域中，特别是在乡村社会学和健康社会学领域（第五章）。公共政策旨在加快技术采用、扩散以及转移的速度，从而使其参与到国际发展和竞争中。经济学家受此激励，进行了大量研究。

目前人们所知晓的技术和制度变革理论及模型并没有被阐释清楚。在试图了解新技术和新制度的产生、采用和转移情况时，人们遇到了研究方法不足、历史研究缺少的问题。

第三章 发明与创新的进程[①]

自19世纪中期以来，西方社会经历了飞速的技术变革，这是技术与科学伟大融合的结果。而在此之前，这种融合从中世纪初开始就一直是建立在重视提高材料质量以及知识进步的思想基础上的。

然而，这种科学与技术的结合并非一帆风顺。从历史角度来看，科学与技术（以及科学家、工程师和农学家之间）的关系并不简单。直到进入19世纪，农业与工业的技术发展才基本完整地从机械知识与农事耕作转变过来。"从传统意义上来讲，科学是高端的、纯理论性的、智能的，而技术则是低端的，具有经验导向性。"（White，1968：79）

本章旨在清楚阐释技术变革进程。技术变革的兴起是人类智慧偶然得之的吗，或主要是生产和实践过程中出现的渐进性创新的产物？科学进步和技术发展之间的关系本质上是线性的吗？技术进步是新科学知识需求的主要来源吗？本章的第一节将回顾技能与顿悟在技术变革进程中扮演的角色；然后选取了三个案例来阐释在新通用技术出现过程中，技能与顿悟的复杂互动关系；第三节则在前两节的基础上，解释科学发展与技术知识之间的复杂关系；接着探讨在当代研究机构（工业研究实验室、农业实验站、研究型大学）中，新知识与新技术的发展过程；最后一节评估"干中学"与"用中学"两种方式在当今复杂技术中如何实现生产率内在增长。

[①] 很感谢威廉·鲍尔温（Willian Baldwin）、爱德华·雷顿（Edward Layton）以及安德鲁·方德万（Andrew Van de Ven）为本章早期草稿的建议。整个章节参考莫基尔（Mokyr，1990）的地方很多，远远超过文中所表现出来的。

第一节 发明与创新

大多数社会科学家可能会接受"发明、创新、技术革新"这一逻辑顺序。在某些情况下,发明确实先于创新,而创新也先于技术革新。但是这些顺序之间并没有明确的界限。本节会明确这三个概念。将厄舍尔(Usher)有关战略发明的模型与熊彼特(Schumpeter)有关"创新及创新者在经济发展中的作用"的理论进行比较,会提供一个非常有意义的视角。

一 熊彼特创新

一直以来,在经济领域中,创新比发明发挥着更为重要的作用;然而直到熊彼特将创新看作企业家的必备条件,并建立经济发展理论将创新者与创新、信用以及利益最大化视为三大核心因素,创新的概念才成为最热的风尚。[①]

熊彼特将"发明和发明家"与"创新和创新者"进行了区分(Ruttan, 1959)。他重复强调了这种区分:"创新不一定基于发明,发明不一定激发创新,二者并没有一定的经济相关性"(Schumpeter, 1939: 84)。

熊彼特不仅否定了"创新完全取决于发明"这一观点,同时还宣称,无论从经济学还是从社会学的视角来看,创新进程与发明过程都截然不同。他用生产函数的变化来定义创新。

"该函数描述了产品数量会随着要素数量的变化而变化。如果我们保持要素数量不变,变换函数形式,那么我们就会得到一项创新"(Schumpeter, 1939, I: 87-88)。但是,熊彼特概念里的生产函数变化同时包括制度与技术变革,"建立新生产函数……包括开发新产品、创建新组织、合并公司或开放新市场"(Schumpeter, 1939, I: 87-88)。

熊彼特主要关注技术领导者(创新公司)的生产函数变化,因为新生产方式的采用会促进增长。在他看来,创新势必会带来新工厂和新设备的

[①] 熊彼特对创新在经济增长中作用的探讨,大多完整地呈现在《商业周期》(*Business Cycles*)一书中(1939, Chapter III and IV)。要了解更早期的研究可以参照熊彼特(1934, Chapter 2)。

构建：由新公司构建，并与新的领导阶层出现有关（Schumpeter，1939：93-96）。

从 20 世纪 80 年代开始，出现了"新熊彼特式"复兴。① 这次复兴的领军人物主要关注要素与产品的新型动态结合，以及竞争给旧产品与老公司带来的"创造性毁灭"的结果。生产函数概念本身常常被看作理解创新进程的绊脚石（Nelson and Winter，1982：59-65）。

鉴于新熊彼特学派的热情，似乎很难相信无论是在（*Business Cycles*）还是在熊彼特的其他作品中，几乎没有涉及任何可以被看作创新理论的内容。在熊彼特体系里，商业周期是创新集群出现的直接结果。但是创新为什么会集群出现，集群为什么有周期性，这些问题并没有得到明确的解释。

尽管熊彼特主要关注的是创新，但是如果他没有提出创新理论，那么该去哪里寻找呢？接下来的部分将会讲到创新理论的发端——厄舍尔（Usher）的经典著作《机械发明史》（*A History of Mechanical Inventions*，1929、1954）。

二　发明的来源

一直以来，尽管"发明"这一概念在技术革新的历史与社会资料中占有重要地位，但是其在经济学文献中的地位却不值一提。② 经济学家面临的一个棘手问题是，如何给出可接受的分析定义，而不是国家专利局使用的法律制度的定义。

厄舍尔解决此问题的方法是用"新事物的出现"这一概念来定义发明，认为新事物的出现需要一种超出了技术或专业技能常规范围的"顿悟"：

> "技能"包含所有专业领域的学习活动，无论学习过程是个体自身取得的成果，还是依照说明书做事，均属于"技能"的范畴。"顿悟"则是不能通过学习获得的，会引发重要的新知识与经验的出现。

---

① 可以参考希尔特和帕尔曼（Heertje and Perlman，1990）、谢勒和帕尔曼（Scherer and Perlman，1992）、盐野谷和帕尔曼（Shionoya and Perlman，1994），以及科恩（Cohen，1995）等人的著作。

② 可参考一次完备的文献调查，见尼尔森（Nelson，1959：101-127）。

(Usher, 1995: 526)……尽管,往往是人们在知识或行为模式中意识到有无法令人满意的地方,进而诱发"顿悟"的出现,但"顿悟"的行为也经常出现在执行"技能"的过程中(Usher, 1955: 523)。

厄舍尔对研究发明的兴趣不仅仅在于对"发明"进行定义和描述,还尝试解释及对比"发明的出现"与"技能表现"之间的关系。他认为这一问题有三大解决方法:先验主义、机械学进程、累计综合,但是他最终否定了前两者。

先验主义方式将发明的出现归因于天才在凭直觉获得直接知识、了解事实本质时,时不时地偶然得到的灵感。[①] 厄舍尔对这种观点嗤之以鼻,认为这是违背历史事实的。他认为这种顿悟并非罕见、自发的现象。相反,顿悟会导致一种新型关系。在解决问题的框架中,要求人脑有较高且专业化的调节能力。先验主义者的观点从本质上来说就是供给政策。换句话说,自行车机械对汽车的发展贡献重大并不是偶然(见本书第十一章)。当代与先验主义相同的观点是:科学与技术的进展自主决定了技术革新的速度与方向。

机械学进程理论将发明视为必然出现的结果。[②] 个体发明家只是具有巨大历史力量的工具:"随着发明过程的推进,成果就会在时机成熟时产生。任何重要的发明都并不非得需要某个特定的天才;对历史和社会学家来说,发明的过程是非个人性的活动"(Gilfillan, 1935: 10)。在详细研究了众多发明的历史资料后,吉尔菲兰(Gilfillan)表示,重大发明的进程特别能反映出,发明是众多单一因素长时间累计形成的。

厄舍尔认为机械学进程理论忽略了一个事实:克服特定非连贯性或者抵抗需要"顿悟";只有有限数量的个人能在他们的参考框架中意识到问

---

① 这种观点大多可归因于塞缪尔·斯迈尔斯(Samuel Smiles),他是《工程师的生活》(*Lives of Engineers*, 1996)一书的作者。斯迈尔斯认为工程师、发明家以及实业家像文化英雄一样改变了19世纪的英国环境与社会。他的文章表达出,他非常赞赏通过经验与顿悟得来的技能在工程设计与实践中起到的作用。有关"发明企业家是文化英雄"的观点,请参考休斯(Hughes, 1986)。有关"农业学家和植物育种学家也是英雄,对现代高产作物品种的发展做出巨大贡献"的观点,详见斯特克曼等人(Stakeman et al., 1967)。

② 这种观点得到了芝加哥大学几名社会学家的大力发展(Oghurn and Thomas, 1922; Oghurm 1937; Gilfillan, 1935、1952)。要回顾"科学技术领域的多重发现和自主发现"的证据与原因,详见莫尔顿(Merton, 1973)。

题的存在，并且具备解决问题的条件。即使在这些情况下，也无法确定是否会发生解决问题需要的特殊顿悟性行为。

为了弥补先验主义论和机械学进程理论的不足，厄舍尔提出了"累积合成"理论。该理论利用了格式塔（Gestalt）心理学中提到的心理与社会发展过程。[①] 在这个框架中，重大发明来自简单发明的累积合成，而每一项发明的产生都需要特定的"顿悟"。

个人发明一般遵循以下四个步骤。

第一，感知问题。是指感知到一项模式有缺陷，或者不能让人满意。通常，外部经济环境的变化能够使人们意识到这一点。

第二，搭建平台。是指一些特殊事件或想法将解决方案所需的元素与数据集中在一起。在这个过程中，个人必须拥有丰富的技能来调控所有元素。

第三，顿悟行为。是指找到了解决问题的重要方案。厄舍尔强调顿悟力隐含很多不确定因素。这种不确定性决定了无法提前预测解决方案出现的时间或者精确配置。

第四，重要修订。是指新发明需要重新设计或者重新加工来满足技术和经济要求，以便成功采用或扩散。

一项重大发明或者战略性发明代表着许多个人发明的累积合成，每个发明通常都经历了以上这些步骤。许多个人发明仅仅是为重大发明项目搭建了平台，而当重大发明需要进行大量的重要修订来适应一些特别使用时，顿悟力再次变得十分重要。个人顿悟力以及累积合成的影响因素见图3-1和图3-2。

厄舍尔的累积合成理论基于格式塔心理学，为"新事物"出现的社会过程提供了统一理论。这个理论涵盖了科学、发明以及创新的所有活动，不必再像熊彼特一样去区别发明过程和创新过程，或者解释科学家、发明家以及企业家之间的相互关系。尽管研究技术的历史学家尝试使用其他模

[①] "格式塔的分析展示出伟人的成就是顿悟行为的特殊类别，这包含综合其他人的顿悟行为。因此整体来说，社会创新过程包含了不同类别的重要顿悟行为，以及不同程度的见解和想法。这些活动在此期间得以汇聚于大量的分析。顿悟并不是像先验论者所说，是一种罕见、非同寻常的现象，也不是对需求进行相对简单的回应（如机械学进程理论者所提到那样）。"（Usher, 1954: 61）厄舍尔着重坚称，技术变革的历史多于发明的历史，且前者必须在更大的社会和经济体中加以理解，这与马克思（Marx）的观点相同（Rosenberg, 1982: 34-551）。

型（比如库恩（Kuhn，1962）的科学演化模型）来理解新技术的产生，但是厄舍尔模型仍颇受亲睐。例如，休斯的技术体系模型就直接借鉴了该累积合成模型（Hughes，1978：166-182；Weingart，1984：131-132；见本书第七章）。

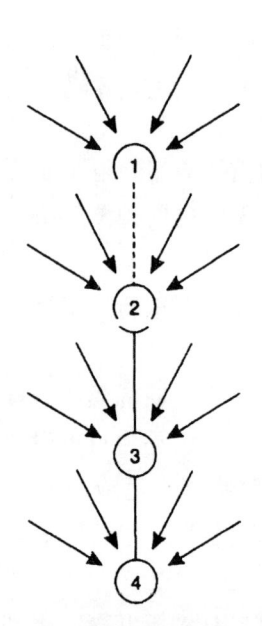

图 3-1　顿悟行为中新事物的出现

注：综合为以下步骤：（1）感知到一种模式有缺陷，（2）搭建平台，（3）顿悟行为，（4）重要修订并且完全掌握新模式。

资料来源：Abbott P. Usher, *A History of Mechanical Inventions*, Copyright © 1955 by Princeton University Press. Used by permission of Princeton University Press。

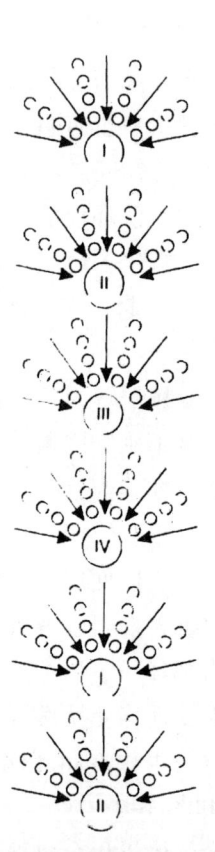

图 3-2　累积合成的过程。战略性创新的完整周期以及第二个部分周期

注：罗马数字 I 到 IV 展示了战略性创新的发展步骤；小圆代表了新事物的单个要素；箭头代表新合成过程中的相似要素。

资料来源：Abbott P. Usher, *A History of Mechanical Inventions*, Cambridge, MA: Harward University Press, 1954。

在经济学领域，约定俗成用"创新"这一术语描绘经济结构里出现的新事物，用"发明"描绘技术领域出现的新事物。笔者认为这样的区分并没有什么特殊的意义，事实上消除这种区分会带来很多好处，因为创新与发明的区分并没有真正的理论依据。事实上，用"创新"这一术语描绘科学、技术以及艺术领域出现的"新事物"更符合普遍的用法，也与其他学科的术语保持一致。要进一步精确这一术语，可以在前面加上修饰性的词语，比如"科学创新""技术创新""制度创新"等。这样，发明（可取得专利）就属于技术创新的下属领域。

厄舍尔理论的另一个优势是它明确了应该何时做出有意识的努力，以更有效地加快创新的速度或者改变创新的方向。在厄舍尔理论的第二阶段和第四阶段，即搭建平台阶段和重要修订阶段，自觉努力的影响力最大。自觉地将解决方案的要素连在一起，创造合适的研究环境，就可以搭建一个平台，减少要素流失。认为现在或者任何时候都可以搭建这样的平台，以在特定领域实现重大突破，这样的观点是不正确的。但是我们可以多加了解不同研究环境的有效性，以提高突破创新的可能。

关于重要修订，我们已经在引进经济与管理资源方面获得了巨大的进步。新产品研发所需的资源绝大部分都投入了这一阶段。例如，在医药行业，前三个阶段吸收了10%—15%的研发资源，而重要修订阶段吸收了80%—90%（Gambardella，1995：20；见本书第十章）。重要修订阶段的许多因素需要"技能"，而不是"顿悟"。现代研究有效缩短了从试管测试到流水线生产的时间，这就证实了可以有意识地改变应用研究和技术发展。[①]

第二节　累积合成模型：三个案例

本节展示了三个案例来说明厄舍尔阐述发明和创新过程的累积合成模型，分别是瓦特—博尔顿蒸汽机、现代水稻品种以及微处理器的发展过程。瓦特—博尔顿蒸汽机在机械技术领域是创新过程的经典范例，是19世纪主要的通用技术；现代水稻品种在热带的发展则显示出，在推进生物

[①] 厄舍尔累积合成模型的一大局限是它缺少对技术变革的速度与方向的说明。这些问题在本书第四章中将进行讨论。

技术方面农业实验站扮演了怎样的角色——20世纪后半叶，世界人口翻倍，生物技术满足了世界人民的粮食需求；微处理器是研究型企业发展电子技术的范例，直到20世纪末，因为微处理器而出现的计算机和半导体发展，一直是制造业和服务业领域技术变革的根源。

一　瓦特—博尔顿蒸汽机[①]

蒸汽机作为第一批战略性或者"通用性"的机械技术之一，与产业革命息息相关。蒸汽机开启了采矿业和制造业的新契机，否则这种契机很晚才会出现。

蒸汽动力首先在采矿业得到使用。随着煤和金属材料的需求量扩大，人们想方设法挖掘出埋藏更深的煤和金属。许多灵便的设备被发明出来用于排出矿井里的水，但是依旧会出现洪水泛滥的情况，这是进一步扩大产出的主要障碍。1698年，军事工程师托马斯·萨弗里（Thomas Savery）获得了蒸汽泵的专利权，他将这种蒸汽泵命名为"矿工之友"。

18世纪最初10年，萨弗里的蒸汽泵很少得到应用。锅炉和管道可承受的压力很低，因而限制了其发展。1712年，管道工托马斯·纽科门（Thomas Newcomen）及其助手约翰·卡利（John Calley）改良了萨弗里蒸汽泵，生产出第一款活塞蒸汽机。纽科门蒸汽机（见图3-3）包含一个内有活塞的气缸，当气缸内充满蒸汽时，平衡泵柱塞将活塞移至顶口。此时，对气缸进行冷水喷洒，以冷却蒸汽；蒸汽冷凝，产生真空。接着大气压会迫使活塞在气缸内向下运动，产生的力会作用在横杠上，抬起柱塞。

该发明经历了许多次修正。刚开始将冷水洒到气缸的外壁上，冷却速度很慢，因此后来将冷水洒向了气缸的内部。另一个问题是气体和非冷凝气体在气缸内积攒，这使得蒸汽机在经过几次冲程后会停止运行；而每次在气缸已充满气体的情况下，使一部分蒸汽流出，这个问题就得到了解决。最开始，气缸的进气阀和水阀由手动操作，后来发展为由引擎移动控制，使蒸汽机在启动之后变为自动模式。

20世纪末，英国出现了几百台纽科门蒸汽机，同时，欧洲大陆也出现了很多。正如萨弗里蒸汽机一样，纽科门蒸汽机主要应用于煤矿领域，因

[①]　在这一节，笔者参考了弗格森（Ferguson, 1964）、谢勒（Scherer, 1965）、希尔斯（Hills, 1970）以及卡梅隆（Cameron, 1993）的研究。

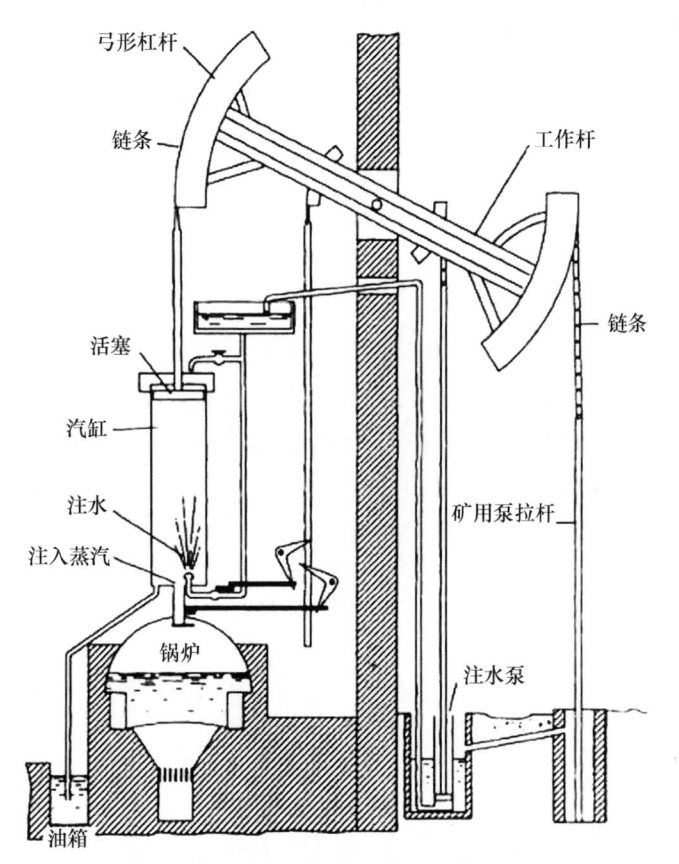

纽科门蒸汽机将蒸汽注入气缸，然后注入水使气缸冷却，产生局部真空。大气压促使活塞下降进行抽吸，而矿用泵杆以及设备的重量会使活塞向上运动，开始新一轮循环。

图 3-3　纽科门蒸汽机

资料来源：Eugene S. Ferguson, "The Origin of the Steam Engine", *Scientific American*, 211 (January 1964): 104。

为该领域燃料比较廉价。但是，这些蒸汽机体积大、操作笨拙、价格昂贵、热效率不高，其缺点为瓦特—博尔顿蒸汽机的发明奠定了基础。可以用厄舍尔累计合成模型描绘瓦特—博尔顿蒸汽机的发展进程。

（一）感知问题

纽科门蒸汽机的主要缺陷是做功时燃料消耗巨大。18世纪60年代早期，格拉斯哥大学的"数学仪器制作人"（实验室技术人员）詹姆斯·瓦特（James Watt）被要求修改纽科门蒸汽机上的一个小模型，以便在自然哲学课堂上用于演示。此事激发了瓦特对蒸汽机的兴趣，开始进行相关实验。

（二）搭建平台

平台是由瓦特掌握的基本机械原理知识以及作为精密工具制造者所拥有的技能搭建起来的。作为一个专业的工具制造者，瓦特可以自己制作蒸汽机中需要的相关零件。市场上还没有这种精密性的零件。

（三）顿悟

1765年夏天，一个周日的下午，瓦特漫步走在格拉斯哥公园里，突然想出了一个改良方案：不在气缸内凝结蒸汽，而是在一个单独的"冷凝器"里，用泵注入蒸汽，然后进行冷凝。气缸和活塞与蒸汽的温度保持一致，燃料效率会大幅提高（见图3-4）。

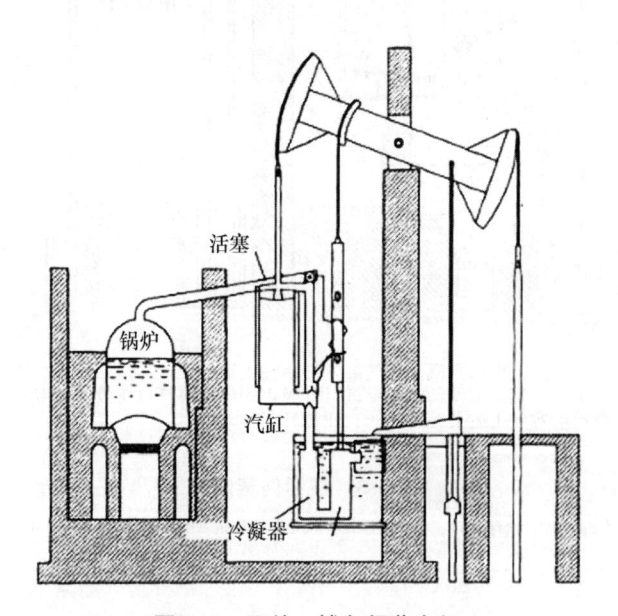

图3-4 瓦特—博尔顿蒸汽机

注：瓦特对蒸汽机做出的贡献包括独立冷凝器的发明，如图所示。之前的纽科门蒸汽机是在主体气缸内进行冷凝。

资料来源：Eugene S. Ferguson, "The Origin of the Steam Engine", Scientific American, 211 (January 1964): 104。

(四) 重要修订

这一阶段尝试根据冷凝原理生产一款能够成功运行的商用蒸汽机,然而,技术困难重重,其中包括如何保持气缸平稳运行,避免蒸汽流失。这些问题阻碍了蒸汽机的发展,并将实际使用延迟了好几年。

1774 年,瓦特与马修·博尔顿(Matthew Boulton)建立了合作关系。博尔顿是伯明翰一带有名的五金制造商,他为瓦特提供了进一步实验所需要的时间与设备。同时,附近的铁匠约翰·威尔金森(John Wilkinson)发明了一架新镗床用来制作炮身,同时也可用以制作蒸汽机的气缸。瓦特在此基础上做了大量改进,其中包括在气缸外围加上绝缘蒸汽套;在蒸汽冷凝器中安装气泵来保持真空状态;用离心调速器来控制蒸汽机的速度;还增添了一项装置,将活塞的往返运动转换为旋转运动。

1775 年议会出台了一项特别法案,将瓦特的专利使用年限延长至 25 年,瓦特—博尔顿公司开始进行蒸汽机的商业化大规模生产。第一批顾客中有一个就是约翰·威尔金森,他用机器来操作高炉的风箱。博尔顿和瓦特早期的机器大多数都用于矿井抽水,特别是在康沃尔的锡矿,因为这里的煤价格高昂,使用瓦特—博尔顿蒸汽机能够比使用纽科门蒸汽机节省很多燃料。1785 年,在蒸汽机的直接推动下,第一家纺织厂开始投入生产。截至 1800 年,也就是专利失效的那一年,瓦特—博尔顿公司已经生产了 500 台机器。

人们认为,专利年限延长使瓦特与博尔顿每年都因此得到一笔"奖金"或者终身"年金",但是减缓了蒸汽机的扩散速度,而且还妨碍了更进一步的创新活动——因为出于安全考虑,瓦特没有改进蒸汽机以使其能承受更大的气压。专利失效后,人们在蒸汽机的发展和使用方面进行了一系列密集的创新(Hills, 1970; Smil, 1994)。

瓦特是一个典型的发明家,博尔顿则是一名典型的熊彼特式企业家。瓦特早期的机器有许多操作性问题,在发明者与用户的不断交流中,这些问题才得以改善。而博尔顿事业的成功是基于发明家与企业家的紧密结合。

二 现代水稻品种[①]

热带高产水稻品种的发展是植物育种生产率提高的重要范例,同时,

[①] 孟德尔(Mendel)关于豌豆遗传特征的研究于 1866 年公之于众。但直到 1900 年前后,也就是重新发现及确立了遗传定律之后,孟德尔的研究才得以直接影响农作物的培育方式(详见本书第十章)。

它也是生物科学与技术进步相互融合的一个范例。用来培育改良作物品种和杂交品种的植物育种方法依赖于 20 世纪前几十年出现的生物知识的进步,特别是孟德尔遗传学的发展。①

20 世纪之前,农作物和动物生产率的提高与生物知识的发展并没有太大关联。农作物品种、动物品种、工具以及耕作方法在区域间的相互影响成就了史前生产率增长的重要来源,哥伦布环球之行给新旧世界的农业生产与耕地使用带来了许多翻天覆地的变化。工业化的出现以及陆地与水上交通的费用降低使得蒸汽机的使用成为可能,这也同时刺激了那些土地辽阔、人口密度低的地区发展农业生产。

然而,到 50 年代,通过开拓新土地或者简单的技术转移来实现农业生产扩大的方法已经失效。自 20 世纪中期以来,不论是发达国家还是发展中国家的农业生产发展均依赖产量的提高(每公顷产量的提高)。尽管耕地的扩张受限,但许多发达国家与发展中国家的农业生产年增长率仍能保持在 3.0%—5.0%,比 19 世纪的增长率高出了 2—3 个百分点(见第六章)。

这些高增长率得益于农作物和动物生产技术的提高,而促使技术提高的是对农业研究进行的巨大投资。最初,农业研究在公共机构(如由农业部门和大学管控的实验站和实验室)内进行,自 20 世纪 70 年代开始,由种业公司、动物饲养者以及化学公司为首的私人研究组织已经占据了农业研究领域的大半壁江山,这些组织直接推动着技术的发展。

本部分使用厄舍尔累积合成模型来解释热带高产水稻品种的发展过程。

(一) 感知问题

美国政府部门及一些国际机构对第二次世界大战后的格局进行了一系列的评估,评估结果之一是,南亚及东南亚地区粮食需求快速上涨、人口以及收入增加,这可能会导致出现严峻的粮食危机,因为水稻是这一地区人民的基本主食。尽管集中式培育方法获得的产量依旧很低(从世纪之交开始,每公顷产值保持在 1.0—2.0 吨),然而在世界上适宜生产水稻的其他区域,例如美国、南欧和日本,水稻产量则大幅提升。

---

① 这一部分主要参考了斯特克曼等人(Stakeman et al., 1967)以及沃特曼和康明斯(Wortman and Cummings, 1978)的大量资料。同时,在 1963—1965 年,笔者曾是国际水稻研究机构的成员之一,所以也融合了一些个人的相关经验。

将适宜区域的高产量水稻品种移植到热带地区的尝试宣告失败。20世纪20—30年代,日本提高了中国台湾的水稻产量,其方法并不是直接将日本的水稻品种移植到中国台湾,而是投入研究项目,研究使用日本及中国台湾两地皆宜的遗传物质来开发水稻新品种。跨越农业气候区域实现生物技术的直接转移受到生物条件的限制。50年代,各国政府部门及援助机构开始意识到,如果限制水稻产量的生物因素得以攻克,那么亚洲的热带水稻产量势必会提高。

(二)搭建平台

20世纪50—60年代,伴随着水稻项目的研发力度加大,国际水稻研究机构(IRRI)成立,为研发现代水稻品种搭建了平台。1953年,洛克菲勒基金会将一个研究小组派到亚洲,评估是否需要援助该区域的农业研究。研究小组与该区域的各国政府及福特基金会(曾在多国和地区出色地完成了很多项目)进行了多次协商,其商讨结果是决定在位于洛斯巴诺斯(Los Banos)的菲律宾农业大学旁边建立国际水稻研究机构。菲律宾政府提供土地;福特基金会同意提供资金来进行基本建设;洛克菲勒基金会负责资金的运作并组织一批核心的经济学家来直接管理该研究项目。1959年,建立该机构的协议正式签署。

1962年,IRRI成立,跨学科的国际人员招募完毕,研究项目也确立下来,修建了实验室、温室、筛分车间以及大面积的实验田等设施。在搭建平台这一阶段,最重要的一步就是启动一个项目以收集全世界的人工水稻品种和野生水稻品种。[①] 这就是遗传物质。人们希望通过它们能够研发出更高产量的水稻品种。在中国杰出的基因学家张德慈(T. T. Chang)的带领下,IRRI晋升为全球重要的种植和物质资源利用中心。新品种研发与测试的合作安排由菲律宾当地的研究组织和大学共同承担。研讨会和对项目的详细综述使得各研究小组明确了共同的目标,即提高亚洲的水稻产量。

---

① 最初那批科学人员研究的相关学科及名字如下。农学:蒙马瓦(Moomaw)(夏威夷);植物育种学和基因学:毕彻和詹宁斯(Beachell and Jennings)(美国)、张德慈(chang)(中国台湾);土壤学:波纳姆佩鲁马(Ponnamperuma)(斯里兰卡);植物生理学:田中(Tanaka)(日本)、维加拉(Vergara)(菲律宾);植物病理学:欧(中国台湾);昆虫学:帕塔克(Pathak)(印度);化学和生物化学:赤泽(Akazawa)(日本)、尤利亚诺(Juliano)(菲律宾);统计学:奥纳特(Onate)(菲律宾);农业经济学:拉坦(Ruttan)(美国);农业工程学:约翰逊(Johnson)(美国);通信和社会学:伯恩(Byrnes)(美国)。参见斯特克曼等人(Stakeman et al., 1962:298)。

（三）顿悟

重要的顿悟行为是在两个人的互动交流中出现的，这两人一位是来自美国的植物育种学家彼得·詹宁斯（Peter Jennings）；另一位则是来自日本的植物生理学家寺尾聪田中（Arkira Tanaka）。1964 年，詹宁斯发表论文提出了一种生物高产的水稻种植模型（Jennings, 1964: 13-15）。他提出的理想株型是短小的稻苗，其光周期密集，在良好的营养和生长环境下，会比其他株型高大的传统水稻产量更高（见图 3-5）。

图 3-5　不同的植物株型

注：左图，传统的高株型；中图，改良的高产量、高分蘖型株型；右图，高生产潜力的低分蘖型理想株型。

资料来源：Gurdev S. Kush, "Breeding Rice for Sustainable Agricultural Systems", *International Crop Science*, I. Madison, WI: Crop Science Society of American, 1993: 198。

这一概念的创新在起初发展阶段受到过一些质疑。但是，该创新使植物育种家们能够更加快速地通过筛选植物种类（而不仅仅是其产量），找出有潜力的杂交品种。这些品种与日本育种家 30 年前在中国台湾研制出来的蓬莱稻品种在生理机能方面很相似（Hayami and Ruttan, 1970: 563-589）。但是，直到詹宁斯与田中合作发展出更好的蓬莱稻品种，该概念基础才被理解，进而作为育种实践的模型。

（四）重要修订

水稻育种项目的进展远比预期快得多。在项目启动六年后，根据 IRRI 发布的实际水稻生产者的使用反馈，新的水稻品种产量潜力比传统品种高出了50%—100%。新种肥水稻生产技术的传播十分迅速,新闻媒体开始用"绿色革命"这类的词汇来描绘此水稻品种。

尽管该水稻品种一开始就迅速被采用,但有必要对其进行不断改进。最开始的品种可能会受到许多疾病和昆虫的影响。对新型的高产品种来说,对传统低产量品种影响很小的病原体与昆虫是其产量损失的主要来源。各种胚质因此被收集起来用以研究抗病和抗虫害的根源。育种者用抗体品种研发出一系列具有多重抗病和抗虫害功能的品种。这些抗体品种有很多优点,其生长需要少量或者不需要任何合成农药。此外,人们也注意开发适应不同生态系统的品种,如旱作低地(无灌溉)区域,高地(高海拔)区域,易出现洪水的深水区域和有盐渍、营养不足以及矿物质毒性问题的潮汐区域。

到20世纪80年代初,农民使用良好的农业技术在禀赋较好的土地上每公顷收获6—8吨的水稻已经不再是什么稀奇的事情。同时,实验站的研究人员发现,即使在适宜的环境下,想要继续研发出每公顷产量为10吨以上的水稻品种是很困难的。很明显,新的产量上限已经取代了50年代传统品种的产量上限(约为2吨)。另外,需要进行大量维护性研究,即在害虫和病原体也不断进化的情况下,维持现有的产量。

20世纪80年代中期,IRRI水稻育种项目的领导人古恩德夫·库什(Gundev Kush)提出了一个代替詹宁斯—田中模型的新型理想株型。该株型的谷草比(收获指数)和产量更高(Kush, 1993: 189-199)。这种新植物株型刚开始试种植。

三 微处理器[①]

晶体管(或者芯片)是半导体产业的一项重大发明,继其之后,出现了集成电路和带有多个有源器件的复合芯片。微处理器的发明有助于计算机中央处理器和其他微电子应用的发展,促进了个人计算机的广泛应用(见本书第九章)。同时,微处理器的发明也印证了厄舍尔累积合成模型。

微处理器是由英特尔公司的马尔西安·泰德·霍夫(Marcian Ted Hoff)于1969—1970年发明问世的。感知问题阶段开始于,日本商通手持

[①] 这个案例大部分基于弗兰斯曼(Fransman, 1995: 168-169)以及摩尔(Moore, 1996: 55-80)的研究。请参阅本书第九章。

式计算器公司（Busicom）要求英特尔为其提供拥有计算器功能的逻辑有线电路。英特尔作为存储设备生产领域领导者所具有的经验，以及泰德·霍夫在通用计算机方面的相关经验为微处理器的出现搭建了平台。

顿悟在于，霍夫观察到通用计算机可以满足商通公司的相关要求，并且成本不高。他认为要使处理器更有效地使用晶体管，就必须要建立在一个单一芯片上，其复杂程度与英特尔其他存储芯片等同。"他构想出一个中央处理器芯片，该芯片将只读存储器（ROM）与我们正在研究的随机存取存储器（RAM）结合起来，建立一个完整的计算系统，只需要改变储存程序就能满足商通计算器公司的要求"（Moore，1996：70）。霍夫的顿悟使其满足了商通的需求，他将需要发展13个复杂芯片的工作减少到只需发明一个芯片（外加两个存储芯片），同时，制作出一个更强大的通用功能产品。

重要修订对于完全发挥微处理器的潜力十分必要。第一台微处理器的处理能力有限，因此英特尔认为它的应用范畴很受局限，只能用在诸如计算器和交通信号灯等领域。20世纪70年代早期，功率更大的处理器被开发出来以备军用，这似乎证实了微处理器的局限性。然而，从1979年开始，英特尔开发了一种新型微处理器（型号为X86），其运行能力每三年可提高四五倍。这种技术轨道命名为"摩尔定律"，取自英特尔公司的创始人之一戈登·摩尔（Gordon Moore）。20世纪90年代，微处理器已经能够运行以往必须大型计算机才能完成的工作，这比预期早了10年。

有一点需要再次强调，那就是，在这些案例中，重要修订阶段所需的资源比前几个阶段所需资源要多出很多。芯片制造工序变得越来越复杂。而随着半导体加工技术的更新换代，设计新芯片的成本又比提高芯片容量的成本高出许多。80年代末期，人们计划生产一种最先进的芯片，而这需要超过20亿美元的投资。

第三节　科学与技术的联系

厄舍尔累积合成模型并不能完全展现科学和技术之间的联系。[①] 他主

[①] 本部分参考了斯特尔和拉坦（Thirtle and Ruttan, 1987: 2-11）以及拉坦（Ruttan, 1982: 56-60）。

要利用这一模型来说明技术创新过程中技能和顿悟的关系。在技术发展先于科学进步的领域，或者技术发展和科学进步联系不太密切的领域（例如机械技术领域），厄舍尔模型能够合理展现其创新过程。而且，这一模型也能精确展现爱迪生（Edison）在门洛帕克实验室（Menlo Park laboratory）发明耐高温白炽灯灯丝的各个阶段（见本书第七章）。但是，就科学和技术联系密切的领域而言（例如生物科学和农业技术、化学和化工发展领域），厄舍尔模型并没有完全展现其创新过程。

19世纪，理论咨询和实证调查融为一体。20世纪中期，出现了一种新的正统理论，认为现代技术就是应用科学。在这样的线性模型或组合模型中，基础科学促进理论发展，提高人们对科学的认识；应用科学利用基础科学知识设计新的技术。第二次世界大战后，美国成功发展了以科学为基础的军事技术，巩固了这一新正统理论。范内瓦·布什（Vannevar Bush）有关战后科学研究的报告最能体现这一新理论的巨大影响。"基础研究可以发现新知识、提供科学资本、创造知识实际应用所需的资金。基础研究是技术发展的基础，如今看来这一说法更加确切了"（Bush，1945：19）。布什的报告还认为，新产品和新方法需要以新原则和概念为基础，而新原则和概念是由纯科学研究发展而来的，而且他还认为进行基础研究无须考虑最终结果。布什的报告成为美国制定战后科学和技术政策的依据。直线型或组合型科技模型主导着战后研发管理、科学和技术政策制定，以及战后早期有关发明和创新的许多研究。[①]

实际应用中，科学发展和技术进步之间的相互作用关系更加复杂（见图3-6）。科学发现或创新并不是通过应用型研究这一单路径在发展。更确切地说，科学导向型研究和技术导向型研究交错发展，二者以共有的科学技术为起点，最终又回到这一起点上来（Layton，1974：31-41）。在有些情况下，路径发展以技术变革为起点，最终回到科学层面。例如，蒸汽机车的发明促进了冶金学和热力学的发展；莱特兄弟发明第一架飞机时并不清楚航空动力学原理，但其发明促进了航空动力学理论

[①] 布什的报告是由一个小团体制作的，这个团体主要由各学术科学领域的领军人物组成。回顾过去，很明显，布什早期发展计算机技术、创办雷声电气公司（Raytheon）、在第二次世界大战期间从事军事研发的经验使其得以用一种更为复杂的视角来研究科学和技术之间的关系。而且，他还希望该报告能够引起对开创性技术研究的重视和支持（Wise，1985：231）。有关直线型模型的知识和制度发展史，请参见斯托克斯（Stokes，1997：26-57）。

和材料科学的发展。

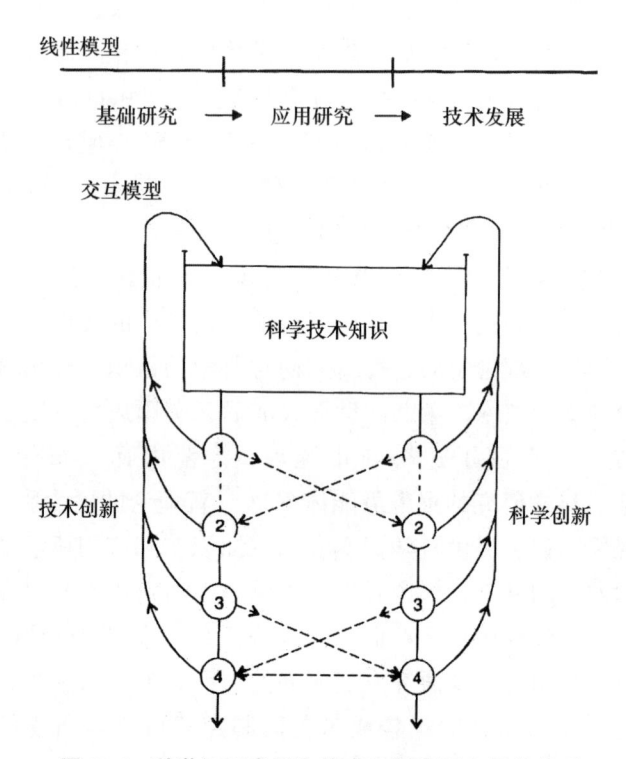

图 3-6 科学知识发展和技术知识发展之间的关系

资料来源：改编自 Vernon W. Ruttan, *Agricultural Research Policy*, Minneapolis, MN: University of Minnesota Press, 1982: 57; Donald E. Stokes, *Pasteur Quadrant: Basic Science and Technological Innovation*, Washington, DC: The Brookings Institution Press, 1997: 10。

然而，虽然现有的知识将科学与技术联系起来，但这并非二者相互作用的唯一渠道。在许多情况下，两条路径的最前沿经常会直接联系或相互交织。例如，前沿生物技术和当代生物科学之间的区分几乎已经完全消失，生物技术在大量使用新科学的同时也促进了其发展。与此相反，有机化合物分支领域中的化学技术却大量使用了过时的科学（Navin and Olivastro，1992）。在有些情况下，单独的个人或某个研究小组能够在促进知识沿着科学和技术双向发展方面起领导作用。科学家兼工程师欧文·朗缪尔（Irving Langmuir）和威廉·肖克利（William Shockley）就是很好的例子：欧文·朗缪尔在通用电气研究实验室里开展电化学的基础研究，积极改进电灯灯丝，并促进收音机真空电子管的发展（Reich，1983：199-221）；威廉·肖克利是贝尔实验室固体研究组的组长，不仅发展了半导体理论，而且初步发展了晶体管技术（见本书第九章）。如图3-6所示的过程也能够展现卡耐基研究所的乔治·斯卡尔（George H. Schull）和康涅狄格州农业实验室的唐纳德·琼斯（Donald Jones）对杂交理论的发展和延伸，以及杂交玉米种双交生产法的发明过程。

同样，图3-6也能够很好地展现在遗传学和遗传工程发展方面科学和技术之间的相互关系。莫林·凯尔维（Maureen KcKelvey）描述的科学和技术发展进程和图3-6完全一致。基因工程早期应用发展轨道和科学轨道有所偏离，企业的研发活动注重提高基因表达水平、可靠性、纯洁性、易操作性以及其他因素，以便新药物产品在技术和价格上都具有竞争优势。与此相反，分子生物学及其相关领域的科学家试图促进人类基因组方面知识的进步。由于不同的社会经济力量操控着这两个科学领域，因此这两条轨道发展方向不同但又相互交错（见本书第十章）。

莱顿（Layton）用"镜像双胞胎"这个比喻来描述科学和技术发展之间的密切联系。在这一关系中，技术不仅会朝着科学方向发展，而且科学知识也会被应用到工程技术中（Layton，1971：562-581）。普莱斯（Price）认为，尽管科学和技术是独立存在的，但二者的关系就像一对舞者，将二者联系起来的是"乐器奏出的乐曲"，"实验科学发展史是技术和科学发展史中缺失的一环。而现在人们认识到，钟表匠古老的手艺和制造科学器材的工艺同样重要，而二者又都包含了金属提炼工作的大多数技术，正是金属提炼工作使工业革命成为可能"（Price，1984：110）。普莱斯还认为，科学理论转变主要是为了解释技术变革。

科学和技术相互交织的模型明确了现代研究机构在科学创新和技术创新中的核心作用。

第四节　研究机构

"19世纪最伟大的发明是发明了发明的方法。"（Whitehead，1925：98）19世纪后半叶，工业研究实验室、农业实验站和研究型大学层出不穷，这些机构使得知识和物质资本向新知识、新技术转变的过程更为制度化（Mowery，1990）。

对于决定研究机构生产效率的内部过程，以及内部过程和外部环境之间的关系，人们知之甚少。研究资料可以分为两大类：一类是历史资料，主要源于研究参与者的笔记和回忆；另一类是源自心理学和社会学的研究管理资料（Van de Ven et al., 1989）。还有一种比较新的"人种学"资料，主要基于社会学家和人类学家对实验室生态的观察。①

在专栏3-1"美国第一所工业实验室"中，笔者主要介绍托马斯·爱迪生（Thomas A. Edison）于1888年在美国新泽西州建立的门洛帕克实验室（Menlo Park）。爱迪生把这个实验室发展成了"创新工厂"。他对门洛帕克实验室中发明过程的描述和厄舍尔模型的各个阶段非常类似。作为发明家兼企业家，爱迪生在组织研究项目时，特别能察觉外在的经济环境以及科学技术的发展机遇。图3-7所展现的是程式化的研究机构模型。② 图中所展现的内部生产过程和生产所在的外部环境密切相关。研究机构的生产过程包括将人力资源和材料资源的存量和流量转换成半制成品，这些半成品进而转换为产出。产出可以分为三大类——信息、能力及影响。

专栏3-1

美国第一所工业实验室

美国现代意义上的第一所工业实验室是由托马斯·爱迪生于1876年在新泽西州门洛帕克建立的。爱迪生及其研究小组在这里发明了耐高温的白炽灯，建立了电力生产和供应系统，为电力产业的发展奠定了基础。

---

① 经典的人种学研究资料来自拉图尔和伍尔加（Latour and Woolgar, 1979），相关论文资料，请参见麦肯齐和瓦克曼（MacKenzie and Wajcman, 1985）；相关评论则参见伍尔加（1982）和劳（Law, 1987）。伍尔加把人种学文献分为两大类：工具性资料和反射性资料。人种学文献的作用是破除科学活动的神秘性，向人们展示从事科学活动就像从事其他工作一样；反射性资料比较关注实验室研究人员思维过程的逻辑性。

② 本部分利用的资料有：爱迪生门洛帕克实验室的组织状况（见专栏3-1）、通用电气公司和美国电话电报公司早期的研究历史（Reich, 1985）、达斯古普塔和大卫对科学发展与技术进步之间关系展开的讨论（Dasgupta and David, 1994）以及笔者本人在国际水稻研究所的亲身经验。

在建立门洛帕克实验室之前，爱迪生就拥有许多重大发明，其中最重要的是在电报领域的发明。1869 年爱迪生来到纽约，在西联公司（Western Union Company）的支持下成为一名独立的发明者。19 世纪 70 年代早期，他在新泽西州纽瓦克市建立了一家工厂，为西联公司生产电报设备。在这里，爱迪生开始组建研发团队，这一团队后来成为门洛帕克实验室的核心骨干（Reich, 1985: 42-45）。

爱迪生在纽瓦克为西联公司所做的发明项目和生产活动对建立门洛帕克实验室非常有益。他把门洛帕克实验室看作一家"创新工厂"——能够"每十天有项小发明，每六个月左右有项大发明"。他之所以选择门洛帕克这个地方，是因为它与繁杂的纽瓦克都市环境相隔绝。爱迪生是个工作狂，经常连续几天待在实验室里工作，连休息也在实验室，同时他希望他的团队成员也能像他一样敬业奉献。

爱迪生吸纳进门洛帕克实验室的成员有查理斯·巴彻勒（Charles Batchelor）、约翰·克鲁斯（John Kreusi）、赫尔曼·克劳迪斯（Hermon Claudis）以及弗兰西斯·厄普顿（Francis Upton）等。查理斯·巴彻勒是位工艺大师，从英国远道而来安装纺织机械装置，在纽瓦克加入爱迪生团队；约翰·克鲁斯在瑞士接受培训，成为一名熟练的技工，他从纽瓦克市转来负责管理门洛帕克的机械车间；赫尔曼·克劳迪斯拥有电力工程的博士学位，曾经是奥地利电报系统的一名系统设计员；弗兰西斯·厄普顿是普林斯顿大学的毕业生，曾在研究生期间花费一年的时间跟随柏林大学的赫尔曼·赫尔姆霍茨（Herman von Helmholtz）学习电力学数学。门洛帕克实验室还拥有各式各样昂贵的机械工具、化学装置、图书资源、科学仪器及电力设备，以支持团队成员的发明活动。

1878 年，即搬进门洛帕克实验室两年后，爱迪生开始集中精力发展和引进电力照明系统。1878 年 10 月 20 日，他在《纽约太阳报》上公布了一项计划，打算发展源自中央发电机的地下配电系统。在公布这项计划之时，爱迪生既没有发电机，也没有发明颇具前景的白炽灯，更缺乏有效的分配体系。"我有正确的原则，走在正确的道路上，但是也需要时间，努力工作，还要有一些好运。所有的发明活动都需要这些因素。发明首先源自一种直觉，然后会有一点突破，再接着会遇到困难——发明陷入停顿，接着……一些缺陷和困难……就会自己显现出来。在商业应用成功或失败之前，连续数月的观察、学习和实验是必不可少的。"[源自爱迪生 1887 年 11 月 13 日写给西奥多·普斯卡斯（Theodore Puskas）的信，休斯（Hughes）于 1979 年引用]

发明和发展耐高温白炽灯灯丝是必须解决的主要问题。基于精细的经济估算，爱迪生认为，有必要发明一种耐高温的灯丝，而不是早期白炽灯发明者采用的低温灯丝，以便和煤气灯在价格方面竞争。然而，这一估算并不能直接引发选择出合适的灯丝。爱迪生及其助手对 3000 多种不同的材料（包括铂和竹丝）进行了测试，最终选择了碳化纤维（碳丝）。休斯指出，"爱迪生发明发展电灯系统的方法涉及经济学、技术（特别是各种实验）和科学。在爱迪生的笔记中，数页的经济计算和数页的实验数据混在一起……假设构想都是以科学为基础的"（Hughes，1979：135）。

休斯接着指出：

分析爱迪生发明耐高温灯丝的方法……会发现其创造活动的核心。就像爱迪生自己所说的那样，创造需要巨大的耐心、不断尝试，这一点即便是其最肤浅的传记作者也意识到了。此外，想要贬低爱迪生发明方法的人选择批判爱迪生的实证研究法，以此与后来的实验科学家所采用的所谓科学的方法相对比。这一肤浅表现和歪曲行为是可悲的，因为这是不理解创造活动价值所在的又一个例子。应该强调的是在陆续发明人类迫切需要之物的过程中，顿悟的重要性。爱迪生按照事情的轻重缓急明确各种问题，而且像众多发明者、工程师和科学家一样，坚持认为发现问题是解决问题的重要环节。最迫切需求之物是在经济上能够与煤气灯相匹敌的白炽灯；顿悟是认识到欧姆定律和焦耳定律，并且能够弄清其研究系统中各种技术变量之间的关系，在遵循这些原则的基础上以获得理想的经济效益。(Hughes，1979：138)

1879 年 10 月，爱迪生不仅确定了第一根实用的灯丝，而且宣布研发出了其电力系统的发电机。1882 年 9 月，珍珠街中央发电站开始为华尔街街区提供电力照明。由中央发电机带动的白炽灯照明时代开始了。

资料来源：Adapted primarily from Thomas P. Hughes,"The Electrification of America: The System Builders", *Technology and Culture*, 20 (1979): 124–161; Thomas P. Hughes, *Networks of Power: Electrification in Western Society*, 1880–1930, Baltimore: The Johns Hopkins University Press, 1983; Leonard S. Reich, *The Makings of Industrial Research: Science and Business at GE and Bell*, 1876–1926, Cambridge, MA: Cambridge University Press, 1985; David E. Nye, *The Invented Self: An Autobiography from Documents of Thomas Edison*, Odense: Odense University Press, 1983; and the popular account by Neil Baldwin, *Edison: Inventing the Century*, New York: Hyperion, 1995。

一 研究产出

研究型实验室最重要可见产出是"信息",以新知识或新技术的形式存在。就研究范畴中比较基础的成果而言,新知识一般呈现在公开发表的研究报告中,而新技术会导致专利的申请。然而,最终的成果是看新知识是否能体现在新产品或新方法上。例如,就生物医学而言,意味着是否发现了新疫苗或新药物;就农业而言,意味着是否发展了更高产的或者抗虫害作物品种(栽培变种)。如果研究机构或研究系统以经济实用性为目的,那么研究发现的知识和技术一定会转而产生新的收入来源。在私人研究领域,这些新收入大部分会流向赞助机构;在公共研究领域,新收入则会流向社会,受益范围更广。

如果一个研究体系是为了维护有价值的个人资产或社会资产,那么它就会将资源再投资到发展机构的"能力"上面——扩大机构自身的物资资本和智力资本。这意味着需要将部分资源发展分配到没有即时应用成果的信息上,还意味着需要将时间花费在研究生教育、进修和辅助研究或基础研究上,以提升科研人员的研究能力。基础设施、管理结构以及主导研究项目的意识形态必须根据新科学技术的机遇、市场环境变化、社会首要需求变化而不断更新(Dresch, 1995: 179-183)。例如,冷战结束后,美国能源部的国家实验室(如橡树岭国家实验室和劳伦斯·利弗莫尔国家实验室等)不得不根据需求重新调整国防研究项目。

研究机构是应该更注重"基础研究"和"应用研究",还是更应该注重扩展能力,特别是拓展机构中专业人员所拥有的能力,发展具有即时应用成果的科学和技术,对此,人们一直争论不止。人们越是强调前者,就越不赞同后者。这些争论还反映出对知识能力进行投资有很大的溢出效应。总体来说,基础研究的效益惠及对其进行支持的企业、大学或国家的只占很小一部分。普通的应用型研发往往也会产生巨大的溢出效应。科学家和工程师的创造性贡献得到外界的认可,那么他们就可以转到其他研究机构,或者吸引对其技能进行商业开发的资源,从而提高自身能力,获取"租用费"。

研究机构通常投入大量资源提升自身的影响力(Mukerji, 1989)。他们发现,为了确保成功占用当前及将来的资源,同赞助机构、立法机关、政府部门和私人基金会建立良好的关系往往是很有必要的。而且,他们还意识到，投入资源树立自己作为"有价值的公共资源"的正面形象也十分必要。尽管投入资源发展研究机构自身的影响力几乎不会给社会带来直接价值，但是，要想获取所需的资金或制度上的支持，从而维护、发展公共和私人研究机构，这类活动作用重大。研究机构不再仅仅拥有"信息技术的生产者"这一社会属性，因此，他们往往投入过量的资源维护自身的价值。

二 中间过程

图3-7展现的中间（或交换）过程和活动仅限于内部应用。这些活动对社会没有直接的价值；其价值源于对研究机构产出的作用。但是，就研究机构自身的生产效率而言，这些活动必不可少。它们是决定研究体系资源利用效率的"引擎"或"生产功能"。总的来说，这些中间服务必须由研究机构自身来完成，不能从外在资源购买获得。

（一）领导阶层

领导阶层，或者更确切地说是研究型企业家，是最为重要的中间产品。在需要研究人员齐心协力来解决重大技术问题和社会问题的时代，认为研发主管们只需要雇用优秀的员工并让他们"各司其职"的想法非常不合时宜。研究机构的领导者必须能够敏锐察觉社会目标的变化，而且必须能够把研究项目的长远目标有效地传达给研究机构内部的科学技术人员以及外部的机构组织（企业管理者、政府机关、基金会）。

（二）机构战略

研究机构的目标、原则及其运作方式都会反映出其战略或信条。例如，20世纪60年代，因为更加注重研究农业领域技术变革产生的环境溢出效应、人力资本形成问题以及社区发展的社会经济学视角，传统上以生产为导向的美国各州及联邦农业研究系统因此承受了巨大的压力。

（三）联系

联系或交际包括与实验站或实验室以外的个人和机构进行联络、展开交际关系，比如，与其他科学家和实验室联络、与使用实验室服务的客户进行联络以及与赞助人员或机构进行联络。这种联系会给双方都传递一些信息，因此，有时被称为"无形的或虚拟的学院"。正是通过与外部的联系，研究机构才会受到外部科学技术变化以及经济社会环境变化的影响。美国各州农业实验站一直以来都保持着与外部环境极为复杂的联系，包括

第三章　发明与创新的进程　71

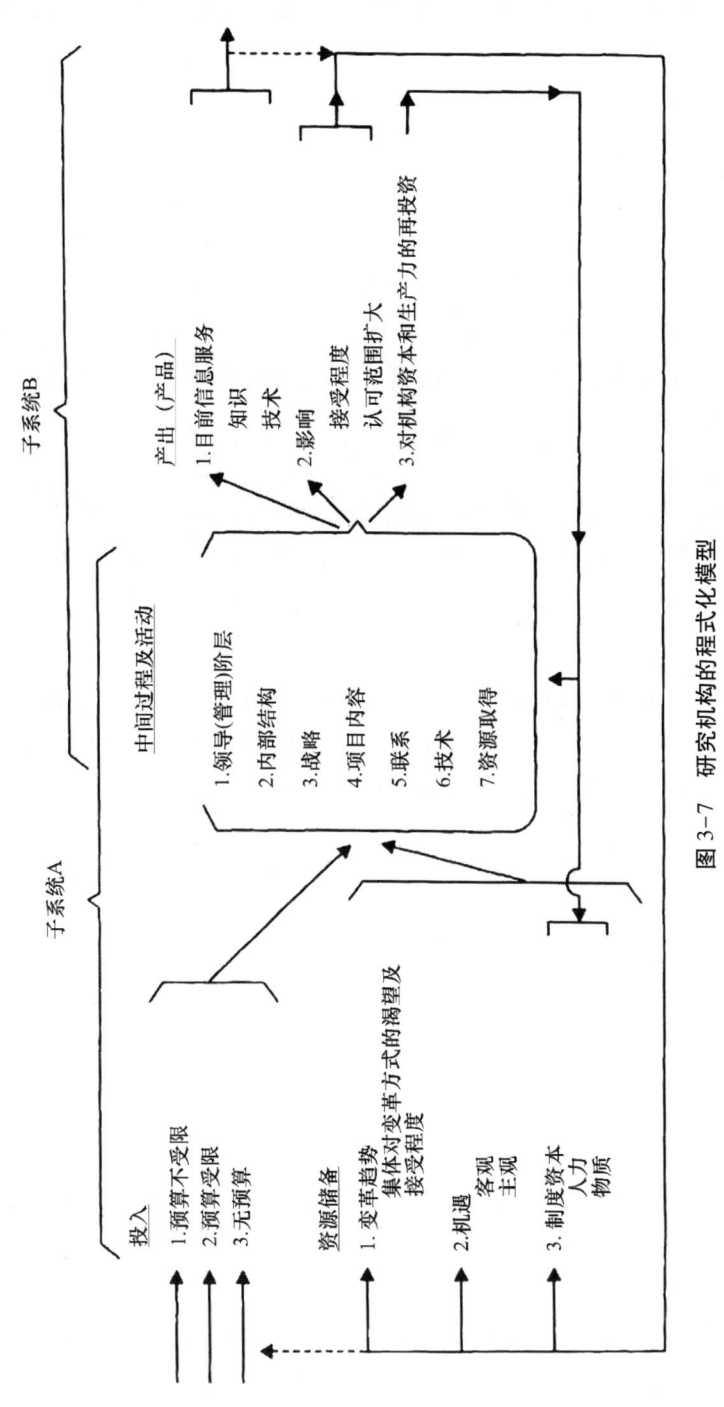

图 3-7　研究机构的程式化模型

资料来源：改编自 Melvin G. Blase and Arnold Paulson, "The Agricultural Experiment Station: An Institution Development Perspective", *Agricultural Science Review*, 10 (Second Quarter, 1972): 11–16。

私人领域的研究机构、各州农作物改进团体、农业拓展服务、社区及区域发展咨询、生产者和消费者利益团体以及各个阶层（地方、各州及联邦）的行政和政治机构。①

（四）研究技术

研究技术或研究方法是不断变化的。组织研究项目时，研究人员必须能够认识到自己所在领域及相关领域的发展，并愿为此不断贡献自己的力量。用于发展研究技术的资源实际上就是对研究工作者个人能力的资本投资。集中主要精力进行"前沿"研究的机构与致力于技术发展的机构相比，通常会支付给科学研究人员较低的薪金，因为科研人员愿意接受部分"工资"以对自身能力进行投资的形式存在。

（五）内部结构

项目细则通常会导致研究机构内部结构发生巨大调整。基础研究、一般性研究和技术发展通常都在大型中央实验室内进行。研究小组包括科学家、工程师、技师在内。以解决问题为导向、由不同学科成员组成的"中心"或"团队"，通常会影响到原则性强或以商品为导向的部门的决策权威。面临压力时，重新调整目标、重新规划项目方向、重新组织内部结构可能会吸引大量资源，信息生产的竞争力大幅度提高。这些行为对研究机构未来的生产率和经济可行性都会带来积极的影响。

第五节　干中学，用中学

研究在工业实验室、农业实验站以及研究型大学内展开，这是化学、电子、生物医学产业以及其他几大以科学为基础的产业在产生新知识和新技术的过程中共有的特点。然而，这不是发明的唯一来源，甚至对某些经济部门而言，这不是发明的主要来源。许多社会在工业化以前，其农业技术发展缓慢但一直在持续。东亚现行的水稻灌溉系统，其发展原因是由轮垦到多茬复种系统（同一块土地一年能种两茬及两茬以上的作物）的逐渐转变（Boserup, 1965）。在许多产业领域，个人发明者仍然是发明的重要

---

① 弗里曼和苏特（Freeman and Soete, 1997: 225）指出，以前的联络方式是企业内部研发部门和外部保持着良好的联系，现在这一联系方式正转变为合作创新。这种新型联系方式是产业（如制药产业和生物技术产业）快速进行科技变革所具有的特征（见本书第十章）。

源泉，就如瓦特所处的时代一样。直到1950年，美国一小半的专利发明由作为全职研究者或发明家的技师、工程师以及科学家创造（Schmookler，1957）。在科学发展和技术进步联系不太紧密的领域，如机械技术领域，大部分发明都是由个人发明者创造的。而在二者完全不相关的领域，如农业机械和科学仪器，大部分的创新归功于使用者。用以提高生产率的许多改进措施就是由生产工人、科学人员、直接参与生产过程的管理者、新技术或产品的使用者创造的。计算机软件产业正是典型的例子。然而直到最近，人们才认识到干中学和用中学也是技术变革、提高生产率的重要方法。

干中学是技术创新得以采用之后出现的一种学习方式，其分类包括"做得更多""做得更久"或者是二者的融合；其内容包括掌握新技能、发展技术创新、改善生产组织形式。用厄舍尔的话说，只有特别熟悉生产过程细枝末节的工人、技师以及管理者才能发现问题，并有解决问题的顿悟。[①]

用中学是和干中学紧密相关的概念，发生在产品使用过程中。重大新技术的设计者，甚至是改进者，很少能预测到技术实际使用过程中的全部问题，而且也不能预测到使用者将新技术用于何种用途。例如，早期，农民把汽车当作拖拉机、机动雪橇来使用，并且还把它作为砍伐树木、粉碎饲料的固定发电机，这些用途完全出乎制造商的意料（Kline and Pinch，1996：763-795）；而飞机或汽车的新设计通常只有投入使用，其缺陷才会显现出来；"第一代"杀虫剂（如滴滴涕）在公共卫生和农业病虫害防治领域使用多年后，才显现出对环境的影响；每代计算机的设计者和管理者通常也无法预测人们会将计算机用于何种用途。

一　自由轮

飞机制造、造船等产业的工程师首先意识到干中学的重要性。20世纪30年代，莱特（Wright，1936）发现，制造飞机机身的直接劳动成本随着机身产出数量的增加而降低。另一典型案例是第二次世界大战期间，制造自由轮和其他轮船所需的工时减少（见图3-8）。

[①] 干中学的另一种解读是，学习是累计总投资而不是累计生产的一种功能（Sheshinskin，1967）。本部分主要关注的是经验的作用。

图 3-8　所选造船项目所需工时

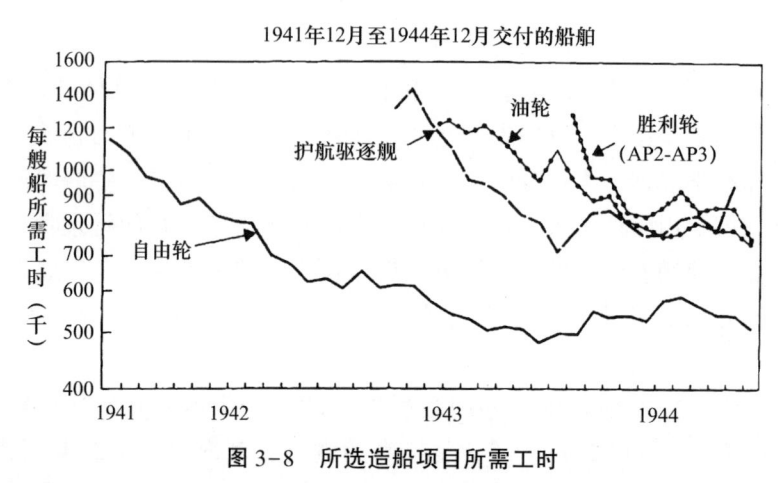

资料来源：A. D. Searle, "Productivity Changes in Selected Wartime Shipbuilding Programs", *Monthly Labor Review*, 61（December 1945）：1136。

"从所有产业获得的数据来看，产出增加一定百分比，就会导致所需劳动力的百分比持续降低。制造油轮、自由轮、胜利轮以及标准货轮时，产出每增长一倍，每艘船所需的工时数量平均减少16%—22%"（Searle, 1945：1132）。这一结果之所以令人惊讶，是因为生产率提高并不是受设计变化的影响。1941年12月至1944年12月，总共制造了2456艘自由轮，所有轮船的设计都相同。

20世纪50年代，梭罗（Solow）等人得出的新数据显示，每位工人的产出增加很大程度上得益于生产率提高。诸如此类的发现形成了肯尼斯·阿罗（Kenneth Arrow）有关干中学的假说（Arrow, 1962）。最近，南森·罗森伯格（Nathan Rosenberg）将这一概念拓展为用中学。尽管实证研究不断增加，但有关干中学和用中学理论的资料直到最近仍然被认为在技术变革领域无关紧要，这令人非常为难。比如，笔者在写这本书时，就对这两种理论该放在本章讨论，还是放在技术扩散的章节感到不太确定。

尽管阿罗和罗森伯格的观点大致相同，但是直到20世纪80年代，人们才认可他们的研究。在阿罗的模型中，企业的生产率被假定为该产业累计总产出的递增函数。收益递增是因为投资和生产过程中发现了新知识，而新知识会产生外部经济效益是因为其已经成为公共知识。

经济增长理论的新研究方法将技术变革看作是经济系统的内生变量而

非外生变量,该理论的发展越来越重视干中学和用中学理论(Romer, 1986、1987;Lucas, 1988、1993;Stokey、1988;Grossman and Helpman, 1992)。特别是卢卡斯(Lucas)直接从瑟尔(Searle)的理论中得到了灵感。然而,卢卡斯指出,在干中学过程中到底是因为什么人而使生产率得到提高,对此并没有清晰的概念。"提高生产率的是正在学习的个别工人,还是管理者,又或是整个组织?人们正在学习的技能是仅限于生产过程还是各个过程都存在?只是进行生产的个别工人、管理者、组织能学习,还是外部的观察者也能学习?"(Lucas, 1993:282)

卢卡斯进一步发展出一种新的模型,其中经济增长仅由干中学产生。但是,增长必须依靠不断发明新产品才能保持下去。卢卡斯同时提醒人们,尽管这一模型有许多诱人的特征,但是必须把它看作"纯粹的虚幻世界"(Lucas, 1993:271)。卢卡斯坚持认为,经济增长的主要动力是人力资本及知识的积累。在学校、研究机构及生产过程中能够积累人力资本,但是很少有人知晓不同累积方式各自的重要性(Lucas, 1993:271)。他总结出,在单一经济快速发展期间,比如1960—1980年的中国台湾和朝鲜,干中学是最主要的。这隐含着一种假设:某个产品生产过程中的学习,无论是自由轮生产还是电脑芯片生产,都需要提高该产品及相关产品生产的"质量要求",因此才会产生溢出效应。

二 半导体

欧文和克莱诺(Irwin and Klenow, 1994)以半导体产业为例,试图回答卢卡斯提出的一些问题。他们的主要目的在于弄清楚干中学产生的效益是仅限于本企业内,还是会溢出到其他国内或国际企业。

欧文和克莱诺指出:

> 半导体产业最为显著的"程式化事实"是,单位成本会随着生产经验累积(累积产出增加)而大幅度降低。因为半导体必须按照精确清晰的严格标准进行生产,因此生产过程可以根据各个阶段不断收集的信息进行合理调整。尤为重要的是,随着累积产出增加,干中学会使"产出"不断增长(不断增加能够使用的半导体芯片)。例如,在半导体产品周期的最初阶段,高达90%的产品或有缺陷或无法使用,必须废置;但是一旦积累了较多的生产经验,废品率就降到了10%以

下。(Irwin and Klenow, 1994: 1203)

观察家指出,早期的高容量芯片[比如动态随机存取存储器(DRAMs)]可以说是一种"技术驱动器",加快了后来记忆芯片生产过程中的学习进程。人们普遍认为,学习产生的效益大部分为进行学习的企业所获,其他企业只能够获得有限的溢出效益。人们还认为,这种学习过程是单向的,例如,日本企业向美国企业学习,而美国企业不会向日本企业学习。

为验证这些观点,欧文和克莱诺进行了一系列精心设计的计量测试。1974—1992年,共有7代动态随机存取存储器(DRAMs,其储存容量依次为4K、16K、64K、256K、1M、4M、16M)问世。欧文和克莱诺选择了32家生产企业作为研究对象,其中18家企业每种储存容量的芯片都生产。欧文和克莱诺利用每家生产企业售价和运输的季度平均数据来进行检验。几代不同储存容量的DRAMs的平均价格如图3-9所示。欧文和克莱诺总结出如下结果:

- 学习增长率(通过生产率的变化测量)年平均为20%。
- 企业内部累计产量增加一个单位所学的知识是从其他企业累计产量增加一个单位所学到知识的四倍。
- 其他国家企业内的学习溢出效应和给定国家企业内的一样。
- 在学习速度方面,日本企业并没有比其他企业突出。
- 每一代DRAMs与下一代DRAMs之间几乎不产生溢出效应。

欧文和克莱诺总结道:"根据我们的发现,学习率高时学习会促进经济增长,但DRAMs的代际学习产生的溢出效应非常微弱,因此不能充分证实这种观点"(Irwin and Klenow, 1994: 1224)。

随着干中学实证的累积,人们清楚意识到,即使生产同种产品,企业内部的不同部门在学习上也会存在巨大差异,相互竞争的企业之间的学习更是如此。从管理视角来看,很有必要明确干中学产生的知识是该归功于工人还是管理者。不同时间段、不同部门之间的学习存在巨大差异,其影响因素已经得到确定(Argote and Epple, 1990; Epple et al., 1996)。比较有趣的一个发现是,通过干中学获得的"隐性"知识(未被表述的知识)因为缺乏使用,其价值不断降低。这类知识会贬值的原因包括:产量(如军用飞机产量)出现很大波动、技术工人和工程师的数量不稳定(如人员精简或长期罢工)。"隐性"知识为工人和管理者所内化,隐藏在生产过程中,这就加大了规划项目、加强干中学的难度。

人们对干中学的认识还有很多模糊不清的地方,不把这一概念扩展到整个发明创新过程是正确的。而将干中学放在厄舍尔理论框架下来看极为重要,可将其看作一种批判性修订,从而充分发掘创新的全部潜能。[①] 工人和管理者对某一代记忆芯片生产率进行的提高,可以被认为是干中学的结果。然而,发展新一代记忆芯片则可以看作一种发明或创新,尽管发展新一代产品的工程师很有可能是从上一代芯片发展中获得了经验知识。干中学和用中学展示了任何特定产品生产中的收益递减现象。因此,长期来看,生产率增长需要技术不断进步。

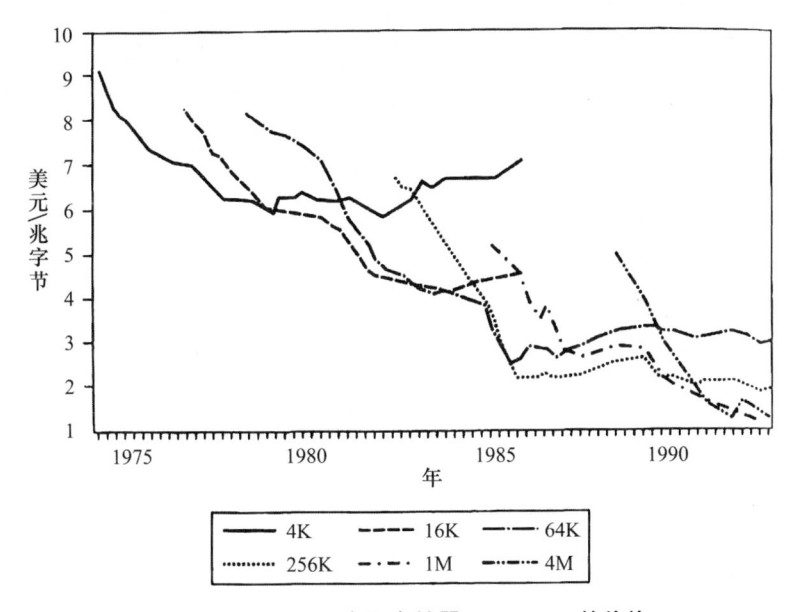

图 3-9 动态随机存取存储器(DRAM)的价格

资料来源:Douglas A. Irwin and Peter J. Klenow, "Learning - by - Doing Spillovers in the Semiconductor Industry", *Journal of Political Economy*, 102(1994):1211。

[①] 对此,笔者赞同威廉·费尔纳(William Fellner)的观点:"干中学被认为是在生产设备和产品保持不变(排除了最初的缺陷)的情况下一种节约成本的行为。应扩展这一概念,以包含所有的创新活动。"(Fellner, 1969:119)

用中学模型还没有引起大量的实证研究,但也存在和干中学相同的局限性。二者都被认为是实现发明或创新内在生产收益的方法。若不能充分发掘这种潜在生产收益,则可能会阻碍经济发展。如果没有新的战略性发明,生产收益的机遇就会在较短的时间段内消失。

第六节　观点透视

本章主要有三大主题。

第一,创新经历的各个阶段与科学技术发展的各阶段类似。厄舍尔累积合成模型分为感知问题、搭建平台、顿悟以及重要修订四大阶段,而这些阶段和科学技术领域"新事物"出现所经历的阶段一致。而且,绝大部分用于发展知识和技术的资源都投入了最后的重要修订阶段。

第二,在技术发展的过程中,知识在科学与技术之间进行双向流动。在最新的科学领域,如化学、电子、生物领域等,科学向技术流动最为迅速、最为明显;而在科学落后于技术的领域,如机械、冶金等,科学发展和技术进步之间的联系就没有如此即时。

第三,干中学和用中学都是提高生产率的重要源泉。但人们还不是很清楚工人和消费者获得"隐性"知识并对其加以应用的过程。然而,很明确的是,厄舍尔模型所描述的顿悟行为和批判性修订在此起着重要作用。

第四章　技术创新与制度创新

本章主要分析经济因素在诱导技术变革和制度变革中的作用。技术变革对于制度变革来说是一个强有力的诱因；同样，技术变革也离不开创造新知识和新科技的制度。作为现代社会一种几乎无所不在的制度，市场传递的信息和动机尤其能触发技术与制度的变革。

本章第一节探讨技术变革的根源，第二节探讨制度变革的根源，最后一节则展示一个较为完整的技术和制度创新模型及其要素。技术变革和制度变革相互依赖，是经济增长的重要源泉。技术变革需要制度变革，制度变革为技术变革带来新的发展机遇。制度、组织机构及变革执行者外部环境的变化是诱发技术和制度创新的重要因素。执行者往往会采取行动来应对环境的变化，而这些行动会引起技术和制度变革。本章的分析框架会应用到后面的章节中，分析农业、电力、化学、计算机和生物科技等领域的技术与制度变革。

第一节　技术变革的根源

20世纪60—80年代是一个新理论层出不穷的时期，同时也是用实证来深入分析技术变革的一个重要时期。[1] 六七十年代，人们主要关注需求和相对要素价格的重要性；而到了70年代后期及80年代早期，人们对熊

---

[1] 在此感谢 Esben Sloth-Anderson, W. Brian Arthur, Erhard Bruderer, Jason E. Christian, Paul A. David, Jerry Donato, Giovanni Dosi, Laura McCann, Richard Nelson, Nathan Rosenberg, Tugrul Temel, Michael A. Trueblood, Andrew Van de Ven and Sidney Winter 等人对本节早期手稿提出的意见。该节讨论的问题，笔者已在两篇文章中探讨过（Ruttan, 1996、1997）。"诱导性技术变革"这部分内容最初是和速水佑次郎（Yujiro Hayami）一起研究的（1970、1971、1985）。关于对此的评论，参见 Dosi（1997）、Wright（1997）和 Koppel（1995）。对技术变革经济学的全面评论，请参见 Kennedy and Thirwal（1972）、Thirwal and Ruttan（1987）和 Freeman（1994）。

彼特探讨经济发展根源的著作产生了兴趣，转而开始关注演化模型。自80年代早期以来，具有历史依据的"路径依赖"模型对这些演化模型进行了补充。每一种模型都深入研究了新科技产生的原因以及对新科技的抉择过程。笔者认为，这三种模型（诱导性模型、演化模型以及路径依赖）为一个还未成形的更为通用的理论做出了铺垫。

一 诱导性技术变革

有三种主要的传统研究分析了经济环境的变化对技术变革速度及方向所产生的影响。第一种是需求拉动理论，强调市场需求增长对发展知识技术的相对重要性；第二种是宏观经济理论或增长理论，试图阐释在工资率不断快速上涨的情况下，劳动要素份额明显具有的稳定性；第三种为微观经济模型，直接建立在约翰·希克斯（Sir John Hicks）爵士早期的理论基础之上——他认为，生产要素相对价格的变化本身就会刺激创新和发明，旨在节省使用价格相对较高的某种生产要素（Hicks，1932：125-151）。这种理论使经济史学家、农业经济学家和资源经济学家花费很多功夫来理解相对"要素禀赋"的不同及其变化对技术变革方向的影响。

（一）需求拉动与技术变革速度

兹维·格里利克斯（Zvi Griliches）对杂交玉米发明及扩散的研究堪称现代经典。在这一研究中，他证明了需求对发明出现的时间及地点有决定性作用（Griliches，1957）。此外，雅各布·施莫克勒（Jacob Schmookler）对专利统计数据的大量研究表明，投资增加时，资本商品的发明也会增加；投资减少时，专利申请的数量就会减少。因此他推断，在刺激发明创造活动方面，需求比知识进步更为重要（Schmookler，1962，1966）。20世纪60年代中期，雷蒙德·弗农（Raymond Vernon，1966，1979）创立了需求拉动模型，以此来阐释诸如汽车、电视、冰箱及洗衣机之类的耐用科技产品在美国的发明及扩散（见本书第五章）。

20世纪60年代后期，有关供给和需求哪一方（如在知识进步方面）更为重要的争论更加激烈。美国国防研究与工程局进行的一项研究表明，促使20种主要武器系统发展的重大"研发事件"大多源于军事需求而不是无利害关系的科学探究。然而，美国国家科学基金会（"毫无意外地"）经研究发现，科学事件是技术变革更为重要的原因（Thirtle and Ruttan，1987：6-11）。

严谨的产业研究表明,"供求在创新和产业生命周期中扮演重要角色,但供求之间的关系随着时间和相关产业领域的成熟程度变化而变化"(Walsh,1984:233)。不应该认为所有的发明活动都来自基础研究,进而认定对科学和技术知识的投资会为技术变革拓展新的机遇;也没必要坚持知识进步、发明活动和技术变革直接源于需求的变化,而认定需求变化对重新配置研究资源有重大影响(Scherer,1982)。

(二)要素禀赋与技术变革方向

关于"要素禀赋对技术变革方向的影响"的研究可追溯到20世纪60年代早期。约翰·希克斯很早就表示,"劳动节约型发明占主要地位的真实原因肯定是……生产要素相对价格的变化本身就会刺激创新和发明——旨在节省价格相对较高的某种生产要素"(Hicks,1932:124-125)。威廉·费尔纳(William Fellner)认为,买主垄断型企业会主动采取"改进"措施,以缩减那些价格逐渐上涨的生产要素;同样的,对未来相对要素价格变化的期望会促使那些处在纯粹竞争环境中的普通企业寻求改进措施,以节省价格较为昂贵的生产要素(Fellner,1956:220-222;Fellner,1961、1972)。

20世纪60年代至70年代初期,有关诱导性创新问题的讨论异常激烈。触发这一讨论的是萨尔特(W. E. G. Salter)对希克斯"诱导性技术变革"假说的明确批判。"在竞争均衡的条件下,每个生产要素都由它的边际价值产品来实现,所以,所有生产要素对企业来说价格相等"(Salter,1960:16)。他还认为:"企业旨在减少总成本,而不是个别生产要素的成本……如若劳动成本增加,任何能降低总成本的'改进'措施都会受到欢迎,而不会去管这是由节约劳动还是由节约资本获得的。"(Salter,1960:43-44;Blaug,1963)令人费解的是,萨特尔对希克斯"诱导性技术变革理论"的批判引起了非常多的关注。除此之外,美国经济在资本深化的情况下,劳动和资本的要素份额比例似乎依然相对稳定,其原因也让研究经济增长理论的学者困惑不解。人们认为,美国经济中劳动和资本的增长率差异太大,无法用简单的替代来解释。

1. 增长理论模型

关于诱导性技术变革的争论主要集中在两个可相互替代的模型上:一个是增长理论模型,另一个是微观经济模型。发展较为完备的是由肯尼迪(Kennedy,1964、1966、1967)和萨缪尔森(Samuelson,1965、1966)

提出的增长理论模型。肯尼迪模型有三个前提条件：（1）给定要素价格，（2）"外生的给定研发预算开支"，及（3）劳动力需求减少和资本需求减少之间存在一种基本的均衡（转换函数）。该模型根据要素增广的技术变革假设一种生产函数。在增长理论的框架下，肯尼迪主要分析相对要素份额的变化（而不是相对要素价格的变化）。

以下例子呈现的是对肯尼迪模型的直观阐释：

> 假设，一种新技术可以减少10%的劳动力需求，另一种新技术可以减少10%的资本需求，而二者的研发费用相等。当资本份额和劳动份额相等时，企业不会太在意选择哪一种新技术……这两种选择导致的技术变革都不会有偏向性。然而，当劳动份额达到60%时，所有企业都会选择减少劳动的新技术。当替代弹性小于1时，倘若诱导性技术变革的偏向性无法改变二者（减少劳动需求的和减少资本需求的技术变革）之间的相互替代关系，这种情况就会继续，直到劳动份额和资本份额重新变得相等。（Binswanger，1978a：32）

到了20世纪70年代早期，诱导性技术变革的增长理论模型遭到了猛烈攻击（Nordhaus，1969：93-115；Nordhaus，1973；David，1975：44-57）。诺德豪斯（Nordhaus）提出，在肯尼迪模型中，没有任何资源分配到发明活动中。"诱导创新的合理理论至少应该需要两种产出活动：生产和发明。如果没有发明，诱导性创新理论只是外生技术变革掩饰下的增长理论。"（Nordhaus，1973：210）此外，对于导致劳动提升和资本增长的技术变革来说，二者的均衡并没有受到技术变革累积的影响（Nordhaus，1973：215）。他坚持认为，肯尼迪模型"漏洞百出，难以经得起严格的经济分析"（Nordhaus，1973：208）。诱导性创新的增长理论模型因缺少足够的微观经济理论基础遭到了批判，没有得到长足发展。[1]

---

[1] 最近，在和兹维·格里利克斯（Zvi Griliches）的对话中，他谈到经济理论家对增长理论兴趣减低的另一个原因是，很难同时估算技术变革的偏向性和各生产要素的替代弹性［由戴曼德等人（Diamond et al.，1978：125-147）提出］。然而，这一问题已经得到解决（Binswanger，1974a、1974b；Binswanger and Ruttan，1978：73-80、215-242）。最近的讨论，请参见哈特梅尔（Haltmaier，1986）。

2. 微观经济模型

诱导性创新的第二种模型建立在希克斯微观经济学基础之上，由赛义德·艾哈默德发展（Syed Ahamd, 1966、1967a、1967b）。在该模型中，艾哈默德应用了历史上重要的创新可能性曲线（IPC）。在一段时间内，知识的基本水平决定了一套生产流程存在的可能性，也使其得以继续发展。每道工序都具有独一无二的等产量曲线。在实际应用于生产以前，每道工序都需要在研发上投入大量资源。给予一定数额的研发经费，企业会探寻到多种可能的流程（每种流程都有各自的等产量曲线），而 IPC 就是所有等产量曲线的总和。

专栏 4-1

诱导性技术变革希克斯—艾哈默德模型

假定，I_t 是时间段 t 内一种技术流程的等产量曲线，IPC_t 是相应的创新可能性曲线（IPC）（见图 4-1）。直线 $P_t P_t$ 表示相对要素价格，曲线 I_t 表示成本最低的技术。一旦 I_t 得到发展，曲线 IPC 剩余部分就会失去关联性，这是因为在 $t+1$ 时间段内，IPC 曲线会变成 IPC_{t+1}。之所以会有这种变化是因为，I_t 发展成曲线 IPC_t 上另外一种技术所需的研发资源，和 I_t 发展成曲线 IPC_{t+1} 上任何一种技术所需的研发资源相等。如果要素价格保持不变，技术变革是没有偏向性的，新的等产量曲线就会是 IPC_{t+1} 上的 I_{t+1}。然而，如果要素价格变为直线 $P_{t+1} P_{t+1}$，再发展 I_{t+1} 已非最优选择了，取而代之的是曲线 I'_{t+1} 所代表的某种技术方法。图 4-1 中，$P_{t+1} P_{t+1}$ 代表劳动力相对价格上涨。如果 IPC 发生无偏向性变化，与 I_t 相比，I'_{t+1} 相对来说节省了劳动力要素。

艾哈默德的图示对阐释一个时期内微观经济模型的诱导性创新过程非常有用。在该模型中，企业或研究所的外生预算固定不变。而若研发预算不再固定，用数学计算的方法来阐释则更为便捷（Binswanger, 1978a: 26-27）。在多个时期的模型中，随着 P_t 增长为 P_{t+1}，而 I_t 变为 I'_{t+1} 则需要一系列步骤。理解该流程的一个方法是诉诸"干中学"和"用中学"理论（Arrow, 1962; Rosenberg, 1982a, 见本书第五章）。

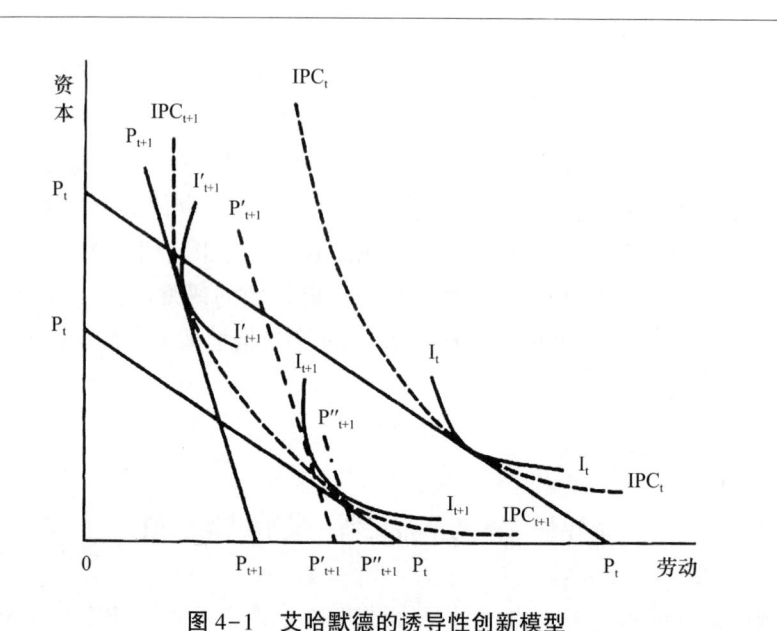

图 4-1 艾哈默德的诱导性创新模型

资料来源：Syed Ahmad, "On The Theory of Induced Invention", *Economic Journal*, 76 (1996), The Royal Economic Society, Figure 1 amended。

（三）用数据对话

肯尼迪—萨缪尔森增长理论模型和希克斯—艾哈默德微观经济模型之间最初的对话是在新古典主义标准二元要素（劳动和资本）模型中展开的。关于土地资源对产业领域技术变革方向的作用这一问题，经济史学家们一直争论不休。在农业经济学家中出现了一大批著作，讨论机械方向（节约劳动）和生物方向（节约土地）的技术变革，以及人们对这两个方向的偏好。

哈巴谷（Habakkuk，1962）认为，美国的土地—劳动比率比英国更高，这就造成了美国农业中实际工资的上涨，进而提高了制造商的劳动成本。他认为，美国 19 世纪较高的工资率不仅导致资本替代了劳动（资本更多），而且诱导偏向节约劳动的技术变革（资本得到更好的利用）（James and Skinner, 1985）。

这一问题在经济史学家中引起了争议。对此观点的评判主要集中在土地要素对"资本替代劳动"的影响上面，即"资本更多"这部分（而非

"资本得到更好的利用")（Fogel，1967；Ames and Rosenberg，1968；David，1973，1975：24-30）。大卫（David）认为，经济史学家"没有认真对创新速度及偏向性问题进行重新评估，正是因为标准的经济分析在指导选择已知的生产技术替代方案方面作用显著，而在创新问题上指导作用比较小"（David，1975：31）。

大卫认为，不对历史证据进行更深度的挖掘，这一争论就不会停止。但是若没有可操作的概念作为理论基础来区分技术变革与人们对技术的选择，以及区分技术变革速度与人们对技术变革方向的偏向性，那么对其进行验证的诉求也就无法实现。他认为，用"凹形向下的'创新可能性边界'（IPF）"可以解决这一难题（David，1975：32）。他也认同诺德豪斯（1973）的观点，认为美国"批量生产关系变化"这一特殊类型不能被纳入稳定的创新可能性边界的框架内（David，1975：33）。

大卫还坚持认为，只有创建一种建立在微观经济理论基础之上的诱导性创新理论，并辅以工程和农事实践，技术变革方向的偏向性问题才能得到理解。这也就意味着抛弃新古典主义增长理论和企业新古典主义理论。而且，很有必要把"要素价格、技术选择、全球性技术变革的速度和方向"三者的密切发展关系融入这一理论中（David，1975：61）。大卫的理论和新古典主义生产理论的不同之处在于，他认为替代中也许包含创新元素。这与早期艾哈默德（1966）、速水与拉坦（Hayami and Ruttan，1970）解释创新可能性曲线（IPC）[或者，用大卫的术语来说是，创新可能性边界（IPF）] 应用的机制类似。他的理论只能说是对新古典主义模型的一种拓展，而不是一种替代方案。

当大卫转而研究自然资源、劳动以及资本之间的技术关系时，他借鉴了埃姆斯和罗森伯格的著作（Ames and Rosenberg，1968）以及自己早期的著作（David，1966）。他认为，在19世纪中期，机械技术和土地互相补充——"农业和工业不同领域之间的相关性基础生产函数不具有原材料和自然资源投入的特性；相反，资本相对密集的技术……也相对比较耗费资源"（David，1975：88）。丰富的自然资源有助于资本替代劳动。对资源相对丰富（或稀缺）情况的正式阐述，明显是对传统新古典主义二元要素（劳动和资本）模型的重要拓展。但最大的意义在于，大卫扩大了研究范围，明确了技术变革路径依赖模式的诸多因素（David，1975：65、66）。

经过检验，诱导性技术变革的几种模型都和实证数据有着不同程度的差异。需求诱导模型和实证研究较为接近，对这一模型的正式建模和理论批评到较晚时期才出现（Lucas，1967；Mowery and Rosenberg，1979）。增长理论模型对实证研究毫无用处。与此相反，微观经济模型对触发广泛的应用研究作用极大。直接建立在微观经济理论基础之上的首个正式检验是速水与拉坦对日本、美国农业发展历史经验的检验（Hayami and Ruttan，1970）。① 很明显，不能用简单的要素替代来阐释两个国家之间土地和劳动比率的巨大差异，以及不同时间段内两个国家内部的变革。速水和拉坦采用了一种包括四种要素的模型，其中（1）土地和机械动力被视为补充要素，土地和劳动被视为替代要素；（2）化肥和土地设施被视为补充要素，化肥和土地被视为替代要素。

专栏 4-2

诱导性技术变革速水—拉坦模型

速水—拉坦模型中，机械技术发展的过程如图 4-2 的左边图示。I_0^* 代表零时间段内的创新可能性曲线（IPC）；它综合了一系列弹性较小的单位等产量线，比如，收割机的不同类型。土地和机械动力之间是互补的关系。若土地和能源价格指数引起工资率的变化，那么土地和动力将被劳动替代。如图 4-2 所示，价格率从 BB 变到 CC 就会诱导发明劳动节约型机器——比如说，联合收割机。

生物技术发展的进程如图 4-2 的右图所示。这里的 i_0^* 是零时间段内创新可能性曲线（IPC），代表一系列弹性较小的土地—化肥等产量线的总和，如 L_0。当土地—化肥价格率从 bb 下降至 cc 时，一种新技术（化肥效应更好的作物品种）将会诞生，如 i_0^* 上的 C_1。对土地和水资源发展的投资促使化肥替代土地。因此，化肥效应高的新品种和土地设施之间是互补的关系。

---

① 在撰写这篇文章的时候，速水和拉坦比较熟悉费尔纳、肯尼迪和萨缪尔森有关增长理论的著作，但不了解艾哈默德的文章以及艾哈默德后来与费尔纳和肯尼迪的交流。激发速水和拉坦写 1970 年这篇论文的是哈巴谷（Habakkuk，1967）对英美科技发展的历史观察。参见 Ruttan and Hayami，1994。

图 4-2 中，机械技术进步和生物技术进步对要素比率的影响被完全区分开来，这很明显是过度简化了。土地—工资价格会直接导致土地—劳动比率发生变化，然而在速水—拉坦诱导性技术变革模型中，这一点并不重要（Thirtle and Vernon Ruttan，1987：30、31）。

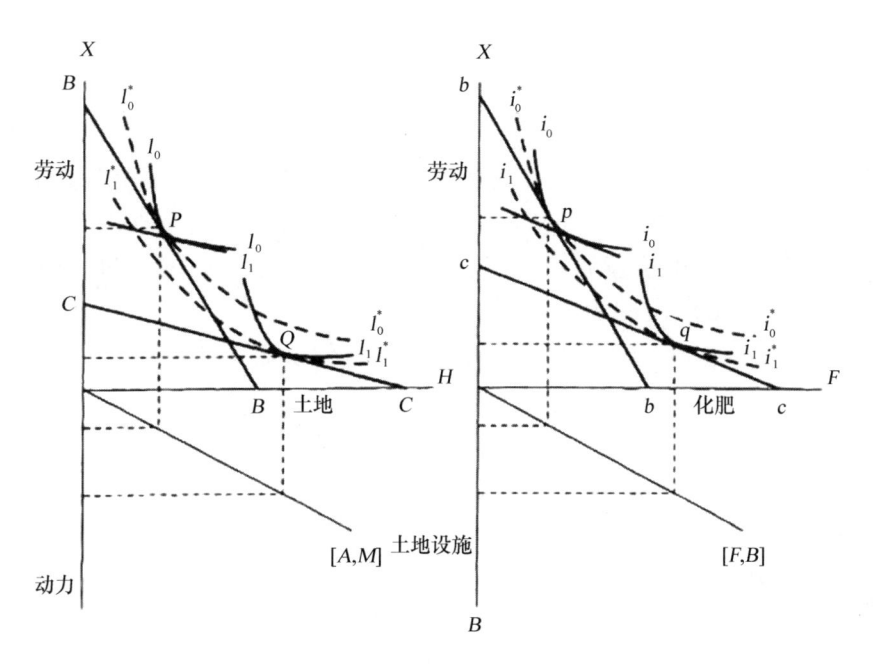

图 4-2　农业领域的诱导性技术变革

资料来源：Yujiro Hayami and Vernon W. Ruttan, *Agricultural Development*：*An International Perspective*，Baltimore：Johns Hopkins University Press，1985：91。

速水和拉坦进行的计量试验表明，美日两国农业发展过程中生产要素比例所发生的巨大变化"代表了一种动态要素替代过程，这一过程伴随着相对要素价格变化引起的生产函数变化而变化"（Hayami and Ruttan, 1970：1135）。速水和拉坦的著作问世之后，在农业和自然资源领域出现了大量有关诱导性技术变革微观经济模型的实证检验。在工业领域，从消耗自然资源和原材料的产业中得到的检验证据最为可靠（Jorgenson and Fraumeni，1981；Wright，1990；Jorgenson and Wilcoxen，1993）。20 世纪 80 年代中期，美国及其他国家农业领域的试验给出确证：相对要素禀赋和价格的变化（有时是差异）能够对技术变革的方向产生深远的影响。①

二 演化理论

技术变革演化理论在当代的复兴，主要源于20世纪70年代理查德·纳尔逊（Richard R. Nelson）和西德尼·温特（Sidney G. Winter）的著作（Nelson and Winter, 1973、1974、1975、1977；Nelson et al., 1975）。② 这些文章为二人后来受到高度赞赏的著作《经济变革的演化理论》（Evolutionary Theory of Economic Change）（Nelson and Winter, 1982）奠定了基础。他们用演化理论阐释经济变革过程，将该理论称为"熊彼特式"学说。③ 纳尔逊—温特模型的第二大基石是企业的行为理论，在这一理论中，长时期内按惯例实施的决策原则代替了企业追求利润最大化的行为（Simon, 1955、1959；Cyert and March, 1963）。

纳尔逊—温特的演化模型摒弃了许多他们认为是新古典主义微观经济模型中冗余的东西，如"全球目标函数、最优抉择、企业行为追求利润最大值等。我们认为'决策原则'在概念上就类似生产'技术'，然而正统说法认为它们是不同的概念"（Nelson and Winter, 1982: 14）。生产函数及其他所有常规、可预见的生产模型都被"惯例"这一概念所取代——"惯例是一个术语，包括生产商品的具体技术操作，雇佣解雇

---

① 奥姆斯特德和罗德（Olmstead and Rhode, 1993）从概念和实证两个方面批判了速水和拉坦的理论。在概念层面，他们认为"变化类别"（用于解释某个国家固定时间段内生产增长的相对要素）和"层次类别"（用于分析国际生产差异）这两个概念定义模糊。他们还认为，基于诱导性技术变革假说在美国农业领域的区域性试验只适合种植谷物的中部地区。而在后来的论文中，他们二人（1995）从各州数据中找到了较为有力的证据来支持这一假说。更多批判和辩护，请参见科佩尔（Koppel, 1994）。

② 纳尔逊和温特把他们著作的直接思想来源归于阿尔奇安（Alchian, 1950）和潘罗斯（Penrose, 1952）的论文。至于纳尔逊—温特合作的理论基础，请参见温特（Winter, 1971）；关于这一合作的历史和哲学基础，参见厄尔斯特（Elster, 1983: 131-158）及朗格里斯和埃弗雷特（Langolis and Everett, 1994）。乌尔里克·威特（Ulrich Witt, 1993）把演化经济学领域许多重要的文章收集在一起，编成了一本文集——《演化经济学》（Evolutionary Economics）。有关最新的经济变革演化思想，请参见纳尔逊（Nelson, 1995: 48-90）。

③ 纳尔逊—温特模型和熊彼特在看待发明和创新的联系上观点有所不同。熊彼特认为发明和创新之间没有必然的联系（见本书第三章）；而纳尔逊和温特用"演化"这个词意在表明，"我们绝没有为了这些模型而寻求生物类比的意图"（Nelson and Winter, 1982: 11）。然而尽管二人声称自己的方法不符合孟德尔遗传定律（Mendelianism），但事实上，他们把企业行为和技术变革的演化过程看作马尔科夫（Markov）过程，以及在模拟时应用了马尔科夫机制，这些都类似于孟德尔定律模型。

员工、制定新的存货清单、加快生产需求量大的产品等所需的程序，制定与投资、研发及广告相关的策略，以及发展产品多样化和海外投资的商业战略"（Nelson and Winter，1982：14）。而且，要素替代和生产函数转变之间的区别也被忽视。纳尔逊—温特模型中的两个基本机制是"寻求"更好的技术，以及企业由市场"选择"（Elster，1983：14）。在该模型中，创新微观经济学被理解为"在各个企业惯例基础上的随机过程"（Dosi et al.，1992：10）。导致技术变革的学习活动有（1）企业内寻求技术创新，（2）模仿其他企业的实践，及（3）令人满意的经济行为。

专栏 4-3

纳尔逊—温特的演化模型

在纳尔逊—温特最初的模型中，当利润降至一个定点时，企业就会开始寻求新技术，无论是由内部研发还是从供给商或竞争对手那里转移而来。模型假定，在寻找时，企业从投入—产出系数的分配中提取样品（见图4-3）。如果A是现在的投入组合，那么可能的投入—产出系数就分布在它的四周，这样一来，在A周围找到一个接近A的点的可能性远大于在其他较远的地方找到这么一个点。寻找于是在本地进行。一旦企业找到了B，就会检验B技术的盈利能力。如果B的成本比A低，企业就会选择B，并且不再寻找；否则，寻找仍会继续。因此，如果劳动相对低廉，也就是说，相对价格如直线CD所示，B^*点的技术及投入—产出、要素比率将被接受。但是，如果劳动相对较为昂贵的话，像直线$C'D'$所示，企业就会拒绝B^*技术，继续寻求其他技术，直到找到另一个点，比如$B^{*'}$。与B^*相比，$B^{*'}$的技术相对来说更为节约劳动。

许多竞争企业联合在一起把随机的寻求技术过程发展成为一种模型。所有高于"标准"红利的利润都会被用于再次投资。因此，成功的企业要比那些不成功的企业发展更为迅速。经济领域的资本储存由所有企业的总投资决定。劳动供给对企业来说是弹性的。

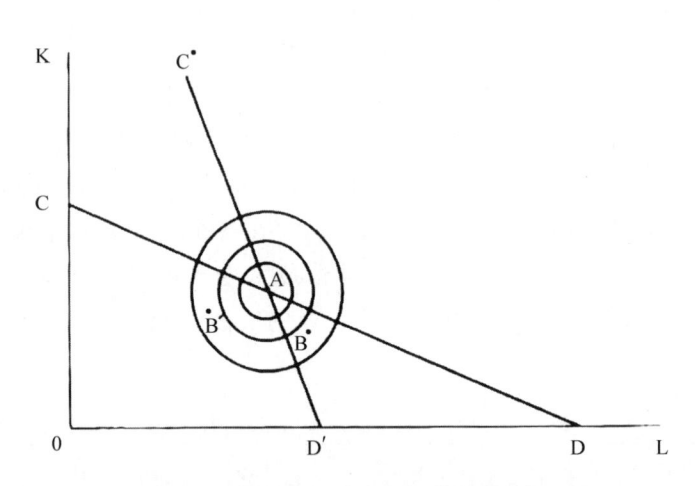

图 4-3　新投入—产出系数抽样及选择

资料来源：改编自 Richard R. Nelson and Sidney G. Winter, "Factor Price Change and Factor Substitution in an Evolutionary Model", *Bell Journal of Economics*, 6（1975）：472. Copyright © 1975. Reprinted by permission of RAND。

用来演示该模型合理性的不是对先前经验进行形式分析或试验，而是模拟其运作。模拟从一个点开始，所有企业在这一点上是平等的。经济的产出、工资—租金比率及资本累积率由该模型内生决定。纳尔逊和温特应用了基础模型的许多变体来解释市场结构的变化如何影响到技术变革的速度和方向，以及阐释模仿和创新的重要性。

企业在考量可替代技术的营利性时，某些技术在较高的工资率下无法通过"盈利能力测试"，但是在工资率较低的情况下会被通过；相反的，某些在工资率较低的情况下不能通过的技术反而会在工资率较高时得以采用。后者往往在资本更为密集的时候出现。因此，更高的工资率推动企业朝着资本更为密集的方向发展。此外，较高的工资率会使所有技术盈利减少（假设资本成本固定）。成本增加的比例对资本—劳动比率低的企业来说应该是最大的。资本—劳动比率高的企业相对比率低的企业来说，较少受到高工资率的负面影响，因此，资本密集型企业比劳动密集型企业更容易扩大规模。由于以上两个原因，较高工资率会提高资本密集度（Nelson and Winter, 1974：900）。资本—劳动比率对相对要素价格变化的回应更是惊人，因为除了盈利能力检验，寻求（或研究）的结果都是随机的

(Nelson and Winter, 1982: 175-184)。而且, 诱发机制是通过竞争、生存和发展产生的, 而不是通过追求利润最大化产生的。

纳尔逊—温特早期的模型因"管理者保持沉默"这一假设而遭到批判, 因为他们认为只有当利润降至最低水平以下时, 才会触发寻求 (或研究) 过程。这可能意味着, 对某一产品需求的增加会导致研发的减少——这既不符合历史事实, 也和熊彼特派学说不一致。因此, 纳尔逊和温特再次建模时摒弃了这个前提, 转而阐明定向的研究活动。随着工资—租金比率的上涨, 研究方向就会集中在选取资本密集型的技术上 (Nelson and Winter, 1975、1977)。

温特投入了大量的精力来扩展最初的纳尔逊—温特模型。例如, 在 1984 年的一篇文章中, 他抛弃了"所有企业初始条件都相同"的假设, 扩大了基础模型以纳入新兴企业。温特利用这一扩展的模型来探索两个工业体系的发展途径, 一个是"企业家体系", 另一个是"常规体系"。前者和熊彼特早期著作《经济发展理论》(The Theory of Economic Development) 的学说一致 (1934), 后者则来自对熊彼特另一本著作《资本主义、社会主义与民主》(Capitalism, Socialism and Democracy) 的扩展 (1950)。企业家体系模型的建立是为了论证新兴企业的加入与创新联系密切。在常规体系中, 创新是知名企业内部研发的结果。有人建议再次拓展纳尔逊—温特模型, 纳入新产业创造、产业间互动、产品模仿和创新等内容 (Anderson, 1994: 118-131)。

在此, 有必要说明历史进程在该演化模型中扮演的角色。每个时间段的产业状况都决定了下个时间段的产业状况。"有些经济过程被认为发展很快, 促使一些模型变量在某个单一时间段内 (或立即在一个连续的时间段内) 达到 (暂时的) 均衡值。例如, 在熊彼特式企业家体系和常规体系中, 每个时间段内产出价格会达到一个短期的均衡值。较慢的投资过程、技术变革过程及组织变革过程都会调整各个时期 (或每时每刻) 短期均衡系统的数据。"(Winter, 1984: 290)

两个令人费解的问题是: 为什么其他学者 (1) 不努力发展纳尔逊—温特模型?[①] (2) 不去检验纳尔逊—温特模拟运行得出的看似合理的结果

[①] 对此的合理解释和拓展, 请参见安德森 (Anderson, 1994)。安德森的文章对清楚理解纳尔逊—温特模型"记载不清"的计算步骤非常有用。他用一套算学编程符号补充了纳尔逊和温特所采用的数学符号。参考附录"纳尔逊—温特模型算学补充"("Algorithmic Nelson and Winter Models", pp. 198-219) 会非常有帮助。

是否与个别企业或产业历史经验吻合?① 模拟能够产生大范围的貌似合理的行为,但是其产生的假说很少经得起严格的实证考验。他们的模型最接近实证验证的,说明了发展整体经济的可行增长路径或者市场份额变革是有可能的。

三 路径依赖

技术变革具有"路径依赖"性质这一观点在 20 世纪 70 年代后期及 80 年代早期被布莱恩·亚瑟(W. Bryan Arthur)及其几位同事大力发展(Arthur, 1983; Arthur et al., 1983; see also Arthur, 1989、1990、1994)。② 80 年代中后期,保罗·大卫(Paul David)呈现了一系列关于打字机键盘、电灯和能源供给等产业的历史研究数据来支持路径依赖理论的合理性(David, 1985、1986、1993; David and Bunn, 1988)。亚瑟及其同事的论作强调了规模报酬递增作为技术"锁定"来源的重要性。在有些非线性的动态系统 [如波利亚(Polya)过程] 中,积极的反馈会导致某种自我强化的模型或结构的产生,这是因为这样的系统对早期的动态起伏反应非常敏感。"长期自我强化的模型经常会有很多,早期小事件的累计会'推动'动态技术选择走上其中一条轨道,并'选择'一个最终会锁定这个系统的结构"(Arthur et al., 1987: 294)。

亚瑟等人给出了一个直观的例子:想象一个容纳能力无限的盒子。

> 最开始在盒子中放入一个红球和一个白球,然后根据以下规则,每次放一个小球并无限循环下去:在盒子中随机抽取一个小球,并把它

---

① 20 世纪 70 年代中期,出现了大量关于技术变革的实证研究,而这些研究可以归为广义的熊彼特学说或具有演化理论性质 [请参见弗里曼(Freeman)的评论,1994]。然而笔者所持的观点有所不同。笔者认为人们几乎没有用模拟试验来提出技术发展过程的假设,没有确认历史证据,也没有坚持用历史经验去验证这一结果。笔者较为熟悉的一个例外是埃文森—基斯勒夫(Evenson-Kislev, 1975: 140-155)建立的科技发现随机模型。这一模型被用来解释变种甘蔗发展的不同阶段(见专栏 6-1)。但是,埃文森—基斯勒夫模型并非直接建立在纳尔逊—温特随机模型的基础之上。

② 亚瑟的论作经历了很多次推延后才最终被一家主流的经济学杂志所接纳。他于 1986 年在《经济学杂志》(Economic Journal)上发表的文章最开始是在 1983 年投到《美国经济评论》(American Economic Review)的,却被其拒绝了两次;接着又被《经济学季刊》(Quarterly Journal of Economics)拒绝了两次。在其恳求之下,才被《经济学杂志》接受。它的最终得以发表标志着"路径依赖"思想得到了认可(Gans and Shepherd, 1994: 173)。

放回原处；如果抽到的是红球，就再放进去一个红球，如果是白球，就再放进去一个白的。很明显，这个过程会增加路径依赖性——在任何时候，下一个放进去是红球的可能性都与盒中红球的比例完全相等……波利亚在1931年制作的一个方案与此类似，红球的比例会达到一个极限 X_1，概率会变成1，而 X 是一个随机变量，分布于0和1之间。(Arthur et al.，1987：259)

依此类推，在一个收益递增的行业，一些小的历史事件或偶然事件促进了某项技术的发展，可能会（但不一定）"促使采用这项较为有长期发展潜力的技术"(Arthur，1989：117)。

亚瑟采用了一系列逐步复杂的模型来模拟这样一种情形——几大技术争相欲为大量经济主体所用；经济主体全面了解这些技术及其收益功能，但是不清楚决定其他经济主体选择采纳这些技术的原因。亚瑟依据技术变革路径的四大特性（可预测性、灵活性、遍历性、路径效率）做出了涉及三大技术体系（收益固定、收益递增、收益递减）的分析。[①] 唯一不清楚的是影响经济主体人做出选择顺序的历史事件。亚瑟尝试解决的问题是，选择顺序的变化是否会影响最终的选择。

亚瑟的模拟证实了收益递增"作为'锁定'某种技术的必要条件"的重要性。

> 收益固定或递减时，市场演化仅仅展现了先验的禀赋、偏好及变革可能性；小事件并不会动摇市场结果……与此相反，当收益递增时，会出现许多可能的结果。把现行体制"发展"为实际"选择"结果，对此的积极反馈扩大了以前微不足道的环境因素的重要性，历史上的小事件也变得至关重要了。一个经常被引用的例子是，早先微软公司个人电脑软件（几乎是偶然地）在市场上占主导地位（见本书第九章）。(Arthur，1989：127)

[①] 当细微的不确定性在"接受范围"内时，观察者就会有足够的信息，提前准确判断长时期内的市场份额，这体现了技术变革过程的可预测性；对某项技术收益的补助或税收调整会影响将来的市场抉择，这体现了灵活性；历史事件发生先后顺序的不同并不会影响市场的最终结果，这体现了遍历性（不是路径依赖）；在任何时候，发展（采用）不应该被采用的技术并不会有好结果，这体现了路径效率（Arthur，1989：118、199）。

至于技术选择，大卫认为他的理论是对新古典主义理论的发展。如前所述，他明确反对费尔纳和肯尼迪诱导性技术变革模型对要素偏向性的分析，他也反对纳尔逊和温特早期的论作，认为其依然具有"新古典主义性质"（David，1975：76）。然而，在"新古典主义模型太过于局限"这个问题上，他认同纳尔逊和温特的观点，因为要素替代并不是仅仅包括某个生产功能的变化，还包括能够导致该功能自行转化的创新元素。他强调，企业应该对可得（或潜在可得）的替代性技术了如指掌，并能理智地做出选择。

20世纪80年代中期至后期，大卫在进行研究时应用了一系列技术变革（如打字机键盘、电灯、能源供给产业）来支持其"路径依赖"观点的可靠性。他早期关于QWERTY（即打字机以及现在使用的电脑键盘第一行最左边的6个字母Q、W、E、R、T、Y）键盘产业经济的经典论文探讨了为什么会使用效率不高（以现在的视角来看）的打字机键盘，以及为什么长期没有改变。① 大卫给出的答案是，打字方法创新（盲打）具有三大特征，而这些特征在"锁定"QWERTY键盘为主导的键盘布局方面起着重大的作用。这三大特征分别是技术相关性、规模经济性质和投资的准不可逆性（David，1985：334）。技术相关性是指各系统间的兼容需求——在这里是指打字机键盘设计和打字员对某种键盘布局记忆之间的联系；规模经济性质指的是相对于其他系统而言，QWERTY系统（或其他任一系统）享有高接受度，因此该系统的使用成本降低；投资的准不可逆性是指"获得盲打技能"这一成果（"软件"）。这些特征有时可以归为积极的"网络外部性"。另一案例体现在快速扩展的通信产业。连接一个大网络环境远胜于连接小网络。例如，通过电脑和手机的使用，一个网络环境中人数越多，能够联系的人就越多，而且成本较低。一旦建立生产制度和分配制度，收益就会递减。服务行业比农业、工业更能体现网络外部性。

在规模经济对生产率增长的影响被再次发现并被纳入"新经济增长理论"文献中的时候，"路径依赖"技术变革对技术发展史来说是一种恰当的模型（Romer，1986；Lucas，1988；Barro and Sala‐i Martin，1995；

---

① 利伯维茨和马格利斯（Liebowitz and Margolis，1990、1994）不认同大卫对"市场不接受预期效率会更高的德沃夏克键盘（Dvorak键盘）"的解释。在他们看来，考虑到当时的知识和经验，QWERTY键盘算是一种对科技的理智选择。至于对利伯维茨和马格利斯批判的回应，请参见大卫（David，1997）。

Chapter 2）。但是，亚瑟的研究结果也提醒人们，"收益递增是有限的，而且通常不能保证某一种技术最终的垄断地位"（Arthur，1989：126）。此外，大量实证证明，规模经济通常依赖先前的技术变革，往往会受到技术水平的限制（Levin，1977：208-221）。①

关于技术政策，可以得出这个结论：中央权力的干涉可以确保足够的资源投入新技术的探索中，并且这种干涉行为可以降低锁定某种较差技术的可能性；但尽管如此，这种可能性也无法完全消除。核能的发展就是一个例子。50年代早期，美国原子能委员会发起了一个项目，用来支持和评估核反应堆设计。评估完成之前，三个事件促进了最终选择以商业发展为目的的轻水反应堆设计：一是美国海军为了潜水项目选择轻水设计；二是1949年苏联成功研制原子弹之后，美国想建立核电站，以此作为和平利用核能的模范；三是美国政府、通用电气公司和西屋电气公司对在欧洲建立的交钥匙轻水反应堆给予补贴，以优先占用新技术。回过头来看，很明显，这些大多源自政治官僚结构的偶然事件，导致了原子能沿着级别较低的轨道发展（Cowan，1990：565-566，见本书第七章）。

诱导性创新和演化理论都表明，随着规模经济的衰落（利润降低），需求增长的压力就会使得人们发展科技力量，而废除级别较低或过时的技术。在第一轮技术竞争中由于偶然事件而被排除的较好技术，往往会随着产业发展而被证实是成功的。② 而且诱导性技术变革理论说明，研究的发展会清除限制增长的因素，这些限制因素来自技术的限制或无弹性（或弹性较少）的生产要素。③

---

① 规模经济已经变成新经济增长理论的新"黑匣子"（见本书第二章）。很难相信，生产率增长应该是由规模经济引起的，而非先前技术变革的不均衡效应（Landau and Rosenberg, 1992：93；Liebowitz and Margolis, 1994：139）。

② 例子请看范德文和加鲁德（Van de Ven and Garud, 1993）以及加鲁德和拉帕（Garud and Rappa, 1994）关于耳蜗移植技术替代的研究。耳蜗移植是一种医学发明，能够使失聪的人听见声音，其早期发展符合大卫和亚瑟认为的技术锁定：尽管最开始，"单道"技术因为商业原因占主导地位，但后来还是彻底被"多道"技术所取代。其他案例请看 Foray and Grubler (1990), Cheng and Van de Ven (1994) 以及 Liebowitz and Margolis (1992、1995)。

③ 半导体技术取代真空电子管放大、矫正、调试电子信号，就是技术限制诱导技术轨道转变的例子（Dosi, 1984：26-45）。化肥反应作物品种的发展是资源禀赋变化诱导技术轨道转变的例子（Hayami and Ruttan, 1985：163-198）。而自20世纪80年代早期以来，燃气涡轮从一种利基技术发展成为电力发电机的重要部件部分，是由汽轮发电机规模衰竭诱导产生的（Islas, 1997：49-66；见本书第七章）。

一个尤其引人注目的例子是有机化学重工业的原料从煤过渡到石油（见本书第八章）。19 世纪 70 年代至 20 世纪 30 年代，德国在有机化学产业的领导地位基于依赖煤的技术。到了 20 世纪 20 年代，美国汽车大量增加，对汽油的需求量迅速上升，石油冶炼的副产品——烯烃被大规模使用，且价格低廉。到第二次世界大战结束时，美国化工厂已转向以石油为原料。而在德国，因为受到技能、教育以及人们的态度（以煤为基础的产业体制对此的态度）的阻碍，这种转变被推迟了十年以上（Grant et al.，1998；Stokes，1994；本书第八章）。

四 需要发展更为通用的理论吗？

技术创新的三种理论模型（诱导性理论、演化理论以及路径依赖理论）各有优劣。三种理论的第一个共同之处是，都不认同新古典主义增长理论的假设，也不认同各个国家不论其人力资本、自然资源和制度禀赋如何，都拥有普遍的生产能力。如今，人们应该清楚地认识到，简单的资本技术转化并不能消除生产能力水平和增长率上的差异。国家和企业在资源禀赋和科技能力上的不对称也不是能轻易解决的。而且，某种能够大力促进经济增长的技术通常只在某个区域间适用。第二个共同点是，都强调微观基础，无论是主张拓展新古典主义理论，还是主张摒弃新古典主义微观经济的方法，都对微观基础十分重视。

诱导性创新增长理论模型最大的缺陷是，创新可能性边界（IPF）的不实用。IPF 曲线独立于技术变革路径的偏向性之外；而随着技术变革的发展，对促进技术变革的劳动和资本两种因素的"根本"互换来说，这一偏向性不会对其产生影响。因此，就如诺德豪斯所说，诱导性创新增长理论模型仍把技术变革作为外生因素。这一理论的实证研究结果不佳，人们不再认为其是对增长理论的重大发展。

而诱导性技术创新的微观经济理论模型的最大缺陷是，它的内部机制（学习、寻找及研发形式）被放在"黑匣子"中，不为人知。这一模型是由企业（或公共研究机构）所在的经济环境中所发生的外生因素变化推动的。然而，微观经济理论模型经过了大量实证研究的检验，有助于理解技术变革的历史过程，特别是国家内外产业层次及经济领域的技术变革历史过程。

演化理论模型的优点恰巧是诱导性创新微观经济模型的不足之处。演化理论建立在企业行为理论基础之上，试图描绘"黑匣子"的内部运作，让人们对它有更多的现实感知。然而，纳尔逊和温特的演化理论并不适用于实证研究。为其辩护的人称，从产业组织、企业、部门和宏观经济增长的程式化事实来说，该模型的各种模拟结果是可信的。也许正是因为这种模拟方法容易得到貌似可信的结果，该理论才缺乏实证检验。如今，演化模型只能作为一个"视角"，而不是一种理论（Arrow，1995）。

路径依赖理论的优点在于，它的拥护者坚持认为微观层面具体历史事件发生的先后顺序对技术变革有重要作用。此种观点认为，当下经济状况对技术的选择能够影响到未来的技术和知识（David，1975：39、57）。技术锁定的概念，至少在其更严格的操作中，只适用于以规模报酬递增为特征的网络技术领域。在规模报酬固定或递减的产业领域，历史事件的锁定效应并不适用。

技术变革源于早期的技术，从这点来看，毫无疑问其具有路径依赖性。尽管动机相似，但是路径依赖绝不是源于纳尔逊—温特理论。[①] 然而，若要了解影响技术变革速度与方向变化的诱因，一定要超越现今的路径依赖模型。但是，有关企业或产业如何摆脱技术锁定的研究微乎其微。若早期技术变革形成的规模经济不复存在，整个行业进入规模报酬固定不变或递减阶段，此时会发生什么事情？很明显，相对要素价格的变化逐渐使技术变革路径偏离诱导性技术变革理论下的变革路径。同样，这一阶段中的创新不仅会加快技术变革的速度，而且会改变技术变革的方向。

多西（Dosi，1984）对半导体产业技术变革的研究代表了一种更通用模型的潜在价值。多西研究的特点是其技术洞察极深。在理论层面，多西的研究方法论和纳尔逊—温特演化理论一致。然而，在实证研究中，他应用了一种兼容并包的方法，综合利用诱导性创新理论、演化理论和路径依赖阐释半导体产业的发展过程。为了连接三大"理论帝国"，就需要一种更为严密的方法来促进技术变革通用理论的发展。[②]

[①] 若想了解演化模型和路径依赖模型之间的联系，请参见格鲁德和拉普（Garud and Rappa，1994）。

[②] 在此笔者想向读者说明自己的历史见解和认识论观点：对新古典微观经济理论的背离，若最终成功的话，会被认为是对该理论的拓展并会被纳入新古典主义理论。例如，在现在，诱导性技术变革的微观经济模型被认为是对企业新古典主义理论的拓展，而不是对其的背离。面对这一问题，纳尔逊和温特称，可以从两个视角解释新古典主义理论，一个是较严格的"自由"视角，另一个是"趋势"视角。意在阐释经济历史或行为的应用经济学家一般会采用趋势视角，他们二人就是采用趋势视角来阐释演化理论的（Nelson and Winter，1975：467）。

第二节 制度创新的根源

20世纪，一些机构（如工业实验室、农业实验站及研究型大学）变得盛行起来，技术变革大都是由这些机构的内部活动引起的。[①] 资源禀赋、文化禀赋以及技术等领域所发生的变化是制度变革的重要原因（见图4-4）。因此，必须关注制度创新过程（即便是强调技术变革的研究也需如此）。为了理解历史变革和制度变革，笔者在这里采用的模型类似于本章前面讨论的诱导性技术变革模型。制度变革常被认为是内生的——由自然环境、社会环境和经济环境的改变诱导发生。[②]

本节的写作目的并不是说明各种制度是怎样由最初的"自然状态"发展而来的，而是帮助读者更好地理解执行者（不论个体行动还是集体合作）如何重新构建诸如土地所有权和劳动关系等现行制度，或者如何构建一些全新的制度（比如大气污染治理机制）。成功的制度构建或重建，绝不单单是设计者的客观行为结果，也不仅是在利益相关群体和代表机构之间进行协商；制度所在环境发生的变化必然是重要的诱导因素，如土地—劳动相对价格上升，或者开放环境的相对价值上升。

在这一节中，笔者将阐释一种制度创新理论。在这一理论中，制度创新需求的变化是由相对资源禀赋的变化和技术变革共同诱导的。当然也考虑了社会科学知识的进步和文化禀赋对制度创新的影响。最后，在探讨了影响制度创新供给和需求变化的因素之后，笔者对技术变革和制度变革通用模型的影响因素做出了总结。

[①] 本节大量引用了拉坦（Ruttan, 1978、1997）的研究及笔者与速水佑次郎（Yujiro Hayami）早期合作的理论。尤其参见拉坦和速水（Ruttan and Hayami, 1984）及速水和拉坦（Hayami and Ruttan, 1985）。至于评论，参见林毅夫和纽金特（Lin and Nugent, 1995）。

[②] 肖特（Schotter, 1981: 3-4）指出，在经济领域，向来有两种视角分析社会制度的增加——"集体视角"和"有机视角"。集体行为视角引自康芒斯（Commons）的研究，有机视角出自门格尔和哈耶克（Menger and Hayek）的研究。肖特认为有机视角类似本章所讲的内生视角或诱导性创新视角，集体视角类似赫维茨（Hurwicz, 1972、1998）的"构建者"视角。在制度建构和再建构讨论中，笔者采用的是建构视角及诱导性创新视角，而不愿纠结于选择集体还是有机视角；笔者认为二者是互补而非对立的。而且，笔者采用的方法并不是为了把经济学焦点从市场中"解放"出来（Schotter, 1981: 1），而是把新古典微观经济学的理论工具应用到制度变革的分析和建构中。

一 什么是制度创新？

制度是指通过帮助人们建立共同的交流原则以促进协作的社会规则；制度反映了不同社会个人和群体的行为习惯。① 在经济关系领域，制度在明确"谁拥有经济活动中资源的使用权，以及经济活动收入该如何划分"方面起着至关重要的作用（Runge，1981a；Schotter，1981：11）。

为了发挥其重要作用，制度必须长期保持不变。但是，技术等制度也要随着发展需求而发生改变。通过克服由技术变革、生产需求及要素禀赋变化导致的制度不均衡，可以获得潜在收益，从而强有力地刺激制度创新。② 以前促进经济增长的制度，随着时间的转移，可能会因为竭力维护既得利益，从而变成经济发展的障碍。③ 资源配置的日益不均衡为政治企业家或领导者组织集体活动、发起制度变革创造了机遇。

研究制度变革需求根源的视角和传统的马克思观点有相似之处。④ 马克思认为，技术变革是制度变革的基础；而笔者在这里所表达的观点相对复杂一些，认为要素禀赋的变化和生产需求的变化对制度变革来说同等重要。制度变革并不局限于马克思所预料的制度突然发生改变或革命性变革。笔者认同兰斯·戴维斯和道格拉斯·诺斯（Lance Davis and Douglass North）的观点，认为随着增长性或演化性制度变革的累积（如合同关系的改变以及市场活动和非市场活动界限的变化），财产权和市

---

① 对于"制度"这一词的意义，不同的人有不同的见解。经常加以区别的是制度（institution）和组织机构（organization）这两个概念。从广义来说，制度一词涵盖了这两种概念——这点对于本书非常有用，并且与康芒斯（Commons，1950：24）和奈特（Knight，1952：5）的观点一致。这一广义概念也涵盖了大卫和诺斯（David and North，1971：8，9）对该词的分类。之所以采用广义的概念是为了能够顾及在（1）家庭、企业和政府机关等经济单位内；（2）经济单位之间（如调控市场关系的规则）；（3）经济单位和所在环境之间（比如企业和调控机构的关系）掌控人们行为的规则或惯例的变化。因此，"组织机构"的概念被定义为隶属于制度（Vanberg，1994）。

② 请参见诺斯和托马斯（North and Thomas，1970：1-17、1973）和舒尔茨（Schultz，1975：827-846）。

③ 随着发展状况的变化，社会需要采用新技术并对资源进行合理分配；而特殊利益"分配联盟"会延缓这种社会能力。见奥尔森（Olson，1965、1982）。

④ "当社会发展到一定阶段，物质生产率就会和现存的生产关系发生冲突，或者说和以前的阶级关系（意思相同，只不过是法律术语）产生冲突。当生产关系阻碍了生产率的发展时，社会变革就会到来。经济基础一旦变化，整个上层建筑也会或快或慢地完成转变。"（Marx，1913：11-12）。若要了解马克思思想中技术的作用，参见罗森伯格（Rosenberg，1982b：34-51）。

场等基本制度会发生改变（Davis and North，1971：9）。协调各方以促使制度的改变以及克服实施新制度过程中遇到的抵制，都会产生交易成本。所以，只有当改变制度的需求极大时，方可忽略成本问题（Williamson，1985：15-42）。

制度变革有两个维度：供给维度和需求维度。在能够导致制度创新供给变化的集体活动中，通常会出现不同利益群体间相互冲突的现象。显然，这一冲突远比马克思所认为的"资产阶级和无产阶级两大阶级间的冲突"要复杂得多。由此看来，为取得社会一致同意而付出的成本深刻影响着制度创新的供给；而制度创新的成本由既得利益群体的权力阶层决定，当然也由国家主义或宗教等文化传统和思想意识形态决定。这些文化传统和思想意识形态会使制度安排更易为人所接受。

社会科学知识的进步及相关专业知识如法律、行政、规划、社会服务等知识的进步会改变供给，进而降低制度变革的成本，如同自然科学的进步会降低技术变革的成本一样。过去数十年间，博弈理论的发展使得经济学家和政治家找到了一种更为有力的工具来支撑对科技变革和制度变革的阐释（Schotter，1981；Ostrom，1990；Aoki，1996）。尽管新工具强有力，但包含制度变革供求变化的新古典微观经济标准模型仍极为有用。[①]

从"制度变革是经济体系的内生变量"这个视角来理解制度创新及其扩散过程，很明显是对现代分析经济学传统观点的背离。[②] 但这并不意味着有必要摒弃分析经济学。相反，笔者把制度变革看作内生而成，并以此来拓展现代分析经济学的范畴。

[①] 理解制度变革过程的微观经济模型和贝克尔（Becker）分析家庭等制度所采用的模型类似（Becker，1991、1993）。不同之处在于，笔者关注的是环境变化对制度变革的影响，包括该制度内相对要素和产品价格等内生因素的变化。

[②] 萨缪尔森（1948）的正统观点是："对变量（制度）的附加限制并不是福利经济学的合适研究对象，而应被看作是既定条件"（221—222）。肖特最新的观点与此相反："福利经济学也属于引导社会行为的规则制度……因此，福利经济学本身就应被视为研究对象"（1981：6）。如今有五种相对明确的"政治经济学"观点，试图打破传统福利经济学的限制，把制度变革作为内生因素。这五种观点是（1）财产权理论，（2）经济调控理论，（3）既得利益者寻租理论，（4）自由—多元政府理论，及（5）新马克思主义国家理论。在财产权理论中，政府处于被动地位；经济调控理论关注的是选举过程；寻租理论和自由—多元理论既关注选举过程也关注官员当选过程；国家理论试图涵盖选举、立法和官员当选等过程。至于评论和批判，请参见劳瑟尔等人（Rausser et al.，1982：547-614）。

二 制度创新需求：财产权和市场机制

在有些情况下，制度创新的需求可以通过发展新的产权形式、制定更有效的市场机制得到满足，或者通过群体或企业直接承包导致的演化性变革而获得（Coase，1960）。在这一部分中，笔者将以农业历史为例进行阐释。

英国的农业革命与圈地运动和雇佣劳动取代小农耕作密切相关。以前，小农从庄园主那里租得土地独自耕作；取而代之的是，大农场主从庄园主人处租赁土地，雇佣劳工耕种。15—16 世纪，英国发生了第一次圈地运动，把适合放牧的可耕地和公共用地变为私人牧场——这是由羊毛的出口需求增加引起的；18 世纪的第二次圈地运动把集体耕地变成了私人耕地——人们普遍认为，这次运动是由土地所有者在拥有不动产保有权（终身合同）情况下所享有的固定制度租金，与采用新科技能够得到更高的经济租金之间的不均衡增长引起的。随着谷物价格上升、工资降低，采用新技术能够获利更多。圈地运动之后，土地大量增加，劳动生产率提高，收入在农民和土地所有者之间重新分配，前者的收入越来越少，后者却越来越多。①

另一个例子是，19 世纪泰国向国际市场开放，出口欧洲的运费降低，导致大米需求急剧增加。适合种植水稻的闲置土地变得越来越少，这是因为投资土地生产水稻，获利颇多。这一切都导致财产权发生巨大转变。1850 年后的半个世纪里，对劳动财产（差役和奴隶）的所有权大部分都被更精确的个人土地财产权所取代（Feeney，1982、1988）。②

中国从 1979 年开始的农业去集体化很好地说明了产权变化的影响（Lin，1987、1988；Fan，1991）。集体主义制度下的粮食生产率和技术前沿生产率的差距导致了变革的发生，这种差距达到 30%。1978 年，四川省几个合作社的农民自发组织包产到户。80 年代初，这种变革扩至其他省份及城镇小规模工商企业；到 80 年代中期，已遍及国家经济的广泛领域。在专栏 4-4 中，讨论的是当代菲律宾的情况。这一案例很有意思，通过对菲律宾一个村庄的细致研究，可以看出技术变革和制度变革的相互作用。

---

① 英国农业史学者中一直存在一个争论，那就是土地所有者获得更高的租金，到底是因为（1）围田比敞田更高效，还是（2）圈地运动把农民的收入重新分配给了地主。请参见 Chambers and Mingay（1966）、Dahlman（1980）、Allan（1982：937-953）以及 Overton（1996）。

② 前殖民地夏威夷州内的财产权演化与此类似，请参见 Roumasser and la Croix（1988）。

专栏 4-4

制度创新案例研究：菲律宾

从 20 世纪 70 年代后期开始，速水佑次郎（Yujiro Hayami）和菊池正夫（Masao Kikuchi）一起在菲律宾的一个村庄做调研。他们的调研使人们能够探寻到当代资源禀赋的改变和技术变革是如何影响到土地所有权和劳动关系等制度变革需求的。这一案例很有意思，因为这个村庄里的制度创新是个人之间发展私人承包的结果。而速水二人研究的独特之处在于，它是基于对东拉古那村（East Laguna Village）几十年间微观经济数据所进行的缜密分析。

技术和资源禀赋的变化

从 1956 年到 1976 年，该村庄的水稻产量从每年每公顷 2.5 吨上涨到了每年每公顷 6.7 吨。增长源自两项技术创新：一是 1958 年，国家灌溉系统惠及该村庄，使得双季种植取代了单季种植；另一大技术变革是 20 世纪 60 年代后期引进的高产水稻品种，而且在现代品种扩散、化肥和杀虫剂大量使用的同时，种植技术也得到提高，例如，直线种植法和密集除草法。

该村庄人口增长迅速：1966—1976 年，该村庄的家庭数量从 66 户增至 109 户，人口从 383 人增至 464 人；而与此同时，耕地面积保持不变，因此无耕地的家庭从 20 户增至 54 户。1976 年，该村庄一半的家庭都没有土地耕种，家庭平均土地面积从 2.3 公顷降至 2.0 公顷。这些土地主要由佃农耕种，分成制是土地使用权的传统通用形式。在 1956 年和 1966 年，70% 的土地都是在分成制度下耕作的。1963 年，为了废除封建大地主的政治权利，为基本农作物的农民生产者提供更多福利，该地区通过了一项农业土地改革法案。这项新法案的最大特点是，允许佃农把土地分成制度转变为租赁权，不过佃农要在租赁合约实施的前 3 年，把平均产量的 1/4 作为租金上缴。20 世纪 60 年代中期至 70 年代中期，这条新法规得以实施，结果，仍执行分成制度的土地比例降到了 30%。

诱导性制度创新

分成制度向租赁制度的转变,并不是 1966—1976 年使用权关系的唯一变化;还出现了转租的情况,转租地块数量急剧增加(1956 年仅有 1 块转租土地,1966 年有 5 块,到 1976 年增至 16 块)。按照土地改革准则,转租属于非法行为,因为转租经常没有得到土地所有者的许可。最常见的转租形式是,承租人和转租人平摊各项成本及所得收益。速水和菊池正夫认为,之所以会出现转租制度,是因为按照租赁合约交给地主的租金和均衡租金之间存在不均衡现象——新技术使水稻产量提高,人口增加会降低工资率,而均衡租金水平就是对二者的反映。

为了检验这一假设,市场价格被用来计算 1976 年雨季时期不同土地所有制下无偿要素投入(家庭劳动及资本)的价值。实验结果显示,租赁制度下,土地份额最低,土地经营者盈余最高;与此相反,转租制度下,土地份额最高,土地经营者没有盈余(见表 4-1)。实际上,转租制度下的土地份额,几乎等于其他土地所有制度下土地份额和经营者盈余的总和。实验结果和假设一致:租赁制度下,大部分租金都以盈余的形式被租赁佃农获得;而转租制度下的土地租金由转租者和土地所有者共同享有。

表 4-1　　　1976 年雨季,每公顷水稻产出的要素份额

	地块数	面积(公顷)	水稻产出[b]	要素份额[a]						
				投入[b]	土地所有者[b]	转租人[b]	总量[b]	劳工[b]	资本[b,c]	经营者盈余[b]
					土地					
租赁土地	44	66.7	2889 (100.0)	657 (22.7)	567 (19.6)	0 (0)	567 (19.6)	918 (31.8)	337 (11.7)	410 (14.2)
分成租佃土地	30	29.7	2749 (100.0)	697 (25.3)	698 (25.3)	0 (0)	698 (15.4)	850 (30.9)	288 (10.5)	216 (7.9)
转租土地	16	9.1	3447 (100.0)	801 (23.2)	504 (14.6)	801[d] (23.2)	1305 (37.8)	1008 (29.3)	346 (10.1)	-13 (-0.4)

注:[a] 括号内显示的是份额百分比;

[b] 每公顷公斤数;

[c] 灌溉费及租用水牛、拖拉机和其他机器已付和/或设算费用的总和;

[d] 当质押地块按收获季节 40% 的利率设置时(该村庄利率分配的一个方法)应付给转租人的租金。

资料来源:Yujiro Hayami and Masao Kikuchi, *Asian Village Economy at the Crossroads: An Economic Approach to Institutional Change*, Tokyo: University of Tokyo Press, 1981, and Baltimore: Johns Hopkins University Press, 1982:111-113。

由产量增加和人口压力变大诱导的第二大制度变革是，土地经营者和无土地人员之间出现了一种新的劳工关系。根据一种叫作 hunusan 的传统制度，参加收割和脱粒的劳动力都可以获得一定份额的产出，通常为每公顷产出的 1/6；到了 1976 年，大部分农民（83%）采用了一种叫作 gamma 的制度，参与收割的人员只能是以前除过草但没有拿到工资的人。

gamma 制度的出现可以说是一种制度创新，是由制度规定的工资率与市价不平衡诱导的。在 20 世纪 50 年代，每公顷水稻产量很低，劳动力也不充足，1/6 的份额收入接近均衡工资水平；然而随着产量提高，劳动力大幅度增加，1/6 的份额收入已经超过了收割过程中劳动力的边际产品价值。

为了验证"gamma 制度使得土地经营者将收割者的产出份额等同于劳动的边际生产率"这一假设，调研者对设算工资成本和收割者的实际份额进行了比较（见表 4-2）。测验结果显示，收割者的纯劳动设算工资和实际得到的份额之间存在很大的差距；然而加上除草劳动的设算工资之后，这个差距就消除了。要素禀赋的变化和技术变革会导致边际报酬和投入要素的边际成本之间存在不均衡的现象，而这种不均衡会诱导调控生产要素使用情况的制度发生变革。试验结果正好验证了这一假设。因此，制度变革会朝着"在要素市场建立新的均衡"这个方向发展。

以上部分所谈到的变革完成之后，发生了第二轮技术变革和制度变革。随着通往国际都市马尼拉的交通发展，以及一家小金工企业在该村建立，非农业就业机会增加，工资上涨，小型轻便的脱粒机取代了手工脱粒。收割劳动份额减少，而且还出现了一种新的劳动力合同，可以说是 hunusan 制度的翻版。非农业就业还使得以前农业劳动者的家庭收入增加。

在菲律宾小村庄案例中，尽管地主、佃农和劳工之间的交易并没有完全货币化，但诱导性制度变革很快发生了，促使均衡要素市场的建立，并且使用了非正式合同的安排或协议。在没有大量政治动员及政府鼓励的情况下，转租合同和 gamma 劳动合同得到了发展。实际上，转租协议是在法律禁止的情况下发展的。

表 4-2　收割者份额设算价值和 gamma 劳工设算成本比较

类　别	基于雇主的数据	基于雇工的数据
制度下劳工工作天数（天/每公顷）[a]		
除草	20.9	18.3
收割/脱粒	33.6	33.6
制度下劳工设算成本（比索/每公顷）[b]		
除草	167.2	146.4
收割/脱粒	369.6	369.6
总值	536.8	516.0
收割者实得份额		
以实物偿付（公斤/公顷）[c]	504.0	549.0
设算值（比索/每公顷）[d]	504.0	549.0
设算值减去总值	-32.8	33.0

注：[a] 包括作为 gamma 劳工的家庭成员劳动力；

[b] 利用市场工资率设算（每日工资 = 除草 8.0 比索，收割 11.0 比索）；

[c] 每公顷产出的 1/6；

[d] 利用市场价格设算（1kg = 1 比索）。

资料来源：Yujiro Hayami and Masao Kikuchi, *Asian Village Economy at the Crossroads: An Economic Approach to Institutional Change*, Tokyo: University of Tokyo Press, 1981, and Baltimore: Johns Hopkins University Press, 1982: 121。

资料来源：主要参考 Y. Hayami and M. Kikuchi, *Asian Village Economy at the Crossroads: An Economic Approach to Institutional Change*, Tokyo: University of Tokyo Press, 1981, and Baltimore: Johns Hopkins University Press, 1982; M. Kikuchi and Y. Hayami, "Inducements to Institutional Innovations in an Agrarian Community", *Economic Development and Cultural Change*, 29 (1980): 21-36; M. Kikuchi and Y. Hayami, "Technology, Markets, and Community in Contract Choice: Rice Harvesting in the Philippines", *Economic Development and Cultural Change*, 47 (1999): 371-386; and Y. Hayami and M. Kikuchi, *A Rice Village Saga: The Three Decades of Green Revolution in the Philippines*, London, UK: Macmillan Press, 2000。

从英国圈地运动、泰国财产权演化及菲律宾转租案例可以得出，制度租金和经济租金之间的不均衡是制度变革需求的一个重要根源。

三 制度创新需求：公共财物供给的非市场制度

前面所讲的制度变革实例（英国的圈地运动及泰国和菲律宾土地私有产权的演化）促使更有效的市场机制得以建立。但只有当分配和保护产权所需成本低于资源重新配置所获收益时，这类制度变革才会对社会有利。若成本过高，就有必要构建非市场制度，以实现更有效的资源配置。[①]

例如，日本近代以前，已经建立了耕地的私有产权制度。但是，乡村级别的公共所有权允许人们进入广阔的田野及林地，收集木柴、树叶以及用来肥沃耕地的野草。随着时间的推移，详尽的公共财产规则得以发展，以控制公共土地的使用，以免资源枯竭。[②] 公共土地使用时间和地点、动员全村劳动力维护公共财产（比如，放荒）等详尽规则的制定，通常需要尊重一定的宗教禁忌，举行一些仪式。但划分田野和林地用于专门的用途，成本会很高。所以，这些村庄的公共制度依然在运行。[③] 当群体比较小时，成员们一起维护公共财物（比如维护公共土地和水资源）的活动会很有成效（Ostrom, 1990; Ostrom et al., 1999）。然而当大量人口使用公共财物时（如海洋渔业），仅根据自愿原则就很难满足有效管理资源的需求。[④] 在这种情况下，就需要像政府这样具有强制力的权威机构采取行动，限制搭便车的行为。

本章前面已经讨论过，农业研究的"社会化"不仅存在于社会经济领域，也存在于市场经济领域。通过研究得到的新信息或新知识，常具有公

---

① 哈罗德·德姆塞茨（Harold Demsetz）指出，市场失败的案例往往很少考虑到采用市场和政治制度的相对成本。阐释"公共财物"和"私有物品"的一个适当的方式，就要看市场制度的成本和非市场制度的成本哪个更高（Demsetz, 1964: 11—26）。赫维茨（Hurwicz, 1972: 37—44）也有类似的观点。

② 至于开放性财产和公共财产的区别，请参见西里阿西-旺特鲁普和毕晓普（Ciriacy-Wantrup and Bishop, 1975: 713—727）。开放性财产的使用权并没有完全确立；关于公共财产，则建立了共同使用的规则。因此，公共财产是居于完全开放和私人专有这两个极端之间的一种土地使用形式。德姆塞茨（Demsetz, 1967）以及阿尔奇安和德姆塞茨（Alchian and Demsetz, 1973）具体阐述了开放性财产资源枯竭的问题。本书第十二章将更加详尽地阐述这一问题。

③ "公共经济主体"这一词被用来"描述通过安排生产、调节、接近、使用、占用公共财物，而提供服务的公共消费群体"（Ostrom, 1998: 6—7）。

④ 见奥尔森（Olson, 1965）。研究制度变革的几位学者认为，传统制度或公平、共同思想体系的设想会导致共同的期许或合作的愿望，这会使更大的群体以或明或暗的方式自愿进行合作，参加合作的人数比奥尔森模型所说的人数要多得多。请参见龙格（Runge, 1981a: 189—199）。诺斯（North, 1981: 54）指出："诱导人们搭便车的利益和现行制度的合法性呈正相关。"

共财物所具有的特性，即供给和使用的"无对手性"（或共享性）以及"非排他性"（或外部经济性）。① 第一个特性意味着公共财物可以为大家共同享有；第二个特性意味着私人生产者不能通过市场定价侵吞公共财物生产（和消费）的全部社会利益——不能禁止那些没付费用的人使用这些物品。如果由私人企业供给该类公共财物，肯定不能达到社会理想化的供给水平。如今的制度状况是，基础研究得到的信息具有非排他性，因此，有必要建立非营利性机构，促进基础科学的进步。②

过去，农业研究（特别是为促进生物技术发展进行的农业研究）的独有特征是，许多研究产品（即便在应用领域）都具有非排他性，不存在专利法对其进行保护，或者保护力度不够。这是因为农业生产的本质特点决定了难以限制农业新技术或实践等信息的传播；而且，即便是最大的农场相对来说也是一个小单位，只能从创新活动中得到很小一部分收益。直到最近，农业领域的私人研究活动才朝着机械技术的方向发展，而在机械技术领域，专利保护制度早已建立。③

研究产品具备的公共财物特征以及研究生产功能的随机性，使得社会大众都愿意支持农业研究。然而，一定不要认为，农业研究非得由政府机关在税收的资助下进行。农产品供给功能降低会使得消费者和生产者的盈余增加，可以利用这一盈余增加值总和来测量农业研究所产生的社会利益。如果所产生的利益主要是生产者得利，那么农业研究就可能由农业生产者（农产品组织和合作社等机构）自己组织完成。对热带种植的出口作物（如甘蔗、香蕉、橡胶等）的研究就采用了这样的方式。

然而，农业研究完全由私人部门进行会导致研究资源配置的极度不平衡。资源会大量流入技术领域，这一领域受到了品种登记、专利及商业秘

---

① 关于公共财物的无对手性和非排他性特点，请参加萨缪尔森（Samuelson，1954：387-389；1955：350-356；1958：332-338）。无对手性是信息的本质特征。农民采用新的耕种方法（比如沿着地形犁地）不会因为他人也采用了同样的方法而受到阻碍。与此相反，非排他性不是信息的本质特征，而是由制度安排决定的。实际上，专利法是一项使某一信息（"发明"）具有排他性的制度安排，为个人创造活动制造利润。商业机密是保有发明权或其他新技术知识的又一合法方式。这些安排是为了通过市场促进资源的更合理配置（见本书第十四章）。

② 关于众多发达国家和发展中国家在公共领域建立农业研究制度的历史，请参见拉坦（Ruttan，1983）；同时可参见本书第六章和第十三章。

③ 在许多国家，"育种者权利"和"小专利"的立法使得私人领域的农业研发迅速发展（Ruttan，1982；Evenson and Evenson，1983）。生物技术发展和知识产权迅速扩展密切相关（见本书第十章）。

密（比如生产杂交玉米种子用的近交品系方法）等相关制度的大量保护，而其他领域相关的保护措施就被忽视了，例如，开放授粉品种的研究、害虫和病菌的生物防治以及提高农业实践和管理的研究等都没有得到制度保护。农业研究的社会化，或者公共组织在农业研究（特别是生物科学领域）中的主导地位，被认为是一项主要的制度创新，以满足发展更高效技术的需求。这些更高效的技术不能体现在专利产品中。自20世纪90年代中期起，生物技术领域公共财物和私人物品之间的传统差距，因为新的制度创新（专利开启保护新生命形式）而发生了巨大变化（见本书第十章）。

四　制度创新的供给

和经济增长有关的经济关系不均衡现象（如产生新收入来源的技术创新和相对要素禀赋变化之间的不均衡）被认为是产生制度变革需求的重要根源。之所以需要制度创新，是因为理智的参与者可以从中获利。但是为什么要供给制度创新呢？以前的经济学著作大都忽视了制度创新供给的源泉，例如，很少有人研究经济知识或者涵盖面更广的社会科学知识是如何影响到经济政策或社会政策的。

从政治科学中的政府理论视角看，主要制度创新供给肯定与政治企业家和创新者大量调动政治资源密切相关。当政治企业家努力构建新制度并缓解不同利益群体之间的冲突（或者必要情况下压制反对者）时，肯定会面临边际成本问题。所以，很有必要认真考虑由边际成本决定的制度创新供给。只有当政治企业家从制度创新中能够得到的预期报酬超过调动各种资源进行创新所产生的边际成本时，才会供给制度创新。而且，政治企业家的个人收益在一定程度上并不等同于社会收益，所以并不会按照社会理想的水平供给制度创新（Frohlich et al., 1971; Guttman, 1982）。

由此看来，制度创新主要依赖于权力机构或社会不同利益群体间的权力平衡情况。当达到权力平衡（政治企业家努力引进社会报酬率高的制度创新，他们也因此得到更高的威望和更有力的政治支持），社会需要的制度创新就会出现。但是，当制度创新预期会给主要政治团体带来损失时，即便它会给社会总体带来一笔纯收益，这种创新也不会发生。

还有一种可能是，当企业家或利益群体所得回报超过社会收益时，即便制度创新不符合社会期望，这种创新也会发生。例如，经常会看到一些利益群体为了寻得"制度租金"或垄断利润，会促使政府通过许可权、配额、定量、价格管控等措施干涉市场。利益群体的寻租行为并不会给社会创造新的收入,反而会产生社会成本。这些成本会降低政府干预所产生的市场效率,并且浪费为获得政府干预而使用的资源,比如,游说和贿赂。①

许多发展中国家意图把农业研究制度化,以便在技术创新中投入很少就可以获得大收益。然而他们并未取得成功。之所以会失败,一部分是由政治企业家的个人回报和社会回报之间的差异造成的。例如,20 世纪 20 年代中期,阿根廷的农业发展路径类似于美国,农业生产机械化程度仅次于美国,每公顷谷物的平均产量甚至比美国还高出一些。然而,和美国有所区别的是,20 年代中期至 70 年代中期,阿根廷的农业产出和生产率停滞不前了。其中一个原因是三四十年代该国出口市场的崩塌。阿根廷发展史的研究人员认为,其他原因包括,作为土地所有者的贵族拥有政治主导地位、城乡利益关系日益紧张等(de Janvry,1973;Smith,1969;Cavallo and Mundalk,1982)。阿根廷的案例显示,政治经济资源分配不公平很明显推迟了制度创新,而这一推迟的成本非常高。人们现在还不太了解大范围内的制度创新,包括政府参与的创新活动,更不用说一些个人"自发组织起来"实现的小规模制度创新了(Ostrom,1990:42-45)。②

文化禀赋,包括宗教和意识形态,对制度创新供给有很大影响。文化禀赋使得一些制度变革成本较低,而使得另一些制度变革成本巨大。例如,日本农村有着共同维护公共基础设施的道德传统,这使在日本实施农业发展项目比在其他缺乏类似传统的社会成本低得多。这些活动源自明治时期以前的封建农村社区,1970 年以前仍然在日本一半以上的农村地区实施,包括所有家庭都贡献劳动力、共同维护村庄农用道路、共同维护灌溉排水渠道等惯例(Ishakawa,1981:325-347)。传统的合作形式是一项重要的文化资源,现代的市场合作形式及共同耕种劳作都是以此为基础的。但是南亚地区的村庄就没有类似的文化资源;在那里,某些社会等级制度抑制了人们的相互合作。

同样的,意识形态也可以降低政治企业家鼓励人们共同推动制度变革

---

① 关于具有里程碑意义的寻租理论,请参见塔洛克(Tullock,1967)。其他的重要文献包括斯蒂格勒(Stigler,1971)和克鲁格(Krueger,1974)。有关寻租理论文集,请参考布坎南等人(Buchanan et al.,1980)。有关对此的评论,请看托里森(Tollison,1982)。

② 关于小规模自发群体成功构建"分析制度创新供应"框架的情况,参见奥斯特罗姆(Ostrom,1990)。请特别注意本书第三章至第五章的案例分析。

的成本。例如，美国1862年《公地法案》构建了一个法律框架，鼓励在美国西部地区实施农业土地所有者经营制度，而杰斐逊式有关土地民主的观点为法案中规定的一系列土地规则提供了思想意识上的支持（Cochrane，1979：41-47、179-188）；日本明治时代的强烈民族主义情结反映在诸如"富国强军"（Fukuko Kyohei）等口号中，对调动各种资源建立职业技术学校和农工实验站有一定帮助（Hayami et al.，1975）；中国的共产主义思想（延安根据地时期得到的经验教训更是加强了这种意识形态）激发人们调动公共资源建立灌溉系统，并充分利用其他形式的社会间接资本（Schran，1975：379-402）。因此，意识形态对政治企业家来说是一项很重要的资源，也是影响制度创新供给的一大要素。

五 社会科学知识

社会科学知识的发展可以诱发制度创新，从而产生新的收入来源；还可以降低解决冲突的成本并匡正技术变革的供给。纵观历史，制度的改进主要来源于成功先例的逐渐累积，或是专门知识和经验的边际产品。制度变革通常经过反复试验产生，过程类似于研究型大学、农业实验站和工业实验室出现以前的技术创新过程。社会科学与相关领域研究的制度化为制度创新更有效地进行，以及用社会科学知识和分析方法取代成本高昂的反复试验创造了可能。

一项旨在"提高人们对欠发达国家农村生产和消费情况认识"的研究演示了知识发展是如何增加更有效制度供给的（Schultz，1968；Nerlove，1974）。这项研究使许多国家废除了那些对农户无用的经济刺激政策，促使新制度和政策的制定，以便农民生产者能够利用更高产的科技，且为要素和产品制定更有效的价格政策。

前面讨论的制度创新供需案例很少考虑到供给和需求之间的相互作用。然而，有一些文献用"政治市场"这个词来暗喻立法机构内的选举情况、不同选区之间的财富分配状况以及"立法者和官员"及"社区和利益群体"之间的互动（Keohane et al.，1998）。本书第十二章中有一个案例，展示了"控制二氧化硫排放"的供需变化是如何促使人们设计一个"建构市场"来进行空气污染许可转让的。选民和环境利益群体是"控制二氧化硫排放"这一需求增长的源泉。利用"建构市场"降低二氧化硫排放要比传统的"命令和控制"方法成本低得多，经济知识的发展有助于人们认识到这种成本的降低。资源经济学家、政府官员和国会因此就能为可交易的污物排放许可提供一个"建构市场"。

被广泛用作分析现代制度的模型（如公地悲剧、集体行动的逻辑、囚徒两难博弈及机制设计等）对达成共同目标过程中的个人行为（无论是单独行动还是集体合作）都极为不看好。即便在最抽象的理论层面，设计出理想制度的问题至今也没有得到解决（Hurwicz，1972、1998）。生产者或消费者（或二者一起）都有背离正式分配机制的动机（"激励兼容"的失败）。因为"信息下放"，他们能够单独掌握一手信息（生产者知道具体的生产情况，消费者了解优惠政策）；他们故意歪曲这些信息以便脱离正式分配机制的束缚（Goodin，1996：32）。速水和拉坦以及奥斯特罗姆（Ostrom，1990）和基欧汉等人（Keohane et al.，1998）对有关制度创新的研究就更为乐观，但仅限于目标是设计较好的而不是最好的制度。接下来的部分会讨论更完善的制度创新模型的要素。

第三节　诱导性创新模型

这一模型的资源禀赋、文化禀赋、技术和制度等因素之间的关系呈现在图 4-4 中。[①] 这个模型和一般传统均衡模型有所不同，在传统模型中，资源禀赋、技术、制度和文化（以前被认为是喜好）是一定的。[②] 而对长期社会经济变革的研究则认为这些变量之间存在辩证关系或递归关系。

第二次世界大战后美国和日本在工业技术和工业组织方面的变化阐释了技术变革和制度变革之间这种辩证或递归关系。战后日本在汽车装配上与美国之间存在的生产率差异，诱导了库存控制、装配方法和汽车质量的

[①] 富斯菲尔德（Fusfeld）用"模式"（pattern）或"格式塔模型"（Gestalt）来描述通过逻辑联系把通用模型中各要素联系起来的一种分析方式。模型中多因素递归关系表明，这个模型永远是"开放的"——"它永远不能包含要全面了解研究现象所需的所有相关变量及相互关系"（Fusfeld，1980：33）。而奥斯特罗姆（1990）用的是"框架"（framework）这个词而不是模型。"分析制度选择问题的框架阐释了当个人……试图改变规则来提高个人及共同的产出时变量结构的复杂情况。之所以用框架来呈现变量的复杂组合而不是用模型，是因为单一的模型不能阐释这一复杂情况。"（214）

[②] 在经济学中，"文化禀赋"通常被认为属于喜好这个概念的范畴，而喜好这个要素是给定的，即不需要对其进行经济分析。笔者用"文化禀赋"这个词，其含义涵盖自古至今文化的诸多方面。当代资源禀赋、技术和制度的变化会导致文化禀赋的变化（Ruttan，1988）。

创新，而这反过来诱发了美国汽车产业的"精益生产"。美国信息和通信技术创新打破了传统企业的界限，制度变革表现为基于网络的协作形式。日本企业采用相似的制度安排，试图超越美国在生物技术等高科技领域的领导地位（Aoki，1996：17；见本书第十一章）。

分析技术变革和制度变革供求的经济模型可以说是被"镶嵌"在图4-4的通用平衡框架中。图4-4"模型"的第一个优点是，帮助人们明确自己不了解哪些领域。人们对于研究"资源禀赋和技术变革之间关系"的建模和测试能力相对较强，而建模、测试"文化禀赋和技术变革或制度变革之间关系"的能力相对较弱。第二个优点是，可以确定现实生活中经济变革和社会变革的各种影响因素。若不能在通用均衡框架内分析历史变革，肯定会使人们在分析技术变革和制度变革各种因素之间的关系时，只能看到其中一个维度。

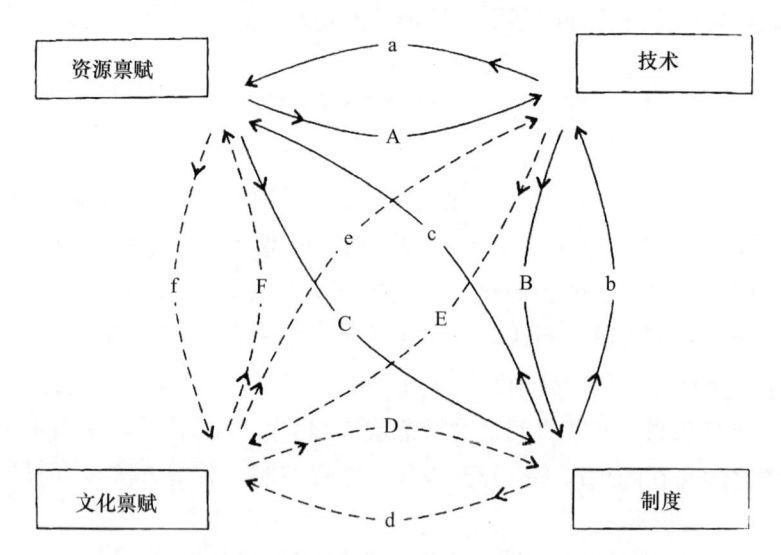

图4-4 资源禀赋、文化禀赋、技术及制度之间的变化关系

资料来源：Reprinted from Daniel R. Fusfeld, "The Conceptual Framework of Modern Economics", *Journal of Economics Issues*, 14（March，1980）：1-52, by special permission of the copyright holder, the Association for Evolutionary Economics。

例如，马克思传统理论的史学家经常认为技术变革主宰制度变革和文化变革。魏特夫（Wittfogel，1957）在其著作《东方专制主义》（*Oriental*

Despotism）一书中指出，东亚水稻种植应用的灌溉技术决定了其政治组织形式。若用图 4-4 阐释，他主要强调资源对制度（曲线 C）和技术对制度（曲线 B）的影响。新马克思主义理论对农业"绿色革命"的批判存在严重错误，这些批判几乎只注意到了技术变革对劳动和土地关系的影响——用图 4-4 表示，就是不论是猛烈的还是平和的批判，都只看到了技术和制度的关系（B），而忽视了资源和技术的关系（A）以及资源和制度的关系（C）。[①] 这一偏差使得人们在分析人口增长和技术变革分别是如何影响到收入增长和分配时，反复发生错误。在本章前文分析"技术变革和人口增长对菲律宾土地所有关系和劳动力市场关系的影响"一节中，更完整的诱导性创新模型的分析功能已得到了清楚的说明。

阿尔奇安和德姆塞茨（Alchian and Demsetz，1973）认为，产权的主要功能是激励更大的外部性内部化。他们认为，当稀缺资源的竞争日益激烈时，明晰产权能够减少交易费用。诺斯和托马斯（North and Thomas，1970、1973）以阿尔奇安—德姆塞茨范式为基础，试图从产权制度变化的视角分析 900—1700 年的西欧经济发展状况。[②] 11—13 世纪，土地资源日益稀少，人口压力增加，诱发了产权制度创新，这又促使了农业领域的劳动密集型技术变革；14—15 世纪，由于人口减少，封建制度瓦解，国家政府建立（其关系如曲线 C 所示），这些制度变革反过来为贸易和非农业生产发展规模经济创造了新机遇（如曲线 b 所示）。

曼瑟尔·奥尔森（Mancur Olson，1952）认为，制度的增加是经济下滑的一个原因。他还认为，根基厚实的复合型组织机构可以轻松地促进增长，并为其成员重新分配收入。例如，由大多数农业生产者组成的大联盟，通常会向政府施加政治压力，制定促进发展的政策，以便其成员能够在更大的国民产值中攫取更多的份额。而代表某单一群体商品生产者利益的小组织通常会以其他生产者和大众的利益为代价，而为其成员谋利。但是，奥尔森认为大组织具有内在的不稳定性，因为正常人通常不会为了实现组织目标而损害自己的利益——他们都想搭便车。结果，稳定社会的组

[①] 马克思模型的主要局限是，否认人口因素和技术制度变革之间存在联系（North，1981：60、61）。马克思对人口因素及相对资源禀赋作用的忽视，可追溯到其与马尔萨斯（Malthus）的争论。试图纠正这种错误是人类学"文化唯物主义"学派的一大创新（Harris，1979）。

[②] 对诺斯—托马斯模型的批判，请参见菲尔德（Field，1981：174-198）。菲尔德认为诺斯和托马斯不应该把制度变革作为内生变量。

织"空间"逐渐被特殊利益群体"分利联盟"所侵占，而这些分利联盟会使原本的政治生活变得分裂。它们会推迟新技术的采用（如曲线 b 所示），限制重新分配资源的能力（曲线 c）。其结果是，经济发展速度减缓，在某些情形下经济开始下滑。[①]

图 4-4 左下角所示的各种关系（虚线）相对来说很少引起经济学家的注意，阿夫纳·格雷夫（Avner Greif）是一个例外，他分析了马格里布（Maghrebi）商人的集体主义文化禀赋和热那亚（Genoese）商人的个人主义文化禀赋（曲线 D）是如何给 11—12 世纪地中海地区商业制度发展带来不同影响的（Greif，1994：912-950）。

本章所谈到的诱导性创新理论对经济领域的制度变革研究有什么影响吗？它提高了人们对技术变革速度和方向的认识——技术变革是具有内生性，主要由相对资源禀赋和需求增加而诱导产生。人们已经开始发展一种诱导性制度创新理论，其中制度创新被认为是内生因素。现在，大量证据表明，只要把制度变革看作是资源禀赋变化和技术变革的结果，就能够对制度创新及扩散有新的认识。

文化禀赋（包括经济学家认为是喜好而政治学家认为是意识形态的各种要素）的变化是技术变革和制度变革的重要原因。但是要进行严格的实证检验，确认图 4-4 模型中文化禀赋和其他要素哪个更加重要，人们的能力还远远不够。除非其他社会学学者能够提供更有效的分析方法，否则经济学家不得不沿用一种策略，该策略的重心即是资源禀赋、技术变革和制度变革之间的相互影响。

诱导性创新理论作为阐释技术变革和制度变革发展速度及方向的主要理论，贯穿于本书始终。这并不意味着笔者认为技术变革或制度变革的速度和方向完全是内生性的。知识、技术变革及制度变革中都会有自主元素，经济市场或政治市场也不会完全按照书本来运行。在后面的章节中会看到，土地、原材料、能源、资本和劳动的相对禀赋及价格对技术变革和制度变革都有着深远的影响。

[①] 见奥尔森（1982）。对奥尔森著作的批判，请参见诺斯（North，1983：163、164）。

第五章 技术的采用、扩散与转移[①]

前面几章已经探讨了技术变革对经济发展的重要性,主要表现为技术变革:(1)使知识代替资源成为可能;(2)促使价格低廉、储量丰富的资源代替价格高昂的资源;(3)解除无弹性资源供应对发展的限制;(4)在衡量经济增长时作为一项新的收入来源。

新知识、新技术只有得到实际应用,其经济和社会影响力才会得以实现。即便在发达国家之间,收入和生产率也存在巨大的差异(见本书第二章);更何况发达国家和发展中国家之间,其差异就更大了。但是,可以通过发达国家向发展中国家进行技术转移,来缩小这些差距。

经济学家对技术采用和技术扩散的认真研究始于20世纪50年代。最开始的研究是社会学家和经济学家共同完成的,主要着眼于农业发展经验;工业技术扩散的早期研究也应用了早期农业研究使用的理论和方法。本章首先将讨论扩散研究的社会学来源,以及有关杂交玉米推广的两项早期研究,这两项研究使用的理论和方法应用到了后来的研究中;接着将探讨企业内部和企业之间的技术扩散;最后一节将论述国际技术转移。[②]

第一节 传统研究的融合

20世纪前几十年,人类学和社会学领域的扩散研究发展相当成熟。[③]

[①] 本章参考了几项早期的研究(Hayami and Ruttan, 1985: 255-298; Thirtle and Ruttan, 1987: 77-129; Ruttan, 1996)。

[②] 本章不会讨论影响国防技术转移的经济因素或政治因素。

[③] 采用—扩散研究领域早期的一位学者在一套丛书中详细记录了该领域的研究发展成果(Rogers, 1962、1983、1995; Rogers with Shoemaker, 1971)。其早期的发展得益于戴安娜·克兰(Diane Clan)的一项社会学案例研究(1972)。

20世纪二三十年代，哥伦比亚大学教育学院的保罗·摩尔特（Paul Mort）对教育创新的扩散进行了大量探索；50年代末，乡村社会学和医学社会学领域的扩散研究势头强劲；50年代后期至60年代，这些领域的研究通过传播学、地理学、市场营销学和经济学被联系了起来。

60年代中期以前，每个领域的扩散研究都是各自发展。而60年代初，伊莱休·卡茨（Elihu Katz）及其同事合作发表了一系列论文，将这些"各自为政"的研究融合起来（Katz, 1960; Katz et al., 1963）。在1960年发表的一篇论文中，卡茨指出，传播领域的研究人员最近才了解到新思想、新技术在乡村社会学领域的扩散，并对其加以利用。

卡茨指出，对大众传媒进行了30年的研究后发现，媒体的功能并没有预期中的强大。这促使人们开始探索该领域变革遭到抵制的原因，进而使人们意识到人际关系的重要性。随后，传播领域的扩散研究在三个方面得到了发展：（1）通过对个人与他人之间的关系及个人的特征进行研究来区分个体；（2）小组研究把大众媒体研究和人际交流联系了起来；（3）研究聚焦于介绍社会制度之外的变革。"在这方面，乡村社会学家的理论非常重要。在过去二十年里，结合对乡村内外相关传播渠道的考量，他们对在乡村传播新耕种方法活动的有效性进行了探索。"（Katz, 1960: 437）卡茨认为，大众传播研究之所以迟迟没有意识到人际交流的重要性，是因为它只从心理学角度而没有从社会学角度思考问题。

1963年卡茨和几位同事合作发表了一篇论文，试图将几大研究传统的概念框架融合在一起，这几大传统看起来是"独立的"并且"不知道彼此的存在"（Katz et al., 1963: 240）。埃弗雷特·罗杰斯（Everett M. Rogers）的经典著作《创新的扩散》（*Diffusion of Innovations*，首次出版于1962年，1971年、1983年、1995年进行了修订）收集了有关技术创新扩散的资料，并对其理论和研究发现进行了整合和评价。

第二节 农业技术扩散

1928年，爱荷华州农业实验站向农民推出了杂交玉米，并且该州农业发展服务项目和出售杂交玉米种子的商务公司对此进行了推广。杂交玉米比开放授粉玉米更高产，一般高出15%—20%。到1940年，爱荷华州大部分种植户都种植了杂交玉米。

1941年，爱荷华州立大学乡村社会学的教授布鲁斯·瑞恩（Bruce Ryan）从该州农业实验站得到了一笔资金，资助其研究杂交玉米种子在该州农民中的扩散情况。该农业实验站之所以资助他，是为了更好地了解杂交玉米的扩散过程，以便实验站设计更有效的行动方案，推进其他新品种的扩散。研究过程中，研究人员对爱荷华州中部两个社区的259位农民进行了访问。瑞恩和格罗斯（Ryan and Gross，1943、1950）有关杂交玉米种子扩散的研究"在研究方法、理论框架及对问题的阐释方面，对乡村社会学及其他研究领域的学者影响巨大，其影响超过了任何一项同类研究"（Rogers，1983：54）。

瑞恩—格罗斯的研究试图回答一系列问题，这些问题直到20世纪70年代仍然困扰着研究技术扩散的学者们："影响创新的变量有哪些？一项创新的采用速度有多快？是什么因素决定了采用速度？在创新—决策过程的各个阶段，不同的传播方式都起到了什么作用？"（Rogers，1983：56）瑞恩和格罗斯观察到的扩散模型是（现在已成为经典的）"S型"采用曲线和描绘一段时间内采用者分布状况的对称性钟型曲线（见图5-1）。

瑞恩和格罗斯认为，已经采用创新技术的人和未采用但受他人影响可能采用的人之间的信息交流会构成一张交际网络；扩散曲线的斜率就是受这张交际网络的影响。他们二人为调研而创造的社会心理学研究范式成为学术模板，首先是进行农业扩散研究的其他乡村社会学学者对其进行了采用，后来几乎所有有关扩散的研究传统都采纳了他们的范式。20世纪60年代中期，戴安娜·克兰（Diana Crane）对由乡村社会学家组成的"隐形学院"进行了探索。她发现，在扩散领域18项广为使用的创新中，有15项归功于瑞恩和格罗斯（Crane，1972：74）。

乡村社会学家对技术扩散的研究非常出色的一点是，研究了从业者采用某项技术的速度。农业推广人员和其他变革执行者发现，扩散模型对他们在农民中间开展教育项目非常有用，尤其是因为该模型将五个不同时期的技术使用者（创新者、早期采用者、早期大众、晚期大众、落后者）与其各自的社会心理学特点、传播特征联系了起来。20世纪50年代后期，爱荷华州立大学乡村社会学学院的教授乔治·比尔（George M. Beal）和乔·波伦（Joe M. Bohlen）利用可视化手段，在160多场会议上向包括推广人员、广告代理人员、销售人员和企业经理等在内的变革执行者阐释了扩散的过程及有关概念（Beal and Bohlen，1957）。从卫生运动、技术援助项目和其他领域的扩散研究中所获得的认识具有即时操作价值，正是这一点使得乡村社会学以外的扩散研究迅速得到了大量支持。

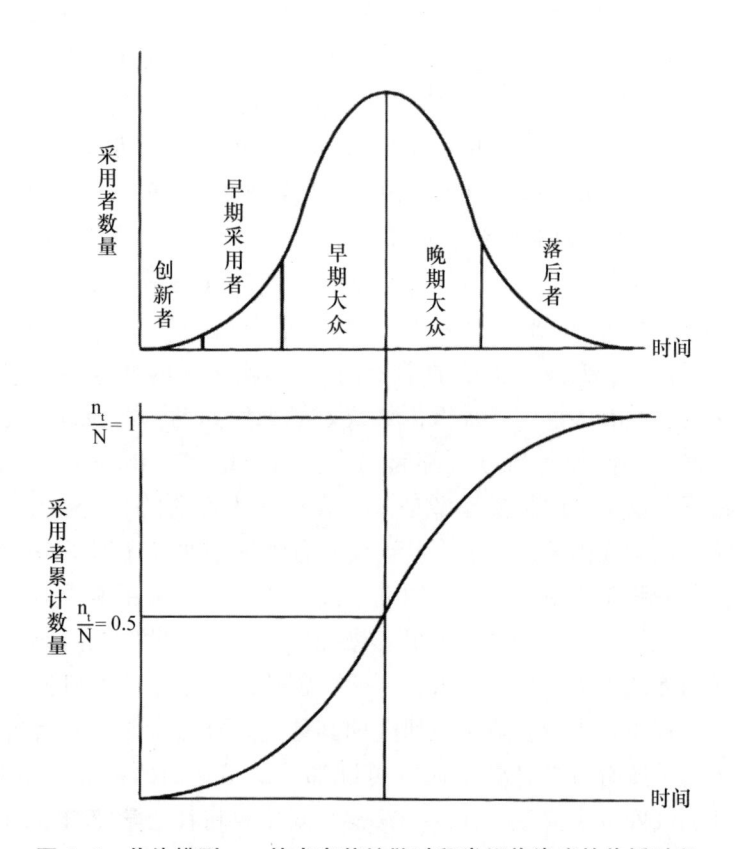

图 5-1 传染模型——技术变革扩散过程类似传染病的传播过程

资料来源：Colin G. Thirtle and Vernon W. Ruttan, *The Role of Demand and Supply in the Generation and Diffusion of Technical Change*, London: Harwood Academic Publishers, 1987: 81。

20世纪60年代，人们尝试把扩散研究放在传播研究这一更广泛的领域。罗杰斯有关创新扩散的著作［再版时书名改为《创新交流》（*Communication of Innovations*），1969］的第二版就主要探讨了这个问题。个人的学习行为被认为是扩散过程具有对称性的根本原因。然而，早期的大部分扩散研究并没有说明基本的 S-M-C-R 传播模式，即信息来源（source）将信息（message）通过一定的渠道（channel）传递给接受者（receiver）。通过追踪一段时间的传播模式，扩散研究逐渐使人们了解传播动态过程中的传播人员，也使人们认识到，在传播的各个阶段中，不同的传播渠道有着不同的影响（Rogers with Shoemaker，1971：250-266）。①

另一项具有里程碑意义的扩散研究是兹维·格里利克斯（Zvi Griliches）对杂交玉米在区域内部和区域之间扩散的研究。② 格里利克斯的研究对后来经济学家的影响，就如同瑞恩和格罗斯在社会学领域对后来者的影响；但他的研究范围比瑞恩和格罗斯更广。其研究目标是同时解释区域内杂交玉米的扩散速度——"接受问题"，以及特定领域杂交玉米出现的时机——"可用性问题"。这很重要是因为：

> 杂交玉米是一项发明，是为特定地区培育更高产玉米的一项发明。它并不是一种放之四海而皆准的简单发明，每个地区必须各自培育适用的杂交玉米种子。因此，除了研究农民采用速度的差异……研究还旨在解释特定区域采用杂交玉米较为迟缓的原因。（Griliches，1957：502）

格里利克斯将S型的logistic趋势函数与种植杂交玉米种子的面积比例数据相对应，目的是总结每个玉米成熟区的扩散路径（见图5-2）。该logistic趋势函数使用了三大参数——起点、斜率及上限。格里利克斯利用S型logistic曲线的斜率和上限来衡量杂交玉米接受或需求方面发生的变化：斜率表示接受率，上限测算的是杂交种子使用量接近稳定时的接受百分比。他认为，不同地区之间接受速度和接受上限不同，原因在于开放授粉玉米转换成杂交玉米的收益率不同。

考虑到实验的可操作性，格里利克斯将起点日期定为一个地区的杂交玉米种植面积达到该地区总面积10%的时候。这一指标具有商业可行性或可用性。选择10%作为起点是为了表明试验阶段已经过去，并且以营利为目的的良好杂交品种已大量存在。商业可用性时间（种植面积已达到总面积10%的时间）比技术可用性时间（杂交玉米种子投放到市场的时间）平均晚两年左右。格里利克斯试图用杂交种子市场的大小及密度来解释起点时间（或商业可用性时间）的差异，其大小及密度是通过地区玉米生产密

---

① 有关采用—扩散社会学研究传统的评论，请参见拉坦（Ruttan，1996）。
② 格里利克斯就读芝加哥大学期间的博士论文就是对杂交玉米扩散的研究（Griliches，1957、1958）。

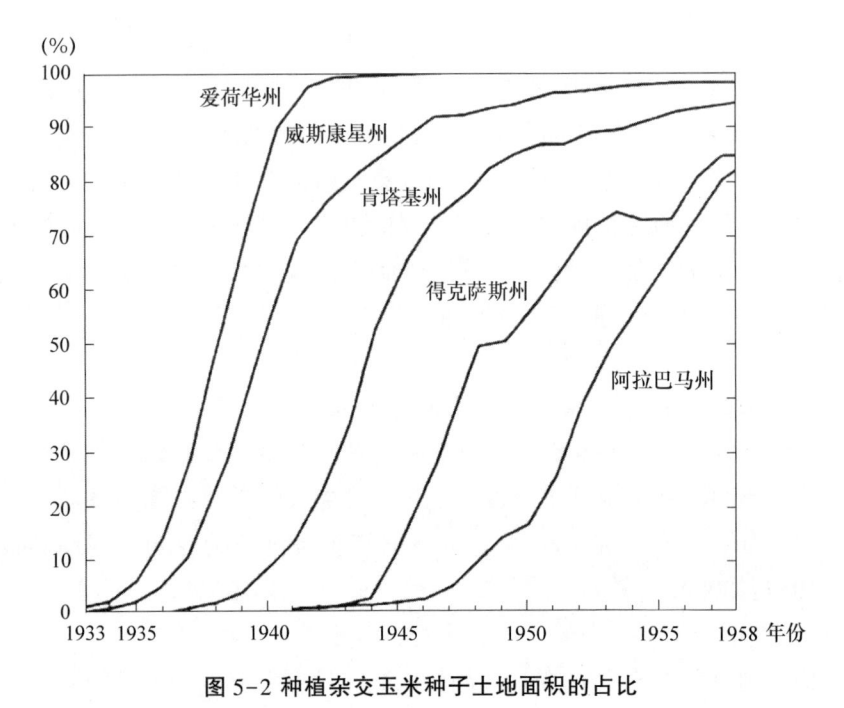

图 5-2 种植杂交玉米种子土地面积的占比

资料来源：Reprinted with permission from Zvi Griliches, "Hybrid Corn and Economics of Innovation", *Science*, 132 (July 29, 1960): 275–280. Copyright © 1960 American Association for the Advancement of Science。

度来估算的。

经分析，格里利克斯得出结论：新杂交种子技术的供应者（无论是公立的农业实验站还是商业种子公司）一般都为投资在研究、发展、生产杂交种子上面的预期报酬率所左右。尽管没有针对研发报酬率的市场测算，但是就公立的实验站（如美国农业部和国家政府）而言，"不同实验站投资的多少和一个地区玉米的重要性密切相关。在玉米极为重要的地区，研究站会在杂交玉米方面做很多工作；而在其他边缘地区，实验室做的工作就会少一些"（Griliches, 1957: 511）。[①] 格里利克斯采用的方法显然和本

---

① 格里利克斯的研究触发了一场更大范围的讨论，人们争论在扩散过程中"社会变量"和"经济变量"哪个更加重要。相关资料，请参见布拉德纳和斯特劳斯（Bradner and Straus, 1959）、格里利克斯（Griliches, 1960）、罗杰斯和哈文（Rogers and Haven, 1962）、格里利克斯（Griliches, 1962）、巴布库克（Babcock, 1962）、科隆格兰和卡沃德（Klonglan and Coward, 1970）。阿罗（Arrow, 1969: 33）指出："经济学家研究潜在创新者对信息的需求，而社会学家研究的是传播渠道的供给问题。"

书第三章介绍到的"研发促进重大变革"的厄舍尔累积综合模型一致,也与本书第四章中的诱导性技术变革模型一致。需求增加和要素禀赋变化都会诱导杂交玉米的发明与发展。

20世纪前30年,美国农业增加了劳动和资本的投入量,其收益却明显降低。在美国农业以动物(主要是以马)为基本劳作力的时代,玉米和其他饲料作物是主要作物。然而,在杂交玉米发明以前,玉米产量的提高一直不见起色。1880年至20世纪20年代中期,玉米产量一直稳定不变,保持在每英亩27蒲式耳(1蒲式耳相当于35.2升)左右。1900年至1920年,相对于一般价格水平,玉米价格明显上升(Hayami and Ruttan, 1985: 214-219)。

上述经济活动的变化促进了研发进程,为杂交玉米的商业可用性以及农民采用杂交玉米奠定了基础。20世纪20年代中期以前,土地供应无弹性,农业饲料作物和粮食作物生产停滞,这都限制了美国农业生产发展;然而到了20年代中期,伴随着杂交玉米的发明,其他粮食作物品种也得到了改进,劳作实现了机械化,化肥实际价格剧跌,这些因素使得农业发展摆脱了以往的束缚。

第三节 工业技术扩散

20世纪60年代早期,埃德温·曼斯菲尔德(Edwin Mansfield)发起了一项对工业经济学与技术创新的重大研究。[1] 他应用的概念框架和研究方法都深受早期乡村社会学家以及格里利克斯有关杂交玉米扩散研究的影响。

然而,曼斯菲尔德的研究与格里利克斯的不同之处在于,曼斯菲尔德考虑到了技术在企业内部和企业之间扩散的影响因素。[2] 他首先统计了4大产业——烟煤业、钢铁业、酿酒业和铁路行业——的12项创新在企业之

---

[1] 曼斯菲尔德对技术扩散的研究已经发表在一系列的杂志文章中(Mansfield, 1961、1963a、1963b)。有关权威性的报道请参见曼斯菲尔德(1968)。关于格里利克斯—曼斯菲尔德后来的著作,请参看纳斯贝斯和罗伊(Nasbeth and Roy, 1974)、戴维斯(Davies, 1979)以及斯通曼(Stoneman, 1983)。戴维斯和斯通曼的研究代表了对采用—扩散模型极其正式的阐释。

[2] 另一大区别是,在曼斯菲尔德的研究以及后来的大部分工业扩散研究中,公共部门并没有积极参与扩散过程。最近的研究又开始关注公共部门在工业(见本书第十四章)、环境(Kemp, 1997)和国防等领域技术扩散(Sidel, 1995)中的作用。

间的采用速度。这些创新包括烟煤业的梭车、无轨移动装载机和连续采矿机；钢铁业的副产品炼焦炉、连续宽带轧机和镀锡板连续退货生产线；酿酒业的托盘装载机、锡容器和快速装瓶机；以及铁路行业的内燃机车、集中式交通管理和车辆减速器。

这些研究是为了让参与调研的产业认识到"收益率"以及"使用新技术的企业所占比例"这两项变量（这也是影响杂交玉米采用的变量）的重要性。曼斯菲尔德的研究还把投资需求的大小（相对于企业规模来说）和产业结构的不同作为采用速度的影响因素（Mansfield，1961）。

曼斯菲尔德坚持认为，要了解一项新产业技术如何迅速地取代旧技术，不仅需要了解是什么因素决定了新技术的开始采用，还需要了解影响企业内部采用速度的因素。曼斯菲尔德的研究为后来探索企业内部扩散创立了标准模式，接下来将详细呈现他有关内燃机车扩散的研究。

一　内燃机车扩散

美国制造的第一台内燃机车是由三家公司共同完成的——设计引擎的英格索兰公司、制作零部件的通用电气公司以及设计结构框架的美国机车公司。1924年，美国展示了第一台内燃机车——比欧洲晚了11年。

"早期的内燃机车又重又慢，而且动力不足……采用内燃机车的地方经常会出现烟雾公害或火灾隐患。1933年，通用电气公司改进了内燃机，改良版的内燃机车比原来的更小更快且动力充足。1934年，'流线型内燃机车'时代到来。到1935年，美国一半的铁路主干线都开始使用内燃机车"（Mansfield，1968：174、175）。因为这一创新的出现，铁路运行线路变得更长，燃煤量降低。然而使用"燃煤机车"的铁路线并不愿意采用内燃机车，一方面是因为煤的价格相对低廉，另一方面是因为不愿疏远大众消费者。

1940年，内燃机车被广泛使用。然而，关于其维修成本及其他影响收益率的因素，人们仍有一些疑问。第二次世界大战期间，因为资源匮乏，内燃机车的采用被推迟了。到战争末期，内燃机车已占据了10%左右的市场份额，其接受范围逐渐扩大，然而还是很少有企业希望内燃机车能够完全替代蒸汽机车。

曼斯菲尔德指出：

有几大因素使内燃机车的优势更为显著：第一，内燃机车设计先进，而且每马力的价格相对于蒸汽机车来说一直持续下降；第二，完全撤除蒸汽机车性能、维修的设备会节省一大笔资金，这一点很明显；第三，有关内燃机车运行、维修的疑问已经完全被打消了，而且机车制造商解决了工作人员及助理人员的培训问题。（Mansfield，1968：177）

内燃机车对蒸汽机车的替换速度在不同企业之间表现出很大的不同。30条随机抽取的一级铁路线被要求在9年之内，将内燃机车对蒸汽机车的替代比例从10%增至90%。20%的企业在3—4年内达到了这一要求，而10%的企业用了14年左右的时间才完成这一转变（见表5-1）。

表5-1　内燃机车替换时间间隔[a]

时间间隔（年）	企业数量（家）	企业比例（%）
14年及以上	3	10
11—13	7	23
8—10	11	37
5—7	3	10
3—4	6	20
合计	30	100

注：[a]时间间隔是指当内燃机车占全部机车10%时的日期到内燃机车占全部机车90%时的日期；随机抽取30条一级铁路线。

资料来源：Edwin Mansfield, *Industrial Research and Technological Innovation*: *An Electronic Analysis*, New York: W. W. Norton, 1968: 178.（After Interstate Commerce Commission, *Statics of Railway*, 1925: 61）Copyright © 1968 by W. W. Norton & Company, Inc. Reprinted by permission of W. W. Norton & Company, Inc。

经过计量分析，曼斯菲尔德得出结论：不同铁路企业内部扩散速度存在很大差异，是因为"投资内燃机车收益率不同，企业规模大小和流动资产不同，企业开始采用内燃机车的时间也不同。这三种因素中的任一因素（除了企业规模）增加都会促进企业内扩散速度加快"（Mansfield，1968：25）。

尽管格里利克斯和曼斯菲尔德很早就开始了对技术扩散的研究，但直到 20 世纪 70 年代，经济学家才真正对此产生极大兴趣。80 年代早期，正当社会学家研究势头衰弱的时候，农业经济学家、工业经济学家、市场营销经济学家以及科学技术人员开展的扩散研究开始迅猛增加。[1] 农业经济学家及其他经济学家对技术扩散的研究在很大程度上（至少研究之初）是受到乡村社会学家的启发。然而，进行研究的科学技术人员却几乎没有意识到他们利用了早期的社会学资料。到 80 年代中期，西欧众多机构，如英国苏塞克斯大学的科学政策研究所（SPRU）、奥地利的国际应用系统分析研究所（IIASA）以及荷兰的马斯特里赫特创新与政策经济研究所（MERIT），发展出越来越多的有关扩散的研究资料。经济学家和科学技术人员最新的研究几乎没有参照社会学家早期的成果，正如社会学家也几乎没有受到经济学家的影响一样。

最初，人们认为扩散过程是一元的，即仅用一个单独的衡量标准，比如用采用者的人数来描述一项创新的扩散过程。后来，研究人员把扩散看作二元的过程，是对市场上其他流程或产品的替代。最终，扩散过程被认为是多元的，许多竞争对手（不同的创新技术）一起争夺不断变化的市场份额。

本章前文中讨论到的有关杂交玉米的早期研究把二元过程（杂交玉米替代开放授粉玉米）看成一元过程（采用和扩散更先进的技术）。然而，内燃机车替代蒸汽机车的过程被看作二元的。而机械动力代替畜力也是二元性的一个实例（见图 5-3）。扩散现象所在的环境被假定为非常简单，以便阐释扩散过程的一元性或二元性。重大的技术变革往往按照这个顺序发生：出现、扩散，再逐步替代其他诸多创新（其中几项同时在市场上相互竞争）。扩散的多元过程在图 5-4 中得到阐释：四种不同的钢铁技术长时间竞争市场份额，因此各自所占份额时多时少。值得注意的是，尽管采用的外部性允许最初的市场份额可以低于 10% 的临界水平，但是到技术生命周期的末期，市场份额就会出现逆转现象。原来的技术在经历了市场份额不断下降的一个时期后，其份额会从最低的百分点慢慢回升。接下来的部分将更详尽地讨论碱性氧气转炉炼钢法的出现和扩散过程。

---

[1] 关于经济学家的评论，请参见戈尔德（Gold, 1981）、菲德尔等人（Feder et al., 1985）、斯特尔和拉坦（Thirtle and Ruttan, 1987）、梅特卡夫（Metcalf, 1982）、苏特（Soete, 1985）及卡西纳斯和斯通曼（Karshenas and Stoneman, 1995）。有关科学技术人员的评论，请参见格鲁伯勒（Grübler, 1991a、1991b、1998）。

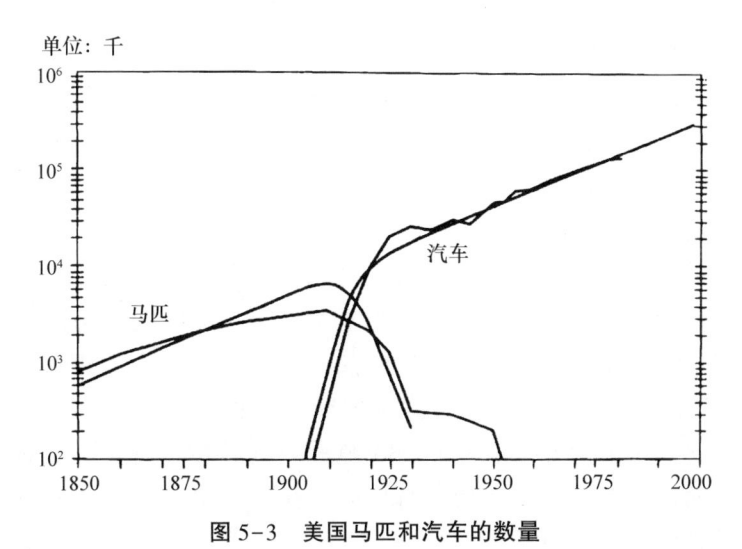

图 5-3 美国马匹和汽车的数量

资料来源：Reprinted from *Technological Forecasting and Social Change*, 39, Arnulf Grübler, "Diffusion: Long-Term Patterns and Discontinuities", p. 162. Copyright © 1991, with permission from Elsevier Science。

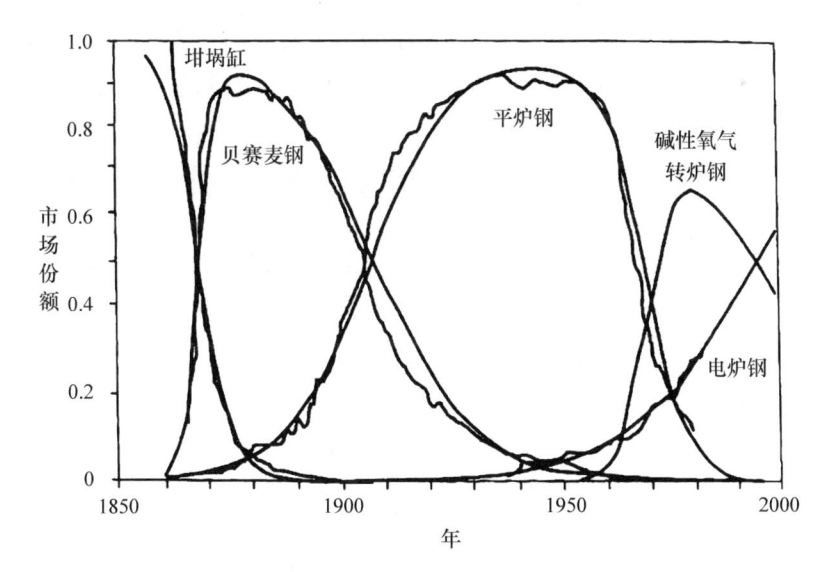

图 5-4 美国原钢生产技术逐次替代过程（成品原钢吨数所占比例）

资料来源：Reprinted from *Technological Forecasting and Social Change*, 39, Arnulf Grübler, "Diffusion: Long-Term Patterns and Discontinuities", p. 162. Copyright © 1991, with permission from Elsevier Science。

二 碱性氧气转炉炼钢法[①]

第二次世界大战结束后，奥地利林茨（Linz）钢铁厂的工程师们进行了一系列实验，试图将氧气用于钢铁生产过程中。这些实验的基本构想源于19世纪中期贝塞麦（Bessemer）发明的炼钢法。但是由于无法获得低成本的氧气（及其他一些因素），这一想法在第二次世界大战结束之前并未被广泛应用于实践。经历了多次失败后，奥地利工程师终于在1949年，在不损害炉体和氧气喷枪的情况下，成功生产出高质量的钢铁。1952年，炉体从2吨变为35吨。1953年，第二个炼钢厂在多纳维茨（Donawitz）建立。这种炼钢方法因为最开始在林茨和多纳维茨得以使用，因此被命名为LD炼钢法。35吨的氧气转炉出现后，工程师们又在许多方面进行了改进和拓展，特别是在扩展产品组合以及将该方法用于含磷量高的矿石方面。

LD氧气转炉需装入铁水，所以必须放在高炉附近。首先加入废钢，然后倒入铁水，摆正转炉，放低氧气喷枪，直至喷枪高于炉内金属4—8英尺。氧气喷枪是长约50英尺、直径约10英寸的水冷真空管，可以承受炉内的高温。插入喷枪后，吹入纯度为99.5%的氧气。氧气会引起氧化反应，从而除去铁中的碳、锰、磷以及硅等杂质。碳去除后，火会熄灭。氧化转炉内的铁水必须要占到70%—75%，甚至更多，这意味着废钢最多占30%。与之对比，如今使用的平炉炼钢法所用废钢占50%，电炉炼钢法所用废钢则高达90%。

氧气转炉炼钢法往往（但并不总是）比平炉炼钢法和电炉炼钢法的成本更低。其一大优点是，氧气转炉的资本成本仅为平炉炼钢的一半左右。然而，若高炉不在氧化转炉附近，这一低成本优势就会被消除。而且在有些情况下，电炉的资本成本比氧气转炉和平炉的成本都要低。尽管如此，资本成本更低已经成为氧气转炉炼钢替代平炉炼钢法的一项重要原因。例如，20世纪50年代后期，碱性氧气转炉炼钢法的资本成本为每吨15美元左右，而平炉炼钢法的资本成本为每吨40美元。

影响氧气转炉炼钢法收益率的另一个因素是废钢的价格。如上所述，氧气转炉炼钢法需要的废钢要比平炉炼钢法和电炉炼钢法需要的废钢少很

---

① 本部分参考了雷（Ray, 1969）、奥斯特（Oster, 1982）及格鲁伯勒（Grübler, 1991a）。

多。因此，相对于氧气转炉炼钢法来说，平炉炼钢法的废钢价格成本较高，所以生产成本也相对较高。在废钢价格成本低的情况下，电炉炼钢法的生产成本可能比氧气转炉炼钢法的生产成本更低，特别是当生产规模较小的时候。然而，当生产规模比较大时，尽管废钢价格成本相对总成本来说是比较低的，氧气转炉炼钢法的生产成本还是比平炉和电炉炼钢法低。1962年，用氧气转炉炼钢法生产150万吨钢锭的总成本要比用平炉炼钢法生产的总成本低11%左右。

如图5-4显示，在1960年以前，氧气转炉炼钢法在美国钢铁生产中所占比例不足5%，而到1980年时接近60%。很显然，氧气转炉炼钢法逐步取代了美国先前的炼钢方法。该项技术的扩散过程是否是以最快速度进行的，一直是个争议。一些观察家坚持认为，美国钢铁产业在引进氧气转炉炼钢法方面相对比较慢；然而，钢铁生产者并不认同这一观点。此外，曹和代（Tsao and Day，1971）进行的一项研究发现，氧气转炉炼钢法在美国的扩散速度接近理想值。

从1956年到1968年，氧气转炉炼钢法在11个国家的扩散模型如图5-5所示。1969年，日本、荷兰、奥地利采用此炼钢法生产的钢铁产量在本国钢铁行业中所占比例最高，法国、英国、意大利所占比例最低。相对于这些国家，美国的比例居中。当然，奥地利采用速度较快的一个原因是，这种炼钢法本就发源于奥地利。日本和荷兰也较快采用了此炼钢法，部分原因是这一时期日本和荷兰的钢铁产业比其他国家的钢铁产业发展得更为迅速。他们可以通过增加使用氧气转炉炼钢法来"扩大"产能，而其他国家往往用此炼钢法来"取代"目前的产能。

第四节 新理论和新方法

随着扩散研究的发展，经济学家们越来越集中地展开了有关理论及方法论的对话。他们很关注理论的最新发展，以及生产、人力资本、市场和空间关系的形式化；还很关注形式理论与用于测试和估算的统计模型或计量模型的一致性问题（Feder et al.，1985；Silverberg，1991）。经济学家还考虑到了影响采用的其他因素，如使用的强度以及相似创新之间的互补性问题（Smale et al.，1995）。他们将创造者不断改进技术的行为以及发展创新—扩散统一模式的行为都归入再创造的概念中（Thirtle and Ruttan，

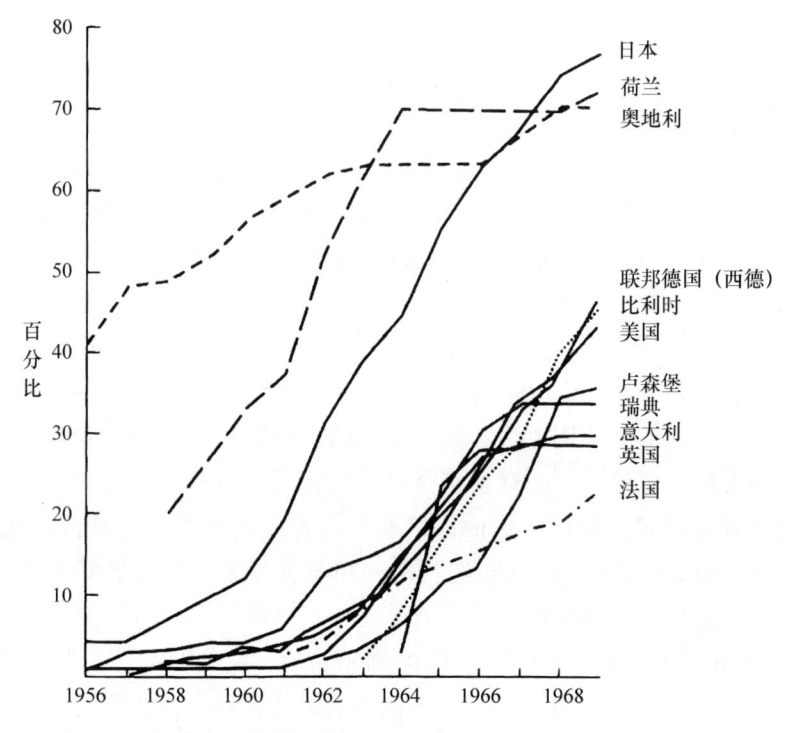

图 5-5　碱性氧气转炉炼钢法生产的钢铁在原钢总产量中所占比例

资料来源：L. Nasbeth and G. F. Roy, *The Difference of New Industrial Process: An International Study*, Cambridge: Cambridge University Press, 1974: 153. Reprinted with the permission of Cambridge University Press。

1987; Knudson and Ruttan, 1988)。此外，经济学家也开始日益关注技术的国际性扩散 (Vernon, 1966、1979; Hayami and Ruttan, 1985; Soete, 1985)。

自 20 世纪 70 年代以来，经济学家和科学技术人员又开始了"第二代"扩散研究，这次的研究和格里利克斯—曼斯菲尔德最初的研究有很大的不同。它分为两大类：(1) 应用传统微观经济均衡模型的研究；(2) 应用全新演化模型的研究 (Thirtle and Ruttan, 1987: 108-124; Lissoni and Metcalf, 1994; Karshenas and Stoneman, 1995)。

一　均衡模型

在"均衡模型"中，扩散被看作不同均衡水平之间的过渡，由不断变化的经济因素（如成本、价格）和不断变化的环境（如不同的市场结构）决定。扩散经常被看作创新环境变化与采用环境变化相互作用的结果（如创新供给者和消费者之间的相互作用），而很少被认为是一种学习现象（Grübler, 1991: 26）。

研究市场营销的经济学家进一步调整社会学家的扩散模型来预测消费需求，是这一阶段的一大创新。用耐用消费品的需求建模，需求量可以被看作：(1) 创新系数，测量某种产品首批"革新"消费者的数量；(2) 模仿系数，反映模仿其他人行为方式的大众行为；(3) 市场潜力指数，可以反映市场渗透的上限。产品出现后的起始阶段，个人之所以采用新产品大都是因为大众媒体的宣传（Bass, 1969、1980; Rogers, 1995: 79-83）。[1] 在发展中国家从事研究工作的农业经济学家关注的最新研究焦点是在新技术采用过程中，生产者对食物质量存在主观偏好问题。阿黛西纳和白度·福森（Adesina and Baidu-Forson, 1995）研究发现，布基纳法索采用某改良高粱品种，主要是因为该品种适合熬煮一种本地的粥；而几内亚采用的改良品种主要出于是否容易烹饪的考量。

均衡研究的另一个创新是，科学技术人员把技术变革过程看作一种替代现象而不是扩散现象，其主要关注的是各项相互竞争的技术不断变化的市场份额。在几项技术相互竞争的模型中，就市场份额而言，每种技术都要经历三个不同的阶段——logistic 增长、非 logistic 饱和以及 logistic 下降。国际应用系统分析研究所（IIASA）的那奇斯诺维克（Nakićenović）和几位同事把替代模型发展得极为完善，并且广泛应用。[2] 他们最初的目的是将这种模型用于科技评估和科技预测。

对均衡模型更激进的应用彻底摒弃了传播模式。扩散需要一段时间，不是因为信息不完善（或者因为信息传递也需要花费一段时间），而是因为对潜在的采用者或使用者来说，新技术一开始并不比现有的技术好。企业都是追求利润最大化的，所以企业没有采用新技术并不是因为消息不灵通，或者是行为不理智，而只是在等待最好的采用时机罢了（Lissoni and

---

[1] 建立在巴斯（Bass）最初的研究基础之上。有关市场营销扩散研究的评论，请参见马哈雅等人（Mahajan et al., 1990）。

[2] 两种技术（新技术和旧技术）的替代模型是由费舍尔和普雷（Fisher and Prey, 1971）发明的。若要了解包含多重替代的费舍尔—普雷延展模型，请参见马切特和那奇斯诺维克（Marchette and Nakiénovié, 1979）。

Metcalf, 1994; Chari and Hopenhayen, 1991)。这一理论彻底切断了扩散研究与社会学之间的知识联系。

尽管理论和方法论都取得了巨大进步，但是格鲁伯勒（Grübler）认为均衡模型在以下几个方面仍饱受诟病：（1）将 logistic 模型应用于扩散过程所引用的数学特性及经济学原理；（2）大部分扩散模型为二元性，假定潜在采用者的规模是固定的；（3）对模型影响变量群的定义太狭隘（Grübler, 1991：14）。工业经济学家和科学技术人员进行的扩散研究遭到了格鲁伯勒的批判，农业经济学家进行的扩散研究早期也遭到菲德尔等人（Feder et al., 1985）的批评。二人的批评与乡村社会学家批判早期社会学资料的方法论太局限有惊人的相似之处（Lionberger, 1960）。应该引起重视的是，尽管很多人批评 S 型 logistic 曲线缺乏充足的微观经济理论基础和传播理论基础，但是没人能成功废除这条理论。用作描述扩散过程和替代过程，S 型 logistic 曲线仍然颇受欢迎。就如早期格里利克斯的研究一样，人们的关注点仍在解释扩散曲线的参数上面。

二 演化模型

演化模型试图弥补均衡模型显现的许多缺陷。演化模型把扩散看作在经济执行者时常变动且个体间差异巨大、动态不均衡情况下的演化过程，并试图建立复杂的反馈机制模型，以分析微观层面的经济执行者。在这些模型中，由创新扩散诱发的结构变革受到不断变化的技术与行为多样性、相互学习、选择机制等因素的影响。这些因素连同复杂的反馈一起促使持续变化的技术环境不断做出相应调整，从而导致宏观（产业）层面发展有序的演化路径。发展演化模型，更准确地说是发展自发组织模型的基本任务是，反映产业结构、企业行为和产业演化之间循环的反馈过程（Grübler, 1991：8、29；Lissoni and Metcalf, 1994：120 - 126；Katz and Shapiro, 1986；Arthur and Lane, 1994；Dosi et al., 1986；Silverberger et al., 1988)。

乔瓦尼·多西（Giovanni Dosi）与他在国际应用系统分析研究所（IIASA）的几位同事颇有雄心壮志，构想建立一种包含创新—模仿—扩散过程的演化模型。他们认为，早期的研究没有充分考虑技术发展和扩散之间的相互关系。一种全面发展的演化模型应该能够纳入每种技术的特点（包括基本知识的来源；专用程度，创新的默识，研究、生产及产品的复杂性；

规模经济的不同形式及作用；以及技术学习的累积），还应该包含经济因素之间的差异程度和差异形式（包括不同的技术能力以及研究过程和行为规则的多样性），还有激励、限制、选择等机制的内生演化（包括不同技术、企业规模、现金流转和市场份额等相对盈利能力的演化）（Dosi et al. , 1986：8、9）。

跟上述理想目标相比，在实际应用中做出适当的妥协十分必要。尽管如此，多西及其同事已创建出纳入股本创新的模拟模型。股本创新会产生产业层面的扩散曲线，这些曲线和历史记载的产业扩散模式类似。他们还阐明，在不同的假设情况下——假设可获知市场份额和企业优胜劣汰的不同结果，假设企业行为如何产生本产业的扩散曲线——企业的采用战略会有所不同，因而影响也会有所不同。

格鲁伯格认为演化模型比均衡模型前景更为广阔。在评估演化模型的最新进展时，他指出，模拟的结果反映的是假设的特定技术、市场和行为等变量的结果。他认为，要讨论模拟的结果是否可以代表实际情况还为时过早。模拟模型只是展现了自组织演化系统的动态行为；其得出的主要结论是，自组织演化系统中，宏观层面和微观层面之间的动态相互作用会导致产生微观层面多样性驱动（而不是分散）的时空格局。由此看来，宏观层面的演化路径具有规律性，这一点并不矛盾，而是不同技术预期、设计、动态专用性和经济因素产生的结果（Grübler，1991：37、38）。沙里和赫本哈彦（Chari and Hopenhayen, 1991）提议，均衡模型下一步的发展是，建立一种新的模型，其中技术创新和技术采用由内生决定并且相互作用。笔者认为，发展这种模型会消除均衡模型和演化模型之间在定义上的大部分差异。

第五节　产品周期与国际贸易

20世纪60年代中期，人们越来越关注国际贸易中"技术因素"的作用。[1] 经济学家开始尝试了解美国本土跨国公司把技术转移到国外子公司的原因。随后，人们又开始探索其他高收入国家技术产品（指的是源于美国、由美国跨国集团的国外子公司和其他国家的代工公司生产的产品）出

---

[1] 有里程碑式贡献的是弗农（Vernon, 1966）。还请参见格鲁伯和马奎斯（Gruber and Marquis, 1969），以及弗农（1970）。

口增长的原因。20世纪90年代，内生增长理论的发展使人们对国际贸易和技术扩散之间的关系又产生了兴趣（Grossman and Helpman，1991，见本书第二章）。

1966年，哈佛商学院的雷蒙德·弗农（Raymond Vernon）提出了"产品周期"模型，用以解释美国首先发明生产某些新产品的原因，创新企业在外国建设生产设施的原因，以及之后产品又出口给美国的原因（Vernon，1966）。弗农认为，美国市场为新型耐用消费品提供了独一无二的机遇。

美国市场众多消费者的收入比其他国家消费者的收入要高。20世纪60年代中期，美国人均收入是西欧的两倍。满足高收入消费者需求的产品在这里能找到独一无二的市场。美国劳动成本高（而且不断上升）、资本充裕，且资本市场高度发展，这为劳动节约型耐用消费品（如洗衣机、洗碗机）和耐用生产品（如叉车、自动控制系统）的发展提供了机遇。

弗农指出，尽管这两大因素能够解释为什么是美国首先发明满足高收入消费者需求的新产品或节约劳动型新产品，但是不能解释为什么是美国而不是其他工资较低的国家首先生产新产品。他从产品周期起始阶段的产品技术演化和产品设计两个方面进行了阐释。

> 产品本身在一段时间内是非标准化的；其投入、加工和最后的技术参数变化很大。试将1910年以前生产并投放到市场上的各种汽车产品和20世纪30年代完全标准化的产品进行比较；或者将20世纪20年代纷杂的收音机设计和30年代统一的模型进行比较，就会明白这一点。（Vernon，1966：195）

产品周期起始阶段，从市场上获得有关消费者偏好的反馈非常重要。同样重要的是，工程师能够高度熟练产品设计，劳动力能有效应用新生产技术。这些因素使得所有有助于新产品成功的人——工程师、研发人员、供应商、金融机构以及消费者——之间能够实现快速有效的沟通。

随着产品需求的增加，"技术轨道"得以建立，设计得以标准化，灵活性需求下降，大规模生产变得可行，对生产成本特别是劳动成本的考虑也就越来越重要。若产品具有高收入需求弹性，或者产品能够替代劳动，那么居民收入接近美国居民收入水平的其他国家对该产品的需求就会增加

(见本书第二章)。最开始国外对该产品的需求仅从美国进口就能够得以满足；但后来，随着需求持续增长，就需要在其他发达国家建立子公司，或者是同他国公司建立合资企业。随着生产的扩大，新的生产地（如日本、西欧）将有利于发展第三世界国家的市场。当国外劳动成本足够低时，下一阶段就是将产品（如晶体管收音机和手动计算器等）反过来出口给美国。而当在低收入国家发展生产能力，以利用更为低廉的成本时，第三阶段就出现了。在低收入国家发展生产最开始可能仅限于生产劳动密集型零部件；但是，建立这种生产力经常需要投入大量人力资本，以及发展"干中学"模式，这种模式会促成低收入国家建立与创新国的生产商相竞争的公司。记忆芯片技术从美国转移到日本，又转移到韩国，就是一个范例（见本书第十章）。产品发展阶段和贸易状况如图5-6所示。

有关产品周期模型是否适用的疑问持续了十年。[①] 美国和某些发展中国家之间的收入差距已经缩小或消失。这些国家的经济环境同美国一样有利于发展高收入需求弹性的消费品和节约劳动的生产设备。有些高收入需求弹性的消费品也在发展中国家的新兴中产阶级中找到了市场。劳动节约型设备和信息设备促使成本大幅度缩减，这顺应了一个几乎同质的世界市场。这样的例子包括汽车、飞机、电脑和药物等产品。为国际市场进行生产的企业，

> 设立在他国，但仍然和总部一样维持创新活动的核心；主要人员之间能够进行面对面的复杂咨询。这样一来，这些国外企业的运作能够和产品周期模式保持一致。面对所在国家政府施加的压力，这些企业通常会慎重选择在当地的发展活动（Vernon，1979：262、263）。

产品周期模型也被改进以用作阐释"产品生命周期"。最初，产品创新通过吸引新的消费者来扩大市场。随着产品设计的稳定，产业内的企业数量下降，企业规模扩大，市场份额稳定。而且，节约资本的创新随着企业规模的扩大，其盈利能力也不断增强。在这一阶段，企业还会发现，将企业运作转移到劳动或材料成本更低的国家，盈利效果也很好（Klepper，1996）。

[①] 对此的疑问，请参见基德（Giddy，1978）。对疑问的回应，请参见弗农（1979）。

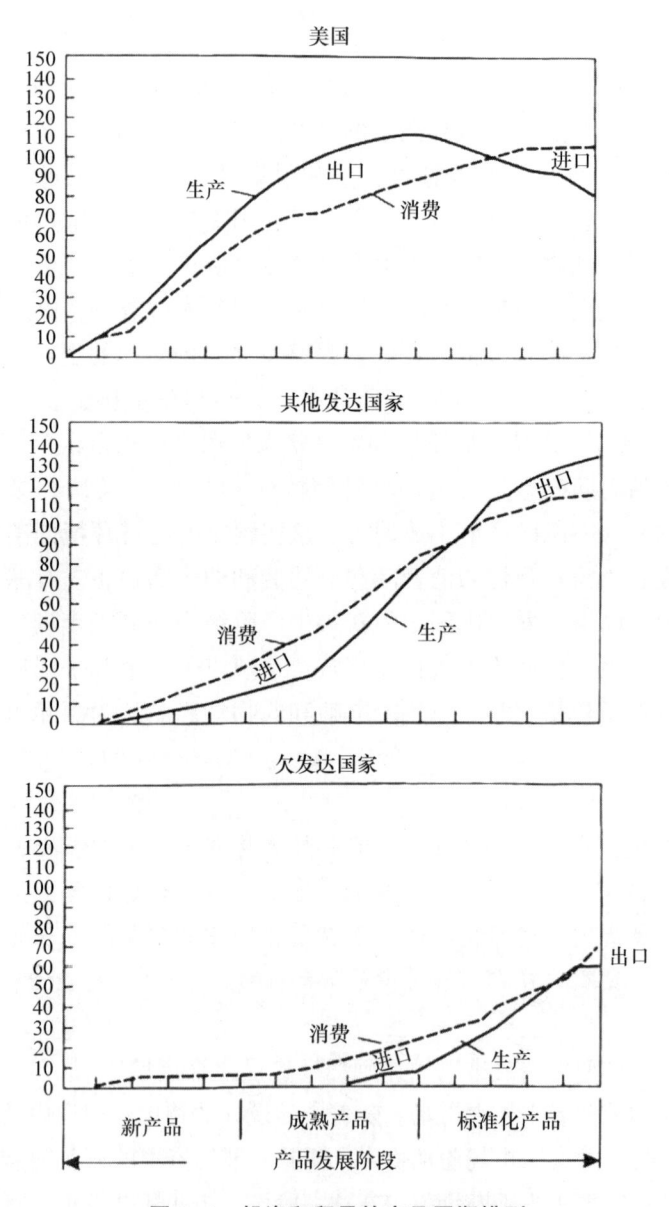

图 5-6 投资和贸易的产品周期模型

资料来源：Raymond Vernon, "International Investment and International Trade in the Product Cycle", *Quarterly Journal of Economics*, 80 (May 1966): 19。

第六节 内生增长与技术转移

20世纪90年代发展的内生增长理论重要的一条溢出效应是，人们开始尝试探索贸易和增长之间的关系。技术转移在内生增长理论中扮演着重要的角色（Grossman and Helpman，1991；Coe et al.，1997：134-149；Parente and Prescott，2000）。格罗斯曼（Grossman）和赫尔普曼（Helpman）在他们的几大论作中摒弃了新古典增长理论中的假设（该理论假设全世界的技术机遇都是一样的）。他们认为欠发达国家采纳现有技术的过程和发达国家创造全新技术的过程并没有什么不同。开展技术研究的国家在人力资本禀赋方面一般具有相对优势。

格罗斯曼和赫尔普曼从比较实际的假设出发，展现外在关系对一个国家发展的影响：（1）国际交流打开了传播渠道，促进了技术信息的传播；（2）国际竞争鼓励贸易国的企业家探索新技术、发展新思维；（3）国际一体化扩大了创新企业所在市场的规模；（4）国际贸易促使资源重新配置。在这一过程中，有的国家会从贸易中获利，有的会遭受损失。与原始劳动资源丰富的国家相比，拥有大量高科技（以及人力资本较高）的国家获利的时期会比较长（Grossman and Helpman，1991：37-238）。

在格罗斯曼和赫尔普曼设想的社会中，技术政策发挥着重大的作用（见本书第十三章）。完善的知识产权制度会促使跨国企业进行技术转移；对教育和研发进行的战略投资可以被用来创造一种鼓励技术转移的制度结构（见专栏8-1）。

第七节 技术转移的成本

内生增长理论表明，技术转移和技术采用都不是零成本的。农业技术转移或者开采自然资源所需技术的转移通常需要做出调整或再创新，以实现经济上的可行性。就如同新杂交玉米需要根据美国不同农业气候区进行不同的开发，其他国家具体农业气候区也需要根据实际情况开发新的杂交玉米或者新的品种。与此类似，就如诱导性技术变革模型所表现出来的一样，工业技术转移通常需要重新设计，以充分利用成本更低的劳动力或者是当地的原材料，实现经济可行性。许多案例显示，技术的国际性转移需要提高研发能力，调动科学家、工程师和农学家，才能在所在国采用或发展新技术，以实现经济可行性。

工业技术转移过程包含许多成本因素，远不止资本设备的直接成本，还包括：（1）工程前期的技术谈判和交流；（2）与过程设计及工程转移相关的工程成本；（3）研发人员之间的交流；（4）启动前培训和调试成本。每一种成本都反映了人力资本的集中投入。转移的成本和成败还受到几大制度特征的影响：（1）发明某项技术的企业内部技术转移人员对该项技术的理解程度；（2）技术的年限及技术稳定程度；（3）不同企业在不同经济环境下对该项技术的应用程度；（4）所在国家的物质基础设施和制度基础建设所支撑的研发水平或研发兴趣（Teece，1977；Reddy and Zhao，1990；Leonard-Benton，1995）。

考虑到成本，很有必要区分三种类型的技术转移：（1）物质转移；（2）设计转移；（3）技术能力转移（Hayami and Ruttan，1985：260-262）。物质转移主要是指单纯地进口物质，如种子、机器以及完全的"交钥匙"工厂，不会再试图根据实际情况重新调整或重新设计引进的技术。第二种设计转移是指通过转移蓝图、方程式、手册等实现的技术转移。进口国外的材料或设备也许是为了进行逆向工程，跟纯粹的物质转移相比较，这就需要更加先进的设计能力。技术转移的第三种类型指的是科学知识和技术能力的转移。[①] 通常，发展技术能力不仅需要提高国民教育为技术转移提供训练有素的劳动力，而且需要提高科技能力，能够调整新技术以利用当地物质资源，适应当地经济环境。当技术变得更加复杂时，若企业已经拥有了内在的研发能力，那么这些企业就能够更好地吸收先进技术，根据当地要素禀赋做出调整，实现生产力水平的提高（Cohen and Leventhal，1989）。国外子公司发展一段时间后，三种技术转移都会发生（见专栏5-1和专栏8-1）。

许多有关技术转移的学术讨论经常假定，国际市场越开放，交通越便利，传播越及时，技术知识和能力就越可能在全球范围内免费为人所得。然而仍然存在很多基于人力资本、技术基础构造及制度基础建设等禀赋的区域工业创新集群（Porter，1998）。意大利北部聚集了许多生产顶级时尚

[①] 技术能力包括评估和利用科技信息所需要的技能储存和能力储备，包括不能以设计或资本设备的形式转移的有关生产过程的隐性知识（Arora，1992：23-28）。

皮货的工厂就是一个例子。高级皮革产业在此地发展，是因为这里配备有高端先进的设计能力，具有所需的材料、零部件及设备，还配备了市场营销和媒体服务。在美国，企业集群的例子包括明尼苏达州的医疗设备产业、北卡罗来纳州的家庭家具产业以及旧金山的生物技术产业。隐性技术知识在集群区域的扩散加强了这些集群企业的主导地位。尽管科学知识看似是一种公共物品，但是，许多技术知识的隐性特点对技术能力快速实现跨区域或跨国界的转移构成了一大阻碍。罗纳德·芬德利（Ronald Findlay，1978：1）更加犀利地道出了这一观点，"理论上来讲，设计蓝本总体是公之于众的；但是要想真正翻看几页，就需要付出高昂的代价"。

专栏 5-1

新加坡惠普公司

早期

20世纪60年代后期，惠普公司的一组高管人员在亚洲进行实勘，以选择合适的厂址。最终，他们选中了新加坡。根据该小组的领导人约翰·多伊尔（John Doyle）回忆，之所以选中新加坡是因为"新加坡政府稳定、通情达理、反应敏捷、值得信赖且诚实可靠。此外，那里潜在的劳动力充满活力、学识丰富、诚实守信且富有创造力。他们还会说英语，这有助于团队凝聚力的建立"。为了利用新加坡廉价的劳动力，惠普公司最开始将需要大量劳动的计算机存储器核心元件的生产转移到了这里。1973年，惠普开始在新加坡建立HP-35计算器生产线；到1977年，该工厂还开始生产电脑键盘、固态显示器、集成电路以及隔离器。这些产品在转移到新加坡生产之前，都需要先在美国进行设计、发展和初步制造。

20世纪80年代

1981年，惠普公司将尖端的HP41C便携式编程计算器的部分生产任务转移到了新加坡电脑产品公司（CPS）。该公司提出实施一项降低成本的项目，方法之一是减少集成电路的数量。因此，CPS建立了一个工作中心，旨在设计专用集成电路。据一位华裔经理回忆："如果没有设计和生产集成芯片的能力，任何降低成本的计划都不可能实现。"因此，CPS公司的20位工程师和技术人员组成一个小组，远赴美国学习设计专用集成电路，为时一年多。他们回国后，成功减少了计算器内部集成电路数量。

> 1983年，惠普公司将其第一款喷墨打印机（ThinkJet 喷墨打印机）的生产也转移到了新加坡。打印机在美国生产时，80%的零部件是由美国或欧洲的零售商提供的；转移到新加坡后，80%的零部件来自亚洲国家，而且流水作业线实现了高度自动化生产。工程部经理 Lim Kok Khoon 回忆说："流水线作业变得非常重要。以前生产量低，暂停生产线不会产生太大影响；但是现在，若暂停了生产线，库存就会迅速堆积起来。此外，产品质量和物流也变得极为关键。"CPS 公司实施了统计质量监控和即时库存制度。从 1984 年到 1985 年，ThinkJet 喷墨打印机的生产成本降低了 30%。流水作业高效率生产占节约成本的 1/3，剩余的 2/3 源于新加坡较低的日常费用、较低的材料采购成本以及产品质量的改进。
>
> 资料来源：Adapted from Dorothy Leonard Barton, *Wellsprings of Knowledge: Building and Sustaining the Sources of Innovation*, Boston, MA: Harvard Business School, 1995: 224, 230-231.

第八节 技术抵制

本章所讨论的技术采用—扩散研究大都有一个隐含的假设，即新技术只要通过了市场盈利能力测试就一定会被采用。S 型采用曲线所展示的扩散延迟被假定是由心理、社会及结构因素造成的结果，这些因素只会推迟但不会阻碍有利可图的技术被扩散。许多扩散研究的开展都有一个目的，那就是摆脱那些限制着扩散速度的因素。

现有的关于"技术扩散遇到的抵制或阻碍"的资料很少。[①] 困扰经济研究很久的一个课题是，在纺织产业，尽管采用完全相同的技术，但不同国家的人均产出仍存在很大差异且差异不断增大（Clark, 1987: 141-173）。技术遇到抵制的一个原因是，工人们要维护自己的经济利益，他们要保住工作，保护就业状况和产业状况免遭技术竞争导致的"创造性破坏"。这和工业革命早期工人担心机器会替代他们的工作而抵制劳动节约

[①] 莫基尔（Mokyr, 1994、1998）已经对该类资料作出评价。还请参见鲍尔（Bauer, 1995）。若想从利益群体和国家政府设立的贸易障碍视角了解不同国家间人均收入水平差异，可参见帕伦特和普雷斯科特（Parente and Prescott, 2000）。

型技术类似（Randall，1991）。1811—1816年，英国工人反对引进纺织机器和低工资制度，由此还产生了一个术语：卢德分子。这个以当时反对派传奇领导者命名的术语被广泛用作贬损那些反对技术进步的人。

技术遇到抵制的另一个原因是，知识分子担心技术变革会对社会组织、城市文化、人文环境和自然环境产生影响，因而或批判或抵制新技术。纵观美国历史，普通民众和知识分子都曾把技术变革看作一种发展经济、社会和文化的工具。伟大的公共工程（如胡佛水坝）、直插云霄的高楼大厦以及工厂里电力驱动的机器等曾经被认作是美国文化活力的象征，给人以美的感受。第二次世界大战结束后的数十年间，这种乐观的想法发生了彻底改变。① 知识分子中蔓延着这样的观点：技术使劳动力和生产之间的关系非人性化了；专门化和专业性增强，加剧了阶级分歧和不平等现象；技术是战争的催化剂；发达国家将技术转移至贫困国家常伴随着政治统治；技术变革会损害文化价值观和公共关系；技术变革会导致负面的环境外延效应。

但是，人们很少能够长时间地抵制技术；卢德分子往往都会失败。在极少数成功抵制主流在线技术的例子中，核能是其中一例（Rucht，1995：277-291）。然而，即便抵制活动不成功，也会导致重要的社会改革，包括劳动力市场发生变革、食品和药物得到管控、立法限制农业和工业迅速发展所造成的负面环境溢出效应等。反对者若能成功促进社会改革，主要是因为他们能够调动大量政治资源。在本书后面的章节中，还会具体谈到农业（见第六章）、能源（见第七章）、生物技术（见第十章）和环境（见第十二章）领域的相关问题。

第九节　观点透视

人们对技术采用、扩散和转移的认识已经取得了很大进步。S型

---

① 关于此类剧烈变化的例子，可以比较刘易斯·芒福德（Lewis Mumford）的早期作品和晚期作品。20世纪20年代他的作品展现的是对技术变革的乐观态度，以《科技与文明》（Technics and Civilization，1934）为代表。他后期的作品则表现出对技术变革的社会、文化和政治影响极度消极的看法，以《权力五角形》（The Pentagon of Power，1964）为代表（Hughes and Hughes，1990）。

logistic 扩散曲线作为描述技术扩散和技术替代过程的模型，生命力依然旺盛。①

理论和方法论的进步也使得人们对首次采用时间、采用速度和采用限制（上限）或替代限制等有了更深刻的认识。社会学家对采用和扩散的早期研究主要关注的是企业运营者或管理者的个人特征；经济学家的研究一直主要聚焦在市场的非人力因素上。在兼并收购的新时代，最新研究开始关注"企业文化"、隐性知识和企业管理者的独特行为。

产品周期明确阐释了第二次世界大战后前 20 年内的国际技术扩散过程以及外商直接投资的组成。此时的美国不再像过去那般，在生产收入弹性消费品和促进劳动节约型技术变革方面扮演着领头羊角色。企业间及国家间新产品、新方法的传播比以往更加迅速了。若将产品周期延展至所有发达国家，该模型依然可以深入洞悉技术的国际性转移。

尽管理论和方法都得到了发展，人们仍然认为传播网络和盈利能力是影响技术采用、扩散和转移的重要因素。市场开放程度或政府对市场的干涉力度会限制或促进国际技术转移。然而，人们也逐渐认识到技术能力中的隐性知识会对技术转移有所限制。

---

① 有极少数资料显示，制度创新的扩散（包括扩散研究的扩散）遵循的 S 型时间路径和技术扩散遵循的路径相似（Nakiénovié and Grübler, 1991; Rogers, 1995: 45; Grübler, 1998: 56-58）。让人多少感到意外的是，社会学家对技术扩散理论做了大量的研究，而对社会制度扩散理论却几乎没有任何涉及。

第三篇 技术创新与产业变革

本篇中的章节主要讨论一系列战略技术或通用技术的发展。这些技术从原本的产业中延伸开来，对经济增长产生了广泛的影响，改变了世界历史发展的进程。

农业的起源（第六章）可以追溯到一万多年前。但直到最近的一个半世纪，社会才开始为农民提供农业知识和技术，帮助他们应对快速发展的城市工业化社会。然而，在一些贫穷国家，农民依然没有途径获取必需的农业知识技术以满足社会需求。

19世纪前，能源的主要来源是畜力、人力、薪柴、农业废料、风能和水能（第七章）。工业革命与主要能源的剧烈变化紧密相关。19世纪七八十年代，电的出现开启了一系列战略性发明，电力在工厂、办公室以及家庭的能源消耗中占据的比例越来越大。

化学工业是第一个以科学为基础的产业（第八章）。德国正是依靠化工产业才在19世纪追赶上了英国。化学产业中技术发展的重心是把低价值的原材料转化成有用的中间品和消费品。这对农业、纺织业和汽车制造业等其他产业的技术变革产生了广泛影响。

计算机被认为是20世纪后半叶最重要的技术发明；而计算机又依赖着晶体管的发展。晶体管是一项真正革命性的发明，它直接利用了固态物理学的科学研究（第九章）。尽管计算机已经被广泛应用到商业、工业以及家庭中，但是它对经济的影响仍在为人们所争论。

生物技术的进步与基础科学的发展联系紧密，甚至超过了其与化学工业和计算机产业的联系（第十章）。尽管它建立在20世纪50年代早期的科学进步之上，但直到90年代，它才成为农业和制药业技术改革的源泉。生物技术已经被公认为是一种通用技术，它必将主导21世纪的上半叶。

本篇将展现这些产业技术改革的大量细节，这体现了一种观点，即重视普遍原理与具体经验的结合。笔者也将大量论述早期或者"英雄"时期的发明创造。一部分原因是，在早期阶段，特殊个体所起的作用比较容易被鉴别；另一部分原因是，发明家、革新者在新科技和新产业诞生时扮演着特殊的开创者角色。了解这些特殊的个体在具体历史背景下所扮演的角色以及经济和社会因素对这些个体所产生的影响，可以帮助我们清楚地认识"新事物"产生的同时所发生的制度变革。随着产业的不断成熟，对个体发明家和革新者的关注也越来越少。这是因为在科技变革更成熟的阶段，科技进步趋向于渐进式而不是井喷式。

第六章 技术变革与农业发展[①]

20世纪之前，农作物和畜牧产品的增加得益于耕地面积的扩张；而到21世纪早期，几乎所有的农牧产品增加都必须依靠提高土地生产率（每英亩或者每公顷的产量）来实现。由资源依赖型生产体系过渡到科学依赖型生产体系的时间极短。发达国家的过渡始于19世纪后半叶；而许多发展中国家直到20世纪下半叶才开始这种过渡。

20世纪下半叶，由于人口和收入的增加，世界范围内对农业产量的需求翻了一倍。这些需求在21世纪中期还可能将再次翻倍。面临这个挑战，就需要在科技方面投入大量实质性的努力去完成向可持续农业生产体系的过渡，对世界上最贫穷的国家而言更是如此。

自20世纪50年代以来，人们深刻地认识到农业在经济发展过程中所扮演的角色。在第二次世界大战后早期的研究文献中，农业与其他自然资源依赖型产业一起被看作是输出资源的部门，输出的资源有助于工业领域的发展。农业产量的增加被视为增加其他经济活动的一个必要条件，甚至可以说是先决条件。但是实现农业产量增加的过程并不为大多数发展经济学家所关注。[②]

在本章中，笔者首先回顾了几种农业发展模式。借助它们，了解不同的社会在一定时间里都实现了农业生产的增长；接着讨论了向可持续

[①] 对伦道夫·巴克（Randolph Barker）、皮埃尔·克劳斯（Pierre Crosson）、卡尔·K.艾彻（Carl K. Eicher）、华莱士·霍夫曼（Wallace Huffman）、速水佑次郎（Yujiro Hayami）以及菲利普·G. 帕迪（Philip G. Pardey）对本章初稿所给予的建议，笔者深表感谢。

[②] 可特别参看路易斯（Lewis, 1954: 139-191）、罗斯托（Rostow, 1956: 25-48）以及兰尼斯和费景汉（Ranis and Fei, 1961: 533-565）。关于农业对经济发展的贡献，详见速水和拉坦（Hayami and Rultan, 1985: 11-40）。有关农业发展的大量研究文献可参看如下人员的评论：艾彻和巴克（Eicher and Barker）（非洲）、梅勒和莫汉德（Mellor and Mohander）（亚洲）、舒和布兰达奥（Schuh and Brandao）（拉丁美洲）（1992）。

增长过渡的必要性以及对于此过渡的不同限制。整章内容尤其关注美国和日本的发展经验，因为它们在完全不同的资源禀赋条件下都实现了农业发展。

第一节　农业发展模式

要试图了解农业发展的过程，首先必须要摒弃许多早期发展经济学家所认为的"现代化之前或者传统社会的农业本质上是静态的"这一说法。在前工业化社会，很长一段时间内农业产量年增长率维持在 0.5%—1%。[①]随着工业化的出现，农业产量的年增长率达到了 1.5%—2.5%。

在工业革命期间，这种增长率在西欧、北美及日本持续的时间相对较长。自 20 世纪中期以来，在新兴的发展中国家（如墨西哥、巴西和中华人民共和国等），增长率再一次提升，达到 3%。纵观历史，农业发展面临的问题并不是把一个静态的农业部门转变成一个现代动态的部门，而是如何满足现代社会需求的增加。

在下文中，笔者将回顾几种农业发展模式，这些模式是由笔者和速水佑次郎（Yujiro Hayami）一起从自然和社会科学研究文献中归纳出来的（Hayami and Ruttan，1971：26-63，1985：45-72）。虽然这些模式按照时间顺序呈现，但是不应该将其阐释为农业发展过程的各个阶段。即使是在最发达的国家，某些领域或者某些商品部门中的农业发展都需要同时运用几种模式来帮助理解。每一种模式都持续为思考当今农业发展提供灵感来源。

一　资源开发模式

纵观历史，耕地面积或者放牧面积的扩张是增加农业产量的主要方式。在西方历史上，最明显的一个例子就是 18—19 世纪欧洲人开辟新大陆——北美洲、南美洲和澳大利亚（Crosby，1972；Turner，1995）。随着廉价交通运输方式的出现，以及 19 世纪下半叶汽船、铁路的出现和发展，

[①] 关于史前农业技术变革的一系列有价值的论文参见斯特鲁弗（Struever，1971）。关于西欧的部分，参见万·巴斯（Van Bath，1963）；东亚部分参见石川（Ishikawa，1967）。也可参见博塞鲁普（Boserup，1981）和科恩（Cohen，1995：32-45）。

位于新大陆的国家逐渐成为西欧大都会国家重要的食物及农业原材料来源地,由此解除了传统模式中土地质量对增长造成的限制(见本书第一章)。

在早先的欧洲、亚洲以及非洲的农村经济体中,新土地变成耕地的过程相似,虽然速度很慢,但一直进行着。第一个公元1000年见证了欧洲阿尔卑斯山北部农业殖民地的开拓、中国人定居在长江以南的土地上,以及班图人占据了非洲热带森林带以南的地区。人口压力导致现有村庄土地集约利用,随之而来的是居民定居、兴建新村庄、开垦森林或者丛林来耕种。在西欧,农业活动从新石器时代的休耕林逐渐演变至开垦灌木丛及草地,后来又出现了短时间的休耕林体系,直至每年收割。这个过程在东南亚、拉丁美洲和非洲的热带森林地区现在依然在进行(Pingali et al., 1987)。

传统的资源开发模式是基于一种对农业发展史过于简单化的理解。静态观点把土地视作"原始的、坚不可摧的土壤力量",或是一种生产的自然要素;但温带和热带环境的土地使用史表明,土地服务的供给远比这个定义更富有弹性。对传统观点提出的最严苛挑战来自埃斯特·博塞拉普(Ester Boserup,1965)。在一项关于"前工业时代温带及热带土地使用模式"的调查中,博塞拉普提出由分散体系到集中体系的持续性发展模式。在她的著作当中,可耕地和不可耕地之间的明显区别被逐渐增加的耕作频率取而代之;耕作范围从开垦森林及灌木发展到同一块土地每年种两种或更多作物的多熟制。这样一来,土壤肥力成为土地集约利用的因变量,而非决定因素。

资源开发模式的另一个不足之处是缺乏对土地和劳动生产率增长问题的洞察:如果自然资源得不到充分利用,就会造成发展减缓,从而影响生产率。从长期来看,基于资源开发模式的农业增长是不可持续的。相反,很有必要从开发自然资源过渡到以下几个方面:(1)发展资源节约型技术或者发展增强涉及土地集约及水资源管理的技术,如轮作、施肥和灌溉;(2)现代工业替代投入,如用化肥代替自然土壤肥力、使用化学和生物治虫剂以及发展肥料效应高的新作物品种。为了获取这些促进农业增长的新动力,国家必须在土地和水资源基础设施方面进行投资,工业应当有能力生产出所需的替代物,同时还要投入科研和人力资本来发展新技术并高效利用。

二 保护性耕作模式

农业发展保护性耕作模式与英国农业革命有关，由其促使的农作物和畜牧业进步演化而来。英国农业革命包含发展集约化、一体化的农作物—畜牧业体系。[①] 新饲草作物和绿肥作物开始被使用，牲畜粪肥比以往更多。这种"新耕作"通过使用牲畜粪肥促进植物养分循环以维持或者加强土壤肥力，从而使得农作物—畜牧业的集约化生产成为可能。技术进步的同时，农场得以发展壮大，对土地开发（比如湿地排水系统）的投资也增多了。"诺福克轮作制"取代了"三圃制"（可耕地被分配为永久性农田或永久性牧场）；这种做法使得农业总产量和每公顷的产量都大幅提高。保护性耕作所需的投入大量来自农业部门内部的供给。随着《谷物法》的废除，保护性耕作制在1850—1870年进一步发展，从而为英国农作物的"高产"奠定了技术基础。

英国的"新耕作"原则移植到德国后，补充了土壤科学新研究领域出现的土壤耗竭论。这一学说认为，任何永久性的农业体系必须能够完全修复粮食生产中损坏的土壤成分。"土壤耗竭学说最初在18世纪后半叶形成，那时处于主导地位的是腐殖质营养学说，人们认为植物的生长依靠土壤中的有机物，这些有机物的集合体称为腐殖质。"（Usher，1923：385-411）1925—1950年，李比希（Justus von Liebig）和其他科学家一起揭示了土壤中矿物质与植物生长的关系，土壤耗竭学说的内容进一步丰富，囊括了土壤中矿物质成分的维护问题。

从20世纪20年代中期开始，经济学家们试图"合理化"保护性耕作理论，并更正式地探索农业实践中保护性耕作原则的经济重要性，尤其是在维持土壤肥力方面。到50年代早期，相关技术知识（土壤科学、植物养分、农艺措施以及保护工程）和经济知识的新研究资料层出不穷，使得人们以更加理性的视角看待农场管理及相关公共政策，如土壤肥力以及农

[①] 农业历史学家一直强调这些变革的"进化"层面，以此与"革命化"层面形成对照。总的来说，改进后的方法是许多细小调整的结果。只有很少一部分改进是全新的，如牛的饲养、萝卜替代物及开垦休耕林等。至于新耕作，详见蒂默（Timmer，1969：375-395）。对英国农业革命的观点调查详见格里格（Grigg，1982）和艾伦（Allen，1992）。艾伦表明，在英国历史上发生过两次农业革命——自耕农的和地主的。他把土地生产力的大部分收益归因于自耕农的革命。

业发展中土地所扮演的角色等（Ise，1925：284-291；Ciriacy-Wantrup，1938：86-101；Bunce，1942）。然而，由于20世纪30年代全球经济发展停滞，第二次世界大战期间农业资源流失，加上世界人口和收入增长导致对农产品的需求迅速增加，保护性耕作制度在美国以及其他国家的合理化面临着持续的压力。

在世界许多地方，基于本土保护条例的相关知识以及由人口增长带来的技术变革，农业发展能长期维持生产率增长（Boserup，1965；Ishikawa，1967；Bray，1986）。东亚的水稻耕作体系有别于西欧的保护模式之处在于前者是单一栽培，而非混合体系。近代历史上在保护性耕作模式框架内，对发展农业做出的最大尝试当属中国的集体耕种（1958—1978）。但基于植物、动物以及人类粪肥循环的农业策略，无法使当时中国的农业生产增长率与对农产品需求的增长率相适应。①

在保护模式框架内，发展所扮演的温和角色既适用于发展中国家，也适用于发达国家。20世纪70年代的能源危机把植物科学家、土壤科学家及农业规划者的注意力转向更加依赖植物养分的生物来源和能源节约型耕作方法。保护模式，有时候也被叫作低投入可持续发展农业模式（LISA），能够不断为发展中国家的农业生产增长做出重要贡献（Ruttan，1994a；Reardon，1998）。在发达国家，它将继续作为有机的或者可替代的耕作体系的灵感来源（Bunch and Lopez，1995）。

三　扩散模式

纵观历史，知识、科技和制度的扩散一直是经济发展的重要来源（见本书第五章）。从史前时期开始，较好耕作方式的扩散以及农作物和牲畜新品种的扩散就已成为农业生产率提高的主要来源。瓦维洛夫（Vavilov，1949—1950）和萨奥尔（Sauer，1969）的经典研究开启了后来一系列的探索，旨在帮助人们更好地理解史前和古典文明时期栽培植物及家畜的广泛扩散。到19世纪后半叶，植物的勘察和发现已变得高度制度化了。在大英帝国，植物园体系把各方努力组织起来，从而促进植物材料的转移、检测和引进（Brockway，1979）。在美国，农作物的考察和引进是农业部

---

① 关于现代经济发展中本土知识所扮演的角色，有价值的评估参见阿格拉沃尔（Agrawal，1995）。

的主要活动之一（Klose，1950）。在所有重要的国家农业研究项目中，上述类似的项目都占据着重要的地位。

20世纪30年代后期，农业技术扩散成为乡村社会学家研究的重心。这种研究首先发生在美国，后来发展到了其他国家（见本书第五章）。该研究的成果对农业推广服务的有效性贡献巨大，提高了农业管理者及政策制定者对扩散模式的信心。20世纪50年代，扩散模式被广泛接受，同时，国家间农业生产率差距巨大，加上人们根深蒂固地认为资源配置在"非理性的受传统束缚的"农民之间是无效的。这些因素导致人们对农业发展策略中的技术扩展或技术转移产生了偏向性。人们期待这些项目能把受传统束缚的农民生产者转变成"经济执行者"，使他们能够理性地对待自己所能接触到的技术，能更有效地针对经济刺激重新配置资源。

然而，扩散模式作为农业发展政策基础的局限性日益显现。这是因为，直接或间接建立在扩散模式基础之上的技术协作和社会发展项目无法促进传统农业的快速现代化以及农业生产的快速增长。20世纪60年代，集土地开发、保护、定位及扩散模式于一体的政策不再适用，导致人们重新审视以下两种假设：（1）农业技术可以轻而易举地从高生产率国家向低生产率国家扩散；（2）同一经济体中，具有革新精神的农民将知识转移给比较滞后的农民，这一手段能成为生产率增加的一个重要来源。有效的技术转移变得更加依赖于研究能力的转移。然而，虽然人们认识到了这些问题，但这并没有阻碍国际发展援助机构（尤其是世界银行）支持一些还不具有产生新知识、新技术研究能力的国家发展大型农业推广机构（见专栏6-1）。

专栏6-1

甘蔗的国际扩散

甘蔗是农业技术国际扩散和转移的典型案例。这一案例十分有趣，因为其扩散过程是从生物物质的简单转移演化到新甘蔗品种技术开发能力的转移。其转移和发展过程共有四个阶段。

阶段一：野生甘蔗的自然选择和扩散

早在公元前 400 年，印度就已种植甘蔗。甘蔗以及制糖技术很早就从印度传播到了中国、阿拉伯，然后再到地中海地区。1400 年后不久，马德拉群岛和亚速尔群岛引进了甘蔗。1493 年，哥伦布第二次航行到新世界时，把甘蔗带到了伊斯帕尼奥拉岛。从这里甘蔗又被带到了古巴和波多黎各，之后又扩散到了墨西哥、秘鲁和巴西。在这一时期，出于商业用途种植的甘蔗是两种很相近的细茎品种。1791 年布莱船长（就是电影《叛舰喋血记》里那个臭名昭著的角色）收集和引进了一种厚茎品种，并在几年之内迅速取代了细茎品种。

阶段二：有性繁殖

在自然界中，甘蔗只能通过无性繁殖生长，这限制了从本土栽培的或野生的甘蔗中筛选出优良品种，直到有性繁殖方法的出现。位于爪哇岛的荷兰研究站（1887）以及巴巴多斯的英国研究站（1888）发现了甘蔗有性繁殖的过程。到 1920 年，爪哇岛、巴巴多斯、印度及夏威夷的实验站开发出来的商业品种被传播到了世界上大多数甘蔗种植区。接收新技术的国家只需要经过简单的测试就可在本地繁殖和扩散新品种。

阶段三：种间杂交

自从发现许多新品种容易受当地病虫害的影响后，培育抗病性品种成为人们关心的问题。人们开始通过把野生的细茎品种与高产量的厚茎品种进行杂交来发展抗病品种。通过一系列的杂交与回交，新的种间杂交品种被培育出来。新品种集合了野生品种的耐寒性、抗病性以及栽培品种的优良特性。之后印度哥印拜陀实验站研发出一系列三杂交种抗病品种，并被传播到世界上各个甘蔗生产地。虽然这种扩散在大范围内进行，但它高度依赖于当地实验站根据本地情况进行调整的能力。

阶段四：特定地点繁殖

印度哥印拜陀实验站为现代甘蔗品种的研发搭建了平台，而新品种的开发要适合特定的土壤条件、气候状况、疾病防范以及管理需求。现在世界上有超过 100 个实验站都投身发展适应当地的甘蔗品种研究中。虽然用于当地发展项目的遗传物质以及甘蔗培育知识技术依然在继续传播，但是只有极少数品种被用于全世界范围内的种植。由甘蔗研究科学家和国际咨询公司组成的会议代表了一种传播新科技知识的重要机制。

> 我们从甘蔗研究过程中学到的很重要的一点是，基础知识的进步在应用研究生产力方面扮演着重要的角色。每一种知识的进步——有性繁殖、种间杂交以及特定地点繁殖——都能引发新培育技术的出现以及新品种的快速发展。但是随着时间的流逝，培育技术的最新进步所能带来的收益越来越少，而开发新品种的科技努力和成本却在加大。
>
> 资料来源：R. E. Evenson, J. P. Houck and V. W. Ruttan, "Technical Change and Agricultural Trade: Three Examples-Sugar Cane, Banana and Rice", In *The Technology Factor in the International Trade*, R. Vermon, ed., New York: NY, Columbia University Press, 1970: 415-480; R. E. Everson and V. Kislev, *Agriculture Research and Productivity*, New Haven, CT: Yale University Press, 1975: 140-155。

四　高回报投入模式

20世纪60年代早期，农业科学和农业经济学形成了一种更全面的新观点。人们越来越清楚地认识到，受农业环境限制，大多数农业技术是有"地域限制"的。先进国家的技术并不总能直接扩散到有着不同气候条件和资源禀赋的欠发达国家。不断有数据表明，在传统的农民经济中，通过重新配置资源获得的生产率十分有限。小农社会的经济关系在传统上是通过依存性和互惠性建构起来的，而不是通过市场关系。舒尔茨（Schultz, 1964）认为，传统农耕社会的农民是理性的资源配置者；他们一直很穷，这是因为大多数贫穷国家只能为他们提供有限的技术和经济发展机遇——他们"很贫穷却很高效"。

在舒尔茨看来，把传统农业部门转变成经济增长的生产来源，关键在于要利用公共及私人投资使现代高回报的技术可以为贫穷国家的农民所使用：

> 现代农业中高生产率的主要来源是可再生来源，包括特定的材料、技术投入，以及成功使用这些资源所需具备的能力……但是这些现代资源很少是现成的……总体上说，可以利用的就是大量知识，这些知识使得发达国家能够生产出具有技术优势的要素为自己所用。这种知识结构可被用以发展相似的（且往往是更好的）新要素，适用于

贫穷国家农业特定的生物及其他条件。(Schultz, 1964: 145-147)

这里隐含三种具有相对较高生产率的农业发展投资类型:(1) 利用农业研究机构的能力开发更多适应特定区域的新技术知识;(2) 利用工业部门的能力发展、生产及在市场上推广新的技术投入;(3) 对农民进行学校教育或者非正式(继续)教育,使他们能够有效地使用新知识和技术。

高回报投入模式为人们所接受且受到热烈追捧,这与舒尔茨强而有力的观点分不开,更与植物育种家及农学家为热带地区开发现代高产谷物品种的成功分不开。[①] 墨西哥从 20 世纪 50 年代起开始研发高产量的小麦和玉米品种;菲律宾从 60 年代开始培育高产量的大米品种(见本书第三章)。这些品种对肥料、化学物质之类的工业投入反应良好,更高效的土壤和水力管理也提升了新品种的成效。采用新品种所带来的高回报,加上相应的技术投入与管理实践,使得新品种在亚洲、拉丁美洲和非洲的许多国家迅速传播开来。这对农业生产的影响十分巨大,被誉为"绿色革命"。高回报投入模式的重要性在于,基于该模式的政策能够实现农业产量增长,能满足许多发展中国家(那些经历了人口和收入飞速增长的国家)农业部门面临的需求。

然而,即使作为农业技术变革的模式之一,高回报投入模式也并非完美的,因为它并没有尝试解释经济状况如何使得某一特定社会的农业部门走上一条有效的技术变革之路;同样,它也没有尝试解释经济状况怎样促使农业实验站等新机构发展并成为新知识、新技术的供给者。

第二节 农业的诱导性技术变革

20 世纪 70 年代初,速水佑次郎和弗农·拉坦 (Hayami and Ruttan, 1971、1985) 以及宾斯旺格和拉坦 (Binswanger and Ruttan, 1978) 合作提

[①] 舒尔茨"贫穷但有效"的假说代表了对传统马克思观点的直接摒弃。马克思观点认为,农民在经济发展中扮演着"后备军"的角色,是为不断扩张的城市工业化提供低成本劳动力的来源 (Hayami, 1996)。大多数发展经济学家持怀疑态度地接受了该假说。例子详见李普顿 (Lipton, 1986)。对《转变传统农业》(*Transforming Traditional Agriculture*) 一书进行猛烈抨击的言论详见巴拉夫 (Balough, 1964)。对此书赞赏性的回顾详见鲍尔和庞德尔 (Ball and Pounder, 1996: 735-760)。舒尔茨为发展经济学做出了突出贡献,他和 W. 阿瑟·路易斯 (W. Arthur Lewis) 一起获得了 1979 年诺贝尔经济学奖。

出了一个新的农业发展模式，技术变革和制度变革被看作是经济制度的内生变量。[1] 这种模式的发展源于人们开始认识到技术发展的路径有多条（见图6-1）。各条技术轨道的发展致力于促进相对丰富（因此便宜）的要素代替相对稀缺（因此昂贵）的要素（见本书第四章）。在农业中，技术变革的目的是推动其他方面的投入替代人力——"劳动节约型"技术；用其他投入替代土地——"土地节约型"技术。这两项定义很实用，也和希克斯（Hicks）提出的术语一致。一般来说，与这种分类系统相对应的技术有两类："劳动节约型"的机械技术和"土地节约型"的生物（化学）技术。[2] 前者旨在使用能源和机械代替劳动；后者旨在通过生物技术采用集约生产方式或增加产业投入，从而代替土地。这种替代可以通过增加动物（包括人类）及植物粪肥的不断循环利用，通过使用化肥、改进耕作方法与管理体系以及投入其他技术（如使用杀虫剂或者抗虫及抗病的农作物品种从而提高农作物产量）来实现。

当然，机械技术和生物技术之间的区分可能有些被夸大了。所有的机械创新未必都是为了节约劳动才发展起来的；也并非所有的生物创新都是为了节约土地。例如，在日本，套马耕田最初是为了土壤的深度耕作，以实现每公顷粮食的增产；在美国，人们把西红柿培育得具有坚硬外皮并且成熟期一致，以便于机械收割。在最深层次阶段，农业技术进步经常取决于生物技术和机械技术的同时进步（见本书第十章）。

一　机械的发展

农业机械化与工业革命密切相关（Habakkuk, 1962; Rosenberg, 1976: 32-49、108-125、249-259）。尽管农业机械化和工业机械化的发展代表了对同一基础经济力量的反应，但不能把农业机械化简单看作将工业生产的方法应用于农业生产。粮食生产受空间条件的限制，这一特点导致了农业和工业在机械使用模式上具有明显差异（Brewster, 1950: 69-81; Johnson and Ruttan, 1994）。粮食生产的空间特点决定了适合农业生产的机器必须灵

---

[1]　前工业社会中人口数量的增加诱导了技术变革，有关此过程的讨论，可参见博塞拉普（Boserup, 1965）、格尔茨（Geertz, 1966）。另一种说法认为是对国家安全的考虑诱导了农业技术变革，相关论述可参见珀金斯（Perkins, 1997）。

[2]　黑迪（Heady, 1949: 293-316）首次提出了这种区分，这和森（Sen, 1959: 279-285）提出的"劳动型"和"土地型"资本的区分类似。

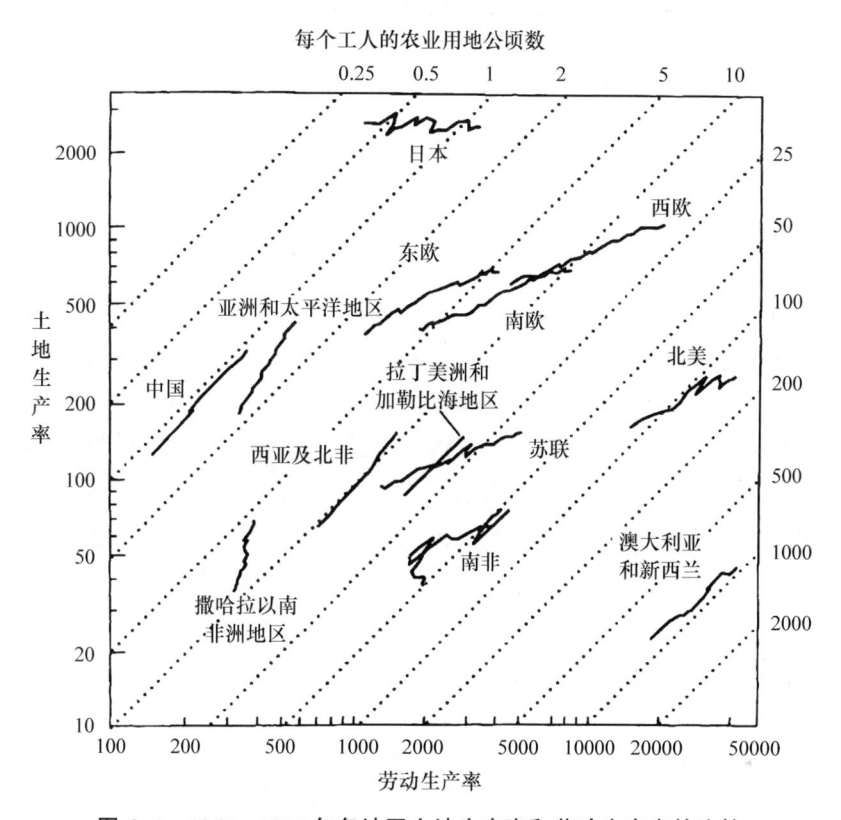

图 6-1　1961—1990 年各地区土地生产率和劳动生产率的比较

注：农业总产值（AgGDP）是名义地区货币单位，以 1980 年为基准年首次紧缩，并开始使用各个国家自己的农业生产总值平减指数；后来转换为美元，使用农业购买力平价系数。各地区（加权平均值）包含的国家数如下：撒哈拉以南非洲地区（17），亚洲 & 太平洋地区（11），拉丁美洲 & 加勒比海（18），西亚 & 北非（9），欧洲（13），北美洲（2）。农业人口中每位经济活跃的成员所占用的耕地面积包括：可耕及永久性耕地、永久性牧场。这里"农业工人"被定义为农业生产中的经济活跃分子。

资料来源：B. J. Craig, P. G. Pardey and J. Roseboom, "International Productivity Patterns: Accounting for Input Quality, Infrastructure and Research", *American Journal of Agricultural Economics*, 79 (1997): 1066。

便——能够在不可移动的物质之间移动，这与大多数工业生产过程中"物质在固定机器中移动"明显不同。

在工业部门中，用机器生产替代手工的做法与工厂生产制度密切相关；在这种体系下，每个工人只专攻某一个特定的操作。而在农业领域，无论是在机械化之前还是之后，从播种前到收割后，每一项活动的时间间隔都很长。农业生产的季节性特征需要一些专门化机械——分别适于整地、播种、控制病虫害、收割等，为有序的农业活动专门设计。每一项活动每个季节只持续几天或者几周，这也就意味着，与机械化前一样，在机械化农业中，农民专攻某一个操作根本行不通。除此之外，在"完全机械化的"农业体系中，基于移动性和专门化的特点，一般来说，农业中每位劳工的投资比在工业中的高。

很明显，与农业经济组织的影响相比，城镇工业领域对劳动力需求的增加才是导致机械设备在粮食生产和动物生产中大范围使用的重要经济因素，它导致了劳动节约型机械技术的发展和使用，最终表现为劳动生产率（人均每小时产出）的提高。在一些经济体中，劳动力的价格很低而物质材料（机械）的价格很高，那就几乎没有什么动力来刺激耕地操作或原料处理机械化。而城镇工业领域对劳动力的需求不断增加，或者人们对农业产品的需求增加，就会导致劳动力价格上涨和机械化的实现。机械化往往首先出现在一些可以使用固定能源的活动中，如水泵和谷物脱粒机。在田野操作的机械是在后期才发展起来的。①

二 生物技术和化学技术的发展

在农业中，生物和化学技术的发展比机械化或者机器的发展更为重要。直到20世纪60年代"绿色革命"（现代高产农作物品种如小麦、玉米、水稻等的发展和扩散）时期，有关经济发展的经典专著也只是简单提及了对优质种子和先进耕作方法的需求，而完全忽略了生物技术革新。与机械化相关的技术变革似乎表现出现代化前景与以往的巨大不同。相比较而言，生物技术的发展，至少最新的生物技术发展，对农业结构的大幅重组似乎既未带来威胁也未带来新的愿景。

生物和化学技术发展的动力主要来源于增加单位土地面积的农作物产量以及提高单位饲料（或繁殖群）的畜禽产量。在农作物生产中，这些进步通常包括以下三个方面中的一个或者几个：（1）开发土地和水资源，为

---

① 机械化的进程也可能受到土壤和地形的影响。从植物栽培过渡到密集型农业的过程中，机械化受到了诸多限制。有关此方面的讨论，可以参见平加里等人（Pingali et al., 1987）。关于东南亚地区水稻生产从土地节约型技术过渡到劳动节约型技术的探讨，可参见平加里等人（Pingali et al., 1997: 40-61）。

植物生长提供更加适宜的环境;(2)通过在土壤中添加有机或者无机植物肥料改善生长环境、促进植物生长,推广使用生物化学手段保护植物免遭虫害和疾病;(3)筛选并培育新的、化学效应好的高产农作物品种,使其能够适应人类控制下的环境因素。类似的发展过程同样发生在畜牧业中。

生物科技改变了农业模式,中国台湾就是这方面的典型案例(Hayami and Ruttan)。20 世纪 20 年代中期,在日本当局的统治下,中国台湾掌握了水稻经济快速增长的基本要素:(1)灌溉系统能够全年为大面积稻田供水;(2)通过与日本经济的融合实现了技术投入,比如化肥的使用;(3)改善水稻品种。最初筛选本地最佳的品种来改善,后来通过杂交技术把化肥效应好的日本农作物品种改造成适应中国台湾当地环境的品种。除此之外,经济融合同样使得中国台湾的交通和市场体系快速发展,打开了日本市场,使中国台湾产生了追求大米市场盈余的动力。

由于日本水稻品种不能直接转移到中国台湾,因此当时的政府发现很有必要投资农业研究。在中国台湾的日本研究人员培育出了新的水稻品种(称为蓬莱品种),在 20 年代中期开始投入使用。到 40 年代,蓬莱品种占据了稻田总种植面积的一半。为实现更高产量,新品种结合灌溉体系的发展,为化肥的大量使用创造了机遇。20 世纪 30 年代末,新技术的开发及栽培技术的发展使得单位公顷的粮食产量迅速提高。但这时日本在军事上的企图开始使得资源偏离了农业发展的目标。

"绿色革命"自 20 世纪 60 年代末初次在南亚和东南亚发展、采用以来,就一直备受争议。有人错误地将它理解为将西方技术不合时宜地引入南亚和东南亚地区,或是将东亚的技术用于南亚和东南亚。最初的批评者认为,新技术会加大收入分配的不均衡以及加重农村社会两极化。70 年代末 80 年代初进行的一些细致研究表明,上述担忧被夸大了(Hayami and Ruttan, 1985: 336-345; David and Otsuka, 1988: 441-450)。[①] 最近更多的批评集中在农业生产集约化给环境带来的影响上(Conway and Pretty, 1991; Conway, 1997; Pingali et al., 1997: 91-125)。但是,即使最严厉

[①] 批评"绿色革命"的人往往未能区分技术与制度偏向性的差异。尽管生物技术从规模上来看一般是中立的,但新技术使用的制度环境(包括租地安排、要素和产品市场、信贷机构)经常不利于小生产者。认清该偏向性来源于技术还是制度,对改革而言十分重要(Hayami and Ruttan, 1985: 336-345)。

的批评者也承认,"绿色革命"技术大幅度地提高了农业生产增长率。①

三 普适生产函数

农业生产率提高的一个必要条件是有能力适应生产要素和产品价格的改变。对生产要素价格的适应能力不仅包括跟随固定生产函数运动(要素替代),还包括创造新的生产函数,以适应一系列新的价格(见图6-2)。例如,即使化肥价格相对土地和农产品价格来说下降了,但如果没有培育出能适应高水平化肥使用量的新农作物品种,那么化肥使用量的增加也可能受到限制。

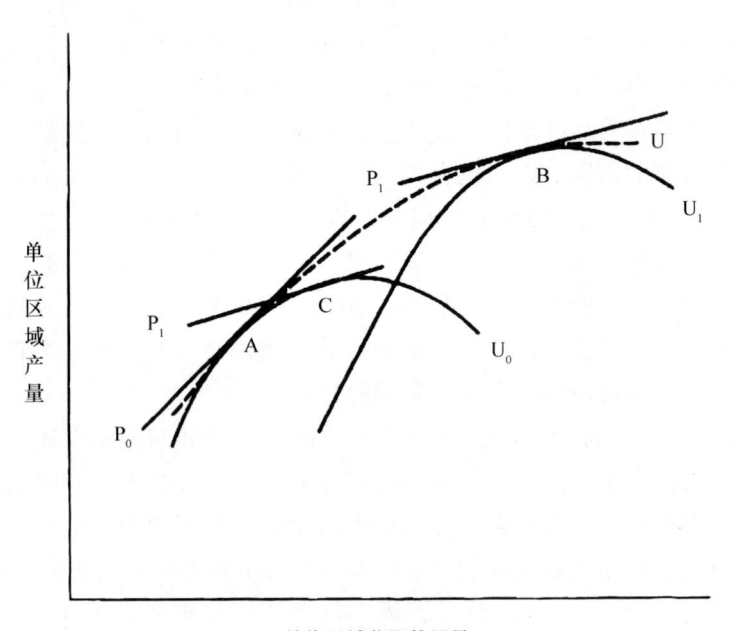

图6-2 随化肥使用量变化的产量(沿普适反应曲线)变化曲线

资料来源:Y. Hayami and V. W. Ruttan, *Agricultural Development: An International Perspective*, Baltimore, MD: Johns Hopkins University Press, 1985: 134。

为了说明这一点,化肥使用量和农作物产量之间的关系可以作如下

---

① 一些批判研究的实证根据相当薄弱,因此很容易看出,这其实是受意识形态影响的结果。两个极端恶劣的案例,可参见皮尔斯(Pearse, 1980)和希瓦(Shiva, 1991)。

表示：在图 6-2 中，假设 u_0 和 u_1 分别代表农作物旧品种和改良品种的化肥反应曲线，当农民面对 u_0 时，化肥价格相对产品价格从 p_0 下降到 p_1 时，不会造成化肥使用量或者农作物产量的大幅度增加；只有开发出化肥效应更高的新品种使其达到 u_1 曲线时，化肥价格下降对化肥使用量和农作物产量带来的影响才可以完全显现。从概念上看，可以画出一条如图 6-2 中 U 线这样的曲线，把所有单独的反应曲线包含在内；每一条单独的曲线代表一种特定农产品的种类（如玉米或者小麦）。这条 U 形曲线或许可以称作"普适生产函数"。[①]

普适生产函数可以看作涵盖了新古典生产函数。从短期来看，替代品的投入受到刻板的现存资金和设备的限制，生产关系可以通过具有固定"要素与要素比率"和"要素与产品比率"的生产活动来描述；从长期来看，现存资金的限制会消失，取而代之的是用以新技术知识的资金。结合所有的"要素与要素比率"和"要素与产品比率"，生产关系可以通过新古典生产函数来表述。在实际的生产阶段，技术知识可用资金所导致的限制进一步被解除，所有待发现技术的可能性得到承认；鉴于科学知识的现状，生产关系可以通过普适生产函数来描述，该函数用以描述所有有待发现的可能技术。普适生产函数也可以被看作创新可能性曲线的可操作性表现（见图4-2）——可操作性的意思是，新技术可以在实验室或者实验田，甚至在农民劳动的田间得到确认。随着时间的变化，普适生产函数并不是一成不变的，它会随着科学知识的累积而发生转变。

诱导性技术变革理论表明，由于具有不同的资源禀赋，各个国家遵循着不同的技术轨道或者路径在发展。这一点在要素禀赋具有巨大差异的国家中表现得很清楚，比如日本和美国。日、美两国每公顷可耕土地使用化肥量与化肥—土地价格比率之间的关系如图 6-3 所示。人均耕作畜力与畜力—劳动比率之间的关系如图 6-4 所示。两图中所显示的数据可以解读为要素替代的动态过程。随着普适生产函数自身发生改变以适应长期要素价格的变化，各种要素已经互相替代。普适生产函数曲线上的每一点都代表着一种技术，包括特定动力、机械类型、农作物种类以及畜禽品种等。

[①] 有关诱导型技术变革过程的详细讨论，可以参见本书第四章。"普适生产函数"最初由速水和拉坦（Hayami and Ruttan, 1970: 895-911）提出。也可参见劳和塔帕洛斯（Lau and Yotopoulos, 1989: 241-269）。

图 6-3 和图 6-4 中梯度的变化是技术变革的结果。这些变化很大，不可能仅仅是新古典生产函数要素替代的结果；很大程度上，这些变化是由相关要素价格的长期趋势导致的。①

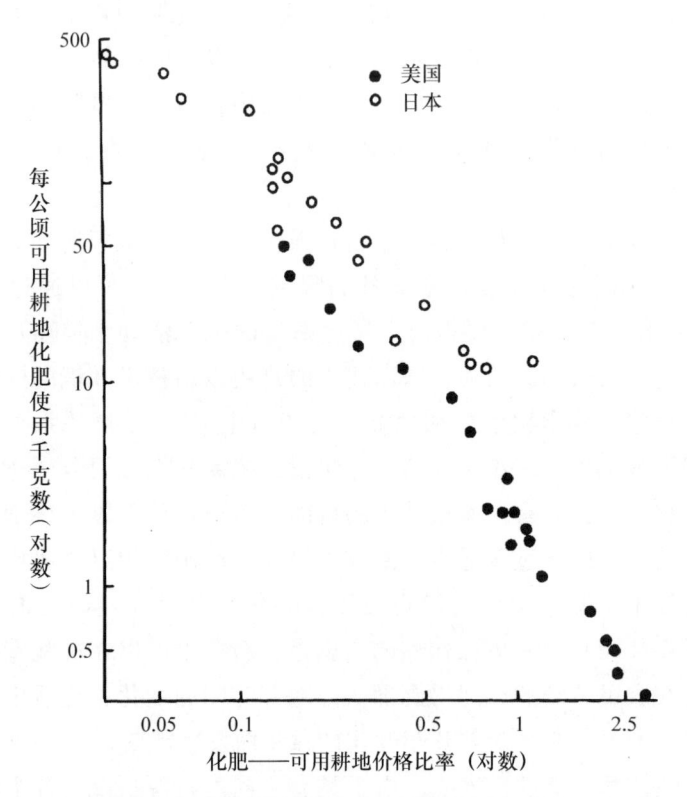

图 6-3　每公顷可用耕地化肥施用量与化肥—耕地价格比率（化肥中 1 吨 $N + P_2O_5 + K_2O$ 的价格可购买的可用耕地公顷数）之间的关系（美国和日本：1880—1980 年每 5 年观察的结果）

资料来源：Y. Hayami and V. W. Ruttan, *Agricultural Development: An International Perspective*, Baltimore, MD: Johns Hopkins University Press, 1985：179。

很多国家和主要地理区域长时间以来有关土地和劳动生产率的数据总

---

① 诱导型技术变革的假设在日、美农业发展史中是否成立，对此有人做了一个严格的测试，可以参见速水和拉坦（Hayami and Ruttan, 1985：178-204），也可参见本斯瓦格和拉坦（Binswanger and Ruttan, 1978）。

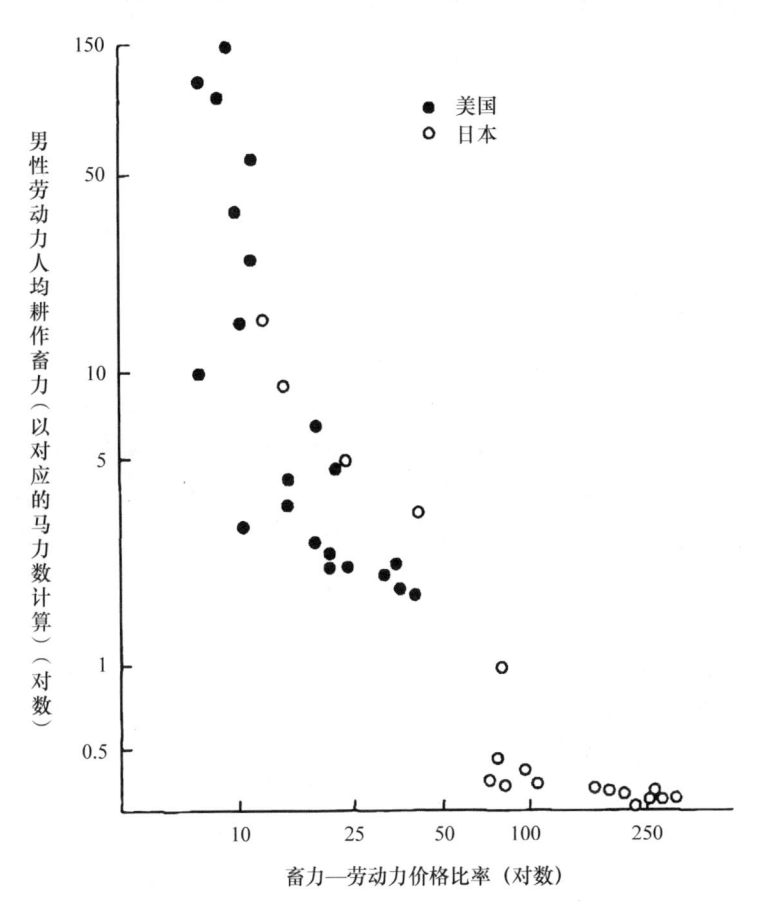

图 6-4　男性劳动力人均耕作畜力与畜力—劳动力价格比率（一马力拖拉机或畜力的价格可购买的劳动时长）的关系（美国和日本：1880—1980 年每 5 年观察的结果）

资料来源：Y. Hayami and V. W. Ruttan, *Agricultural Development: An International Perspective*, Baltimore, MD: Johns Hopkins University Press, 1985: 179。

体来说与诱导性技术变革模式一致（Hayami and Ruttan, 1985: 118-133; Craig et al., 1991b: 182-185, 1997: 1064-1076）。图 6-1 显示了主要地理区域每公顷农作物产量（竖轴）和每一男性劳动力的产量（横轴）。[①]

[①] 有一个相似的图表展示出了一些当前的发达国家更长时间（1880—1979）的发展轨迹，参见速水和拉坦（Hayami and Ruttan, 1985: 131）。诱导型技术变革假设在早期中央集权的计划经济中是否成立，对此也有相应的验证，参见法恩和拉坦（Fan and Ruttan, 1992）。

人均土地占有率较低的地区倾向于采用与日本早期发展路线相似的生物技术轨道；人均土地占有率较高的地区就会倾向于机械技术；土地人均占有率居中的会二者结合发展。需要特别注意的是，日本农业技术变革在早期是遵循生物技术轨道的，第二次世界大战后期受工业部门不断上涨的工资率刺激而转向了机械技术轨道。自从速水佑次郎和弗农·拉坦最早进行研究以来，诱导性技术变革模式已经在很多发达和发展中国家的实际经验中得到了验证（Thirtle and Ruttan，1987）。[①]

当人均产出固定时，每公顷的产量存在巨大差异；同样，每公顷产量固定时，人均产出也存在巨大差异——这对低土地生产率或低劳动生产率国家（见图6-1）的农业发展前景来说是鼓舞人心的。增长核算法（使用跨国家的生产函数来计算）表明，在最贫困的欠发达国家中，即使农村地区人口压力不断加大，人均土地面积不断减少，只要在科研、教育以及技术方面投入充足的资金，就可以提高人均产量。迅速发展增产技术的同时适度减轻劳动强度，低收入的欠发达国家就能够提高生产率，提高的幅度大致可以与西欧老牌发达国家在20世纪60—70年代取得的水平相当。然而，要使欠发达国家的劳动生产率赶上发达国家目前的劳动生产率，就需要发展增产的生物技术，推动机械技术发展以取代劳动力，大量减少农业生产中的劳动力（Hayami and Ruttan，1985：150-157）。

第三节 科学和技术限制

正如前面所提到的，20世纪之前农业主要靠扩大种植面积来提高生产。[②] 当然也有例外，西欧和东亚就是特例。第二次世界大战结束之后的50年间，人口数量、人均收入以及农业生产的增长速度前所未有。1950年，世界人口为25亿；而到2000年，人口达到了60亿左右。尽管以后的增速会慢些，但到2050年时人口数量很可能会增加30亿—50亿。另外，

[①] 相关理论批评，参见格拉博斯基（Grabowski，1995）。阿奇博尔德和勃兰特（Archibald and Brandt，1991：127-145）认为，尽管日本在1886—1940年的技术变革与相对价格变化保持一致，但生物技术的进步偶尔可以实现同时节约劳动和土地。奥姆斯德和罗德（Olmstead and Rhode，1993：100-118）发现，美国的技术变革只是在中西部一些重要的粮食产区可以和诱导性技术模型相吻合。相关的几篇论文，可参见科佩尔（Koppel，1995）。

[②] 这部分和以下章节大量引用了拉坦（Ruttan，1999a）。本部分讨论的很多问题在本书第十二章和第十四章中将会进行综合探讨。

极度贫困的国家通常把增加收入的一半花费在粮食上。这些国家的人口增速会一直很高,而收入的增加会产生更多的其他需求,因此在 21 世纪的前几十年间,农产品需求量的增长速度有可能会达到历史最高水平(Rosegrant et al., 1995)。因此,认为农产品需求增速在 21 世纪前 50 年会比 20 世纪后 50 年慢很多,这种想法是不明智的。①

未来半个世纪,世界农业和农业研究机构面临的问题是如何过渡到可持续的农业生产体系中,也就是戈登(Gordon Conway, 1997)提出的"双重绿色革命"。一些"绿色革命"(经常被称为解决农业发展的"工业手段")的批评者认为,农业集约化带来的收益是以能源的消耗和自然资源的减少为巨大代价,而且过去半个世纪以来获得的收益并不是可持续的(Naylor, 1996: 99-123; Ruttan, 1994a: 209-219)。

在 20 世纪五六十年代,要想预测未来几十年农业生产提高的来源并不是难事。扩大灌溉面积、增加化肥使用量、使用能保护农作物的化学物质、改良农作物品种使之更有利于农业的投入和管理等,都能促进农作物产量的提高。②

人们曾经预测,牲畜产量的提高可能源于动物基因的改良以及动物营养学的发展(见本书第三章)。从更基本的层面来说,粮食产量的增加主要源于植株株型的改变使植物能够吸收到更多的太阳能,从而提高每株植物中谷粒所占干物质的比例。动物产量的提高和动物产品的增加,很大程度上依靠减少用以维持动物机体的饲料消耗量,而增加用以生产可用动物产品的饲料消耗量。③

对未来半个世纪生产率提高的因素相当难以预测。从生理学的角度来看,诸多因素严重限制着植株中谷粒所占干物质比例的进一步提高,也限

---

① 人们长久以来一直致力于估计地球人口承载力。大多数研究认为,人均粮食产量是主要限制因素。有关这一点的论述,可以参见科恩(Cohen, 1995: 161-236、402-418)。笔者同科恩一样,不认同这些估算;此外,笔者认为,如果到了必须计算地球人口承载力的地步,那将是灾难性的。

② 化肥为什么至今仍未成为撒哈拉以南非洲地区农业生产增长的来源,这是一个谜。20 世纪 90 年代中期,撒哈拉以南非洲国家化肥平均使用量每公顷不足 10 公斤,而拉丁美洲每公顷达到了 65 公斤,南亚达到了每公顷 77 公斤,东亚更是超过了 200 公斤。化肥价格高昂,且效果不理想,这也许是该地区化肥使用始终处于低水平的原因(Yanggen et al., 1998)。

③ 在这一部分及整个第六章,笔者主要谈论的是农作物生产中的技术变革,牲畜产业涉及较少。有关牲畜研究的组织和经济学回顾,可以参见约翰逊和拉坦(Johnson and Ruttan, 1997),以及费由格立等人(Fuglie et al., 1999)。

制了进一步减少用以维持动物机体的饲料消耗量（Cassman, 1999; Sinclair, 1999）。可以料想到，这些限制将给那些已经取得最大单位公顷产量和单位动物产量的地区（如西欧、南美洲和东亚）带来最严重的阻碍。20世纪七八十年代以上地区的动植物产量取得了最快增速（如亚洲水稻产量以及美国玉米产量）；但到了90年代，增速开始放缓（Pingali et al., 1997: 62-90）。

同时有初步迹象表明，农业研究的生产率下降了。在有利条件下，粮食平均产量从每公顷1—2吨提高到了每公顷6—8吨，因此，维护性研究（用以维持农作物及动物现有生产率水平的研究）的开支比例逐步上升（Plucknett and Smith, 1986: 40-45）。结果，进一步提高小麦和玉米产量的研究年限延长了，无法满足增加产量的需求（Maredia and Eicher, 1995: 402、410）。此外，每年的研究成本增速超过了一般价格水平的增速（Pardey et al., 1989: 289a-296; Huffman and Evenson, 1993: 236-237）。于是，不难得出这样的结论：那些在过去半个世纪生产率提高最快的地区（如北美洲的大平原和三角洲地带），传统植物育种和农学研究的收益开始逐渐减少。

好消息是，越来越多的证据表明在一些自然条件较为恶劣的地区（比如依赖雨水的半干旱地区、丘陵、山区或者非洲某些土地耗竭或退化的地区）进行农业研究的投资，现在已经可以获得相对较高的收益率。这些高收益率主要依靠技术和一些常规做法的运用，如使用固氮绿肥、改善受忽视地区的物质和制度基础设施建设，从而使土地生产率得以提高（Fan and Hazel, 1999）。未来几十年，基因工程技术同样可以成为先前受冷落地区技术变革及生产率提高的来源。同时，李比希（Liebig）、孟德尔（Mendel）、巴斯德（Pasteur）等人开创的基于技术的传统方法将会为构建技术发展提供科学基石（见本书第十章）。[①]

面对阻碍农业生产的科学技术限制，每个国家应对的能力迥然不同。对那些高收入的国家（主要是经合组织国家）来说，无论人口增长还是收入增加都不会对农业产量有很大的需求，因为他们中的大多数已经完成了人口转变，人均收入增长也不再是粮食和其他农产品需求量增加的

[①] 一些研究者基于历史生产率的发展趋势，表现出乐观的判断。关于这一点可以着重参见瓦格纳（Waggoner, 1997）。有关生物技术对产量增加的影响，可参见埃文森（Evenson, 1998）。

重要因素。这些国家的农业部门有能力应对出于环境考虑的各种限制，可以在不严重抑制农业生产的前提下减少土地和水资源的使用。生产率提高后，产品生产量超过了国内需求，他们就可以扩大农业出口；同时，扩大从低收入热带地区及国家进口饮料、水果、蔬菜及其他商品（Islam，1990）。

第二梯队为中等收入国家，年收入为1000—10000美元，普遍正在向人口转变期迈进，收入增长率也正经历从中速到高速的过程。很多国家在农业研究中取得了丰硕成果，技术发展能力进一步提高，某些领域的科技水平也进一步提高。人口适度增长加上收入快速增加，使得对农民的要求越来越高，这种趋势至少会持续到21世纪的前几十年。面对国内需求的增长，如果中等收入国家想要为农民提供农业知识和技术，就需要加强农业研究，提高技术发展能力，扩大基础科学研究范围。然而，拉丁美洲、东欧以及苏联的一些国家将继续或者将要成为农产品的重要出口国。目前，以上大多数国家科技能力不足，制度基础薄弱，不足以应对日益增加的环境问题。

第三梯队为低收入国家，大多位于撒哈拉以南的非洲地区，才刚开始进入人口转变阶段，人均收入增长缓慢，甚至会出现下降。一旦收入开始增加，加上持续的人口增长，会导致这些国家对食物和其他农产品的需求快速增加，这种趋势会一直持续到21世纪后半叶。这些国家财力有限，无法进口大量农产品；且农业研究和技术发展能力极为薄弱，甚至无法满足自身社会对农业生产、环境质量以及健康卫生的需求。

第四节 资源和环境限制

资源和环境是限制农业生产提高的第二个因素。环境限制之一是农业集约化对农业生产自身的影响，包括土壤侵蚀造成土壤退化与流失、田地灌溉造成积水与盐渍化、化学防治造成害虫和病原体共同演化，以及全球气候变化带来的影响等。

一 土壤

无论是在发达国家还是在发展中国家，土壤侵蚀和退化都被认为是农业可持续增长的主要威胁（Bennett, 1931; Kellogg, 1948; Pimentel et al., 1976），[①] 而且预计未来会变得更加严重。有人曾预测，到 2050 年，人类将"只有目前一半的表土，却不得不用来养活两倍的人口"（Harris, 1990: 118）。[②]

要想衡量土壤侵蚀对农业生产造成的影响到底有多大，面临重重困难。水蚀和风蚀估算测量的是从一地流失到另一地的土壤量，而不是农业生产中流失的土壤量。很多研究并没能提供足够的信息来计算土壤侵蚀及退化造成的产量损失。即使在美国，也只有三个年份（1982 年、1987 年和 1992 年）的国土侵蚀量得到了可靠估算。研究表明，土壤侵蚀率在 1982—1992 年下降了 24%，这大概是因为 3 千万—5 千万英亩极度受侵蚀的农田被保育休耕。只有 1982 年的研究估算出了土壤侵蚀造成的产量损失，数据表明如果 1982 年的土壤侵蚀率持续 100 年，最后产量只会损失 2%—3%（Crosson, 1995a、1995b; Alt et al., 1989）。

关于土壤退化和流失的程度及其对粮食产量的影响，发展中国家的人们缺乏清楚的认识。在相关资料中，对土壤退化的估算似乎都是基于专家的意见，而非通过精心设计实验、充分论证获取的。在大多数发展中国家，缺乏有关土壤侵蚀对主要产地及农作物生产率影响的可靠信息（Lal, 1984: 70; Anderson and Thompapillia, 1990）。然而，有确凿数据表明中国和印尼长期土壤流失的情况；这些数据表明，尽管土壤中有机物质和氮元素的含量降低了，但半个多世纪以来土壤层和生产率都没有或几乎没有遭到破坏。这个结果不免让人感到意外（Lindert, 1998、1999）。

事实上，研究数据极其有限，并不能就此认为土壤侵蚀和退化问题不严重；然而，这也同时提醒我们，对"土地资源无法维持农业生产"这样的极端消极看法，也应保持谨慎态度（National Research Council, 1993: 54-57; Scherr, 1999）。无论是在发达国家还是在发展中国家，人为因素导致的土壤退化和流失对不同农业气候区域造成的影响大小不一，对资源基础和区域经济的影响是局部的而非全球性的。土壤侵蚀并不一定会对资源和经济基础造成巨大威胁，但是实施技术和制度改革能够重新开垦退化

[①] 土地退化比土地侵蚀的概念更加广泛，包含了"土壤退化、旱地植被退化（但没有土壤退化）、潮湿热带雨林的退化等"（Daily et al., 1997）。

[②] 有关本部分讨论的问题可参见克罗森（Crosson）和皮门特尔（Pimentel）二人在《自然》（Science）杂志上的思想对话（1995b）。

的土地资源,或者至少可以阻碍土壤的进一步恶化,从而最终获益。即使是极度贫困的国家,这些收益也足以支持土地保护型技术的发展和运用(Sanders et al.,1996:72-114;Smale and Ruttam,1997)。

二 水

过去的 50 年间,水成了一种高价值的资源,而且价值越来越高。在世界上干旱及半干旱地区,缺水问题日益成为农业生产发展的阻碍。[①] 水资源经济价值的变化,源于家庭、工业、环境用水量,更主要是灌溉需水量的激增。据国际水资源管理研究所(IWMI)估计,到 2025 年,生活在干旱地区的 10 亿左右的人口会"绝对"缺水;而在 1990—2025 年,这些地区的灌溉用水几乎都会减少。[②]

过去 50 年,发展中国家的灌溉面积从不足 1 亿公顷扩大到 2 亿公顷左右,增加了两倍多。这些国家大约一半的谷物生产依靠的是灌溉地(Alexandratos,1995:58-63)。水资源缺乏和粮食生产之间的关系引起了人们广泛的讨论。有数据表明,到 2025 年,中国华北地区的水荒问题会十分严峻,中国将需要每年进口 2.1 亿吨粮食来满足人口及收入增加的需求(Brown and Halweil,1998)。多少有点危言耸听的是,根据国际水资源管理研究所的研究,尽管华南地区会有多余的水供给,但华北地区还是会面临"绝对"缺水的状况(Seckler et al.,1999)。

大部分公共部门的灌溉投资用在了发展(和复原)自流灌溉系统上。在大多数干旱地区,最适合发展大规模灌溉系统的土地已经被利用了。过去的 50 年间,用以加强地面灌溉能力的资金投入增加了好几倍。如果粮食价格不能在 20 世纪 90 年代的水平上大幅度提高,那么要想在可以预见的将来再次注入大量资金于大规模自流灌溉系统中,将是不可能的。

[①] 相关评论,可以参见塞克勒等人(Seckler et al.,1999)。也可以参见联合国粮食和农业组织(Food and Agriculture Organization,1995)、罗斯格兰特(Rosegrant,1997)、拉斯金等人(Raskin,1998)。拉斯金等人所做的研究更加详细地关注了家庭、工业以及环境需求用水。在发达国家,生活及工业用水与灌溉用水之间的竞争日益激烈。

[②] 到 2025 年,即使灌溉效能很高,"绝对"缺水的国家也将缺乏足够的水资源来使人均粮食产量达到 1990 年的水平,家庭、工业以及环境的合理用水也将无法得到满足;"严重"缺水的国家只有大幅度提高水资源利用率,加大在水利开发中的投资,才有可能满足基本用水需求。国际水资源管理研究所(IWMI)研究认为,如果抽取地下水超过了每年总用水量的 50%,那么水资源进一步开发的成本就可能过高(Seckler et al.,1999:47)。

尽管政府在自流灌溉系统中进行了大量投资，但依赖管井抽取地下水来浇灌的土地面积扩大速度更快。从很多方面来说，用水泵抽取含水层的水来浇灌田地是一种理想的灌溉方式。水储存在地下，不会由于蒸发而损耗；在干旱季节甚至旱灾年，用于灌溉的水库可能会干涸，但一般来说地下水依然可以被抽取出来。经济利益刺激下的高效采水更为可行，这是因为起主导作用的是个人生产者而非低效率的、时常出现腐败问题的官僚机构。然而，在很多地区扩大地下水开采同样面对诸多问题。一是很多地区的抽水量远远超过了地下水回补的速度；二是咸水和污染水侵入了地下水含水层中。

地表水和地下水系统都存在很大的负面溢出效应或者外部效应，从而直接影响了农业生产。自流灌溉系统中一个最常见的问题是，由于水的过度使用，加上排水系统设计不合理，造成积水及土壤盐渍化等问题。在阿富汗，积水和盐渍化问题已经导致农田浇灌面积减少，而且新增的浇灌面积并不能抵消减少的面积。在中亚地区的咸海流域里，过量抽取水资源导致咸海面积缩小，灌溉区域积水及盐渍化，从而抑制了该地区的经济活力。[1] 从含水层抽取地下水量超过水回补量会造成地下水位降低，抽水成本随之增加。在一些国家，这些溢出效应完全抵消了因扩大灌溉面积对农业生产带来的积极影响。

生产者获取水的途径受制度安排，这也导致了用水率低下。制度安排是造成负面溢出效应的重要原因，同时也无法促进相关技术的发展和使用——发展技术本可以提高水资源生产率（每英亩或者每立方米土地的农产品产量），使之与土地和劳动生产率的提高相匹配（Mellor，1996）。然而，设计制度安排以提高水资源利用率和生产率并非易事。通常改革包括：(1) 分清并确保用水权利；(2) 设计水资源市场，实施定价策略；(3) 对地下水的抽取定量、收费、收税；(4) 对公共灌溉系统进行覆盖更广的区域性控制（National Research Council，1992；Esater et al.，1998）。这些改革或许可以取得一些成果，但总体来说，要想设计在经济和政治层面都切实可行的政策是比较困难的。水资源市场的交易成本往往

---

[1] 有很多研究旨在确定世界上最受到水资源问题困扰的是哪些国家，其中最全面的调研之一是由克拉克大学地理系的一个学者团队进行的（Kasperson et al.，1995）。有关咸海流域的研究，可以参见格拉佐夫斯基（Glazovsky，1995：92-140）。

很高;用水牵涉各种各样的公共利益,包括除当事人之外的第三方的利益。然而,似乎很明显的是,水资源日益增加的经济价值和可以预见的抽水限制,可以刺激制度改革,从质和量两方面加强地表水和地下水管理。

三 害虫防治

尽管在过去的50年间害虫防治技术取得了巨大进步,但是病虫问题却越来越严重,阻碍了农业生产。19世纪后半叶之前,农民主要依靠单一的栽培方法(比如轮作)来防治虫害。19世纪70年代,随着以砷和铜元素为主要成分的杀虫剂的发展,化学防治才出现。生物防治可以追溯到19世纪80年代,当时使用威尼西亚甲虫(来自澳大利亚)来防治加利福尼亚州的一种柑橘害虫——吹绵蚧。人们也试图努力寻找、培育抗虫害的农作物和牲畜品种。[①]

20世纪30年代末期,害虫防治的方法随着滴滴涕(DDT)的发明而发生了巨大变化。第二次世界大战期间,美国军队使用DDT来保护军人不受疟疾和其他昆虫传播疾病的感染。早期实验发现,DDT几乎能有效防治所有昆虫,且相对来说不会对人类、动物以及植物造成伤害。DDT使用门槛低,高效而且相对廉价。它的成功导致经济昆虫学家和赞助机构不再关注昆虫生物学、生理学、生态学的基础研究,也不再寻找害虫防治的其他方法。化学公司迅速加大了合成有机杀虫剂的研制力度,同时使用化学的途径防治病原体和杂草。

DDT出现之后不久,负面外在效应开始显现。加利福尼亚州使用DDT来防治吹绵蚧,结果其天敌——威尼西亚甲虫——比吹绵蚧本身对DDT更敏感。1947年,也就是DDT使用一年后,吹绵蚧的数量再度猛增,柑橘种植者被迫限制使用DDT。在秘鲁,棉铃虫迅速对DDT和其他有机氯农药产生了抗药性,于是生产者开始诉诸使用最新发展的、毒性更大的有机磷杀虫剂,但棉铃虫再次产生了抗性菌株。这期间自然天敌几乎都灭绝了。秘鲁的棉花产量大幅下滑,直到实施了控制杀虫剂使用的项目后,产量才有所回升(Palladino,1996:36-41)。

[①] 虫害防治问题的最好综述来自美国国家研究委员会(the National Research Counil,1996b)。同时可以参见拉坦(Ruttan,1982:200-210)、帕拉迪诺(Palladino,1982:200-210)、费尔南迪斯—科尔内霍和扬斯(Fernandez-Cornejo and Jans,1999)。

20世纪50年代，大量新增证据表明，四五十年代使用杀虫剂获得的收益是用巨大的代价换来的——目标种群失去了抵抗力，有益昆虫遭到了破坏，野生物和人类健康也直接或间接地受到了影响。60年代早期，随着新型杀虫剂对健康和环境造成的巨大影响被发现，公众担忧进一步加剧（Carson，1962）。这些担忧最初出现在美国和其他一些发达国家；但几乎同一时间，发展中国家种植的高产"绿色革命"谷物品种也与杀虫剂的广泛使用密切相关——产量低，害虫防治就几乎没有带来利益；产量增加，刺激采用化学防治技术的经济诱因也就增强。

昆虫学届提出解决杀虫剂危机的办法是有害生物综合治理（IPM），即综合使用栽培防治、生物防治、化学防治以及抗虫害的作物品种。对生产者而言，实施综合治理比定期喷洒农药复杂多了，需要生产者拥有监控害虫的技能，而且要熟知昆虫生态学，其有效实施还需要生产者之间的相互合作。[①] 20世纪60年代，IPM被提出作为一种害虫防治策略，但当时几乎没有任何相应的技术可用；它不过是一种措辞，用以表示经济学昆虫学家和生态学昆虫学家之间的区别。但到70年代，人们进行了大量研究，成功实施了一些重要的IPM项目（Conway and Pretty，1991：578-580）。然而，在不降低粮食产量的前提下大幅减少使用杀虫剂的期望落空了。[②]

综合杂草管理法（IWM）出现的时间比IPM更晚，部分原因在于化学除草剂抗药性出现的时间相比杀虫剂慢得多。发达国家和一些发展中国家的实际工资率不断上涨，导致人们使用化学制剂除草来代替劳动密集型的手工和机械除草（Naylor，1996）。然而，到了20世纪90年代中期，基因工程抗除草剂作物品种的发展导致了人们新的担忧（Paolatti and Pimentel, 1995）。在某些情况下，抗除草剂作物对环境有益——例如，某种能够在环境中迅速分解的广谱除草剂可以用来代替其他很难分解的除草剂。但是，如果重复使用某种单一的除草剂，就会对抗除草剂杂草的甄别造成困

[①] 在德克萨斯州，控制棉虫（棉子象鼻虫、棉红铃虫、烟夜蛾）最有效的措施包括：（1）设定统一的种植期，使用短期品种；（2）在种植前进行灌溉；（3）只在红铃虫灾害较为严重的区域使用杀虫剂；（4）在收割季节有选择地使用有机磷杀虫剂；（5）摘除成熟农作物的叶子（因此所有的圆荚都会同时开放）；（6）收割时使用机械剥离器（杀死幼虫）；（7）收割后立即切割秸秆并掩埋；（8）对不合作的生产者进行罚款。这些办法的实施需要害虫防控区尽职尽责落实到位（Conway and Petty，1991：578-580）。

[②] 可以参见柯蒂斯等人（Curtis et al.，1991）、皮蒙特尔等人（Pimentel et al.，1991）。相关评论文章，可以参见贾内西（Gianessi，1991）。

难（Powles et al., 1997; Snow and Palma, 1997）。与 IPM 一样，人们期望通过 IWM 大幅减少除草剂的目标也未能实现。农业集约化的影响，加上病原体、害虫及杂草为抵抗各种防治办法而共同进化，这些因素将继续引导农业研究资源被分配到维护性研究中去。

四 健康

在很多发展中国家，疾病是限制农业生产中劳动生产率发展的重要因素。农民通常每年会有 15—20 天因患严重疾病而无法正常工作。即使他们坚持农作，也会由于营养不良或者患寄生虫病或感染性疾病而严重地制约生产力。[1] 自 20 世纪 60 年代以来，许多通常用作衡量健康的指标（比如寿命、婴儿死亡率）表明，几乎所有发展中国家都在健康方面取得了巨大进步。除了少数极度贫穷的国家之外，大多数发展中国家的流行病发生了转变——从患传染病或寄生虫病而年少早逝，转变到因患癌症、心脏病或中风而死于晚年。但是，对这些进步可能会逆转的担忧也是合理的。人类已经在减少传染性疾病以及控制腹泻疾病方面取得了巨大进步，然而，(1) 一些传染病和寄生虫病可能会再度爆发，比如肺结核、疟疾；(2) 寄生虫病（比如血吸虫病）和细菌性疾病（比如霍乱）可能会扩散；(3) 一些新的传染性疾病（如艾滋病、埃博拉、莱姆病等）引起了健康专业人士及大众的严重担忧。[2]

由于农业和工业生产对环境造成的影响，还出现了另一种对健康的担忧。农业集约化给人类健康造成的影响包括大量使用杀虫剂和除草剂带来的直接影响。[3] 在某些地区，工业集约化导致土壤含有过多重金属而退化；营养不良更是加剧了疾病的危险。在撒哈拉以南非洲地区的很多国家，人均卡路里摄入量 20 年来持续下降。不难想象，如果以上某些健康问题同时发生，农村将会有大量劳动力患病，这将成为严重制约粮食生产的障碍。

---

[1] 有关综合治疗问题，可以参见达斯古普塔（Dasgupta, 1993: 401-523）。有关土壤侵蚀、杀虫剂的使用与人体健康之间关系的详细分析，参见平加立等人（Pingali et al., 1997: 91-125）。

[2] 莱德伯格（Lederberg, 1996）列出了 3 种病毒性疾病、8 种寄生虫疾病、9 种细菌性疾病的复现或传播，也列出了其他 29 种在 1973—1985 年出现或首次被确认的疾病。

[3] 参见安特尔和平加立（Antle and Pingali, 1994）、平加立等人（Pingali et al., 1994）、平加立和罗杰（Pingali and Roger, 1995）、奎斯曼等人（Crissman et al., 1998）。

五　气候变化

20世纪50年代末，人们在夏威夷测量到大气层中二氧化碳的含量在持续增加。60年代末期，计算机模型模拟表明，气温和降水可能会发生变化，这是因为人类活动导致二氧化碳、一氧化二氮以及其他温室气体被排放到大气层中。80年代初，气候变化研究学界达成广泛共识，认为到2050年温室气体的排放会导致空气中的二氧化碳浓度比工业前时期翻一番，全球平均气温会升高1.5 — 4.5℃（2.7—8.0华氏度），世界气候变化模式会更加复杂。从80年代初期以来，人们进行了一系列研究来评估空气中二氧化碳浓度的增加是如何影响农业生产的（Parry, 1990; Fischer et al., 1995: 115 - 159; Bruce et al., 1996; Grubler, 1998; Rosenzweig and Hillel, 1998）。[①]

空气中二氧化碳浓度的增加会从三个方面影响农业生产。第一，二氧化碳浓度的增加会对农作物（和杂草）的生长速度产生积极影响，这是由于二氧化碳具有"施肥效应"，同时也可降低蒸腾速率。二氧化碳的施肥效果到底有多大尚未确定；过去50年间农作物增产是由于二氧化碳浓度的增加还是因为其他因素，这个问题也很难辨别。第二，温度上升可能会导致海平面上升，沿海地区海水泛滥，渗透至地下水和地表水，这也会对农业生产造成影响。低洼岛屿或沿海农业区（比如孟加拉国）受到的影响可能会十分严重。而对农业生产影响最大的是温室气体所导致的温度、降雨量及日光的变化。在中纬度和高纬度地区（高于45°），温室气体造成的气候变暖可能是最严重的；热带和亚热带地区的气温变化可能不会那么明显。季风雨可能会继续向北渗透，北方目前农业生产受到长时间生长季节限制的区域（如加拿大草原北部边缘地区）粮食产量可能会提高，谷物和牧草的种植面积也可能会扩大。但从总体水平来看，未来50年，全球气候变化带来的影响似乎并不会严重制约粮食供给（Fischer et al., 1995: 155; Reilly et al., 1999）。

[①] 有关温室气体排放根源、全球气候变化的潜在影响、全球气候变化政策等更加全面的讨论，请参见本书第十二章。由于CO_2量占温室气体量的一半多，因此规定用CO_2量为温室气体排放量的基本单位。化石燃料的消耗是CO_2排放的主要原因。二氧化氮（NO_2）量大约占温室气体量的1/4。氮肥在化学肥料中的使用量迅速增加，因此粮食生产和NO_2排放控制之间存在内在矛盾（Frink et al., 1999; Socolow, 1999）。

回顾农业过渡到可持续发展所受到的种种资源和环境限制，能得出什么结论呢？在可以预见的将来，土壤流失和退化不太可能严重制约全球农业生产，但它们会对很多资源薄弱的局部区域造成严重影响。同样，水资源的缺乏也不可能在不久的将来对农业生产造成严重限制，在世界上 40—50 个最干旱的国家以及其他国家的某些主要地区，家庭、工业和环境用水需求的增加会导致灌溉用水减少。在干旱更为严重的地区，缺水正成为"粮食安全、人类健康和自然生态环境的最大威胁"(Seckler et al., 1999: 1)。

无论是在发展中国家还是在发达国家，害虫和病原体防治过程中出现的问题都会对农业生产的可持续增长产生日益严重的影响。抗性农作物品种和化学防治方法常常会导致目标害虫产生抗性。新的害虫防治技术必须不断被一系列抗性品种和化学（或生物化学）药剂所取代。健康问题以及营养不良相结合，可能会严重制约世界上一些最贫困国家的农业生产。自然在保护人类、动物、植物免遭害虫和病原体的战役中并不是被动参与者。它做出了反击！

当前对全球气候变化影响的估计比 10 年前更加乐观 (Adam et al., 1999)。然而，这种乐观估计的科学和实证基础都太薄弱，并不能为政策的制定提供可靠的依据。未来 50 年气候变化的速度充满了巨大的不确定性。对于气候变化、土壤流失及退化、地下水和地表水储存、虫害和病原体等问题的共同作用，几乎没有任何相关预估模型给予足够的重视。用以减弱全球气候变化所采取的举措（如土地集约化碳固存技术，使用基于农业原材料的燃料代替以石油为主的燃料，采取措施控制二氧化碳、一氧化二氮、甲烷的排放）对农作物及动物生产造成的负面影响可能会超过其对气候变化的直接影响。相对各自单一限制因素而言，各种制约因素的相互作用可能对农作物的可持续增长带来更大的负担。一个明显的启示是，各自为政的农业、健康和环境研究将不得不在不同学科之间建立更为有效的桥梁，促使向可持续农业转变的成功。

第五节　农业研究体系

20 世纪，在解决陆地面积枯竭对农业生产发展造成障碍的问题上，当前发达国家的农业部门取得了显著成效。自 20 世纪中叶起，这些国家已经从依靠资源开发促进增长的模式转向高回报投资模式。这一转变的可行性得益于卓越的制度改革,即公共部门农业研究体系的发展。[1]

19世纪初,英国一度被那些对农业改良感兴趣的人称为"农业学校"。[2] 当时,农业研究通常是由一些具有创新意识的农民或大庄园主等私人发起的。1843年,约翰·贝内特·劳斯爵士(Sir John Bennet Lawes)在他祖先遗留下的庄园内创建了世界上第一个持续运作的农业实验机构——洛桑农业实验站。在劳斯去世之前,他通过"劳斯农业信托机构"资助该实验站的运行。随着研究项目的扩展和开支的增加,实验站越来越需要政府的资助,直至其研究项目经费几乎完全来自英国政府下设的农业研究委员会。

19世纪末,德国占据了农业研究的领导地位(Grantham,1984:191-214)。德国科学技术的发展及应用表现为冯·李比希(von Liebig)在农业化学领域的研究,也表现为国家扶持的各个农业实验站的建立。李比希的著作《有机化学在农业和生理学中的应用》(*Organic Chemistry in its Relation to Agriculture and Physiology*,1840)被许多人视为农业研究发展的分界线,是向发展基于科学的农业技术迈了一大步。李比希的伟大成就在于"收集并解释了大量积累下来的与植物和土壤相关的化学及相关数据"(Salman and Hanson,1964:22)。他对当时盛行的植物营养腐殖学说提出反驳,并提出矿物质学说,这都证明了其方法非常成功。

李比希任教时最大的成就是在德国吉森大学为研究有机化学的学生引进了实验室方法。吉森实验室是第一个大学农业研究实验室,吸引了来自世界各地的学生。李比希科研组织方法所表现出来的潜能和价值直接促成了专门化农业研究实验室和实验站的建立。德国第一所由政府扶持的农业实验站于1852年在萨克森州的默克市建立。接下来的25年里,相继建立了74所政府扶持的农业实验站。德国的公共部门农业研究模式为美国及其他发达国家所效仿。

---

[1] 在本章,笔者不会探讨一些重要的制度创新(如土地所有制改革和市场机构改革)如何促进许多发达国家和发展中国家农业生产的发展。关于对发展中国家制度变革的诱导性创新阐释,见速水与拉坦(Hayami and Ruttan,1971、1985:388-415)。美国的农产品政策的诱导性制度诠释,见拉坦(Ruttan,1984:549-559)。

[2] 关于国家农业研究体系发展的详细信息,可参考拉坦(Ruttan,1982)、奥尔斯顿等人(Alston et al.,1999)。国家农业研究体系发展的捐赠援助评估可参考珀塞尔和安德森(Purcell and Anderson,1997:107-174)。

一　美国体系

美国组织进行农业研究的制度模式在很大程度上借鉴了德国的制度组织模式及其培训年轻科学家的方法。许多负责建立农业研究站的"科学企业家"都曾在德国学习。美国农业研究的制度化包含创立一个联邦—州的双重体系。联邦体系的发展速度远远超过州立体系。然而，直到19世纪末，二者才都具备了足够的能力以满足日益增长的科学技术需求。

19世纪接近尾声时，一个行之有效的组织模式出现在联邦农业部的农业研究中，该模式打破以学科为导向的组织结构，建立了专门研究特殊问题或商品的科研机构。到20世纪初，美国农业部（USDA）的科研机构主要包括植物产业局、昆虫学局、土壤管理局、生物调查局和气象局。这些实验机构与各州农业实验站（SAESAs）保持联系，负责监控联邦基金在各州实验站的合理使用（Dupree, 1957：165；Huffman and Evenson, 1993：31-34）。

当时，美国各州赠地大学（公立）的农业发展科研能力甚至还不如美国农业部。对此，一系列重要的联邦法案出台，建立了农业部与各州农业实验站相结合共同进行研究、教学和推广的体系。这些法案包括1862年颁布的《莫雷尔法案》（亦称"赠地大学法案"）、1877年颁布的旨在为各州农业实验研究提供支撑的《哈奇法案》、1914年通过的旨在为各州农业推广项目提供联邦支持的《斯密斯—利佛法案》。[①] 第一个州立农业实验站——康涅狄格州实验站——于1877年建立。而直到20世纪20年代初，才有某种程度的把握可以认为，美国全国范围的农业研究和推广体系在联邦及各州都实现了有效的制度化。[②]

20世纪20年代中期到60年代中期，美国农业研究体系的结构基本保持不变，并日益成为新知识和新技术的重要源泉。其对杂交玉米的发展和

[①] 霍夫曼和埃文森（Huffman and Evenson, 1993：3）指出："对这些法案和制度的发展与支持属于重大的制度创新。法案中制度的建立绝非当时立法者和决策者的'灵光闪现'。每一项立法的通过都是早期制度无数发展经验的累积成果。"

[②] 美国的联邦—州农业研究体系的结构明显不同于其他发达国家的研究体系。在美国，2/3—3/4的公共部门农业研究都在由赠地大学主持运作的州立农业实验站进行。在其他经合组织国家，在大学进行的公共农业研究还不到1/4（Alston et al., 1998，见表2）。日本的农业研究体系中，由各县级政府扶持的研究比例相对高一点，研究在各县实验站进行。速水和拉坦认为，美国和日本的分权制资金和管理使得两国的公共部门农业研究尤其顺应市场规律，并满足各州或各县农民的需求（Hayami and Ruttan, 1985：251）。

传播所做出的贡献就是一个显著的例子（见本书第五章）。自60年代中叶起，该联邦—州农业研究体系遭受到一连串科学、民粹主义和意识形态的内外挑战。外部挑战来自民粹主义者的批评。他们认为该体系的农业研究太狭隘，这主要表现为两本具有深远影响的书籍的出版，分别是蕾切尔·卡森（Rachel Carson）的《寂静的春天》（Silent Sfrring，1862）和吉姆·海托尔（Jim Hightower）的《坚硬的西红柿，艰难的岁月》（Hard Tomatoes, Hard Times，1973）。卡森的著作主要关注大量使用农药对环境的影响；海托尔的书批评公共农业研究体系以牺牲农民和消费者的利益为代价来换取商业利益。虽然这两本书在进行批判时存在一些错误和真假参半的内容，但它们的确使人们注意到了美国农业研究体系的主要局限，即过于局限在研究动植物和土壤上（Fitzgerald，1991）。

另一种声音是农业研究学界的自我批评。1972年，美国国家研究理事会的一个下属委员会严厉批评农业部和各州农业实验站进行的研究不能与时俱进，缺乏新意，而且效率低（National Research Council，1972），还批评了联邦政府支持各州农业研究所使用的拨款机制，并指出同行评议在研究资源的分配中未能充分发挥作用。因此可以看出，民粹主义批评家们批判的是农业研究的技术变革太局限于提高生产率，而内部批评者反对的是过分注重发展技术而忽视了基础科学。内部批评带来的重要结果之一是1977年通过了《国家农业研究、推广和教育政策法案》，该法案授权美国农业部开展一个具有竞争性的植物科学和营养研究项目，该项目对公共及私人团体的所有科学家开放。

为了应对内外抨击，联邦体系和州体系大幅缩减预算（见图6-5）。1890—1980年，美国公共农业研究体系可用资源每年实际增长4%以上。从1980年开始，联邦体系实际可用资源基本稳定，但各州可用资源与以往相比增长缓慢。与此同时，私人农业研究持续快速增长（Huffman and Evenson，1993：95、96；Fuglie et al.，1996：9—18）。到70年代初，私人部门农业研究费用支出开始超过公共部门。1996年，美国农业部的研究开支为9.36亿美元，各州农业实验站的支出约为22亿美元，而私人部门的支出达到了39亿美元左右（见图6-6）。随着私人部门农业研究的发展，其组成也有所改变：同研究生产技术相比，对收割期后的技术研究发展更快；而在生产技术研究中，机械技术研究的份额减少了，生物和化学技术研究的份额增加。相对私人部门来说，公共部门在发展生物技术方面做出了更多努力（Huffman and Evenson, 1993: 93-127）。[1]

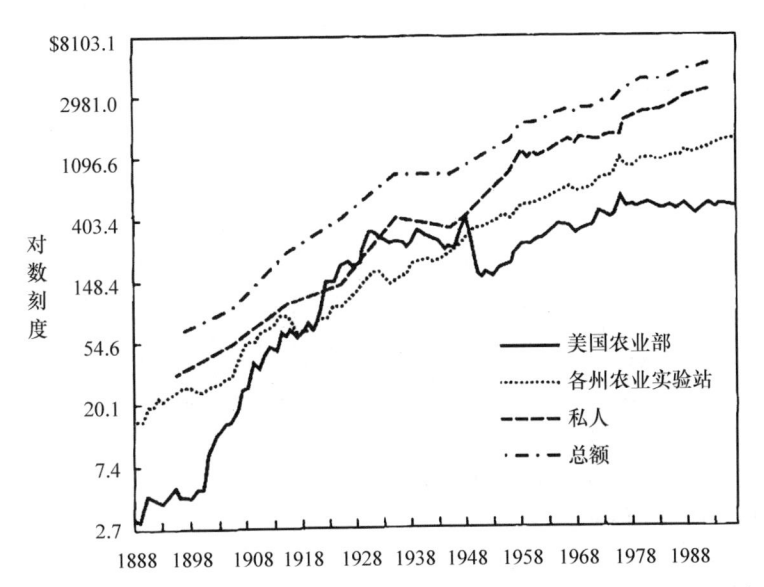

图6-5　各州农业实验站（SAES）、美国农业部（USDA）及私人部门农业研究在1888—1997财年的经费开支（以1984年的美元价值计算，单位为百万美元）

资料来源：W. E. Huffman and R. E. Everson, *Science for Agriculture: A Long - Term Perspective*, Ames IA: Iowa State University Press, 1993: 94. 图中1991—1997年的数据摘自 J. M. Alston, J. E. Christian and P. G. Pardey, *Agricultural R&D Investments and Institutions in the United States*, Paying for Agricultural Productivity, Chapter 4, Baltimore, MD: Johns Hopkins University Press, 1999。

20世纪八九十年代，来自各方持续不断的压力迫使人们重新审视公共和私人部门农业研究的合理地位。[2] 商品型公共部门农业研究投资的主要依据成为许多领域私人部门研究的诱因，但并不足以促成社会回报率高于个人回报率的最优投资。这是因为私人部门农业研究所创造的很大一部分收益被其他公司、农民和消费者所享用，而非为研发技术的公司所享用。当研发出来的新知识或技术研究不受专利或商业机密保护时尤为如此。私

---

[1] 同其他发达国家的最新发展趋势所作的比较，可参考奥尔斯顿、帕迪和史密斯（Alston, Pardey and Smith, 1988d）。

[2] 最近一次评估，可见"赠地大学体系中的农学院未来发展委员会"（National Research Council, 1996a）。该委员会致力于评估这些农学院的优劣势，并为其在21世纪的定位提出更有效的改革建议。

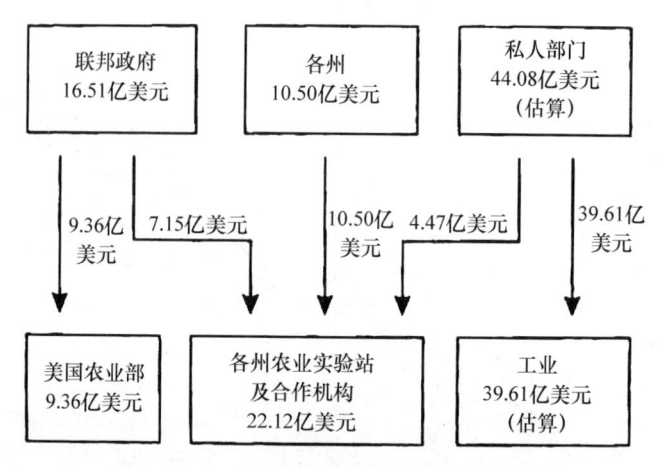

图 6-6　1996 年农业研究经费的来源和流向

注：合作机构包括 1890 所林业和兽医学校。

资料来源：Federal and state research expenditures from *Inventory of Current Research*，USDA. Private sector/industry expenditures based on Fuglie et al.，1996，p. 9。

有企业几乎没有任何动力去投资研究没有专利的产品。农业研究报酬率表明，美国的私人部门和社会部门在农业研究方面投资不足。私人部门农业研究的社会边际报酬率估计高于 40%——通常情况下，高于 15%—20% 就足以吸引私人部门投资。这表明私人部门农业研究的大量收益为其他公司、生产商和消费者所享。公共部门农业研究的社会边际报酬率更高，达到了 70%（Huffman and Evenson，1993：243-248；Alston and Pardey，1996：203-207；Fuglie et al.，1996：24-33）。①

传统意义上来讲，私人部门因生物技术的改进而获益比获益于机械技术的进步还要困难。机械（及化学）发明的专利保护机制远胜过生物技术领域的专利保护，但这种情况正在改变。杂交玉米和高粱研发过程中的知识产权以自交系专利的形式受到贸易机密的保护（见本书第四章）；1970 年颁布的《植物品种保护法》更有力地保障了自然授粉作物育种者的产

---

① 奥尔斯顿等人（Alston et al.，1988a）表明，研究报酬率的估算基于滞后的结构。他们认为使用不合理的滞后结构导致了大多数已知的报酬率研究出现偏差。从格瑞里茨对杂交玉米的研究开始（Griliches，1958：419-431），对农业研究高报酬率的估算一直存有争议，可参考怀斯（Wise，1975：246-261）以及福克斯（Fox，1985）。这些争议促进了报酬率估算方法的改进，但并没有严重损坏这些估算的可信度（Alston et al.，1998c；Evenson and Kislev，1999）。

权；1980 年，美国最高法院建立了为转基因生物给予专利的框架；1985年，美国专利局裁定转基因玉米获得专利（Huffman and Evenson, 1993: 248-250）。这些变化极大地激发了私人部门对新旧农业生物技术进行投资的积极性，甚至会投资于基因或基础科学等传统上属于公共部门的研究领域（见图 6-5）。

杂交玉米的例子可以阐释这些进步对公共和私人部门研究资源配置的影响。早期的杂交玉米公司主要从事杂交种的繁殖和销售，杂交种一般由公共部门的育种者研发出来。而规模较大的企业，如先锋迪卡公司（Pioneer and Dekalb），也迅速开发了自己的育种项目。20 世纪 80 年代，作为商用杂交种母本的公共自交系份额大幅减少。公共部门对玉米育种的研究再次转向基础的基因组研究和基因工程。90 年代后期，大量资源投入基因组研究中（见本书第十章）。如同公共部门最初投入资源发展杂交玉米及生产自交系一样，这项研究符合公共部门最初制定的投资标准。即使是最大的私有种子企业也无法从自己的基因组研究中获益。

公共部门对农业研究投资的另一个主要标准是与教育相辅相成、相互促进。研究和教育可以协同促进。这种协作关系非常紧密，因此在许多领域，尤其是最先进的领域，如果没有研究生教育或博士后研究，研究进程将会受到影响；相反，如果研究生和教授都不参与研究，那么研究生教育也收效甚微。随着公共部门继续将研究资源从技术发展转向前期的准备工作，甚至是更基础的研究，还需要发展新方法以资助培训在私人部门进行植物育种研发的研究员。

此外还要考虑到公共和私人部门在农业研究中所扮演的角色与农业生产的外部效应或溢出效应之间的关系。如上所述，农业生产集约化有严重的副作用，可能会导致农业基础资源退化和自然环境恶化。这些代价没有被包括在之前估算的报酬率中。几乎没有任何诱因能激励私人部门投入确定会对资源和环境造成影响的必要资金，或是发展应对资源和环境负面影响所需的知识和技术。如果要完全解决这些问题，很有必要对公共部门农业研究资源进行大幅扩张以及重新分配。

二 国际农业研究体系

20 世纪上半叶，拉丁美洲以及亚洲、非洲的一些殖民国家在发展农业研究能力方面取得巨大进步。人们将重心放在热带作物的出口上，例如糖

(见专栏6-1)、橡胶、棉花、香蕉、咖啡和茶叶的出口。30年代经济大萧条和第二次世界大战期间，国际贸易遭到破坏，紧接着殖民帝国的瓦解终止或严重削弱了产品的出口。然而，一些组织，如马来亚（现在的马来西亚）的橡胶研究所，具备了世界一流的科研能力，并持续有效地向第二次世界大战后的新技术发展做出贡献（Brockway，1979）。[①]

对第二次世界大战后诸多全球性机构的建立者来说，满足世界粮食需求及减少农村地区的贫困问题是他们构建世界共同体的基本要素。战后几年，联合国粮食与农业组织（FAO）肩负起帮助发展中国家实现这些目标的重任。然而，人们对30年代农业蓬勃发展的景象记忆犹新，这给FAO第一任总干事约翰·博伊德·奥尔（John Boyd Orr）造成了很大的压力，他对"知识和技术严重制约农业生产力"的观点提出强烈批判。"无须研究也能发现，世界上一半的人口缺乏维持健康的必要食物，而使用现代工程和农业科学可以轻松地增加粮食供给以满足人类的需求。"（Boyd Orr，1996：160）

帮助贫困国家发展农业在很大程度上遵循农业发展的技术转让模式。然而，到60年代早期，日益明显的是，因简单技术转让而获得的生产收益在很大程度上已不复存在。技术转让及扩张模式政策的不完善使得人们重新审视将高产国家和地区的技术传播到低产国家及地区的问题。如前所述，结果是出现了一个新的视角，即农业技术（特别是能够提高产量的生物技术）有特定的地域条件限制。也有证据表明，重新分配或更有效利用资源的生产率收益只有很少一部分为贫穷国家的农民生产者所得。而旨在使政策规划与高回报和诱导技术变革模型保持一致的平台已经构建完成。从经验和分析得出的这些结论，解释了六七十年代的世界粮食危机。当时的应急措施是将大量资源（包括粮食援助）转移至严重缺乏粮食的国家（Ruttan，1996：149-202）；而长期的应对措施是在欠发达国家调动资源以发展国际农业研究机构体系并加强各国国家农业研究体系。

50年代末，美国福特基金会联合洛克菲勒基金会在菲律宾建立了国际

[①] 这一章笔者重点引用的资料包括：拉坦（Ruttan，1982：90-115，1986），速水和拉坦（Hayami and Ruttan，1985：264-274），帕迪、罗茨勃姆和安德森（Pardy, Roseboom and Anderson，1989），贝利等人（Beli et al.，1994），安德森和达尔林普尔（Anderson and Dalrymple，1999），奥尔斯顿、克雷格和罗茨勃姆（Alston, Craig and Roseboom，1998b），奥尔斯顿和帕迪（Alston and Pardey，1999）。

水稻研究所（IRRI），随后又在墨西哥建立了国际玉米小麦改良中心（CI-MMYT），在尼日利亚建立了国际热带农业研究所（IITA），在哥伦比亚建立了国际热带农业中心（CIAT）。到60年代末，维持这四大研究所研发项目所需的资金明显超出了两大基金会的能力。于是在1971年，福特基金会、洛克菲勒基金会、世界银行、联合国粮农组织、联合国开发计划署（UNDP）和一些双边捐赠机构联合成立了国际农业研究磋商组织（CGIAR）。

这些研究中心最初专注于研究发展中国家的主要粮食作物——水稻、小麦、玉米、马铃薯和木薯；70年代又加入了畜牧生产及动物疾病、干旱和半干旱地区状况、粮食政策和遗传资源保护等问题的探索；90年代，一些新的研究中心加入这个队伍当中，主要研究香蕉及芭蕉、林业、土壤、灌溉和农林业等（见表6-1）。然而，可用资源的增加程度并没能与CGIAR体系的扩张相匹配。1998年的捐款为3.35亿—3.4亿美元，按实际币值计算同十年前相比有所下降。该体系可用资源中的很大一部分由捐赠者指定用于特定的项目，通常这些项目里会包含捐赠者国家的科学家。此外，研究重心从提高生产率转向了研究农村发展以及农业生产集约化对环境造成的影响等更为广泛的领域。

该体系面临的危机不仅仅来自财政方面。CGIAR的许多研究中心还面临机构老化的问题。研究机构和研究项目的发展具有自然寿命周期序列（Ruttan, 1982: 132）。成立起初，它们会吸引充满活力、具有创造性的个人；因为他们的跨学科、跨领域交流，研究机构在一个时期内生产力高度发展。然而，随着研究组织的日益成熟，它们往往会倾向于填补知识技术的空白，而不是寻求解决科学技术问题的创造性方法。自20世纪80年代中叶起，CGIAR几个研究中心的管理者就不得不面对一个问题，那就是在为降低预算必须大幅削减研究人员和后勤人员时，如何使一个成熟的研究组织重新焕发活力。作物品种技术变化迅速，分子生物和基因工程取得了进步，加上近年来制度创新促使遗传物质方面的个人产权受到更好的保护，这些现状相结合对CGIAR体系的能力提出了严峻的挑战，考验它能否持续为发展中国家农业研究体系的生物技术进步做出贡献（见本书第十章）。[1]

---

[1] 如需了解国际农业研究体系项目和财政问题的更多内容，可参考国际农业研究磋商组织审核秘书处（CGIAR System Review Secretariat, 1998）。

表 6-1　国际农业研究磋商组织各研究中心（1997）

研究中心	加入国际农业研究磋商组织时间	成立时间	总部位置	主要研究领域 商品/活动	主要研究领域 地区/农业生态区	1997年的预算（单位：百万美元）
国际水稻研究所（IRRI）	1971	1960	菲律宾洛斯巴诺斯	水稻、水稻生态系统	全世界亚洲	35.0
国际玉米小麦改良中心（CIMMYT）	1971	1966	墨西哥埃尔巴丹	小麦、玉米	全世界	30.4
国际热带农业中心（CIAT）	1971	1966	哥伦比亚卡利	菜豆、木薯、大米、热带牧场	全世界拉丁美洲拉丁美洲/低地热带地区	33.3
国际热带农业研究所（ITTA）	1971	1967	尼日利亚伊巴丹	耕作系统、水稻、玉米、木薯、芋头、大豆	湿润及半湿润热带地区全世界	31.9
国际半干旱热带地区作物研究所（ICRISAT）	1972	1972	印度帕坦切鲁	耕作系统、小米、木豆、高粱、鹰嘴豆、花生	半干旱热带地区（亚洲、非洲）全世界	27.5
国际马铃薯研究中心（CTP）	1972	1970	秘鲁利马	马铃薯、甘薯、其他根茎类作物	全世界	25.5
国际动物疾病研究实验室（ILRAD）	1973	1973	肯尼亚内罗毕	见国际畜牧研究所（ILRI）	—	未知
国际非洲家畜中心（ILCA）	1974	1974	埃塞俄比亚的斯亚贝巴	见国际畜牧研究所（ILRI）	—	未知

续表

研究中心	加入国际农业研究磋商组织时间	成立时间	总部位置	主要研究领域 商品/活动	主要研究领域 地区/农业生态区	1997年的预算（单位：百万美元）
国际植物遗传研究所[a]（IPGRI）	1974	1974	意大利罗马	促进开展收集、保护、进化及利用胚质的活动	全世界	19.6
西非水稻开发协会（WARDA）	1974	1970	科特迪瓦布瓦凯	水稻	西非	9.2
国际干旱地区农业研究中心（ICARDA）	1976	1976	叙利亚阿勒颇	农业系统、大麦、扁豆、蚕豆、小麦、卡巴里鹰嘴豆	北非、近东 全世界	27.6
国家农业研究国际服务中心（ISNAR）	1979	1979	荷兰海牙	加强国家农业研究体系	全世界	10.4
国际食物政策研究所（IFPRI）	1980	1975	美国华盛顿特区	明确并分析各国及国际政策，减少饥饿与营养不良	全世界，重心为低收入国家和群体	18.1
国际农业研究中心（ICRAF）	1991	1977	肯尼亚内罗毕	农林、多用途树木	全世界	22.2
国际水资源管理研究所[b]（IWMI）	1991	1984	斯里兰卡科伦坡	水资源与灌溉管理	全世界	10.1
国际水生生物研究管理中心（ICLARM）	1992	1977	菲律宾马尼拉	可持续性水生资源管理	全世界	8.5
国际林业研究中心（CIFOR）	1993	1993	印度尼西亚茂物	可持续性林业管理	全世界	10.6

续表

研究中心	加入国际农业研究磋商组织时间	成立时间	总部位置	主要研究领域 商品/活动	主要研究领域 地区/农业生态区	1997年的预算（单位：百万美元）
国际畜牧研究所[c] (ILRI)	1995	1995	肯尼亚内罗毕；埃塞俄比亚的斯亚贝巴	畜牧生产与保健	全世界	26.7

注：[a]国际植物遗传研究所（IPGRI）的前身——国际植物遗传资源委员会（IBPGR）成立于1974年。该委员会隶属于国际农业研究磋商组织（CG），在联合国粮食和农业组织（FAO）管理下运行，办公地点位于FAO的总部（意大利罗马）。1993年，IBPGR改名为IPGRI，是一个自主的国际农业研究磋商机构，总部设在罗马。国际香蕉芭蕉改良组织（INIBAP）于1984年在法国的蒙彼利埃成立。1992年，INIBAP成为CG下属研究中心之一。1994年，INIBAP的职能受IPGRI监管，但继续保持自己的委员会。

[b]1998年改名为国际灌溉管理研究所（IIMI）。

[c]通过合并国际动物疾病研究实验室（ILRAD）和非洲国际畜牧中心（ILCA）而建立的国际畜牧研究所（ILRI）于1995年1月开始运作。ILRAD主要研究供蓄疾病（世界范围内）、蜱类疾病和锥体虫病（撒哈拉以南非洲地区）。ILCA的研究集中在撒哈拉以南非洲地区的动物饲养以及牛、绵羊、山羊的繁殖系统上。

资料来源：J. M. Alston and P. G. Pardey, *International Approaches to Agricultural R & D: The CGIAR*, Washington, DC: International Food Policy Research Institute, February 1999（油印）（该论文是为美国科学技术政策执行办公室以及总统执行办公室而准备）。

三 加强各国农业研究体系

CGIAR各研究中心开发的新种肥技术（特别是水稻和小麦）从20世纪60年代末开始运用于农业生产中，一些捐助者因此认为CGIAR各中心可以轻而易举地加强各国农业研究体系。[①] 但历史经验也表明，在国际研究中心得以发展的原型技术如果想要在地方生产者中广泛传播、适应和运用，必须依靠各国的国家研究中心发挥强大作用。生物技术的地域限制性意味着，只有在区域或地方对技术进行修正、适应和改造，国际研究中心的原型技术才可为各农业气候区域的生产者以及生产商品的不同社会、经济环境所用。很明显，构建一个可持续性生产的全球农业研究体系，应对这一过程中的挑战需要发展研究能力，使其为每一个农业气候区的每一件具有经济价值的商品服务。

然而，培养足够的研究能力来维持农业发展意味着什么？答案之一包含在表6-2之中，这是通过仔细分析科技知识的来源和传播而得出的。该体系包括六项同时进行的活动，在垂直方向（箭头向上和向下）和水平方向能看到对这些活动的反馈与联系（Huffman，1999：19-21）。该体系的理念同图3-6（见本书第三章）具有相似性。第一项为确定使用新技术的最终用户，他们可以对技术需求及问题作出反馈。第二项是公共和私人信息系统，即通过推广、销售和分配，将上层资源同最终用户以及公共、私人信息系统连接起来。第三项指商业化的技术和知识，即应用研究的产物。第四项为技术发明，即导致新技术产生的工程科学和应用科学。第五项为技术前研究，导向能推动知识进步的发现，用以设计新技术和制度。第五项与第六项相联系，第六项为基础科学或核心科学；二者的区别在于第五项的研究受需求驱动，而第六项往往是由供给驱动的。

埃文森（1996：12—14）进一步试图按研究能力将发展中国家分门别类，他发现只有20个发展中国家具有实质性的农业技术发明能力（即第三项活动）。大约有75个发展中国家（总人口超过10亿）研发新农业技术的能力非常有限。这些国家仍然严重依赖CGIAR国际农业研究机构以及

[①] 现今有大量关于发展中国家农业研究体系发展的研究资料。如需全面了解，可参考帕迪等人（Pardey et al.，1991）、柏恩里和亚历克斯（Byerlee and Alex，1998）。如需了解相关案例，可参考滕德勒（Tendler，1994：146-180）和艾彻（Eicher，1997）。

表 6-2 农业研究和发展体系中的科学技术

层次/活动		用户及使用类型					
		生产者			政府机构		消费者
		资源及环境	商品指向型	管理及营销	公共政策		
I	最终客户/客户问题来源	⇕				⇕	
II	推广（公共和私人）	⇕			⇕		家庭及人力资源
				农业科学技术的主要领域社会学			
III	创新产品（农业产业发展）	数理科学 耕种机械设备 农村建筑 计算机设备/软件	物理科学 商品肥料 农业化学品 灌溉系统 害虫控制系统	生物科学 农作物/植物品种 园艺/苗圃品种 畜禽饲养	动物品种 动物保健 食品	⇕	社会学 管理体系 营销体系 制度创新 医疗保健 儿童保健
IV	技术发明（公共和私人研究）	农业工程及设计 机械学 计算机设计	农业化学 土壤与土壤学 灌溉及水资源途径	农艺 园艺 植物育种 应用植物病理学	动物与家禽学 动物育种 动物和人类营养 兽医学	⇕	农场管理及营销 资源经济学 农村社会学 公共政策 人类生态学
V	技术前科学（主要为大学及公共机构研究）	应用数学 应用物理学 工程学 计算机学	气候学 土壤物理学及化学 水文学及水资源	病虫害综合治理 植物生理学 植物遗传学 植物病理学	动物及人类生理学 动物及人类遗传学 动物病理学 营养学	⇕	应用经济学 统计与计量经济学 政治学 社会学

续表

层次/活动	⇕	用户及使用类型				⇕
		⇆	环境科学		⇆	
Ⅵ 普通或核心科学 (主要为大学及公共机构研究)		数学 概率与统计学	大气学及气象学 化学 地质学 物理学	细菌学 生物化学 植物学 生态学	基因学 微生物学 分子生物学 动物学	经济学 心理学

注：箭头指示向上、向下或水平方向的联系。

资料来源：Wallace and W. E. Huffman, "Finance, Organization and Impact of U. S. Agricultural Research: Future Prospects", Ames. IA: Dept. of Economics, Iowa State University, Staff Paper #314, March 1999. Adapted from W. E. Huffman and R. E. Evenson, *Science for Agriculture: A Long-term Perspective*, Ames IA: Iowa State University Press, 1943: 43。

双边捐助者所资助的农业技术转让及适应项目。据估计，除了那些人口不到1000万的小国家，各个国家公共农业研究推广教育监管体系（主要集中在第二、三项）至少需要250名左右具有硕士或博士学历的科学家、农学家和工程师参与其中（Ruttan，1986）。

20世纪60年代至80年代早期，发展中国家的农业研究预算和研究人员数量迅速增长。欠发达国家的农业研究人员占全球总数的比例从33%增加到58%；1981—1985年，仅中国就占到24%。然而，到80年代末，许多国家的研究体系（尤其是拉丁美洲和加勒比地区）同国际研究体系一样预算日益紧缩。① 初步证据显示，在90年代，预算的增长速度更加缓慢，甚至在一些国家实际缩减了。自80年代中期以来，俄罗斯和苏联其他国家的农业科研能力遭到重创，这导致人们重新审视各国国家农业研究体系的组织结构和资金问题。

国际捐助人士和各国政府（尤其是20世纪五六十年代独立的国家）严重低估了构建科学及经济上可行的农业教育和研究体系所需承担的责任（Pardey et al.，1997）。从50年代中期开始，肯尼亚开发了高产玉米研究项目。然而，尽管有大量的外界援助，肯尼亚政府并未能将该项目在最初阶段取得的成功保持下去。在大多数发展中国家，政府农业研究机构和大学间的联系不甚紧密。研究资金主要流向了各政府部门研究实验室。例如，在尼日利亚，大学的农业科学家占到总人数的53%，却只获得了7%的科研经费；而只占总人数47%的政府机构科学家可获得93%的经费。此外，在大学从事研究的科学家中接受过博士教育的比例远远高于政府部门。在拥有重要私人部门农业研究的国家中，只有极少数国家的私人部门研究与政府部门或大学保持微弱的联系（Eicher，1998）。

到90年代中期，一个更复杂的新观点出现了，即农业技术在不同农业气候区之间进行转移是有可能的。小麦育种分析显示出非常重要的溢出效益。1966—1990年，发展中国家的1300种小麦品种中超过40%属于直接溢出效益（通过国际玉米小麦改良中心和国家农业研究体系（CIMMYT-NARS）合作研发的品种）。此外，间接转移（使用CIMMYT-

---

① 关于发展中国家农业研究开支和人员数量的第一批完整数据是由帕迪和罗茨勃姆（Pardey and Roseboom，1989）收集整理的，后来帕迪等人（Pardey et al.，1991）以及奥尔斯顿等人（Alston et al.，1998）又对该数据进行了更为全面的分析。

NARS 研发的种质作为母本经适应性育种程序开发的品种）约占发展中国家所有品种的 25%（Byerlee and Moya，1993）。因此，1966—1990 年，发展中国家大约 2/3 小麦品种的研发直接或间接地依赖 CIMMYT-NARS 研发的种质。这个比例在过去的 10 年里增加到了 80% 以上。此外，相对于只包含本地遗传物质的品种而言，含有 CIMMYT 遗传物质的品种在产量方面具有显著的优势。

这一经验开启了在 CGIAR-NARS 框架下建立国际小麦育种体系的可能性（Maredia and Eicher，1995）。那些较小的国家，或只在小范围生产小麦的国家，应该限制筛选国际中心或其他国家农业研究体系研发的品种，而选用最适合当地环境的品种。小麦生产大国，如印度、中国、巴西、阿根廷和土耳其，应该具备在技术前及技术发展阶段的科研能力，能够利用国际体系和其他国家农业研究体系的溢出成果，并为全球知识技术的储备贡献力量。

关于国家农业研究体系中合理的机构设置、资金使用及研究方式，也开始出现一个新的观点。资金和研究被认为应该分离开来。独立的基金组织可以利用制度和竞争性赠款资金的组合来实现更有效的优级设置和绩效奖励。各体系在管理模式、资金使用和研究方法上更多样化。政府的科技和环境部门为公共部门筹集发展资金，同时要求或鼓励非政府组织（NGOs）在资源分配和研究过程中发挥更大的作用（White and Eicher，1999）。

随着私人部门扩大了在种子、农药、农业机械和食品企业等方面的研究，并被认为是国家或国际研究、发展、技术传播体系中重要的一环，人们为实现公共和私人部门研究资源配置的更有效平衡做出了许多努力。私人部门生物技术产业出现在许多先进的发展中国家，如中国、印度、马来西亚、巴西；同时生物技术的知识产权保护呈现出新的形式，这两者的出现意味着私人部门已经参与到技术前和基础研究的领域，而在过去这几乎是公共部门的专属领地。然而，在大多数发展中国家，私人部门的研究在很大程度上继续依赖于公共部门新品种和杂交品种的研发。[①] 公共部门研

[①] 有关发展中国家私人部门农业研究最完整的研究来自卡尔·佩瑞的一系列文章和报告（Carl Pray，1987：411-431；Pray and Echeverria，1988：366-374，Pray and Umali-Deininger，1998：1127-1148）。

究所取得的成功，如国际小麦育种体系，有力地印证了公共资源支持下的国家及国际研究的生产力。国际社会应继续向国际体系投入充足的资源，以确保持续实现对全球供应产品的高报酬率。国际农业研究磋商组织（CGIAR）体系的建立被证明是十分必要的。

四 一个不完善的体系

全球农业研究体系的发展前景非常明确，21世纪农业生产的持续性增长离不开该体系。但它自身仍然有许多缺陷。一个完善的体系中的各国国家研究机构应具备同国际体系和其他国家体系相互协作、高效运作的强大能力。由跨国企业和国内企业组成的私人科技供给产业可帮助完善该体系。目前的体系中依旧存在一些局限性问题：许多发展中国家的研究体系势单力薄；一些发达国家和苏联成员国的公共部门农业科研能力遭到重创；[①] 只有少数发展中国家的国家体系能够通过国际体系或与更强大的国家体系建立合作从而有效利用先进的知识和技术；虽然私人农业技术供给产业发展迅速，但在大多数发展中国家仍然很落后。然而，尽管国际农业研究体系的基础设施依旧不完备，但其状况远远优于卫生、环境或工业研究方面的基础设施（Bell et al.，1994：358-380）。

第六节 从经验中汲取教训

在本章的结尾部分，我们再来回顾一下美国和日本的发展经验。尽管这两个国家的资源禀赋大相径庭，然而在过去的一个世纪里，他们在农业的持续增长方面取得了相似的成果。两个国家都成功地进行技术变革以适应不同且不断变化的资源禀赋。农业生产率提高所节省下的资源被用作促进其他非农业部门的发展，如降低农产品价格、出口农产品带来外汇收入、劳动力从农业转向工业等。农业在这两个国家都堪称比较成熟的产业。在美国，生产率的迅速提高和生产实际成本的降低使得农业在出口产业中遥遥领先。而在日本的经济结构转型阶段，小规模劳动密集农业体系

---

① 在本章中，笔者没试图探讨东欧和苏联的中央计划经济向可持续的农业生产体系过渡的问题。1980年之前，因为缺乏有效的市场，技术发展轨迹效率较低，而相对要素和要素—产品价格能更准确地反映关系要素禀赋和市场需求（Fan and Ruttan，1992）。

使得农业部门提供了许多就业岗位。

从美、日两国农业发展的历史经验中汲取的最重要的教训是，制度创新可以促进技术改革，进而促进农业生产率的持续增长。主要的制度创新是发展公共支持的分权制农业研究和教育体系。两国的经验与"公共部门须在生物技术的发展中起重要作用"的观点相吻合。当代发展中国家发展公共部门农业科学研究和技术能力时未能取得成功，主要是由于技术和资源使用模式严重失衡，以及技术转移不合理。

不论是发展中国家还是发达国家，在接下来的50年都需要过渡到可持续性经济增长，以应对人口和收入增长给农产品生产带来的压力。在这一过程中每个国家都将面临重重挑战。需要建立更有效的制度来解决一系列问题，包括地区、国家及跨国的环境问题；因灌溉、工业、家庭和环境用水需求的竞争而导致的人类健康与环境质量的问题；对害虫和病原体的控制、对传染性疾病和寄生虫病的防御以及农业和工业集约化对健康的影响；国际环境的变化，如全球气候变化和生物多样性的保护等。相比以往而言，这些制度变革的规划需要更广泛地了解自然与生物之间的基本关系。同时，农业、环境和健康的研究领域之间还需建立更多有保障的沟通桥梁。

倘若全球农业生产不能实现持续增长，制度创新的失败和技术变革的失败都会是同等重要的因素。这并非一个积极的结论。制度的设计，使之能与个人、组织以及社会目标保持一致，仍然是一门艺术而非科学。能刺激该相容性产生的问题即使在最抽象的理论层面都未能得到分析性的解决（Hurwicz，1973、1988）。以人类现阶段的知识水平来看，制度设计就如同在四车道的高速公路开车时看后视镜一样。当在高速公路上奔驰时，人们更擅长中途调整路线，而不是一开始就发挥远见卓识来对路线进行规划。

第七章　照明、动力与能源[①]

19世纪之前，能源主要来自畜力、人力、木材、农业废料、风力以及水力。在发展中国家，木材及其他生物质在总使用能源中所占比例一直保持在1/3以上。工业革命与能源使用的两大重要转变有关：蒸汽机使第一次工业革命成为可能，这是第一项将化石能源直接转化为动力的技术；第二次工业革命与电能的出现相关，电能是第一种可以被转化为光能、热能，且随用随有的能源载体（Grübler, 1998：249-251）。这些技术的进步源于几种主要能源在相对重要性方面的急剧变化（见图7-1、图7-2和图7-3）。19世纪，随着铁路的扩展、钢铁行业的发展以及蒸汽动力的应用，煤炭在能源利用中所占比重大幅上升。石油和天然气自19世纪70年代开始得到应用，它们的使用与内燃机的增加以及石化产业的兴起紧密相关；到20世纪70年代，这两种能源在能源利用中所占的比重都比煤炭高。核能在20世纪50年代末第一次出现之后使用量急速上升，到80年代早期才开始有所下降。

本章的主要目的之一，在于说明电力产业是各大产业实现广泛增长的来源。第一节讨论的是战略性发明及其发明人，正是这些发明使电能得以取代其他主要能源——如为家庭、办公室和工厂提供照明及动力的木材、煤炭、石油、天然气等。第二节探讨的内容是，在电能出现之前，工业活动发生的地点受到能源产地的限制；而电能使这种限制得以解除。第三节

---

① 在此感谢迪安·亚伯拉汉森（Dean Abrahamson）、史蒂夫·科内利（Steve Corneli）、基思·福格里（Keith Fuglie）、阿尔努弗·格鲁布勒（Arnulf Grubler）、理查德·赫什（Richard Hirsh）、托马斯·P. 休斯（Thomas P. Hughes）、戴尔·W. 乔根森（Dale W. Jorgenson）、肯尼斯·H. 凯勒（Kenneth H. Keller）、阿尔弗雷德·A. 马库斯（Alfred A. Marcus）、维克多·马瑟森（Victor Matheson）、大卫·C. 波普（David C. Popp）以及山姆·H. 舒尔（Sam H. Shurr）对本章早期草稿提出的意见。

讨论了20世纪70年代两次重大石油危机对技术变革和经济增长的影响。在最后一节中，笔者试图说明，电力行业已不再可能（至少在现今工业化国家中）像以前那样对经济增长产生广泛的影响。替代能源对环境的意义则留待下一章讨论。[①]

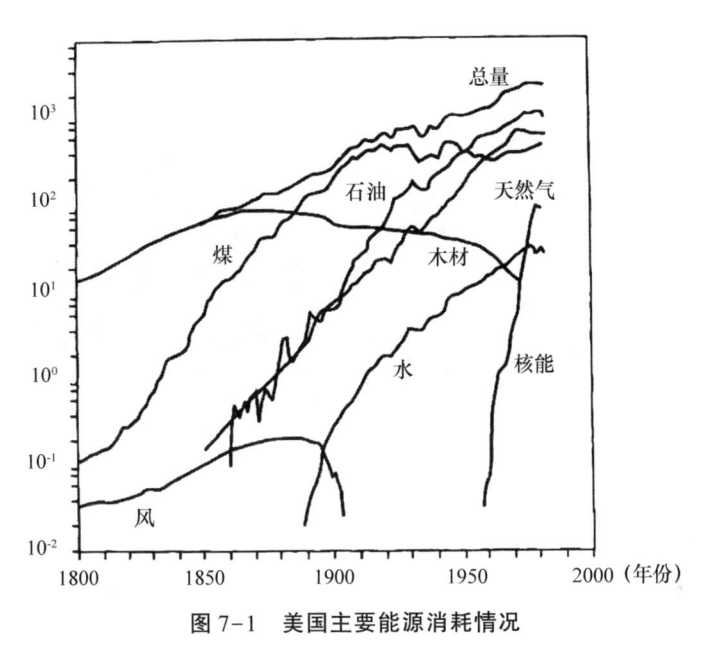

图 7-1　美国主要能源消耗情况

资料来源：The Methane Age, 1988, T. H. Lee, ed., "The Dynamic Evolution of Methane Technologies", Amulf Gmblerand Nebojsa Nakicenovic, Copyright © 1988 by International Institute for Applied Systems Analysis, Kluwer Academic Publishers。

第一节　电流之战[②]

"蒸汽机是……第一种能够将煤炭中的化学能直接转化成机械能的实用、经济且可靠的机器。"（Smil, 1994：161）1800年，瓦特的独立冷凝器发动机专利到期，随后一段时间内出现了大量革新技术，这些革新使得

---

① 笔者没有在本章中对能源产业提出一个综合的治理方案。相关研究请参见皮尔斯（Peirce, 1996）。

② 在这一节中，笔者大量引用了休斯（Hughs, 1979：124-161, 1983）、大卫和邦恩（David and Bunn, 1988）、大卫（David, 1989、1990、1991）以及弗里德尔等人（Friedel et al., 1986）。

蒸汽机更高效、用途更广（见本书第三章）。高压锅炉于1804年在英国被发明出来，1805年引入美国。种类繁多的新式发动机将蒸汽机的使用扩展到各式各样固定或移动的应用中。

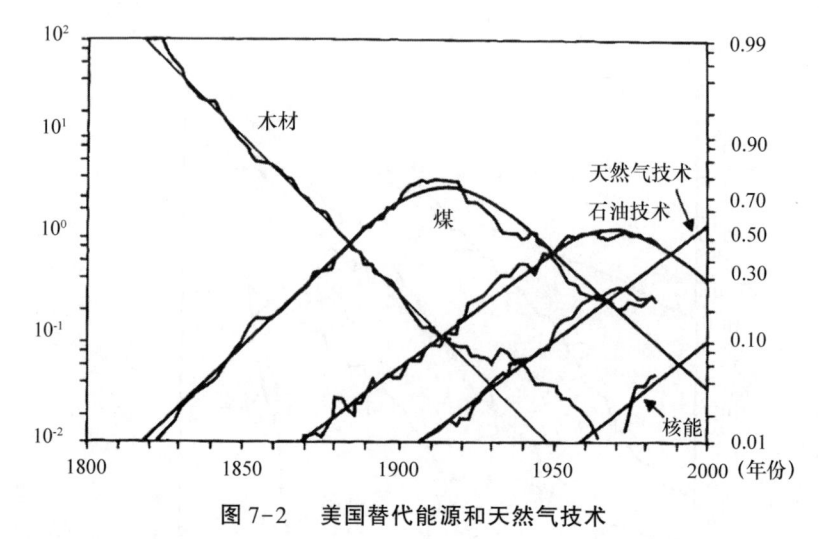

图7-2　美国替代能源和天然气技术

资料来源：The Methane Age, 1988, T. H. Lee, ed., "The Dynamic Evolution of Methane Technologies", Amulf Grubler and Nebojsa Nakicenovic, Copyright © 1988 by International Institute for Applied Systems Analysis, Kluwer Academic Publishers。

图7-2中以对数刻度显示出五种主要能源所占的市场份额，表现了主要能源的演化。市场份额并未直接标示出来，而是以比率的形式，与所有其他竞争能源的市场份额进行比较。这种展示形式显示出logistic替代路径几乎线性的长期趋势，每年的变动很小。石油生产过程中产出的天然气被归为石油技术；而非石油生产过程中产出的天然气则被归为天然气技术。煤炭、石油和天然气之间的饱和间隔为50年左右。

19世纪90年代投入使用的最大蒸汽机的功率是100年前最大发动机的30倍；同时，它们也更加节省能源。到19世纪末，蒸汽机也迅速改用于发电，从而使用电能为电动发动机提供动力，而非直接将蒸汽机作为机械运行的动力来源。然而，最开始，电力是替代天然气用于企业、公共设施和家庭照明的。

图7-3中平滑线条代表了模型计算，而锯齿线则是历史数据。"Solfus"一词是用来描述主要新能源技术的术语，如太阳能或核聚变。

图中以对数刻度显示出五种主要能源所占的市场份额，表现了主要能源的演化。市场份额并未直接标示出来，而是以比率的形式，与所有其他竞争能源的市场份额进行比较。这种展示形式显示出 logistic 替代路径几乎线性的长期趋势，每年的变动很小。石油生产过程中产出的天然气被归为石油技术；而非石油生产过程中产出的天然气则被归为天然气技术。煤炭、石油和天然气之间的饱和间隔为 50 年左右。

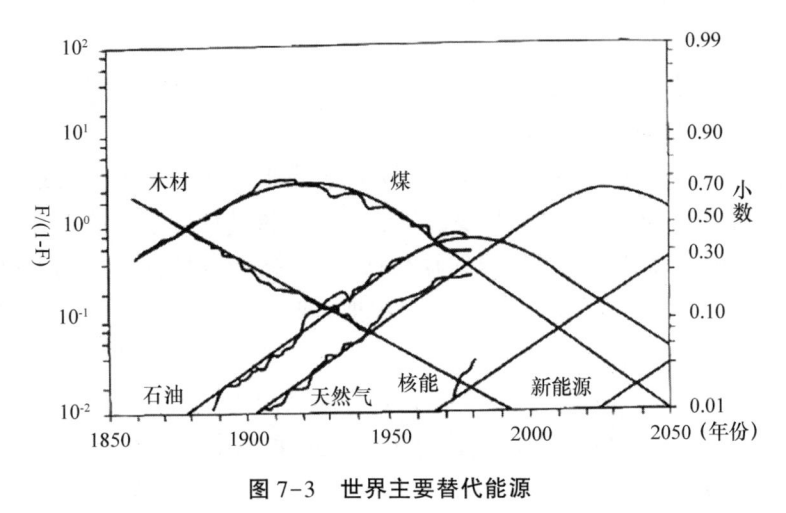

图 7-3　世界主要替代能源

资料来源：The Methane Age, 1988, T. H. Lee, ed., "The Dynamic Evolution of Methane Technologies", Amulf Grubler and Nebojsa Nakicenovic, Copyright © 1988 by International Institute for Applied Systems Analysis, KJuwer Academic Publishers。

一　爱迪生的直流系统

电气技术是直接从先前科学研究中得出的第一种现代技术。"有关电的词汇——欧姆、安培、检流计、赫兹、伏特——是 18—19 世纪伟大科学家的心血结晶。"（Ausubel and Marchetti, 1977：111）第一个致力于电气研发的工业研究实验室是托马斯·爱迪生于 1876 年在新泽西州门洛帕克成立的（见专栏 3-1）。

如本书第三章所介绍过的，从 1878 年开始，爱迪生和他的门洛帕克实验室将工作重心转向了发明及发展一种电力照明系统。爱迪生聚集了一支由电工、机械师、工程师和科学家组成的团队，并与纽约一些金融和政治团体建立了高效的工作关系。1878 年 10 月 20 日，他在纽约宣布了一项白炽灯照明系统的开发计划。公布该计划之时，他既没有发明任何一种在经济上可行的白炽灯，也没有掌握生产和分配电力的系统。但是 4 年后的 1882 年，爱迪生电力站和照明系统在纽约和伦敦开始运行。

爱迪生并不是第一个发明白炽灯泡的人（Friedel et al.，1986：115-117）。早在 1859 年，摩西·法默（Moses Farmer）就在其位于马萨诸塞州塞勒姆的家里点亮了以电池为能源的电灯，灯泡内嵌有发光的铂丝。大约在爱迪生还在研究碳丝的阶段，约瑟夫·斯万（Joseph Swan）就推出了碳丝白炽灯。而爱迪生的独特贡献在于，他在开发白炽灯的过程中将科学、技术和经济融合到了一起。

铜线是一种昂贵的材料，输送电力的成本取决于传输距离的远近及铜线的粗细。为了限制铜线的长度，爱迪生需要将其传输系统放置在能满足高密度需求的地方；为了使导线横截面小，减少传输过程中的能量损失，他需要将电流保持在低水平。但是要想把大部分的电流（功率）转化成光能，而不会在传输过程中损失电能，灯丝的电阻必须高于传输线的电阻，这就需要非常细的灯丝。爱迪生最初曾考虑使用耐用的铂丝；但对系统成本进行分析之后，他的注意力转向了能同时兼顾耐用性和高电阻的金属丝。1879 年秋，爱迪生终于选定一种完美结合了高电阻和耐用性的碳丝。他还开发出一种并联电路系统，这样一来，当一个灯没有运作（或一个灯出现故障）时，不至于导致所有的灯都熄灭。[①]

当爱迪生将重心投入研发白炽灯中时，厄普顿（Upton）和门洛帕克实验室的其他几个成员同时也在设计和建造一个合适的发电机，通过旋转铜线圈内部的磁铁产生电力。19 世纪 70 年代，市场上流通的是为串联弧光灯设计的高电阻发电机。1879 年 10 月 1 日，大约就在爱迪生成功获得具有高阻力和耐久性的灯丝之时，厄普顿在《科学美国人》（Scientific American）上发表了一篇文章，宣布成功设计出一种用于并联白炽灯系统的低内阻发电机（Hughes，1983：36、37）。

白炽灯和发电机的设计完成之后，他们将注意力集中到了扩大该系统

---

① 该系统的数学模型是由爱迪生的合伙人——弗朗西斯·厄普顿（Francis Upton）完成的。"为了降低电流以减少导体损耗，他们意识到可以通过提高电压比例来弥补并保持能量转移的水平，这是激动人心的时刻，因为他们意识到，通过增加白炽灯灯丝的电阻就可以提高电压"（Hughes，1983：30）。

的实验室模型上。在许多公司联合起来试图利用爱迪生的发明为自己谋利时，爱迪生及其同事建造了一个专门为门洛帕克实验室提供照明的小规模试用系统。虽然遭到天然气公司和传统点灯人的反对，爱迪生电力照明公司（EEIC）还是通过努力向官员游说获得了特许经营权，获准在纽约建立配电系统。爱迪生亲自监督了位于金融区附近珍珠街的中央发电站以及地下配电系统的设计和施工。

1882年9月4日，爱迪生公司的一名电工按下开关，电流随即从位于珍珠街电站的一台巨型发电机输送到了华尔街的电灯。为了表明自己深谙技术发明和财政支持之间相互依存的关系，爱迪生随后为德雷克塞尔摩根集团（Drexel, Morgan and Company，美国一家投资咨询和银行控股的注册公司，摩根大通和摩根士丹利的前身——译者注）办公室的电灯提供了电力（Hughes，1983：42、43）。1888—1890年，EEIC遭遇到财政困难；但是，在德雷克塞尔摩根集团的支持下，该系统得以继续扩张。该照明系统的持续运行使其母公司得以出售特许经营权，也使爱迪生制造公司得以向各供电公司出售相关设备。

二 交流电带来的挑战

对于直流系统，爱迪生未能解决的主要问题是，电力传输超过数英里的半径范围之后，成本会十分昂贵。而变压器和多相电机的发明解决了远距离传输的技术问题。

众多发明家都对变压器的发展做出了贡献，而其核心问题的解决当归功于法国发明家鲁西恩·高拉德（Lucian Gaulard）及其生意伙伴英国人约翰·D. 吉布斯（John D. Gibbs）（Hughes，1983：86-105）。1883年威斯敏斯特水族馆展览会期间，他们二人演示了通过使用交流电和变压器，高压可以用来实现电力的经济传输，并且随后还可以在人们使用时转化为低压。1882年《英国电力照明法》被通过，旨在防止电力供应商对电压或电灯的其他部件作出限制性的规定。该法案的出台激励高拉德继续发展变压器。1884年9月，在意大利都灵的一个国际展览会上，高拉德和吉布斯将变压器置于长达20英里的电路之中，为展览会的所有建筑提供照明。

1885年，三个匈牙利工程师——奥托·巴思（Otto Bathy）、查尔斯·齐波诺维斯基（Charles Zipernowski）和马克思·戴瑞（Max Déri）对变压器进行了重要改进。他们三人是布达佩斯甘兹公司（Ganz and Company）

的员工。该公司已经在其整个系统中（包括弧光灯、白炽灯、发电机以及其他组件）采用交流电（a.c.）。截止到1890年，甘兹公司在奥地利和匈牙利拥有近70个使用交流电发电机和变压器的中心站。同年，杰出的意大利工程师塞巴斯蒂安·费兰蒂（Sebastian Ziani de Ferranti）在伦敦格罗夫纳画廊（Grosvenor Gallery）安装了一个变压器交流电并联照明系统（David, 1991: 80）。

在美国，发明家威廉·斯坦利（William Stanley）和实业家乔治·威斯汀豪斯（George Westinghouse）在交流系统的发展过程中起到了至关重要的作用。威斯汀豪斯拥有两家铁路设备公司，即西屋空气制动公司（Westinghouse Air Brake Company）与联合开关和信号公司（Union Switch and Signal Company）。斯坦利先后为美国电力照明公司（U.S. Electric Lighting Company，爱迪生在纽约白炽灯照明市场的主要竞争对手）和波士顿天鹅电力公司（Swan Electric Company）工作，随后，他于1883年在新泽西州恩格尔伍德建立了自己的实验室，进行电化学、白炽灯以及蓄电池的实验。1884年，他与西屋公司签订了一项协议，来到匹兹堡工作，并将自己未来的发明都归属于西屋公司。1885年，西屋公司订购了数个变压器，并从高拉德和吉布斯手中获得了在美国的专利权。

1885年，在与西屋公司签订新的协定后，斯坦利将他的实验室搬到马萨诸塞州的大巴灵顿；在那里，他设计并开发了一种改进型变压器。1886年3月6日，电灯和变压器开始被安装在大巴灵顿的企业和住宅中，交流系统技术也开始常态化运行。斯坦利的交流电变压器中心站系统使用的是一台25马力的蒸汽机、数台可支持25盏或50盏白炽灯的变压器，而电线则和绝缘体捆扎在一起，依附在村庄街道两旁"高大的老榆树"上（Hughes, 1983: 103）。

到1886年，有四个基础性问题仍然有待解决：（1）早期西屋公司和汤姆森—休斯顿（Thomson-Houston）开发的交流发电机的能效不如直流（d.c.）发电机高，尤其不如爱迪生推出的"巨型"发电机；（2）直流系统能够提供电力的计量供应，但交流计量器还未被开发出来；（3）并联（而非串联）连接发电机的能力意味着，为应对变化的负荷，直流发电机可以被断开，并重新连接到主机，而且直流发电机可以被关闭从而进行维修和保养——甚至即使是完全损坏也不会影响整个系统；（4）采用爱迪生系统的中心站日益增加，它们在为电车牵引提供电力、提供日常动力以及照明的过程中产生的成本已经固定下来；而因为交流电缺乏令人满意的电机可供使用，交流系统在城镇市场中的竞争能力受到了限制（David，1991：83，84）。

为确保交流电的主导地位，最重要的是要发明一台实用的电机。交流电的有效性以及围绕其发展进行的宣传激发了一阵创造热潮，人们纷纷致力于研发交流电机。制造商将交流电设备出借或赠予工程技术学校，供他们进行可能会推动交流电应用的研究。

尼古拉·特斯拉（Nikola Tesla）被认为是最重要的交流电机发明家。1877年，作为奥地利格拉茨理工大学的一名学生，时年21岁的特斯拉就意识到了直流电机的局限性。他回忆道，自己曾多次困惑于可能的解决方案；而在1882年，有一天和朋友在公园散步，正当他背诵歌德的一段话时，突然灵光一现，一个解决办法出现了。"刹那间，我全想清楚了，我用棍子在沙地上画出了结构图，就是我于1888年5月获得的专利中包含的结构图。"（Hughes，1983：113）休斯（Hughes，1983：113）就此给出了略显滑稽的评论："鉴于特斯拉于1888年5月获得了五个相关的基础专利，他那一闪的灵光肯定信息量非常大！"

特斯拉构想的电机没有电刷和变流器，这就需要一个配备多相电机的全新系统。在先后受雇于奥匈国家电话系统、法国爱迪生电气公司以及纽约爱迪生机械厂期间，他一直坚持这一设想。1884年，他获得经济支持，在新泽西州的拉威成立了特斯拉电灯和制造公司。1887年10月，他提交了最早的两个交流电机专利申请，并在11月和12月提出另外五个专利申请，且于1888年5月被授予这些专利。"1888年5月1日通过的专利描述了一个用于能量转换、传输和利用的系统。本质上来说，该系统包含一个将机械能转化为电能的发电机，以及一个将电能再次转化为机械动力的电机……该系统能够以高压……进行传输，而无论负荷如何，电机都能匀速运行。"（Hughes，1983：115）

关于多相电机发明的贡献值有太多的争议。回顾过去可以看到，费兰蒂的构想最早为旋转磁场系统的发明奠定了基础；特斯拉最先成功地申请了专利；费兰蒂第一个公开宣布（通过讲座）多相电机的发明或发现；哈塞尔·万德（Haselwander）和拉德利（Bradley）建立了第一个全尺寸的多相电机（Hughes，1983：118）。

在欧洲，主导交流系统研发的是柏林的阿尔吉美纳公司（Allgemene

Elekrizitats-Gesellchaft），在美国则是西屋公司。1888 年 7 月，西屋公司获得购买特斯拉专利的机会。特斯拉与西屋公司的工程师们在匹兹堡进行了为期一年的合作，开发有市场销路的电机和系统。但是和斯坦利一样，他随后发现与西屋公司工程技术人员的合作并不令人满意，于是他转而独自进行研发。

三　系统之争

19 世纪 80 年代末，爱迪生开发的直流系统面临与交流系统的激烈竞争，即使在直流系统有明显技术优势的中心城市也是如此。单相交流系统解决了远距离传输的高成本问题。但直到多相电机和旋转变流器被研发出来以后，该系统才确定了其主导地位。这两项发明为电灯产业向电灯及电力产业的过渡搭建了平台。

起初，爱迪生对于交流电技术的出现似乎不太关心；他更关注的竞争对手是天然气，而不是其他电力照明系统。然而，自 1885 年开始，爱迪生及其财务支持者们对交流系统的关注逐渐增加，这种关注表现为"以法庭交锋的形式争夺专利权，试图通过反竞争条例，策划公关来蓄意抹黑对手、吓退其用户"（David，1991：86）。

为了使公众相信以交流电为基础的供电系统很危险，爱迪生及其亲信制造了一个离奇的事件。1888 年 7 月，爱迪生实验室前助理哈罗德·布朗（Harold Brown）用交流电对一条大狗实施电刑，以此来证明交流电的有害影响。布朗还成功说服纽约州立法机构使用交流电对死囚执行电刑。爱迪生利益集团试图通过立法禁止交流电，或将其传输电压限制在没有效益的低值；然而，他们的努力并未获得成功（David，1981：88；Hughes，1983：107-108）。

历史学家们通常认为，爱迪生顽固捍卫直流系统的行为在经济上是不理智的，他武断地公开反对交流电技术也是不科学的（David，1991：90）。但是，大卫（David）认为，应该将爱迪生的行为看作"从经济上来说合理的反应。作为一个发明家兼企业家，当他成为'全球'电力供应系统独家提供者的长期计划突然破灭之后，有此反应是很正常的"（David，1983：91）。爱迪生的目的是减缓交流系统的发展步伐，好让他有足够的时间收回投资，维持自己的实验室。1889 年 1 月，爱迪生从电力行业功成身退；他的股权并入爱迪生通用电气公司，由此他获得了 175 万美元现金，以及10%的股份和一个董事局席位。这使得他能够把注意力转向其他感兴趣的领域，包括发展留声机、电影以及采矿技术。

然而，即使人们逐渐认识到了交流系统的技术优势，既有的直流系统也没有立即被取代。人口稠密地区直流电设施的规模还在不断扩大，以满足日益增加的负荷。在直流系统上的未摊销投资数额巨大，导致多相系统迟迟无法取而代之。如果公共设施采用额外未连接的多相系统来补充现有的直流系统，就将失去单一系统的优势。此外，因为在专利、设备、经营设施以及经验和专门知识上的巨大投资，通用电气、西门子、HEG 以及一些较小规模的英国装备制造企业不得不仍然部分保留直流系统。除了爱迪生以外，还有一些其他的工程师、管理人员和熟练工人也偏向于旧系统（Hughes，1983：120）。

休斯认为，"电流之战"不仅仅是一个能用简单技术方案解决的问题，它要复杂得多。"通过耦合及合并……'电流之战'最终得到了平息。耦合发生在技术层面，而合并则是在制度层面。"（Hughes，1983：121）这涉及技术和制度创新之间日益复杂的关系。

四 解决方案

变流器的发展是技术耦合的一个范例，它使得旧的直流系统能够直接与新的交流系统相连。旋转变流器被研发出来，用以将直流电转换成多相电流（反之亦然）以及实现频率和相位的转换。用一种电流驱动的电机来产生另一种电流，也可以使电流的转换得以完成。在1893年的芝加哥世博会上，西屋公司展示了一个能够处理包含不同发电机和负荷的联合系统。"该系统能支持白炽灯、弧光灯、固定或牵引直流电机、单相交流电机、多相电机，还具备中央大型发电机供给的通用传输线路或环路，为热电和电化学的使用提供能源。"（Hughes，1983：122）

要想平息两个系统之间的斗争，还需要在制度上解决设备制造和分配的矛盾。在美国，制度问题得以解决的重要一步是托马斯·爱迪生放弃了对爱迪生企业的控制。随着他的退出，爱迪生通用电气公司对交流电的顽固反对逐渐瓦解。1892年，爱迪生通用电气与汤姆逊—休斯顿公司合并，后者是电机制造领域的领头羊，既生产直流设备，也生产交流设备。1896年，通用电气（General Electric，摆脱了爱迪生的影响，同时也去掉了他的名字）与西屋公司达成一项专利交换协议，这为两家公司对系统的进一步开发去除了很多的限制。该协议连同通用电气、西屋电气以及几个较小的制造商之间关于白炽灯照明的协议，使得电力产业迎来了一个更为稳定的发展期（Reich，1985：52）。

为了开发尼亚加拉大瀑布的能源潜力而实施的方案显著地代表了"电流之战"的平息。尼亚加拉电站于1895年8月开始运行。西屋公司建造了最开始的两台发电机、开关和辅助动力设备；通用电气建造了变压器、通向布法罗市的传输线以及布法罗变电站。1896年尼亚加拉电站开始输送电力。其规模迅速扩张，用于电站发展工业集群的能源消耗很快超过了输送到布法罗的能源（Hughes，1983：139）。[①]

这些发展也标志着电力行业技术创新和发展的"英雄时代"走向终结。技术发展的重点转移到工艺创新和产品创新。这些改进越来越多地出自供职于美国和欧洲一些大公司的工程师之手。通常而言，偏离既定生产线的创新在公司之外会有所发展。新技术更多是通过许可获得的，而非"内部"发明。

五 制度创新

随着技术进步，设备制造商整合成为统一的电力供应（公共电力）产业，取得经济收益成为可能；而要想实现经济收益，还需要更大幅度的制度创新。经理人兼企业家塞缪尔·英萨尔（Samuel Insull）是美国供电产业发展历程中一个举足轻重的人物。

塞缪尔·英萨尔是以爱迪生伦敦办公室私人秘书的身份进入电力行业的。1880年，他移居到美国，成为爱迪生的秘书和个人代表。在这个岗位上，他密切参与了"爱迪生所主持的纽约珍珠街电站的建造和早期运行，以及制造工厂（最终发展成为通用电气）的建设工作；他还参与了许多大事件，这些事件涉及发明家、工程师、企业家、机械师、金融家、管理人员、电工和其他创造了电力行业历史的人"（Hughes，1979：140）。

1892年，英萨尔搬到斯克内克塔迪，成为爱迪生通用电气工厂的经理。在工厂并购成立通用电气公司之后他搬到了芝加哥，在32岁时出任

[①] 交流电在商业上的成功并没有完全解决其技术优势的问题。发明家和工程师们继续在改进直流系统的发电机、电机以及其他组件。直到20世纪第一个10年，一些前沿工程师们仍然认为，在城市地区直流电比交流电更适合，因为直流电的效率、可靠性和盈利能力更高（Hughes，1983：81）。

芝加哥爱迪生公司总裁。当时，该公司只是芝加哥地区20多个小型电灯企业之一；然而，"英萨尔及其同事只用了不到20年的时间就使其成为芝加哥唯一的具备大规模生产、垄断、技术高效、经济运作等特征的企业"（Hughes，1979：141）。英萨尔在芝加哥创建的系统成为其他城市公共电力设施的典范。在主持芝加哥系统（1907年完成合并后命名为联邦爱迪生公司）发展的过程中，英萨尔演示了新技术——旋转变流器、变频器以及蒸汽轮机——是如何与旧的直流中心站耦合形成一个集成体系的。这些技术革新造成了电力生产和分配之间的不均衡，促使制度创新，从而发展集成体系。效率低下的小企业被并购之后，它们的发电厂转变成为变电站。将技术融入集成体系中"使得供应白炽灯、固定电机以及高架铁路的负荷成为可能"（Hughes，1979：146）。

一项早期创新是，1903年建立了供电调度员一职作为电力系统的控制中心。供电调度员的主要职责是确保每个电站承担合理份额的系统负荷。当一台发电机发生故障或不得不停止进行维修时，调度员会在发电机和变电站之间重新分配负荷。调度员的办公室成为统计不同客户需求模式的信息来源。这些信息有助于设计实现最大负荷率的响应系统（负荷率是指在统计期间内客户、集团客户或整个系统的平均负荷与最大负荷之比）。英萨尔很早就认识到，负荷率最大化是设计的中心原则。因此，他遍寻负荷率良好且多样化的用户，以填补高峰负荷之间的"低谷"。

20世纪20年代，英萨尔把业务范围扩大到芝加哥以外，将芝加哥体系与位于郊区或周边城市的一些公司连接起来。进一步的扩张产生了一个区域体系——伊利诺伊州公共服务公司以及中西部地区公共电力公司，后者是一家国家控股公司。在芝加哥，政治已经成为英萨尔体系的一个重要组成部分。政治家们找到了"通过政治权力，无须窃取公款就能获得财富"的方式（Hughes，1983：206）。20年代，英萨尔甚至能够成功游说伊利诺伊州立法机构支持通过有关税率和服务的州法规（而非地方性法规）。

在伊利诺伊州及其他地方的公共电力企业将这样的发展视为建立隐性社会契约过程的一部分。在这一过程中，公共电力公司提供可靠且价格合理的电力，以换取由社会决定的报酬率。但是，这种社会契约并没有扩展到为所有区域提供统一服务。虽然城市生活正在享受电力带来的便利，但在30年代田纳西河流域管理局以及美国农村电气化管理局成立之前，美国的农场一直是没有电灯和电力的。

英萨尔的股份公司在 20 世纪 30 年代经济大萧条期间倒闭了。1934 年,他被联邦法庭指控使用邮件进行欺诈,但最终被无罪释放。正如休斯指出的那样:"历史并没有宽容对待英萨尔。英萨尔不幸地被媒体、政治家以及前竞争对手当成了替罪羊;数十年心血构建而成的复杂系统被轻易地忽视或遗忘——这个系统里包含了艰深的概念、深奥的技术、杰出的经济学知识以及精细化的管理。"(Hughes,1979:141)

英萨尔发明芝加哥系统的方式与爱迪生发明珍珠街系统的方式并不相同。相比而言,英萨尔是一个系统的概念创造者。

> 爱迪生虽然深刻地认识到了经济学和技术的紧密联系,但对于组成其系统运作环境的长期经济及社会因素的认识却显得不够成熟……相比之下,英萨尔分析并清楚界定了一些概念,引导了芝加哥以及其他地方公共电力企业的政策。他的概念合成涉及社会和市场的需求、金融趋势、政治(特别是监管)政策、经济原则、技术创新、工程设计和管理技术等。(Hughes,1979:148)

英萨尔综合电力系统由一个界定严密的电力产业组成,能够使用多种能源,实施有效的负荷管理,并能为长期的需求增长作出规划。该系统与先进技术装备制造业以及支持性的监管环境联系密切。它被看作一个管理良好的自然垄断,以稳步下降的实际价格扩展到几乎所有的服务。高压电线架在乡村,成为现代的、不断前进的城市工业社会的象征。该系统一直都未受到任何挑战,直到 20 世纪 70 年代,它才面临一系列问题,包括技术老化、主要能源成本上涨以及积极的环保运动兴起带来的冲击等(Hirsh and Serchuk, 1996; Kellow, 1966)。之后的章节会再次回到这一话题。

第二节 工业能源使用的转型

爱迪生认为,电力的影响主要体现在家庭、办公室和工厂的照明上。他没有预料到电力对工业生产的位置和效率产生的影响,也没有预料到电力在新技术或新兴产业的发展中所起的作用。电力对其他原动力(如水轮和蒸汽机)的替代成为 20 世纪下半叶制造业技术革新的主要来源之一。

水力无法远距离传输，需要建造水坝、水渠和溢洪道；工厂必须建在靠近水源以及原材料来源的地方。"在工厂内，能源必须由齿轮、皮带和滑轮进行传输，每一次传输都会带来能源的损失。基于这种动力传输方式的工厂，其规模会达到一个绝对限值，超出这一限值能源利用效率会非常低。"（Nye，1990：193、194）

1850 年后，蒸汽机迅速取代了水力，成为美国制造业最主要的动力来源。蒸汽驱动的工厂摆脱了水力对工厂位置的限制，但动力仍然由齿轮、传动轴和皮带构成的相同系统输送。尽管有些低效，但在 1900 年蒸汽机为美国的工厂提供了约 80% 的机械驱动力。"然而，到 1920 年，电力已经取代蒸汽，成为动力的主要来源，并在 1929 年——电力首次用于工厂短短 45 年之后——电机占了总机械驱动力的 78%。"（Divine，1983：349）

一　机械驱动的电气化[①]

机械驱动的电气化是提高能源使用效率的重要方式。这一过程历经了三个阶段。第一阶段，在旋转长的主传动轴时，用大型电机取代水力或蒸汽发动机；第二阶段，机器被分组，每组机器都由各自的小电机供电；在第三阶段中，传动轴被拆除，每一台机器都由各自的电机驱动（见图 7-4）。

分配机械动力的"直接驱动"系统涉及动力的传输过程——从中心位置的单个原动机（如水轮或蒸汽机）经由滑轮和皮带，到达用钢或铁制成的"主传动轴"。主传动轴被吊在天花板上，通常横跨整个工厂；它又驱动较短的顶置式"副传动轴"。生产设备通过皮带与副传动轴相连接。当要激活特定的机器时，操作员使用附于副轴上的控制杆将皮带从空转轮移向驱动轮。对皮带进行维护和收紧需要付出相当大的努力。"不管实际上有多少台机器正在使用，从早上开始运转到晚上关机，整个由主轴和副轴组成的系统一直在持续旋转。如果主轴或蒸汽机出现故障，那么整个车间甚至整个工厂的机器都会停止生产，直至修理完成。"（Devine，1982：18）

[①] 在这一节中，笔者大量引用迪万（Divine，1982、1983）。在本节中，笔者不会探讨电力的社会及文化意义，也不会探讨其在运输和家庭技术中的作用。如需了解家庭电力使用的增长，请参照莫厄和罗森伯格（Mowery and Rosenberg，1998：105-109）。如需了解社会建构的视角，请参照奈（Nye，1990）。有关照明效率显著改善的估算，请参照诺德豪斯（Nordhaus，1997）。

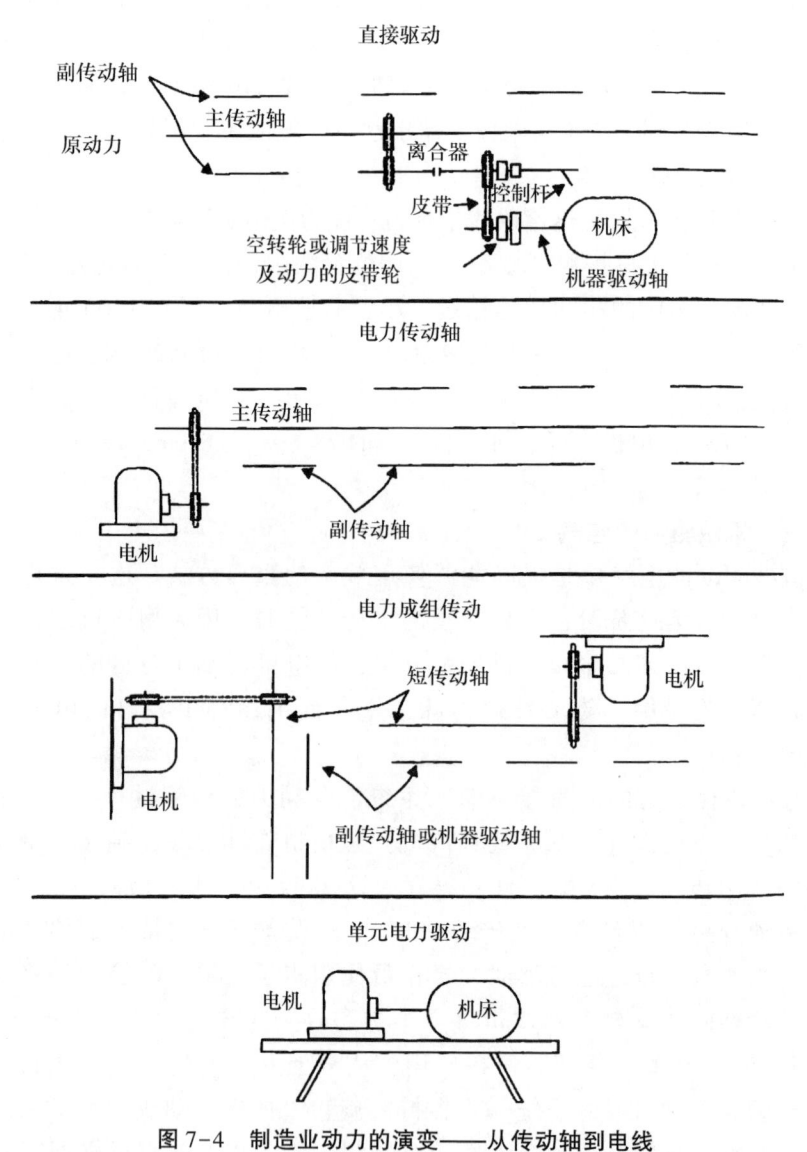

图 7-4　制造业动力的演变——从传动轴到电线

资料来源：Warner D. Devine, Jr., "From Shafts to Wires: Historical Perspective on Electrification", *Journal of Economic History*, 43（June 1983）：353。

电气化的第一阶段为用电力驱动主传动轴，即用电机代替水力或蒸汽原动机。"直接驱动"与最早的电力驱动系统之间唯一的差异就在于用来旋转主轴的机器类型不同。在只需要少量动力时，使用电力往往比使用蒸汽更便宜。电力驱动还有其他优点，比如，它更为清洁且易于操控；而或许最重要的一点是，电源不同于水源或蒸汽，工厂不一定非要设在其附近。然而，19世纪八九十年代，在需要大量动力的时候，通常而言仍然是用蒸汽机驱动机械比用电机更便宜。

第二阶段采用的是成组传动方式，用短的主传动轴来代替长的主传动轴，而每一个短的主轴都由其自身的电机驱动。这种设计减少了长主轴运转带来的摩擦损失，允许小组机器独立运行。1894年，通用电气公司在一家工厂首次大量安装了电机设备：南卡罗来纳州一家新的纺织厂里安装了一个配备若干1765马力电机的交流系统，采用的是顶置式安装，这样一来就能避开机器和工人。通用电气公司还在附近一条河上建造了一个水力发电站，用来传输工厂运行所需的动力（Reich，1985：52）。位于纽约斯克内克塔迪的通用电气工厂内建造了更大规模的成组传动系统。分布于40个不同车间或部门的43台直流发电机一起带动了总长为5260英尺的传动轴。

早在19世纪90年代，一些工程师就预见到了每台机器都由其自身电机驱动的时代。但是，第三阶段——单元电力驱动——直到第一次世界大战结束之后才占据主导地位。采用单元驱动节约了能源；还有额外的间接节约：从短期来看，由于减少了用以润滑和维护旧式皮带传输设备的劳动力，而实现了额外的收益；从长远来看，皮带和滑轮的拆除使得工厂内部的结构发生变化，能够促进物资的更高效流动。此外，工厂的设备更少，也变得更清洁、更安全。专栏7-1中笔者用诱导性技术变革的视角阐释了工厂动力电气化的过程。

二 汽轮机

能量转换领域发生技术革新的同时，发电设备的革命也出现了。到1900年，很明显，用于驱动发电机的往复式蒸汽机大约在5000千瓦（kW）处达到了规模的极限。1884年，英国工程师查尔斯·帕森斯（Charles A. Parsons）研发出一台运行原理完全不同的发动机——汽轮机。汽轮机产生的不是周期运动，而是在高压蒸汽压迫传动轴上的叶片时产生旋转运动；传动轴则与发电机相连接。相比于等效功率的往复式发动机，这种机器占据的空间约为前者的1/10，重量为前者的1/8，而成本只有1/3

(Hirsh，1989：20-21)。

专栏7-1

诱导性技术变革视角中的工厂动力电气化

第五章中讨论的诱导性技术变革模型可以用来分析解释"从蒸汽动力主传动轴驱动到单元电力驱动"这一转变的发展和影响。图7-5中呈现的模型融合了资本和劳动之间的要素替代以及资本和能源之间的互补性。

假设在时间t_0时，用瓦特—博尔顿（Watt-Boulton）式蒸汽机将能源提供给纺织工厂，并且由皮带和主传动轴将能源输送给纺织厂里的机器（本书第四章）。IPC_0代表时间t_0时纺织技术的创新可能性曲线。P_0是等成本线。劳动廉价而资本昂贵。A点的最低成本或平衡点确定的是劳动（L_0）、资本（K_0）和能源（E_0）的最优组合。假定在t_0和t_1之间劳动价格相对于资本价格上涨。t_1对应的等成本线是P_1。

随着劳动价格相对于资本价格持续上涨，将刺激发展劳动密集程度较低的技术来为纺织工厂提供动力，用于整个纺织行业的技术也会倾向于劳动密集程度较低的技术。汽轮机发电技术代表了供电行业的这种进步。电力成本的降低又促进了电机的发展；在向纺织厂传输动力方面，电机取代了皮带和主传动轴。使用电机带来的潜在收益产生的影响还包括将资本和能源之间的互补关系从$[K, E]_0$改变为$[K, E]_1$。

我们可以认为这种发展包含两个阶段。最初的效果是单位等产量线从IPC_0上的I_0变为IPC_1上的I_1。这种转变与劳动投入的下降（从L_0到L_1）、资本投入的增加（从K_0到K_1）以及能源投入的增加（从E_0到E_1）有关。总投入中单位产出的上升与劳动投入中单位产出的上升、单位资本产出的下降以及单位能源产出的下降有关。

第二阶段涉及电机的扩散——替代皮带和主传动轴。纺织机器的驱动力转变为电机，导致反映资本和能源之间互补性的曲线从$[K, E]_0$变为$[K, E]_1$。结果是能源使用进一步从E_0下降到E_1^*。

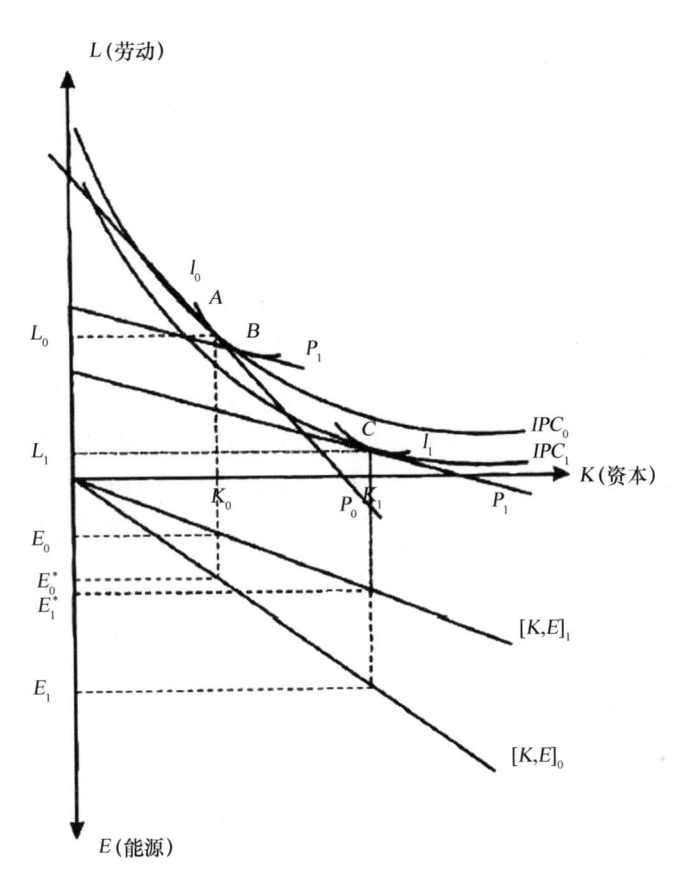

图 7-5　能源领域的诱导性技术变革模型

价格要素诱导技术变革在能源生产和利用方面的总体影响表现为每名工人产出的提高、单位资本产出的下降以及单位能源产出的上升。如果每名工人产出的提高比单位能源产出的提高更迅速，能源—劳动之比则将上升（正如历史上曾发生过的那样）。从 IPC_0 到 IPC_1 的转变标志着全要素生产率的变化（单位产出实际成本降低）。因此，即使能源价格相对劳动价格上升，要素利用的转变也不会恢复到原来的水平。

紧随帕森斯的发明之后出现了许多小型汽轮机装置。1900 年，阿尔吉美纳公司建成了一个重要的中心站。在美国，塞缪尔·英萨尔在强制引入大型汽轮机的过程中起到主要作用。1901年，他不顾己方工程技术人员的建议，克服来自通用电气的阻力，以威胁与欧洲制造商签订合同的方式，成功地在其芝加哥菲斯克街发电站建立了一个5000千瓦的涡轮机。通用电气非常不确定自身建造大型涡轮机的能力，声明称"只有在芝加哥爱迪生公司不管项目成功与否都承担安装费用的前提下"，它才会承担建造的风险（Hughes，1983：211）。随着更多的涡轮机投入使用，人们可以很明显地感觉到，它们不仅在给定功率下比往复式发动机更便宜，而且使用规模的扩大使得单位成本迅速下降，电力成本也随之加速降低。到1910年，在发电机的驱动方面，汽轮机迅速取代了蒸汽机。

尽管从原动机直接驱动到单元驱动的转型以及汽轮机代替往复式发动机带来了效率的提升，但总生产率的增长来得很慢。部分原因在于迅速更换仍在有效运行的旧设备往往无利可图。即使采用了新的设备，旧设备也经常作为"后补"坚守岗位。第三个因素是未能在计算生产率的同时关注到品质的变化，如优化照明系统以及提高产品质量等（David，1989：15-29；Nordhaus，1997）。

大卫还认为，在美国，直到20世纪头10年，通用电气和西屋公司这两家垄断公司一直没有将其设备效率提高带来的收益惠及工业用户，因而减缓了采用率。此外，前面章节中提到的"用中学"带来的间接收益，只有在使用很久之后才会发生。然而，到20世纪20年代，美国制造业生产率经历了快速增长。借鉴扩散模型（见本书第五章），大卫认为，"只有在已通过经典对数式扩散途径的拐点之后，生产率的增长速度才有可能达到最大值"（David，1989：16）。他还认为这与具有规模效应和网络外部性特征的技术（如计算机）生产效率滞后产生的影响是相似的（见本书第九章）。

三　电力与生产率提高

在20世纪70年代石油危机以前，对美国电气化和生产率增长的关系最权威的阐释出自山姆·舒尔（Sam Schurr）和布鲁斯·内斯切特（Bruce Netschert）的经典著作——《能源和美国经济》（*Energy and the American Economy*，1960）。他们在研究中最大的发现是，虽然美国经济的能源强度（通过对比GNP的能源消费来衡量）在1880—1910年加大了一倍多，但在第一次世界大战结束后却在持续下降（见表 7-1）。①

表 7-1　1890—2000 年美国能源消费及国民生产总值（GNP）

年	国民生产总值 （十亿美元，1992 年 当年货币价值）	能源消耗 （千兆英热单位）	能源/GNP （千英热单位， 1992 年当年货币价值）
1890	238.6	4.497	18.84
1895	283.5	5.355	18.89
1900	348.1	7.572	21.75
1905	436.0	11.369	26.08
1910	556.2	14.800	26.61
1915	578.9	16.076	27.77
1920	640.8	19.768	30.85
1925	825.4	20.878	25.30
1930	854.1	22.253	26.06
1935	777.5	19.059	24.51
1940	1029.0	23.877	23.20
1945	1675.8	31.439	18.76
1950	1599.3	33.078	20.68
1955	1966.2	38.821	19.74
1960	2276.0	43.802	19.25
1965	2901.4	52.684	18.16
1970	3417.1	66.431	19.44
1975	3903.3	70.546	18.07
1980	4670.8	75.955	16.26

---

① 如需了解舒尔假说早期的探索，请参照理查德·杜鲍福（Richard B. DuBoff, 1966：426-431）。本书借鉴了杜鲍福 1964 年的博士论文（重印于 1979 年）。杜鲍福特别注重解释产出—资本比率的变化，第一次世界大战时期美国的产出—资本比率开始下降。对此，他的解释是，"动力资本在很大程度上被非动力资本需求所取代。这种动力资本大多数的表现形式为电机和设备。因此，更多资本电气化后，每单位产出所需资本更少"（1966：428）。

续表

年	国民生产总值 （十亿美元，1992年 当年货币价值）	能源消耗 （千兆英热单位）	能源/GNP （千英热单位， 1992年当年货币价值）
1985	5346.7	73.981	13.84
1990	6157.0	81.283	13.20
1995	6779.5	87.205	12.86
2000	8015.1	93.872	11.71

资料来源：Adapted from Warren D. Devine Jr., "From Shafts to Wires: Historical Perspective on Electrification", *Journal of Economic History*, 43 (June 1983): 347-362. For 1985-1995, GNP data are from U.S. Bureau of Economic Analysis, *Survey of Current Business* (April 1999): Table C.1. and energy consumption data are from U.S. Energy Information Administration, *Monthly Energy Review*, (March 1999): 25. Data for 2000 are projected。

舒尔及其同事认为有三个因素可以解释能源强度从上升到下降的变化，包括：（1）全美产出的构成向轻工业和服务业转变；（2）在发电和铁路运输方面能源转换热效率的提高；（3）能源供应构成的变化，特别是在制造业和运输领域，相对于固体燃料（主要是煤），电力和液体燃料（主要是石油）的重要性日益增强。

1984年，舒尔对1960年的分析进行了更新，他（1984：140）坚持认为，尽管电力在总成本中所占份额很小，但它仍然具有重要的战略意义，这是因为它使得重新设计整个制造技术系统成为可能。舒尔还呼吁人们关注1973年后能源价格上涨和能源强度加速下降之间的关系（见表7-2）。

第三节 重大石油危机

尽管舒尔及其同事发现了能源强度的变化，然而在20世纪70年代之前，人们仍然照例认定，人均收入及劳动生产率与能源消耗的增长密切相关。即使是舒尔等人也忽视了燃料及非燃料原材料价格的变化对能源—劳动、能源—资本、能源—产出三种比率的影响。公用电力公司使用人口及人均收入增长率的预估值，将其作为主导变量来估计服务需求的增长。关于能源消费与经济增长之间呈线性关系的传统观点在20世纪70年代遭到两次"石油危机"的严峻挑战。第一次石油价格冲击发生在1973—1974

表 7-2　1899—1981 年美国私人商业经济中的总产量、多要素生产率、能源强度、相对动力成本的年平均变化率

项目	总产量 (1)	多要素生产率 (2)	能源强度[a] 单位产出 (3)	能源强度[a] 人均 (4)	能源强度[a] 单位资本 (5)	燃料和动力的相对成本 (6)	制造业中电力占总动力的比例[b] (7)
国家能源强度增加, 1899–1920	3.4	1.0	1.5	2.8	2	—	4.8
国家能源强度持续下降, 1920–1953	3.1	2.1	-1.2	1.1	0.5	-1	59.1
国家能源强度相对稳定, 1953–1973	3.7	2.3	-0.1	35	13	-0.3	84.7
禁运期后国家能源强度下降							
燃料和动力成本上升, 1973–1982	1.7	-0.5	-2.7	-1.6	-5.5	8.5	
燃料和动力成本降低, 1982–1986	5.1	2.2	-3.7	-13	-2.0	-8.6	
国家能源强度回归相对稳定, 1986–1994	25	0.2	02	-0.7	0.2	-10	

注：[a] 能源为矿物燃料与水电（除了木材）相加，以英热单位测算；燃料和动力的相对成本是指燃料和动力批发价格指数（相对所有商品的批发价格指数）。[b] 1899 年，1920 年，1953 年和 1973 年，制造业中电力占总动力的比例。

资料来源：1899—1973：Adapted from Sam H. Schurr, "Energy Use Technological Change, and Productive Efficiency: An Economic-Historical Interpretation", *Annual Review of Energy*, 9 (1984): 409–425. 1973–1994: Column (1): *Economic Report of the President*, February 1996. Column (2): Bureau of State Statistics, *Monthly Labor Review*, September 1996. Columns (3) – (5): Calculated from Energy Information Administration, *Monthly Energy Review*, November 1996, and Bureau of State Statistics, *Monthly Labor Review*, November 1996.

年，第二次发生在1979—1980年。每次冲击都导致实际油价（通胀调整后）上涨一倍多（见图7-6）。其他主要能源的价格也在上涨，但相对缓和一些。

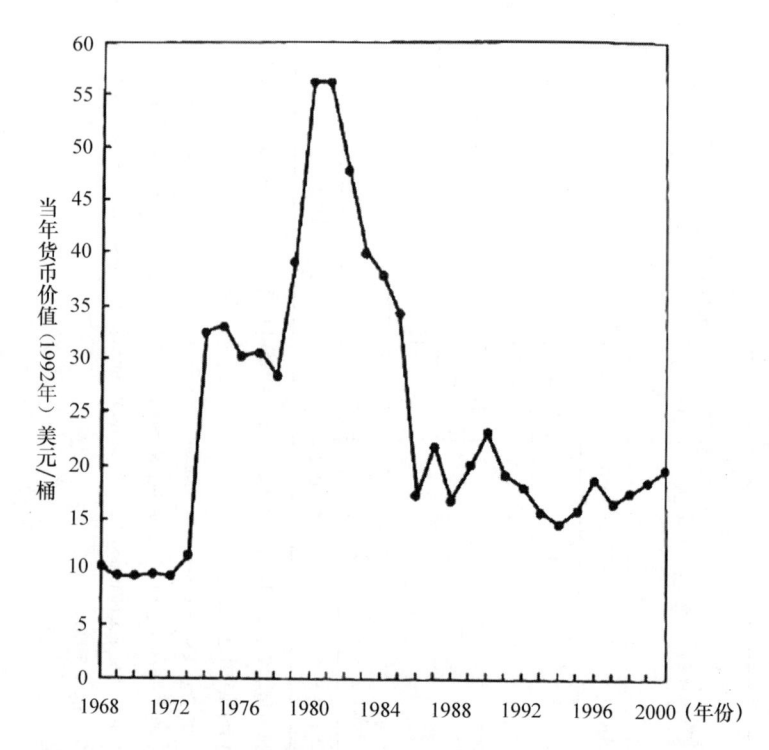

图7-6 1968—2000年国际原油价格（美国进口原油的精炼成本）

资料来源：Adapted from J. Goldenberg, T. B. Johanson, A. K. N. Reddy and R. H. Williams, *Energy for a Sustainable World*, Washington, DC: World Resources Institute, September 1987. Data for 1985-1997 are from U. S. Energy Information Administration, *Annual Energy Review* 1997, July 1998, p. 155. Data for 1998-2000 are projected。

美国政府应对石油价格冲击的方式是在能源研究、开发和保护领域建立一套复杂而时常自相矛盾的体系。这些干预措施试图在保护消费者免受更高的能源价格困扰的同时，鼓励节约能源。1977年，美国国会批准内阁能源部（DOE）将其多样化的能源项目整合到一个机构之下。美国政府在70年代对能源市场进行了又一次更大的干预；之后，由于80年代初能源价格下降，美国逐步解除了这些管控（Marcus, 1992：35-54）。

最初，许多分析师认为，石油危机是经济环境由"能源丰富、世界范围内价格下降"向"能源短缺、长期价格上涨"发生根本转变的证据。而70年代初开始出现这样一种观点,能源在发达国家经济中的主导地位使世界陷入了能源价格增长与经济增长的自我循环之中。在这一循环中,经济增长使得对石油的需求量不断上升;需求的压力将导致石油价格大幅上涨,这将会产生世界性的经济衰退以及对石油和其他能源需求的下降;最终油价下跌,经济复苏,循环完成。然后世界石油价格上涨的压力将会再次出现,开始一个新的循环。

即使在70年代末80年代初,人们仍然普遍认为石油及其他能源的价格将持续上涨,或至少保持在80年代初的高位;而一些"逆势"分析师却强烈反对这一传统观点,认为石油价格将再次下跌到70年代初的水平。他们认为,较高的价格并不意味着人们将进入能源稀缺的时代。他们表明,石油输出国组织(OPEC)具有强大的生产能力,可以向全球市场提供石油。这些分析师借鉴了经济学理论以及 OPEC 的石油输出历史,认为其石油输出具有内在不稳定性。[①] 到80年代中期,这种逆向分析被证明是正确的——石油价格跌至15年前的水平(见图7-6)。

石油价格冲击使得大量分析和观点层出不穷。主要工业国家(美国、德国、英国和日本)的 GNP 和就业率同时发生了下滑,这引发了人们的担忧,担心石油危机会对生产和就业产生不利影响。大约在第一次石油危机时,一些工业国家的劳动生产率和多要素生产率增长急剧下滑,较低的生产率增长一直持续到20世纪80年代,因此人们格外关注长期影响经济增长的因素(见本书第二章)。

一 生产与就业[②]

石油价格大幅度上升在短期内对经济活动的影响是很明显的。石油价格上涨会对生产成本造成直接影响,石油密集型产业将面临成本的大幅增加;生产者因此寻找石油的替代品,其他能源(如煤、天然气)和电力的价格随之上涨。主要能源的辅助资源——尤其是能源密集型产业的资本设备——将面临需求的下降以及价格和使用率的下滑。一些能源替代品(比

---

① 可参看阿德尔曼(Adelman, 1993)所著论文集,涵盖了1962—1993年的数据。
② 在这一节中,笔者大量引用乔根森(Jorgenson, 1986)和波伊(Bohi, 1989)。另请参阅费尔德曼(Feldman, 1996)编辑的论文集。

如劳动）的需求量将会上升，而这将促进工资水平和就业率的提高。

　　事实正是如此。在第一次石油价格冲击发生 10 年之后，美国的能源消耗已经低于 1972 年的水平，石油消费的下跌水平甚至超过了总能源消耗的下跌幅度。乔根森（Jorgenson，1986：277）指出："能源分析家从第一次石油危机中得到的最伟大发现是能源需求的价格弹性。"在工业领域，能源价格上涨对成本的影响在能源密集型产品的生产中体现得尤为突出。在大部分产业中，能源和资本各自角色不同，前者是替代，后者是补充；因此能源价格的上涨不会对资本需求产生任何影响。然而，能源和劳动却是可替换的关系，因此劳动力需求会伴随能源价格的上涨而增加。在欧洲，这导致了实际工资的增长；因为相对工资而言，劳动供给是无弹性的。而在美国，劳动供给更具弹性，劳动需求的增加导致了就业的增加而不是工资率的上涨（Jorgenson，1986：278）。石油价格的上升以及其他能源价格的随之上涨也会带来一些需求方面的"副作用"。比方说，这会导致高油耗的美国产汽车需求量下降，而日本生产的小型节能车会更受欢迎。

　　很明显，石油价格冲击给生产及消费模式带来了重要的影响。但这是否就是 1974—1975 年和 1979—1980 年全球经济萧条的原因呢？回答这个问题并不容易，因为在某些方面这取决于每个国家的货币政策。石油危机发生在全球性通货膨胀的时期。能源价格的上涨增加了人们对通货膨胀的预期。1974—1975 年和 1979—1980 年的经济萧条远非石油和能源价格增长所能解释清楚的。造成萧条的主要原因是控制通货所采取的政策。和美国、德国、英国不同的是，日本在应对第二次石油危机时采取了稳定工资、放宽货币及财政相结合的政策，这使得该国避免了其他三个国家所经历的萧条。笔者认为，人们在加油时或其他一些地方很容易发现石油价格的大幅度上升，这实际有助于创造有利的政治环境以实施反通货膨胀政策。因此，20 世纪 70 年代石油价格冲击导致美国经济的低迷，源于其对通货膨胀的直接影响，也源于美国政府为应对这次危机而加大力度实施通货紧缩的经济政策。

二　增长与生产率

　　从以上分析中我们得出的结论是：70 年代的能源价格冲击对 1974—1975 年和 1979—1980 年的经济萧条有一定影响，但并非决定性因素。然而这一结论并不能解释为什么能源危机却在更长的时间内促进了生产率的增长。一些质疑者提出了证据：能源成本在美国商业部门中所占份额很小，所以能源价格的大幅度上升不会产生什么影响。1973年能源成本所占份额为4.5%（1974年上升为6.5%），1979年为7.0%（1980年上升为8.5%）。

有关"能源价格上升对生产率和增长所产生的影响"的第一次明确研究来自乔根森和弗劳梅尼（Jorgenson and Fraumeni，1981：17-47；Jorgenson，1986：1-13）。在二人的合作研究中，乔根森反对传统的宏观经济二元要素模型（劳动和资本）。他认为，能源与经济的关系错综复杂，传统二元模型没有把能源当作中间投入，因此很难捕捉二者的关系。而在乔根森和弗劳梅尼的模型中，产出被作为生产四大要素（资本、劳动、能源及原材料）投入的一个应变量；时间被当作衡量技术水平的指数。

从这一模型出发，乔根森和弗劳梅尼逐一测量了35个产业中每种投入所促使的生产率增长的"偏向性"。比方说，因为使用能源而导致的生产率增长意味着，一旦能源价格上升，生产率增长将会减慢。二人的研究表明，除了6个产业以外，35个产业中其余所有产业的生产率增长都多少具有使用能源的"偏向性"（生产率增长是由能源的使用而促成的）。乔根森和弗劳梅尼因此推断，能源价格上涨是美国20世纪七八十年代工业部门以及整个经济生产率增长减缓的重要因素。二人也发现，能源和资本分别扮演着替代和补充的角色。这反映出，他们所作的分析很大程度上基于能源危机爆发之前的经济状况，当时资本投入与能源投入都增长迅速。[1]

笔者认为，乔根森—弗劳梅尼模型的限制是没能完全捕捉能源价格上涨引发的技术变革所带来的影响。在这一模型中，每个产业技术变革的偏向性在分析期内是不变的；然而事实上每个产业技术革新的速率都具有内生性。在诱导性创新模型中，技术变革的偏向性（表现为相对于要素投入的产出弹性）也是内生的。由此可以断言，乔根森和弗劳梅尼基于1958—1974年数据所作的分析中，技术变革的偏向性是由20世纪初至70年代电力价格长期下降所诱导的。70年代能源价格上涨，能源密集型企业逐步用低能源密集型

---

[1] 基于1973年能源冲击之前的数据所作的其他几项研究认为，能源和资本是互补的。请参阅伯恩特和伍德（Berndt and Wood，1975）以及伯恩特（Berndt，1978）的文献综述。借鉴20世纪七八十年代经验的研究已证实，在足够长的时期内，使用节省能源的新设备来替代原来的资本设备，资本和劳动力将表现出相当大的可代换性。

设备代替资本设备，而资本设备的供给者也逐步增加投资于发展低能源密集但资本更密集的技术中（Berndt, 1984: 325-334）。

在后来的研究中，乔根森和威尔科克斯（Wilcoxen, 1990、1993）开发了一个新模型，融合了产业层面能源价格变化所带来的短期替代效应以及长期的诱导性技术变革。研究结果表明，大规模的诱导性技术革新是对70年代至80年代初能源价格上涨的回应。二人的这一发现已经在一些研究中得到证实。利希滕贝格（Lichtenberg, 1986: 67-75）发现，1973年的石油价格冲击对工业研发经费有着实质性的影响。尽管总体来说工业研发强度一直在下降，但在70年代至80年代初，受能源价格增长影响最大的行业研发强度下降得最少。此外，在这个时期，由企业出资进行的研发项目中，对能源保护及利用的研究增多了。利希滕贝格在后来的一篇论文中（1986: 154—159）指出，研发投资率是能源相对价格的一个递增函数。大卫·波普（David Popp, 1996）发现，1970—1994年，能源价格变化对19个能源供给与能源利用产业的创新影响巨大（通过统计专利）；能源供给技术产业对价格的敏感度最高。[①]

基于本节所谈到的事实，我们可以得出以下结论：20世纪70年代以前，实际能源价格的长期下跌不仅加快了能源利用产业技术革新的速度，而且使得技术革新朝着能源利用的方向发展。相反，70年代石油价格冲击所造成的能源价格上涨减缓了技术革新的速度，也使得从1973年第一次石油危机开始到80年代初，技术革新都偏向于节约能源。80年代中期，石油价格下跌，这才使得价格诱导的技术变革势头渐衰。然而，前些年所取得的效率提升大部分被保留了下来。比方说，70年代中期至80年代中期，汽车产业进行了大量的技术革新，旨在不减少引擎动力的前提下获得更高的汽油里程；80年代中期，汽油价格下跌，技术变革转向了研发动力更强的引擎，但前些年所取得的燃油效率被很好地保留了下来。

第四节　规模耗尽[②]

20世纪70年代石油危机发生之前的至少一个世纪中，能源实际价格

[①] 波普还发现，1970—1994年，美国联邦研发项目作为供方，对他所研究的13个能源产业的技术机遇产生了重要的影响（通过专利来衡量）。然而，供方的影响小于需方价格的影响。

[②] 在本节，笔者大量引用了赫什（Hirsh, 1989）和戈登（Gordon, 1992）。

的下降极大地促进了发达国家经济的增长。能源开采的低廉成本以及新能源对传统能源的替代刺激了经济增长（图 7-1、图 7-2、图 7-3）。电能成为主要能源更是对经济增长影响巨大。电力实际价格的下降及其在使用中的灵活性给家庭生活和工业技术带来了剧烈改变。

而 70 年代的石油价格冲击至少暂时性地减缓了经济增长，并促进了低能源密集型技术的发展。自 80 年代中期开始，石油价格下降至 70 年代以前的普遍价格水平（见图 7-6）。而电力价格在 70 年代的涨幅小于石油价格的涨幅，在 80 年代也没有下跌至以前的水平，反而持续上涨至 90 年代。此外，1899—1948 年，电力行业每个工人的产出增长率几乎是总体经济增速的三倍；而在 1948—1973 年，为总体经济增速的两倍左右，增速明显放缓；70 年代初以来，公用电力产业的生产率增长更是趋近总体经济的缓慢增速（见表 7-3）。

表 7-3　　1890—2000 年不同时间段内非农企业和公共电力企业每小时产出变化的平均百分率与实际电价

时间段	非农企业每小时产出	电力公司每小时产出	实际电价
1899—1923	2.1	5.7	-7.4
1923—1948	2.1	6.0	-6.7
1948—1963	2.6	6.8	-1.3
1963—1973	2.2	5.5	-2.6
1973—1988	1.1	1.1	1.9
1988—1998	1.2	4.3[a]	-2.1

注：[a] 1988—1996 年平均百分率变化。

资料来源：Adapted from Robert J. Gordon, *Forward into the Past*: *Productivity Retrogression in the Electric Generating Industry*, Cambridge, MA: National Bureau of Economic Research Working Paper 3988, 1992. (1) For 1973-1998 is from *Economic Report of the President*, (1999): 385. (2) For 1973-1996 is from U. S. Bureau of Labor Statistics, *Monthly Labor Review*, (February 1999): 121. (3) For 1973-1997 is from U S. Energy Information Administration, *Annual Energy Review*, 1997 (1998): 233. (3) For 1998 is from U. S. Energy Information Administration, *Monthly Energy Review*, (March 1999): 122, converted lo real price using gross domestic product implicit price deflator for 1998。

诱导性创新模型表明，20 世纪 70 年代初之前，电力实际价格的下降是促使技术变革以及总体经济生产率增长的重要因素之一。因此，了解电力产业生产率增长逆转放缓的原因是非常重要的。

一 发电技术

20世纪70年代之前，不论是瓦特还是爱迪生都对如何提高发电生产率了然于心。每个发电"装置"，称为"锅炉—汽轮发电机"（BTG），在工厂内指定的位置独立于其他设备进行运作，它包括：（1）一个锅炉，用以燃烧燃料、产生蒸汽并使蒸汽膨胀；（2）一个涡轮发电机，通过涡轮轴的旋转运动将高压蒸汽转换成电能。然后，冷凝器将蒸汽转化为水，循环完成。60年代后期之前，对BTG装置设计的技术变革旨在：（1）扩大发电机和锅炉的产能；（2）提高发电循环的热效率。

技术设计受到锅炉耐高温及耐高压能力的限制，技术变革是逐步进行的，冶金领域中耐高温钢合金的发展尤其推动了技术设计的变革。向耐高温以及再加热循环的转变大多在1948—1957年的10年间完成。压力等级的不断增加一直持续到20世纪60年代末。BTG装置的产能也有所增加：1948年超过一半的新装置被设定为50MW以下；而到1987年，60%以上的新装置都超过了500 MW，有些甚至超过1000 MW。[①]

第二次世界大战前，工程师们采用"经验设计"的方式；在此种方式中，每一项新技术度过平稳期之后，都紧随一段调试期以产生下一项技术进步。战后，受到电力需求迅速增长的刺激，设备制造商采用了更积极的"推断设计"方式，即在开始下一步运行之前，就对其如何进行做好规划。

随着这一过程持续向前，遭遇了一系列的技术壁垒：（1）由于已经达到40%的热效率水平，通过使用进口、昂贵的钢来提高效率的边际成本开始超过热效率的增益；（2）50年代初至60年代末，压力和温度（从280℃上升到500℃）不断增加，导致了更多腐蚀和开裂的发生；因为较高的维护要求，上述情况进而延长了停工时间，降低了使用率；（3）锅炉和发电机产能的增加也导致了更大的维护性问题——600 MW以上装置的停工时间是100MW的5倍。80年代之前，使用化石燃料的电厂仍然大部分

---

① 1千瓦（kW）等于1000瓦（W）。1兆瓦（MW）等于1000千瓦或1百万瓦。1千兆瓦（GW）等于1000兆瓦或10亿瓦。1太瓦（TW）等于1000千兆瓦或1万亿瓦。80年代初建造的1000兆瓦（1-GW）大型工厂是100年前爱迪生的10千瓦巨型发电机的10万倍（Ausubel, 1997: 115、132）。

依靠50年代初所出现的技术变革。经济的规模效应显然已经耗尽，这导致70年代末至80年代人们逐渐放弃了最大规模的发电装置（超临界规模的锅炉）。最大规模发电装置的劳动生产率持续下降，主要原因在于突发问题所带来的高额维护成本。

二 核能的发展[①]

第二次世界大战结束后不久，有人预测，核能将大幅度取代化石燃料成为发电的主要燃料来源。和平利用核能的前景激发了科学界和公众相当大的热情。有人断言，核能将使电价变得十分便宜，甚至"便宜到无法计费"（Pool，1997：71）。但即便当时，核能的前景在科学界还是备受争议。曾经参与曼哈顿计划（美国陆军部在20世纪40年代初研制原子弹的计划）的一些成员认为，原子能的商业发展既不经济，也不明智。

1946年美国通过《原子能法案》，成立了原子能委员会（AEC），委员会被赋予职权促进和管控核技术在军事及非军事用途的发展。1951年，AEC开始为建设核电厂测试一系列反应堆的设计。艾森豪威尔总统（President Eisenhower）在1954年发起了"原子能为和平服务"的项目，这促使人们加大了民用核能项目的开发，态度上也不复从前那样谨慎。[②] 1954年通过的《原子能法案修正案》为私人部门核电的开发以及美国与其他国家发展"和平用途"的核技术合作提供了法律基础（Hewlett and Hall，1989）。

1942年12月2日，恩里科·费米（Enrico Fermi）在芝加哥大学的雄鹿场实验室（Stag Field laboratories）展示了受控核裂变的可行性。15年后，第一批商业核反应堆（1956年建造于英国的卡尔德山，1957年建造于美国码头市核电站）开始投入运营。30年之后，核反应堆占美国总发电量的20%。美国最早的核电厂改建自为核动力潜艇设计的反应堆。在美

[①] 这一节大量借鉴了考恩（Cowan，1990）、麦克柯瑞恩（Mackerron，1994）、世界能源理事会（World Energy Council，1993）、希尔等人（Hill et al.，1995）、泰斯特等人（Tester et al.，1991）以及普尔（Pool，1997）。

[②] 艾森豪威尔在1953年12月的讲话是对由海曼里科弗（Hyman Rickover）领导的核动力潜艇发展的回应，海曼里科弗是美国原子能委员会（AEC）海军反应堆管理处的负责人。在开发核动力潜艇的过程中，里科弗汇集了加压水反应堆的设计，在橡树岭AEC实验室阿尔文·温伯格（Alvin Weinberg）的指引之下，结合西屋公司的工程能力发展了核动力潜艇（Marcus，1992：104）。

国，后来在德国和日本，大量私人企业（如西屋公司、通用电气、B&W、西门子、AEG以及三菱等）的研究投资为大型公共研发项目提供了辅助。而在英国、法国以及苏联，核能研究几乎完全由公共部门进行。然而，没有哪一个国家的公共电力公司深度参与了核研究，他们认为用核反应堆取代化石燃料的锅炉产生蒸汽是一个相对简单的过程——"核反应堆只是烧开水的另一种方式。"

20世纪50年代末至60年代初，反应堆的设计取得了许多显著的进步。[①] 美国的设计使用了轻水冷却剂和浓缩铀；英国和法国率先使用气体石墨反应堆；作为世界上唯一一个反应堆设计不是来源于先前军事项目的国家，加拿大使用的是重水反应堆和天然铀。到60年代中期，所有主要工业国家——美国、加拿大、英国、苏联、法国、德国、瑞典和日本——都对核电厂进行了大量投资。建造过程中不断累积的经验促使了反应堆设计的改良，最终锁定了轻水技术发展的路径。虽然有些工程资料已经表明，高温气冷反应堆具有一定优势，但从长远来看其他设计是否更为优越还不得而知。布赖恩·阿瑟（Brian Arthur, 1990：99）和罗宾·考恩（Robin Cowan, 1990：541-567）认为，这段历史是"路径依赖"的一个典型案例——轻水随着经验累积迅速发展，其他技术欲与之竞争时为时已晚。[②]

20世纪60年代AEC的估算显示，核电厂的资本成本将大大高于大型燃煤电厂的资本成本。但是，核电厂发电时所需的铀燃料数量很少，操作成本很低，人们期望这可以弥补资本成本的劣势（Weinberg, 1972：28）。五六十年代，核电被认为是唯一能长期解决能源短缺问题的方案。因此，从50年代初至70年代初的20年间，美国和其他发达国家的能源研究几乎都只侧重于核能。

人们期望从"干中学"和"用中学"中累积经验发展规模经济、降低

[①] "可以用建造过程中使用的材料将核反应堆分为两类：从反应堆芯传导热量的冷却剂，以及控制反应堆芯内中子能量水平的慢化剂。在轻水反应堆中，冷却剂和慢化剂是轻水——H_2O。在重水反应堆中，冷却剂和慢化剂为重水——D_2O。在石墨反应堆中，冷却剂是气体，通常为氢气或二氧化碳，而慢化剂为石墨。"（Cowan, 1990：545）

[②] 回顾过去，"路径依赖"是迫于战略考虑而非经济考虑。普尔（Pool）认为，如果没有核武器项目，任何国家都不会建造铀浓缩设施："如果没有战后核弹建造项目提供浓缩铀，轻水反应堆不太可能是竞争者们的设计选择"（Pool, 1997：43）。

成本，然而这一目标并未能实现。反应堆复杂性的增强抵消了可能的收益；而复杂性的增强部分原因在于最初的设计错误，更主要的当归因于日益严格的安全标准。在很多情况下，最终的成本甚至比最初估计的多出1倍。[①] 到70年代中期，出于工程场地以及安全问题的考虑，60年代操作简单、成本低廉的轻水反应堆不再具有商业可行性（MacKerron，1992）。

从70年代开始，为了回应公众对核能风险的担忧，美国核管理委员会［原子能委员会（AEC）的衍生机构］对核电厂的安全要求越来越严格。尽管目前尚不清楚这些要求的改变是否带来了大量安全方面的改进，但在施工过程中的频繁设计变更却导致了建设成本的增加。80年代，美国核电厂的平均建设时间上升至10年以上。新建相似规模的核电厂所耗费的成本（剔除通货膨胀因素）在10多年间增加了3倍。更高的资本成本使得核燃料电厂的发电成本比燃煤电厂更高。20世纪80年代，电力资源短缺开始显现，公用电力企业越来越多地转向将天然气作为主要能源，这是因为使用天然气更为便捷，即使每千瓦时的成本可能高于核能或煤。

三 浮士德式交易？

阿尔文·温伯格（Alvin M. Weinberg）——杰出的原子能科学家以及美国橡树岭国家实验室的主管——在1972年发表了一篇重要论文，该论文预测了很多可能限制核能产业发展的问题。"我们这些核能科学家和社会进行着一场浮士德式交易。一方面，我们提供的核能——一种取之不尽的能源——可以刺激经济。即使是在小范围内使用普通的反应堆，核能也比化石燃料价格更低廉。并且，这种能源只要合理使用，它几乎是没有污染的；但另一方面，对于这种可控能源，我们需要社会制度长期时刻保持警醒，而对此我们并不习惯"（Weinberg，1972：33）。温伯格接着在论文中强调，要解决反应堆的安全性、放射性物质的运输、燃料棒及其他高水平放射性废料的处理等问题，必须具备非凡的科技能力。他呼吁，核能生产和废料存储应该被安放在规定的地点，这些地点应配备必需的科技水平以及社会规划能力，以保障核能产业的规范管理。

[①] 20世纪60年代新建核电厂数量的激增有时候被解读为是由1973年的石油价格冲击引起的。相反，达米安（Damian，1992：600）却认为，核能遭遇的困难（至少在一定程度上）是导致1973年和1978年石油价格冲击发生的原因。

然而，社会还没有为进行温伯格的浮士德式交易做好准备。在美国，还没有令人满意的场地及相应的技术来处理废弃的燃料棒和其他放射性材料。1986年乌克兰切尔诺贝利的灾难事件（核电厂核反应堆熔化及放射性物质泄漏）表明了核能有可能致命性地瓦解经济和政策。

美国自1978年之后没有再批准建立新的核电站，1974年后批准的核电站也都被取消。法国的发展路径却大不相同。[①] 在1973年第一次石油危机的时候，法国的进口石油超过了总能源消耗的2/3。石油禁运使得法国政府致力于建造6个年发电量为900MW的反应堆。启动这个项目的合理性依据是，以法国的资源来看，核能是唯一能够发展的能源形式。从反应堆的设计及建造到燃料的供给以及废料的处理，法国人发展了各领域核能循环的能力。

到20世纪90年代，法国几乎70%的发电量是由核能供给的。法国核电站的平均建造时间不到6年，而美国却接近12年。法国的电费在欧洲是最低的，并且还出口电力给周边几乎所有的国家。其成功部分归因于政府对核能研发的巨额补助，当然也有许多其他方面的因素，包括核电站设计和建造的标准化、对石油依赖问题的敏感度提高、管理高风险技术的能力和精炼程度等。法国的成功也反映出一种政治体系，在这种体系中，做出重要技术决策的是政府部门和技术精英，而非公众。

在中东，大量的核能设施正在建造当中；日本则宣布从1996年年末起，计划增加40个新的核反应堆，到2010年，日本42%的电力将由核反应堆产出；韩国已经投入使用的核反应堆有11个，还有19个在1996年投入建设或被批准；中国、印度和印度尼西亚也正在着力扩展核能建设（Abelson, 1996: 463、465）。明确的一点是，在决定维持或扩展核能生产力时，战略考虑始终是非常重要的。发展中国家的经验表明，核能项目往往占用了许多发展资源，因此不能只看到其潜在的经济效益。另外，同样明显的是，在持续扩张核能生产的国家中，几乎还没有哪一个国家面临着要付出浮士德式交易的代价（Solingen, 1996: 188）。[②]

科学家和工程师们仍然认为，核裂变产生能量是一种对环境无害的技

[①] 此段和下段大量引用马库斯（Marcus, 1993: 394-395）。

[②] 罗德斯和贝勒（Rhoades and Beller, 2000）认为，20世纪90年代末对核技术安全和效率的改进会导致使用核燃料发电的比重越来越大。

术，可以大规模地替代化石燃料。而核能的可控聚变反应可以产生大量理论上来说可用的能量，物理学家和工程师们被这种可能性深深吸引。核聚变有两个潜在的重要优势，一是核聚变的燃料——氢及其同位素——比核裂变所使用的重金属（比如铀）更便宜且更丰富；二是尽管核聚变过程会产生一些放射性废料，但由于建造聚变核电站的材料是非放射性的，因此它不会产生核裂变那么多的废料。相反，即使在技术上实现了可行性，核聚变电站也会和现有核裂变电站有同样一个缺点——高额的资本投资需求将成为经济可行性的一大障碍。当然，如果出于新的战略考虑（比如全球变暖的威胁），那么核能有可能再一次成为优先发展的产业。

第五节　制度创新

一直以来，人们对于化石燃料和核能对环境及健康可能造成的影响都有所担心，加之20世纪70年代出现的石油危机，引发了对能源未来的激烈讨论（见本书第十二章）。70年代初以前，美国能源研究和开发主要集中在核能的发展上。例如，1973年，67%的联邦能源开发经费都用于核能，仅对液态金属快中子反应堆的研究就占到了42%；而用于煤、石油和天然气上的研发经费很少。可再生能源及其保护问题在很大程度上被忽略了（Tilton，1974：8-15）。到70年代中期，人们普遍认为，节约能源可以减缓能源使用的速度，可再生能源可以在能源生产增量中占据较大比例。人们也认识到，要想使用可再生能源来替代化石燃料及核能，减缓能源的使用，就需要提升发电技术，而且电力生产者和消费者都必须积极参与其中。[1]

从1970年通过《清洁空气法》开始，美国政府进行了一系列干预，旨在处理电力生产对环境和健康造成的影响。第二类干预措施是为了鼓励可再生能源技术的发展和使用。第三类干预则转向了节能技术及相关活动的开发和应用。与七八十年代所倡导的改革相比，90年代中期的技术与组织明显发生了迥然不同的变化。

---

[1] 在本章中，笔者并未纳入其他领域节能技术的发展项目，如交通运输领域可参阅美国国家研究理事会（National Research Council，1992）；也没有考量为应对20世纪70年代石油危机所启动的项目，如合成燃料项目，可参看科恩和诺尔（Cohen and Noll，1991）。

一　清洁空气政策

美国于 1970 年颁布《清洁空气法》，其目标是"保护和提高国家空气质量"。该法案计划通过减少污染物（如颗粒物、二氧化硫、一氧化碳、光化学氧化剂以及一氧化氮等）的集中排放，到 1975 年实现"健康的空气"。[①] 在该法案通过三个月之后，美国国家环境保护局（EPA）设定了污染物的排放标准。美国各州被授权制订实施计划，减少工业污染物排放，以达到 EPA 所设定的空气质量目标。但是，1975 年环境质量委员会在审查各州进展时发现，大多数城镇都没有达到规定的标准。

美国国会对此的回应是于 1977 年通过了《清洁空气法修正案》，给工业更多的时间去调整适应。修正案也赋予 EPA 更多的职权防控有害的空气污染物。该修正案中一个主要的内容是控制二氧化硫（SO_2）技术的变革。1970 年的法案中，EPA 对新发电站设置的二氧化硫排放标准为，燃烧煤每百万英热单位（Mbtu）中二氧化硫的排放量不得超过 1.2 磅。这条法规鼓励公用电力企业建立新工厂使用低硫煤，同时也更鼓励使用西部产出的煤，而不是东部和中西部产出的高硫煤。环境保护人士和高硫煤生产者敦促国会允许公用电力企业继续使用高硫煤，但前提是洗涤煤浆以去除过量的二氧化硫。然而，这种"末端治理"技术不仅在减少污染物方面作用不大，而且洗煤设备的资本成本会使得技术成本更高。尽管如此，国会采用浮动制来规定燃煤电厂洗煤设备的功效——根据硫含量的不同，二氧化硫的去除量可以在 70% 和 90% 之间浮动。

1977 年的修正案在很大程度上改善了空气质量。但是大多数城镇地区还是会在某些时候无法达到联邦标准。随着对酸雨问题的日益关注，美国国会于 1990 年通过了《1990 年清洁空气法修正案》，旨在大幅减少二氧化硫的排放。该修正案设立的目标是，1995 年 1 月二氧化硫年排放总量为 895 万吨。国会还引入了一种创新的市场化污染交易体系：如果发电厂的减排量超过了规定的数量，就可以获得"排污权"，排污权可以出售，也可以在扩大发电量时自己使用。安装洗煤设备还可以获得额外的排污权。这一体系的建立是为了刺激发电厂以最低的成本减少二氧化硫的排放，提高减排效率（见本书第十二章）。

---

① 本节大量引用了马库斯和格芬（Marcus and Geffen, 1996）。

二 可再生能源政策

第二类立法则旨在促进可再生能源发电。1978 年《公用事业管制政策法》（PURPA）通过，它是卡特总统所提出的国家能源计划的一部分，也是与能源相关的立法中最重要的一个环节。《公用事业管制政策法》要求公用电力企业从其他合格的发电企业购买电力不可超过"可避免成本"（假设公用电力企业不从其他非公用电力企业购买电量，自己生产这部分电量所需要的成本，称为"可避免成本"）。其他合格的发电企业包括使用工业废热发电的公司以及使用可再生能源（如水、太阳能或生物）进行发电的小型电力企业。

20 世纪 70 年代末至 80 年代初，天然气和石油的价格上涨，这使得利用可再生技术的发电站的建设出现井喷。但是，随着石油和天然气的价格在 90 年代持续下跌，国家监管机构开始降低"可避免成本"的水平。其结果是，使用可再生能源的发电量急剧下降。然而，1992 年《能源政策法案》的颁布再次带来了新的刺激。法案规定，太阳能和气热项目可以得到 10% 的能源免税额度；使用新的风力设施或生物技术进行发电的项目 10 年内的抵免税费为每千瓦时 1.5 美分。天然气领域的抵免税费超过了总额的一半以上。

《公用事业管制政策法》的颁布使一大批独立发电站（合格的发电设施）得以建立，并为它们提供了有保障的市场。由此，该法案开启了解除电力行业管制的过程。然而，到 80 年代中期，在该政策领导下建立的大量非可再生能源项目遭遇到技术及财政上的重重困难（Bailey, 1995; Kerber, 1996）。这些问题的出现，部分原因正是支持独立生产企业、解除电力管制的法案失效了。

三 解除管制[①]

1992 年《能源政策法案》的通过掀起了美国制度创新的第三次浪潮，并改变了技术发展的轨迹。法案允许电力采购批发商（如市政公用电力公司或能源密集型企业）自由选择供应商。同时，法案也要求公用电力公司承担义务，放开电力输送领域，促进供应商竞争。而美国联邦能源监管委

[①] 本节大量借鉴了布伦南等人（Brennan et al., 1996）。

员会（FERC）无权管控电力的零售。

对电力行业的结构进行改革是基于这样一个事实——将电能的生产、传输以及分配分离开来在技术上是可行的，也具有更好的经济效益。有三种模型可以替代既有的垄断模型——在垄断模型中，单独的一家企业垄断了电力生产和传输的整个过程，通过传输网络将电力输送到配电公司或终端用户（Hunt and Shuttleworth，1996：21-24）。

- 采购代理模型　该模型中，单一买家从不同电力企业购买电力。这一模型的好处是可以促进生产者之间的竞争，但电力输送仍旧处于垄断阶段。这也是1978年《公用事业管制政策法》所鼓励的模型。
- 批发竞争模型　电力零售公司直接从生产商购买电力，并通过传输网络进行输送。生产商和传输网络对外开放准入，但零售电力企业仍然保持对终端客户的垄断服务。1990年英国在开始实行电力系统私营化时采用了这一模型；它也是1992年美国《能源法案》所提出的设想。实际操作中，往往出现采购代理模型与批发竞争模型相结合的方式。
- 零售竞争模型　这一模型中，所有的客户都可以自由选择供应商。电力的传输和分配对所有供应商开放准入。零售活动完全地从批发传输中分离出来。

在电力行业向零售竞争模型发展的过程中，一个突发事件出现了——1988年英国政府发布《电力产业私营化白皮书》。白皮书建议，电力私营化应包括拆分英国中央发电局——垄断所有发电厂和输送网络的国有电力集团。在此之前，配电体系已经与电力生产和传输分离开来，由12个独立的地区电力公司负责。"现有的发电厂将被划分成两个发电公司；允许独立发电企业参与竞争；建立独立的输电公司；为了鼓励竞争，配电公司将提供本地传输，客户可以自由选择供应商"（Hunt and Shuttleworth，1996：5）。经过激烈的谈判以及数次失败的尝试之后，新体系于1990年3月开始实施。[①]

在美国，加利福尼亚州的电力结构转型发展迅速，成功地实施了零售竞争模型。其他几个州也通过立法强制执行零售竞争模式。然而，在该模型最终实施之前，需要解决一些技术和制度上的问题。如何处理"搁置成

[①] 纽伯瑞（Newberry，1997）指出，对化石燃料供电的持续依赖是英国电力私营化最令人失望的结果。私营化带来的成本大幅度降低并没有转化为相应的电价下跌。

本"就是待解决的问题之一：如果未摊销的核电厂被迫关闭，"搁置成本"是否由发电企业和消费者来承担？如果输电和发电及零售分离，输电行业该如何规范？

综上所述，1978年《公用事业管制政策法》的通过为可再生及不可再生能源的独立生产者提供了有保障的市场；1990年《清洁空气法修正案》的颁布引发了煤炭供应商、天然气发电开发人员与空气污染控制技术供应商三者之间的竞争；1992年通过的《能源政策法案》则要求联邦能源监管委员会（FERC）强制拥有输送网络的公用电力企业向所有电力批发商提供开放的、无差别待遇的服务（FERC第888号令，1996年4月）。对于20世纪20年代塞缪尔·英萨尔以及其他电力产业领军人所建立起来的一体化系统来说，这些措施导致了该系统的解构。

第六节　可替代能源的发展

20世纪70年代初能源危机爆发之时，煤、石油和天然气在很大程度上取代了旧的传统能源（如木材、风和水）；后来，煤也迅速地被石油和天然气所取代（图7-1、图7-2）；核电厂才刚刚起步。前一节中介绍到的改革措施，尤其是1987年颁布的《公用事业管制政策法》鼓励利用可再生能源扩大和发展电力生产。只有当电力生产、分配以及零售三者分离所造成的影响越来越明显时，评估可再生能源发电的长期经济可行性才会变得容易。[1]

电力生产可选择的可再生能源种类繁多，[2]包括水电、地热、生物质能、风、太阳能以及光伏技术。70年代的石油危机引发了人们对于将可替

---

[1] 本节中，笔者没有论述交通运输部门对可再生能源或其他石油的替代燃料的利用。自20世纪80年代初以来，世界石油生产已经恢复，石油价格业已下降（图7-6）。当前基于哈伯德（Hubbard）模型的预测表明，全球石油产量将在2010年前后出现下滑。根据以往的经验来看，哈伯德模型的预测相当准确（Campbel, 1997; Campbel and Laherrcre, 1998）。有许多备用技术可以用来制造接近或略微高于油价的液体燃料，以替代石油。然而，可以合理预测的是，到2020年液体燃料可用于交通运输行业之时，能源环境有可能变得更差。对能源期货的最佳分析请参阅纳基切诺维奇等人（Nakicenovic et al., 1998）。

[2] 本节中大量借鉴了世界能源理事会（World Energy Council, 1993、1994、1995）、阿泰斯特等人（Tester et al., 1991）、约翰逊等人（Johanson et al., 1993）、杰克逊（Jackson, 1993）和艾哈迈德（Ahmed, 1994）。较早的评论请参阅《经济学家》（*Economist*, 1991）。

代能源用于交通运输、采暖以及发电的浓厚兴趣。煤以及核能的使用对环境和健康的影响使得人们致力于提高技术以发展可再生能源。这些可再生能源的主要特征可归纳为表7-4。

除了经济和环境因素，对可再生能源及能源保护的兴趣还来自文化的影响，甚至在1973年石油价格上涨之前，主张"拔掉"社会集权的反文化运动就倡导发展小规模的"软"的可再生能源。提倡使用可再生资源是因为可以削弱大型公用电力企业的权力，并鼓励个人和社区为自己的能源决策负责。[①]

能源研发经费的增加代表了美国联邦政府应对70年代石油危机的重要举措之一。然而，自80年代以来，公共和私营部门对能源研发的投资都在持续下降，这与能源实际价格下跌有关。90年代期间，天然气和电力公共产业的结构调整使得对能源研发投资的刺激减少，私营部门投资的减少尤为明显（Dooley，1998；Margolis and Kammen，1999）。下降最多的是对可再生能源及能源保护的研发投资。

一 能源保护

70年代的能源危机以及对于能源使用对环境影响的担忧使得人们越来越关注能源生产及使用的效率问题。能源会计师以及环保主义者指出，通过改变电力生产、制造、运输方式及其在家庭取暖、制冷和照明中的应用，可大幅度节约能源。能源保护人士坚持认为，节能措施可以减少电能消耗，到2010年，可减少30%，而人类行为或生活方式不需要做出任何重大改变（Lovins，1976）。人们将研究重心集中于以下几个方面：用荧光灯替代白炽灯；家用冰箱的改进；家庭、办公室及工厂的更有效采暖；加工技术的变革，比如在机械驱动中使用电力可调节速度。

如前所述，最初的实质性变革是由主要能源和电力价格上涨引起的。例如，"1971年生产的冰箱平均每年耗电1726千瓦时，1980年生产的冰箱仅耗电1280千瓦时。到1992年，新冰箱的年耗电量减少到690千瓦时"（Hirsh and Serchuk，1996：299）。

[①] 可以参阅埃莫里·罗文斯（Amory B. Lovins）1976年在《外交事物》上发表的很有影响力的文章。如需了解软能源选择的论文汇编，参阅纳什（Nash，1979）和杰克逊（Jackson，1993）。

80年代初,各公用事业委员会在强化市场力量方面起到了积极作用。公用电力公司被督促引入能源保护项目,称为"需求侧管理",即专注于减少能源消耗而不是促进需求增长。但是,直至80年代中期,大多数的公用电力公司管理者依然不愿意提升能效。发电过剩带来了负担,加上此时可以用较低价格获得化石燃料,这些事实使得管理者们认为,节能举措能带来的效益正在逐渐下降。美国能源部对能源保护研究的减少强化了这一观点。

表7-4 可再生能源的主要特征归纳

分类	太阳能	风能	地热	生物质能	小水电
资源					
量级	十分巨大	大	非常大	非常大	大
分布	全世界	沿海、山区、平原	地壳构造边界	全世界	全世界、山区
稳定性	每天、季节性、天气决定	极不稳定	稳定	季节性、气候决定	季节性
强度	低,高峰时 $1kW/m^2$	低均值,$0.8MW/km^2$	低均值,最高600℃	低到中等	低到中等
技术					
选项	低温到高温热系统 光电能 无源系统 生物转化	横轴式及竖轴式风轮机 风力泵 风帆动力	蒸汽双向热力循环 全流式涡轮机 地压 岩浆 液化	燃烧 发酵 消化 气化	低落差到高落差涡轮机 水坝和涡轮机
现状	开发中,一些商用	很多商用,更多还在开发中	很多商用,一些在开发中	一些商用,更多还在开发中	大多数商用
利用率	不储存的情况下<25%	不稳定,大多在15%—30%	高,基本负荷	短期储存下可满足需要	间歇荷载到基本负荷
关键的改进	材料、成本、效率、资源数据	材料、设计、选址、资源数据	勘探、提取、干热岩利用	技术、农业和林业管理	涡轮机、成本、设计资源数据

续表

分类	太阳能	风能	地热	生物质能	小水电
环境特征	非常清洁 视觉影响 本地气候 噪音 光电制造	非常清洁 视觉影响 海水处理 鸟类死亡率	清洁 溶解气 有毒物残留	清洁 对动物群及其他植物群落的影响 土地利用	非常清洁 对本地水生环境的影响

资料来源：World Energy Council, *New Renewable Energy Resources*: *A Guide to the Future*, London: Kopan Page, 1994: 30。

90年代初，公用电力企业开始对"需求侧管理"采取更为积极的态度，以应对监管部门的敦促以及适应经济形势。例如，在马萨诸塞州，保护法基金会与新英格兰电气系统以及三家新英格兰监管机构合作，制订出了一个全面的计划，允许公用电力公司保留一部分由用户的节能举措而节省下来的能源收益。

一些公用电力公司的管理者也开始相信，在增加产能的成本远远高于当前电价结构所带来的利润时，扩大产能并不是明智之举，节约能源就可以帮助他们避免这一错误。例如，在1990年，太平洋天然气和电力集团公布了其节能措施，旨在大幅缩小原计划中的产能扩张（Hirsh and Serchuk, 1996）。

巨大的能效收益已经显现。1973—1986年，能源转换率提高了26%——每年平均提高2.2%。然而，1986年，能源强度下降的速度开始减缓——每年的下降速率为0.45%。能源利用效率的收益来源尚不完全清楚。据估计，能源-GNP比率的下降大约3/4得益于能效改进的结果，其余的则是来源于结构调整以及燃料间的相互替代。

电力产业和消费者对于节能的态度仍然不是十分明确。一些经济学家认为，电力公司和用户无法利用节省下来的能源就意味着这部分收益蒸发了——"如果在人行道上有20美元，有人已经把它捡起来了!"电力公司往往希望节能投资的回报比扩大产能投资的回报见效更快；用户也希望在几个月内就能看见收益。对于影响节能技术采用和扩散的因素，人们需要更认真地进行研究；这就要求相关人员更充分地了解市场及监管行为所起到的作用。比较清楚的是，在将来，要想获得能效收益，就需要更为精确地利用政策工具，在生活方式的选择上也必须更为谨慎。

二　可再生能源

这一节中笔者主要介绍几种重要的可再生能源的现状。①

（一）水力

水力是目前唯一大规模使用的可再生能源。90年代中期，美国发电量的5%来自水能，而全世界发电量的15%是由水力贡献的。在有利的条件下，水力发电的成本是最低的。全球长期经济可行的水力发电潜能估计为6000—9000太瓦时，其中只有约2000太瓦时已经开发出来。大多数未开发出来的潜能主要分布在苏联、加拿大、中国和巴西。

大坝建设以及发电技术日趋成熟；提高一些陈旧设施的效率也是可能的。大型水坝往往属于资本密集型，运行成本比资本成本要低。但是资本成本差距很大，取决于大坝的地点、规模、竣工时间以及银行利率。小型发电设备因其先进的技术而更具竞争力。一些小发电厂对于蓄水场地和设施需求很小，有些甚至直接利用流水而无须蓄水。

虽然水力发电避免了以煤为主要能源发电所排放的二氧化硫及二氧化碳所带来的环境破坏，但是水电大坝经常会淹没大片地区，从而造成严重的生态和社会影响。大量的资本成本以及潜在的社会和环境影响使得像阿斯旺大坝（埃及）、萨达尔纳萨诺瓦大坝（印度）以及三峡（中国）大坝这样的项目很有争议。然而，对于许多发展中国家来说，水电所代表的可再生技术前景一片光明。在加纳，沃尔特河管理局的发电量占到总发电量的90%以上。

（二）地热

地热也比化石燃料更加环保。而地热发电站的主要缺点是：（1）地热资源的成本效益只能在有限的地理位置实现；（2）地热蒸汽中的化学物质具有腐蚀性，特别是氯化物和硫化氢。在现有的地热产能中，美国、菲律宾、意大利、墨西哥占了近3/4。地热是冰岛的主要能源。还有其他一些小国也拥有大量的地热资源，其中包括几个中美洲和东非国家，在这些国家中，发电量的很大一部分来源于地热。但是，即使是乐观的预测也表明，地热发电永远不可能占到全世界发电量的1%。

---

① 如需了解更详细的综述，请参阅艾哈迈德（Ahmed，1994）。

（三）生物质能

生物质是最重要的传统能源，虽然它在发达国家主要使用能源中所占比率还不到 3%，但在发展中国家却占到了 1/3 以上（Williams，1994：201）。一般而言，农、林业生物残余的使用受限于现有技术、保持土地肥力的需求以及收集和运输生物残余所产生的高成本。为了实现大规模的经济可行性，生物质能的成本必须很低，才能与煤等化石燃料竞争；与此同时，其生产的经济报酬率必须足够高，才能促使生产者不将木材（或土地）用于其他用途，尤其是工业用途（如制成木浆）。

利用生物质能最有前景的做法是，在热带或亚热带地区那些被砍伐的森林或退化的土地上发展种植园，以产生生物质。技术的改进（如生物质气化）有望使种植园产生的生物质比化石燃料更具竞争力（Williams，1994）。但是，从长远来看，利用土地生产粮食或用于生产其他生物质产品（如制成木浆）将极大地阻碍生物质在发电方面的利用。基于经济因素的考虑，能否大幅度提高生物质燃料的使用，取决于其对温室气体减排的贡献。向化石燃料所征收的碳税将会提高生物质燃料的竞争地位（Lunnan，1997；Sedjo，1997）。

（四）风能

自 70 年代初起，风力转化为电能的技术已取得实质性进展。加利福尼亚州的 15000 台风力涡轮机已经被整合投入既有公共电网中使用；丹麦也有 2000 台。技术的进一步改进（特别是用作叶片的先进材料以及更好的控制技术）有望降低资本成本和运营成本。

风力资源足以维持的发电能力可以高出世界现有电力消耗的好几倍。风力发电的主要限制是由风力涡轮机提供的电能时断时续；正因为如此，一旦风力涡轮机的设备需求增加，风力发电的价值就会降低。尽管如此，在某些地区，风力发电的成本与燃煤发电的成本接近。

（五）太阳能

太阳能发电技术的原理是把大量的太阳光集中到一个小区域，使热量累积，再用传统的热机将其转换成电能。目前已经开发的主要有三种设计：（1）抛物线槽式系统，该系统把太阳能集中到一个沿着槽式集热器焦线的接收器上；（2）中央接收器系统，该系统使用太阳追踪镜把太阳能反射到一个热交换器上；（3）抛物面碟式系统，该系统使用一个追踪盘反射器把太阳光集中到安装在该盘焦点的接收器发动机或热量接收器（热交换器）上。

上述三种设计在实验操作时都取得了技术上的成功。到 80 年代中期，在加利福尼亚州的莫哈韦沙漠建成了 9 座使用抛物面槽型系统的发电站。它们被开发成太阳能与天然气的混合系统，因为具有成本效益的蓄热设备尚未被开发出来。虽然以 70 年代末 80 年代初的能源价格来衡量，这些工厂似乎具有商业可行性，但 80 年代初石油和其他化石燃料的价格开始下降，新的太阳能商用发电站就再也没出现了。1991—1994 年，受诸多因素影响，其中包括联邦政府和州政府减免税收造成的损失以及天然气价格下降，加利福尼亚发电站最后不得不宣布破产，并停止生产（Ahmed, 1994：43-114）。

（六）太阳能光伏发电

与用于其他发电方式的热力发动机相比，太阳能光伏发电系统属于固态装置，无须移动部件就可将太阳光转换成电能。含氢的气体被转换成电能，其过程无须燃烧。系统设备运转时没有噪声，没有污染物排放，而且寿命长，几乎不需要维护。光伏发电由两个基本部分构成：（1）光伏模块；（2）为该模块提供支持的装备结构。模块的组成为光敏电池以及将光敏电池与环境隔绝的包封材料。某些模块被设计为包含数个反射镜或把光聚焦到光伏电池上的透镜。大多数设备还需要逆变器，将光敏电池产生的直流电转换成交流电。光伏发电设备可以被建成任何大小——可以小到安装在屋顶，也可以大到发电站的规模。20 世纪 70 年代初，光伏装置被应用于美国的太空计划中；在此之后，光伏发电设备的技术不断进步，成本也随之迅速下降。尽管如此，光伏发电在 90 年代中期的成本仍然堪比大型燃煤电厂的发电成本。

尽管成本高，但光伏发电系统已经有了一些商业应用，其中包括为偏远地区的设施建设、路灯照明、高速公路标识、通信、抽水、预警信号等提供电力支持（Akhmad, 1994：48）。一些尚未解决的技术难题阻碍了光伏技术的广泛应用。例如，由于只有在有阳光时才可以产生电能，因此光伏发电是时断时续的。然而，在电力需求量大时（如在美国西南部，夏季空调的使用造成用电量高峰），光伏系统具有经济竞争力。光伏发电的另一个潜在优点是，设备组件可以被分散在整个公用电力系统中，从而有助于降低传输及配电成本，增强系统的可靠性。人们在 90 年代中期所作的预测表明，电池和模块的效率持续进步，再加上生产效率提高带来的收益，光伏发电在未来几十年内可与传统能源发电相竞争。

查克莱瓦提等人（Chakravarty et al., 1997）曾通过一个模拟实验预测，如果太阳能生产成本降低的历史速率可以维持，到21世纪中期，全世界将可以摆脱对煤、石油和天然气的依赖。他们对能源过渡情况最乐观的估计是，到2050年，全球气温将上升1.5—2℃；随后，因为太阳能替代了煤炭、石油和天然气，全球气温将下降至工业化前的水平。如果对技术变化速率的估计更保守一些的话，21世纪末全球气温升高的最大值为2.3℃左右，随后是缓慢下降。即使技术变革的速度更加缓慢，只要征收的碳税为每吨100美元，全球气候变暖的趋势也会接近上述的最乐观水平。他们认为，美国征收碳税的标准定在每吨5美元左右（相当于每桶石油征收0.65美元）就足以资助必要的研发，从而走向更乐观的情形。光伏发电技术被认为是最有前途的太阳能技术（见本书第十二章）。[①]

很清楚的一点是，如果主要的可再生能源要在未来25年被广泛采用，则公众干预十分必要（Grubb, 1993；World Energy Council, 1994：48-52）。可再生能源（如生物质能、风能、太阳能光热及光伏发电）目前在商业上取得的有限成果，在很大程度上得益于公众对相关技术研发的支持以及监管制度的革新。可再生能源可以推进许多未被传统项目所得的潜在利益，包括：(1) 减少空气污染；(2) 缓解全球气候变暖；(3) 燃料供应多元化；(4) 降低核扩散风险；(5) 恢复退化的土地；(6) 发展非中心区域（Jonathan et al., 1993：4）。如果基于这些环境及相关利益而选择可再生资源发电的话，需要的政策干预将包括：(1) 减少或取消人为降低化石和核能燃料成本的补贴；(2) 设计政策工具以确保环境及其他外部成本更充分地反映在能源价格上；(3) 加大公众对可再生能源技术研发的支持力度。而从90年代末开始，主要工业国家类似政策干预的支持度较10年前有所下降（Dooly, 1998）。

[①] 查卡拉瓦蒂等人（Chakravarty et al., 1997）的模拟实验包括：(1) 估计的能源储量；(2) 煤、石油和天然气的开采成本；(3) 运输、住宅、商业采暖及制冷的多种能源需求；(4) 价格诱导的内生技术变革。他们开发了一个分类模型，该模型关注能源消费者转型为替代燃料使用者的可能性。该模型同时解决了不同能源及各自稀缺租金的效率价格问题。如需了解光伏发电技术进步的前景，请参阅瓦坦那彼（Watanabe, 1995）。

三 小即是美

旨在降低二氧化硫排放量以及向可再生能源开放能源市场的立法所产生的影响与预期相去甚远。只有很少一部分燃煤发电设施更换为"末端治理"的烟气脱硫设备。洗煤机的制造商在欧洲和东亚开拓出了广阔的市场,在美国却没有。美国的许多燃煤电厂改用更清洁的低硫煤。新设施建设的趋势朝着天然气发展,到90年代中期,几乎所有计划上线的新装置都是使用天然气发电的。

向天然气转变是制度和技术创新的结果。解除天然气产业的管制使得其供应更加可靠,价格也更低。燃料价格的下降诱导了燃气涡轮发电技术的迅速革新。最初的燃气轮机技术是由几个美国和英国的公司开发的,在第二次世界大战期间被用于军用喷气式引擎的研发中。早期模型的功率不等,最高可达40兆瓦;后推出的模型功率提升至150兆瓦—250兆瓦,热效达到40%。它们最初被电力公司当作备用技术,以满足高峰负荷需求。90年代初开发的联合循环燃气涡轮机系统(CCGT)由100兆瓦—150兆瓦的燃气轮机,加上蒸汽热回收装置以及100兆瓦—150兆瓦的蒸汽涡轮发电机组成。该系统的热效率能够达到55%—58%,并能够符合极其严格的氮氧化物(NO_x)新污染源实施标准。因为热效率高,该系统可以满足基本负荷需求。电力公司可以在系统中加入模块组件,以回应递增的容量需求。一个250兆瓦CCGT系统的安装时间不到2年,而燃煤设备的安装需要4—6年,核电设备更是需要8—10年。

由于在喷气式发动机技术以及在动力生产系统方面的经验,通用电气公司率先采用了先进的燃气轮机发电技术。但是,它很快面临与西屋、西门子和阿西亚·布朗·勃法瑞(ABB)的激烈竞争,这几家公司分别与其他喷气式发动机供应商建立了合作关系。但通用电气还是成功地保持了技术上的领先地位。1995年,通用开发了一个热效率能达到60%的CCGT系统(Ahmed, 1996: 21)。

最初,使用小型模块装置的独立天然气发电生产商为燃气轮机所取得的市场份额起到了重要作用。到90年代中期,全球新兴热电厂的设备订单中,燃气涡轮机(单循环、热电联产和联合循环)占到50%以上。天然气作为低成本燃料的出现与发电装置的最佳大小发生显著变化有关。1930—1980年,发电装置的最佳产能已经从100兆瓦上升至1000兆瓦;

到 90 年代，联合循环技术使得最佳产能又回到 100 兆瓦的范围（Hunt and Shuttleworth，1996）。

20 世纪 90 年代，天然气的市场份额已达到七八十年代改革家们所预期的所有可再生能源市场份额的总和。能源政策改革为独立生产商敞开了大门；燃气轮机的发展则使得生产商们把天然气作为主要能源；手握这张入场券，他们走进了能源保护者原本为可再生能源打开的大门。

第七节 观点透视

20 世纪 90 年代，电力—能源领域的技术和结构开始发生重大变革。在过去，电力被视为具有典型的技术锁定特点（Hughes，1979、1983）。交流电技术的成功，发电、输电和配电的一体化似乎把电力行业锁定在蒸汽发电技术的体系中，电力生产、传输和配送被垂直整合。

然而，七八十年代的监管制度创新开始逐步瓦解英萨尔在 20 年代所设计的制度结构。这一时期，化石和核能发电的技术停滞，加上环境问题带来的挑战，为燃气轮机技术打开大门。而未来几十年，燃气轮机发电也有可能向使用太阳能技术过渡。

至少在过去一个世纪，主要能源的替代呈现出的趋势是越来越多地使用碳含量较低的能源（图 7-1、图 7-2、图 7-3），这种脱碳趋势在终端能源消费上更加明显。经济和环境因素有可能引导技术变革继续沿着这条轨迹进行。如果脱碳趋势延续到 21 世纪以及更远的未来，那么很有可能需要将纯氢气作为燃料过渡，这有赖于发展一种经济可行的分解水技术（Isubic，1991；Gray Buller and Nagy Nowak，1988、1996）。水（H_2O）可通过电流分解成氢气和氧气。20 世纪 50 年代和 70 年代，人们预计，核能发电的成本足以低至使电解制氢在经济上具有可行性。到 80 年代末 90 年代初，光伏电池的发展再次为氢成为经济可行的燃料创造了可能性（Ogden and Willianms，1989）。

事实上，向低碳燃料过渡的轨迹与 20 年前预测的大不相同。核电对全球能源供应结构的影响比预期的小得多。可再生能源的前景至少再过 20 年才能显现出来。其部分原因是，既已探明的石油和天然气储量比例在不断提高，而不是下降。这种过渡轨迹也归因于矿物燃料转化为电能技术的进步。设计上的改进使得燃气轮机发电的转换效率迅速提升，并使得天然气作为电力生产主要能源的使用快速增长（Martin，1996）。

然而，试图对替代能源的技术和经济前景做出预测已变得非常不可靠。回顾人们在80年代对核电产业及石油价格的预测就可以看出这种难度。技术专家倾向于含蓄地假设一种路径依赖模型，即现有的技术将外生性地随着时间的推移而发展，独立于基本的经济力量或政策之外；而经济学家往往认为技术变革的速度和方向受到需求增长以及相对价格变化的影响，他们很少关注科学知识和技术的发展。

展望未来，不难预计，到21世纪中叶，发电技术的革新将进一步减少二氧化碳以及其他温室气体的排放；而太阳能及其他可再生能源取代不可再生能源的速度有多快却充满了更多的未知性。要估计几种可再生能源的相对贡献有多大更是困难重重。

比较明显的是，不远的将来，在作为中间商品及消费品的能源中，电力所占的份额将会长期持续增长。只有交通运输领域的能源趋势会有所不同。中、低收入国家要想在21世纪发展工业以及提高生活质量，发展电力产业依然是根本。但在美国和其他发达国家，尽管技术在不断进步，电力实际价格的下跌却无法再像1870—1970年那样，成为刺激经济增长的重要因素。

第八章　化工行业的技术变革[①]

　　了解化工行业的历史对理解技术在经济变革中所扮演的角色来说尤其重要。化工行业是第一批依托于实验室的科学研究而进行技术变革的产业之一。在美国和其他一些国家，化学及其相关产品也是研发投入力度最大的领域之一。基础化学与化学工程的联系比其他领域内科学与工程的联系更为密切，而化学工程本身就是一门源于基础化学进步而发展起来的学科。化工领域的创新在商业上所取得的成功已经成为企业成长与盈利的主要因素。与其他大多数领域不同的是，化工行业中与重大创新相关的工程师们都逐步成为企业的领导层。

　　政府在化工行业的发展和扩散中发挥着极其重要的作用。德国是首个使用科学技术来促进工业化发展的国家，而化工行业被认为在经济上和军事上都有着重要的战略意义。德国正是希望通过发展化工行业，从而摆脱资源的限制。德国投资培养了大量科学家，建立了一批新的科研机构，这直接促成了19世纪末德国主导全球化学市场的景象。无论是第一次世界大战后还是第二次世界大战之后，在将德国科学技术知识转向英国和美国的过程中，政府也都起到了积极的作用（Spitz，1988；Borkin，1978）。

　　化工行业最初关注的焦点是将天然材料转变为有用的中间品或消费品。这些产品数量繁多且种类繁杂——从基本的无机化工材料（如硫酸和氨）到作为合成橡胶、塑料和纤维基础的有机石油化工产品，再到高度专业化的制药及农用化学品的成分。由于新工艺和新产品的开发，化工行业随着时间的推移变得越来越多样化。而正是由于这种多样性，只用一个章

[①]　感谢阿希什·阿罗拉（Ashish Arora）、卢瑟福·阿里斯（Rutherford Aris）、约翰·伊诺斯（John L. Eons）、艾德文·雷顿（Edwin T. Layton）和纳森·罗森伯格（Nathan Rosenberg）对本章草稿提出意见。本章讨论的许多问题在阿罗拉等人所编的书中（Arora et al.，1998、1999）有所涵盖；也可参阅阿罗拉和甘波德拉（Arora and Gembardella，1998、1999）。

第八章 化工行业的技术变革 239

节是无法追溯该行业技术变革的完整历史的（见图 8-1）。本章将首先探讨促使现代化工行业产生的三个重要发明——合成染料、合成硝酸和合成

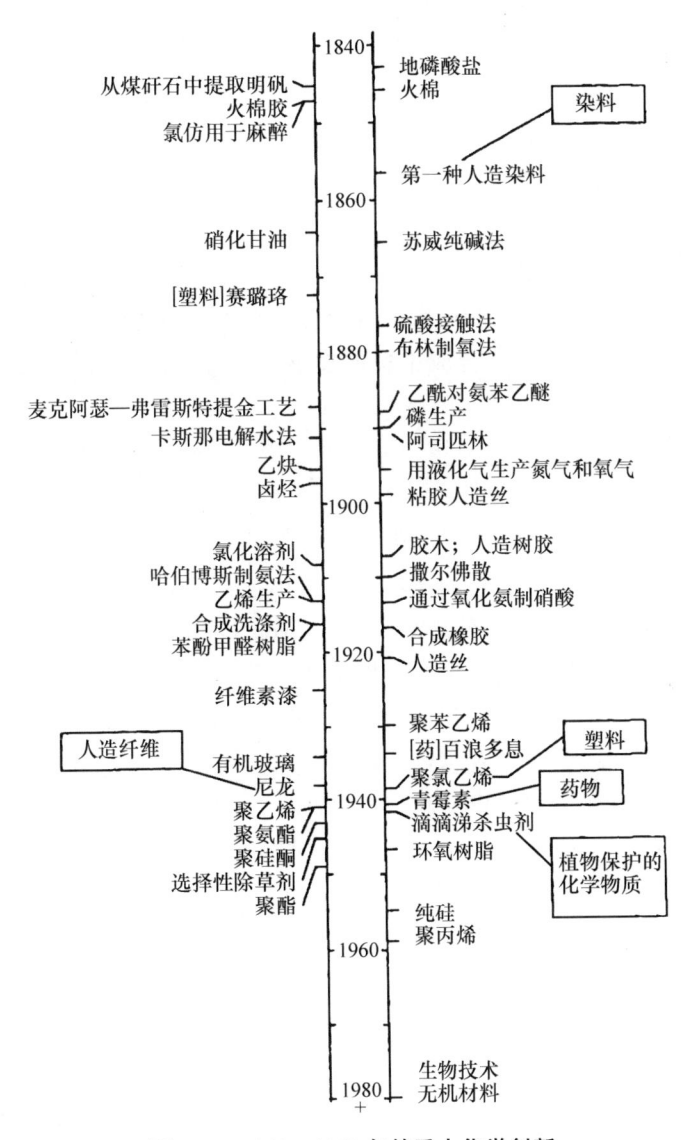

```
                    1840┬ 地磷酸盐
  从煤矸石中提取明矾    │  火棉
         火棉胶───────┤              ┌────┐
     氯仿用于麻醉      │              │染料│
                      │              └────┘
                      │  第一种人造染料
                    1860┤
         硝化甘油      │  苏威纯碱法
                      │
       [塑料]赛璐珞    │
                      │  硫酸接触法
                    1880┤  布林制氧法
                      │
  麦克阿瑟—弗雷斯特提金工艺│  乙酰对氨苯乙醚
         卡斯那电解水法 │  磷生产
              乙炔    │  阿司匹林
              卤烃    │  用液化气生产氮气和氧气
                    1900┤  粘胶人造丝
            氯化溶剂   │  胶木；人造树胶
         哈伯博斯制氨法 │  撒尔佛散
            乙烯生产   │  通过氧化氨制硝酸
           合成洗涤剂   │  合成橡胶
         苯酚甲醛树脂   │  人造丝
                    1920┤
            纤维素漆   │
                      │  聚苯乙烯
                      │  [药]百浪多息     ┌────┐
  ┌──────┐           │                   │塑料│
  │人造纤维│           │  聚氯乙烯         └────┘
  └──────┘  有机玻璃  │  青霉素          ┌────┐
              尼龙    1940┤                │药物│
              聚乙烯   │  滴滴涕杀虫剂     └────┘
              聚氨酯   │  环氧树脂       ┌──────────┐
              聚硅酮   │                │植物保护的│
          选择性除草剂 │                │化学物质  │
              聚酯    │  纯硅           └──────────┘
                      │  聚丙烯
                    1960┤
                      │
                      │
                      │  生物技术
                    1980┴ 无机材料
```

图 8-1 1840—1960 年的重大化学创新

资料来源：Margaret Sharp, "Innovations in the Chemicals Industry", In *The Handbook of Industrial Innovation*, Mark Dodgson and Roy Rothwell, eds., Aldershot, England: Edward Elgar, 1994: 170。

纤维；然后将讨论美国石化产业的发展及国际化扩散。①

追溯化工行业技术变革几种根源的相对重要性极其有趣。化工行业的发展主要表现为科学技术知识的自主推进，以及需求增长和要素禀赋所引起的进步。路径依赖起初由资源短缺或资源充裕诱导产生，它时常会锁定该产业部门的发展道路，因而成为其在发展后期进行调整的障碍。

第一节 发明者、发明及技术变革

在化工行业发展的早期阶段，一系列重大发明为技术变革设定了方向。这些发明通常是由那些后来成为企业家的科学家们开创出来的。本节主要讨论三个案例：（1）合成染料的发展；（2）氨的合成；（3）尼龙的发明。

一 合成染料

合成有机化工产业源于以煤焦油为原料的合成有机染料的发现以及棉纺织工业对物美价廉的染料的需求。以煤焦油为原料的合成染料的起源可以追溯到尤斯图斯·冯·李比希（Juatus von Leibig）于19世纪早期设立在吉森大学的化学实验室。李比希提出的"基于实验室的教学方法"最初成为德国化学教学的模型，后来被引入其他国家。② 这一方法为德国成为全球化学研究领域的领军者奠定了基础。李比希的实验室研究之一就是利用煤转换为焦炭所产生的焦油和其他副产品。

李比尔的一个学生奥古斯特·冯·霍夫曼（August von Hoffman）于1845年在伦敦被任命为皇家化学学院的第一任理事。1856年，跟随霍夫曼学习的年仅18岁的威廉·帕金斯（William Perkins）参与了合成奎宁的研究。在研究过程中，他偶然发现了苯胺紫——人类历史上第一种合成染料。苯胺紫是通过在稀硫酸苯胺溶剂中添加氧化剂重铬酸钾而生成的。煤、焦油、粗汽油在沸腾后去除杂质，形成一种黑色的沉淀物；这种沉淀物溶解在酒精中之后，会生成一种紫色富溶剂。后来，其他氧化剂的使用

---

① 与化肥产业相关的内容，请参阅西格耐特（Hignett, 1985）；与农药产业相关的内容，请参阅阿西拉德里斯等人（Achilladelis et al., 1987: 175-212）。

② 有关李比希的精彩传记以及李比希对化学学科所做出贡献的介绍，请参阅布洛克（Brock, 1997）。

又促使了其他合成染料的发现（Tilden，1936：310-333）。

1856年，帕金斯获得了一项加工苯胺紫的专利；次年，在家人的帮助下，他建立起一个加工厂；1874年，他从染料加工产业中退出，继续开展研究。19世纪后半叶，英国的染料加工产业发展迅速。然而到1880年，英国制造商在该产业的领先地位被德国所取代。帕金斯将英国的失利原因归结为两点：英国大学对有机化学方向的人才培养不够；英国染料制造商不够重视研究（Tilden，1936：317）。相反，德国工业研究实验室的成立、染料公司与德国大学及理工学院的密切合作则大大推动了德国在该领域的发展。

合成染料产业的发展同时受到供求双方的推动。英国棉纺织品生产的快速发展刺激了对染料的需求；而天然材料成本高、获取难度大，限制了染料的供给（比如生产蓝色染料所需的靛蓝）。搭建的平台包括：（1）煤、瓦斯生产过程中获得了丰富的副产品——煤、焦油等，可作为原材料；①（2）对煤、焦油化学知识的进步以及研究天然染料的实验室的建立。帕金斯偶然发现苯胺紫实际上是顿悟的体现（见图3-1）。

有机化学的发展（尤其是分子结构的阐明）使德国染料产业得以取代过去经验主义的方式，用更加科学合理的方法来发明和改进染料。这种方法也促使有机化工行业从染料扩展到了药品以及其他许多领域。德国化工产业也由此在20世纪前几十年中占据世界市场的主导地位（Walsh，1984：211-234）。②

二　哈伯—博施法

氮肥需求的迅速增长促进了德国合成氮的发展。在20世纪早期，氮肥的需求迅速增加，远远超过了智利硝酸钠的供给。第一次世界大战期间，当德国被迫切断了从智利的进口，氮肥需求更是大大增加。德国物理化学家弗里茨·哈伯（Fritz Harber）改进了一项加工工序，可以用氢和氮直接合成氨。到1909年，哈伯为大规模合成氨建立了最佳环境；而其商

---

① 煤焦油化学的发展代表了早期人们把严重污染空气的有害物质成功转化成有价值资源的例子。

② 19世纪80年代，染料等有机化学品被发现具有药用效果。德国和瑞士的化工企业，如拜耳（Bayer）、赫司特（Hoescht）、赛比尔（Cibia）、山德士（Sandoz）等公司开始生产基于合成染料的药物。其中最重要的是阿司匹林（水杨酸），由拜耳公司于1883年开始生产。

业开发则由来自巴斯夫公司（BASF）的卡尔·博施（Carl Bosch）领导的一个机械工程师团队进行。1913 年，巴斯夫公司成功实现了直接合成氨的大规模商业活动。① 博施升任为 BASF 的负责人，并领导德国化工产业组成企业联盟。

哈伯—博施工艺显然是受到资源的限制而产生的（Hohenberg，1967：44）。这是"一个国家发展一项新技术，从而不再受到化学原料氮的限制的绝佳案例"（Landau and Rosenberg，1992：96）。合成氨的发展对其他国家来说意义也十分重大。它推动的技术进步使得氮肥的价格在以后很长一段时间内持续下降；这又促进了遗传学家和植物育种家培育具有化肥效应的高产量农作物物种。

哈伯—博施工艺是第一个使用超高压化学反应的化学工艺。这个具有创新性的工艺直接导致了德国化学家基于氢化作用的另外两项重大发明——1925 年发明了基于煤的合成汽油，以及 1933 年合成甲醇的发明（Hughes，1969：106-132）。这同样导致了一些其他的发明，如某些军需品的生产、合成纤维、合成药物和合成维生素、石油精炼，以及化学及相关产品行业其他很多部门的发明等。

哈伯和博施的合作关系阐释了科学、产业以及政府之间的密切联系，这正是化学以及化学工程领域进步的特点之一。哈伯在其早期研究以及后来作为柏林皇家威廉物理化学学院的主管时，都十分拥护这种合作形式。哈伯还是一名坚定的德意志民族主义者。在第一次世界大战期间他担任战争原料部化学部门的负责人。在那个位置上，他监督了氯气在生化武器中的使用和改良。1918 年，由于在哈伯—博施工艺中的研究，哈伯获得了诺贝尔化学奖；博施则于 1931 年［与弗雷德里奇·伯吉尤斯（Frederich Bergius）一起］因其在高压化学工艺方面的研究而获得了诺贝尔奖。②

---

① 另外两项固定大气中氮的成功同样发生在 20 世纪初。1903 年电弧工艺在挪威被开发出来。在电弧高温下（大约 3250℃），氮和氧能合成为一氧化氮。在较低温度下，一氧化氮与大量氧气结合形成二氧化氮，在电弧作用下与水化合形成硝酸。硝酸通过与石灰石反应，形成终端产品——硝酸钙。与此同时，氰氨化钙工艺得到完善。通过在空气中提取纯氮气，电石、石灰石与焦炭在电炉中反应，转化成氰氨化钙（石灰氮）。该产品可直接用作肥料，或被水解形成氨（Higgs，1985：5）。然而，弧和氰氨化过程依赖于低成本电力，一般不具有经济可行性。

② 由于希特勒政权的反犹太人政策，哈伯被迫辞去公职和逃离德国。对于德国化工行业对德国军事能力所做贡献的讨论，参见格兰特等人（Grant et al.，1988：34-36）和博肯（Borkin，1978）。

三 尼龙的发明

尼龙是现代有机化学以及私人投资产业基础研究取得成就的典型代表。[①] 1927 年杜邦公司在查尔斯·斯泰恩（Charles Stine）的带领下成立了一个新的实验室，旨在填补影响重要化学工艺的知识的空白，这些知识对后来的应用研究至关重要。1928 年，威廉·卡罗瑟斯（William H. Carothers）被任命为杜邦基础研究实验室（位于美国特拉华州威明顿市）有机化学研究的主管。卡罗瑟斯早期曾在伊利诺伊大学和哈佛大学执教与开展研究；在杜邦，他继续进行在哈佛大学开始的有关高分子重量物质结构以及聚合作用的研究。他在聚合作用方面最初的工作是研究小分子单位组成大分子的原因和方式。他的研究对基础学科的发展做出了重要贡献，但是经济价值却较为有限（Spitz, 1988: 271-301）。

当卡罗瑟斯研究小组的一名成员试图生产更长的高分子链时，发现了合成纤维，挖掘出了威廉·卡罗瑟斯研究的潜在经济价值。杜邦公司的董事长（前化学部主管）克劳福德·格林沃特（Crawford H. Greenwalt）回忆道："卡罗瑟斯的一名同事在清理一个制造高分子聚合物的反应锅时，从中抽出一条性质活跃的杆状物，然后拔出一条纤维，发现这条纤维的灵活度和强度非常好，而且这个高分子聚合物还可以冷拉伸"（Mueller, 1962: 335）。当时，该研究小组投入了大量心血开展一个基础研究项目，旨在对单体和各种聚酰胺的性质进行系统性研究；而这一偶然发现就是这些努力的回报。

这项发现对杜邦公司来讲有着巨大的经济效益。该公司在纺织行业投入大量资源生产人造纤维，很希望能够研发出合成纤维以扩大其在人造纤维市场的份额。1935 年 7 月，他们决定开始商业化发展尼龙。这种发展分为三个阶段：第一年的核心任务是确定商业化生产尼龙是否具有可行性；第二步则是确定是否具有商业可操作性。最初着眼于全成型针织纱。1937 年末，杜邦公司在生产纱线方面获得成功。针织纱可以用来织成尼龙袜，相比于丝更加可取；最后一步是大规模生产"可再生的"纱。他们又花了几年的时间建成了第一个实验室规模的制造工艺流程，接着又建造了一个大型工厂（Hounshell and Smith, 1988: 262-273）。1939 年末，杜邦公司

[①] 可参考洪雪尔和史密斯（Hounshell and Smith, 1988）；特别参考第 119—326 页。

第一个尼龙生产工厂投入使用。最初，该工厂的计划产量为 300 万磅；但是在工厂还没完全建好的时候，杜邦公司就决定将其生产能力提高至 800 万磅。

20 世纪 40 年代，杜邦发明或引进了一系列合成产品。罗伊·布朗凯（Roy Plunkett）博士在 1943 年研究碳氟化合物制冷剂时偶然发现了一种隔热材料聚乙氟四烯；奥纶（一种速干材料，性能类似木材）于 1947 年被杜邦推向市场；涤纶（一种基于聚乙烯的合成材料）则是从英国的帝国化学工业公司引进的（Taylor and Sudnik, 1984：150-155）。

杜邦公司的研发成果促成了许多科学发现、创新活动以及产品改进；尼龙只是杜邦研发历史上第二个重要的成功。[①] 1920 年前的多数时间里，杜邦公司生产的只有爆炸物及相关产品。而从 20 世纪初开始，该公司慢慢发展成为一个产品多样化的化学制品公司。在杜邦公司最初的化学产品（包括粘胶人造丝、四乙铅、玻璃纸以及合成氨等）中，大多数都是其他公司开发的；他们将专利或者生产权转卖给了杜邦。穆勒在 1955 年对杜邦主要创新的分析中认为，这一点显示出"相比于开发新产品，杜邦公司更善于改进产品和工艺"（Mueller, 1962：344）。

以粘胶人造丝为例，杜邦最开始研究了改进硝化纤维的工艺来生产人造丝。这次尝试失败后，杜邦公司转而谈判收购美国唯一一家人造丝生产商——美国粘胶公司，后来因对方要价过高而放弃了这个计划。1919 年，杜邦与一家法国公司——人造纺织品公司达成协议，获得了这家公司粘胶人造丝技术的专有权。两家公司联合成立了一家合资企业——杜邦人造丝公司（杜邦公司持股 60%，法国公司持股 40%）。1929 年，杜邦公司又通过从另外两家法国公司（Société Chimique Usine du Dhône and Société-Rhodiacete）获得生产和销售权得以进入醋酸人造丝产业（Mueller, 1962：326、332）。

1923 年，杜邦公司从法国 Comptior 集团的一家子公司——LaCellophane Société Anonyme 获得了在美国中部和北部地区的玻璃纸生产权。40 年代末，粘胶人造丝、醋酸人造丝、玻璃纸这三种产品占到杜邦公司销售额的

[①] 杜邦公司第一个重要的成功是硝基漆（Duco 漆）的发明。Duco 漆最初用于第一次世界大战期间喷涂飞机机翼；1923 年经过调整之后，作为一种彩色快干漆被用在了通用公司（杜邦当时持有通用的大量股权）生产的汽车上。它使得汽车喷漆的干燥时间从几天缩短为几小时（Moorer, 1962：326-327）。

20%以上。而杜邦公司也一如既往地更擅长对购买的产品技术进行改进，而不是研发。比方说，1927年，杜邦公司改进了玻璃纸的防潮技术；1934年，又研发了一种高强度人造丝可以用作轮胎帘布。40年代后期，合成纤维产品占到了杜邦公司销量的40%左右。尼龙依旧是杜邦公司当时自主研发的最重要的商业产品。

杜邦公司在技术转移方面的经验尤其值得注意。起初，在从爆炸物生产进行转型的阶段，杜邦试图自主研发技术但频频受挫；于是转而从美国和欧洲的化学公司购买产品专利。随着发展壮大，杜邦的生产线日渐多样化，研发日益成功，于是也开始加大对基础研究的投资力度；这一切都要归功于杜邦知道如何利用偶然发现的机遇。

杜邦公司的发展壮大并不是因为强大的创新优势。杜邦公司支持研发，起初是因为想要使产品更加多样化，后来则是因为公司规模已经很大，足以内化创新成果。从传统上来说，多数化学公司专注生产某类型产品，要么集中生产一些价格昂贵、技术复杂的材料（如染料或者药品），要么就是大量生产技术含量低的材料（如酸或氨）。第二次世界大战初期，世界化学市场由杜邦、帝国化学工业公司、法本公司和索尔维公司这几家企业所控制。这些公司的发展具有一定规模，科技水平领先，资金雄厚，经营的化学产品范围十分多样化（Sudnik）。①

在这节中，笔者主要关注了三次根本性创新，希望能够帮助读者深入剖析化工行业早期的创新过程。在大多数时间里，化工行业的革命性创新由为数不多的几家大公司主导。1950—1980年，10家公司持有44%的新产品，其中50%在市场上获得了巨大成功。这些公司的辉煌和成功离不开那些科学型或商业型的企业家，但这些企业家所创造的"技术积累"更是永久性地被保存了下来（Freeman，1990：74-91）。

第二节　化学工程和石油化工革命

石油化工革命有三个前提："对高分子聚合物特性的了解、廉价的烯

---

① I. G. 法本工业集团成立于1925年，是巴斯夫公司与另外七家化工企业合并后成立的大型企业集团。帝国化学工业公司（ICI）的建立代表着第一次世界大战后大量企业进行联合的顶峰。尽管杜邦在20世纪20年代末是美国最多元化的化学公司，但美国的反垄断政策在一定程度上阻止了美国化工行业像德、英两国一样进行大量整合。

烃和芳香族化合物、发展大规模化工行业所必需的化学工程技术"（Wittcoff and Reuben, 1980: 243）。在美国，为满足日益增多的汽车对汽油的需求，汽油的产量增加了，这也导致了烯烃的增多——烯烃是炼油工艺的副产品。有机化学制品很大程度上都是中间产品，却具有很大的终端用途（见图 8-2）。第二次世界大战末期，重有机化工产业成为化工行业及配套产业中最活跃的一个分支。[①]

自第一次世界大战起，化学工程成为一个独立的学科。正如上一节所说，对高分子聚合物结构的科学了解在第二次世界大战之前的十年间快速发展。在美国，第二次世界大战后的 20 年间，化学工程技术在炼油工艺中的应用促进了两个方面的发展：一方面提供了廉价的原材料；另一方面将工业有机化学品的生产从分批生产转型为连续生产，扩大了经营规模。

一 化学工程

化学工程发展成为一门独立的学科是一种独特的美国现象：由一家单一的机构——麻省理工学院（MIT）——发挥主导作用。[②] 正如之前所介绍的那样，19 世纪后期，德国确立了学术研究与产业技术发展紧密结合的化学研究模式，然而，德国的化学家和工程师仍然保持各自独立的身份。

而在美国，这两个角色是融为一体的。将化学工程师的角色和地位与传统的分析化学家及机械工程师的角色明显区分开来，促成了化学家一个独立职业身份的形成——工厂的负责人和管理者，这也推动了化工厂的设计及建造（Reynolds, 1991: 343-365）。

第一门"化学工程"课程由刘易斯·诺顿（Lewis Norton）于 1888 年在麻省理工学院开设（Houghton, 1972; Servos, 1980）。1905 年，该校的一名工业化学教授威廉·沃克（William H. Walker）和物理化学教授亚瑟·H. 诺伊斯（Arthur H. Noyes）进行合作，重组了诺顿对化学和机械工

[①] "化工行业分解或合成化学物质，而其相关产品制造业则对这些化学品进行生产和包装"［Wiffcoff and Reuben（Ⅰ），1988: 12］。化工行业有三个主要分支——重无机化学品、重有机化学品和精细化学品。重有机化学品包括合成橡胶、塑料、合成纤维以及基于石油化学的许多其他产品。在重有机化学品中使用的主要材料是烯烃（乙烯、丙烯和丁烯）、芳香族化合物（苯、甲苯、二甲苯）和甲烷。烯烃产生于石油和天然气，芳香族化合物来自石油（少量来自煤），天然气则是从甲烷中提取的。

[②] 罗森堡（Rosenberg, 1998: 193-230, 1998: 167-192）。化学工程发展的个人历史，参看斯科利文（Scriven, 1991）和富特（Futer, 1980）。

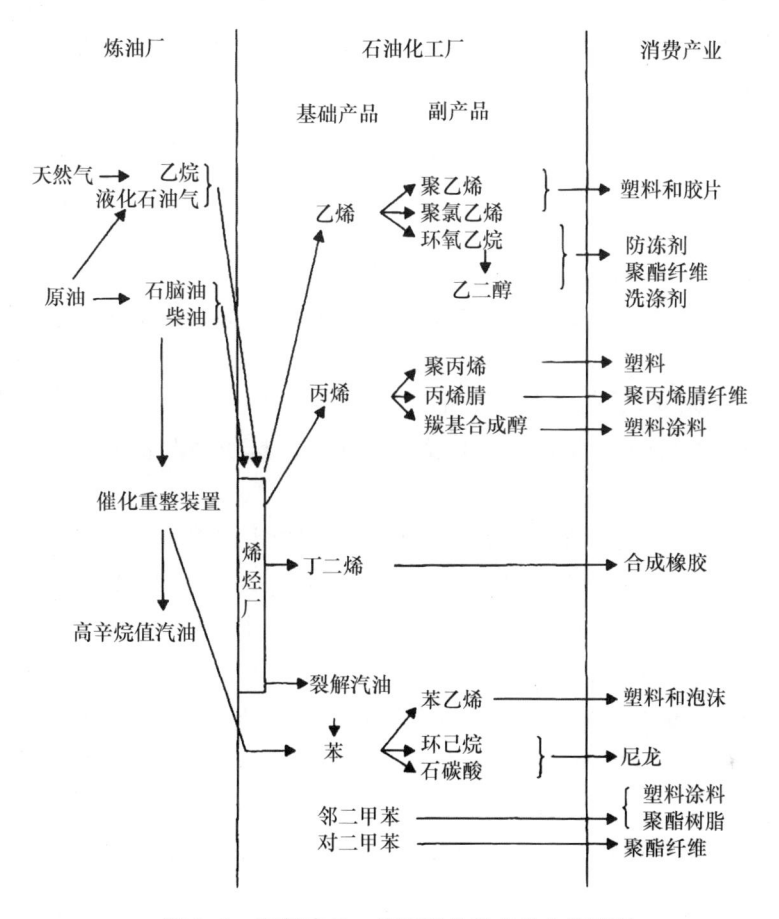

图 8-2 石化产品：以原料为起点的生产路径

资料来源：Margeret Sharp, "Innovations in the Chemicals Industry", In *The Handbook of Industrial Innovation*, Mark Dodgson and Roy Rothwell, eds., Aldershot, England: Edward Elgar, 1994: 171。

程的结合，将工业化学项目重新整合成了一个更为一体化的研究项目。到1915年，中央一体化概念已成为单元操作的研究问题——单元操作是由亚瑟·理特（Arthur D. Little）最先在他的咨询业务中开展的。

其中心思想是把工业化学的繁杂过程缩减成几个基本步骤，如蒸馏、吸附、传热、过滤、蒸发、反应等。沃克和理特在单元操作的基础上发展化学工程基础原则的科学分析……单元操作涉及化学家们尚未使用或需要的新的概念框架……因为之前的化学家们没有关注过怎样设计出产业规模的工厂和设备。（Landau and Rosenberg, 1992: 88）

1916年，麻省理工学院成立了一个独立的化学工程实践学院，开设达到先进应用水平的产业与学术相结合的硕士课程，但最初的开创者在这门学科的正确发展方向上有分歧。诺伊斯和沃克发生了激烈冲突，诺伊斯愤而辞职，一个独立的化学工程学院从化学系及化学工程实践学院中脱离出来，于1921年成立。它的第一任院长是沃伦·K. 刘易斯（Warren K. Lewis）。虽然刘易斯是沃克的徒弟，但他重视的是运用先进的数学理论工具来预测化学加工设备的性能，这使他与沃克之间产生了矛盾。

第二个化学工程学的重大进展发生在20世纪50年代，人们尝试将基本分子流体力学以及传递现象也纳入该学科中（Layton, 1988）。湍流和摩擦等现象本身并不容易被视为理论对待，因此为物理学家忽略；但它们却不能被想要设计化学反应容器的化学工程师所忽略。物理理论和工程实践之间的差距激发了化学工程师的努力研究，来填补这一知识空白。成功的关键在于无量纲参数的发展。量纲分析为参数的发展提供了理论依据，把小规模实验与工厂规模的设计联系起来。

这些发展的结果是，化学工程变得与化学基础知识的进步更加紧密。为了把化学工程设立为一个独立的学科，沃克发现有必要打破与麻省理工学院化学学科的制度联系。而到40年代末，这个被切断的联系在新一代化学工程师那里得到重建。由于这些联系是在工程科学的名义下重建的，工程学校再次被提醒"产业需要的是科学工程师而不是工程科学家"。

二　石油化工

1911年的反垄断判决使得标准石油公司解体为一些相互竞争的公司；在这之后，石油产业从分批生产转型为连续生产。最大的两个继任公司——印第安纳标准石油公司（现在的美国石油公司）和新泽西标准石油公司（现在的埃克森公司）——认识到，现有的技术难以满足汽车快速增多对汽油的需求。①

早在1890年,印第安纳标准石油公司的一个下属子公司在威廉·伯顿(William M. Burton,于1889年获得了约翰·霍普金斯大学的化学博士学位)的领导下在怀汀(印第安纳州)炼油厂建立了检测实验室。在发明了清除石油产品中不良硫化合物的工艺后,伯顿于1892年晋升为怀汀炼油厂副主管,并在1896年成为主管。他把两个约翰斯·霍普金斯大学的化学博士——乔治·格雷(George Gray)和罗伯特·汉弗莱(Robert Humphreys)招入实验室。1909年伯顿及其同事们启动了一个研发项目,旨在从原油中提取更多的汽油。他们发明的工艺是使用高压技术"裂解"重质石油馏分以产生汽油。②

最初,伯顿提出的开发高压技术的建议被标准石油公司董事会拒绝,董事会担心伯顿的提议会把"印第安纳全州卷到密歇根湖里"。1911年印第安纳标准石油公司解体后,伯顿成了董事会一员,公司对他的建议持有更为积极的态度。伯顿工艺在1913年被商业化应用。伯顿工艺使得原油的汽油产量增加了一倍,在数年内都是印第安纳州标准石油公司利润的主要来源。伯顿工艺的发明使得石油提炼产业转型为化学加工产业。

伯顿工艺的主要缺点是裂解是分批进行的。印第安纳标准石油公司木河(伊利诺伊州)炼油厂经理爱德华·克拉克(Edward M. Clark)在怀汀炼油厂待了一个夏天之后,启动了一个开发连续生产工艺的项目。到1914年,他成功开发出了被称为"管式裂解炉"的连续生产工艺。1915年4月,首批20台伯顿—克拉克设备开始在木河炼油厂投入使用。

随后在1919年,新泽西标准石油公司成立了一个发展部门(即后来的标准石油开发公司),由弗兰克·霍华德(Frank A. Howard)担任领导。这是该产业将创新制度化的首次有效尝试。③ 霍华德将印第安纳标准石油公司的埃德加·克拉克(Edgar Clark)挖了过来,并聘请麻省理工学院的

---

① 本章并不试图回顾石油产业技术变革的早期历史。相关的权威著作可参考威廉姆森和多姆(Williamson and Daum, 1959)、威廉姆森等人(Williamson et al., 1961)以及伊诺斯(Enos, 1962)。

② 有关新泽西标准石油公司早期研究更详细的信息,请参阅伊诺斯(Enos, 1962: 97-130)。在探讨导致人们对高汽油产出技术进行探寻的经济因素时,伊诺斯使用了诱导性技术变革框架。

③ 有关新泽西标准石油公司研究项目发展更详细的介绍,请参考伊诺斯(Enos, 1962: 97-130)。

沃伦·刘易斯担任顾问。在罗伯特·哈斯拉姆（Robert Haslam，刘易斯在麻省理工学院的同事）的指导下，公司在巴吞鲁日（路易斯安那州首府）成立了一个研究中心。哈斯拉姆组建了一支由15个麻省理工学院教职工及毕业生组成的队伍。他于1927年离开了麻省理工学院担任埃克森发展部门副总裁。20世纪20年代后期，霍华德与法本公司达成了一系列协议，共同研究氢化产品及合成化学品，以替代从煤中提取的油和橡胶。30年代后期成立的催化研究协会进一步发展了连续生产工艺——催化研究协会是一个国际研究联盟，由凯洛格公司、法本公司、新泽西标准石油公司、印第安纳标准石油公司、帝国化学工业公司、荷兰皇家壳牌公司、德州公司以及万国油品公司等多家企业组成。

到40年代初，石油产业的技术和技能发展逐渐为化工行业所用。在生产多样化的化学产品时，石油开始取代煤炭成为原料。但是，这并不是一个简单的技术转移过程。大规模化学生产需要重大的技术创新，以应对由复杂的产品分离、腐蚀、有毒危害和废物、多元化市场及其他因素带来的挑战。[1]

在欧洲，生产工艺转型为以石油为原料的速度要比美国慢得多。由于欧洲石油产业落后，再加上强大的经济保护主义政策，欧洲的有机化工产业更多地依赖煤炭作为基本原材料。即使在第二次世界大战后，以煤为基础的工业机制下的技术、态度和教育等也对过渡到以石油为原料以及扩大生产规模产生了阻碍。[2] 因此，有利资源禀赋引导的技术变革使得美国的有机化工行业具备比欧洲更多的优势。

第二次世界大战结束后的第一个20年间，对石油化工产品的需求（特别是对氯乙烯、氨、乙烯、聚丙烯树脂和非纤维素类纤维的需求）呈爆发性增长。对这些相对同质化学品需求的快速增长为扩大化工生产规模

---

[1] 在美国，石油被认为是比煤更好的原料，因为碳氢化合物可以以液态形式被使用，而煤炭必须转换为液体或气体后才能进行化学处理。由于伯顿及达布斯裂解炉的发明，20世纪20年代中期，炼油厂可以通过"破解"重原油馏分来提高汽油产量；与此同时，产生的气体含有烯烃，可以作为化学原料（Spitz, 1988：65）。

[2] "石化生产要求德国的化学家以及实业家开始用完全不同于以前的思考方式去思考。举例来说，就什么才是工厂的最佳规模而言，石化工厂之间的差异通常就比煤化产业的大得多……设计传统必须做出改变，因为新科技要求德国的设计师（按化学家的标准培训出来的）放弃'优雅'这一传统的设计思想。花了很长一段时间才改变了设计师的习惯，从而获得19世纪60年代至20世纪40年代的成功。"（Stokes, 1994：5、6）

创造了机会。最初，大型工厂只是简单地复制小型工厂的设备，例如建造两个而不是一个反应"列车"。但是工厂内部设备的单纯复制并没有使成本显著降低；而用一个单一的"列车"反应体系配以多个小型"列车"，生产成本就得以降低。这个单一"列车"设备设计首次应用于生产乙烯和氨；在这之后，工厂生产规模急剧扩大（Spitz，1988：418-461）。合成氨工厂生产规模的变化表现为，50 年代初凯洛格公司设计的单一列车每天生产 300 万吨，而到 60 年代后期，每天可生产 600—1000 吨。50 年代初和 70 年代中期，乙烯厂的生产规模从每年不到 4 万吨上涨到每年 40 万—60 万吨。但是到了 70 年代初，扩大工厂生产规模成本的减少（每磅成本降低 0.2—0.3 美分）被其他运营成本的增加所抵消（Spitz，1988：418-461）。

化学工程领域之外进行的一项重要技术变革是采用了计算机控制系统。这些系统借鉴了最优控制理论，在工厂设计、监控操作、收集无机数据和评估结果中得以应用。软件程序使系统能够自动执行启动和停机、改变原料和产品组合等指令。

新加工技术能够大幅提高效率，与新技术供应商组织的变化密切相关。专业工程公司（SEFs）进入市场，并开始取代"内部"化学工程人员（Freeman，1968：29-57）。[①] 大型化工企业在把工艺设计和开发交给专业公司的同时，继续集中精力于产品的创新和发展。这些专业公司可以获得整个化工产业更广泛的经验，因为他们为不同的客户工作，不同化学工厂从设计和运作中所获得的隐性知识和"干中学"经验都能为他们所用。技术权和许可协议也可进行交易和再交易。这样的途径和经验是公司内部化学工程师根本无法获取的。1960—1990 年，近 3/4 的大型新工厂由

[①] 其中最成功的公司之一是科学设计公司（后来的哈尔康国际公司），此公司的目标是开发石化技术，然后出售许可权。该公司于 1946 年由拉尔夫·兰道和哈里·伦贝里创建。他们两人都毕业于麻省理工学院的化学工程系，也都曾在第二次世界大战期间参与曼哈顿项目。最开始，科学设计公司的研究是在曼哈顿的一栋办公大楼里进行的，后来搬到了新泽西州的一个仓库大楼里（Spitz，1982：317-331；Landor，1996：19-37）。在这之前，专业的工程公司已经在石油精炼产业的发展中扮演重要角色。最早的专业工程公司是 1914 年成立的万国油品公司（UOP）。该公司由奥格登·阿尔穆提供财政支持，在杰western以及卡洛斯·达布斯研究的基础上利用"清洁循环"裂解技术。第一个原型工厂于 1921 年竣工。万国油品公司对任何石油精炼公司出售达布斯工艺的生产许可权，提供工艺的所有技术诀窍，并保护他们以防竞争工艺的拥有者提出法律诉讼（Enos，1962：60-96）。

专业工程公司进行设计、采购和建造（Freeman, 1968: 30; Arora and Gambardella, 1998）。

建造大型工厂所涉及的远远不止一个简单的"规模扩大"的过程。[①] 朗多和罗森伯格（Landau and Rosenberg）认为，扩大工厂规模所实现的效益不应与规模经济相混淆：

> 建造大型化学加工厂不仅仅需要保证足够大的市场；要扩大工厂规模，也必须进行技术创新。在这方面，很多人认为大规模生产的效益是一个独立于技术变革的现象。但事实上，工厂规模扩大通常包含若干技术变革，这些技术变革建立在经验以及如何更好设计工厂的远见之上，只有通过工厂较小规模运营时所暴露出来的问题而累积经验。所以扩大工厂规模往往必须依赖于工厂设计、设备制造和工艺操作等方面技术能力的进步。因此，除非达到一定的促进技术条件，否则很难获得规模效益。（Landau and Rosenberg, 1992: 93）

第三节　国际扩散

第一次世界大战前，德国公司在化工行业处于统治地位；[②] 在两次世界大战之间，为了追赶德国，英美两国的化工行业有了跨越式发展。20世纪40年代初，美国和德国的化学技术可谓并驾齐驱；而到了50年代初，美国的石油化工技术就远远领先于德国了。

第二次世界大战结束后，石化技术扩散主要分为两大阶段。第一阶段为美国的技术转移到西欧和日本；第二阶段则是在苏联和一些发展中国家建立石化生产能力。

[①] 对规模经济过于简单化的一个观点将造成这一事实的原因部分归于，除了技术进步，化工行业的规模经济的技术进步可"来源于单纯的几何因素。化学设备的生产能力随着体积（也就是线性尺寸的立方）的变化而变化。另一方面的成本是表面面积的成本，也同样随线性尺寸的平方而变化……这就是所谓的平方—立方定律。它并不适用于所有的设备。热交换机的生产能力取决于它的表面积，所以成本与生产能力成正比，没有规模经济。与此相反的是，控制系统完全不受容量限制"（Wittcoff, 1980: 25）。

[②] 本节大量引用了斯皮茨（Spitz, 1988）、塞耶斯和沙巴德（Sagers and Shabad, 1990）、伊诺斯和帕克（Enos and Park, 1988）。

一 西欧

随着对欧洲出口扩大，美国公司（尤其是一些国际化石油公司）率先将石化生产设施运到欧洲，建立起了其在欧洲的石化产业。例如，50年代中期，新泽西标准石油公司（现在的埃克森美孚）紧邻其在英国、法国和德国的炼油厂成立了石化生产中心。50年代末，欧洲人意识到，通过美国新研发的技术将石油作为原料生产化学品及其他产品能够产生更多的经济效益；因此，欧洲的许多生产设施都开始使用石油，而不再使用煤炭。60年代初，以陶氏化学、联合碳化物公司、杜邦公司为首的美国化学品公司在欧洲建立了独资或合资企业。专业工程公司在将美国技术转移到欧洲企业的过程中也发挥了重要作用。在第一批合作企业中，比较典型的有石脑油化学公司（Naphtachimie，Pechiney 与 Kulmann 组建的合资公司）决定利用科学设计公司（SD）的加工技术在法国建立一个新的环氧乙烷和乙二醇工厂。到1960年，德意志壳牌成为科学设计公司的主要竞争对手。二者不仅在欧洲，甚至在世界各地都展开激烈的竞争。

如前所述，由美国主导的从煤炭到石油、天然气的转变奠定了其最初的领导地位。第二次世界大战后，由于不能生产大量的石油和天然气，欧洲的这一转变被推迟。欧洲公司经历了很长时间才放弃使用煤炭和农业衍生原料（如乙醇）。第二个障碍是欧洲国家市场规模小。欧洲的化工企业发现，除非扩大出口市场，否则很难通过扩大生产规模盈利。在贸易保护主义政策下，一些欧洲国家禁止进口，这使得美国公司只能向第三世界市场出口。但到了40年代末及50年代，美国石化产品的份额（如炭黑、合成苯酚、乙二醇、丁醇、乙烯树脂和聚苯乙烯树脂等）在欧洲市场迅速扩大。科学设计公司及其他专业工程公司的研究也促进了氯化溶剂、马来酸酐、苯二甲酸等石化生产技术的扩散。60年代，西欧大力发展自身的石化技术。这也意味着，为了发展石化产业，欧洲越来越依赖于中东地区的原油、一体化的欧洲市场以及一个开放的全球市场（Stokes，1994：234）。

二 日本和苏联

日本石化产业的发展滞后于西欧近10年。[①] 第一次世界大战前，日本

[①] 关于日本化工行业发展更为完整的介绍，可参看新科等人（Hinko et al.，1998：103-135）。

的爆炸物和化肥产业已经取得了相当大的进展；而以生产人造丝、合成氨、煤基化学品等产品为基础的化工行业在两次世界大战之间迅速发展。然而，第二次世界大战过后，日本化工产业的发展受到了许多阻碍。战争期间的轰炸重创了日本，战后几乎完全依赖进口原材料。

20世纪50年代初至70年代初，日本化工行业经历了一个快速追赶的时代（Hinko et al.，1998：122-130）。跟德国一样，日本主要是需要将原材料从煤转换成石油。1950年，日本国际贸易及工业部（MITI）制定了严格的标准，对化工行业进行投资以刺激发展。MITI的目标是，以具有国际竞争力的价格向国内用户提供基本的石油化工产品。虽然主要是面向国内市场，但日本政府也坚持实行国际价格，作为测试自身效率和竞争力的手段。这和大多数国家所执行的进口替代政策形成了鲜明的对比：

> MITI为石化产业的发展指定了三个具体的方向：（1）确保国内苯、有机酸和丙酮的供应能够满足塑料和合成纤维产业的需求；（2）使用国内制造的乙烯和衍生品；（3）降低基础石化产品的生产成本，以提高化工及相关产业的国际竞争力。（Hinko et al.，1998：126）

日本的第一个石化项目是于1957年启动的——日本石化集团在横滨附近建立了乙烯生产设施。随后，三井石化、住友集团化工和三菱化工相继于1958年和1959年建立。这些项目的成功引发了60年代末70年代初新一轮的产能扩张。到1980年，日本已取代德国成为全世界第二大化学品生产国。

然而，70年代初，日本化工行业面临一系列难题。那时，进口替代阶段已经结束，国内需求下降，但产能还在继续扩张。因此，日本的化工行业面临着大量产能过剩的问题。1973年和1979年的石油价格危机抬高了主要原材料的价格，加剧了这一问题。为应对这些困难，日本化工行业进行了一系列战略调整，包括结构调整、限制石化生产、拓展海外市场、发展精细化学工厂和制药厂等。虽然进军国际市场（特别是亚洲市场）相当成功，但在巩固其国际市场地位和多样性发展方面，日本化工行业进展缓慢，且困难重重。

一个主要的制度约束因素是日本特有的组织形式——企业集团（keiretsu）；企业集团将金融机构和各个企业连接起来，而企业之间是通过长期的交易关系进行联系的（如石油、化学、造纸纤维和玻璃）。在快速扩张阶段，企业集团是发展的源泉；但到了八九十年代，其却成为结构迅速调整的障碍。在努力向多元化发展的过程中，一个重要的技术制约因素则是，日本企业在快速发展阶段采取的策略是从美国和欧洲引进化学技术。斯通、韦伯、科学设计公司等专业工程公司在技术转移过程中起到了主导作用。日本公司在改进工艺和产品技术方面具备巨大能力。虽然这些能力使日本企业在国际重化工业市场上具有强劲竞争力，但在过渡到制药和生物技术等新兴领域时，日本企业没有具备同样的实力（见本书第十章）。

尽管日本化工行业经历了许多困难，但总的来说它是很成功的。化工是日本第二大制造产业（仅次于电子机械产业），日本在化工行业的投入使得合成纤维、塑料、汽车、电子等下游产业蓬勃发展。它也是国际市场上的一支重要力量。但到90年代，它已不再是日本经济增长的动力来源。

苏联的化工行业被迫不停追赶西方国家。20世纪30年代，西方设备和技术的进口使得苏联的化工产业迅速发展。然而，第二次世界大战之后的"聚合物革命"再次拉开了西方和苏联之间的技术差距，但合成橡胶是一个例外。19世纪60年代，丁二烯在法国首次被确认；但直到1910年俄罗斯化学家列别捷夫（Sergoy V. Lebedev）的试验才第一次证明了它能够聚合成橡胶材料。最初的布纳橡胶丁二烯是从乙醇中提取的，而乙醇则是通过马铃薯等淀粉农业原料的发酵而获得的。50年代，人们开始从石油中提取乙醇用于丁二烯。60年代初，新的合成橡胶——异戊二烯——不仅在苏联而且在西方国家开始取代布纳橡胶。自80年代末以来，苏联一直是全球领先的合成橡胶生产国。[1]

50年代，苏联化工产业的发展主要包括既有化工厂不再使用煤焦油，转而使用烃类原料，以及建立了新的化工厂。但是这一发展过程十分缓慢，主要原因是资金有限，而不是工程能力不够强大。从60年代中期开始，从西方进口的资本设备迅速增加。一些欧洲和日本工程公司与苏联达成"补偿协议"；协议规定，苏联无须支付现金，只需将新工厂生产的化学品出口给欧洲和日本作为"补偿"。1978年，《欧洲化学新闻》杂志（*European Chemical News*）列举了100多桩这样的交易。而80年代，由于西方的市场机会减少，这些补偿交易也随之减少了。苏联从西方获得的大

---

[1] 对于合成橡胶产业在美国的发展，参见梭罗（Solo, 1980）以及莫厄和罗森伯格（Mowery and Rosenberg, 1998: 89-92）。

多数化工设备是装置和组件，而不是交钥匙工厂；与西方公司的合同通常覆盖工艺设计工程、设备、采购和启动协助等，而不是完全建设。到了80年代，苏联更倾向于购买个别设备来增加国内供应。

与此同时，由民主德国和苏联的化工专家所做的研究开始为西方化工技术做出实质性的贡献。哈尔康公司（Halcon，原科学设计公司）使用硼酸酯从环己烷中提取尼龙中间物质，而此研发工作的灵感就是来自苏联的研究。当西方国家的生产许可不可得或太昂贵时，美国公司往往转而使用苏联的研究成果来进行化学品的生产。尽管有这些先进的研究，但整体而言，苏联的化工产业在技术上仍然落后。在1986年进行的一项调查显示，苏联的化工产业只有16%的机器和设备满足国际标准，31%甚至未能达到国内标准。

三 发展中国家

早在20世纪50年代，一些发展中国家为了自身经济发展就开始将石化产业作为战略性产业。[①] 通过调节经济政策、调整市场规模、利用石油资源禀赋，石化产业成功地转移到了发展中国家。六七十年代，许多发展中国家（特别是拉丁美洲的国家）的政府采用进口替代政策，迫使本国石油产业发展。在大多数国家，由于国内市场规模太小，若非实施高关税或进口配额保护，根本不可能发展经济可行的生产设施。即使是拥有巨大国内市场的巴西，在90年代之前，为了实现经济上的可行性也大量依赖于国有部门和实质性保护措施，以抵制进口产品的威胁。与此相反，韩国采用了进口替代和促进出口相结合的复杂组合策略，从而迅速建立起一个经济可行的石化产业（见专栏8-1）。

发展中国家产油国一般都将石化产业的发展看作一个契机，以此增加本国原材料的出口价值。[②] 即使在1973年第一次石油价格冲击以前，几个大的石油生产国（如墨西哥、印度和伊朗等）就已经启动石化发展计划，要么实施国有，要么实施实质性的国家干预；西亚几个国家则启动了氮肥

[①] 本部分大量引用了查普曼（Chapman，1991）、伊诺斯和帕克（Enos and Park，1988）、法伊德和莫伊阿门（Fayad and Moiamen，1986）以及萨拉玛（Saramma，1984）。

[②] 在许多中东和北非国家，天然气的机会成本几乎为零。"据估计，1982年，沙特阿拉伯浪费的乙烯原料相当于13个年产量为50万吨的乙烯工厂所需的乙烯量总和"（Chapman，1991：154）。乙烯是一种独特的石化原料，因为它的运输成本很高，只能在产地附近用作燃料。

项目。然而，跨国石油公司和化工企业通常反对或不愿参与其中。随着1973年和1979年石油价格上涨，原材料的成本因素在决定选址中发挥了更大作用——"这从根本上改变了基础石化产业的国际竞争优势格局，对石油和天然气的生产商十分有利"（Chapman，1991：152）。

专栏8-1

石油化工技术转移到韩国

韩国政府于1973年1月30日在青瓦台发布了《重化学工业宣言》，正式宣告将支持韩国石油化工产业的发展。该宣言倡导对化工产业投入更多的政府支持，但事实上，改变产业现状的努力从20世纪60年代就已经开始了。

石油化工技术成功转移到韩国始于1960年第一个现代化学工厂的建立。忠州化肥公司负责该工厂的运作；美国国际开发署（USAID）则提供财政和技术援助。其工作人员大部分由受过大学教育的韩国化学工程师所组成，该工厂反过来也成为下一代韩国现代化学工程师的一个重要在职培训中心。

第二个基础是由1967年韩国第一家炼油厂的建立奠定的——位于韩国东南部蔚山地区的韩国石油公司（KOCO）。紧随其后的是一个可行性研究，同样由美国国际开发署资助，并由两家美国咨询公司负责实施——理特公司（Arthur D. Little，负责市场营销）和福陆公司（Fluor，负责工程）。理特公司的报告提醒人们，韩国国内市场太小，无法支撑能够以较低单位成本进行生产的工厂；但韩国政府对需求的预测却更为乐观。韩国政府还决定建立一个生产低密度聚乙烯（用于合成纤维）和氯乙烯（用于塑料）的工厂。

在经过激烈的竞标之后，陶氏化学公司被选为合资伙伴，双方各持一半股权；这也意味着，陶氏化学的技术被选中。来自忠州化肥公司（韩国化学工程知识的唯一来源）的管理者和工程师们在与陶氏的谈判中发挥了重要作用。他们特别要求韩国工程师可以去陶氏进行技术交流并接受培训。陶氏化学公司同意：（1）毫无保留地向韩国雇员传授自己所有的设计和"诀窍"；（2）竭尽全力地培养韩国工程师；（3）尽可能早地使用韩国工程师替代陶氏工程师。该合资企业被命名为韩国太平洋化工股份有限公司（后来的汉阳化学公司）。

蔚山工厂的设计和运营模式与陶氏化学在美国的工厂一致。但到了1976年，即成立不到4年后，韩国工程师就完全取代了外籍工程师；他们通过开发一些新材料以及改进节能技术来应对70年代的能源短缺。蔚山工厂的维修部门也没有进口部件或设备来替换老旧设备，而是利用韩国工人低成本的技术来重建或翻新磨损的部件和设备。

1977年，韩国政府开始筹划建设第二个石化工厂，同样也是与陶氏化学合资建立的。新工厂位于仁川，员工多数都是来自蔚山工厂的工程师，工厂于1981年开始运营。仁川工厂正式投产时，国内需求疲软，因此与蔚山工厂相比，该工厂花费了更长的时间来提升产能。仁川工厂和蔚山工厂的表现都超过了陶氏化学在加拿大、西班牙、中国香港、智利等地建立的工厂，这些工厂对外籍工程师的依赖更大。

80年代初全球经济萧条期间，受石油原料价格升高以及对石化产品需求减少的影响，陶氏化学撤出了其在日本、沙特阿拉伯、西班牙和韩国合资企业的股份。经过漫长的谈判，汉阳化学公司成为一家完全独立控股及管理的韩国公司。

韩国石油化工技术的发展如此成功有几个主要的原因。一是在这之前，化肥产业中的化学工程已得到了很好的发展；二是政府的远见，强调技术和工程的教育及培训，对技术转移也有严格的规划和实施；三是仔细研究了上游炼油与下游纺织产业的联系。许多观察家认为还有文化因素，韩国工程师对掌握技术表现出异乎寻常的渴求。

石化产业对韩国的经济发展到底有多重要，这一直是一个有争议的问题。支持者们强调，石化产业推动了纺织和塑料产业，技术和知识转移到了其他产业；此外，石化产业效率的提升也带来了很大的收益。批评者们则强调，石化工厂的资本密集造成了高额的机会成本；大量资源投入石油化工产业，使其他产业的企业（甚至更具前景的企业）无法获得足够的资源。他们还指出，事实上，资本密集较低的产业的多要素生产率收益甚至高于石化产业。

资料来源：Adapted from J. L. Enos and W. H. Park, *The Adoption and Diffusion of Imported Technology: The Case of Korea*, London: Croom Helm, 1988. The Enos - Park study also includes an excellent study of the adoption, absorption, and diffusion of synthetic fiber technology in Korea. For the broader political and economic context, see J. J. Stem, J. Kim, D. H. Perkins, and J. -H. Yoo, *Industrialization and the State: The Korean Heavy and Chemical Industry Drive*, Cambridge, MA: Harvard University Press, 1995。

石油价格的上涨除了给产油国带来巨大优势之外，还吸引了许多经济和政治资源，这对实现跨国石油和石化公司的合作来说是十分必要的。70年代末，专业工程公司的发展使产油国中几乎所有新出现的生产商都可以接触到最现代的石油化工生产技术（Arora et al., 1998、1999）。区位优势的变化以及技术和资金的投入都快速提升了发展中国家石化产业的产能，尤其是80年代初期的东亚和北非（见表8-1、图8-3）。大量投资也发生在几个新兴的发达国家石油出口国，如挪威和加拿大阿尔伯特省。

表8-1　　　1980—1986年发展中国家建立的主要化工厂

工厂所在国家地区	经营者	产量（kte/年）
乙烯		
阿尔朱拜勒，沙特阿拉伯	沙特基础工业公司/壳牌公司	656
阿尔朱拜勒，沙特阿拉伯	沙特基础工业公司	500
墨西哥	墨西哥石油公司	500
延布，沙特阿拉伯	沙特基础工业公司/美孚石油公司	450
特立安特，巴西	Copesui公司	420
中国台湾	中国台湾中油股份有限公司	385
利川，韩国	—	350
阿伦，印尼	Perramina公司	330
帕劳阿亚，新加坡	PCS公司	300
阿利亚加，土耳其	Perkim公司	300
拉斯拉努夫，利比亚	利比亚国家石油公司	300
乌姆赛义德，卡塔尔	卡塔尔石油公司/法国碳化学公司	280
低密度聚乙烯		
阿尔朱拜勒，沙特阿拉伯（线型低密度聚乙烯）	艾克森石油公司/沙特基础工业公司	130
延布，沙特阿拉伯（线型低密度聚乙烯）	美孚石油公司/沙特基础工业公司	200
阿利亚加，土耳其	Perkim公司	150
高密度聚乙烯		
延布，沙特阿拉伯	沙特基础工业公司/美孚石油公司	90

续表

工厂所在国家地区	经营者	产量（kte/年）
聚氯乙烯		
艾美利亚，埃及	EPC 公司	80
阿尔朱拜勒，沙特阿拉伯	沙特基础工业公司/Lucky 公司	200

资料来源：The data in this table has been brought together from a variety of sources on developments in the global petrochemical industry. Principal sources include stockbrokers' report and data; data supplied by companies and industry associations; and reports in trade journals。

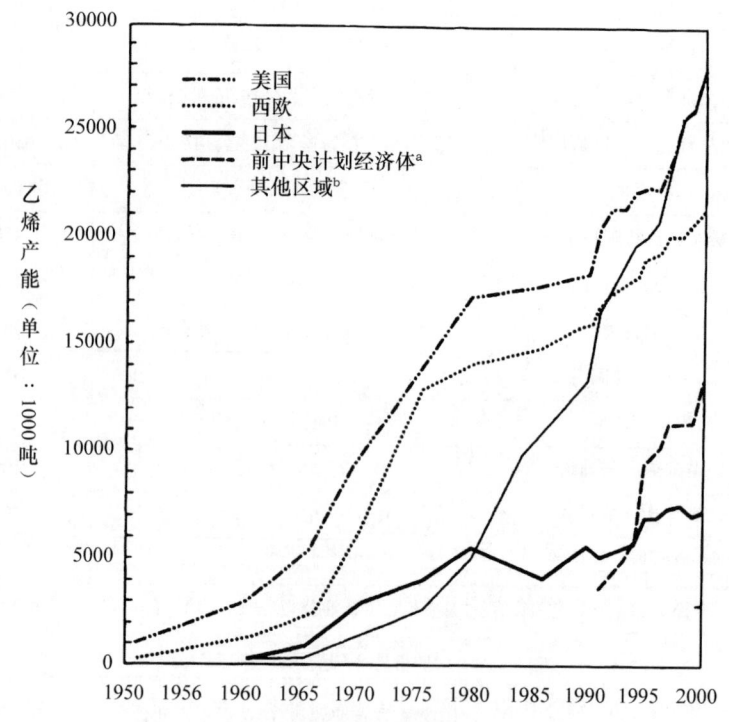

图 8-3　1950—2000 年世界范围的乙烯产能

注：[a] 前中央计划经济体包括东欧、苏联、中国和朝鲜。
[b] 世界其他地区 1950—1990 年的数据，排除了前中央计划经济体的数据。

资料来源：Adapted from Keith Chapman, "The International Petrochemical Industry: Evolution and Location", Oxford: Blackwell, 1991: 16. Data for 1991-1999 are from *The Oil and Gas Journal*, Tulsa, various issues. Data for 2000 are projected。

到 1990 年，几个发展中国家石油输出国的石化生产约占全世界的 10%，出口份额甚至更大。90 年代中期，几乎所有用于石油化工发展的新增加投资都发生在石油和天然气出口国。相反，在没有石油和天然气生产的发展中国家，几乎没有在化工产业进行投资的经济可行性机遇。

第四节 走向成熟

自 20 世纪 70 年代初以来，美国和其他发达国家石化产业的增长大幅放缓。1989 年，麻省理工学院产业生产率委员会的报告指出：

> 高油价、外汇汇率波动、环保法规、产能过剩以及 80 年代初的周期性衰退导致美国化学品企业的利润减少。他们中的一部分从其他国家的市场上撤出，并出售相关资产；随着销售额的下降，他们也减少了研发费用——减少了基础研究，更着重短期研究，着重于产品或工艺改进，以提高盈利能力。这些公司从金融危机中幸存下来；但从长期来看，如果知识水平不具备竞争力的话，任何一家公司都无法存活下来。(Dertouzos et al., 1989: 15)

回顾过去，显而易见的是，1973 年和 1979 年的"石油危机"以及 80 年代早期全球经济衰退，并不是造成 70 年代初以来美国和西欧化工行业增长速度放缓的根本原因。麻省理工学院委员会指出了几个全球性的因素。

从需求方面来看，一个重要因素是消费市场中，塑料、聚合物及类似产品对天然材料的替代机会放缓，至少在发达工业国家是这样。从供给方面来看，一个重要的因素是，70 年代的化工产业（尤其是石化产业）已经在很大程度上成为一种商品业务，各国的加工技术不相上下。那些在原材料和成本方面具备优势的国家，石化生产的技术水平也得到了很大发展，这导致美国和西欧企业的利润率大幅下降。新进入市场的企业（尤其是大型石油公司）激化了价格竞争，并进一步降低了利润空间。

麻省理工学院委员会还认为，化工行业日益依赖于专业工程公司的研发以及工程承包企业的厂房建设，这虽然有利于技术迅速扩散，但同时也减少了对自身研发的激励。此外，在有毒化学品及污染的控制方面，美国化工行业还面临着不断增加的政府监管所带来的成本问题。

化工行业技术成熟的一个指标是，产品、工艺和设备的创新自60年代以来大幅放缓。德图佐斯等人（Dertouzos et al., 1989：192）指出："1930年至80年代初，化工行业一共出现了63次主要进步，诞生了主要的塑料和纤维产品，包括玻璃纤维、除草剂、阻燃剂、环氧树脂胶粘剂、高氮肥和催化转换器等。历数这63次大进步，出现在三四十年代的有40次；出现在五六十年代的有20次；而发生在七八十年代初的仅有3次。"这种技术进步的放缓，再加上需求增长的下降，导致了美国有机化工产业劳动生产率增长的放缓：从1963—1974年的每年6.6%下降到1976—1979年的每年3.2%，再到1979—1985年的每年1.0%（Huffstutler and Bingham, 1988）。

除了这些全球性因素，美国化工行业还面临一些特殊问题。其中一个是欧洲化工产业的复苏。90年代初，全球最大的四家化学公司分别为英国化学工业公司（ICI），以及德国法本化工公司的三个继任公司：拜耳、赫斯特和巴斯夫（见表8-2）。这几个公司每一个都比分解前的法本公司大得多，也比美国最大的化学公司——杜邦——大得多。此外，这些欧洲公司扭转了第二次世界大战后早期的趋势，渗透入美国市场——其中有6家公司在90年代初位列美国最大的20家化学公司之中。尽管美国的化工行业在世界范围内仍很具竞争力，但在世界化工市场所占的比重已经大幅下滑——在50年代末占经合组织总产量的50%左右，而到90年代后期，这个比重已经降至约25%（Arora and Gambardella, 1998）。

表8-2　　1996年主要化学产品生产商销售额和研发排名

排名[a]	生产商及所属国家	化学产品销售额（百万美元）	研发经费占销售额比重（%）
1	巴斯夫公司（德国）	26519.3	4.9
2	赫斯特公司（德国）	19545.3	3.0
3	拜耳公司（德国）	19543.3	4.9
4	陶氏化学公司（美国）	18988.0	4.0
5	杜邦公司（美国）	18044.0	—
6	壳牌公司（英国/荷兰）	14631.3	—

续表

排名[a]	生产商及所属国家	化学产品销售额（百万美元）	研发经费占销售额比重（%）
7	诺华公司（瑞士）	13111.3	6.5
8	英国化工行业公司（英国）	12629.7	—
9	艾克森石油公司（美国）	11430.0	—
10	埃尔夫阿奎坦公司（法国）	10501.0	3.0
11	罗纳—普朗克公司（法国）	9117.2	3.1
12	大日本油墨化学公司（日本）	8696.2	—
13	东丽工业公司（日本）	7860.4	—
14	三菱化工（日本）	7797.7	—
15	孟山都公司（美国）	7267.0	—

注：包含所有按配方制造的产品，如药品和化妆品、特种设备能源和其他非化学操作。
[a] 排名仅基于化学产品销售。

资料来源：Adapted from Margaret Sharp, "Innovation in the Chemicals Industry", In *The Handbook of Industrial Innovation*, Mark Dodgson and Roy Roihwell, eds., Aldershot, England: Elgar Elgar, 1994: 172. Data are from Patricia L. Layman, "Slowdown for Global Top 50", *Chemical Engineering News*, 75 (29) (July 21, 1997): 15-17。

美国和其他工业国家的化工行业是如何应对市场及技术的成熟的呢？第一种应对方式是重组出更有竞争力的重化工商品部门，这样做的效果是大宗化学品进一步由各大石油公司所掌控；第二种应对方式是对研究方向进行重新规划，放弃改进重化学部门的工艺，转为开发新的或改进专用化学品，进入制药和生物技术产业。到了80年代后期，大宗化学品在化学公司总销售额中所占比例锐减。比如80年代中期到80年代末，在陶氏化学公司，这一比重从63%下降至35%；孟山都公司的该比重则由61%下降至35%（Dertouzos et al., 1989: 197; U. S. International Trade Commission, 1985）。80年代末，孟山都公司几乎3/4的销售都是由制药、除草剂和农业生物技术贡献的。

欧洲石化产业也被迫进行了大规模重组。但调整遭到推迟，这主要是由两方面原因造成的，一是欧洲国家致力于扩大产能，以应对石油出口国石油化工产品的大幅增加；二是由于西欧40%的石化产能出自国有企业或者深受国家影响的企业。但是，自80年代中期以来，欧洲石化产业也进行了大规模重组和裁员（Grant et al.，1988：202-211）；大量产能转向了美国和亚洲。并且，与美国化学公司一样，欧洲的科学技术发展方向也出现了调整，开始转向制药和生物技术等领域。[①] 1998年，赫斯特（德国）和罗纳普朗克（法国）合并成立了一个新的公司，成为全球医药、兽药、农药的领先生产商。这一方向的调整在20世纪90年代得到了巩固。

尤其是在较发达的国家，成熟的化工行业与环境之间的冲突日渐增多（见本书第十二章）。50年代提出的"用化学提高生活水平"的口号已经被颠倒。七八十年代，化工行业开始被视为有害废弃物的一大来源，因此被强制开发更清洁的技术——产生更少废弃物和排放的加工及生产技术；污染控制资本费用和运营费用大幅上涨（Esteghamat，1998）。这种需求也带动了被称为"产业生态"的产业技术新领域的崛起，关注的是循环利用工业副产品及废料（Allen，1995：233-276；见本书第十二章）。[②]

第五节 观点透视

从化工行业的历史来看，其技术变革的根源究竟是什么呢？该产业早期的资源禀赋和相对要素禀赋（比如农业原材料、煤炭、石油、天然气的可用性或缺乏）对诱导技术变革起到了重要作用。成功开发丰富资源或克服资源缺乏造成的限制都高度依赖于科学和技术的发展。研发和管理能力的进步使得一些资源贫乏的国家（如日本和韩国）得以发展出具有国际竞争力的化工产业。而未能发展这种能力则限制了一些资源丰富的国家利用自身的资源禀赋优势，比如苏联和海湾产油国。

化工行业也对相关产业的技术发展产生了重要的外溢影响。这使得产业部门对化学家和化学工程师提出了需求。化工行业在许多国家变成了向其他部门转移技术技能和知识的"学校"。化工行业生产的产品（尤其是获取这些产品成本很低的时候）诱导了纺织、农业和医药等产业进一步的技术变革。

---

① 想要更多地了解1980年以来化工行业的结构调整，参见阿罗拉和甘波德拉（Arora and Gambardella，1998）。如需了解生物技术的多样化发展，参见本书第十章。
② 材料生产对环境的影响将在本书第十二章中更详细地讨论。

进入 21 世纪之后,化工行业将面临技术成熟的问题。加工及产品技术的进步都越来越依赖于基础研究,但一些公司已经减少了他们的研发预算,特别是在更基础的领域。解决的办法就是加强研发合作,进行兼并和整合。化工行业能否在当今发达国家再次发挥它在 19 世纪 70 年代中期至 20 世纪 70 年代中期那段时间促进经济增长的能动作用,还值得商榷。

第九章 计算机产业与半导体产业[①]

国际商业机器公司（IBM）研发中心的前负责人曾表示："从技术发展和革命性影响力上来说，计算机就相当于是我们这个时代的蒸汽机。"（Gomory，1983：577）毫无疑问，计算机是20世纪下半叶最重要的科技产物。计算机和半导体产业的技术革命代表着科学技术发展前沿持续且飞速的变化。在化工产业，主要参与科技革新的是工程师；而在计算机和半导体产业，物理学家和数学家在推动知识和技术进步方面同样发挥了重要的作用。

计算机、半导体以及软件业最初的发展得益于军队和航空项目的需求。早期对计算机的探索研究，主要由大学科研人员按照政府合同来进行。尽管早期对半导体的研发由私人部门资助，但是在半导体产业发展的最初10年间，其主要销量来自政府为满足军队和航空需求而进行的采购。互联网的出现，来源于美国国防部高级研究计划局（DARPA）支持下的研发，以方便其承包商之间的有效沟通。即便在商业市场完善之后，大量公共资源仍然继续分配到研发和教育领域，以支持计算机产业的发展。

从主要元件的技术来看，计算机技术的发展至少经历了四代。第一代计算机采用真空电子管；第二代采用的是晶体管，以1959年问世的IBM7000系列计算机为标志；第三代采用集成电路，始于1971年的IBM370系列；第四代从1975年开始，采用超大规模集成电路。第五代计算机正在发展当中，与前几代相比，将会在结构上发生很大变化，并行处理将会替代顺序处理，而不只是主要元件的更新换代。

[①] 非常感谢威廉·卡尔森（William Carlson）、杰森·库克（Jason Cwik）、马克·约根森（Mark Jorgensen）、理查德·N. 兰洛伊斯（Richard N. Langlois）、爱德温·T. 莱顿（Edwin T. Layton）、伊恩·梅特兰（Ian Maitland）、亚瑟·诺伯格（Arthur Norberg）、罗伯特·W. 赛德尔（Robert W. Seidel）对本章初稿作出的评价。

本章主要介绍的不是计算机和晶体管的发展历程,也不是计算机和晶体管如何对电子、信息技术以及通信等领域的发展产生影响,而是计算机技术发展和应用过程中的一些里程碑事件。贯穿本章的主题是,对计算机和半导体的潜在需求总是被低估,就连最乐观的科学家、工程师和企业家——作为计算机、半导体和软件产业的开拓者——也总是低估这一需求。

第一节 从计算器到计算机[①]

电子数字计算机问世之前,机械制表机和机电制表机经历了一个很长的发展过程。19世纪末,大量办公用机器(包括打字机、加法机、收银机、机械计算器、票证机、计费装置等)开始运用。第二次世界大战期间以及第二次世界大战后不久,由于军队和政府其他部门的支持,电子计算机得以全面发展(见专栏9-1)。

专栏9-1

计算机的起源

研究技术方面的历史学家通常将现代自动计算机的起源追溯到查尔斯·巴贝奇(Charles Babbage,1792-1871)。巴贝奇偶然发现天文数表错误百出,这给他带来了极大的震撼;他从法国人杰卡德发明的提花织布机上获得灵感,认为使用穿孔卡来"指导"(编程)机器运作是很有潜力的。1820年前后,巴贝奇萌生了制造一台"差分机"的想法,这台差分机可以逐步取连续数字的第一、第二、第三和更高的差值,直到找到恒定的差值。然后,它可以反转这个过程(整合),通过连续相加得到原始数字。他设计了一个小型计算器,使某些数学运算可以精确到小数点后12位。

[①] 本章主要参考引用了以下著作:皮尤(Pugh, 1984)、巴许等人(Bashe et al., 1986)、卡茨和菲利普斯(Katz and Phillips, 1982)、萨尔金(Shurkin, 1984)、弗拉姆(Flamm, 1987: 42-93)、坎贝尔凯利和艾斯普瑞(Campbell-Kelly and Aspray, 1996)以及莫厄里和罗森伯格(Mowery and Rosenberg, 1988: 135-151)。其中,皮尤的著作中有十分重要的"纪年表"。

> 差分机能够减少编制精确数据表所需的大量工作，这引起了汉弗莱·戴维斯爵士（Sir Humphrey Davies）以及英国皇家学会的兴趣，并从1823年开始得到英国海军的资助。在资助期的最后9年间，巴贝奇尝试了他的另一个构想——"分析机"，这台机器延续采用差异步骤的方法，操控运作的也是提花编织机式的穿孔卡。然而，当时可供使用的技术，如钝齿、轮子、轮轴等，都无法满足项目的要求。1842年，政府中断了对巴贝奇研究的支持。
>
> 尽管巴贝奇没能成功地制造出可运行的分析机，但他清楚认识到了一台数字计算机所需的主要元件。1855年，瑞典一家公司根据巴贝奇差分机的原理，设计出了一台计算器。而在20世纪30年代中期被重新发现之前，巴贝奇的贡献一直被人们所遗忘。现在，人们已经很清楚，是他的研究成果影响了珀西·鲁德加特（Percy Ludgate）在第一次世界大战前对分析机的研究，而且伦纳德·托里斯·克维多（Leonardo Torresy Quevedo）1920年展示的电磁计算器、20世纪30年代范内瓦·布什（Vannevar Bush）发明的微分分析器也都是受其影响。
>
> 资料来源：Adapted from Barbara Goody Katz and Almarin Phillips, "The Computer Industry", In *Government and Technical Progress: A Cross-Industry Analysis*, Richard R. Nelson, ed., New York: Pergamon Press, 1982: 163-164. For greater detail see Anthony Hyman, Charles Babbage, *Pioneer of the Computer*, Princeton: Princeton University Press, 1982, and Brian Randal, "From Analytical Engine to Electronic Digital Computer: The Contribution of Ludgate, Torres and Bush", *Annals of the History of Computing*, 4 (October 1982): 327—341。

一 制表机和计算器

1886年，美国人口普查局统计员赫尔曼·何乐礼（Herman Hollerith）设计并建造了一台电动制表机，这种制表机使用穿孔卡输入以及电卡读取。何乐礼制表机处理数据所用的时间只有手动填写相同数据所用时间的1/3。1896年，何乐礼创办了制表机公司。在1910年的一次兼并后，公司更名为计算—制表—记录公司（Computing-Tabulating-Recording Company，CTR）；1929年再一次更名为国际商业机器公司（IBM）。美国人口普查局的另外一位职员詹姆斯·鲍威尔（James Powers）发明了自动穿孔卡片机，并于 1911 年创建鲍威尔制表机公司，1927 年鲍威尔制表机公司与雷明顿兰德公司合并。

这两家公司最终成为计算机产业的两大巨头。第一部全自动计算器即为哈佛大学和 IBM 合作的产物。1937 年，当时还只是哈佛大学研究生的霍华德·H. 艾肯（Horward H. Aiken）研发出电子计算设备的备忘录。这份备忘录引起了 IBM 一位高管的注意；在他的安排下，IBM 于 1939 年为艾肯的项目投资。自动序列控制计算器（Mark I）于 1944 年完成，使用的是现成的标准元件。Mark I 机电设备可以进行加减乘除计算以及表引用。在穿孔卡上输入信息，输出信息则记录在穿孔卡上或电子打字机上。后来，这种设备被美国海军和空军广泛应用。

二　电子数字计算机

第一台多功能电子数字计算机是由约翰·莫奇利（John W. Mauchly）与普罗斯珀·埃克特（J. Prosper Eckert）以及来自宾夕法尼亚大学穆尔电气工程学院的合作伙伴共同研制发明的。[①] 这个项目由阿伯丁弹道实验室拨款支持。军队感兴趣的是发明一台可以减少炮火数据计算工作的机器。莫奇利—埃克特机器，被称为电子数字积分计算机（ENIAC），于 1946 年正式完成，它的计算速度比当时任何机电计算器要快 1000 多倍。尽管最初的 ENIAC 并未被投入商业用途，但在军用需求的刺激下，它的成功完成极大地促进了计算机产业的发展。

穆尔学院团队开发的第二个项目——离散变量自动电子计算机（EDVAC）——对未来计算机的发展影响更大。它融合了莫奇利、埃克特、穆尔团队的戈德斯坦（Goldstine）以及普林斯顿大学高级研究院数学家约翰·冯·诺依曼（John von Neumann）等人关于存储程序和顺序处理的设想。在诺依曼的建构中，计算机的处理元件从储有数据及程序的中央存储器那里得到指令，然后处理数据（如进行加减运算），最后将得到的结果

[①] 电子数字计算机的构思源自爱荷华州立大学约翰·V. 阿塔纳索夫（John V. Atanasoff）1937 年的一个想法。1940 年，他发明了一个小型的计算机原型，1941 年他针对该发明的理论和设计发表了一篇论文。1941 年莫奇利对爱荷华州立大学进行访问，目的是观察该计算机模型，阅读相关技术论文，并与阿塔纳索夫进行探讨。爱荷华州立大学未能给阿塔纳索夫的设计申请专利。尽管这个问题存在争议，但大多数历史学家认为电子数字计算机的发明者是阿塔纳索夫而非莫奇利和埃克特（Shurkin，1984：114-116）。

传回中央存储器。20世纪40年代末以后的所有电脑系统都基于诺依曼的架构，即指令和数据存在于同一个存储器。

公共部门在促进计算机发展的过程中功不可没。第二次世界大战期间及第二次世界大战后，美国国家标准局、人口普查局、国家航空咨询委员会，以及美国陆军阿伯丁弹道研究实验室、海军研究办公室等军事部门都积极调动各种资源用于计算机功能的改进。几所大学设立项目以发展存储器（如加州大学伯克利分校、伊利诺伊大学、密歇根大学等）。尽管从事计算机开发的骨干人员来自各行各业，包括大学、政府部门、工业等，但资金支持基本来自美国联邦政府（Flammn, 1988）。[①]

三 商业发展

第二次世界大战后，许多公司迅速建立起来或进行合并，试图利用这项新技术。1946年6月，埃克特和莫奇利创办了电子控制公司，并于1947年发展成为埃克特—莫奇利计算机公司。由于他们无法筹集到足够的资金完成发展目标，1950年，二人接受了雷明顿兰德公司的收购。后者为他们带来了几个订单合同，其中包括为美国人口普查局研发EDVAC型计算机，称为UNIVAC。1946年，海军通信辅助活动处的工作人员（曾参与研发支持海军密码系统的计算机）在明尼苏达州圣保罗市创办了工程研究协会（ERA），但ERA在后来也陷入财政危机并于1952年被雷明顿兰德公司收购。在收购了埃克特—莫奇利计算机公司和ERA之后，雷明顿兰德公司在美国计算机工程领域占有了重要的一席（Tomash and Cohen, 1979）。

但是雷明顿兰德公司对商用计算机的发展兴致缺缺，这令埃克特—莫奇利计算机公司和ERA非常不满。其他办公设备制造公司也同样对计算机的商业发展缺乏热情。1950年，IBM总裁老托马斯·华生声称，他们公司研发并展示于纽约IBM总部的选择性序列电子计算机（SSEC）可以"解决世界上有关科学运算的所有重大问题"（Katz and Phillips, 1982: 171）。而他认为商用计算机的发展潜力有限。

[①] 尽管在计算机发展初期各方交流非常开放，但是发明和专利知识产权的问题仍然导致了很多纠纷。争论的焦点是冯·诺依曼1945年6月30日发表的一篇备忘录《EDVAC报告初稿》（"First Draft of a Report to the EDVAC"），这篇文章削弱了莫奇利和埃克特在后来的诉讼中争夺知识产权的努力。1946年，莫奇利和埃克特与宾夕法尼亚州大学就专利问题发生纠纷，并被迫辞职。更多个人评价及相关争议，见萨尔金（Shurkin, 1984）。

朝鲜战争的爆发才使得IBM下决心考察商用计算机的市场。在政府机构及国防相关公司30份意向书的支撑下，IBM于1951年启动了国防计算机项目。随着"计算机未来的租金可能为每月15000美元"这一预测被公布，除了6个客户以外，其他所有的客户都退出了（Katz and Phillips，1982：177）。然而，IBM决定继续进行研发，并将机器更名为IBM—701。"1953年4月7日，IBM—701正式完成，它取代了SSEC，展示出IBM计算机的强大实力，标志着IBM迈入了战后电子计算机技术的新纪元"（Pugh，1984：32）。但并不只有IBM取得了成就。1953年2月，ERA宣布最先进的商用机型ERA 1103问世（后更名为UNIVAC 1103）。作为回应，IBM决定制造出更先进的产品，即IBM650磁鼓计算机。650型计算机于1954年问世，每秒钟可进行111次科学运算或者291次商业操作。它便于操作、价格低廉、性能稳定，且便于安装和维护，使用穿孔卡输入或输出信息。后来，650型计算机不断升级，增加了拼写功能，可连接打印机，还具备一些其他功能。"IBM 650就是计算机产业里的'Model T'（福特汽车公司的畅销车型）。"（Katz and Phillips，1982：178）最终，IBM生产了将近2000台650型计算机。

在IBM研发晶体管商用计算机IBM 7090的过程中，政府订单发挥了重要作用（Usselman，1993）。50年代早期，IBM参与了美国和加拿大政府共同建立的计算机防空系统项目，即半自动地面防空警备系统（SAGE）。SAGE的设计旨在侦查外来飞行器、选择合适的拦截飞行器以及设定防空导弹的弹道。该系统需要存储、处理大量数据信息，并实时协调数台计算机。SAGE成功地在降低成本、提高性能方面取得了重要的进展。[1]

1952年，美国司法部对IBM提起反垄断诉讼，理由是IBM只提供制表机的租赁，且垄断了穿孔卡市场，在销售穿孔卡时存在价格歧视。但

---

[1] 半自动地面防空警备系统（SAGE）被认为是科技史上很重要的学习经历之一（Hughes，1998：15-67）。IBM和麻省理工学院参与的SAGE项目的创新之处在于：（1）快速制造价格低廉、性能稳定的铁氧体磁芯存储器的技术；（2）计算机对计算机远距离通信；（3）多用户实时同步运用；（4）键盘终端实现人机互动；（5）两台连接的计算机同时使用；（6）不干扰双处理器的情况下进行远程控制；（7）独立于双处理器以外使用显示选项；（8）包括干预系统、诊断程序和维护预警技术；（9）相连存储器的发展（Katz and Phillips，1982：185）。IBM 7090型计算机的其他创新包括：（1）全新的平行建构，允许几个操作同时进行；（2）标准分子系统元件技术；（3）打印电路卡和后台线路的改进；（4）8字节；（5）晶体管和晶体管生产工艺的改进；（6）可连接外围设备的普通模型；（7）十进制和二进制结合；（8）固定和变化单词长度操作相结合（Katz and Phillips，1982：189）。

是，美国政府同时也出台了一些政策支持 IBM 的研发；因此，这两种行为本身自相矛盾。1956 年，IBM 总裁小汤姆斯·华生签署了同意判决书，诉讼风波得以解决。他的战略是放弃 IBM 在制表设备和穿孔卡等已发展成熟的市场的垄断，转而寻求计算机市场的霸主地位。来自美国空军和原子能委员会的订单合同对华生战略的实现贡献巨大。

第二节 IBM 设立大型主机标准

到 20 世纪 30 年代中期，IBM 计算机的销量已占到全球总销量的 2/3 以上。生产办公机械设备的经验帮助其在生产打印机、磁带机、磁鼓等计算机外围设备方面取得了成功。但是，IBM 的市场统治地位更多地体现为在办公设备领域为客户带来的优质服务，而非机械技术上的优势。60 年代早期，IBM 面临着一系列难题，包括：（1）公司生产的 6 种不同型号计算机彼此系统不能兼容；（2）竞争对手开始抢占 IBM 的市场份额；（3）软件在计算机系统的成本中占很大比重，而为了适应更新、更强大的计算机，必须支付高额费用来升级软件；用户们对此日益感到不满（Fransman，1995：139）。

1965 年 IBM System/360 系列计算机问世之后，以上的许多问题得以解决。System/360 采用集成电路而不是晶体管；使用大型铁氧体磁芯存储器，运行速度更快，且为多道程序设计（几个程序可同时运行）。[①] 与之前预想的容量相比，升级的磁盘存储器可使计算机在辅助存储器里容纳的信息更多。System/360 可满足顾客的各类需求；而且不管计算机尺寸大小，都采用相同的固态电路，运行相同的指令。此外，IBM 历来都从外部供应商手中购买元件来生产办公设备和计算机；而在生产 System/360 时，虽然集成电路仍然是从外部供应商处购买的，但 IBM 经过进一步整合之后重新开始生产元件。在该系列计算机问世之后，60 年代后期及整个 70 年代，它的操作平台都一直是行业标准（Bresnahan，1999：227-228）。

IBM 研发 System/360 系列计算机的历程并不如想象的那么简单。它需要大量的技术支持和资金投入。尽管 System/360 比当时已经处于发展阶段

---

① "性能稳定、高速的铁氧体磁芯存储器可以大批量、低成本生产，这也许是最重要的创新；它使得程序存储计算机实现了实用性和商业性。"（Pugh，1984：ix）

的 IBM 8000 系列机更为先进，但是直到 60 年代中叶它才正式面向市场。与此同时，IBM 还面临着来自通用电气公司和其他公司的挑战，它们都有可能生产出更先进的机型。"IBM 在 System/360 系列计算机的决策上真正是'把整个公司当赌注'。"(Katz and Phillips, 1982: 218)

"System/360 系列计算机的一举成功奠定了之后 30 年 IBM 在大型主机领域的霸主地位。"(Gates, 1995: 38)① System/360 之前的 IBM 设计系统与其他公司的计算机不兼容，这样做的目的是让用户因为昂贵的费用和复杂的操作放弃使用其他公司的计算机。这种状况一直持续到 1970 年才有所转变，这一年，IBM 的一位前高级工程师尤金·阿姆德尔（Eugene Amdahl）创立了一家名为阿姆德尔的新公司，生产可以兼容 IBM System/360 软件的计算机。之后，其他公司也开始效仿。"到 20 世纪 70 年代中叶，经营较好的几家大型主机公司正是拥有能够运行 IBM 操作系统硬件的公司"(Gates, 1995: 34)。

尽管 System/360 在商业上获得了巨大的成功，但事实上几乎在第一台模型问世之时，该系列计算机的技术就已经过时了。对 IBM 和整个计算机产业的技术主管而言，铁氧体磁芯存储器的缺点显而易见（Pugh, 1984: 253）。1972 年 6 月，IBM 推出了 System/370 Model 145 机型，这是世界上第一台使用半导体存储器的商用计算机。曾被铁氧体磁芯存储器统治了 20 年的存储器市场，到 70 年代末被半导体芯片存储器占据了主导地位。

从 70 年代早期开始，半导体对于计算机产业的重要性日趋明显，接下来的一节将介绍晶体管、集成电路以及微处理器的发展历程。

---

① 1965 年美国计算机产业由 IBM 和"七个小矮人"组成。它们的组成如下所示（Shurkin, 1984: 261）：

排名	公司	销售份额（%）
1	国际商用机器公司（IBM）	65.3
2	斯佩里-兰德公司（Sperry Rand）	12.1
3	数据控制公司（Control data）	5.4
4	霍尼韦尔公司（Honeywel）	3.8
5	伯勒斯公司（Burroughs）	3.5
6	通用电气公司（General Electric）	3.4
7	美国无线电公司（RCA）	2.9
8	美国国家现金出纳机公司（NCR）	2.9

到 20 世纪 90 年代，只有国际商用机器公司（IBM）还依然维持与 1965 年同样的公司属性。

第三节　晶体管革命[①]

20世纪40年代，用来制作存储驱动器的真空电子管的速度、稳定性、体积、散热性能等成为电子开关的主要技术障碍。在50年代末晶体管普及之前，人们也开发及测试了一些其他的技术，包括气管（闸流管、三级粒子插件）、磁放大器等。

一　点接触晶体管

晶体管源于贝尔电话实验室固态研发小组威廉·肖克利（William Shockley）主导的研究。该研发团队不仅发展了半导体理论，也促进了晶体管技术的重大革新。肖克利从麻省理工学院获得物理学博士学位之后，于1936年加入贝尔实验室。之后不久，研究所主任默文·凯利博士（Dr. Mervin Kelly）要求肖克利把研究重心放在研发电话系统中的电子开关上，用电子设备代替金属触点。30年代末，肖克利开始考虑使用基于固体物理原理的方法而放弃了真空电子管。第二次世界大战期间，肖克利离开了贝尔实验室一段时间，先后为美国海军及空军进行了雷达技术和作业的研究。战后，贝尔实验室成立了固态研究部，专门研发可为通信系统开发或升级元件和设备的新技术。肖克利所在的研发小组被选中进行半导体技术的研究（见专栏9-2）。

专栏9-2

半导体及集成电路的定义

半导体

半导体是一种电路元件，如晶体管或芯片。制作半导体的材料既不是优质的导体，也不是优质绝缘体。纯净的硅导电性能不佳，但经过一个被称为"掺杂"的程序后，微量的杂质将改变硅晶的导电性能。通过

[①] 本节主要参考引用了以下作者的著作：纳尔逊（Nelson, 1962）、雷森（Lecin, 1982）、卡茨和菲利普斯（Katz and Phillips, 1982）、莫厄里（Mowery, 1983：183-197）、赖尔登与霍德森（Riordan and Hoddeson, 1997），以及莫厄里和罗森伯格（Mowery and Rosenberg, 1998：124-135、151-152）。有关半导体领域科学及制造方面的探讨，包括电路设计、工程制造和加工等，可参阅沃纳（Warner, 1965）。

向每个"掺杂"的区域施加不同的电压，经过晶体管的电流就可用来增强或开关信号。开关信号的设备叫作数字器件，它可根据信号来启动或者关闭电流。数字器件的这一性能使得它可以在计算机内部进行逻辑运算。一个晶体管由三层硅构成，每层硅都掺入了微量的杂质。这样一来，电流由第一层流向中间层时会大量减弱，使得通过晶体管的电流发生变化。

集成电路

集成电路是一块单一芯片，是把一个电路中所需的晶体管、二极管、电阻、电容和电感等元件及布线互连一起，制作在一小块半导体晶片或介质基片上。德州仪器公司的杰克·基尔比研发出首个集成电路，但这一集成电路的各元件需要手动连接。仙童半导体公司的罗伯特·诺伊斯和戈登·摩尔发展出一种新技术（平面工艺），通过批处理将各金属元件整合到一小块硅的表面。根据其载有的晶体管数量，集成电路可分为以下几类：

	晶体管/电路
小规模集成电路（SSI）	$<10^2$
中规模集成电路（MSI）	10^2-10^3
大规模集成电路（LSI）	10^3-10^5
超大规模集成电路（VLSI）	10^5-10^6
特大规模集成电路（ULSI）	$>10^6$

集成电路可以分为三大类：(1) 存储芯片；(2) 微处理器；(3) 微型元件。随机存取存储器（RAMs）用来暂时存储数据和信息，动态随机存储器（DRAMs）可存储大容量数据，静态随机存储器（SRAMs）的速度更快，但存储的容量要小一些。只读存储器（ROMs）存储数据的时间比动态存储器更为持久，可擦只读存储器（EPROMs）可以轻易地在擦除数据信息后进行再编程。微处理器是由一片大规模集成电路组成的中央处理器，能够完成指令（逻辑）进行信息的处理。微控制器结构相对简单，性能不及微处理器强大，主要应用于汽车、工业自动化和机械加工等。

资料来源：Adapted from Harald Gruber, *Learning and Strategic Product Innovation*: *Theory and Evidence for the Semiconductor Industry*, Amsterdam: North Holland, 1994: 143–161; Jeffery T. Macher, David C. Mowery and David A. Hodges, "Semiconductors", In *U. S. Industry in 2000*: *Studies in Competitive Performance*, David C. Mowery, ed., pp. 245–285. Washington, DC: National Academy Press, 1999。

1939年，肖克利提出制造半导体放大器［就是之后被称为场效应晶体管（FET）的原型］，但最终失败了。为了查明失败原因，肖克利的两名同事——约翰·巴丁（John Bardeen）和沃尔特·布拉顿（Walter Brattain）——在经过了"魔法之月"（一个月的高强度创造活动）的努力后，最终于1947年12月15日生产出第一个可用于实际操作的晶体管（点接触型设计）。他们的创举激励了肖克利，他决心研制出第三代晶体管，即"结式"晶体管或"双极"晶体管。然而，直到1950年春，肖克利才得到了令人满意的成果。工艺学的进步，尤其是锗和硅晶体生产技术的进步，使得结式晶体管的生产具备了商业可行性。[①]

尽管晶体管的问世经常被用来作为"科学推动发明"的例子，但来自贝尔实验室的需方要求也是其产生的动力。贝尔实验室创建固体物理学团队的目的是，以固体物理学领域的进步来推动通信技术领域的重大技术革新。就肖克利自身的兴趣而言，他想发展半导体理论以及开发固体放大器。[②] 他和同事们采用的方法是用半导体材料制造电子放大器，包括提高对半导体材料电子流的了解。肖克利、巴丁和布拉顿所做的研究促进了一个重大工程难题的解决，因为这一研究发现的重要影响力，他们三人于1956年获得了诺贝尔物理学奖。

二 集成电路

在20世纪50年代末之前，晶体管一直是分散的装置——每个晶体管只有通过一块电路板才能与其他晶体管连接起来。1952年，英国物理学家杰弗里·达默（G. W. A. Dummer）提出，继晶体管之后的下一步应该是研发出一种不需要电路连接、嵌在固体电路块内部的电子设备。50年代，军队对模块电路设计的需求推动了集成电路的研究，因为模块电路可以减少导弹制导

[①] 详见肖克利（Shockley, 1976: 597-620）以及蒂尔（Teal, 1976: 621-639）。

[②] "动力各种各样，包括实践和科学研究……真正的动力可以说是来自一种被称为'创新失败法'的模式……几年后，我对此进行了分析并将其定义为'尊重实际问题的科学性'……尝试制造半导体扩大器被一个实际的问题所阻碍……我们对表面状态科学的研究引出了新的实验环境和新发现。1947年11月17日的突破性发现展示了最终如何克服表面状态的障碍因素。因此，新的可能性推动我们'努力去构想'，这立即导致了创造力的巅峰"（Shockley, 1976: 618、619）。晶体管的发展历程经常被用作说明"技术影响科学"的案例。在1948年晶体管出现之前，固体物理学是默默无闻的分支学科；而晶体管的发明使得大学和私人部门都开始投入大量新的资源于这一学科之中（Rosenberg, 1994, Chapter 2）。

和侦查设备接口的数量，降低操作难度。50年代中叶，德州仪器公司（后来成为硅晶体管生产的领军企业）在杰克·基尔比（Jack Kilby）的带领下启动了一个研发项目，将所有半导体产品（晶体管、电阻和电容）整合成一个单一的元件，以减少互联电路。1958年，基尔比开发出首个非常粗糙的集成电路。由于这个集成电路的各个元件是手动组装的，因此成本过高，很难用于商业应用。然而几乎同时，仙童半导体公司的罗伯特·诺伊斯（Robert Noyce）和戈登·摩尔（Gordon Moore）独立发明出了集成电路。该集成电路把微小的半导体和电阻器放在一小块银硅上面，通过极细的电线与其他部件连在一起。这种"平面"程序使得在单一的半导体上制作集成电路（"芯片"）成为可能。最初，这种"接触式印版"制造工序存在缺陷，导致合格芯片产量很低。直到70年代末光学仪器生产商珀金—埃尔默公司（Perkin-Elmer）与雷神公司（Raytheon）合作，研发出光刻制造工序，这才提高了合格芯片的产量——合格率达到了90%左右。这一发展使得英特尔公司（Intel）生产出低成本的芯片，正好用于第一代IBM个人电脑。

三　微处理器

微处理器的应用是半导体产业的第三次重大革新。在计算机发展史上，两种集成电路发挥了重要作用。其一是存储芯片，使得计算机能够暂时记忆程序及信息。其二是微处理器，它能够处理信息而非进行存储。

集成电路技术发展的轨迹是，每个芯片电路元件的密度在不断增大（见图9-1）。1969—1970年，英特尔公司开发出第一代微处理器。当时，英特尔是设计、制造存储芯片领域的领导者。1968年，该公司发明了首个动态随机存取存储器（DRAM）。1969年，日本商通手持式计算器公司（Busicom）与英特尔接触，希望后者能为自己公司的产品生产存储芯片。负责该项目的英特尔工程师马辛·霍弗（Marcian Hoff）为满足商通公司的需求，提出了一个巧妙的解决方案。他把作为"大脑"的中央处理器（CPU）放在一个硅片上连接两个存储器芯片，其中一个芯片为CPU输入和输出数据，而另外一个芯片则提供程序来驱动CPU。实际上，这就意味着一个芯片就可以支撑起一整台计算机（Fransman，1995：168）；而且，一个微处理器芯片就可能具备多种应用，而不必设计各种类型的芯片。[①]

[①] 详见摩尔（Moore，1996：55-80）。还可见本书第四章。

尽管在微处理器用于消费者电子产品和仪器的最初阶段，对微处理器的需求增长十分缓慢，但到 70 年代中后期，小型计算机和微型计算机的扩散使微处理器的市场开始变得十分明朗。

四　半导体产品的扩散[①]

20 世纪 50 年代至 60 年代初，美国电话电报公司（AT&T）（包括其下属研究机构贝尔实验室以及生产机构西部电气）几乎垄断了半导体的生产及制造。然而，1966 年出台的反垄断法禁止 AT&T 在商业市场销售半导体，只允许其为军方、太空项目以及公司本身的需求进行生产。受此影响，AT&T 开始采取宽松的经营许可政策，对员工的跳槽行为也持有宽容的态度，这两项决定大大促进了计算机产业的发展。

通用电气、美国无线电公司（RCA）以及喜万年国际照明集团（Sylvania）等已经在生产接收管的公司组成了半导体生产的第二阵营，它们迅速投入晶体管的生产领域，尽管半导体技术已经使得接收管的经济效益岌岌可危。到 60 年代末，这些公司成为技术革新的重要发源地。50 年代中期，有 8 家接收管生产商参与了晶体管的生产。

半导体生产的第三阵营对于该产业来说是一群新手，包括几家大型多元化企业，如 IBM、摩托罗拉（Motorola）、休斯（Hughes）以及德州仪器等。它们步入半导体领域的同时也参与电子产业其他领域的生产。这一阵营的另外一些小公司则专门致力于半导体的生产。许多新兴公司是由贝尔实验室或者其他知名公司的一些前科学家或前工程师创办的。

这几大阵营在某种程度上相互渗透。例如，威廉·肖克利先是效力于贝尔实验室，然后加入了雷神公司，后来又离开雷神，创办了自己的公司——肖克利实验室。他从其他公司和大学里招募了一批非常有天分的年轻科学家和工程师，开始研发和制造新的半导体产品。1967 年，几名科学家和工程师离开了肖克利实验室建立自己的公司；最开始，他们接受仙童摄影器材公司的资助，后者获得了一定的期权，直到 1968 年，仙童对这家公司进行了收购。而 70 年代早期，仙童公司的前员工也创建了许多新公司。这些衍生公司的成立是受到美国军方"二次分包"采购政策的激励，该政策的实施是为了避免被一家供应商垄断市场。道斯（Dosi）指出，衍生公司的

[①] 这一部分主要参考了蒂尔顿（Tilton, 1971）。

存在是因为"美国工业整体已经处于技术前沿状态,科学家和管理者之所以离开之前工作的公司,是因为他们想用累积的经验为自己谋取商业利益"(Dosi,1984:42)。

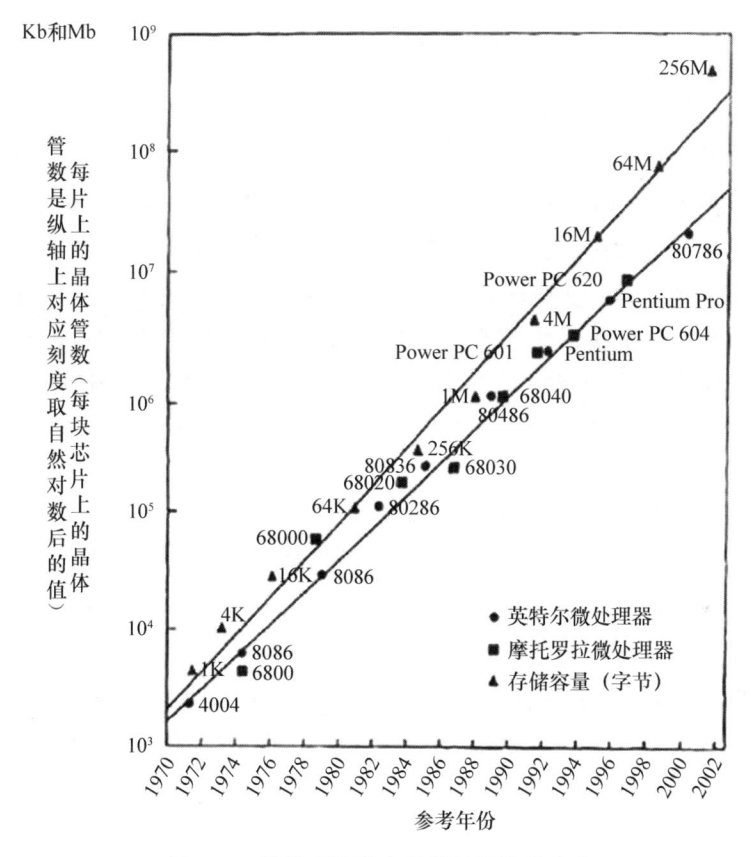

图 9-1 微处理器和存储器的晶体管密度

资料来源:Adapted from G. Dan Hutchinison and Jerry D. Hutchinison, *Technology and Economics in the Semiconductor Industry*, Scientific American, 274 (January 1996: 61)。

截止到 60 年代中叶,美国已有 50 多家公司活跃在半导体生产领域。尽管西部电气公司在 50 年代中期占据的市场份额还不到 10%,然而它和贝尔实验室一起,拥有的半导体专利份额占到全美的 40% 以上;接收管生产公司总体占据的市场份额和专利份额分别为 25% 和 40%;而新兴公司虽然占据了 2/3 的市场份额,专利份额却不足 20%。

最初，大多数的创新来自大型的知名企业，而新兴公司（大多位于加利福尼亚州硅谷）主要负责这些创新的扩散。为什么这些新公司缺少创新？原因之一是许多新兴企业的创始人离开先前公司的时候是"带着技术"离开的，且创业耗费了他们大量的精力，因而没有充足的时间和资源进行研发。然而有些新公司，例如德州仪器、摩托罗拉和仙童公司等，无论是在市场份额还是技术研发方面都成为产业的领头羊。

美国半导体产业迅速发展成为具有鲜明特色的组织架构，包括IBM和雷明顿兰德两家大型计算机生产企业，以及一大批商业公司。反垄断法对集成电路的发展不利。受限于1956年签署的同意判决书，AT&T生产的晶体管仅可用于公司内部；IBM对于可能的反垄断裁决反应非常敏锐，因此其生产的晶体管也仅为公司内部使用。很多便利条件促进了新公司的纷纷成立，包括AT&T技术信息的低成本、技术人员可以轻松地从知名企业跳槽、风险投资提供的资本等。六七十年代生产半导体的公司迅猛发展。尽管如此，在70年代初，最大的8家商业公司仍然占据了总发货量的67%（Tyson，1992：89、90）。

最初，军方和航空航天项目的采购垄断了半导体需求（见表9-1），但70年代以来这一现象发生了逆转。军方市场越来越离不开商业技术的发展。集成电路的发展使创新的固定成本增加，这抬高了新公司跨入这一产业的门槛。70年代，美国制造商把大量的装配业务外包给工资较低的发展中国家或地区，如墨西哥、中国台湾、新加坡、马来西亚以及韩国等。到70年代末，美国公司生产的半导体超过80%都在工资较低的海外地区进行装配和测试。80年代初，日本半导体制造商生产出的存储器芯片甚至比美国同行（如英特尔公司）生产的质量更好且价格更低。显然，面对更为高度整合的日本工业，昔日在产品创新方面表现卓越的美国产业结构变得十分脆弱。80年代末，英特尔公司不再生产存储器，转向专注于微处理器的生产。

在80年代初的一篇文章中，莫厄里（Mowery，1983）根据半导体产业的历史做出了一系列重要推论。如前所述，半导体的最初发展不是来源于市场需求，而是贝尔通信系统的需求以及军方对高性能、高技术产品的需求。莫厄里认为，无论是从需求的角度还是从供给的角度，都可以充分理解半导体产业后来的发展，其发展也反映出技术自身的逻辑本质，即"技术轨道"。然而，笔者的看法与莫厄里有所不同。笔者认为，30年代，真空管严重阻碍了电子开关的技术，贝尔实验室的科学家清楚认识到这一点，因而推动了晶体管和半导体产业的发展。正是基于这样的认识，肖克利领导的固体物理学团队应运而生，晶体管和半导体也因此得到发展。

表 9-1　　　　　　　美国半导体终端销售的分布情况　　　　　　　　单位：%

终端使用 \ 年份	各年占半导体总销量百分比							
	1960	1965	1968	1972	1972	1974	1974	1979	1985
计算机	30	24	35	27	28	32	29	30	20
消费类产品（计算器、手表、汽车等）	5	14	10	18	22	22	24	28	25
工业产品（过程控制、测试设备、办公及电信设备）	15	26	20	30	26	30	33	37	48
军用/航空航天	50	36	35	25	24	16	14	10	7

资料来源：1960—1979 年的资料来自 Richard C. Levin，"The Semiconductor Industry"，in *Government and Technical Progress*：*A Cross-Industry Analysis*，Richard R. Nelson，ed.，New York：Pergamen Press，1987：19。1985 年的资料来自 Richard N. Langlois，Thomas A. Pugel，Carmela S. Haklisch，Richard R. Nelson，and William G. Egelhoff，*Microelectronics*：*An Industry in Transition*，Boston：Unwin Hyman，1988：33。

第四节　小型计算机和微型计算机

到 20 世纪 50 年代，半导体技术的进步使得设计出体积更小、价格更便宜的计算机成为可能。1957 年，IBM 前雇员肯尼斯·奥尔森（Kenneth Olson）和哈伦·安德森（Harlan Anderson）在 7 万美元风险资本的支持下创立了数据设备公司（DEC）。他们专注于研发比 IBM 主机体积更小、更易操作且价格更低廉的计算机。1959 年 12 月，DEC 展示了程序数据处理机的原型（Rifkin and Harrar，1988）。

"第一代 DEC 计算机，即 PDP-1，售价 12 万美元，拥有 4K 字节内存，体积相当于一台冰箱，控制台配有如电视一样的阴极射线视频显示"（Langlois，1992：7）。DEC 取得的第一次巨大商业成功来自 1964 年问世的 PDP-6 计算机（首款分时计算机）以及 1965 年问世的 PDP-8 计算机，后者是一款性能优越、价格合理的小型计算机，也是第一台使用集成电路的计算机，租金为每月 525 美元，比 IBM 的最小型计算机 System 1360 要便宜 10%。PDP-8 的成功鼓舞了其他一些公司（如通用数据公司、科学数据系统公司、惠普、王安电脑等）纷纷涌入小型计算机市场。压力之下，60 年代末，IBM 也推出了一台小型电脑。

从长远来看，小型计算机的重要性在于，它迈出了取代大型主机以及计算机控制中心（用以运行和管理大型机）的第一步。小型计算机为了降低成本而在速度上做出了牺牲，但也正因为其低廉的价格才得以打开市场，将应用扩展到了科技、工程、商业等更为广阔的领域。此外，贝尔实验室研发的 UNIX™ 操作系统适应性强，更为开放；使用该系统以后，大批程序设计员得以摆脱硬件生产商及计算机集中操作的束缚，程序设计员及用户的使用环境得到改善，这推动了"微型计算机"的发展与扩散（Rochlin，1997：20-21）。[1]

然而，直到 1969 年英特尔公司可编程芯片的问世，才推动了向微型计算机的过渡。微型计算机的发展最早可追溯到 1975 年 1 月《大众电子》杂志（*Popular Electronics*）刊登的一篇介绍 Atari 8800 计算机的文章。这款计算机只有箱子大小，内置英特尔微处理器，它的输入/输出装置只有前板上的指示灯和钮子开关。它还配置了许多"插槽"，可插入另外的存储设备或输入/输出设备。这些插槽通过一个称为"总线"的线路系统与微处理器连接。Atari 总线取名为 S-100，因为它由 100 根线组成，该总线成为早期的工业标准。尽管 Atari 8800 的"性能极不完善"，但它促进了第三方附加装置供应商的发展，带动业余爱好者们积极组织起来分享信息及软件（Langlois，1992：11）。

一　领头羊——苹果公司

加利福尼亚州北部的家酿计算机俱乐部是新一代计算机技术及商业发展的摇篮，它的成员中包括比尔·米勒德（Bill Millard）（曾参与研发首台 Atari 计算机，创建了电脑特许经营连锁店——电脑天地公司）、威廉·盖茨（William Gates）和保罗·艾伦（Paul Allen）［此二人曾为 Atari 公司编写程序设计语言——"初学者通用符号指令代码"（BASIC），后来共同创

---

[1]　在本章中，笔者没有试图涵盖制图或其他设计应用方面的工作站的发展，也没有涵盖作为连接个人电脑媒介的网络服务器。大型服务器生产商包括康柏公司（Compaq）、IBM、惠普、DEC 等。

办了微软公司]、斯蒂夫·沃兹尼亚克（Stephen Wozniac）与史蒂夫·乔布斯（Steven Jobs）（此二人共同创立苹果公司，前者曾在惠普公司工作，后者曾效力于 Atari）等。当时计算机产业的领导者并没有意识到微型计算机的市场潜力。当斯蒂夫·沃兹尼亚克劝说惠普公司的老板对微型计算机的研发提供财政支持时，他得到了这样的回答："惠普不想要搅和进这个市场"（Langlois，1992：14）。

乔布斯和沃兹尼亚克开始在乔布斯父母的车库里组装电路板。沃兹尼亚克负责改进设计时，乔布斯成功地说服了一位业余爱好者朋友和比特商店的老板购买 50 台第一代苹果计算机。1977 年 4 月，APPLE Ⅱ 首次在西海岸计算机展览会上亮相，这是第一款获得商业成功的微型计算机。"销量迅速猛增，1997 财年末公司收入为 75 万美元，1978 年收入接近 800 万美元，1979 年达到 4800 万美元，1980 年突破 1.17 亿美元（公司上市），1981 年、1982 年和 1983 年分别达到 3.55 亿、5.83 亿 和 9.83 亿美元"（Langlois，1992：15）。

APPLE Ⅱ 现象级成功的原因是什么？一些观察家认为，APPLE Ⅱ 在技术方面其实并不如同时期康懋达公司的 PET 或坦迪公司的 TRS-80 Model Ⅰ 计算机。但事实上，它的确拥有一定的技术优势。沃兹尼亚克设计了全新的磁盘编码方法，并大大简化了控制电路。

> 最后，Apple Ⅱ 之所以获得巨大成功是因为它在技术和市场两者之间找到了平衡。受乔布斯影响，这种机型的外观简洁、漂亮又专业。而在沃兹尼亚克的影响下，产品经过了精心的设计，既便于用户操作，也便于生产……沃兹尼亚克设计的插槽吸引了软件和其他附加装置的供应商，刺激他们迅速成长。（Langlois，1992：16）

另一个原因是，1979 年苹果电脑采用了世界上第一款电子表格软件——石灰粉（VisiCalc）；整整一年时间，该软件只安装在 APPLE Ⅱ 上，进行捆绑销售。

80 年代初，微型计算机的外型被界定得越来越清晰。文件处理软件——字星（WordStar）被发明出来，该软件的功能堪比当时任何一种单独的文字处理器，但价格更便宜。1981 年，一台微型计算机基本由以下标准部件构成：64K 字节随机存储器的微处理器、与系统匹配的键盘、一个或两个磁盘驱动器、一台显示器和一台打印机。微型计算机可运行操作系统软件和应用程序，如文字处理软件、电子表格软件、数据库管理程序等。这时的计算机市场不再以业余爱好者为主，而越来越多地由专业人士和商业人士组成（Langlois，1992：19）。

其结果是，一系列价格合理的便携式手提电脑（如 Osborne I 和 Kaypro I）被设计成为功能强大的一体化设备，"就像多士炉一样"插上电源就可使用。

二 IBM 锐意进取

然而，80 年代引领计算机发展潮流的不是一体化的便携式计算机，而是 IBM 个人计算机（PC）。同 Osborn 和 Kaypro 一样，IBM 个人计算机并不是处在技术的最前沿；但是与一体化便携式计算机不同的是，它配备的是开放性的系统，可以进行重新配置、扩展和升级。

个人计算机的发展与传统的 IBM 计算机发展路径完全不同。1980 年 7 月，IBM 管理委员会委任威廉·劳（William Lawe）率领公司开拓台式计算机市场。劳坚持要求完全的自主权，以摆脱 IBM 官僚体制的影响。"我们进入个人计算机产业的唯一途径是收购某家计算机公司的一部分业务，或者从苹果、雅达利等公司购买 CPU 和软件，因为在 IBM 现有的文化下，我们自己无法完成这些"（Chposky and Leonois，1988：9）。虽然管理委员会不愿将 IBM 的商标贴在其他计算机上面，但他们还是决定交由劳全权负责。"劳亲自挑选了 12 个工程师，在一个月内他们制造出了原型机。管理委员会决定给劳一年期限将产品打入市场。"（Langlois，1992：21）

为获得完全的自主权，劳将工作地点移至佛罗里达州的博拉卡顿市。后来，菲利普·埃斯特里奇（Phillip Estridge）接替了劳的工作；他被允许独立运营，就像这个项目是一个独立的新兴公司一样。埃斯特里奇非常依赖于从外来供应商手中购买零部件和软件。其先进技术之一是采用了 Intel 8088 微处理器。而选择采用英特尔 16 位芯片就意味着不能使用现有的为 8 位芯片设计的操作系统。于是，IBM 决定求助于微软公司；微软从当地一家软件工作室购买了操作系统为 Intel 8088 所用，稍作修改后卖给了 IBM，这就是 MS-DOS 操作系统（微软磁盘操作系统）。

埃斯特里奇采用的制造方法也不同于 IBM 的传统。他采取招投标的方式将所有的零部件都外包给其他供应商，IBM 内部机构也可以参与投标。

另外一个不同之处在于个人计算机的市场营销方面。IBM 办公用品部负责人拒绝用他的销售团队去进行营销。于是,研发小组转而向零售商寻求合作,包括电脑天地公司、西尔斯商务中心等,他们有信心可以比 IBM 产品中心更能有效地推动个人计算机的销售。

IBM 个人计算机一经推出便大获成功,销量比预期高出数倍。1981 年前 4 个月,共卖出了 13523 台,但这还远远没有满足市场需求,未交货的订单越积越多。1983 年,IBM 个人计算机已经占领了 26% 的市场份额(Langlois,1992:23)。1986 年,IBM 计算机及 IBM 兼容机所占的市场份额为 65%;但到 1988 年,这个数字已降至不足 25%。其中一个重要原因是,1983 年后埃斯特里奇升任登录系统部总裁,博拉卡顿业务部门开始逐渐丧失自主经营权。没有自主权,技术及市场策略跟不上市场变化,先前的优势日渐丢失。此外,因不满 IBM 的传统公司文化,许多曾参与个人计算机研发的工程师离开了。后来出现的 IBM 个人计算机更是遇到很多技术难题,不是在市场上垂死挣扎就是完全退出。[①]

三 苹果遭遇滑铁卢

80 年代初,IBM 主导了个人计算机市场,而此时的苹果公司却困难重重。Apple Ⅱ 获得成功后,乔布斯认为公司应该研发功能更强大的产品,以抢夺更多的市场份额。他不顾沃兹尼亚克的反对,推行与 IBM 完全相反的策略——自己生产 Apple Ⅲ 的磁盘驱动器,并且由公司内部来编写大部分软件。乔布斯主张将 Apple Ⅲ 的所有电路安装在一个主板上,采用封闭系统而不是开放系统。1980 年推出的第一批产品没有被市场认可,不得不遭遇退货。

乔布斯对计算机外观风格的限制也给 1983 年推出的 Lisa 计算机及 1984 年的首款 Macintosh 计算机造成了不少麻烦。但 Lisa 计算机包含一个重要的技术创新,并最终帮助苹果公司重新夺得领先地位。1979 年,在一次访问施乐帕克研究中心的过程中,乔布斯了解到该中心正在为微型计算机的发展提供很多先进的构想;他在这里接触到了位映射图像、叠加式窗口及指向控制装置,即鼠标。这些新技术被用于 Lisa 计算机。但 Lisa 也存在重大缺陷:缺

---

① IBM 最初在个人计算机领域取得了成功,后来由于管理失误而失去了市场份额;对这方面的个人评论详见查普斯基和里诺伊斯(Chposky and Leonois,1988)。

乏软件、操作慢、价格昂贵，因此它的商业成功极其有限。1983 年进入苹果的约翰·斯卡利（John Scully）在 1985 年取代乔布斯成为公司首席执行官。接下来的几年里，斯卡利成功地对 Macintosh 计算机进行了升级，使其成为性能更佳的商用机；此外，他还充分利用 Macintosh 在桌面出版及图形技术上的优势，努力抢夺 IBM 的市场份额。90 年代中叶，苹果公司又陷入危机，乔布斯重新回到苹果，并取代斯卡利。1998 年，苹果推出经过重新设计的 Macintosh，即 I-MAC，再一次开始主导市场。

随着 Macintosh 越来越开放，IBM 也采用了类似 Macintosh 的 Windows 软件和文字处理软件。80 年代初，苹果在全球计算机市场独占鳌头；1985 年，换成了 IBM（见表 9-2）。但到 90 年代末，苹果的市场份额下滑至不足 5%，IBM 则不足 10%。

表 9-2 几大公司个人计算机全球市场份额

公司	1980 年	1985 年	1990 年	1997 年	1999 年
康柏电脑公司	0.0	1.5	3.9	13.9	14.4
国际商用机器公司（IBM）	0.0	16.1	11.9	9.9	9.0
戴尔	0.0	0.0	0.6	6.3	10.9
惠普公司	1.3	1.1	1.2	6.2	6.4
日本电气股份有限公司	4.6	4.1	7.8	5.3	4.9
捷威	0.0	0.0	na	3.7	—
富士通	0.0	2.4	2.6	3.5	—
东芝公司	0.8	0.8	3.7	3.3	—
宏碁	0.0	0.0	0.7	3.2	—
苹果公司	13.9	7.9	7.5	2.6	—
其他	79.4	66.1	62.1	42.1	
共计	100.0	100.0	100.0	100.0	100.0

注：[a]根据马修·罗斯（Mathew Rose）和布兰登·米车尔（Brandon Mitchener）在《华尔街日报》（Wall Street Journal）上发表的一篇名为"Siemens to Quite PC Market, Sell Plants to Acer"（April 24, 1998：A13）的文章提供的数据，如表 9-2 所示的 10 家公司是 1997 年第四季度全球计算机销量最好的公司。1980 年、1985 年、1990 年的数据来自理查德·朗格罗斯（Richard N. Langlois）在《商业史评论》（Business History Review）上发表的文章——"External Economics and Economic Progress: The Case of the Microcomputer Industry"（Spring 1992）：34-35。朗格罗斯的数据是从 Dataquest（著名信息分析公司）获得的，而笔者没能从 Dataquest 获得这些数据。1999 年的资料来自德怀特·西尔弗曼（Dwight Silverman）的文章"Direct Competition：Compaq Tries to Regain Lost Momentum"，Huston Chronie，（September 18, 1999）：B1。

四　银湖项目

IBM 在个人计算机市场严重遭受挫败的同时，它在明尼苏达州罗契斯特市秘密地进行着一个项目，连位于纽约阿蒙克的高级管理层都几乎完全没有注意到，然而正是这个项目奠定了 IBM 在中型计算机领域的霸主地位。[①] 1956 年，为获得跨区域优势，IBM 将穿孔卡阅读机生产设备设在了罗契斯特市。接下来的 10 年里，这批生产设备逐渐发展成为 IBM 的一个"开发实验室"，工程师和程序员在这里为中小型企业设计和制造了一系列计算机。

罗契斯特的首台计算机——IBM System/3——于 1969 年进入市场，它为制造、管理、施工计划、运输调度、办公行政等领域提供即用型软件。其升级版相继问世，如 1975 年的 System/32、1977 年的 System/34、1983 年的 System/36，每台都为用户提供更多、更强大的功能。1978 年，弗兰克·索尔蒂斯（Frank Soltis）领导的团队开发出 System/38，增加了许多新功能，编程也更加容易；但是它的软件不能与 System/3 系列兼容，导致市场销售十分有限。到 80 年代早期，罗契斯特中心开始失去市场份额。数据设备公司（DEC）在之前主要为科学、工程或其他技术应用开发小型计算机，在这时该公司也开始生产商用中型计算机。美国的惠普、王安电脑、通用数据、坦德姆、NCR 等公司，加上意大利的 Olivetti、德国的 Nixdorf 以及日本富士通等也纷纷开始抢占中型计算机市场。70 年代末至 80 年代中叶，IBM 在全球中型机市场的份额由 1/3 左右跌至不足 10%。

"IBM 正在退出中型机市场"的传言在计算机产业内以及消费者中逐渐传播开来。IBM 开始考虑是否要长期发展中型机。"有人预测，随着大型机体积缩小、价格下降，个人计算机性能越来越强大、普及率更广，中型机犹如在夹缝中生存，最终会遭到淘汰。"（Bauer et al., 1992：157）但是，1988 年 7 月 21 日，IBM 又推出一款新的中型机——AS/400。AS/400 是 IBM 历史上销量最好的一台计算机，到 1990 年 1 月，已售出 10 万台。甚至说，如果 IBM 的罗契斯特中心是一家独立的公司，那么它将是全球第二大计算机公司，仅次于 IBM。

1975—1988 年究竟发生了什么？首先，罗契斯特中心的 IBM 员工接受

[①] 本节主要参考鲍尔等人（Bauer et al., 1992）、博耶特等人（Boyett et al., 1993）和索尔蒂斯（Soltis, 1996）。

了这一事实：如果不立即做出改变，该中心将会被淘汰。其次，该中心一位很有经验的工程师兼程序设计员兼企业家帕特·汉森（Pat Hansen）认为，救赎办法就是开发出 System/36 和 System/38 的结合体。尽管阻力重重，但他最终得到允许，创办了一个 5 人团队——"臭鼬工坊"——来实现他的计划。这个项目被命名为"银湖"，取自罗契斯特发电站下面一个名为"银湖"的水库。再次，1986 年，IBM 总部派汤姆·弗里（Tom Fury）前往罗契斯特中心负责研发实验室的工作。这一任命反映出 IBM 保持中型机市场的决心；如果丢掉了这块市场，公司自上而下的生产线目标——从大型机到个人计算机——将无法完成。

弗里在罗契斯特中心实验室工作了几个月后，渐渐熟悉了工作环境。他开始重组实验室，目标是重新发展工作结构，将新产品的交付时间缩短至两年多一点，而以往 IBM 开发新产品的时间都在 4—5 年。与传统的产品或技术导向不同，弗里团队采用的是市场导向。他监督了软件项目的开发，在研发、制定优先次序和资源配置上做出决策。他采用平行发展周期来取代顺序发展周期，"第一次就做对"的理念强化了这一发展周期。全球各地的用户都参与到新一代 AS400 系列计算机的开发当中。该系列计算机包括 5 种型号，价格从 15000 美元到 100 万美元不等，同时在美国、欧洲和日本制造，零配件则来自 37 个不同的地区。它的软件包括了 2500 款应用程序，可使用 27 种语言或方言。截至 1990 年，IBM 的罗契斯特中心不再是 1980 年那种"小而美的业务"了。

AS400 的发展历程展示了一种崭新的企业家精神。在早期计算机的发展中，个人发明家、工程师和科学家扮演着重要的角色；对电气（见本书第七章）及化工产业（见本书第八章）早期的技术发展做出重大贡献的也是英雄式的领导者。而在 AS400 的发展过程中，2500 多位工程师和程序设计员参与了设计和研发工作。他们都是英雄，他们除了拥有技术，更重要的是还有自己的想法和组织概念。1990 年，IBM 罗契斯特中心获得了马可姆·波里奇国家质量奖。[1]

---

[1] 马可姆·波里奇国家质量奖由美国国会于 1987 年设立，目的是加强同日本的竞争力。人们认识到，日本成为经济强国的一个重要因素正是其出口工业产品的质量（Bauer et al., 1992: 179-202）。对 1990 年 IBM 罗契斯特中心获得马可姆·波里奇国家质量奖（Boyett et al., 1993: 205-342）的回顾见博耶特等人（Boyett et al., 1993: 205-342），也见于本书第十一章。

第五节　软 件 业

20世纪60年代以前，计算机软件尚未发展成为独立的技术或者规模性产业。"冯·诺依曼（von Neumann）设想出计算机的概念结构，软件应运而生……但即使在冯·诺依曼的构想占据主导地位之后……软件仍然与硬件捆绑在一起。50年代，设计硬件的企业通常也进行软件的设计。"（Langlois and Mowery，1996：55-56）如果要全面了解计算机软件（和服务）产业，还需要一个单独的章节来介绍。但由于软件与计算机的发展和扩散密切相关——毕竟没有软件，硬件也不可能运行——因此了解软件产业的一些重大进步及结构特征是很有帮助的。[①]

这几次重大事件是由软件生产的特殊经济特性诱发的。软件开发需要大量劳动，但是重复生产软件的成本较低，相对于开发的费用几乎可以忽略不计。[②] 此外，软件应用迅速扩大以满足美国经济发展的复杂需求，但各行各业的特殊软件问题各不相同，计算机制造商认识和解决这些复杂问题的能力十分有限。因此，软件产业独立发展才能满足人们对计算机不断增长的需求。

60年代中后期发生的三次重要事件促成了计算机产业与软件产业的分离（Steinmueller，1996：24-26）。第一件事是，1964年IBM System 360系列计算机的问世。System 360为独立软件服务企业和供应商们提供了机遇，使他们可以研发产品，销售给不同的客户。第二次事件是，1969年IBM决定不再对硬件和软件捆绑销售，这鼓舞了独立的软件开发人员积极开发与IBM产品兼容的软件。第三个重要事件是，小型计算机产业的发展壮大。小型计算机的问世，使小型机构开始购买和使用计算机。小型计算机每个不同的用途，如"作为小型机构的主要计算机，作为大型主机的'前端'，用于数据交换系统，用于过程控制系统等，都需要不同的软件"（Steinmueller，1996：28）。

---

① 本章主要参考了莫厄里（Mowery，1996）、斯坦米勒（Steinmueller，1996：15-52）、莫厄里和罗森伯格（Mowery and Rosenberg，1998：1953-1966）的观点。

② 这个特征也导致了对软件产业知识产权保护问题的极度担忧。软件"剽窃"导致复制品的边际成本下降，进而影响软件的实际价格，甚至不足以维持软件研发的费用（Steinmueller，1996：17）。

70年代，软件产业的发展速度基本与计算机产业的整体发展持平。80年代初，美国个人计算机大获成功，这促使了软件业以爆炸性的速度增长。达特茅斯学院开发出 BASIC 软件；1975 年，比尔·盖茨和保罗·艾伦在进行了一些修改调整后，将其应用到 Atari 8800 计算机上。它标志着软件开发进入个人计算机领域。盖茨和艾伦创办的微软公司也为苹果、康懋达、无线电室（Radio Shack）等企业提供 BASIC 程序语言；用户可以用 BASIC 语言自己编写应用程序，而不必从别处购买应用包。"微软公司的策略是让计算机公司购买许可权，将我们的软件安装在个人电脑上，并向我们支付版权费用"（Gates，1995：11）。到 1979 年，微软的 BASIC 程序已经成为业界标准，公司集中力量为大量涌现的新型计算机编写更多的程序语言（Gates, 1995：43、44）。

1980 年，IBM 最终加入个人计算机行列。如前文所述，它决定从英特尔公司购买微处理器，从微软公司购买操作系统使用权；微软又从西雅图一家软件公司那里购买了操作系统，用于 Intel 8088 16 位微处理器，并且还雇佣了该公司的顶尖工程师蒂姆·帕特森（Tim Patterson）。经过大量修改后，该系统最终变成了微软磁盘操作系统（MS-DOS），IBM 称其为 PC-DOS。"我们给 IBM 提供了令人难以置信的优惠：一次性低价购买 MS-DOS 的使用权，然后可以在其销售的所有计算机上安装该操作系统。这一做法促使 IBM 对 MS-DOS 系统进行推广，并低价出售……我们的目标不是要直接从 IBM 那里挣钱，而是使更多计算机公司生产出与 IBM-PC 兼容的计算机，我们就通过出售 MS-DOS 系统使用许可权而获利"（Gates，1995：49）。短短几年时间，个人计算机领域的其他所有标准程序都被迫退出市场，仅有的例外是 Apple II 和 Macintosh。

莫厄里（Mowery, 1996：9-11）认为，美国的软件产业是产业标准和"网络外部性"相互交织形成"技术锁定"的典型代表（见本书第四章）。①一旦微软公司掌握了先发优势，顾客在软件制造商之间进行选择

---

① 美国软件业的产业结构不同于欧洲和日本。欧洲的市场非常分散，多数软件公司专注于国内市场的定制软件；软件业与大学之间的联系十分微弱。更为同质化的欧洲市场和统一的欧盟标准使得国际软件业的竞争更加激烈（Malerba and Torrisi, 1996：165-196）。而在日本，由于没有统一的设计标准，再加上日文文字的表意性特征、风险资本市场较小、个人电脑（相对于美国）扩散较慢等因素，该国软件业的发展一直受到阻碍。而在某些领域，日本的软件有很强的国际竞争力，甚至在某些领域称霸，如游戏软件（Baba et al., 1996：104-127）。

时，就会受到其他人的影响而选择微软的产品。IBM 个人计算机的构造被认为是"统治性的设计"，这也进一步巩固了微软公司作为个人计算机操作系统供应商的霸主地位。莫厄里还认为，先发优势的网络外部性是计算机软件产业结构持续分割的主要原因。在某一特定领域（如表格软件）占据优势地位的公司很难进入其他领域（如文字处理或数据库软件）。然而，20 世纪 90 年代末，微软公司似乎将要打破这一格局。在本章快要写成之时，微软公司正在被司法部以反竞争行为起诉。联邦贸易委员会也准备起诉英特尔公司，理由是英特尔为确保高端微处理器市场的霸主地位而使用了反竞争手段。

来自与国防相关的支持对促进软件业的发展起到了很大作用。但这种支持与国防部对计算机和半导体产业发展的支持有很大的不同。在计算机和半导体领域，国防支持主要通过采购来体现；"而相反的，在软件业，五六十年代国防支持主要表现在提供研发资金……用于基础知识和开发能应用于国防及民用领域的软件语言和设计……国防相关研发投资（而非直接采购）同时促进了军用和民用领域的软件发展"（Langlois and Mowery, 1996：14；Flamm, 1987：42-92；Norberg and O'Neill, 1996）。

在笔者写这本书的同一时期，受硬件领域飞速发展以及互联网使用人数增加的推动，极为分散的软件产业也在快速的变革中。互联网本身就是从计算机网络 ARPANET［美国国防部高级研究计划署（ARPA）于 60 年代建立］转型而来的（见专栏 9-3）。转型的主要目的之一是，通过消除国防系统中容易受到攻击的点（即中央交换站），来保护国防系统，避免受到核武器的攻击。计算机构造被彻底地重新设计，目的是计算机在同时运作时，能更为自主地决定怎样通过日益发达的网络选择信息传送路径。这项技术的发展长达 15 年；到 1983 年，互联网诞生。最初 10 年，互联网的主要用途是方便科学家交换数据，他们可以在不离开实验室的情况下保持密切合作（Norberg and O'Neill, 1996）。然而，到 90 年代末，互联网被大量用于娱乐和收发邮件，人们担心它本来用以方便科学家合作的初衷正在逐渐消失。有人提议采用新的定量、定价体系（见本书第十三章）。出于商业用途和安全防务的考虑，私人部门和政府机构都希望能控制一个原本被设计为不可控制的系统（Saco, 1996；Hughes, 1998：255-300）。

专栏 9-3

互联网的发明

将计算机用户联系在一起的互联网起源于美国国防部高级研究计划署（ARPA）的一个项目——ARPANET。该项目开始于 1969 年，最初的目标是使不同型号的大型计算机"能够相互通话"。1972 年 10 月，在华盛顿特区举行的第一届国际计算机交流大会上，ARPANET 项目团队展示了不同制造商的计算机可以在全美不同的地点相互交流。

在早期几个计算机通讯项目获得成功之后，国防部决定支持 ARPANET 的研发。50 年代早期，为半自动地面防空警备系统（SAGE）开发的 Whirlwind 计算机能够让人们通过（经过处理并在电脑屏幕呈现的）信息进行联系：雷达或其他来源将信息提供给计算机，操作员就可以从中进行挑选，并突出显示需要的实时信息。军方对于发展更高端的系统十分感兴趣，他们希望在遭到袭击后，在其他控制站都失灵的情况下，该系统能确保信息通讯的安全。

这一决定也反映出 60 年代 ARPA 信息处理技术办公室（IPTO）负责人约瑟夫·立克里德（Joseph Licklider）对人机交互的个人兴趣。立克里德对"分批处理"数据的方法不满。这种处理方式是，在使用计算机的过程中要解决一个问题，研究员首先需将问题制定出来；其次，他必须求助于专业编程人员，为计算机编写出这个问题；再次，用计算机语言编写的问题会提交给中央计算机的操作员，操作员将程序排队；最后，计算机处理这个信息并输出结果（Hughes, 1998：261）。立克里德设想出一个"即时分享"系统：一台计算机放在中间位置，作为中枢与不同终端的用户通过电话线连接。

1996 年，罗伯特·瑞勒（Robert Raylor）接替立克里德担任 IPTO 负责人一职。瑞勒寻求与劳伦斯·罗伯特（Lawrence Robert，他是麻省理工学院林肯实验室的一名研究人员，曾经成功地将林肯实验室的一台计算机与位于圣塔莫尼卡的兰德公司的一台计算机进行连接）合作，共同推进 ARPANET 项目，将 ARPA 资助下的 17 个学术、工业和政府部门计算机中心的计算机进行互联，实现即时分享。在筹划阶段，他们初步的设想是，如果大型计算机可通过小的接口计算机相互连接起来，那么不同性能的主机也可通过接口计算机实现相互连接。

这一提议遭到几位主要研究人员的反对，他们更愿意自己开发软件。瑞勒并没放弃，他选择与博尔特·贝拉尼克—纽曼公司（BBN）签订合同，与他们合作研发接口计算机。BBN公司位于剑桥麻省理工学院附近，是一家高科技公司。他们组织了一个小团队负责设计接口信息处理器（IMP）。然而他们发现，开发通过其他通道传送信息的软件及其工程设计问题比预想的难得多。但"IMP人"在合同生效9个月后，成功完成互联网基本元素的开发。

托马斯·休斯（Thomas Hughes）这样评价"IMP人"的创举："未来历史学家会认识到ARPANET项目对互联网发展的开创性意义，会将BBN公司小团队的创造性发明与发明了电灯的托马斯·爱迪生及其团队相提并论。"就爱迪生在门罗帕克实验室的研究而言，科学与技术的进步有着紧密的辩证关系，有时科学推动发明，有时发明又先于科学。

休斯还认为，ARPANET的平面管理结构是一项重要的制度创新，与"需求控制"结构形成鲜明对比，后者在早期防空和弹道导弹系统中被军方广泛应用。世界各地ARPANET科学家和工程师的相互交流体现了学院式风格和精英制度：任何决定都必须经过一致同意后才能得以实施；管理风格和工作风格与个人计算机或软件产业的新公司的风格类似。休斯也认为，ARPANET项目是一个优秀的案例，展示了在完成一项任务的目标下，联邦政府如何成功地与学术工程师及科学家相互合作。但他也提出一个相当令人不安的问题：如果计算机的变革与发展需要政府的领导和资金来维持，而在未来其他技术变革也同样离不开政府的领导和支持时，该如何进行分配呢？（Hughes，1998：256）

1972年，在国际计算机交流大会上，互联网向全世界展示，这标志着互联网的使用开始扩散。它不再被认为只是一种国防应用或研究工具。虽然互联网作为交流工具的潜力十分明显，但无论是作为赞助者的国防部还是设计团队的成员都没有预见到它将主要用于收发个人电子邮件，而不是传输数据或者科研合作。

资料来源：T. P. Hughes, Rescuing Prometheus, New York：Random House, 1998：255 - 300. See also A. L. Norberg and J. E. O'Neill (with K. J. Freeman), *Transforming Computer Technology*：*Information Processing for the Pentagon*, 1962- 1968, Baltimore, MD：Johns Hopkins University Press, 1966; and D. Saco, "Colonizing Cyberspace：National Security and the Internet", *Minneapolis*, MN：University of Minnesota Department of Political Science, 1996 (mimeo). For a highly personal account see K. Hanfer and M. Lyon, *Where Wizards Stay Up Late*：*The Origins of the Internet*, New York：Simon and Schuster, 1996。

第六节　国际扩散[①]

西欧和日本的计算机及半导体产业发展的历程与美国有很大不同。从20世纪40年代贝尔实验室最初的发明到60年代末，绝大多数的半导体技术是由六大美国公司开发的。这些新技术迅速传播到了西欧和日本。50年代，欧洲公司的生产大多基于向西部电气公司购买的贝尔实验室专利的许可权。集成电路出现以后，欧洲公司认为很有必要从仙童或者德州仪器公司购买生产许可权。德州仪器公司尤其乐意出售其技术，因为他们认为，技术更新换代周期短，新技术在1—2年内就会被淘汰，出售生产许可权的做法能使技术获得最大回报。

但这几个国家的扩散模式有所不同。与美国相比，西欧的知名接收管公司占据着更为统治性的地位（Tilton，1971；Flamm，1987：125-172；1996：24-27），其中一些是美国企业在欧洲的分公司。欧洲的关税或非关税壁垒使进口半导体受阻，美国生产商因此采取了向欧洲市场直接投资的方式，目标是刺激在欧洲的生产，而把所有权放在次要地位。外商直接投资弥补了进口不足的问题。80年代，欧洲公司成为美国和日本企业的制造分包商或分销市场（Ferguson and Morris，1993：10）。德国西门子成为全球最大的半导体公司之一。80年代，日美两国关于提高动态随机存储器（DRAMs）价格的贸易协议进一步刺激了西门子的发展。1990年，西门子、日本东芝与IBM达成研发协议，成立了合资企业，生产16M的DRAMs。

与西欧的公司相比，日本本土的新公司在技术扩散方面发挥着更为重要的作用，外国分公司的作用则较为有限。在日本的外国分公司数量较少，其原因在于日本立法规定，外商直接投资必须经政府批准。计算机和半导体产业中，凡是外方股份超过50%的合资企业，日本政府按惯例都是会驳回其建立请求的。以下内容主要关注的是计算机和半导体产业在日本的扩散。日本的经验展示了国家重金支持技术项目的成

[①] 本章主要参考了以下作者的著作：安可德盖（Anchordoguy，1989）、蒂尔顿（Tilton，1971）、弗兰斯曼（Fransman，1990）、尤斯曼（Usselman，1993）、布雷斯纳汉和马莱尔巴（Bresnahan and Malerba，1999）。

果——到 80 年代，日本已具备了挑战美国在计算机和半导体产业霸主地位的能力。

一　计算机

1960 年前，日本信息技术的研发主要在政府内部的研究实验室［如日本国际贸易与产业部电气化学实验室（MITI/ECL）以及日本电报电话公共公司电信实验室（NTT/ECL）］和大学内进行。这一做法与 40 年代美国的做法类似（Fransman，1990：13-23）。

然而，1960 年后，这一状况发生了改变。日本政府把计算机产业视为"战略性产业"——对国家未来发展至关重要。当时，用来支持计算机产业发展的制度及工业基础设施已基本到位。日本国际贸易与产业部（MITI）负责在产业政策、政府控股的投资银行以及外汇、投资和出口等政府部门之间进行协调。日本拥有雄厚的工业基础，从事消费电子产品、电子通信、电子设备生产的公司数不胜数。[1] 与其他产业一样，日本所有的电子公司团结成为一个"企业集团"（keiretsu），以响应政府政策。[2] 尽管拥有这些优势，日本政府还是花了 25 年时间进行大量的扶持，才使得日本的计算机产业可以和美国一争高下（Anchordoguy，1989：19-22）。

政府的支持来得很容易。国际贸易与产业部（MITI）保证了计算机产业的发展与日本的要素禀赋保持一致。

> 日本国际贸易与产业部认为，计算机产业的特点对日本的长期经济发展非常重要——包括高附加值、材料与能源需求量很小、高技术人才组成，与现有产业建立密切联系等。作为国家垄断企业的日本电报电话公共公司（NIT），在扮演促进者和采购者方面与美国军方的作用相同。日本法律不允许 NIT 自己生产设备，因此 NIT 致力于鼓励国

---

[1] 弗兰斯曼（Fransman）指出："日本领先的计算机公司都在电信领域拥有强大的技术能力，而美国的同类公司却没有哪一家具备这种能力。"（Fransman，1995：132）

[2] "企业集团"（keiretsu）由纵向整合的公司组成，密切的买方—供货方关系、共同持股、人才交流、与大型银行建立联系等因素将各个公司联系在了一起。每个公司都有独立的管理权，原则上可以随意按照自己的方式进行运营。但由于他们互相持有股份，在股东方面也有重叠，且依赖于相同银行的资金支持，因此各成员之间有紧密的供方—客户关系（Anchordoguy，1989：32-33）。

内供应商的发展。日本财政部在这一过程中则非常不情愿,因为他们知道这需要投入大量资金。(Anchordoguy,1989:20)

MITI 将 IBM 视为日本计算机产业的主要威胁。从 20 年代中叶开始,IBM 就已进军日本市场;第二次世界大战后,IBM 在日本颁布相关法律之前迅速设立了分公司,从而避免了与日本同行创办合资企业。然而,日本政府一直推迟 IBM 在该国生产计算机的计划,直到 IBM 同意将其所有技术授权给日本计算机生产商。尽管 IBM 日本分公司被允许拥有完全的所有权,但也有附加的苛刻条件,其中包括将 60% 的产品用于出口以及新机型的问世必须经过政府同意等。所有的进口计算机,包括 IBM 在日本生产的计算机,都被征收 25% 的关税。MITI 鼓励斯佩里兰德公司(Sperry Rand)与日本建立合作伙伴关系,向其进口 UNIVAC 计算机以在市场上与 IBM 抗衡。

获得 IBM 专利后,7 家日本公司开始生产计算机。尽管 MITI 不愿意给予批准,但这 7 家公司都发现,与美国公司建立合作关系以得到其技术支持是非常有帮助的。NEC 与霍尼韦尔公司、日立与美国无线电公司、东芝与通用电气、三菱与 TRW、冲电气工业株式会社与斯佩里兰德等都建立了联系。富士通公司试图与 IBM 签订技术协议,但没有成功;而在 1970 年,机会出现了:IBM 360 系列计算机的设计者创办了美国阿姆德尔公司(the Amdahl Corporation),但由于缺乏资源,产品未能进入市场。富士通积极地与阿姆德尔建立了合作伙伴关系,最终在 80 年代成为日本最成功的计算机公司。

日本在 60 年代最重要的制度创新之一是 MITI 创建了日本电子计算机公司(JEEC)。该公司从制造商手中购买计算机,然后以具有竞争力的价格出租给用户。JEEC 得到了政府控股银行的低息贷款,这使计算机制造商可以获得先期支付的货款,而不必等待租金缓慢回流。获得这一好处也必须付出代价——JEEC 要求制造商以账面价值买回用户退回的任何计算机;压力之下,制造商们就必须不断地改进自身产品。

70 年代早期,日本计算机产业遭遇重大危机,主要原因是 IBM 推出了 370 系列计算机,当然也有其他因素。比如,日本公司获得的 IBM 专利于 1970 年底失效了,且续签的机会十分渺茫。同时,日本于 1964 年加入关贸总协定组织(GATT),因此必须实行自由贸易的政策。在美国的施压之下,日本于 1972 年取消了外部设备的定量限制,并于 1975 年底废除了进口大型主机的限令。

MITI 最初的战略目标不是超越 IBM,而是能尽快与 IBM 并驾齐驱。1965 年,IBM 推出采用集成电路的 360 系列计算机,而日本公司花了 3 年的时间推出类似的产品;IBM 于 1970 年推出 370 系列,日本公司又花了 5 年时间来追赶。而 IBM 的 370 系列也同样引起了美国计算机产业的大规模重组。通用电气和美国无线电公司都相继退出了大型主机的生产行业,这给同这两家企业有技术合作协议的日本公司带去了很多麻烦。

20 世纪 70 年代末,MITI 开展了很多项目,旨在开发新的计算机与 IBM 尚未发布的第四代机型竞争,从而推动日本企业赶超 IBM。这些项目尚未启动前,日美两国计算机产业的领导者都已经认识到:

> 计算机产业的发展离不开更先进的集成电路。随着芯片上晶体管数量的增加,相同大小的计算机内存容量会越来越大,运行速度也会越来越快。而无论每个晶片上容纳的芯片有多少,晶片的生产成本都是相同的,因此发展技术使得每个晶片可容纳更多芯片,以及每个芯片上容纳更多晶体管,就对提高竞争优势至关重要。芯片密度越大,计算机体积就越小,运行速度会越快,产品的生产成本也会降低。(Anchordoguy,1989:138)

从 70 年代末开始的这一系列项目得到了日本政府和日本电报电话公司(NTT)的财政支持。在先前项目中建立的 MITI 体系协调各参与公司在互不交叉的领域各自进行研究。研究资源主要集中在 NEC、日立和富士通。这三家公司在技术实力上已经能与美国一些大型主机生产商(如数据通用公司、数据设备公司、通用电气、霍尼韦尔、美国无线电以及科学数据系统公司等)平起平坐。而到了 80 年代初,它们已经可以与商用大型主机制造领域的三巨头(IBM、数据控制公司和阿姆德尔)平分秋色了(见图 9-2)。在日本市场上,富士通和 IBM 的销量基本不分上下。1983 年,参与项目的日本公司推出了新一代超级计算机,其性能接近该领域领先企业[如克雷研究公司(Cray Research)]专为科学目的生产的机型(Afuah and Utterback,1991:315-328)。尽管日本三大龙头企业进入了全球计算机市场前十强，但其80%的销量是来自日本国内的市场。①

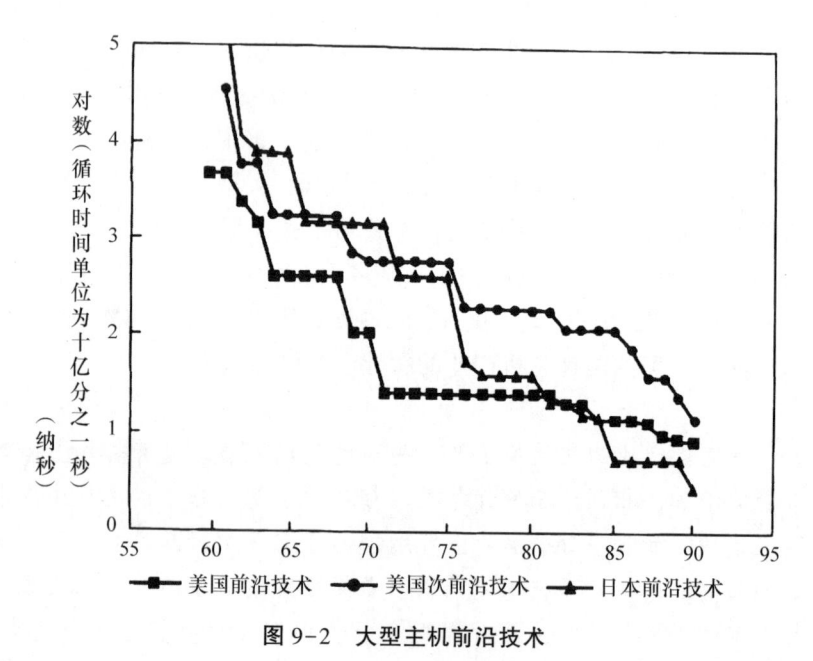

图9-2　大型主机前沿技术

资料来源：Taron Khanna, "Racing Behavior: Technological Evolution in the High-End Computer Industry", *Research Policy*, 24（1995）：933-958. Copyright © 1995, with permission from Elsevier Science。

二　半导体

日本半导体产业的发展路径与计算机产业相似。50年代初，MITI/ETL的工程师敏锐地捕捉到了晶体管对计算机发展的重要性。最初，日本公司生产晶体管供电子消费品使用；后来，半导体取代了晶体管的地

---

①　日本公司产品在国际市场销量不高不是因为性能不佳。1997年，克雷研究公司（当时是美国硅图公司的一个子公司）以"倾销"罪名控告了NEC，这促使美国国际贸易法院禁止美国国家大气研究中心（NCAR）从日本NEC公司购买性能更为优良、价格更便宜的计算机用于气候模拟。NCAR与NEC签订的合同是美国政府机构第一个购买日本超级计算机的合同（Williams, 1997：A14）。1999年，美国国家研究委员会指出，无法使用运行速度最快的计算机意味着，在更为精确地模拟全球气候变化的影响这一方面，美国已经落后于其他许多国家（Kerr, 1999）。

位。1968 年，60%的日本半导体产品被用在了电子消费品上（Tyson，1992：93、95）。

1964 年，当时拥有全球 1/3 半导体市场的德州仪器公司向 MITI 提出申请，想要在日本建立独资分公司。MITI 最初拒绝了这个申请，经过漫长的谈判后，MITI "最终同意了，但是有三个条件：第一，与索尼公司创办合资企业，双方各占 50%的股份；第二，前三年'自愿'将集成电路产量控制在日本集成电路总产量的 10%以内；第三，允许日本公司以合理价格购买其专利"（Anchordoguy，1989：28）。1972 年，德州仪器公司威胁将以"专利侵权"为由控告所有使用其技术的日本电子消费品出口企业，迫使 MITI 同意其收购索尼在该合资企业的全部股份。但是 MITI 已经达到了目的：通过拖延德州仪器进入日本市场的时间，给日本半导体企业创造机会，使他们在面临国外企业的竞争之前已经形成了规模经济（Anchordoguy，1989：28；Flamm，1996：68-77）。

慢慢地，美国公司只有通过销售日本尚未生产出的产品才能打入日本市场。随着日本供应商在先进设备生产领域的竞争力不断增强，美国供应商在日本的市场份额逐渐趋于平缓甚至下滑（Tyson，1992：97、98）。70年代末，两国半导体公司的相对地位较 10 年前发生了巨大的变化：1977年，日本出口到美国的半导体产品总量首次超过了美国出口到日本的总量；1978 年，美国从日本进口的集成电路超过了出口至日本的数量；1979年，美国从日本进口的金属氧化物半导体（MOS）总量高于出口到日本的数量。80 年代初，除了德州仪器和摩托罗拉之外的所有美国企业都退出了 DRAMs 的生产领域；高质量的集成电路使得日本计算机生产商扩大了在国际和国内市场上的销量。

让人困惑的是，日本半导体生产商为什么没能像统治存储器市场一样，也统治微处理器市场呢？1972 年 4 月，在英特尔公司发布其首款微处理器（4004）5 个月之后，NEC 生产出日本的首款微处理器（PD700）。弗兰斯曼（Fransman，1995：167-182）认为，美国公司在微处理器领域获得霸主地位的原因在于美日两国计算机和半导体的市场结构不同。美国的计算机和微处理器由不同的公司生产。IBM 团队在开发个人计算机时，决定向其他公司购买微处理器，最终他们选择了 Intel 8088。而在日本，电子消费品、通信、计算机和半导体等产业高度一体化；专门为个人计算机开发的微处理器不一定是其他电子消费品的最佳选择（NEC 使用自己的微处理器,最终主宰了日本个人计算机市场。NEC 设计及生产微处理器,使用自己的操作系统,生产及销售自己的个人计算机)。

市场结构的这些不同造成的影响是,日本的存储器市场相对同质,这为"商品化"的标准存储器创造了广大的市场,进而导致了成本的迅速降低(摩尔定律),使得日本企业在国内国外的存储器市场都占据了相当大的份额;而相反的,日本生产的计算机受专利保护,个人计算机在日本的扩散相对较慢,这导致日本的微处理器市场较为零散。与此相反,美国的英特尔处理器已经成为业内标准(计算机上都贴有"Intel Inside"的标识),这为英特尔公司创造了一个巨大且迅速发展的市场,帮助其形成规模经济,从而降低成本。90 年代末,英特尔公司几乎垄断了个人计算机微处理器市场,并积极进行多样化经营。

三 版图变化

20 世纪 80 年代初,日本计算机产业进入充满不确定性的新阶段,这与 70 年代初的危机十分不同,之前的不确定性主要来自日本生产商能否快速掌握现有技术,从而追赶上 IBM 大型主机的技术水平,同时获得足够的报酬率继续参与竞争。日本的技术一度达到世界一流水平,但其计算机和半导体产业很快又面临新的不确定因素。这些因素与技术变革未来的方向有关。

80 年代初,日本启动了新的研究项目,试图"超越 IBM"(Fransman,1990:269)。但到 90 年代初,全球计算机产业的版图开始发生变化:从40 年代中叶冯·诺依曼提出序列处理架构开始,主导计算机产业思路的一直是如何处理信息;而这种观念正在发生转型。弗兰斯曼这样解释:

> 第一种想法是许多大型主机形成一片大陆,小一点的计算机、第一代小型计算机和后来的个人计算机陆续围绕这片大陆形成面积更小,影响力也更小的岛屿。第二种想法是大型主机大陆的版图已经缩小到岛屿般大小,而岛屿数量则逐渐增多;每个岛屿相对于以前更强大、更有影响力。通过大量快速低廉的信息,各岛屿之间的联系日益密切。(Fransman,1995:130)

在这种新观念中,计算机技术被看作分散的信息处理网络。要在新的环境里取得成功变得更为困难。①

一些分析家将 MITI 和 NTT 后来的挣扎看作日本产业政策失败的证据。日本政府为实现60年代树立的"打造世界一流计算机产业"的目标投入了大量资源。安托德（Anchordoguy, 1989）认为，在"赶超"阶段，为支持计算机和半导体产业发展，日本政府提供了大约180亿美元的补助及税收优惠，并发放了44亿美元的贷款。70年代末，一半以上的政府资助投向了超大规模集成电路（VLSI），旨在帮助日本制造商超越即将问世的 IBM 第五代计算机。

尽管日本没有成功地生产出第五代计算机，但日本政府在大规模并行处理、先进的软件开发以及与国际研究团体密切交流等方面为研究人员提供了宝贵的经验，所以从广义来讲，他们是成功的。1991年，MITI 围绕大规模并行处理系统开始了为期10年的第六代计算机项目。1995年又发起了新的超先进电子技术项目，这个新项目计划耗资10亿美元左右，专注于基础材料和技术的发展而不是具体的活动。这些着眼于将来的技术政策转向了推动重要领域基础知识的发展，而不是具体的项目。这反映出一个共识，那就是只有提高科技研究能力，才能弥补在制造水平上的不足。

四 迟来的发展②

20世纪60年代初，美国半导体制造商开始"海外采购"，这种行为符合产品循环模型（第五章）。半导体生产的几个环节（如产品设计、晶片加工、组装以及最终测试等）放在不同国家进行在技术上是可行的。仙童

---

① 计算机产业版图的变化在美国同样有着重要的结构性和区域性影响。80年代中叶，除了东北部和太平洋沿岸之外，明尼苏达州也是大型主机的主要生产中心之一。1969年，IBM 开始在罗契斯特市生产 System/3 小型计算机，后来的小型计算机生产都在这里进行。优利系统（Unisys）、霍尼韦尔、数据控制、克雷研究等公司都曾驻扎在明尼阿波利斯市或圣保罗市，但它们后来或搬到其他地方，或退出了计算机生产领域。尽管霍尼韦尔公司联邦系统分支在90年代初还在继续制造计算机，但最终停止了生产。优利系统的来源可追溯到早期计算机产业领头羊——雷明顿兰德公司（在1955年与斯佩里公司合并后改名为斯佩里兰德），该公司仍在继续生产大型主机，但地址不在明尼苏达州。数据控制公司分为了许多小公司，如 Ceridion、Seagate Technology、Control Data Systems 以及其他一些更小的公司。克雷研究公司是超级计算机领域的领军企业，在1996年被硅图公司（重要的工作站和软件公司）收购，将公司移至丹佛市。90年代初，明尼苏达州的计算机产业逐渐发展成为以软件业为主。

② 本章主要引用参考利维和郭（Levy and Kuo, 1991: 363-374）以及霍布德（Hobday, 1994: 333-361）。

半导体公司于1963年、1964年分别在中国香港和韩国设立了海外组装厂，其他半导体公司也纷纷效仿。

在东亚和东南亚设厂可大大降低生产成本。"这些国家（墨西哥除外）的工资只有美国的1/5（甚至更少）……组装工人一天就可学会基本技术，不超过两周就可变得相当熟练。"（Langlois et al., 1988: 53）此外，一开始，海外装配的产品进口到美国是按国外增值征收关税的；而1985年，这一关税降为零。造成的结果是，1969年美国大约40%的半导体在海外进行装配，1981年这个数字上升到了近80%（Langlois et al., 1988: 56）。而日本和西欧的"海外采购"较美国少得多，原因正是其关税政策不如美国的优惠。

半导体产品海外采购涉及的问题日益复杂，涵盖了外国分公司、许可权、合资企业和股权分配等。80年代，新崛起的国家和地区中有好几家半导体公司成为独立的生产商。三大韩国公司——三星、高仕达和现代集团——与日本、德国及美国的制造商形成了复杂的技术联盟。他们也在美国建立了自己的分公司，以便更直接地接触美国的技术和人才。90年代初，韩国公司已跻身全球半导体存储器生产领域的前列（Chen and Sewell, 1996: 759-783）。

中国台湾的计算机及配件生产技术也发展很快，但其获取个人计算机技术的战略与韩国十分不同。韩国公司采取的是大规模"装配"策略，而中国台湾奉行小规模"自益"战略。例如在键盘的生产上，韩国公司即使在生产的起步阶段，都与日本公司创办合资企业以扩大产量；高报酬率使他们的学习曲线迅速下降，累积的经验带来了生产率的提高和成本的降低。而这需要大量的启动资金以及雄厚的财政实力，可以承担大额资金亏损。这在韩国是可行的，因为韩国的微电子产业已经被大型联合企业所主导。这些制造商联合起来可以生产计算机键盘的所有元件。与此相反，中国台湾公司依赖分包商为其提供和组装大部分键盘配件，主要销售给海外个人计算机装配厂。中国台湾也成为发达国家计算机公司（如AT&T、Unisys、西门子等）的贴牌生产地。90年代中期，中国台湾公司宏碁电脑名列全球个人计算机制造商前15名。

80年代初以来，软件生产也在发展中国家迅速扩散。最突出的代表之一是印度南部软件业的高速发展。印度政府一直试图发展该国的计算机和软件产业，但最初国家的过度干涉反而造成了阻碍（Subramanian, 1992）。

80年代中叶，印度政府实施了谨慎的自由贸易政策，进口了更多计算机，同时也开始推动软件的出口；1991年，该国的计算机产业实现了更为彻底的自由贸易（Mc Dowell，1995）。

印度发展软件产业有许多重要的潜在优势，包括坚实的工业基础、广阔的国内市场和训练有素的技术人才等，他们的技术人才不仅擅长英语而且工资不到美国同行的1/5。这些优势吸引了很多跨国公司。德州仪器公司于1986年开始进入印度，其他跨国企业也纷纷在这里设厂或与印度公司创办合资企业。南部城市班加罗尔成为印度科学院、印度空间研究组织以及许多高科技企业的大本营，迅速发展成软件产业的中心。

最初，跨国公司主要聘用印度软件工程师从事编程和测试工作。因为能够接触到高技术、高学历的软件工程师和技术人才，印度出现了许多培训和雇佣公司，他们与美国及西欧的顶尖计算机企业签订合同，为他们输送人才。"干中学"的经历又反过来使印度的劳动力技术水平得到迅速提升。后来，印度的人才开始外流，但这并没有被过多地解读为"精英的流失"，而是被看作全球人才的流动，有助于软件产业的合作与交流。

90年代中叶，印度本土软件公司占据印度软件出口的大多数份额，出口到美国的产品超过5亿美元。印度公司发展过程中一个有趣的案例如专栏9-4所示。印度经验之所以值得关注，是因为在这之前人们传统上认为软件业的发展必须依赖于国内强大的硬件产业。与印度相反，日本在计算机硬件产业上的优势未能转化为软件业发展的优势（Mowery and Rosenberg，1998：162）。

专栏9-4

印度凯尔顾问有限公司

凯尔顾问有限公司在1980年创办时只有两名员工。1988年之前，它的业务一直都面向国内，早期的主要业务之一是为泰姬酒店集团开发在线管理软件。之后，该公司业务范围不断多样化，包括为医院研发在线信息管理系统以及为银行开发咨询服务软件。从1981年开始，凯尔顾问不断积累UNIX系统的操作经验，用于在线商业应用；从1985年开始专注于以UNIX系统为基础的软件。

> 凯尔顾问致力于为国内某一特定市场的客户提供交钥匙解决方案，而不是在一个特设的基础上同时启动几个完全不同的项目。1987年，它被选中成为印度技术发展与信息公司在国内第一家为其提供风险资本的公司。凯尔顾问投入了大量的时间和资源于软件服务及银行自动化领域，最终成功地生产并销售自己的银行管理系统。
>
> 凯尔顾问的第一次出口业务是1988年和利多富计算机公司（Nixdorf Computers）合作开发银行软件系统。项目的第一期在一年内完成。他们的合作业务随后在其他国家展开，例如马来西亚（利多富在这里有一个计算机生产基地）。凯尔顾问的主要出口业务是为医院和银行机构提供在线的综合商务系统。该公司的国内经验和专业水平使其成为成功的出口企业。
>
> 资料来源：Adapted from Robert Schware, "Software Industry Entry Strategiees for Developing Countries: A 'Walking on Two Legs' Position", *World Development*, 20 (1992): 143-164。

第七节 产业政策

国家政策对计算机、半导体及软件产业有着特殊的影响力。第一代计算机在大学里被开发出来，得到了军方的财政支持；为开发更精密的军事设备而催生了半导体产业；美国国防部（DOD）和国家科学基金会（NSF）对基础研究和大学教育的支持推动了软件产业的发展；而互联网的出现则得益于美国国防部高级研究计划署（DARPA）的项目。

一 落后

日本政府通过下属的MITI和NTT对引入计算机和半导体技术发挥了重要作用。欧洲各国政府也为计算机和半导体产业提供了大量资源，但普遍不如日本成功。从70年代末开始，美日两国政府频频在争夺半导体产业的竞争优势上发生摩擦。美国的一些激进主义分子看到日本产业政策取得的成功，也敦促美国政府采取更为积极的政策，努力打开日本市场并增强美国技术的领导力，尤其是在半导体领域。90年代中叶，批评家指出，美日两国都缺乏有效的政策主动性（Maitland, 1995）。

美国政府支持半导体产业的发展主要是基于国防安全的因素，而日本、欧洲和其他新兴工业国家考虑的是其在商业领域的重要性。他们认为,发展半导体的经济效益十分明显:为工人提供了高薪的工作,增加了出口以及提高了全球市场的占有率。其他相关产业也得到了发展,如电子消费品、计算机和通信业等。与之相反,美国政府通过反垄断法限制领先企业(比如通信领域的贝尔公司、办公设备领域的 IBM)的竞争优势。70 年代,半导体产业逐渐成熟,规模经济发挥着越来越重要的作用,美国政府的种种限制使美国处于弱势。

80 年代初,日本半导体产品涌入美国市场,这使美国感受到了危机,寻求政治上可接受的新的产业政策势在必行。美国许多产业(如钢铁、汽车、电子消费品等)陆续失去领先地位的时候,又迎来了日本芯片制造商的挑战。"半导体产业反映出什么是'错'的政策:从第二次世界大战后开始一直在研究和销售领域占统治地位的产业艰难地与日本生产商进行竞争;日本生产商得到政府的扶持,实行的是不公平的贸易政策。"(Dick, 1996:68)国防部担心这一具有战略意义的产业会遭受巨大损失。毕竟芯片比薯片重要得多啊!但美国军队和航空项目已经无法再为产业政策打掩护。同时,美国政府中保守的政治形态占据上风,禁止公开讨论冷战后的产业政策。

出台专门政策支持半导体产业的发展从几个方面展开:一是与日本就几个半导体贸易协议(SCTA)进行磋商;二是成立了半导体制造技术战略联盟(Sematech)。1984 年,美国国会通过《国家合作研究法案》,放宽对合作研发的反垄断限制。

二 半导体贸易协议[①]

《半导体贸易协议》(SCTA)是由半导体产业协会组织发起的。[②] 该协

[①] 这一部分主要参考了泰森(Tyson, 1992)、欧文(Irwin, 1996)、弗拉姆(Flamm, 1996)以及马赫等人(Macher et al., 1999)。

[②] 半导体产业协会(SIAS)成立于 1977 年,最初由五家顶尖的零售企业(AMD、英特尔、仙童、美国国家半导体公司、摩托罗拉)组成;1982 年吸纳了新成员,包括 IBM、惠普、数据设备公司(DEC)和 AT&T。成员的增加提高了 SIAS 在美国政府中的影响力,同时也缓和了其贸易政策立场,因为零售商提高价格所得的收益并不能为制造商所得。美日两国企业之间的交叉持股也阻碍了美国产业内部达成共识。摩托罗拉、镁光公司(Micron)等与日本企业没有任何关联的公司积极游说改变贸易政策,但受到了英特尔的阻拦,因为后者与日本生产商签订了很多二次采购合同(Dick, 1996:69)。

会最初取得的成功包括游说美日两国免去所有半导体的税费；通过了《半导体芯片保护法案》，为美国芯片设计人员提供知识产权保护等。协会还起草请愿书，反对日本的不公平贸易行为，以反倾销为由起诉日本公司倾销存储器设备（见专栏9-2）。这些做法迫使日本坐下来进行磋商，并于1986年8月签订了《半导体贸易协议》。

1986年，《半导体贸易协议》同时解决了进军日本市场以及日本公司在美国的倾销问题。根据协议条款，日本放宽了对美国公司进入日本市场的限制，并且终止了在美的倾销行为；作为回报，美国对日本有关倾销和不公平贸易的起诉暂缓执行。在放宽市场准入的问题上，日本政府同意为美国及其他外国公司在日本的销售提供帮助。协议的补充条款上注明，日本政府必须准许外国公司在日本的市场份额在目前的基础上多一倍。双方就倾销的标准也达成协议（Tyson，1992：109、110）。

然而在1991年SCTA需要重新签订的时候，美国计算机产业却明确反对反倾销条款，因为反倾销政策抬高了市场上存储器的价格。对倾销行为提出的证据无法令人信服，而美国的半导体产业为换取日本更大的市场准入，希望美国政府能放宽反倾销条款。1991年，新的5年贸易协议达成。1995年末，美国在日本半导体市场的份额达到22.9%。1996年，双方又签订了新的SCTA。日本电子产业协会认为，外国芯片制造商在日本市场的地位已经稳固，因此该协议应当终止（Rollack，1995c：D4）。

美日两国的半导体贸易协议在改变市场份额方面到底有多大的作用呢？就日本半导体公司来说，他们齐心协力加大购买国外产品的力度；美国公司也努力扩大在日本的市场。摩托罗拉在扩大国内生产的同时，也与东芝合作在日本创办合资企业。而多家日本公司都相继在美国设厂。

当然，贸易协议的负面影响也是很明显的。1987年，美国半导体产业协会认为，日本在第三方市场上违背了SCTA中规定的反倾销条款，并且没有增加美国产品的购买量。作为回应，美国对某些日本计算机和半导体产品实施了制裁，征收100%关税。其结果是，256K的DRAMs价格飞速上涨，反而提高了美国制造商的生产成本，增加了日本生产者的利润。另外一个出乎意料的结果是，这一制裁为其他国家生产商扩大全球市场份额提供了便利，特别是韩国和德国。

一些评论家认为SCTA不符合自由市场原则，是一个彻底的败笔。泰森（Tayson，1992）却支持协议里与准入有关的条款，他认为如果不采用这种方式，那么另一种选择并非自由贸易而是"操纵"贸易，而事实上采用的这种方式应称为"管理贸易"，这种制度是有一定成效的。美国和其他国家的产品在日本市场的份额有所提升；此外，对日本的发展势头如果不加以遏制的话，全球市场的竞争性会更强。然而，泰森对反倾销条款的效果并不十分满意：

> 如果美国政策的目标是保持在全球DRAM市场的竞争力，那么一个更为有效的补救措施应该是提供暂时的补贴帮助那些在1986年退出市场的美国供应商，延缓他们退出的时间；或是在1987年或1988年鼓励它们重新进入半导体市场。近40亿美元的利润最终为日本公司所得，而美国本可以在市场上更具竞争力，同时维持在国内的DRAM强大的生产能力。(Tyson，1992：141)

三　半导体制造技术战略联盟

美国计算机产业和政府担心，日本的半导体产业在生产、研发和资本投资上会全面超过美国。基于这样的担心，半导体制造技术战略联盟（Sematech）成立了。美国国家科学基金会报告显示，至少有10家日本企业的研发水平超过了除2家公司以外的所有美国公司。1987年，以美国国防部高级研究计划署为首的政府部门决定联合各私人公司共同组建半导体制造技术战略联盟（Sematech）。Sematech于1987年8月正式成立，由美国14家半导体企业组成，包括IBM、AT&T以及所有主要的零售供应商和大多数重要的半导体设备制造商。Sematech成立的目的是提高美国半导体生产技术水平，而不是设计或生产半导体产品。该联盟大力支持发展能够将微芯片电路模型复制到硅晶片上的光刻技术。

Sematech是否成功地提高了其成员的技术水平呢？人们批评该联盟几乎没有产生任何成果。最饱受诟病的是，作为光刻技术最大的支持者之一，却没有将其转化为商业价值（Randazzese，1996：46-49）。后来退出该联盟的三家公司批评Sematech将工作重心放在了为成员筹集研究经费，而不是提高机构内部的研发水平上。一份关于 Sematech 影响力的报告指出，该联盟成员的研发费用实际减少了（Irwin and Klenoweu，1994：20）。但也有证据表明，Sematech 还是促进了美国半导体产业某些领域的发展：摩托罗拉和英特尔都增加了从美国生产商那里购买设备的数量；90 年代，美国半导体设备在全球市场的占有率稍微有所增长。1991 年，一份对 Sematech 联盟公司行政人员的调查显示，他们对于加入 Sematech 基本感到满意，认为自己的公司正渐渐有所收益。

90 年代中期，半导体产业已发展成为卖方市场。只有为数不多的几家总部位于美国、日本、欧洲或韩国的公司在世界范围内生产、投资及销售半导体产品。例如，IBM 与东芝、西门子公司在存储芯片领域建立合作伙伴关系；1995 年，摩托罗拉也加入了它们。这个企业联盟的目标是开发十亿字节的存储芯片。在此之前，摩托罗拉已经与东芝创办了合资企业生产 16 兆字节的芯片。摩托罗拉本可以通过向该联盟出售技术许可权而获利，但为了将来的发展，它决定牺牲这数亿美元的收入，而加入这个企业联盟（Pollack，1995b：D5）。

个人计算机产业也涌现越来越多的合作组织。1995 年，在日本个人计算机市场占有率达 43% 的 NEC 收购了帕卡德贝尔公司 19.99% 的股份，后者在美国的个人计算机市场占有率超过 12%，位居同类公司前列；法国计算机公司布尔集团在 1993 年收购了帕卡德贝尔公司 19.9% 的股份；NEC 又拥有 17% 布尔集团的股权；布尔集团同时是美国顶峰数据系统公司的股东。这些联合手段使 NEC——日本唯一没有使用 IBM 个人计算机设计的制造商——得以打入与 IBM 产品兼容的市场。

在计算机产业保持长期竞争优势十分困难，每一次技术革新都会导致产业领头羊的重新布局。在美国内部，最初，纽约地区（更小范围来说的话，是纽约的上中西区）在大型主机领域占据优势，而波士顿地区在小型计算机技术领域拥有领导地位。随着小型计算机的发展，硬件生产的优势地位转移到了硅谷（加州）。从 90 年代开始，计算机硬件生产（如零件、装置和系统等）移至东亚（Bresnahan，1999）。本书快要完成时，计算机产业似乎将要开始又一轮技术基础和工业组织的革新。网络运算的诞生推动了产业结构和区域的变化。微软公司想将硅谷分散的专业技术公司纵向整合起来。然而，现在的技术及组织发展方向是否比过去更胜一筹，仍有待探究。

第八节　计算机与经济增长

在冷战期间，公共资源转向计算机和半导体产业无疑带来了经济收益，这一转变很少遭到质疑。商业应用的前景并不是决定政府支持的主要考虑因素。事实上，直到小型计算机真正发展起来之前，大多数科学家、工程师和管理者都没能估计到它在商业市场的巨大增长率：从 1960 年开始，其增长率为每年 20%左右；自 1980 年起，这一数字达到了 50%（Jorgenson and Stiroh，1999）。

但是在 80 年代早期，人们开始关心这一场信息革命的生产率效益。使用计算机最多的产业，其效益没能反映在利润率或生产率指标上。许多观察家预计，更密集地使用计算机和相关信息技术可以使得生产率猛增，但这种想法落空了——至少在办公生产环节没能实现。80 年代，计算机和信息技术在服务业的使用增长最快，但劳动生产率增长速度与资本投入的增加不成正比（Attewell，1994：13-53；Landauer，1995：13-77；Stiroh，1998）。保罗·大卫（Paul David，1990）引用公共电力产业的例子，认为现在评判计算机快速扩散对生产率的影响还为时过早——在电力产业中，直到电力的使用通过扩散曲线的拐点时，其扩散的巨大生产率效益才日渐明显（见本书第五章和第七章）。

90 年代初期，人们对计算机及相关信息技术的生产率效益普遍持乐观态度。[①] 例如《商业周刊》（*Business Week*）曾报道："由于美国公司的重组和高科技投资，60 年代以来未曾见过的生产率长期增长趋势正在发生"（Cooper，1994：62）；"付出了多年辛苦的代价之后，美国的信息革命终于带来了回报"（Glickman et al.，1995：57）。《华尔街日报》（*Wall Street Journal*）则称，信息革命带来的收益日渐明显，许多公司于是不再费心估算回报率。"基于计算机的信息系统与操作系统完全性地相互交织，其收益无法估算。"（King，1994：R18）其他评论家认为在密集使用计算机的公司中，信息执行者的这种态度会导致较低的生产率和利润率（Strassmann，1997：23-40）。

[①] 20 世纪 50 年代末以来，关于计算机对生产率增长带来的影响，商业媒体呈现出周期性的乐观态度（Sichel，1997：128-131）。

毫无疑问，不论以任何标准来看，计算机和半导体产业的技术变革速度和生产率增长速度都很快。现在一款价格低于2000美元的计算机比70年代中叶价值100万美元的大型主机内存更大，速度也更快。计算机性能（尤其是存储芯片和微处理器的性能）显著提高（见图9-1）。但直到1985年12月，美国商务部经济分析局（BEA）才引入了一种衡量计算机即时质量的特征价格指数。[①] 乔根森和斯特奥（Jorgenson and Stiroh, 1999、2000）根据BEA的数据为计算机投资、股本、服务等构建了价格和数量指数（见表9-3）。经过30年的剧烈价格下跌之后，1990—1996年，商用计算机价格仍在以每年16.6%的速度下降，计算机服务的价格每年下降幅度为18.7%，家用计算机价格下跌的幅度更大。

表9-3　　　　计算机作为商业资本和消费者耐用商品：
投资、股票、服务质量和价格指数

年	计算机作为商业投资					
	投资		股本		资本销售	
	价格	数量	价格	数量	价格	数量
1960	339.416	0.001	339.416	0.001	372.259	0.000
1961	262.479	0.001	262.479	0.002	290.514	0.000
1962	179.473	0.002	179.473	0.003	208.272	0.001
1963	134.285	0.006	134.285	0.008	140.629	0.001
1964	112.329	0.009	12.329	0.014	115.437	0.003
1965	92.825	0.013	92.825	0.023	98.848	0.006
1966	65.020	0.027	65.020	0.043	73.236	0.009
1967	52.812	0.037	52.812	0.067	57.646	0.017
1968	45.033	0.044	45.033	0.090	48.815	0.027

---

① 构建特征价格指数的基本前提是价格差异主要是由质量差异引起的，而质量差异可以用基本特征来测量。BEA 计算机价格指数的特征包括：（1）指令执行的速度；（2）内存的容量。在1986年出版的《当下商业调查》（*Survey of Current Business*, Triplett, Cole et al., and Cartwright）一书中，有三篇文章谈到了特征技术在研究计算机价格指数方面的应用，及该指数在国民生产总值通货紧缩因素里的作用。对于BEA方法论的回顾和批评，见扬（Young, 1989: 108-115）。

续表

年	计算机作为商业投资					
	投资		股本		资本销售	
	价格	数量	价格	数量	价格	数量
1969	40.819	0.062	40.819	0.124	41.779	0.036
1970	36.665	0.077	36.665	0.162	39.025	0.050
1971	27.923	0.104	27.923	0.215	31.910	0.065
1972	22.614	0.159	22.614	0.306	24.037	0.087
1973	21.444	0.170	21.444	0.379	21.380	0.124
1974	17.507	0.224	17.507	0.484	17.490	0.153
1975	16.196	0.229	16.196	0.560	15.954	0.196
1976	13.526	0.336	13.526	0.719	13.399	0.228
1977	11.771	0.496	11.771	0.989	1.478	0.293
1978	7.962	0.947	7.962	1.624	8.090	0.403
1979	6.597	1.579	6.597	2.692	6.266	0.661
1980	5.149	2.504	5.149	4.348	4.853	1.094
1981	4.525	3.892	4.525	6.871	4.294	1.766
1982	4.049	4.856	4.049	9.562	3.545	2.790
1983	3.376	7.393	3.376	13.943	3.049	3.882
1984	2.731	12.147	2.731	21.698	2.607	5.661
1985	2.322	15.209	2.322	30.072	2.177	8.812
1986	2.000	17.440	2.000	38.040	1.824	12.214
1987	1.704	21.963	1.704	48.021	1.736	15.450
1988	1.583	25.113	1.583	58,007	1.587	19.504
1989	1.470	30.781	1.470	70.516	1.469	23.557
1990	1.322	30.761	1.322	79.064	1.315	28.638
1991	1.174	34.053	1.174	88.212	1.167	32.107

续表

年	计算机作为商业投资					
	投资		股本		资本销售	
	价格	数量	价格	数量	价格	数量
1992	1.000	46.076	1.000	106.501	1.000	35.823
1993	0.867	59.153	0.867	132.106	0.877	43.243
1994	0.771	70.338	0.771	160.831	0.794	53.638
1995	0.638	106.428	0.638	216.597	0.678	65.318
1996	0.490	168.221	0.490	316.602	0.537	88.000
1960—1996	-18.17	34.84	-18.17	36.47	-18.17	42.00
1980—1996	-14.70	26.30	-14.70	26.80	-13.76	27.42
1990—1996	-16.55	28.32	-16.55	23.12	-14.94	18.71

资料来源：本表的数据在 Dale W. Jorgenson and Kevin J. Stiroh, *Computer and Growth*, Harvard University Institute of Economic Growth, Discussion Paper 1707, December 1994 的数据上进行了改编和更新。改编后的数据由 Kevin Stiroh, (February 10, 1999) 提供。

计算机的快速扩散并没有影响总生产率，甚至在使用计算机最密集的服务业中其生产率的增长也没有显现出来；探究这一问题的原因，人们争论了很长一段时间 (Oliner and Sichel, 1994：273-334；Jorgensin, 1996；Oliner and Wascher, 1995：18-30；Filardo, 1995：42-59；Sichel, 1997；Stiroh, 1998；Jorgenson and Stiroh, 1999)。90 年代末，人们清楚地认识到，计算机和计算机服务价格的急剧下降是导致其快速扩散的主要原因。计算机使用的增长反映出价格下跌诱导的要素替代，而不是使用计算机的产业生产函数中生产率的提高（见第二章附录）。计算机价格持续快速下降且幅度很大，使其常常被用作一些对生产率只有些许边际影响的目的。

有人曾试图运用增长核算法来衡量计算机的扩散对整体经济的影响 (Oliner and Sichel, 1994：273-334；Sichel, 1997：75-112；Jorgenson and Stiroh, 1999)。乔根森—斯特奥的研究结果见表 9-4。1970 年初以前，作为生产者耐用设备投资的一部分，计算机及信息技术的投资很小，因此不可能对经济增长有很重要的影响。然而在 1990—1996 年，计算机占产出增长率的 16% 以上，并占消费者耐用商品增长量的近 20%。

表 9-4　　计算机对美国经济发展的影响（1948—1996）

测量方面	1948-1973	1973-1990	1990-1996
产出增加[a]	4.020	2.857	2.363
非计算机产出	3.978	2.650	1.980
计算机产出	0.042	0.207	0.384
投资商品（I_c）	0.042	0.171	0.258
消费商品（C_c）	0.000	0.024	0.086
消费者耐用服务（S_c）	0.000	0.012	0.040
资本服务（K）	1.073	0.954	0.632
非计算机（K_n）	1.049	0.845	0.510
计算机（K_c）	0.025	0.109	0.123
消费者耐用服务（D）	0.550	0.426	0.282
非计算机（D_n）	0.550	0.414	0.242
计算机（D_c）	0.000	0.012	0.040
劳动投入（L）	1.006	1.145	1.219
总要素生产率	1.391	0.335	0.231

注：[a]投入和产出的贡献值是经过名义上的平均份额计算出来的实际增长率。

资料来源：Dale W. Jorgenson and Kevin J. Stiron, "Informationg Technology and Growth", *American Economic Review*, 89（1999）：109-115。

　　似乎没有哪一种定量研究能够测量计算机的扩散对经济增长的影响（Lohr，1999）。一个原因在于，计算机和半导体产业的发展为其他领域（如电信、运输等）带来了大量知识和设备（Griliches，1992：529-547）。可以肯定的是，如果没有计算机和半导体产业的快速发展，70 年代开始的较低的总要素生产率增长速度将会更低。

　　笔者认为，在衡量计算机和半导体产业的贡献时，即便是最佳的评估也多少忽略了计算机的使用所带来的大量新收入，也忽略了其在完善公共事业方面的贡献。市场迫使计算机生产者与消费者分享产业生产率增长带来的大量新收入。计算机和半导体产业所产生的快速生产率收益中有一部分转化成了公共财物，技术变革产生的社会报酬率超过了私人报酬率。一个不争的事实是，21 世纪的前几十年，计算机扩散将会带来更多的收益（David，1990：335-361；Sichel，1997：100-107）。与其他公共投资相比，计算机和软件产业的公共投资报酬率一直很高，为50%—70%（Flamm，1987：36-39）。如果认为没有从40年代中叶开始的大规模公共支持，市场也会接近现在的发展速度，这种想法是极端错误的。

其他国家的情况又是怎样的呢？计算机、半导体和软件产业在这些国家主要用于商业领域，由政府提供补贴来发展这些产业。那么与将公共资源用于其他用途相比，这些产业是否具有较高的投资报酬率呢？西欧发展商用计算机产业所取得的成果比较有限，所以人们认为该地区的公共研究支持报酬率会大大低于美国。那么一度曾在计算机和半导体业对美国形成威胁的日本又是怎样的呢？虽然不是很确定，但鲍尔温和克鲁格曼（Baldwin and Krugman，1998：172-197）还是认为，日本为抢夺16K DRAM的市场份额而采取的政策导致了日本经济的损失，收益低于机会成本。然而，他们的分析未能注意到16K DRAM的发展对计算机、电信及相关电子产业带来的效益。因此，这一评价还有待考证。

发展中国家的情况又如何呢？如前文所述，印度为支持国内计算机和半导体产业的发展进行了大量公共投资。日本为能与美国一争高下，花费大量时间，投入了大量资金。从这一历史经验来看，至少短期来说，发展中国家（即使是拥有发达技术的发展中国家）应该专注于为美国、日本和欧洲的大型公司提供劳动力，或进口作为中间投入的计算机，这才是最为有效的策略。

第九节 计算机与社会

评估计算机所带来的经济和社会影响，可以从三个层面来衡量（Rochlin，1997：12）。

第一层面是计算机的发展和扩散带来的直接影响。如上一节所述，关于这一方面，人们已经进行了大量研究。但是计算机对公司报酬率的影响、对产业生产率的影响，以及对经济增长的贡献等都还有待继续研究。

第二层面是评估计算机产业技术革新所带来的新的生产力和机遇是如何与社会经济环境交织在一起的。很明显，发展计算机和半导体的最初动机是国防和民用经济的需求；这两大产业技术变革的方向和速度受到技术自身固有轨迹的影响。计算机技术的进步也为其他领域的科研打开了新局面。但目前还很少有人尝试把计算机产业技术变革的溢出效应与其他领域的科技革新联系起来。例如，如果没有计算机，生物技术研发不可能会取得如今这样的成果。

第三层面是评估计算机对社会和文化的长期影响。这个问题已成为大众和专业媒体的热门话题，但很多只限于个人的观察和分析。要研究这一问题也缺乏相应的模型。类似的问题，如早期的通信技术（如电话）对社会的影响，我们尚未得出结论（Ficscher，1985：284-299）。在20世纪80年代早中期（其至在90年代中期互联网的使用快速增长以前）出现的关于"微电子和信息革命对社会产生的影响"的文章已经有些过时了（Forester，1981、1985；Fallows，1996）。

毋庸置疑，计算机是一种文化产品，已经渗透经济、教育、休闲及家庭生活的方方面面，但其在工业、办公或家庭等领域的作用还没有完全地发挥出来；到底能发挥多少，也是一个未知之数。

第十章 生物技术产业[①]

生物技术产业被认为将会是21世纪上半叶最有活力的产业,并且有望取代计算机信息技术产业的地位。生物技术被誉为继微电子技术后,"下一个具有战略意义的技术"。然而,新兴生物技术对人类健康和环境的影响也引发了人们的担忧。

什么是生物技术?生物技术并不是一个产业或领域,而是一系列生物化学、生物工程技术的总和。传统上,"生物技术"这个词可以用来形容任何与生命有机体相关的技术,如利用有机体生产或改进产品、改良动植物的技术,或者开发微生物在制药、食品加工和其他产业中进行应用的技术。20世纪70年代初以来,"生物技术"这个词在美国所指范围更为具体,专指运用生物学领域最新知识研发新兴生物化学、生物工程的技术。在本章中,笔者使用"生物的技术"这个术语来特指在19世纪和20世纪前半叶演变发展的较为古老的生物技术。笔者将首先回顾传统"生物的技术"的发展历程,尤其是它在农业和制药业领域所扮演的角色;然后会介绍"生物技术"对农业、制药业及食品业的推动作用。

在本书中单独拿出一章来介绍生物技术的主要原因是,生物技术特别能展现科学发展与技术进步紧密结合的成果。新兴生物技术的作用在于能够定向控制和修改基因及细胞,这使得对大范围的生命有机体进行"结构改变"成为可能——有机体在农业、食品加工业和医疗行业中都很重要。

[①] 非常感谢约翰·H. 巴顿(John H. Barton)、理查德·卡尔顿(Richard Caldecott)、唐纳德·杜威客(Donald Duvick)、基斯·弗基尔(Keith Fuglie)、罗伯特·古德曼(Robert Goodman)、劳威尔·贾维斯(Lovell Jarvis)、尼可拉斯·卡拉缇赞多内可(Nicholas Kakaitzandonakes)、莫林·麦凯尔维(Maureen McMeivey)、罗纳德·菲利普斯(Ronald Philips)、特里·罗(Terry Roe)、帕米拉·史密斯(Pamela Smith)、博特·桑奎斯特(Burt Sundquist)、加里·托尼森(Gary Toenniessen)、加里森·维克斯(Garrison Wilkes)对本章内容给出的意见。

许多生物技术产业内的企业家同时也是推动科学发展的科学家——科学发展正是新兴生物技术的基础；但生物技术控制或创造生命体的能力也是大众和科学界担心的原因。生物技术的研究以及转基因技术的开发和使用都遭到了人们的强烈反对。

在检验生物技术推动多产业技术进步的原因时，笔者通过诱导性变革、演化理论和路径依赖这三个模型（见本书第四章）的视角进行了研究。生物技术的资源禀赋差距主要反映为：（1）国家间化学、制药、农业等产业的发展历史不同；（2）政府、大学及产业的科研能力参差不齐；（3）国家人力资本（特别是科技人才）有差距。制度禀赋的差别也是重要因素，包括：（1）相关规定机制所产生的刺激因素、限制或保护；（2）国家知识产权体系为生物技术提供的支持力度；（3）相关产业市场结构的发展——这些产业正是新技术的供给者或使用者（Callan，1995：105-109）。

第一节 从生物的技术到生物技术

1919年，匈牙利农业工程师卡尔·艾瑞克（Karl Ereky）首次提出了"生物技术"这一术语，主要用来描述某些产品的生产工艺——这些产品使用有机生物体再结合农业原材料进行生产。当时生物技术最重要的应用是啤酒酿造过程中的发酵技术。1900年，德国啤酒业几乎与钢铁工业的地位不相上下（Bud，1993：6-50）。到20世纪30年代，"生物的技术"一词被赋予了更多哲学的意味。历史学家兼文化评论家路易斯·芒福德（Lewis Mumford）在《技术与文明》（Technics and Civilization）一书中指出，世界将会从机械技术时代走向"生物技术"时代。麻省理工学院、加州大学洛杉矶分校等高校新设立了工程学课程，强调工程学、人体与自然界三者之间的紧密联系。

30年代末，洛克菲勒基金会自然科学主任瓦伦·韦弗（Warren Weaver）提出"分子生物学"一词，用来描述基础生物学中的一个研究领域，研究的是比细胞更小的单位。① 现在，生物技术指的是分子生物学发

---

① 在洛克菲勒基金会1938年年度报告中，韦弗提到，在基金会所支持的研究中，分子生物学是一个新的科学分支，它揭开了活细胞最小单位的秘密（Weaver，1938：203）。

展所衍生的技术，包括使用生物有机体生产或改进产品、改良动植物、发展微生物的特殊用途等（Office of Technology Assessment，1984）。本节主要从以下几个方面介绍传统"生物的技术"的发展：（1）基因及植物育种；（2）发酵工艺；（3）药物制造。新兴生物技术在起步阶段的应用也是出现在这些领域。笔者的目的在于强调传统的"生物的技术"与新"生物技术"之间的延续性和互补性。

一　基因和植物育种

人类文明伴随着作物改良的历史，新石器人类保存、种植野生植物种子标志着农作物改良技术的开端（Harlan，1992）。今天的农作物起源于为数不多的"发源地中心"——小亚细亚的小麦、中美洲的玉米、中国北方的大豆、安第斯高原的土豆等。"地方品种"一词指经过本地农民长期选种而培育出来的品种。生态环境不同、培育方式不同、作物的用途不同，选种方法就不同，培育出的品种基因也就不同。例如，在哥伦布抵达美洲很久之前，玉米就已经在美洲热带和温带地区广泛种植。

19世纪的选种工艺变得极为制度化。人们在世界各地寻找合适的植物品种，并带回有用的作物品种进行培育及开发。大型植物园（如伦敦市郊的皇家植物园）被用作外来植物的实验站。植物育种家寻找新的基因变种来改良农作物和动物（Goodman et al.，1987；Harlan，1992）。

20世纪前半叶，植物育种技术的进步更为直接地得益于基因科学的出现（如专栏10-1所示）。孟德尔（Mendel）的研究被重新发现，标志着后来几十年知识快速发展的开端：基因本质、遗传的基本单位等都被一一说明；人们也逐渐认识到基因突变或基因变异的可能性。1910年，人们通过对果蝇的大量研究，发现并了解了连锁基因——连锁基因是指两对（或两对以上的）等位基因位于同一对同源染色体上，在遗传时连在一起进入同一配子。这一发现为理解遗传机制铺平了道路。然而直到50年代初期，基因仍然是"看不见的、形式的、抽象的个体"（Stent，1969：16）。能够使基因与另一个有着相似构造的基因进行合成，甚至复制变异的机制仍然是个谜。

本书第三章介绍了使用经典的孟德尔农作物育种定律开发新农作物品种的过程（也可见Duvick，1996）；第四章探讨了经济因素对农业技术发展方向和速度的影响；第五章介绍了农业技术的扩散；第六章则讲述了农业发展过程中所运用的传统"生物的技术"。而在本章中,笔者将首先介绍传统"生物的技术"与制药业发展的关系,然后探讨新生物技术对农业和制药业造成的影响。

专栏 10-1

格里哥·约翰·孟德尔

格里哥·约翰·孟德尔是第一个以简单统计学概率的形式阐述基本遗传规律的科学家。

孟德尔于 1822 年 7 月 22 日出生在西里西亚一个叫作海因策多夫的小村庄(当时归奥地利管辖)。1843 年他进入位于摩拉维亚布隆(现在的捷克斯洛伐克布尔诺市)的奥古斯丁修道院学习,1847 年被任命为牧师。在本地高中担任几年希腊语和拉丁语代课老师后,他参加了教师选拔考试,但没有考上,他的生物和地理分数最低。修道院院长将孟德尔派去维也纳大学学习,他在那里学习了物理、化学、数学、动物学及植物学等学科。1854 年,他返回布隆,在职业技术高中教授自然科学,一直到 1868 年。

从 1856 年开始,孟德尔在修道院的一个小花园里进行实验;长达 8 年的实验使他最终发现了遗传的基本定律,也由此开启了基因学的发展。他对不同的豌豆品种进行杂交,并记录下它们的区别,如植株高矮、花的颜色、种子颜色、种子形状、花的位置以及豆荚形状等。通过杂交实验,孟德尔认定,不同品种的特性都遵循着简单的遗传统计学定律。他从统计结果中推断出,这些遗传特点是作为分离的单位被携带并遗传到下一代的。每种植物携带一对同源单位,每个单位随机遗传到下一代。

孟德尔第一条定律也称为分离规律,指的是单一相对性状(如花朵的颜色)能够遗传数代。孟德尔第二条定律也称为独立分配规律,指的是数对相对性状(如花朵的颜色和高度)进入一个配子时,它们相互之间是独立自由组合的,有各种可能的组合方式,这一过程可用精确的统计学定律来描述。孟德尔得出一个理论,那就是,植物的显性相对特性是由成对的遗传基本单位(基因)决定的。

这一理论及相关实验结果都呈现在1865年提交给布鲁恩自然科学协会的一篇名为《植物杂交实验》（"Experiments on Plant Hybrids"）的论文中，1866年该协会的学报发表了这篇论文。或许是因为孟德尔的统计结果是以数学的形式呈现出来的，他的同事无法理解也没有意识到这一研究的重要性。从1869年孟德尔发表第二篇论文到1900年，只有一篇生物学的文章参考了孟德尔的研究。1881年，福克（W. O. Focke）在柏林发表了一篇名为"Die Eflanzenmischlinge"的文章，指出孟德尔"相信自己已经发现了杂交产生的稳定数率"（Iltis, 1932: 285）。1900年，三位植物育种师——荷兰的胡戈·德弗里斯（Hugo de Vries）、德国的卡尔·科伦斯（Carl Corren）以及奥地利的艾瑞克·丘歇马克（Erich Tschermak）——分别重新发现了福克所参考的孟德尔的研究成果，从而意识到了孟德尔的研究对植物育种实验的重要作用。在这一次重新发现之后，促进农作物改良研究的基础技术得到了发展。

资料来源：In this box I draw on the article on Gregor Johann Mendel in *The New Encyclopedia Britannica*, Macropaedia, Vol. 11, Chicago: Encyclopedia Britannica, Inc., 1974: 898–899; Hugo Iltis, *Life of Mendel*, London: George Allen and Unwin, 1932 (translated from the 1924 German edition); and Vitezslav Orel, *Gregor Mendel: The First Geneticist*, Oxford, UK: Oxford University Genetics, 1996. The elegant exposition of Mendel's thought by Curt Stern in "The Continuity of Genetics", *Daedalus*, 99 (4, 1970): 882–907, is particularly valuable. Mendel's two papers and the papers by de Vries, Corren, and Tschermak, and other key papers on the rediscovery of Mendel's work, have been collected in Curt Stern and Eva R. Sherwood's *The Origin of Genetics: A Mendel Source Book*, San Franciscan: W. H. Freeman, 1966。

二　发酵和制药

"生物的技术"与基础生物学的进步息息相关始于19世纪。[①] 最初，知识的流动主要是从技术到科学——例如，19世纪60年代，路易斯·巴斯德（Louis Pasteur）为了改良酿造和造酒工艺而研究发酵技术，从而发现微生物是导致发酵的原因。青霉素是现代首个采用发酵

[①] 这一部分主要借鉴了巴德（Bud, 1993: 103-107）。

工艺的制药产品。1928年亚历山大·弗莱明（Alexander Flemming）描述了青霉素的抗生素特征；但直到20世纪30年代末，牛津大学一个科学家团队才成功分离出药物"盘尼西林"（青霉素），并制订出诊断治疗方案，同时进行少量生产，将药物用于治疗一些有致命感染风险的病人。

由于战争年代资源有限，牛津大学团队认为有必要向美国寻求专家、组织及资源等方面的帮助，以实现大规模生产。位于伊利诺伊州皮奥瑞亚的美国农业部北方研究实验室在发酵技术上的专业知识帮助英国的微生物研究得以扩大。美国农业部的工程师建造了新型大规模发酵设备，使得液体深层发酵可用玉米浆作为原料。皮奥瑞亚的技术将盘尼西林每公升原材料的产出提升了30倍。美国农业部研究团队同时在皮奥瑞亚甜瓜中发现了一种霉菌，可从用来大幅提高盘尼西林产量。美国和英国企业的工程师进一步发展了加工技术，研制出另外一种抗生素——链霉素。第二次世界大战后，又出现了一系列可以有效对抗各种细菌性疾病的抗生素产品，发酵产业也因此迅速发展（Rasmussen，1999）。

尽管抗生素起源于英国和美国的研发，但在20世纪60年代初，日本却成为发酵产业的领头羊。许多传统的日本食物和酒（如豆腐、酱油、清酒等）都建立在发酵工艺的基础之上（National Research Council Board on Science and Technology for International Development，1992）。第二次世界大战后初期，日本发酵业借鉴了英国和美国的科技进步，并结合本国发酵技术知识，以此发展青霉素产业。60年代初，日本在全球抗生素产品及其他源于发酵技术的制药产品中占主导地位。

抗生素产品、氨基酸氧化酶、果葡糖浆、乙醇及其他发酵产品新产业的发展开辟了建立在化学工程和微生物学基础之上的新兴生物化学工程领域。20世纪40年代中叶，生物化学工程学相关课程出现在大学中。1958年，新兴专业杂志《微生物和生物化学工程与技术》（后来更名为《生物技术和生物工程学》，*Biotechnology and Bioengineering*）问世，但当时这一领域依然依附于现有技术。直到80年代中期，关于生物技术产业经济学的教材也几乎完全聚焦于以发酵为基础的现有技术，对以第二次世界大战后分子生物学发展为基础的新生物技术只有十分简单的介绍（Hocking，1986）。

第二节　分子生物学与生物技术

一　分子生物学与生物技术

分子生物学的四次重大发展对传统"生物的技术"向新兴生物技术转变而言至关重要。[①] 第一次重大事件是，1938年，加利福尼亚技术研究所的麦克斯·德尔布吕克（Max Delbruck）指出，DNA（脱氧核糖核酸）是遗传信息的携带者；之后，又有人证明微生物可以交换遗传信息。第二次重大发展事件是，1953年詹姆斯·沃森和弗朗西斯·克里克（James Watson and Francis Crick）发现DNA双螺旋结构（见图10-1）。他们的发现促使一些科学家进行更细致的研究，旨在了解DNA是如何将编码信息传递给细胞的。越来越多的生物化学家和物理学家开始关注分子遗传学。分子生物学家开创了一系列新科学领域，包括免疫学、病毒学及微生物学等。第三次重大发展是1973年斯坦利·科恩（Stanley Cohen，斯坦福大学）和赫伯特·博耶（Herbert Boyer，加利福尼亚大学洛杉矶分校）及其合作伙伴们向世人展示了一种能稳定地将外来有机体的基因嵌入宿主基因组的方法。科恩和博耶发明的"基因剪接"技术使"操作"细胞遗传物质成为可能，可用于生产特定的蛋白质，因此具备制药或农艺学等领域的价值。第四次重大发展是1975年，恺撒·米尔施泰因（Cesar Milstein）和乔治斯·克勒（Geprges J. F. Koehler）发明杂交细胞技术，该技术用几种不同细胞的细胞核和细胞质得到杂交细胞，杂交细胞融合了几种不同细胞的优点（Schmeck，1981：A1、C2）。

经过几次里程碑的重大事件之后，早期重要的生物技术工艺不断发展。源于20世纪三四十年代的动植物"细胞和组织培养技术"是最早用于实践的生物技术（Goodman et al.，1987），包括使用原型、单细胞或植物机体结构再造完整生物有机体；科恩和博耶发明的"重组DNA技术"生产出了杂交基因物质——杂交基因物质通过把不同生物有机体的DNA片段放在试管内，然后将DNA切成拥有特殊核苷酸序列的部分；"细胞融合

[①] 更精确的资料见斯滕特（Stent，1968：390-395）和沃森（Waston，1968）。更多的相关技术资料见布洛克（Block，1990）、凯恩斯等（Caims et al.，1992）和科恩等人（Cohen et al.，1973：3240-3244）。斯滕特指出，技术发展的阶段包括浪漫主义阶段和动态阶段及学术阶段。见本章术语附录。

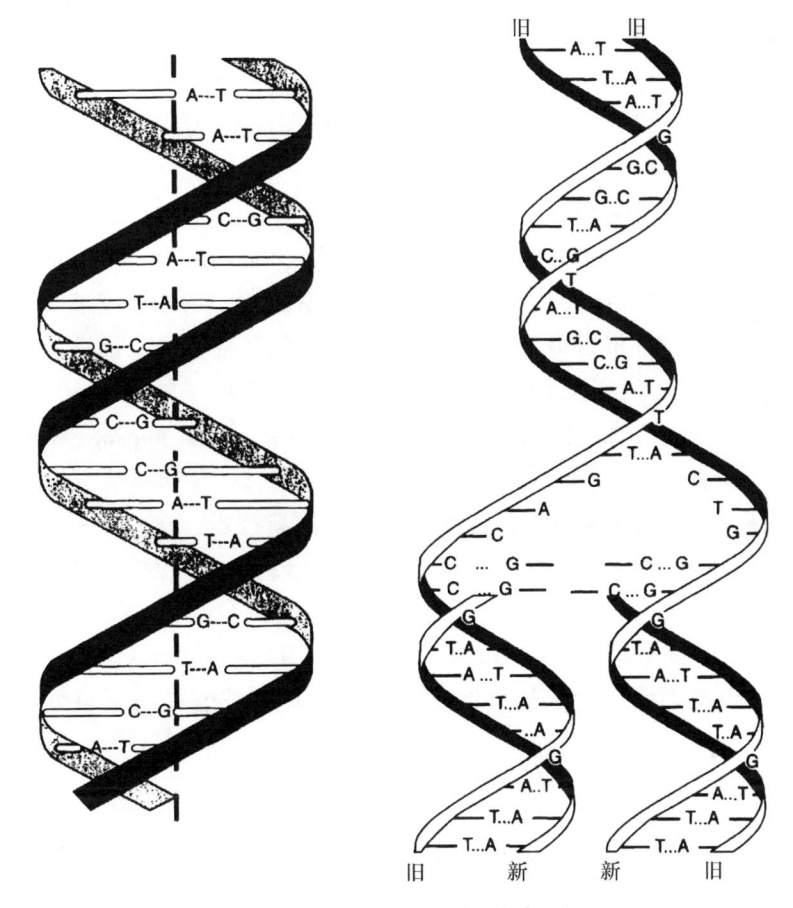

图 10-1　DNA 双螺旋及其复制

注：DNA 分子是由两条链构成的双螺旋结构。每个 DNA 分子中含有四种含氮碱基：腺嘌呤（A）和胸腺嘧啶（T）、鸟嘌呤（G）和胞嘧啶（C）。若 DNA 发生复制行为，双螺旋结构纵向分离形成两个单独的螺旋。每个螺旋又与其他螺旋合并形成新的双螺旋结构。

资料来源：Office of Technology Assessment, *Impacts of Applied Genetics: Micro-Organisms, Plans and Animals*, Washington, DC: U. S. Government Printing Office（OTA-HR-132），April 1981：36-37。

技术"将骨髓瘤细胞与淋巴细胞融合形成一个包含这两种细胞特征的细胞系或克隆（杂交瘤）细胞。杂交瘤细胞可用于制造单克隆体，且因为其具有很高的特异性和多样性，对于诊断和治疗过程中辨认特殊分子（如某种蛋白质）有很大帮助；第四个重要技术——"蛋白质工程"——可用于精确改变蛋白质构造，创造新的拥有特定催化作用或治疗作用的蛋白质。这些技术的商业发展潜力使得一些人对其带来的商业机遇非常乐观，而另外一些人则对使用生物技术可能导致的风险充满担忧。有人担心，基因工程化的微生物一旦投放到自然界，将会成为更致命的新型疾病的源头。

二　DNA 的利与弊

1974 年 7 月，以斯坦福大学保罗·伯格（Paul Berg）为首的 10 位杰出分子生物学家所组成的团队在《科学》（Science）杂志上发表了一篇文章，文中提到携带重组 DNA 的细菌和病毒的危害性较大，因此一些实验应该被暂停，直到相关问题得到更为深入的研究（Berg et al., 1974: 303）。[①] 1975 年 2 月，伯格与玛克辛·辛格（Berg and Maxine Singer）及其同事在加利福尼亚州曼特雷半岛阿西洛玛组织召开国际会议，会议代表由全球著名生物学家组成，会议评估了这项新技术，建立了标准，明确什么研究可以做、什么研究不可以做（Krimsky, 1982: 99）。会议达成了科学史上史无前例的共识，"对于会对大自然造成危害的实验，不应该在现有的设备条件下进行"（Berg et al., 1975: 992）。大会认为，直到更多安全设备建成，或者合适的草案和规定出台后，被暂停的项目方可继续实施。[②]

阿西洛玛会议在国际上引起了极大的关注，增加了人们对生物学技术进步的了解，但同时也引起了大众对重组 DNA 实验有机体可能传染流行病的担忧。1976 年，美国国家卫生研究所制定的指导方针出台，由此引起的公开论战愈来愈政治化（Wade, 1977）。最引人注目的案例是马萨诸塞州剑桥市议会要求哈佛大学证明其建立的基因工程防范设施的合理性。美国其他州及州政府也设立委员会监管重组 DNA 研究项目。后来，美国国会举行听证会，起草法律，将国家卫生研究所制定的指导方针适用于所有的重组 DNA 研究项目（Kenney, 1986: 24-26）。70 年代末 80 年代初，

[①] 在科恩—博耶实验之前对癌症进行研究的微生物学家们就已经担心，有一些实验使用了肿瘤病毒，将癌症基因转化为大肠杆菌——肠道内一种常见的寄生物，这些实验有可能携带肿瘤病毒，并将其传染给人类。基因移植研究的使用、发展与推广，以及政策的变化和早期讨论的焦点详见克里姆斯基（Krimsky, 1982）以及赖特（Wright, 1994）。

[②] "当科学受制于法西斯主义的威胁时，原子能出现了……战时需求成为政府掩盖原子技术项目辐射性危害的借口……早期合成有机药品的发展与创造基因工程生命体也有很大不同……在工业有机化学发展初期……科学团体未对合成有机体潜在的危害作出警告。"（Krimsky, 1991: 15）

国家卫生研究所制定的指导方针内容有了重大改动，研究所下属的 DNA 分子重组项目咨询委员会扩大了规模，任用对该领域感兴趣的社会人士和大众健康及环保专家，而且要求设立在大学或其他研究机构里的生物安全委员会组织聘用机构外的成员。

由于预期的风险没有发生，安全生产方针有所宽松。1980 年，参议院举行了大量听证会。此时，听证会的主题不再是生物研究安全问题，而是政府应该如何推动生物技术产业发展。这一系列政策的变化改变了阿西洛玛大会的研究决议，除禁止少数实验外，可对所有生物进行遗传操作（Wright，1994：256-278）。肯尼（Kenney）在回顾早期生物技术管控的历史和商业化进程时，指出"当人们意识到这种新兴技术带来的利益时，也就顾不上潜在的安全隐患了"（Kenney，1986：27）。然而，转基因作物引发了人们对于动植物遗传完整性的担忧，而且新的杂草、害虫和病原体也越来越多（Brill，1985；Colwell et al.，1995；Snow and Palma，1997）。

第三节 产学结合

20 世纪 70 年代以前，大学或联邦政府几乎主导了美国所有的分子生物和生物技术研究工作。联邦资金加大对分子遗传学研究工作的投入，其中一个重要的原因是该学科在解决健康问题上有巨大潜力。[①] 通过生物研究解决健康问题比直接攻击产生疾病的社会根源和制度根源更加符合美国的政治哲学。

生物技术的商业价值变得日渐明朗，人们也发现，几乎只有大学和部分联邦实验室具备进行必要研发的能力。70 年代末 80 年代初，密集的企业活动使得产业—大学的关系得以建立。分子生物学的先驱们被推入了一个他们没有预料到的角色——在新的生物技术产业中担任企业家。

一 科学企业家

早期，许多遗传工程公司由学者创办或学者与他人合办，商业化研究最初在大学实验室进行。但即便新公司可以为科学家提供实验室，他们仍

[①] 1993 财年，联邦政府资助的生物研究资金净额高达 900 亿美元。其中，290 亿美元归美国国家卫生研究所使用（Federal Coordinating Council for Science, Engineering and Technology, 1992）。

倾向于保留在大学里的职位，这一决定也得到了认可。[1]

> 1976年遗传工程开始商业化，风险投资家罗伯特·斯万森（Robert Swanson）说服赫伯特·博耶（科恩—博耶基因剪接技术的创始人之一）创建了一家公司，商业化运作重组DNA技术……基因泰克公司（Genetech）随后建立……博耶时任加利福尼亚大学旧金山分校医学中心的教授，他在对学生提供课业咨询的同时兼顾公司的业务……基因泰克公司成立初期没有实验室，所以博耶在大学的实验室就派上了用场。基因泰克向博耶提供了20万美元的赞助经费。（Kenney, 1986: 94、95）

随着生物技术逐渐走向成熟，学术研究者扮演企业家角色的现象越来越少见。

和所有的新兴基因工程公司一样，基因泰克公司面临的问题是如何在公司起步阶段获得充足的收益来维持研究项目。为解决这一难题，基因泰克试图与大型医药公司签订合同，进行研发和服务合作。第一个合同是与胰岛素行业的领头羊——利来制药公司（Eli Lilly）签订的，内容包括为利来制药公司提供基因工程胰岛素所需的细菌。基因泰克则通过合同得到的资金进行科研工作，利来制药公司所有胰岛素产品的销售额都有一部分归于基因泰克。利来制药公司拥有全球独家的胰岛素生产、销售权。

20世纪80年代初，基因泰克与多家制药厂签订合同，合同内容不尽相同。在获得巨大成功后，基因泰克力求掌控其研发产品的销售权，不再销售技术工艺和知识（例如，只销售制备细菌，而不销售生产该制备细菌的知识或技术）。[2]

基因泰克的模式被其他公司所效仿。看到早期计算机产业和软件业新兴公司通过类似的模式获得巨大的利润，风险投资家对生物技术公司巨大的利益空间也充满期待。70年代末，创办一家生物技术公司需要三大重要

---

[1] 美国大学的传统做法是规定教职员一周内要有一天时间负责咨询工作。由于高校的管理本质上来说比较宽松，且咨询活动和赞助研究之间时常互为补充，所以对咨询活动的管控也十分宽松。

[2] 有关成立于20世纪80年代初的其他生物技术公司，见肯尼（Kenny, 1986: 158-179）。

条件：（1）一名拥有生物技术知识的在大学任教的科学家；（2）一名与学术界、金融界有密切联系的企业家；（3）财力雄厚的支持者，并相信公司在5—7年内能生产出热卖的产品。如果能有1—2名分子遗传学领域的诺贝尔奖获得者加盟，则再好不过了。

创办生物技术公司的热潮一直持续到80年代末（见图10-2）。在重组DNA技术发明前创办的公司纷纷将工作重心转移至基因工程。80年代末，经美国政府许可，7家以生物技术为主的人类医疗学公司可在美国市场销售产品，但没有哪一家生物技术公司能从以DNA重组技术为依托的产品中获利（Krimsky，1991：28）。90年代中期，市场上生物技术治疗产品和疫苗产品不超过30种，但从那之后，被批准的新产品爆发式增长。然而，因为多数公司生产的都是新产品，所以收益和可持续发展仍是主要问题。

回顾生物技术发展历程，在生物技术革命的第二个十年间，分子生物学和生物技术之间的密切联系引起了许多混乱，甚至过度宣传。人们认为其促进了许多科学进步，包括人体健康、动植物保护及改良、食品质量、食品安全等；确认与人体疾病（如阿尔茨海默症、前列腺癌或者病原体）相关的基因和基因序列可以直接对人类健康和植物保护形成干预。但事实上，首先，对细胞层面以上的理解通常需要设计成功的干预技术；其次，为进行商业化生产，实验室方法的规模必须扩大，而这样做代价昂贵，耗时也较长。新产品研发周期长、研发结果不确定，这两个因素使得1987年以后创办新兴生物技术公司的热度有所减退。

二 产业组织

20世纪80年代，出现了一种新的关系模式，大学、研究机构和跨国制药化学公司建立了正式的制度合作。大型制药公司努力促成这种制度的建立，以获得自身实验室所不具备的分子遗传学研发能力。科学进步与商业创新紧密结合，拥有研发能力也就获得了竞争优势。对大学而言，公共资金支持越来越难以取得，因此大学教师也积极参与这种制度形式，毕竟能从不断寻求资助的负担中解脱出来，何乐而不为呢？同时，在这种制度安排下，企业不仅可以接触到大学实验室学术带头人的研究技术，有时还得以接触到整个实验室或整个系部，包括副教授、博士后研究员、硕士等。

328　技术、增长与发展

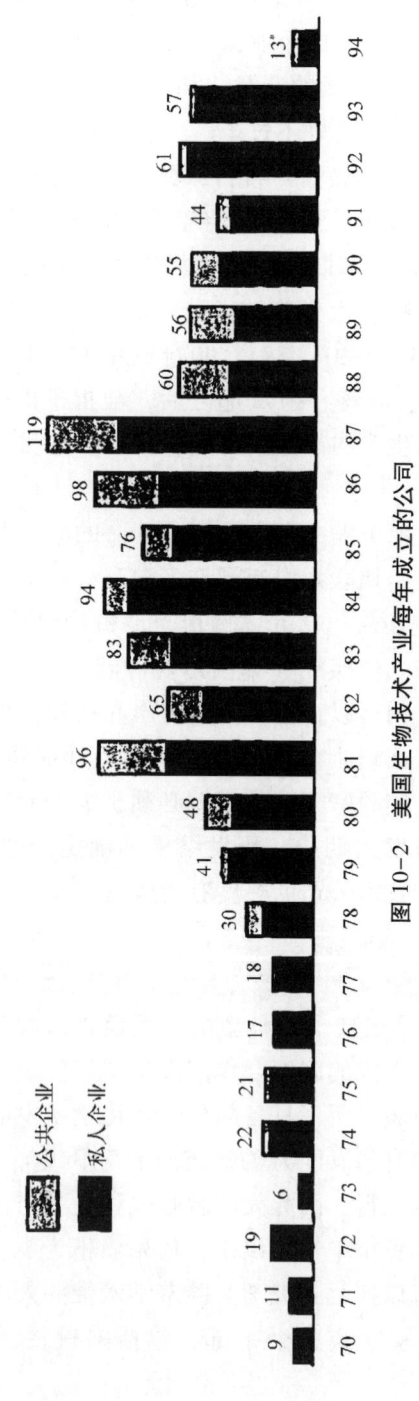

图 10-2　美国生物技术产业每年成立的公司

资料来源：K. B. Lee, Jr. and G. S. Burrill (eds.), *Biotech 95: Reform, Restructure and Renewal*, Palo Alto, CA: Ernst and Young, 1995: 7。

80 年代初,许多著名大学的科研机构与公司签订了大学—产业生物技术研究合同。第一个合同(同时也是其他合同的样板)是哈佛医学院的重要教学和科研基地——麻省综合医院——与赫美罗公司(以德国为基地的跨国化学公司)签订的(见表10-1)。当国会议员阿尔·戈尔(Albert Gore)就"出售"科研投资的合理性问题——投资卖给了外国公司但却由美国纳税人纳税——提出疑问时,赫美罗公司与哈佛大学合作内容细节才为大众所知。由于戈尔的质疑,最终合同内容不得不修改,修订后的合同加入了戈尔的一些提议,尤其是关于联邦基金和个人基金的内容。赫美罗公司购买的不仅仅是"科技之窗",它购买的是机会,是在一流"拥有最顶尖的基因工程技术"的实验室培训研究团队的机会(Kenney,1986:63)。

1982 年,华盛顿州立大学与孟山都公司所签订的合同遭到了更多的质疑,比之前的哈佛大学—赫美罗公司签订的合同更甚。该合同规定,孟山都公司有权使用华盛顿州立大学医学院所有资源;重点强调发展具有潜在商业价值的新产品;项目收入不归研究者所有,而是归机构共有,如医学院的某个部门或与科研活动相关的实验室。

80 年代中叶,生物技术产业组织体系与 10 年前相比发生了很大变化——10 年前,与药品相关的研发工作都由大型制药公司及农用化学品公司在企业内部进行;[①] 而此时,则转变为由大学、中小型生物技术公司以及大型制药农用化学品公司三种类型的机构共同参与创新过程。两个因素促成了这些机构间密切复杂的关系:第一,在生物技术方面,科学发展与技术进步息息相关,具有相对直接的联系;第二,即使是最大的制药公司和农用化学品公司也发现,内部研发新的生物技术十分困难,并且耗资巨大。

新兴生物技术公司的主要优势在于它们与分子生物学领域的大学基础研究合作密切,同时具备应用型实验研究技术,且拥有一群工作热情、态度积极的科学型企业家。他们研究的产品高度专业化,例如从基因工程有机质中提取新型蛋白质,但这种新型蛋白质的合成并不意味着实验结束。从实验室研究到成品制造需要具备大规模量产的工程工艺,此外,还必须精通临床实验及监管流程。最后,将新产品成功打入市场需要广阔的销售

---

① 以下几段大量引用参考了阿罗拉和甘巴尔代拉(Arora and Gambardella,1990、1994)。

表 10−1　20 世纪 80 年代初大型大学−产业生物技术科研费用记录

年份	大学	公司	金额（单位：百万美元）	持续时间	调查者	调查领域
1981	麻省综合医院	赫斯特公司（Hoeshst）	70.0	10	H. 古德曼	遗传学
1981	哈佛医学院	杜邦公司（Du Pont）	6.0	5	P. 莱德	遗传学
1981	加州大学戴维斯分校	安奈特公司（Allied）	2.5	3	R. 瓦伦泰	固氮作用
1981	斯克里普斯临床与研究基金会	强生公司（Johnson & Johnson）	30.0	—	—	合成疫苗
1981	华盛顿大学	马林克洛特公司（Mallinkrodt）	3.8	5	J. 戴维	杂种瘤
1981	耶鲁大学	赛拉尼斯公司（Celanese）	1.1	3	N. 奥姆斯通	酶
1982	约翰·霍普金斯大学	强生公司（Johnson & Johnson）	1.0	—	—	生物学
1982	洛克菲勒大学	孟山都公司（Monsanto）	4.0	5	N. 蔡	光合作用
1982	华盛顿大学	孟山都公司（Monsanto）	23.5	5	—	生物医学
1982	麻省理工学院	W. R. 格雷斯公司（W. R. Grace）	8.0	5	P. 梯利	氨基酸
1982	耶鲁大学	百时美施贵宝公司（Bristol−Myers）	3.0	5	—	抗癌药物
1982	冷泉港实验室	艾克森石油公司（Exxon）	7.5	5	—	分子遗传学
1983	罗契斯特大学	柯达公司（Kodak）	0.45	—	—	DNA
1983	南卡罗莱纳医科大学	丘盖公司（Chugai）	0.5	3	A. 斯特拉卡斯	单克隆抗体
1983	伊利诺伊大学	索亥俄公司（Sohio）	2.0	5	—	植物分子遗传学
1983	哥伦比亚大学	百时美施贵宝公司（Bristol−Myers）	2.3	6	A. 厄斯拉提阿迪斯	基因结构

资料来源：Martin Keney, *Biotechnology: The University−Industrial Complex*, New Haven, CT: Yale University Press, 1986：56。

网络，大学和新兴生物技术公司缺乏相应的资源和能力。事实证明，大学、新兴生物技术公司和大型制药、农用化学品公司的合作关系有利于新生物技术产品的开发及商业化。

科学研究有很大的溢出效应，因此很难评估其收益。大型制药公司、农用化学品公司与大学签订协议，是希望能及时获得基础知识及有商业潜力的发明技术。新型生物技术公司的科研人员因有早期在大学的科研经历以及持续的基础研究，因此与大公司的科研人员相比，他们能与大学科学家保持更密切的学院式的友谊。

然而，大型公司与生物技术公司签订合同的原因，与它们和大学建立合作关系的原因有些不同。与新兴生物技术公司建立合作关系是为了获得生产工艺和新产品而不是新的科学知识。它们投资新兴生物技术公司，观察其科研活动，决定是否采用新公司的科研成果，有时也考虑是否收购这些小公司。有时，创办新兴生物技术公司的科学企业家会有意识地调整科研项目，以期使公司成为有吸引力的收购目标。制药业在科研及产品开发初期表面上的规模不经济并非与范围经济的发现不一致（Hendersen and Cockburn, 1996）。通过引入新产品扩大业务范围，有效利用公司在临床实验、产品工程改进、制造及销售等领域的能力。

专栏 10-2

新型药品的研发阶段

临床实验阶段前，美国的制药公司都必须向食品及药物管理局（FDA）提出新药临床研究申请（IND）。如果没有充分的证据表明该药物对人体进行试验是安全的，FDA 将有权拒绝该公司的申请。

临床实验包括三个阶段（见图 10-3）。从第一阶段开始到第三阶段结束，新型药物需要在越来越多的患者身上进行实验。第一阶段主要关注产品的毒副作用；第二、三阶段主要关注其功效。一般来讲，第二阶段及（特别是）第三阶段需要很多患者进行临床实验，并且耗时较长，其中包括对药物本身进行详细描述、规定药物用量、评估可能存在的副作用，哪怕某些副作用可能数月之后才会显现出来。

332　技术、增长与发展

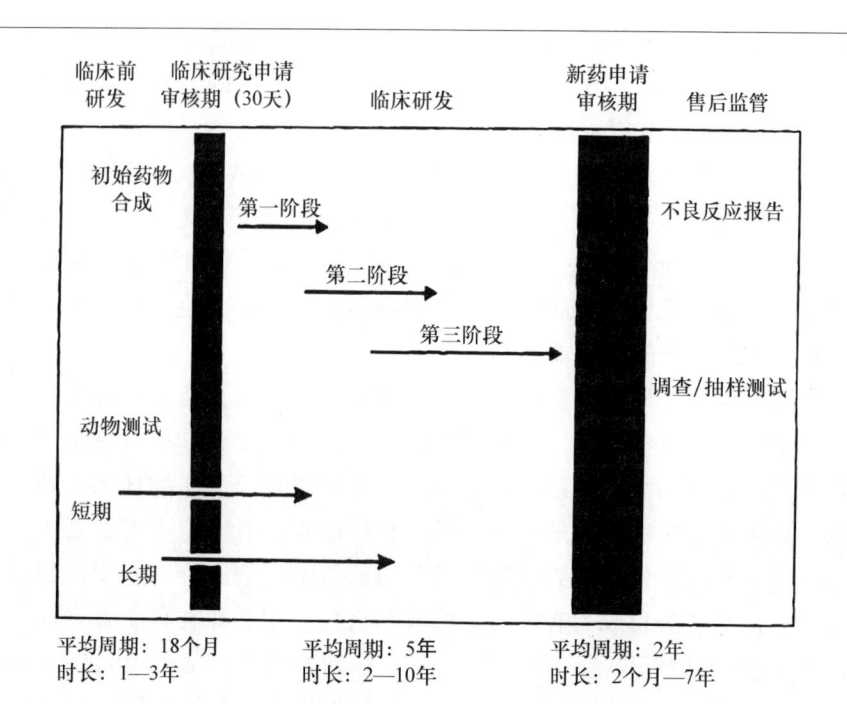

图 10-3　美国食品和药物管理局（FDA）制度下新型药物发展阶段

注：涉及 FDA 的阶段如图黑色部分所示。

在美国，新型药物经临床实验验证后，公司可向 FDA 提出正式的销售申请——称为"新药申请"（NDA）。FDA 可接受或拒绝公司申请，或者要求对新药进行进一步临床实验，以确保药物安全有效。从研发阶段到新药申请得到批准平均耗时接近 100 个月。药品经批准可在市场上销售，但是仍然受到其公司和 FDA 的监管。市场销售也许会暴露一些在临床阶段未能发现的问题（"用中学"）。当某种新药出现新的副作用时，FDA 可要求公司在药品说明书上增加警告语；若副作用比较严重，FDA 可要求公司从市场上撤回该产品。

资料来源：A. Gambardella, *Science and Innovation*: *The U.S. Pharmaceutical Industry During the 1980s*, Cambridge, MA: Cambridge University Press, 1995: 18-20。

人们认为这种关系的形成是因为三种机构之间存在互补关系，而不是相互竞争：大学提供基础知识，而这正是新兴生物技术公司所缺乏的；后者将专业知识及应用研究技术用于产品的研发。跨国制药和农用化学品公司则通过国际销售渠道提供范围经济（Arora and Gambardella，1990：366；Rausser，1999）。

第四节 制度创新

挖掘分子生物学及生物技术商业潜力的同时，一系列制度创新如影随形。在本章上述内容中，已经讲到大学—产业合作关系以及大学研究人员的企业家精神对生物技术带来的巨大影响，也谈到了不断进步的基因工程试验监管方法；本节将主要介绍转基因农作物的管理制度、将生命形式包含在内的专利权的延伸以及联邦政府对其资助的科研项目的知识产权政策的变化。

一 监管制度

如前所述，1975年的阿西洛玛大会引发了大众及专业人士对生物安全问题的担忧。政府为此加强了对转基因作物田间试验及释放的管理。然而，就像研发医药产品的生物技术一样，转基因作物监管的合理范围也存在很大争议。农学家和植物育种师倾向于将传统的植物育种协议应用于转基因作物；而生物学家和生态科学家更关注的是人们未曾料想到的转基因作物与野生近源种及野草之间的基因交换，因此希望出台更为严格的监管制度。美国和加拿大采用纵向或产品为导向的管理机制；而欧洲国家通常采用水平或过程为导向的监管制度，将所有由转基因技术开发出来的植物都纳入监管之中。一些较为发达的发展中国家（例如阿根廷、印度、墨西哥、泰国）也制定了相关管理制度，还有一些国家正在制定当中，但一些欠发达国家对田间试验的管理缺乏有效的监控能力。

实施管理往往需要得到多家监管机构的批准。例如，在美国，农业部动植物检疫局（APHIS）负责审批田间试验及环境释放；任何包含害虫防治基因的作物都必须通过环境保护局（EPA）的审批；美国食品及药物管理局（FDA）负责审核食用转基因作物产品。各州政府机构也会参与审核且往往审核要求比联邦机构更为严格。然而，由于良好的经验，监管制度已经得到了改进。1993年，APHIS引入一种改进后的通知机制，用于已具备大量生产经验的六种转基因作物，即玉米、西红柿、大豆、马铃薯、棉花和烟草。这种通知机制规定，除非APHIS提出反对，否则申请者不必获得许可就可以进行田间试验。

二 专利期限

生物技术领域知识产权保护工作的发展速度远不及传统产业技术领域（见本书第十四章）。直到 1930 年，植物专利保护才第一次出现。① 1930 年的《植物保护法》将专利保护范围扩大至多种"新型且独特"的无性繁殖植物品种；20 世纪 60 年代，许多欧洲国家推行植物品种注册，保障"育种师权利"，有利于育种师培育有性繁殖新品种；70 年代，美国通过了与欧洲类似的法令。通过作物品种注册而得到保护的"育种师权利"与专利制度有所不同，原因在于"育种师权利"允许其他育种师或农民自由地使用或繁殖受保护的品种（Ruttan, 1982: 192-199）。

植物品种注册在美国是一个有争议的话题。公共部门植物育种师以及小型种子公司担心，将新型作物纳入专利保护或类专利保护范围将会阻碍遗传物质的自由交流，也会使获取公共品种变得困难，还会造成对种子行业的过度关注。这种反对的呼声反映出以大学为依托的"公共种子"育种师、私人种子公司、各州种子认证机构之间在制度上的紧密联系。例如，明尼苏达大学运作的农业实验站支持多项作物品种研究和发展项目。如果一名大学育种师新培育出一种大豆品种，传统的做法应该是将种子繁殖授权给农民进行，但"育种师权利"保护下的种子则交由明尼苏达州作物改良协会进行繁殖。该协会是一家非营利性机构，所有者多为农民和小型种子公司，被明尼苏达州立法机关指定为官方的种子认证机构。公共种子的生产权和销售权被特许给该协会的成员。种子认证计划设立的目的是确保公共或私人种子生产者所出售的种子质量合格，品质纯正。其他州也设立了类似的机构（Ruttan, 1982: 194）。

1970 年，美国国会通过了种子贸易协会（American Seed Trade Association）委员会提出的《美国植物多样性保护法案》。该法案由美国农业部执行，为新型有性繁殖植物品种提供"类专利"保护。为与 1961 年《植物新品种保护国际公约》（UPOV）的内容保持一致，该法案后来作了修订。UPOV 是为确保各国有关植物注册的法律保持一致而在欧洲签订的。

---

① 这部分内容大量引用了技术评估办公室（Office of Technology Assessment, 1981: 237-254)，也见于拉坦（Ruttan, 1982: 192-199）。

1980年，最高法院对"戴尔蒙德诉查克拉巴蒂"一案（the Diamond versus Chakrabarty）作出司法裁决，将新型微生物纳入专利保护范围。1972年，当时通用电气公司的研究员查克拉巴蒂培育出一系列细菌，可分解原油的4种主要成分。将这些细菌放在石油泄漏地点可以把石油分解成无害产品，并以之为食，且原油分解完后细菌也随之消失。

因为这些细菌（微生物）一经使用，任何人都可获得并进行繁殖，所以查克拉巴蒂为其成果申请了专利。美国专利与商标局为这些细菌的培养工艺授予专利，但拒绝为细菌本身提供专利保护，理由是按照现行法律，生物有机体与植物不同，不适用于专利保护。海关和专利权上诉法院则认为，如果基因工程微生物发明者的发明满足申请专利的条件，那么就不能因为发明是生物有机体而拒绝其专利申请。美国最高法院对此表示同意，裁决结果认为："该专利权所有人所培育的细菌截然不同于自然界已知的其他有机物，并具有巨大的潜在使用价值；其发明不是自然界的产物，那么则应给予其专利权。"（Office of Technology Assessment，1981：240）[①]这个决定被理解为，授予专利的不仅仅是基因工程产品，还包括自然界发现的微生物（其有用属性是人为干涉的产物，例如菌种的分离）。1985年美国专利局批准授予植物和植物机体专利权，1987年批准授予动物专利权。

90年代初期以来，基因物质专利保护引来越来越多的争议。1991年，美国国家卫生研究院（NIH）的生物学家克雷格·文特尔（Craig Venter）为人类基因的350个特殊克隆体提出专利申请。NIH此举旨在先发制人，尽管这些基因的功能尚不明确，但这样做有助于防止私人部门获取NIH基因序列数据的产权。然而这个做法引发了人类基因组计划（HGP）欧洲合

[①] 少数人认为国会并未打算将生命有机体纳入宪法专利条款。国会通过单独法令允许农业发明申请专利，但并未将专利申请权扩大到其他生命形式。有多少生命形式可以申请专利引发了大量的讨论。在笔者写作本章内容时，人们讨论的焦点是美国雅培公司（Abott）实验室和一家法国生物技术公司Genset试图申请人类基因标记的专利。默克公司（Merck）的副总裁阿伦·威廉姆森（Alan Williamson）指出默克公司反对基因数据的专利化。他解释说，默克公司已经习惯了为药品生产所需的小型专利付税，但最近的情况是，每个产品的"专利税费用不断增加"到了难以接受的程度（Marshall，1997b：1763）。有人认为，基因组技术领域大量的专利要求将会限制科研工作的开展，阻碍良性竞争，相关评论请参看多尔（Doll，1998），以及赫勒和艾森伯格（Heller and Eisenberg，1998）。

作伙伴的激烈反应。①争议最大的是 Agracetus 公司②对所有基因工程的棉花作物（无论用途如何）提出专利保护权的申请（Rossendal，1995：453-477）。③

如前文所述，在美国，促进重组 DNA 技术进步的研究活动主要在斯坦福大学和加利福尼亚大学旧金山分校进行，这些活动由美国国家卫生研究院授权。1974 年，斯坦福大学为科恩—博耶开发的工艺申请了专利。而直到 1980 年，该工艺专利权才被批准；1984 年其产品专利权被批准（Reimers，1984）。1977 年 5 月，加利福尼亚大学申请了第一个胰岛素基因专利。该发现主要基于威廉·鲁特（William Rutter）和霍华德·古德曼（Howard Goodman）的研究，研究信息为基因泰克和礼来制药公司的研究人员与加州大学研究人员共享。直到 1977 年，涉及该专利的纠纷才得以解决（Marshall，1997a）。

1980 年以前，缺乏全面的政府政策来解决由联邦资助的发明专利的所有权问题。健康与人类服务署（DHHS）允许非营利性机构持有其资助的科研项目的专利权，大多数机构因此得以持有专利权，允许所有人通过非独家许可的方式对其进行开发和商业化。这一举措遭到了业界一些人的批评，因为这样做未能有效地刺激人们将这些发明用于开发具有商业价值的产品。从 1980 年开始，国会通过一系列法案推动某些发明向使用价值转

---

① 人类基因组计划（HGP）始于 1990 年的一个国际合作项目，目的是确定所有的人类基因。该项目最初的负责人是詹姆斯·D. 沃特森（James D. Waston），他同弗朗西斯·克里克（Francis Crick）于 1953 年发现了基因双螺旋结构。该项目由美国国家卫生研究院（NIH）和能源部（DOE）资助，最初设想的是，到 2005 年建成完整的人类 DNA 库，预计总花费为 3 亿美元。因为与 NIH 就基因碎片专利的领导权一事发生争执，沃特森于 1992 年春天辞职。基因图谱技术发展迅猛，1998 年由克雷格·文特尔领导的非营利性机构基因组研究所与生物技术产业设备制造商领头羊珀金埃尔默公司（Perkin-Elmer）合作，计划组建联合公司，在未来三年内使用珀金埃尔默公司开发的机器解密整个基因密码，而不是采用 HGP 的劳动密集型体系。该提议引发大量争议，其中包括使用珀金埃尔默公司设备进行研究的质量，以及基因组信息个别专利的道德纠纷。HGP 并不是尖端技术，其目的是获取基因图谱的信息，以此作为医药业、农业及生物技术其他领域技术进步的源泉（Speaker and Lindee, 1993；Carey, 1998）

② 该公司于 1996 年为孟山都收购——译者注。

③ 这些研究遭到了许多利益集团的反对，理由包括生态环境、动物权益、基因多样性减少、小农的利益，以及欠发达国家基因资源控制权会受到影响等（Raeburn, 1995；Kling, 1996）。批评家还认为专利授予的范围太广，会阻碍科学技术进步（Merges and Nelson, 1990；Barton, 1997；Nelson and Mazzoleni, 1998；Doll, 1998；Heller and Eisenberg, 1998）。

换——这些发明由联邦政府资助,由大学及其他非营利性机构实施完成。[1]这些法案与早期查克拉巴蒂法案一并实施,使大学和政府实验室科学家发明的专利数量越来越多,尤其是在生物技术领域。

第五节 商用生物技术

本节主要讲述一些成功实现商业价值的新兴生物技术的发展。20世纪90年代中期,美国生物技术产品销售总额达到250亿美元以上。其中制药业包括人体治疗和诊断占据生物技术产品销售总额的90%;农用化学品和农业生化产品(动物健康、植物保护、转基因植物等)是发展最快的领域;特色产品(涉及一系列合成生产工艺的产品,包括工业酶、食品添加剂等)发展也十分迅速;非医学诊断学(包括使用生物传感器、病原体病菌等相关工艺来诊断食品供应及自然界中的病原体及其他微生物)领域的发展速度也很快。[2]本节主要介绍制药业、农业和食品业的商业发展过程,介绍重心主要放在美国的企业,因为生物技术产业最早的发展主要发生在美国。

一 制药业

制药业是生物技术领域第一个取得新工艺和新产品商业成功的产业。这是由于医学领域的科学家在分子生物学和基因工程技术发展过程中发挥了十分重要的作用。[3]因此,制药业发展十分迅速,并向新的技术轨道转变。

20世纪80年代,为制造新型药物,制药业发生了重大变化,从以化

---

[1] 这些法案的代表之一是1980年的《史蒂文森-威德勒法案》,该法令允许联邦机构为联邦持有的专利颁发独家生产许可。1980年《贝-多尔法案》允许机构申请联邦资助的科研项目技术专利;1984年《国家合作研究法》为私人参与研究联盟提供豁免权;1986年的《联邦技术转让法》设立条款允许联邦与私人进行科研合作(National Academy of Sciences, 1992;见本书第十三章)。

[2] 这种分类方法的依据是产品特征。生物技术公司也可根据技术侧重点进行分类,包括疫苗、重组DNA技术、单克隆抗体、合成材料、细胞疗法、诊断学和生物传感器、传输和形成、基因疗法和基因组(Cohen, 1997: 767-772)。

[3] 生物技术产业早期商业化的定性分析来自技术评估办公室(Office of Technology Assessment, 1984)。较新的观点可参见技术评估办公室(Office of Technology Assessment, 1991)、克里姆斯基(Krimsky, 1991)、克里姆斯基和乌鲁贝尔(Krimsky and Wrube, 1996)。

学科学为主导转向了以分子生物学工艺为主导。发现新型药物的方法包括对实验室及临床试验的分子进行系统的实验以找出有用成分。生物方法的原理是了解人体器官的功能，了解疾病及药物的生物和化学机制。技术进步使研发团队设计出具有结构特性的合成药物分子，使其与人类目标受体相互作用。基因工程使难分离的人体免疫原可以被替换，并使用有特殊疗效的基因突变有机体。尽管大公司的规模便于组织实施分子测试和临床试验，但药物研究也需要对分子活动和病理学有深刻的理解（Gambardella，1995：162；Carr，1998；Cockburn et al.，1999）。

由于创新轨道向分子遗传学和生物技术方向转变，制药公司开始与外部科学界进行更有效的合作。大学和科研机构的实验室主要关注的是基因分离，研究它们的蛋白质构造，了解基因功能。这些领域的问题最具有科学范畴的吸引力，一旦成功，可以获得很高的声誉，且工作机动性强。基础研究人员将新基因分离、确认新受体的构造，制药公司则为了将这些新发现商业化而展开竞争。拥有突出科研能力的大型公司展开相关研究以确认受体的功能、发现新受体、设计新型药物。创新轨道的转变促使这些大型医药公司与大学和小型生物技术公司展开更密切的合作。同时，他们被迫赋予实验室负责人及员工更大的自治权（Gambardella，1995：97）。

新生物技术开发应用的过程中，三大独特工艺得到广泛运用。第一项是运用基因工程生产具有明确疗效的蛋白质，以人类生长激素为例；第二项工艺是转基因植物及其他生命形式，抗除草剂大豆就是一个例证；第三项工艺是合成药物，下文讲述的牛生长素是一个典型。

人类生长激素[①]的发明让人感兴趣的原因是，它是继胰岛素之后，第二个使用基因工程技术获得商业成功的医药产品。在这个过程中，美国生物技术公司基因泰克和瑞典国有制药公司卡比维切姆公司展开了密切的科学技术合作。这个产品对基因泰克来说，对于展现其在生物技术领域的实力进而实现发展为综合制药公司的战略目标十分重要，而不仅仅是为了与大型制药公司签订研发合同。

合作初期，卡比维切姆公司已经是全球人类生长激素（hGH）行业第一大供应商，人类生长激素可用于治疗较严重（垂体前叶功能低下导致

[①] 本部分大量引用了莫林·麦凯尔维（Maureen D. McKelvey）的案例（1996）。麦凯尔维花费大量精力关注基因工程产品监管体系的发展历程，笔者列举的内容远远没有涵盖完全。

的）的侏儒症。该公司通过与全球陈尸所的制度合作，可获得所需原料——脑下垂体。卡比维切姆一直致力于寻求替代原料，因为当前供货只能用于治疗最严重的侏儒症患者。基因工程通过使用从脑下垂体提取的人类生长激素，克服了这一供应不足的难题。一旦成功，快速繁殖的细菌将产生蛋白质。

当时卡比维切姆公司在分子生物领域实力较弱，但在盘尼西林的生产中掌握了复合蛋白质及发酵过程的相关技术和工艺，也拥有一个团队研究脑下垂体和下丘脑释放的复合蛋白质，并具备相关的监管能力。该公司认为自身有能力将其他生物工艺的知识、技术和设备通过基因工程生产产品。

1977—1978年，研究人员通过平行或交叉路径研究人类生长激素和胰岛素。在加州大学旧金山分校，巴克斯特·古德曼（Baxter-Goodman）与博耶的团队之间存在激烈的竞争。与此同时，卡比维切姆公司探寻着生产人类生长激素的替代原料，利来制药公司则寻求胰岛素的替代供应原料。1978年，利来制药公司开始资助巴克斯特和博耶关于胰岛素和人类生长激素的研究项目。为了避免风险，利来制药公司也与基因泰克公司签订胰岛素开发合同。这些机构之间错综复杂的关系导致了许多关于基因工程胰岛素专利权的诉讼纠纷（McKelvey, 1996: 148-166; Marshall, 1997a: 1028-1030）。

基因泰克公司与卡比维切姆公司的协议，和基因泰克公司与利来制药公司之间的协议有所不同。这些区别反映了利来制药公司对基因泰克公司的巨大影响力，以及后者想成为综合制药公司的雄心壮志。与利来制药公司1978年8月24日签订的合同中规定"基因泰克公司同意为利来制药公司提供可用于胰岛素生产的重组DNA微生物，以及相关产品的专利权、商业秘密、工艺和技术。作为报酬，利来制药公司将研究费用及其胰岛素销售额的8%支付给基因泰克公司"（McKelvey, 1996: 138）。"基因泰克公司同意向利来制药公司传授关于胰岛素生产细菌的所有知识、工艺及其他机密。合同也限定了利来制药公司将基因工程知识用于胰岛素生产以外的范畴。"（McKelvey, 1996: 138）基因泰克公司不想这些知识、工艺及生物材料成为大众都知道的知识，而只愿意将其销售给利来制药公司用于胰岛素生产。

与基因泰克公司签订的合同中，卡比维切姆公司投入约100万美元发展人类生长激素。卡比维切姆公司同意将其产品销售额按一个未披露的比例支付给基因泰克公司，这些收入将与加州大学旧金山分校及希望之城医院共享。在美国之外的全球各地市场，卡比维切姆公司拥有人类生长激素的独家经营、销售权。基因泰克公司最初拥有美国市场人类生长激素一半的特许经营权；后来，获得了在美国市场的独家经营销售权。卡比维切姆公司也有权得到基因泰克公司的任何技术进步成果，并可以派科学家去基因泰克公司学习细菌生产体系。

最初，基因泰克公司并未打算独自生产人类生长激素，然而由于其商业化开始成为可能，该公司提出探索制造人类生长激素的长期战略。基因泰克将人类生长激素看作一次发展必要基础技术的机会，提升基因工程产品生产体系。这也使该公司获得了美国食品及药物管理局批准，也获得了销售医药产品的经验和能力，这也进一步激励基因泰克发展成一家大型医药公司。

卡比维切姆公司和基因泰克公司面临巨大的科学和技术挑战。尽管卡比维切姆公司拥有生物工艺技术经验，然而包括两家公司在内的所有公司都没有大规模生产基因工程化细菌的经历。两家公司都需要基因工程技术。基因泰克公司需要掌握将基因工程运用于生产系统的技术和能力，也需要加强员工的产业化经验；卡比维切姆公司则需要提高员工的科学水平，还需要额外的资金来支持与基因泰克的合作。后来，卡比维切姆得到了瑞典政府生物技术补助项目的资金支持，改名为卡比根公司（KabiGen）。

卡比维切姆公司和基因泰克公司之间的关系也有曲折。后者高度重视分子生物技术和基因工程方面的知识，这让一些卡比维切姆公司员工认为基因泰克公司的员工过于自大，且过于关注基础科学成果。而卡比维切姆公司重视的是蛋白质的相关知识及纯化工艺，以及在与监管机构打交道、获得新药生产许可方面的经验。

基因泰克公司在与卡比维切姆公司签订合同7个月后，制定出初步的细菌生产体系。到1979年4月，"已经准备好细菌并且用其制造人类生长激素"（McKelvey，1996：180）。但是，规模化生产的问题（如图10-4所示）依然没有得到解决，成本问题及产品是否具有经济效益仍有待探讨。

研究过程中出现的问题之一是，通过细菌生产的人类生长激素是192-氨基酸，而人体产生的人类生长激素是191-氨基酸。医学界普遍认为

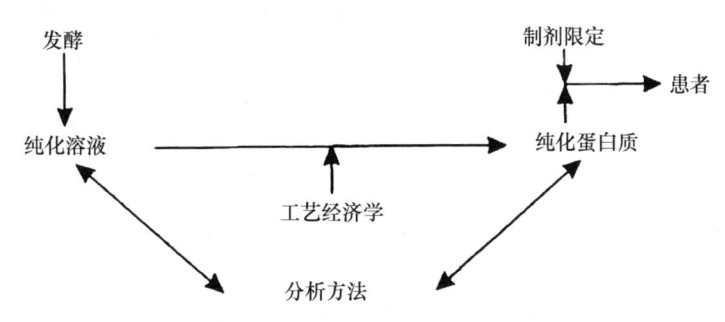

图 10-4　生物生产方案各部分之间的关系

注：生物技术生产体系的典型步骤如图所示，包括从左端最高层的发酵阶段到最右端的患者。发酵工艺产生一种液体溶液（纯化溶液），溶液里含有丰富的成分，例如目标蛋白质、营养物、其他蛋白质及污染物，目的是净化蛋白质（纯化蛋白质）将其用于制药（制剂、患者）。实施该体系需要使用分析方法测验各种替代原料，还要将成本考虑在内（工艺经济学）。

资料来源：Maureen D. McKelvey, *Evolutionary Innovations*: *The Business of Biotechnology*, Oxford, UK: Oxford University Press, 1996: 175。

"自然的"脑垂体人类生长激素比人工的 192-氨基酸基因重组激素更为优质。然而，当 1985 年发现脑垂体人类生长激素会带来致命的医学风险时（克雅氏病，Creutzfeld-Jacob disease），这种观点被驳倒了。从这以后，市场的大门向基因工程技术生产的人类生长激素敞开。基因泰克公司积极应对迅速发展的美国市场，1986 年，该公司人类生长激素产品（该公司生产的第一种制药产品）的销量额达到 4100 万美元（McKelvey, 1996: 53）。卡比维切姆公司的状况比基因泰克的状况更为复杂。将"克里斯克莫"（Crescormer，一种脑垂体人体生长激素药物）撤出市场会使公司遭受巨大的经济损失。尽管如此，卡比维切姆公司还是将克里斯克莫从市场上撤出了，取而代之的是一种新的不含多余氨基酸的产品。

1983 年 4 月 25 日，基因泰克公司为一种新的 191-氨基酸人类生长激素（与人体自身产生的生长激素相同）细菌生产体系申请专利。彼时，基因泰克和卡比根都"锁定"于 192-氨基酸技术轨道。两家公司在该领域已投入了 4 年，投资开发了有效的生产体系，并与医生、政府监管机构合作，通过临床实验协调产品的合法性使用问题。两家公司都认为在开发出新产品的功能生产体系前，不能放弃旧的人类生长激素。这一过程可能需要几年时间，在此期间他们都必须继续销售 192-氨基酸的人类生长激素产品（McKelvey，1996：238）。经过多次的内部讨论和咨询，基因泰克公司和卡比维切姆公司都决定同时发展两种类型产品。

与此同时，利来制药公司也在开发191-氨基酸人类生长激素。1987年春，卡比维切姆公司和利来制药公司都得到了销售新型人类生长激素的许可。然而，基因泰克公司销售其利用重组 DNA 技术生产的人类生长激素的努力却遭到了美国食品及药物管理局（FDA）的阻碍。在之前的一个项目中，一些用于少数病人的新药（"孤儿药"）获得了规定时间内的专营权，基因泰克公司也由此被授予销售含有多余氨基酸的人类生长激素的专卖权。为鼓励市场良性竞争，FDA 将191-氨基酸人类生长激素的专利权授予了利来制药公司。尽管受到这样的制约，到1995年，基因泰克还是占据了美国75%的人类生长激素市场，并且打算在其与卡比维切姆公司合同结束时进军国际市场。20 世纪90年代中叶，卡比维切姆公司占据了美国市场之外全球人类生长激素市场55%—60%的份额。1996年，卡比维切姆公司并入美国法玛西亚普强制药公司。合并时，人类生长激素仍然是其主要产品。在获得巨大商业成功的同时，胰岛素和人类生长激素也面临着激烈的市场竞争以及不断的专利纠纷。监管制度和知识产权制度成为其商业成功的重要保障因素。

二 农业生物技术

制药业发展几年后，生物技术为农业领域也开拓了广阔的发展空间。分子生物学技术进步和医药科学技术进步之间的密切联系，与其和农业科学发展的关系不尽相同。引用"经典"孟德尔法则遗传学的重要概念，20 世纪30 年代以来植物育种师取得了巨大成功，但也开始出现了对分子生物学家的观点提出质疑的声音。同时，由于植物育种师缺乏植物基因转移机制方面的知识，且植物分子生物学家严重缺乏，农业科学发展进程受阻（Duvick，1996）。

80年代初，一些人认为植物组织培养技术的使用会推动农业进步。试管组织和细胞培养技术的发展，伴随单克隆抗体技术及重组 DNA 技术的出现，使整株植物可以通过单细胞或者一小片组织得以再生，也使牲畜胚胎的试管受精成为可能。在起步阶段，人们希望使用生长激素提高动物健康水平和喂养效率。在传统的植物育种中，只有同系的物种可以进行杂交繁育，若没有哪个品种对某种害虫或病菌有天然的抗体，则无法制造抗体成分。在农作物领域，人们期望，下个阶段的技术进步能够通过引入或控制对害虫或病菌具有抗体的其他品种的基因，来突破这个限制；也期望生物技术进步能推动植物育种技术及新作物品种的开发，还能诞生需要多基因表达的工艺。

80 年代末，一些早期的期望被发现是过于乐观了。但到 90 年代中叶，在发达国家和一些发展中国家，作物和动物生产越来越依赖转基因技术，并且发展势头良好。90 年代初，中国成功发明了第一种具有商业价值的转基因作物——防病毒烟草。1994 年，美国著名农业生化公司孟山都将重组牛生长激素推向市场，这是一种基因工程激素，可用于增加牛奶产量。1994 年发明的 Calgene Flavr Savr™ 番茄（并未取得成功）是推向市场的第一种转基因食品。抗除草剂作物、抗害虫作物和防疾病作物的转基因发展也取得了显著进步。DNA 标记技术被用于定位重要的染色体区域，通过改变一个既定特征，快速准确地追踪及控制所需的基因链（Lee，1995；Duvick，1996；James，1997）。

从 20 世纪 90 年代中期开始，转基因作物领域迅猛发展（见表 10-2）。截止到 1997 年末，共有超过 40 个国家对 60 种作物进行了转基因田间试验；其中，48 种转基因作物产品获得了至少一个国家的商业化批准。美国动植物卫生检验局（APHIS）批准 12 种生物技术产品不再受到监管。90 年代末，研究重心发生了重大变化，从农艺（或投入）特征转向了质量（或产出）特征，如特殊营养食物和饲料产品（James，1998）。这些发展也引来了许多争议。[①]以下内容将主要回顾抗除草剂大豆和牛生长激素的发展历程。

表 10-2　1996—1998 年全球转基因作物区域分布情况（国家和特性）

国家/特点	1996（Ha）[a]	1997（Ha）[a]	1998（Ha）[a]
国家			
美国	1.5	8.1	20.5
阿根廷	0.1	1.4	4.3

---

① 主要的担心有农作物植物和野生植物之间的基因流动、释放带有对手序列编码的植物会产生的生态效应、植物释放的杀虫成分对目标以外的物体带来的后果，以及转基因食品对人类健康的影响等（Kendall et al.，1997）。

续表

国家/特点	1996（Ha）[a]	1997（Ha）[a]	1998（Ha）[a]
加拿大	0.1	1.3	2.8
其他国家	<0.1	0.2	0.2
总计	1.7	11	27.8
特点			
除草剂耐药性	0.6	6.9	19.8
抗病虫特性	1.1	4.0	7.7
其他	<0.1	0.1	0.3
总计	1.7	11.0	27.8

注：[a] 百万公顷。

资料来源：James Clive, *Global Status of Transgenic Crops*, Ithaca, NY: The International Service for the Acquisition of Agri-Biotech Applications, 1997, 1998。

（一）抗除草剂大豆

20世纪60—70年代，农作物生产中除草剂的使用已基本取代了人工除草。理想的除草剂应杀死田地里大面积的杂草，同时不影响农作物的生长。这种专门针对杂草而不是农作物的特性被称为"有选择性"，往往都不是绝对完美的。因此，一个惯常的做法是在种植前或成苗前使用除草剂，以避免杀死农作物。研发抗除草剂作物对农用化学品产业及植物育种产业都具有很大的吸引力，因为它可以赋予作物抗除草剂特性，在苗期使用除草剂时就不会伤害作物。

孟山都公司是除草剂领域的领先制造商，也对抗除草剂作物的发展做出了突出贡献。[①]孟山都公司的广谱除草剂"农达"是90年代全球销量最好的除草剂，其主要成分是草甘膦。在海外的大多数国家，它的专利权已经到期，在美国于2000年到期。如果孟山都公司能研制出抗"农达"的大豆和玉米，它将有可能继续主导广谱除草剂市场。1995年5月，美国环境保护局（EPA）批准孟山都公司注册一个抗草甘膦大豆商标，这是孟山

---

① 关于孟山都公司生产的转基因大豆、棉花、玉米，请参看卡特和戈尔德贝尔格（Carter and Goldberg, 1996）。

都与阿斯格罗种子公司合作开发的。孟山都将其技术的生产许可出售给种子公司，后者将其融入自己的大豆种子中，以"抗农达"商标进行销售。"抗农达"种子推动了杂草防治方法的转变，从之前的几种方法的综合运用转变为只需使用一种广谱除草剂。技术进步降低了杂草防治的成本，但另一方面，种子价格有些许上涨。①

孟山都—阿斯格罗品种推出以前，抗除草剂作物已经引起了人们的争议（Snow and Palma，1997：86-96）。环保及某些农业团体对基因工程化作物的研发持保留态度，虽然这些作物可以减少农药的使用量；而对于抗除草剂作物，他们持强烈的批评态度。他们认为这表明了农用化学品公司做这些研究的目的是获取短期的利益，而牺牲了农业的长期可持续性发展。相反，除草剂的捍卫者们认为，使用除草剂降低了人工锄草的次数，因而有助于减少土壤侵蚀；同时，也促成了免耕（或最小耕作）体系的经济可行性。孟山都公司也指出，农达与传统的广泛使用的除草剂相比毒性更小：相对而言，它对动物没有毒性，而且更容易被土壤微生物分解，因此它很少渗透至地下水中或沉积在土壤里。该公司还指出，农达用于抗除草剂大豆品种比传统的苗前除草剂更适合害虫综合治理项目，因为除非杂草危害达到了一个经济阈值，否则不需要使用它（见本书第六章）。

（二）对引入及扩散的抵制

除草剂和转基因作物对健康的影响也是争议的主要内容。大多数除草剂对人类和动物的急性毒性很小甚至完全没有，但是其对人体健康的慢性影响人们知之甚少。出于对潜在健康问题的担心，监管部门叫停了一些化学公司发展抗除草剂作物的项目。

20 世纪 90 年代中期，美国大豆出口商和欧洲经济共同体（EEC）就出口到欧洲的转基因大豆问题发生了争端。欧洲环保和消费者团体反对将转基因大豆与其他大豆混合在一起装运到欧洲（Ibrahim，1996：B1）。一些发展中国家也试图阻止转基因作物植物的引入。1996 年，一

---

① 农达不仅有除草剂的功效，而且有健康和环保的优势。许多除草剂会滞留在土壤里并渗透到地下水。许多土壤除草剂会致癌。农达既不滞留在土壤里也不致癌。使用新型"抗农达"大豆种子的农民必须签订合同不能保存种子，并使用规定的除草剂。实际上，他们从孟山都公司得到专利后都进行了许可证转让。种子费用之外，孟山都公司还要收取每英亩 5 美元的专利许可费。使用"抗农达"大豆种子将传统的每亩 25—30 美元的除草成本降低至每亩 18 美元（13 美元用于购买农达，5 美元是技术费）（Carlson et al.，1997：32）。

个由欧洲、美国和菲律宾的研究人员联合组成的研究团队将基因枪轰击法作用在一条带有苏云金杆菌的基因上，成功制造出一种改良大米，它可以抵抗危害大米的主要害虫——黄色二化螟。1995年4月，绿色和平组织截获并扣留了100克运往菲律宾国际大米研究所用于田间试验的种子。美国与欧洲经济共同体成员间的矛盾一直持续到20世纪90年代末。1999年2月，美国、加拿大、澳大利亚、智利、阿根廷、乌拉圭等国拒绝签订有关"要求各国进口任何转基因产品都必须事先经过批准"的国际条约。美国及其他商品输出国认为这个条约只能包括种子、植物、动物和微生物。提出这个条约的是欧洲的各商品进口国，并得到了大多数其他发展中国家的支持。美国认为这个条约是一些国家利用生态和环境问题为借口来建立贸易壁垒。

消费者担心转基因作物的潜在安全问题并不是毫无根据的。1992年，全球最大的种子公司——杜邦先锋良种公司——将一种巴西坚果的基因移植到大豆，移植后的基因可制造一种天然氨基酸——蛋氨酸，在这种大豆中含量很高。大量的田间试验进行之后，杜邦先锋良种公司才通过文献研究意识到，巴西坚果早就被发现是一种过敏原。该公司与一家独立的临床实验室开展的过敏研究确定，对巴西坚果过敏的患者也对这种蛋氨酸增强型的大豆过敏。杜邦先锋良种公司对监管机构（美国农业部及美国食品和药物管理局）公布试验结果，并停止了产品商业开发的研究活动。对发展转基因作物持批评态度的人认为，这个案例证明了他们对生物技术产品合法性的担心是正确的，也证明了对生物技术产品商业化经营的监管十分松懈。尽管杜邦先锋良种公司没有正面回应这些指责，但生物技术的支持者将该公司的这一做法看成负责任的象征，并将其看作警示自身的例子，要确保推向市场的生物技术产品不存在影响健康的问题。

（三）牛生长激素[①]

"围绕生物技术产品展开的最公开、最有争议、最复杂的讨论"是关于重组牛生长激素（rbST），这是一种为增强牛奶产量而研制的基因工程激素（Krimsky and Wrubel，1996：166）。支持者强调它增产的功能，反对者认为采用牛生长激素会导致成千上万的奶农失业，造成牛奶制品过盛，引发更多乳牛疾病，并且牛奶中的生长激素可能会影响消费者健康。

---

① 本部分主要参考了克日姆斯基和鲁贝尔（Krimsky and Wrubel，1996：166-190）。

生长素是牛脑垂体前叶合成的一种激素。牛生长激素的主要生物化学和生理学作用是区分营养物，将牛身体组织存储的营养物质导向牛奶产品。喂养频率提高是为了增加牛奶产量而不是为了增加动物重量（Krimsky and Wrubel，1996：161）。

1937 年，俄罗斯科学家首次通报了对大型哺乳动物实施牛生长激素的试验，他们从死牛里提取牛生长激素用于 500 头正在泌乳的奶牛，牛奶产量激增。20 世纪 80 年代早期，康奈尔大学通过 DNA 技术研制的微生物生产牛生长激素的方法成本更低。美国氰胺公司、普强公司、利来制药公司和孟山都公司为将重组牛生长激素推向市场展开了激烈的竞争。经过美国本土十年的实验，再加上其他国家商业化的大量经验，1993 年美国政府批准将重组牛生长激素用于商业用途（Krimsky and Wrubel，1996：168）。1994 年，美国第一个商业用途的重组牛生长激素产品诞生，即孟山都公司推出的名为 Prosilac 的产品。

因为重组牛生长激素是首例推向市场的生物工程动物类产品，其经济及象征意义不仅对孟山都公司而且对整个动物类医药产业都影响重大。参与牛生长激素商业开发的几家公司投入巨额资金进行研究，估计耗资 1 亿—5 亿美元。重组牛生长激素产品在美国的年销售额预计在 5 亿美元左右，在全球范围内可达到 10 亿美元。

重组牛生长激素带来的最大担忧是激素残渣会留在牛奶中，而美国国家卫生研究院和美国食品及药物管理局否认了这一说法。1993 年，美国食品及药物管理局兽医中心负责人杰拉尔德·格斯特（Gerald P. Guest）证实："由于重组牛生长激素通过口服失去活性，即使是注射也不会在人体中保留生物活性，因此不必担心其滞留在牛奶或人体组织中的残余"（Krimsky and Wrubel，1996：175）。

另一种更严重的担心是使用牛生长激素会提高奶牛感染乳腺炎的概率。乳腺炎是一种乳房感染，可通过抗生素治疗。使用重组牛生长激素是否会提高感染乳腺炎的概率，以及使用抗生素治疗乳腺炎和其他疾病是否会增加牛奶中抗生素残余的含量，这些问题都有待讨论。大众健康专家越来越多地关注人类耐抗生素病菌的研究。是否应该批准进行可能增加牛奶生产中抗生素使用量的生物技术，对批评家来说这个问题还没有令人满意的答案。

在美国，消费者的担心致使威斯康星州和其他一些州通过相关法律，允许没有使用牛生长激素的牛奶在商标上给予说明。一些商家为奶制品贴上了是否含有牛生长激素的标签，但是不含重组牛生长激素的牛奶价格因此上涨，这更让消费者无法接受，这个结果出乎人们意料。重组牛生长激素在西欧遭遇的挫折比在美国更甚。1993年，欧洲经济共同体规定在7年内禁止使用重组牛生长激素。令人吃惊的是，在人们关注重组牛生长激素的时候，却很少有人关注生长调节剂的使用情况，后者在此之前已被批准可用于食用牛。同样令人意外的是，孟山都公司和其他公司并未过于在意那些因影响牛奶"自然"特征而引发的公众担忧。回顾过去，也许在推出牛生长激素之前先将猪生长激素推向市场，会是一个更合理的策略，因为猪肉价格没有补贴项目，所以不会产生猪肉产量过剩的现象。

三　农业生物技术的经济影响[①]

农业生物技术的影响可以从两个方面进行评估：从微观层面上看，成本下降或者附加值增加是否会促使生产商使用新技术；从产业层面上看，产量增加是否会对商品的产出和价格产生重大影响，而产出和价格又是否会改变产业的结构、布局、产出和生产率增长（见本书第六章）。笔者在进行本章写作时，因为生产商生产新农业生物技术产品的时间还不长，所以上述问题还未能得到明确回答。然而，上述对重组牛生长激素潜在影响的分析已经可以给出一些试探性的回答。

经济激励机制取决于每头奶牛牛奶产量增加的价值与采用重组牛生长激素技术所增加的成本之间的差异大小。原本产量低的奶牛使用重组牛生长激素后牛奶增加的比例往往更高，但高产量奶牛的绝对增加值更大。因此，将重组牛生长激素用于高产量牛群的盈利更大。

1990年，威斯康星州的一份研究显示，使用牛生长激素后，每头牛增加的成本（包括重组牛生长激素的成本、增加的喂养次数、劳动力及相关费用）共计201美元，而增加的收入为211美元，也就是说每年每头牛净利润增加10美元。笔者根据当时牛奶的价格推断，以当时威斯康星州一个农场所拥有的牛群平均数量为50头来计算，10美元净利润的增加足以

[①] 本部分主要引用了贾维斯对"重组牛生长激素对世界奶制品行业的影响"这一论题所进行的杰出回顾和评述（Jarvis, 1996）。

刺激农户使用牛生长激素。而加利福尼亚州的农场普遍拥有的牛群数量为500头，牛奶价格比威斯康星州的牛奶价格更高。研究显示，该州每年每头牛增加的利润约为200美元。大量研究结果表明，如果奶农原本牛奶产量较高、管理精良且牛群规模大，那么采用重组牛生长激素技术会节约成本、提高收入；但对于牛群规模较小、原本牛奶产量低的奶农而言，重组牛生长激素技术是否会获利，答案则并不十分乐观。或许，通过"干中学"，重组牛生长激素技术使用时间更久一些之后，拥有小规模牛群的农民也会降低成本、增加收益。

第二个问题是，牛奶产量的增加对牛奶价格会产生什么样的影响呢？在牛生长激素技术扩散过程结束前，牛奶价格是否会大幅下降从而降低奶农采用该技术的动力呢？美国人均牛奶消费量并不总是与收入和牛奶价格相关。在自由市场条件下，牛奶产量增加2%或3%，牛奶价格会下降10%左右。贾维斯估计，如果那些占据美国牛奶市场15%的奶制品公司中有10%的商家采用重组牛生长激素技术，牛奶产量会增加2.3%，牛奶价格则会下降7.5%。采用重组牛生长激素技术后的生产率增幅会很快由惠及牛奶生产商转而惠及消费者。即使牛奶价格下降，对大型农场来说，采用重组牛生长激素仍然是有利可图的（Jarvis，1996）。

然而，美国的牛奶生产及销售并不是在一个自由的市场之中。美国农业部在国会授权下制定了牛奶价格补贴项目，该项目试图通过购买加工后的奶制品（黄油和奶酪）来维持牛奶价格。重组牛生长激素的使用会导致奶制品过剩。但随着政府投入该项目的资金越来越多，国会应该进行调整从而降低价格扶持水平。贾维斯预测，重组牛生长激素对奶制品产业结构的长远影响是，会加速小型农场退出乳品业的步伐。

加利福尼亚州重组牛生长激素技术使用及普及的速度比预期更快，然而威斯康星州对该技术的使用比预期要慢。到1994年年中，即重组牛生长激素技术推向市场6个月后，近20%的加利福尼亚州牛奶生产商开始使用该技术。其他国家，如加拿大、日本以及西欧的一些国家，在笔者写这本书时仍禁止使用重组牛生长激素技术。如果禁令取消，该技术将有可能迅速得到推广和使用。

在一些欠发达国家，重组牛生长激素技术普及速度更慢，技术水平也欠缺。在东欧、南亚及东南亚等地，平均每头牛的产奶量不足美国平均每头牛产奶量的一半；拉美和非洲的平均奶牛产量则不足美国的20%。然而，墨西哥、巴西、菲律宾、南非、赞比亚等国的奶牛产量大都比较高，因此这些国家有望成为重组牛生长激素技术的早期使用者。尽管有一些农场牛群规模很小，但是拥有良好的兽医服务设施，所以也很快采用了该技术，例如印度的孟买牛奶计划。负价格效应给美国带来的影响比快速发展的低收入国家要大很多，因为后者牛奶需求的收入弹性相对较大。如果重组牛生长激素技术生产商能使产品价格与增加的产量成本更为协调，那么欠发达国家对该技术的使用率将会上升。然而，在2000年该技术专利到期之前，大范围的普及似乎不太现实。

重组牛生长激素的案例阐释了一个普遍的原则。在许多欠发达国家，采用和发展新生物技术有时经济效益并不好，是因为传统的生物技术尚未得到普及。重组牛生长激素技术的短期影响是将相对优势转移到了某些国家，这些国家生产成本高昂但拥有熟练工人，饲料价格昂贵但质量高，还具备疾病少、寄生虫少及热应力不高的生产环境，奶牛对该技术的反应更好。从长期来看，欠发达国家中一些管理良好的农场也有望使用重组牛生长激素以增加牛奶产量。

第六节　市场结构

20世纪80年代初期，全球制药业两极分化，5000多个公司中的25—30个公司占据了全球近一半的市场，也占据了私人部门研发费用的大多数份额（Sapienza，1989）。两个因素造成了这种相对稳定的分化结构。第一是管理制度，制药业中监管最严的是处方药，这使得新产品的问世耗时长、成本高；第二是处方药的销售，医生为病人开药方，并决定病人用什么样的药物。向医生推销药物的费用占据大型医药公司1/3的年收入，远高于投入研发部门的10%。这两方面的因素使新公司很难进入大型医药公司的行列。

一　生物技术带来的挑战

20世纪90年代，制药业的市场结构发生了重大变化。战后长期以来，制药业从实验到销售，都是由规模大、研究密集型、纵向整合的大公司主导的。然而这些公司对六七十年代的分子生物和基因工程革命都缺乏重视。此外，至90年代中叶，美国诞生了1200多家中小型研究密集型生物技术公司。生物技术公司的崛起极大地改变了新药发现的过程。

然而,药物研发和商业化过程基本未发生变化。临床试验依然需要极大的科研及制度能力。较大的规模有助于扩大生产体系,拓宽产品的经销网络。这些能力依然掌握在原本的大型制药公司手中,并给小公司独立研发及销售产品设立了无法逾越的障碍,甚至连基因泰克公司都无法发展成为一家大型独立医药公司。1998年,基因泰克公司被迫将小部分股权卖给瑞士药品制造商霍夫曼罗氏;至1996年,霍夫曼罗氏已经获得了基因泰克公司的绝对控制权。

甘巴尔代拉(Gambardella,1995:78-80)曾经提出一个疑问,为什么制药业在创新过程中的劳动分工始于20世纪80年代,而不是更早。他的答案是医药公司的科学研究人员对人体和药物作用了解不多,药物研制主要依照医药有用性特征对分子进行广泛的筛选。创新的重要因素是合格的实验室,可以在实验室进行常规分析及观察,并具备识别更有效结果的能力。分子生物的进步和基因工程药物创新依赖于知识的整合:

> 基于适当的合同及知识产权保护,专业机构之间可以相互交换知识"碎片"。假设说,一方公司或科研机构具备在人体建立一系列受体结构的能力;另外一方可阐述这些受体的生物活性;第三方可决定合成物的分子活动,判断它们是否适合受体位置且抵制细胞的反常活动;而这一套完整的信息可交给第四方,这一方掌握资源,可进行耗时长且花费巨大的临床实验及产品销售。(Gambardella,1995:79)

新药开发所采用的这种新的更科学的方法使得治疗心脏病、溃疡、关节炎、抑郁症及其他疾病的新型药物呈"井喷式"发展。许多药物在70—80年代研制,但到了80—90年代才为医药公司带来发展和收益,这些药物的专利权也即将到期。为了填补这个"专利空白期",大型医药公司之间展开了更为密集的研究合作,并积极地收购生物技术公司。为扩大生产线,大型医药公司之间、中小型公司之间也掀起了一阵新的合并与收购浪潮(Tanouye and Langreth,1997;Carr,1998)。

二 重组

生物技术产业的学者和生物技术公司普遍认为,一流制药公司面临的挑战有利于产业结构调整，为一些新的生物技术公司发展成为一流制药公司提供机遇（Sapienza，1989）。然而，20世纪90年代中叶出现的情况却是大型制药公司、生物技术公司、大学、国家卫生研究所之间形成的互补性结构。传统的大型公司在市场营销方面有很大优势，导致这个层面的产业结构越来越向集中性方向发展。新兴公司并没有发展壮大，相反，国际制药业开始了兼并和收购浪潮，产业结构越来越集中（见表10-3）。与此同时，大型制药、农用化学品公司及生物技术公司之间的关系越来越复杂。制药业的发展趋势越来越倾向于由几家大型销售企业、许多小型知识密集型生物技术和研发公司，以及支持生物、生物化学、生物技术研究的大学实验室、基金会和政府机构所组成。

20世纪90年代，农业生物技术领域的合并速度比制药业生物技术领域的合并速度更快。[①] 90年代以前，种子业已经掀起了两股合并浪潮。20世纪70年代，许多农用化学品公司受杂交种子及产品增效（如化肥和杀虫剂）的高利润所驱使，开始收购种子公司：山德士公司收购了诺斯拉普金公司，汽巴-嘉基公司收购了方克种子公司，厄普约翰制药公司收购了阿斯格罗公司，壳牌收购了尼克森公司。20世纪80年代，一些刚开始研究生物技术的农用化学品公司预测种子会成为生物技术研究的载体，因此他们也开始收购种子公司。

表10-3　20世纪90年代初期全球销量最高的15大处方药制药公司

公司名称	国家	1986—1987年销售额（单位：百万美元）	1992—1993年销售额（单位：百万美元）
默克公司（Merck）[b]	美国	3441.0	8214.5
赫斯特公司（Hoechst）[b]	德国	3042.6	6042.1
汽巴—嘉基公司（Ciba-Geigy）[b]	瑞士	2851.2	5192.0
拜耳公司（Bayer）[b]	德国	2787.5	4669.9
美国家用产品公司（United American Home Products）[b]	美国	2560.4	4589.3

① 关于农业种子及生物技术领域的合并的探讨，笔者主要参考引用了塞加尔（Sehgal，1996））以及哈延加（Hayenga，1998）。

续表

公司名称	国家	1986—1987年销售额（单位：百万美元）	1992—1993年销售额（单位：百万美元）
葛兰素公司（Glaxo）	英国	2536.7	7986.4
辉瑞公司（Pfizer）[b]	美国	2203.0	4557.9
山度士公司（Sandoz）[b]	瑞士	2155.1	4885.5
礼来制药公司（Eli Lilly）[b]	美国	2119.8	4536.5
雅培（Abbott）	美国	2057.0	4025.0
兰伯特制药公司（Warner-Lambert）[b]	—	2041.0	—
武田公司（Takeda）	—	1997.4	—
百时美施贵宝公司（Bristol-Myers）[b]	—	1961.7	—
史克必成公司（SmithKline Beecham）[b]	英国	1896.0	5100.5
厄普约翰公司（Upjohn）[b]	—	1863.0	—
BMS公司（BMS）	美国	—	6313.0
霍夫曼公司（Hoffman-La Roche）	瑞士	—	4896.9
强生公司（Johnson & Johnson）	美国	—	4340.0
罗纳普朗克·乐安公司（Rhone Poulenc Rorer）	美国	—	4095.9

注：[a] 数据来自 "Leading Companies in 1992/1993"，Scrip Magazine（January 1994）：34-35。
[b] 1981—1982年首次上榜。
资料来源：SCRIP. 1-6 January 1998：6 Reproduced with permission from PJB Publications Ltd。

事实证明，这些公司间的合并有许多并不尽如人意。种子公司的科学及企业文化很难与大型化学公司的官僚文化相融合。然而，自20世纪90年代中叶以来，伴随着基因工程产品推向市场，生物技术成为化学产业、制药业、种子业第二次合并浪潮的主要催化剂。孟山都和杜邦在第二次收购浪潮中表现得特别咄咄逼人。其他领头羊包括赫司特-先灵公司（合并后企业名为AgrEVO）、山德士-汽巴嘉基公司（合并为诺华制药）以及陶氏益农公司。两大因素推动了这一轮的合并联合：一是知识产权的合并；二是新特性的开发增加了食物和饲料终端产品的价值。新一轮的收购和合并浪潮催生了3—4个大型集团，每个集团围绕一个大型化学公司或医药公司，力求主导农作物生物技术领域（Kalaitzandonakes and Maltsbarger，1998）。

第三轮合并和结盟浪潮的出现主要是由于，在获取将新生物技术产品推向市场所需的技术时，许多公司遇到法律上的困难。例如，"一种转基因的抗杀虫剂植物涉及到植物品种权、植物专利权及与转基因技术相关的几项专利，还包括选种时的基因标记技术、杀虫剂催化剂的基因编码技术以及植物细胞基因表达所需的成分和改进技术等"（Sehgal，1996：16）。塞加尔提到的这一点适用于所有依托生物技术进步的产业。新生物技术产品的开发依赖于所有拥有相应知识产权技术的公司。90年代日益复杂的产业结构是否会延续下去还有待探讨。因为收购、合并及结盟的进程十分迅速，所以想追踪化学、制药及生物技术一体化产业不断变化的结构关系变得非常困难。但我们可以清楚地看到一个失败的案例：20世纪90年代，德国大型制药化学公司受制于药物开发的传统方法，也受制于对生物技术持有敌意的国内政治环境，而未能将二战后几十年重新获得的国际主导地位继续维持下去。

第七节 产业政策与国际竞争

也许没有哪个产业像生物技术产业这样，公共部门在其早期研究及发展资费中承担了如此大的部分。与计算机和半导体产业不同的是，美国联邦政府资助了主要在大学里进行的分子生物学和基因工程研究。20世纪80年代，生物科技的潜在商业价值变得日益明显，联邦政府对基础及基因研究的支持迅速扩大。然而，联邦政府的做法与在计算机和半导体产业中的不同，并没有实施任何有针对性的协调性政策用于提升美国生物技术产业的国际竞争力。[1]但在1994年国际贸易乌拉圭回合谈判中，美国政府积极促进《与贸易相关的知识产权协议》的达成。该协议要求所有世贸组织成员严格制定保护和执行知识产权的最低标准。这些条款于化学、制药以及生物科技产业尤为重要（Braga，1996，见本书第十三章）。[2]

---

[1] 关于美国、日本和德国三国技术发展体系更全面的探讨，请参看本书第十一章。
[2] 20世纪90年代，关心知识产权以及生物多样性保护的人们认为，如何与保存基因资源的本土居民公平同等地分享由基因资源开发带来的利益是十分重要的（OECD，1996）。

直到 20 世纪 70 年代末，支持生物技术的系统性政策才为日本和西欧所实施（Orsenigo，1989：168-195；Hendersonet al.，1999：267-311）。德国技术研究部在 1972 年立项，用于产业化生物技术的发展。但是直到 1997 年，欧盟议会才通过立法允许转基因生命形式的专利授予（动植物变种以及人类基因控制的产品除外）。日本科技部则在 1973 年成立了生命科学促进委员会。德国和日本的项目都是为了维持其原有的技术路径，研究兴趣依然集中在传统领域，即食品、制药、化学产业中的发酵技术。法国、英国和意大利则对生物技术的潜在可能性反应得更为迟缓。20 世纪 80 年代早期，法国采取了一个相对强硬的干涉性方法；英国和意大利则在推进生物技术上更加缓缓地前进。这一时期，当日本和欧洲国家开始增加其对生物技术能力发展的政府支持时，美国在此方面的支出已超过了其他所有国家的总和。如前所述，德国的霍斯特公司决定与美国马萨诸塞州综合医院建立伙伴关系，这反映出无论是该公司实验室还是德国的大学都缺乏足够的基因工程能力。

一 来自日本的挑战？

20 世纪 80 年代早期，美国有一种深深的忧虑，美国没有国家干涉主义的产业政策，而日本的国家政策更为激进，这会导致日本迅速赶上自己，正如在计算机和半导体产业中的情况那样。美国产业内部分化严重，许多创新活动都集中在资金不足的新兴生物技术公司，这被认为是美国产业结构中的一个重大弱点。

除了大型制药公司，美国的产业还包括很多致力于生产新产品的小型公司。而一些领头的欧洲生物技术公司，如 Transgene 公司、Immunotech 公司以及 Bioeurope 公司等，并不是独立的新兴公司，而是由大型制药公司所建，用于发掘技术上的可能性以及经济上的潜能。20 世纪 90 年代中期时，日本还没有独立的新兴生物技术公司。[①]日本企业是在一个完全不同的

[①] 笔者主要引用卡伦（Callan，1995、1996）的资料来讨论美日生物技术产业间的竞争。"美国的创新体系督促其研究人员思考用于新产品生产的生物技术。产品工程问题虽然重要，但并非是最重要的。小型生物技术公司与其在大学的合作伙伴共享'基础科学'文化。此外，来自企业资本家、股票市场以及战略联盟持续不断的资金压力促使美国的生物技术公司专注于新产品的研发，因为专利权以及后来的新药物应用给市场发出了一种信号，即合作的价值所在。当大规模生产出现时，产品问题将会得到解决。"（Callan，1996：16）

制度环境下进入生物技术产业的，其数量较少、根基稳定，对开发新产品兴趣不大，而对寻求生物技术在诸如化学、农业、食品以及能源领域的应用更感兴趣。凭借其在发酵技术中的坚实基础，日本企业更为强调加工技术。日本的制药和化学公司没有研发新产品的传统，不需要开拓学术研究，因为在日本学术团体中，科学家们几乎没有动力将重心放在新产品的研发上。大学-产业合作研究活动在日本是相当不被提倡的。

然而，日本政府认为，生物技术连同新材料学和微电子学是"下一代基础性产业技术"。日本政府并没有在生物技术发展中投入大量的财政资源，而是鼓励发展生物技术研究协会用以促进该技术领域私营企业之间的合作。直到20世纪90年代中期，日本才开始大量增加在生物技术相关基础研究上的支出。

参与生物技术的日本公司几乎都是纵向地与大规模的产业投资融为一体。小型新兴公司的融资在日本的经济环境下十分困难。日本不允许盈利短于5年的公司在东京证券交易所发行公共股票，因此，企业资本家和银行都不愿意投资新兴企业。日本的研发项目几乎没有任何税收抵免，其高校培养的分子生物学领域的医学博士很少，所以该国生物技术公司的实验室中几乎没有医学博士。因此，日本没有诞生将公共部门或者国外的基础研究转化为商业可能性的真正意义上的新兴公司。

鉴于这些限制，日本公司采取了三项策略来加强其在生物技术领域的能力：（1）引进并特许国外技术；（2）加强产品生产的专业技术；（3）寻求企业内部更高的生物技术生产力。其中第一项策略相对成功，从美国很多资金紧张的新兴公司那里，生物技术唾手可得。对美国的生物技术公司来说，日本的合作伙伴颇具吸引力，因为他们愿意让美国公司继续持有在美国的市场销售权。美国高校和医院也都和日本公司签订了合同。"1985—1989年，日本公司建立的绝大部分生物技术战略联盟里都有一个美国合作伙伴，80%的情况都是技术从美国流向日本。"（Callan, 1996：25）

20世纪80年代中期，日美两国都普遍认为，日本所采用的战略将使其在生物技术产业成为核心成员，正如其在计算机和半导体产业中的情况那样。日本主导传统生物技术重要领域所使用的策略，也被认为同样适用于新的生物技术。然而直到20世纪90年代后期，生产工艺的发展并没有使日本公司取得先前预期的成功。生物技术领域没有诸如半导体那样可以自动打开通向广泛应用之门的"核心技术"。对于生物技术新产品的研发来说，基础科学的进步依然十分关键。而只有正从事最前沿科研工作的科学家才能获得基础科学的进步，不管他们是在高校、政府研究机构还是在私人部门。20世纪80年代，高校和生物技术产业的紧密联系曾让美国深感忧虑，如今却成为其生物技术产业竞争优势的一个重要来源。

因此，与20世纪80年代中期相比，日本生物技术产业的前景在90年代后期变得不确定。相反，生物技术在西欧却有了新生的迹象。1997年，欧洲议会通过立法开放了欧洲生物技术专利体系。然而，虽然欧洲的生物技术产业从此开始快速增长，但其规模也只有美国的1/4（Williams, 1997）。

二　发展中国家

发展中国家的生物技术前景又如何呢？[①]许多热带国家有大量机会来改进传统发酵技术的食物产品（National Research Council, 1992）。与很多温带国家相比，一些生物技术（比如抵御和控制害虫的转基因技术）对热带国家的农业生产和健康有更大的影响。20世纪90年代中期，美国国际开发署（USAID）、荷兰国际合作总司、洛克菲勒基金会以及麦克奈特基金会四大机构为发展中国家的植物生物技术研究提供重要支持，这四大机构分别对应的目标是控制农害、改进木薯品种、支持生物技术用于大米生产、加强食谷研发能力。此外，由国际农业研究磋商组织（CGIAR）支持的一些国际农业研究机构通常与发达国家的实验室合作，一起实施适度的生物技术研究项目。这些项目的年度经费总额达到5000万美元左右（Kendall et al., 1997）。

一些亚洲国家的国家项目已经在生物技术研发生产的制度化进程上取得了实质性的进展，尤其是中国、印度、朝鲜和菲律宾（见专栏10-3）。提升农作物质量的细胞组织培养及其他培养技术已广泛传播开来。基因标记技术在很多发展中国家被用于植物培育。拉丁美洲、巴西、古巴和墨西哥也在生物技术研究中投入了巨资。然而，除了古巴，这些国家中的任何一个都不太可能成为生物技术新知识和技术的来源。[②]如前所述，新的生物

[①] 非常有用的评论，请参看奥尔特曼和渡边（Altman and Watanabe, 1995）以及布伦纳（Brenner, 1996）。

[②] 20世纪90年代，古巴在哈瓦那建立了一个世界级的生物技术研究中心。90年代末，该中心引进和开发了许多产品，包括乙肝疫苗、乙脑疫苗、森林脑炎疫苗以及肾移植单克隆抗体等（Kaiser, 1998）。

技术产业结构将使发展中国家的企业进入其中变得更为困难。另外，世贸组织《与贸易相关的知识产权协议》中的条款可能使来自发展中国家的技术在跨国制药及农用化学品公司的挑战面前变得更加脆弱。

然而，多数发展中国家将不得不面对这样的问题，即如何高效率地利用国际制药及农用化学品产业研发的新生物技术。例如，一些发展中国家已经在使用生物杀虫剂，这种生物杀虫剂是基于某些转基因农作物（比如棉花和大米）而来的，这些农作物携带了一条基因，可以在天然的苏云金芽孢杆菌中产生一种毒素。此外，抗害虫转基因植物（如棉花和烟草）也在发展中国家广泛扩散（Krattiger, 1997）。这些国家的植物培育人员也在使用基因标记技术。如果发展中国家想要高效地将这些技术传播开来，就需要大量加强自身的科技能力建设，改变许多新医药产品的交付体系，在经济发展上优先考虑卫生健康领域，并且对农用生物技术中的卫生、环境以及经济因素进行评估。

专栏 10-3

中国和印度的植物生物技术
卡尔·普莱（Carl Pray，罗格斯大学农业经济与营销学院）

植物生物技术对于植物培育有两个主要的影响，其一是使用基因标记提高传统培育质量，其二是通过引入其他作物或者物种的基因来改变目标植物。中国在这两项技术的运用上都远远走在印度前面，但是要说到中国能否将这些技术更好地用于商业领域则为时尚早。

在中国，至少有三个水稻生物技术的研究中心，分别位于华南农业大学、华中农业大学、浙江农业大学，此外还有中国国家水稻研究所。中国政府支持水稻基因组工程计划，由中科院和上海政府共同投资，在上海成立了一间实验室。很显然，在水稻培育中使用基因标记的技术方面，中国是世界上最先进的国家。中国在转基因植物测试及商业化方面也走在世界前列，早在1992年就成为第一个种植转基因抗病毒烟草并使其商业化的国家。中国预期将在超过250万公顷的土地上种植转基因作物（主要是烟草）。到20世纪90年代末，中国已开展约60个与转基因品种相关的田间试验。

印度的前沿中心分别位于海德拉巴市、哥印拜陀市的泰米尔纳德农业大学以及班加罗尔市。前两个中心由印度水稻研究董事会、奥斯马尼亚大学以及海德拉巴大学共同组建，班加罗尔中心则是由农科大学、印度科学院以及塔塔生物科学研究中心共同组建。与中国不同，印度当时没有种植任何商业性的转基因作物；自 1996 年底以来，也只通过了 16 项田间试验。两国的田间试验数据都可能低估了其研究活动的强度，因为一些政府内部人员和商业科学家未经过官方允许而秘密开展了一些实验。

为什么会有这样的区别呢？中国的投资较多而监管较少也许是原因之一。两国政府都认为生物技术是一个需要优先投资的领域，但是中国政府在农业方面投入了更多资源。另一个区别是，印度的一些知识分子和激进分子因担忧健康和环境问题而反对生物技术。如果类似的团体存在于中国，他们将不会获得多少公众支持。这种反对的声音可能影响到了印度在生物技术研究中的投资。

监管环境主要影响的是转基因植物，而不是标记的使用。1996 年前，印度较中国在转基因作物管理上更为严格。彼时，中国的转基因品种必须通过对新变种的常规测试程序，而这需要新品种较现有品种拥有更高的产量或者更好的质量，但是那时中国在转基因作物的测试以及释放上并没有专门的监管机制。印度在 20 世纪 90 年代早期便有转基因品种的非正式管理办法，并于 1994 年将其正式化。监管措施以及生物技术反对人士的存在解释了两国在生物技术使用上的差别。

中国会继续走在前面吗？这个问题的答案并不明晰。在以自授粉品种为主要种子类型的农作物领域，中国将很有可能继续领先，因为比之印度，中国的公共部门似乎在分子标记的使用上居于主导地位。关于转基因农作物，主要的不确定性在于中国 1996 年制定的监管办法实施的力度大小。

对于商用作物如玉米、向日葵、油菜籽、高粱、棉花以及大豆等，中国目前是通过省、县级种子公司的区域垄断政策以及限制中外合资企业的方法将国外的种子及生物技术公司拒之门外。相反，印度则放开种子部门的控制，允许西方在植物生物技术中十分活跃的主要国际种子及化学制品公司在本国建立子公司或者合资企业。因此，对于在别处发展的可转移的技术，印度可能具有优势，即从发达国家转移技术使得生物技术产品为本国农民所用。

转基因品种发展的不确定性还取决于印度能否开始批准其用于商业，以及中国新出台的种子产业生物安全管理办法及产业政策是否会减缓其商业化进程。

资料来源：Material in this box draws on Sachin Chaturvedi, "Biosafety Policy and Implication in India", *Biotechnology and Development Monitor*, 30（March 1997）：10–13；Clive James and Anatole P. Krattiger, "Global Review of the Field Testing and Commercialization of Transgenic Plants, 1986 to 1995：The First Decade of Crop Biotechnology", *ISAAA Briefs*, No. 1, Ithaca, NY：ISAAA, 1996；Gray Toenniessen, "Rice Biotechnology Capacity Building in Asia", *Agricultural Biotechnology in International Development*, C. Ives and B. Bedford, eds., Bedford, MA：CAB International（1998）；Carl E. Pray, "Public and Private Collaboration on Plant Biotechnology in China", *AgBioForum*, 2（1999）：48–53。

第八节　生物技术与食品产业

生物技术革命对食品产业的影响比之农业发生得更为缓慢。20世纪80年代中期，狂热者宣称，在未来，食品产业将完全摆脱不稳定的气候以及有限的农业资源基础的制约（Rogoff and Rawlins, 1987）。

已用于酒类饮料、奶酪和面包生产的种植及发酵菌技术，连同细胞培养的新技术，可以用来转变许多农产品的生产，使其进入产业化流程（National Research Council, 1992）。原则上，任何具有消费一致性的商品都可以通过这种方式来生产。例如，组织培养技术就可以用来生产可食用的"极相似"的植物成分。食品产业的领先企业期望基因工程技术在制药产业及农业应用中的优势大量溢出，他们开始适度投资于开发监控生物技术新发展的研究能力。

1990年，美国食品及药物管理局批准一种重组DNA酶用于奶酪、酸奶及其他奶制品的生产，该DNA酶传统上是从小牛的胃中提取出来的。一些大公司和新的生物技术公司已经使用试管培养方法来制造自然界中水果香料、薄荷油、奎宁、藏红花等物质的替代品。试管培养方法也正在被用于生产咖啡和可可饮料的替代品。

本章即将完结之际，食品产业发言人仍然预测生物技术和基因工程将会继续突飞猛进，会促进新功能食物（对医学或健康有利的食品或食品成分）的发展（Adelaja and Schilling，1999）。一些引领制药、生物技术及种子产业一体化的公司（比如孟山都、杜邦和诺华制药）已经与养殖及食品产业的一些公司合并或结盟。与此同时，事故频发，再加上大众因食物传染性疾病、杀虫剂、动物药物残留物和环境污染物引起的食品安全问题日渐担忧，给产业领导者敲响了警钟。一些观察家预计，重组 DNA 技术用于治疗食物传染性疾病的进程会比功能食物在消费市场的发展来得更快。

之前讨论的牛生长激素和抗除草剂大豆的案例揭示了社会政治环境下的一些挑战，不仅在美国，在其他高收入国家也是这样。其中一个挑战是，一些消费者考虑得更深远，而不是只着眼于当前生物技术对健康的影响。这表明消费者对新技术的广泛应用了解甚少，并觉得无法控制（Killman and Cooper，1999；Kershen，1999），也表明消费者对"新技术是健康安全的"官方说法越来越产生怀疑。对于是否应该对诸如农业商品及加工食品等生物技术产品的贸易活动加强监管，人们争论不休；这也是为什么在美国和西欧，有机食品在零售食品产业部门中扩张最为迅速（Murphy，1997）。这些问题对技术提供者和食品产业都有重要的影响。

市场体系需要做出巨大改变以应对顾客的不同需求。当质量提高的（或者具备区别性特征的）转基因作物推向市场时，从农场到加工，从运输再到销售至消费者，其特性必须保持不变。这意味着从高量低利润到低量高增值体系的转变。

第九节　21 世纪的生物技术

生物技术如今正逐步达到当初成立首批生物技术公司的科学企业家和企业资本家的预期。20 世纪 90 年代末生物技术的发展在某些方面与 50 年代末计算机产业的发展相似，当时半导体正开始取代电子管（见本书第九章）。

可以得出这样一个结论，生物技术产业将会在 21 世纪前 10 年继续保持快速的发展势头。20 世纪 90 年代晚期，市场上生物技术疗法及疫苗的数量暴增，先进的临床实验也发展迅速；农业生物技术部门似乎已经克服最初发展的制约，在此期间成为发展最快、潜力最大的产业部门；生物工程下的水果蔬菜开始出现在超市货架上，食品产业在食品加工、储藏及经销中正发展更多的生物技术应用。①

然而，我们也有足够的理由对那些过于乐观的估计提出质疑。有一些人曾认为，生物技术发展的速度已经快到"每周都有新的基因发现"的程度，但事实并非如此。只有少数的生物技术公司能够生产一系列有利润的新产品。除了大型的制药及化学公司，那些带来最重要的科技创新的产业部门依然入不敷出。大多数企业维持研发活动依靠的是新风险资本的注入。

大型企业从生物技术产品中获利的数据现在还未可知。但外部证据显示，这些公司的生物技术部门至少是有边际效益的。孟山都公司已放弃其传统的重化学业务，而将资源集中于制药及生物技术在农业领域的应用。在美国和西欧，制药及农化学品公司正不断并购拥有强大研发团队和生产线（这些生产线被认为其生产的产品价格会飞涨）的小型生物技术公司。

生物技术产品的接受情况依旧较为复杂。新型的农业及食品应用如潮水般涌现，消费者（尤其是西欧的消费者）对其加工管理、批准及贴标却变得越来越反感。一些消费者团体对食品安全问题的担忧较为激进，而另一些消费者持续向食品及药物管理机构施压，要求他们确保治疗癌症和艾滋病的新药物的安全及功效。

关于生物技术和基因工程对社会及伦理的影响，人们对此也一直持有严肃的质疑（Rifkin, 1998）。一些评论家认为，生物技术（尤其是"生命形式"以及治疗性药物的出现）将成为 21 世纪社会和经济变化的主要源头。这些担忧因为 1998 年在苏格兰诞生的第一头克隆羊多利而进一步被强化。一些批评人士将基因工程作物视为国际农业综合企业将其意愿强加于农民并控制整个世界食品供给的手段（Rifkin, 1998）。一个更为人们普遍担忧的问题是，基因工程技术是否正在提高人类开发新型生物武器的能力——这种武器将比世界上现存的任何一种武器都更加危险。笔者猜想，到 21 世纪前 25 年结束后，我们回过头来再看，可能会觉得这些想法大多都过于夸张。但是它们也有可能发生。在农业生产、人类健康以及环境融合的过程中，人类将付出的代价与获益都很有可能超过预料。

生物技术革命背后的推动力依旧复杂（Walsh, 1993）。我们很容易将生物技术产业的发展诠释为一个理想的线性发展案例，从研究者好奇心驱

---

① 生物技术在石油管道中的应用，请参看费尔德鲍姆（Feldbaum, 1996）。

动下的基础科学研究到技术发展再到商业化。但这是一种误解。即便在 20 世纪 30 年代，人们支持发展分子生物学这门新学科也是受到强烈的使命感所驱使，美国联邦政府在"向癌症宣战"的激励下支持分子生物学的研究，这体现的是需求诱导性的技术变革；生物制药技术的发展最初集中于胰岛素、人类生长激素等产品上，是因为此类产品成本高、自然界的原材料有限，市场受限，因此体现的是要素诱导；与传统的"生物的技术"产品一样，新的农业生物技术产品也是要素诱导产生。早期过于乐观的预计与实际的技术发展之间的差距表明，技术创新演化模型中强调的随机过程扮演着重要的角色。

第四篇　技术政策

在本书最后一部分的章节中，笔者将对第一部分提出的一些问题进行回顾。经济增长可持续吗？21世纪以来，对于技术变革在西方高度发达的工业经济中所发挥的作用，人们不再信心满满。就科技能力而言，从前的中央计划经济遭遇到"滑铁卢"，在某些情况下甚至出现崩溃。许多先前贫困的国家（尤其是在东亚和东南亚地区）的生产率显著提高，经济收入大幅增长。但与此同时，包括非洲大部分国家在内的一些其他贫困国家被远远地甩在了后面。

过去，国家间的技术发展体系差异很大。各国政府在推动科技发展水平过程中所起的作用也截然不同（见第十一章）。例如，美国技术政策的特点是"任务导向型"，而德国的却是"扩散导向型"。那么，在今天以跨国公司和开放贸易体系为特征的世界经济背景下再来讨论国家技术创新体制还会有意义吗？科学和技术政策曾有效地帮助一些国家追赶上了发达国家——德国追赶上了英国，日本追赶上了美国。但一个久而未解的关键问题则是，在将来，那些现阶段落后的贫穷国家能否充分利用科学技术政策复制日本和德国的成功呢？

20世纪60年代，美国在科学和技术方面居于全球领先地位，但其成功的模式受到了知识分子和民粹主义者的质疑（见第十二章）。他们认为，现代科学技术发展的结果——战争的爆发、环境的恶化以及社会快速改变的心理成本——明显危及现代人和后代人的生存。于是，人们开始使用新的机制来管理原来开放的公共资源；"构建市场"等制度创新逐渐取代了从前政府"命令加控制"的手段来管理环境。

当今美国科学技术政策主要起源于20世纪40年代，是国家为使科学技术转向支持战争而做出的制度安排（见第十三章）。第二次世界大战后，联邦政府、科学界以及各大学之间的关系依靠一种"隐性社会契约"维系着：政府为基础研究提供资金支持，而科学界则向政府和社会保证，将稳定持续地进行科技研发以创造出新武器、新药物、新材料、新产品以及新的工作岗位。这一社会契约最初在20世纪六七十年代受到环保运动以及反越南战争的影响，而在冷战结束以后遭到了严重破坏。相比冷战时期，当下社会想要从科学技术界得到的东西不再和以前一样清晰具体。美国科学技术政策的制定者们也无法对冷战后的技术政策有一个完整统一、令人信服的说明。

本书的最后一章将回归最初在第一章里提及的问题——向可持续发展

过渡（见第十四章）。如果延续过去 200 年的经济发展轨迹，那么世界将在变得越来越富有的同时，环境会变得越来越脏。更加悲观的情形是，国家内部及国与国之间收入差距的不断拉大将导致全球环境进一步恶化、安全问题进一步增加。而另一种可能是，社会将进行必要的技术和制度变革，以实现富裕国家和贫困国家的经济生活水平逐步趋同，也将采取可以减少能源和材料在经济体系中流动的生产及消费模式。

显而易见，如果人类不能成功地向可持续性发展过渡，那么究其根源就在于失败的制度设计，而不在于自然资源利用或者科技创新能力的内在限制。

第十一章 三种体系的技术创新

当下讨论国家技术创新体系有意义吗？过去，自然、人力资源以及制度、文化禀赋明显影响着技术变革的速度和方向（见本书第四、第六至第十章）。① 一些人认为，现代交通、通信两大体系加上金融资源和商品的低障碍流通，已经减弱了资源、文化禀赋差异的重要性，至少在工业国家中是这样的。比如，跨国公司合作这种制度创新推动了科技的传播发展，模糊了国家间地域的界限。然而，本章将会说明，国家间在发展、扩散以及运用技术能力上所存在的差异依然不可小觑。资源、文化禀赋、教育、科研投资以及制度结构等方面的差异无不影响着技术创新和制度创新的速度和方向。

19世纪上半叶，英国的工业技术在世界上遥遥领先，但在20世纪初的几十年中，美国赶超了英国。20世纪后半叶，美国的领导地位受到了日本和德国的威胁。本章将主要论述美国、日本、德国三个国家技术创新体系的发展。②

本章的焦点主要集中于三个国家的汽车产业以及以科学为基础的技术发展。汽车产业是世界上最大的制造业，对1900—1925年美国拥有科技领先地位起着决定性的作用；同样，日本和德国在第二次世界大战之后的工业复苏也主要依赖于汽车产业的发展。而从1975年到2000年，以科学为基础的高新技术产业开始成为主要工业国家相互竞争的焦点。

---

① 感谢速水佑次郎（Yujiro Hayami）和理查德·尼尔森（Richard Nelson）对本章初稿提出的建议。

② 笔者并没有打算讨论英国工业衰落的问题。关于这一话题的参考文献相当庞大，比如，可以参见艾德鲍姆和拉佐尼克（Edbaum and Lazonick, 1986）和温纳（Weiner, 1981）。

第一节　美国技术创新体系

1800年，美国制造业在商品生产总量中所占比重还不到10%，但到了19世纪末，该比例却达到了50%以上。制造业急剧增长这一现象被称作"美国制造体系"（Hounshell, 1984: 331-336）。

一　通用件

一直以来，经济史学家认为美国体系的特征是，使用大批量的通用零部件组装复杂产品（Rosenberg, 1972: 87-116）。这种体系自19世纪20年代开始形成，最初在轻武器制造业中显露头角。[①]

通过比较英国在19世纪50年代将手工业技术应用于枪支的制造，人们就能很容易理解通用性的重要意义。手工枪支制作主要通过手锉来进行精确缝合，各个零部件的制造都需要大量的手工艺者。精湛的技术和足够的耐心在很多任务中都是必须具备的，比如手锉及挖制枪托来使之与枪炮的保险栓和枪管充分吻合，以及准确地安装插针和螺丝等。相比较而言，通用系统则几乎不需要很多精湛的技术，因此极大地简化了枪支的制作、修复和维护，这也就意味着前沿部队不再需要配备军械修护员来维修破损枪支的零部件或者安装新的零部件（Mokyr, 1990: 136、137）。

美国体系的典型特征就是大规模生产，但在1840年之前这还是极其少见的。当时只有军队才有能力支付巨额费用把材料运输到遥远的地方进行生产及组装，比如斯普林菲尔德和哈泊斯费里（美国西弗吉尼亚州东北部城镇），然后再把成品轻武器运送到需要的军队营房。然而，19世纪四五十年代后期，因为廉价的煤炭随处可以获取，再加上交通和通信条件得到改善，大批量生产制造及装配标准零部件变得寻常，不仅出现在轻武器制造业中，还出现在锁具、手表、钟表、缝纫机以及其他以木材、钢铁为

[①] 19世纪50年代早中期，许多英国和其他一些欧洲国家的工业委员会来到了美国，研究美国制造业中的机械加工流程，并购买机械工具和设备。在一次参观位于马萨诸塞州斯普林菲尔德的陆军军械部的活动中，一个委员会选取了10支1844—1858年不同年份制造的步枪，"当着他们的面，这10支枪被拆卸下来，所有零部件都混合地放在一排盒子里。他们要求一位负责装置机械的工作人员把枪支组装起来。当然他也做到了——委员会人员给他递部件，他接过来，只用螺丝旋转工具进行组装，而且动作非常迅速"（Rosenberg, 1972: 92）。

材料的产业中。

19 世纪后半叶，"武器制造"相比其他制造业而言发展逐渐缓慢下来，这主要是由于技艺精湛的机械工从新英格兰的军械制造厂转向了其他产业和地区。缝纫机生产是第一个采用军械生产体系的产业。1875 年，在威乐—威尔逊制造公司（Wheeler and Wilson，位于美国康涅狄格州布里奇波特市），柯尔特—斯普林菲尔德（Colt and Springfield）兵工厂的前雇员将军工厂生产体系进行适当调整之后用于缝纫机的生产。而 1852 年在纽约开始运营的胜家（Singer）制造工厂则采用了欧洲做法，使用了一些通用机器和大量手工劳动。尽管劳动成本高昂，但胜家牌缝纫机依靠高质量的产品、吸人眼球的广告宣传以及高效的配送系统获得了美誉，在行业里占据主导地位（Hounshell，1981）。直到 1873 年在新泽西州开设新的工厂，胜家才完全过渡到采用军械生产体系。

美国制造体系的演变与机床产业的出现密切相关（Rosenberg，1963）。专门独立的机械制造部门直到 1820 年才首次出现，它的出现是作为成品生产（尤其是纺织品、枪炮等）工厂的辅助物。随着制造能力不断提升，这些工厂开始销售机械，起初是卖给同行的其他企业，后来也卖给本产业之外的公司。社会对专业化机械的需求日益增加，于是机床制造作为独立的产业应运而生。该产业由众多公司组成，大多数公司都致力于生产单一类型的机床。机床制造人员和制造商在多个产业合作，克服了一系列有关金属部件的切割、刨平、钻孔、成形等问题。每一个问题被解决后，所得经验都会反馈到机床制造部门，然后该部门又会运用这些经验解决出现在其他产业的类似问题（Hounshell，1984：4）。

机床的转数、动力传输、润滑作用、齿轮结构、金属的精密切割及其他性能不断得到改善，并运用到了具体的产业环境中。从成品来看，这些产业（如纺织、武器、缝纫机、农业机械、枪支、钟表、制鞋以及机车等产业）是毫无关联的，但从技术的角度来看却是密切相关的。由于加工程序类似，因此专业化的机床产业也就成了机械技术在所有使用金属的产业中迅速扩散的根源（Nelson and Wright，1992）。

19 世纪末，经济史学家就美国机床技术为何能够逐渐占据主导地位的问题展开了激烈争论。艾姆斯和罗森伯格（Ames and Rosenberg，1968）建议采用诱导性技术变革的视角来解释。根据这种解释，部分原因在于相对要素价格——尤其是原材料（木材和钢铁）的价格以及高级机械师相对于其他技术工人来说较高的工资。他们同时强调需求方面的因素，比如美国较为稳定的武器采购政策以及非军事需求的差异——美国要求的是廉价的实用性枪炮，而英国需要精良的枪支。当然，也有一些观察者强调文化因素——"军事理性主义"、"美国佬的独创性"、"诉诸机械的急迫性"——以及十分有利于创新和创业的宽松社会环境（Sawyer, 1954）。

1950—1975年，被广泛定义为"通过一系列专门机器来实现大量精细金属零部件生产"的美国体系被应用到更大范围内的产品制造中。这种新机械技术的发展依赖于高度有序的机械技能以及机械概念和设计的独创性。因此，这些技术进步是专业化机床制造业的产物，而不是制度化研发的产物，而且实质上也没有吸收利用最新的科学知识。[①] 用厄舍尔（Usher）的发明创新模型术语来说就是，美国体系中机械制造和机械应用的发展为"批量生产"的出现搭建了平台。

二 批量生产[②]

19世纪末，一大批美国产业实现了大量生产，也就是后来术语化的"批量生产"。机械技术的改进使批量生产得以实现；而国家铁路、电报网络以及大型国内市场的发展使得批量营销成为可能。这些产业包括新品牌的快速消费品（香烟、罐头食品、面粉和谷类产品、啤酒、奶制品、肥皂以及药物等）和轻工机械（缝纫机、打字机、相机、电器设备以及标准化的工业机器等）。尽管大多数产品（包括工业机械、农业设备以及其他工程和生产设备等）最初是为国内市场服务的，但后来这些产品也渐渐地在国际市场中占据了主导地位（Chandler, 1977: 240-286）。

这些在19世纪和20世纪之交取得的成就，主要归功于两次技术融合：（1）机械、金属制工技术持续发展，并运用到了标准化商品的批量生产中；（2）美国对支撑经济发展的矿产资源进行了勘探、发展及利用（Nelson and Wright, 1992、1938）。矿产的发现和提炼以及冶金术的改进促进了很多当时

---

① "这是一次始于1859年的显著科学进步。如果有人非要在历史发展进程中找出一个科学突破不断发生的阶段，那么很难找到比1859—1874年这段时间更合适了。"（Mowery and Rosenberg, 1989: 22）但这些科学发展却没有和技术进步密切联系起来。"那时期美国所取得的成就基本上与科学无关，甚至与先进的技术教育也无关。美国技术是一种建立在经验基础之上的以生产为导向的实用型技术。"（Nelson and Wright, 1992: 1940）

② 本部分大量引用大卫·A. 宏萧（Hounshell, 1984: 189-302）。

先进工程技术的发展。① 人们经常提及的资本和自然资源之间的互补性在那个时代不仅是外在的技术关系，而且还受到丰富的自然资源及产业工资率不断攀升的影响（Cain and Patterson，1981）。这也就意味着，即使美国产品在国际市场上极具竞争力，但其生产中所使用的技术与具有多种资源禀赋的经济经常是不相符的，也与尚未发展起来的大众市场经济不相称。

20世纪头10年，"批量生产"体系被福特汽车公司发挥到了极致。而早期的自行车制造业则代表了源于新英格兰军械制造业的美国体系与"批量生产时代"之间的技术过渡。② 自行车产业的发展带动了很多技术发明，为汽车产业的发展奠定了基础，包括使用滚珠轴承和充气轮胎。然而，最重要的创造当属对薄板金属冲压件的使用和发展，从而代替了模锻法和机械加工。在新英格兰的军械制造中，金属加工的主要程序是模锻法和机械加工；西方车轮制造厂打破了这一传统，采用冲压工艺生产原本需要从德国进口的柱连杆。制造厂的工匠还发明了金属冲压设备，将冲压技术运用到自行车每一个零部件的制造中，实现了机械加工最小化。

自行车产业对汽车产业的贡献不仅仅限于技术层面，它也揭示了美国公众对高效个人交通工具的潜在需求。然而，汽车产业需要解决的问题是零部件组装，从而尽可能降低个人交通工具批量生产的成本。③

19世纪后半叶美国经济的高速发展为汽车产业的发展搭建了平台，而且这种增长一直持续到20世纪30年代。从1903年福特汽车公司建立到1926年最后一辆T型车从组装线上下线，美国国民净产值以每年7%的速

---

① 美国矿产业的发展证明了公众支持有益于科技发展。约翰·威斯利·鲍威尔上校（Major John Wesley Powell）领导下的美国地质调查局是19世纪最宏大、最成功的政府科学机构；而且在其领导下，美国矿业工程师的培训和矿业开采均居于世界领先水平（Nelson and Wright，1992、1938）。

② 美国自行车制造始于1878年，当时波士顿一名叫作艾伯特·保罗的英国高轮自行车进口商与伟德缝纫机制造公司（位于美国康乃迪克州哈特福特市）签署合同，制造美国版的自行车。在1887年安全自行车（链传动式自行车）从英国引入以前，保罗和几家公司就已经制造出大约25万辆高轮车。安全自行车的引进掀起了人们对自行车的狂热追捧，并于19世纪90年代中期达到了顶峰，这个时期，该产业共制造出120万辆自行车。1896年保罗公司的自行车产量超过了芝加哥市的西方车轮制造厂（Hounshell，1984：189-215）。

③ "关于谁制造了第一辆汽车这一问题，现在仍具有争议。德国人卡尔·本茨（Karl Benz）和戈特利布·戴姆勒（Gottlieb Daimler）可能是第一人，他们在1885年制造出了汽油引擎汽车。后来，阿尔芒·标致（Armand Peugeot）在法国制造出了三轮蒸汽动力汽车。19世纪90年代，欧洲汽车制造业正式拉开帷幕……而美国的汽车制造时代可以追溯到1893年9月21日，当时马萨诸塞州的自行车机械师杜埃尔兄弟制造出了第一台单杠汽车。到1899年，美国大约30家公司共生产出2500辆汽车。"（McCraw，1996：6-7）

度增加——堪比东亚发展"惊人的国家"从 20 世纪 60 年代到 90 年代初这段时间的增长速度。正是由于消费者收入增加,而汽车实际价格大幅下跌,才使得越来越多的人拥有了私家车(Hughes,1986:285)。

在经历了两次汽车生产失败后,亨利·福特(Henry Ford)于 1903 年建立了福特汽车公司。[①] 1907 年,他掌控了整个公司,打算实现一年前宣布的生产目标。"当今需求量最大的汽车一定得安装能提供足够动力的新引擎,而且必须选材优良、驾驶轻便、价格低廉……汽车能在美国公路上驰骋自如,可以搭载乘客到达马力交通工具可以到达的任何地方,而司机丝毫不用担心汽车会被损坏。"(Hounshell,1984:189-215)

(一)T 型车概念

福特汽车公司的批量生产得益于该公司对产品设计简单化和制造高效化的不懈追求。通过无数次试验,福特公司实现了从一间装置简陋的工作坊到批量生产的过渡。福特本人就是优秀的技工,在机器如何运转及怎样更高效运转方面,他极富远见。他召集了一群年轻有为的工程师和管理人员,鼓励大家奇思妙想,大胆在轮距测量、夹具设计、车床制作、工厂布局、质量监控以及物料输送等方面进行各种试验。福特公司的生产工程师测试并改造了他们从新英格兰军械制造(尤其通用零部件)和"西方实践"(比如金属冲压部件)中发现的有用技术,同时还源源不断地进行自主创新。实现批量成产的第一步是根据制造操作顺序而不是机械类型来重新装置机床,淘汰"静态组装";第二步则是在海蓝帕克建立新工厂,便于材料的处理。

(二)海蓝帕克工厂

1906 年,当时 T 型车的设计还没有完成,福特在底特律北部郊区购买了 60 英亩土地,建造了一座新工厂。工厂由艾伯特·卡恩(Albert Kahn)设计,加固的混凝土上安装有无数个巨大的窗户,简直就是一家"日光工厂"。能量由电动机输送到工厂各处,通过总轴和传送带驱动设备运转。

> 海蓝帕克的主体结构由四层楼构成,长约 865 英尺(1 英尺≈0.3 米),宽 75 英尺,大约 50000 平方英尺的墙体用玻璃安装(几乎占了 75% 的墙壁面积)。卡恩在这座主建筑物旁边建造了一座带有锯齿形

[①] 福特早期的成功及后来的失败无不与他的生活背景、性格及文化经济因素有密切联系。关于这方面的详细描述,参见休斯(Hughes,1986:274-355)。

玻璃屋顶的单层房子，长达 840 英尺，宽 140 英尺，作为主机械室。各个楼层都安装了庞大的封闭式玻璃吊车梁，通过吊车梁把这些建筑物连接起来，这样就可以很轻易地把材料从一座建筑物运送到另外一座建筑物。吊车梁成了制作 T 型车所需原材料的主要分配站。（Hounsheu，1984：226-227）

（三）流水装配线

1909 年，福特做出了一个决定：T 型车的底盘要与其他型号汽车（包括轻便小汽车、旅游观光车、市内汽车以及货物配送车等）的底盘相同，这样一来海蓝帕克新工厂的运作就简单化了。工人在规定的运送时间内把所需的零部件分配到每一个工作车间；汽车装配小组的人员在各个车间执行具体任务。在流水线引进以前，海蓝帕克工厂就被视作高效技术的典范。"工作日内每 40 分钟就能生产出一辆 T 型车；每天都有 5 列四十节车厢的火车装载着成品汽车驶出工厂"（Hounshell，1984：228）。[①] T 型车代表了最标准的机械类型，它外型小巧轻便，结实耐用，而且使用的零部件最少。

1913 年春，福特公司安装了第一批生产组件（如磁电机线圈）的流水线。在一年之内，几乎所有福特公司的机械组装都通过流水线完成，这对劳动生产率的影响是巨大的。同一年之内，流水装配线的高度进行了调整，并开发出一种连续链，使得磁电机可以在流水线上传递，这大大缩短了装配时间，由原来的每人 20 分钟缩短为 5 分钟（Hounshell，1984：248）。1913 年 12 月，一条贯穿整个组装过程的巨长生产线搭建完成。1914 年 4 月，组装一辆车需要的时间由上一年 8 月的 12.5 个工时减少至仅仅 1.5 个工时。生产率的提高归功于大量的科技创新，包括具有专门功能的机床、快干油漆、先进的玻璃制造技术、气动工具、金属采样机等。生产率的收益反映在了汽车价格上，价格急剧下跌超过了 2/3。工艺技术的发展给劳动生产率带来了效益，但价格下跌却没有带来产品技术的相对改进。一些评论家指出，流水线生产的第一辆 T 型车的技术就是过时的，而在之后也几乎没有任何改进。

[①] 宏萧在描述海蓝帕克工厂及其使用的技术中，很大程度上借鉴了弗雷德·科尔文（Fred Colvin）于 1913 年开始在《美国机械师》（American Machinist）上发表的一系列的文章（Hounshell，1984：392）。

在《大英百科全书》中的一篇回顾性文章中，亨利·福特（Ford, 1926：821-823）明确阐述了批量生产的原则。对福特（或其代笔者）来说，批量生产就是"将同一个标准化的商品进行大量制造。但批量生产又不仅仅是数量生产，因为这似乎并不是必要条件；也不仅仅是机械化生产，有的机械生产可能不具备任何批量生产的特点"（Ford, 1926：821）。根据福特的说法，批量生产的基本原则是：（1）工厂里的商品制造有序进行；（2）给工人传送相应的部件；（3）工厂各部门分工明确。"每一个零部件生产出来后都必须与产品设计相符合，批量生产中没有钳工"（Ford, 1926：822）。但机床制造产业是否能够达到1913年前福特明确提出的标准，人们对此表示怀疑（Hounshell, 1984：233）。[①]

（四）管理人员、机器以及工作

19世纪中期，新英格兰军械制造系统在人员和机器管理方面进行了大量制度变革。批量生产导致人员、机器和工作三者之间的关系发生了剧烈的变化。

厂内发包制是美国体系早期的一项管理创新。各个工厂或部门的管理工作被"摊开来"，分配给独立的承包人。较早的一个例子是斯普林菲尔德兵工厂枪托生产的制度安排。1819年托马斯·布兰查德（Thomas Blanchard）发明了一台车床，可以复版形状不规则的枪托（或者其他任何形状不规则的木质品，例如斧头柄、鞋楦）。斯普林菲尔德兵工厂同意为布兰查德提供厂房，也同意他可以免费使用材料、机器、水能以及必要的原材料来制造枪托，二者签订了每支枪托37美分的合约；布兰查德使用自己的专利机器进行生产（Hounshell, 1984：28）。

厂内发包制管理迅速成为新英格兰军工体系的显著特征。随着工厂规模不断扩大，发包制简化了对劳动力和材料的管理，从而刺激了创新。承包人可以自己雇用、管理以及解雇工人。然而，随着工厂业务变得愈加复杂（比如在缝纫机产业），发包制被视作创新的绊脚石，破坏了部门间的相互协作。1878年，布朗夏普公司（Brown and Sharp）的缝纫机部门以计件工资制取代了发包制，为公司节约了47%的劳动力成本。由于内部的巨

[①] 当然，福特汽车公司并不是第一个在机械物料输送方面获得成功的企业。美国西屋制动公司从1890年就开始将一些铸造操作机械化。福特公司里的工程师熟悉芝加哥肉类包装者使用的"拆卸"生产线和运用在谷物装卸以及面粉磨制中的机运系统（Hounshell, 1984：239-244）。

大压力，胜家公司同样取消了发包制。胜家等制造商想要打破技术工人的权威，以达到对工作车间的控制，流水作业线的引进使得这一目标得以实现。流水线作业最初的影响是提高了工作效率，但长期来看，它使美国的批量生产失去了来自机器操作者和机械师的创造性贡献——"干中学"，而"美国体系"在最初得以建立恰恰正是这些工人的创造力促成的。

第二项管理创新来自布朗夏普公司对操作说明书的发展。说明书上对所有相关设备（如机床、夹具、固定装置、计量器等）都给予了具体的操作说明。该做法确保了工头能够更加密切地监管工作，保证材料顺利按照程序进行传送（Hounshell，1984：82）。19世纪80年代中期，胜家引进了相似的"蓝皮书"来管理伊丽莎白镇的工厂，说明书上清楚描述了生产"新家庭"牌缝纫机的所有机械操作和工作流程。将操作流程编辑成册是胜家完成调整的最后一步；至此，该企业从厂内包工制过渡到了完全由专业工程师和经理来管理工人。

福特汽车公司在海蓝帕克的新工厂开创T型车生产模式时，也效仿布朗夏普和胜家的做法制定了操作说明书。福特生产管理人员详细规范了各种零部件、机床、固定装备、计量器（所有的这一切都被标了数字并参考了零部件的稿纸）等的生产过程，并对程序操作的进行给出了详尽的建议。每一个组件或是组合件都有具体的操作说明，并且随着操作程序的改进不断升级更新。生产指标提升之后，机床的采购者就可以参考操作说明书，再从公司的其他部门或外界供货商那里订购合适的新机床。一台新的机床到达工厂后，机械部门会在上面贴上铜牌，标记上清单号，然后立即运送到规定的位置上。宏萧指出，福特汽车公司不仅仅保持着惊人的生产记录，而且还创造性地利用这些记录来提高工作效率（Hounshell，1984：271）。

在福特海蓝帕克工厂正在建立与装备机器时，弗雷德里克·温斯洛·泰勒（Frederick W. Taylor）出版了直到今天仍然堪称经典的著作《科学管理原理》(*Principles of Scientific Management*，1911）。泰勒提倡通过仔细分析工作（工作时间和行动研究）来取消不必要的操作，科学地选择工人完成规定任务，从而使工厂运作合理化。人们普遍认为，泰勒的著作影响了设计海蓝帕克工厂的工程师。早在1912年或1913年，福特公司就成立了一个劳动时间研究部门，试图确立工作标准——这"正是泰勒主义的核心"（Hounshell，1984：250）。

然而，泰勒的思想对福特海蓝帕克装配系统的设计到底有多大影响仍然是个未解之谜。事实上，亨利·福特质疑任何有关组织或者机构的系统理论，包括泰勒的科学管理体系。在《大英百科全书》中，福特对泰勒所列举的"管理体系使人工装载生铁的生产率大大提高"的例子嗤之以鼻（Ford，1926：821）。泰勒把技术作为组织或者工作方式上一种既定的、已经取得的进步。而福特的工程师们对"手工装载生铁"这个行为本身就感到大为不解，因为他们关注的是生产方式的改变而非单单生产效率的提高！

1900—1925年，批量生产体系成为许多制造产业的特征，它强调把劳动力分配到每一项具体的、相对不需要技术的任务中去；每一项任务都由一个工人不断地重复操作，生产线经理密切监控这一过程。工人不再像原来那样对部门和工作程序的进程承担责任，也不用担心产品质量。但这种体系遭到了工人们的反抗——最初，他们的抗议方式是很高的人员流动率，后来则表现为工会的建立。福特汽车公司对此的回应是，宣布将非技术工人的工资由原来的每天 2.5 美元提高到 5 美元。事实上，这 5 美元正是代表了福特公司和流水线工人之间的某种社会契约。这样一来，工人放弃了联合抗议，接受了流水线作业，换来的是非技术工人获得了美国制造业有史以来最高的薪酬。[①]

1927 年，随着最后一辆 T 型车从组装线上下线，福特公司已经生产了 1500 万辆 T 型车。[②] T 型车是 20 世纪唯一具有革命性的汽车，它的设计和

[①] 即使 5 美元的薪水，工人仍反响不一。福特公司的工人憎恨福特和他的部门组织。福特组装线上一位工人的妻子（匿名）给亨利·福特写信道："你拥有的链条式体系是位'奴隶监工'！天呐！福特先生！我丈夫下班回家倒下就睡，晚饭也不吃——真是筋疲力竭了啊！难道就没有什么办法挽救这种情况了吗？……5 美元一天是件好事——对我们的意义比你想象的要大得多；不过，这是他们应得的。"（引自 Hounshell，1984：259）"福特体系的运用导致了不可思议的经济效率，也带来了美国历史上最可怕的产业关系。"（Hughes，1986：297）有关"20 世纪二三十年代批量生产对社会、文化所造成的影响"更加全面的讨论，可以参见宏萧（Hounshell，1984：303-330）。

[②] T 型车时代结束之前，福特公司已经在其他 4 个国家（澳大利亚、加拿大、英国和爱尔兰）安置了制造设备；在另外的 14 个国家（阿根廷、巴西、智利、丹麦、法国、德国、印度、意大利、日本、马来西亚、墨西哥、南非、西班牙以及乌拉圭）开展了组装业务。尽管福特没有在苏联建立工厂，但在苏联汽车、卡车以及拖拉机工业的发展中起到了重要的作用。苏联共产主义当局以极大的热情接受了福特批量生产模式。早在 20 年代初，福特汽车公司就开始向苏联出售汽车、卡车以及拖拉机。1926 年，福特公司的一个代表团访问了苏联，并于 20 年代末开始向其提供技术支持。海蓝帕克工厂的设计者艾伯特·卡恩（Albert Kahn）于 1929 年受亨利·福特委托，帮助苏联设计了位于诺夫哥罗德的汽车生产综合大楼。福特汽车公司的生产经理法兰克·班尼特（Frank Bennett）花费了 1930 年一整年和 1931 年的部分时间在诺夫哥罗德督促工厂的建设以及组装线的建立。福特公司为苏联的工厂提供了大量的机床、冲模、夹具和固定装备。这些机械工具为福特公司从 A 型车到重组 8 缸汽车的转换提供了便利（Wilkins and Hill，1964：208-227、434-437）。

批量生产使得每个人都想拥有一辆汽车。福特让汽车成了美国社会变革中的强大工具。"任何拥有汽车的人都是平等的。事实上，每个人也都能买得起车……福特比任何一位历史上的英雄都更广泛地解放了美国人民。"（Hughes，1986：294）1926年，福特汽车公司"经典"的批量生产时代结束——福特被迫放弃了T型车，跟随通用汽车公司一起进入每年都改变车型的"灵活批量生产"的新时代。

（五）年度车型改款

"年度车型改款"是由小阿尔福莱德·P. 斯隆（Alfred. P. Sloan, Jr）领导下的通用汽车公司提出来的，这是美国汽车技术的又一次革命（Hounshell，1984：278）。在这次虽说不上开天辟地但意义仍然十分重大的革新中，通用汽车开发了一条清晰地显示身份等级的产品线。人们可以通过购买雪佛兰、旁蒂克、别克、奥尔兹莫比以及卡迪拉克等不同价位的汽车来彰显自己的身份地位。通用汽车每年都推出新的车款，"每年9月份，一组'全新的'通用汽车会和大众见面，这估计会引起数以万计驾驶者的不满，因为他们的车越来越落伍了"（Volti，1996：671）。为了确保车的价格不会在很大程度上成为购买者的障碍，通用汽车成立了通用汽车信贷公司，为顾客贷款购买汽车提供了便利。[①]

40年代末之前，美国汽车行业已经完全采用了福特—斯隆生产体系，这种体系在后来的40年依旧受到追捧。生产商认为，只要汽车价格不是太高，消费者会更喜欢不同类型的车。外观款式已成为区分汽车的主要方法。隐藏在金属板下面的主要机械零件（比如引擎、变速器）低成本、批量生产，并保持不变，而"外挂"部件（比如空调、转向动力装置、油漆以及装饰物件）则在年度车型改款时进行更新。

汽车产业的改变不仅仅是产品的更新。福特公司领军建造的生产线简化了从生产车间到产品设计再到公司管理方面的工作。设计团队的成员对于机械制造一无所知，财政管理人员也是如此。产品需求的周期波动可以通过"雇佣和解雇"的政策来解决。企业与工会的社会契约通过严格的年

[①] 有关通用汽车的早期历史，包括威廉·C. 杜兰特（William C. Durant）建立通用公司，以及其与杜邦公司的关系，可以参见钱德勒（Chandler，1962：114-162）。福特公司向斯隆体系的过渡异常艰难。20世纪20年代末之前，福特变成了一位具有仇恨心理的遁世者，而非年轻时的机械天才。有关1928年福特A型车和1932年8缸汽车在重组、设计方面所受到的重创，可以参见大卫·A. 宏萧（1984：280—301）的描述。

资制度来维持，并以此确定解雇和再雇佣的人数。这项制度并没有增加对员工培训项目的投资，因此也就不能提高大多数生产工人的技能。对机械自动化的巨大投资减弱了生产的灵活性，单一用途的机器需要更长的产品周期来摊销资本投入（Hounshell，1995）。

第二次世界大战后头 20 年，美国汽车产业的劳动生产率以每年 5% 的速度增长——远远高于美国制造业的平均增长率。1965 年后，其增速放缓至 2.5%。更糟糕的是，促使美国批量生产的科技动力消失了。除了 1949 年发明的自动变速器外，美国汽车制造在战后所使用的任何一项技术革新都是由其他国家发明的，包括燃油喷射、盘式制动器、独立的后悬挂装置、凸轮胎引擎、前轮驱动以及子午线轮胎等。20 世纪 20 年代福特汽车失去了市场地位，而通用汽车占据了很大份额，这是因为福特只是过度地追求制造过程中的技术革新而没有进行产品的技术革新。第二次世界大战后期，美国汽车业无论在制造技术方面还是在产品技术方面都落后了。回顾过去，我们很容易得到这样一个结论：新式商业学校所培养出来的管理精英毫无经验，对制造、加工技术也缺乏热情，这是美国在汽车产业竞争中失去领导地位的重要原因。然而，在另一方面，这为欧洲和日本取代美国在汽车产业的领先地位提供了机遇。

三　以科学为基础的技术[①]

无论新英格兰军械体系，还是批量生产体系，都没有直接利用当代科学进步来改进机床或加工流程。美国进入批量生产时代时，产业革新只是利用了少许最新的科学成果。资源禀赋使得美国更加关注农业、制造、原材料以及交通等领域机器的发展。机床设计、机械加工流程以及生产体系的发展更大程度上建立在从实践得到的原则之上（Layton，1971：562-580）。这些进步几乎全部由机修工、机械师以及工程师在干中学和用中学的过程中取得。

然而，20 世纪最初的 10 年间，科学和技术的发展开始更加紧密地结合。农业实验站、工业研究实验室和研究型大学是促使以科学为基础的技术出现的关键性制度创新。20 世纪末，产业、大学和技术院校开展的以科

---

① 本部分大量引用了莫维利和罗森伯格（Mowery and Rosenberg，1989）、尼尔森（Nelson，1993）、尼尔森和赖特（Nelson and Wright，1992）以及莫维利（Mowery，1998）。

学为基础的农业及工业研究在德国建立起来。

美国的许多产业研究实验室建立于 19 世纪，但其中大多只是测试或者工程实验室；在这里，工程师或者科学家只是被雇佣来确保生产中的产品质量以及工作效率，而不是进行研究。即使是托马斯·爱迪生的实验室，也仅仅是运用 19 世纪物理学在理论和实验方面的发展来设计电气照明体系，并没料想到会对科技发展做出贡献。①

19 世纪末，美国的第一批产业研究实验室才得以建立。通用电气在 1900 年成立了通用电气研究实验室；在经历了几次制度化研究的失败之后，美国电话电报公司在西屋电气的设计部门组建了第一个研究机构，然而，直到 1925 年，该研究机构的地位才在贝尔电话实验室得以巩固，贝尔电话实验室是美国电话电报公司和西屋电气公司共同拥有的附属机构；1927 年，杜邦公司成立了一座中央实验室，致力于"填补影响重要化学过程的知识空缺"。1921 年，制造业中从事产业研究的工程师和科学家为 3000 人左右，到第二次世界大战结束时达到了 46000 人（Mowery and Rosenberg，1993：33、34）。②

19 世纪末 20 世纪初，美国高等教育的发展促进了以科学为基础的技术的出现。19 世纪 90 年代，美国大学生的比例是其他国家的好几倍。1900 年，根据 1862 年《莫里尔法案》规定，美国建立了公共大学体系，每个州立大学都可以颁发农业科学和工程学学位。1900 年后，实用科学和工程学的招生项目迅速增加。农艺学、电气工程学以及化学工程学等领域的研究生项目也得到了发展。随着不断发展，这些项目紧密联系在了一起，尤其是公共大学之间的项目；这样一来，各产业为毕业生提供了大量的就业机遇。在日益增长的压力之下，公立大学开始展现其教育和科研的实用价值。尽管这种压力被批评为将教育目标作为职业目标的附属物，但它对人力资本的开发以及促进以科学为基础的技术的出现是

---

① 爱迪生的工作的确间接地为科学发展奠定了一些基础。1883 年他试图实验白炽灯时，从金属灯捻中分离出来的热灯丝间隙中观察到了灯光中的电流。爱迪生在人们假定电子存在之前就注意到了电子的存在。尽管当时爱迪生并没有意识到这一观察结果的重要意义，但热电放射效应为 20 世纪众多科学的发展奠定了基础（Nelson and Rosenberg，1993：7、8）。

② 马卡姆（Markham）和莫厄里（Mowery）都认为，正是越来越严格地使用 1890 年的《谢尔曼反垄断法》，才使得相互竞争的公司同意控制产品价格和输出量，从而避免了法律上的纠纷。同时，这也促进了 1895—1904 年的企业合并以及中央研究机构的建立（Markham，1966：293-294；Mowery，1900：346）。

很有必要的。

战争期间，相比西欧，美国经济保持稳定，甚至在某种程度上增强了在批量生产中的主导地位。1929年美国制造的汽车占据世界汽车总产量的80%以上；1938年的份额则为70%左右（Hoffman and Kaplinsky, 1988: 80）；而电气及化学产业与科技相结合，新产品的批量生产体系也在实验室里开发出来。然而，直到第二次世界大战之后美国才明确在"高科技"领域的主导地位。19世纪的木材、金属加工产业，还有20世纪上半叶出现的批量生产体系都是从"干中学"的过程中获得推动技术进步的技能和经验，而此时以科学为基础的新兴产业的发展却不是"干中学"的结果。第二次世界大战后美国的产业发展除了需要经验和专门化的培训外，还需要有组织的科研活动，才能促使技术的发展。除了农业、电气业、化学化工、飞机制造业以及国防工业外，还包括一些全新的产业，比如计算机、半导体以及生物科技产业（见本书第六章至第十章）。第二次世界大战前，从事产业研究的人数大约有4万人，到20世纪60年代初就增至30万人左右。

这些以科学为基础的产业随着研究型大学的出现得到了补充与完善。20世纪50年代中期，相比其他国家的大学，美国研究型大学更加紧密地追踪产业前沿动态，研究范围涉及科学、工程学、农业、卫生研究等广阔的领域。大学研究的资金由一些新成立的公共机构提供，如国家科学基金会、国家卫生研究院，以及一些任务型机构，如国防部、原子能机构、太空总署以及农业部等；与国防以及航天相关的合作研究同样也得到了大量的公共支持。60年代中期，政府为大约一半的私人研发机构提供了资金支持（见本书第十三章）。

第二次世界大战后美国体系的另外一个显著特点是，在对以科学为基础的技术进行初步探索时，一大批新兴小型企业建立起来，且发挥了极为重要的作用。这些公司大多从事微电子、计算机软件及生物科技等产业（见本书第九章至第十章）。这些新兴公司在第二次世界大战后的科技产业中引人注目的原因有四个。首先，大学、政府以及产业的大型基础科研单位充当了孕育知识和技能的"孵化器"。这些知识和技能随着科学家和工程师"走向了户外"，促使了一批新公司的建立。其次，庞大的金融体系不断发展，包括风险投资公司的兴起，而新兴企业自身也成立了公司进行股权投资。新公司的科研和产品发展能够自我互补。再次，出于反垄断的考虑,建立了知识产权机制,促进了专利交叉授权,避免公司间互相起诉。最后,军事采购政策也为微电子及计算机等领域的小公司提供了重要的机遇。

第二次世界大战中,科技在军事领域的成功运用为战后公众支持科技发展营造了一个积极的政治环境。在第二次世界大战以及战后最初的 20 年间,美国在军事技术发展中的投资导致大量的知识技术"外溢"到了民用部门(见本书第七章至第九章)。然而,70 年代,知识和技术的外溢开始向相反的方向转变。80 年代,想要再为投资军事技术辩护,说军事技术可以推动民用技术发展,这个观点已经站不住脚了(Nelson and Wright, 1992:1959)。一些评论家坚持认为,财政资源以及科研能力的不足,再加上某些人对国防和航天科研发展诱因的故意扭曲,给民用科技的发展带来了负面影响(Solo,1962;本书第十三章)。

20 世纪 60 年代中期,美国上下普遍认定,美国在高新技术产业拥有绝对的领导地位;世界上其他国家也都认可这个事实,但同时也对此感到十分担心。塞尔旺—施赖贝尔(Jean Jacques Servan-Schreiber)在他的畅销书《美国的挑战》(The American Challenge,1968)中认可了美国的主导优势,同时也提醒世人对这种情况可能带来的后果保持警惕。然而,80 年代早期,美国不再对其"铁锈地带"(美国中西部五大湖附近,传统工业地区)的批量生产产业和新兴科技产业居于世界领导地位抱有信心。人们越来越担心,科学研究、技术发展、制造过程三者之间会脱节(Florida and Kenney,1990)。这种脱节的一个重要标志就是贝尔实验室不再继续强调甚至中断了基础研究。① 80 年代中期,一群麻省理工大学的优秀科学家、工程师和经济学家启动了一项具有里程碑式意义的研究,探究美国产业衰败的原因(Dertouzos et al.,1989)。

20 世纪 90 年代末期,美国开始对自己在全球技术和产业中的领导地位重拾信心。这 10 年来,美国经济持续保持增长。产业重组使得生产率

---

① 1984 年,美国电话电报公司(AT&T)解散,贝尔实验室成为美国最大的产业研究中心。贝尔实验室中有一部分独立出来,组建了一家新的公司,即贝尔通讯研究所,致力于为 AT&T 解散后成立的七家区域性公司提供研究。1996 年,随着进一步的重组,贝尔实验室中原属于 AT&T 的部门保留为 AT&T 实验室,而更多部门脱离出来,成立了朗讯科技公司。在这些结构性变化的同时,基础研究的资源减少了,自然科学研究被弱化,而更为强调产品的开发;同时也进行了大量裁员(Heppenheimer,1996;Service,1996)。

不断提高，生产成本不断降低。美国也主宰着信息革命的命脉（见本书第九章）。渐渐地，曾经失落的信心开始被自满取代。要考究这种自满的根基是否牢靠还需假以时日。但有一点是很清楚的，那就是，美国技术革新体系自20世纪90年代早期以来发生了很多结构性的改变。这些改变包括：（1）美国企业越来越依赖于在自身企业实验室以外进行的研究，主要通过和联邦实验室、大学以及其他公司进行联盟或合作进行研究；（2）其他国家的科研机构不断增加，外国企业也在美国扩大了科研活动；（3）美国大学越来越依赖于本国或者外国公司提供的资金，通过专利授权或其他制度安排，加大力度为以商业为导向的研究所带来经济收益（Mowery, 1998：646）。第十三章将详细探讨这些问题。

第二节　日本技术创新体系

日本是首个成功挑战西欧及北美产业技术统治地位的非西方国家。[①] 自19世纪中叶日本实行"国家开放"（kaikoku）以来，技术成为该国发展政策的核心。从1854年美国海军上将佩里（Admiral Perry）指挥着他的"黑船"到达京都港口到第二次世界大战，日本技术变革体系的发展就是为了努力加强政治、经济的自治——也受到了后来被称为"军事产业技术民族主义"的驱动。起初，棉花、钢铁以及船只等商品的发展主要是为了战略的需要，但后来这些商品在日本的国内商业和国际贸易政策中也变得至关重要。

过去几百年，日本的自主技术不断发展。[②] 在许多领域日本的技术并不落后于西方国家。1850年日本人的受教育水平远高于西方任何一个国家。然而，几乎用任何标准来衡量，日本的人均收入都远低于西方国家在工业化初期的收入水平。

[①] 接下来的几段大量引用了奥达其里和戈托（Odagiri and Goto, 1993）、豪（Howe, 1996）以及塞缪尔斯（Samuels, 1994）。

[②] 军事技术在日本的地位尤其值得一提。16世纪40年代早期，荷兰和葡萄牙商人把轻武器制造技术带到了日本九州。荷兰和葡萄牙人到达日本时，他们面临着的是一个由军国主义控制的社会，拥有极其尖端的武器工业。日本的刀剑和盔甲是世界上最精良的，大量出口至东亚各国。德川幕府（1603—1868）在16世纪晚期的内战中从天皇手里夺得了政权，企图闭关锁国。与西方国家进行贸易，仅局限在长崎港湾的一个小岛上的荷兰基地。尽管政府禁止生产枪支，但19世纪早期德川幕府对全国的控制有所减弱，于是武器制造业再次复苏。枪支制造和火药生产技术的熟练掌握为其他机械和化工发明奠定了技术基础（Samuels, 1994：79-83）。

美国海军上将佩里到达京都四年后，也就是在1858年，德川政府被迫与美国、英国、荷兰、法国以及俄国签署了条约，允许西方势力在日本享有治外法权，并限制日本对进口商品征税。由于这样的不平等条约，本就因为政治无能、财政入不敷出而引起民众普遍不满的德川政府，被认为无法继续维护国家利益。经历了1867—1868年的短暂军事斗争后，一场叛乱推翻了德川政府，天皇的地位得以恢复，日本接着开启了军事与经济改革。天皇在向全国发表的第一次宣言中，承诺日本将向外国学习。

在最初几年的改革中，明治政府在军事以及其他产业的发展中起到了直接作用。政府在物质性基础设施建设中投入了大量资金以满足产业发展，比如在交通、通信、公共设施中的巨额投入。同时，政府也努力提高制度基础设施，如教育、公共财政、财产权等。这些改革由一批年轻有为的军事官员发起，他们都来自武士阶层，参与发动了暴乱反抗幕府的行动。19世纪八九十年代，军事官僚和一批新型的工业家、金融家以及社会官员联合了起来，这些人中除了来自武士阶层之外，还有的来自商人或农民阶级中较为显赫的家族。

19世纪90年代，日本经济实现了从"腾飞"到经济的持续性增长。日本的成功很大程度上归功于"后来者的优势"，他们从发达国家的技术转移中获得诸多益处——日本政府发起了一场成功的"战役"，从国外学到了很多技术；但其成功也取决于拥有超强的能力将学到的技术和本国特殊的资源禀赋、经济环境相适应。[1]

一 棉纺织品

在日本产业发展中，政府和私人部门的紧密关系主要体现在纺织产业的发展上。纺织业一直以来都在产业发展的初级阶段担当着"领导部门"的角色。[2] 1865年，日本政府开始为几家小型纺纱厂从英国进口设备，并

---

[1] 本章中并没有直接阐述一个重要的问题，即自然资源对日本经济发展的限制。在农业方面，有限的土地资源禀赋促使技术变革以节约土地为导向（见本书第六章）。矿产资源和能源的制约同样刺激着日本工业朝着自然资源节约型和人力资本密集型的方向发展（Johnson, 1999: 1-9）。

[2] "在第一轮工业化中（1783—1873年），英国因其棉纺部门的领先地位而引领着世界。"（Rostow, 1900: 196）罗斯托（Rostow）把日本经济"腾飞"的时间段确定为1878—1900年。关于日本棉纺织业起源问题的讨论，主要基于大冢等人（Otsuka et al.）的详尽研究（1988）。

在英国顾问的帮助下，于 1867 年建立了鹿儿岛纺纱厂，1870 年建立了堺市纺纱厂；到了 1878 年，中央政府又建立了两家纺纱厂。日本政府还进口了纺织机器，赊账或廉价卖给私人工厂，同时对其他私人企业的建立给予补助。然而国企的运营很难获利，于是后来卖给了私人企业。

日本棉纺生产商迅速采用了英国体系来满足本国经济环境和资源禀赋的需求。这些产业调整大多是受到了"用日本廉价劳动力换取昂贵英国棉纺机器"的刺激。在第一轮调整中的一个变化是，采用每天两班 11 小时轮班制代替原来的每天一班制。19 世纪 80 年代末期，新机械的使用有助于技术能力不强的工人进行操作。通过增加纺织纱线的工人数量（尤其女工人数），机械就可以更加高速地运转，但高速机器并不能很好地适用于纺织日本和中国短绒棉。把这种短绒棉与印度和美国的长绒棉混合起来使用，上述问题就迎刃而解了。技术革新旨在用廉价的劳动换取更多的资本。1886—1890 年平均每个工人需要照管的纺锤为 24.8 个；1891—1895 年下降为 13.9 个，这个数字的下降证明了技术革新是十分有效的（Otsuka et al.，1988：21）。[①]

日本动力织布机的进口以及棉布的生产大概始于 1900 年。由于日本要在减少 5% 生棉进口关税的同时保持纱线和棉布 5% 的税收，因此使用了动力织布机。原材料成本达到了纱线生产总成本的 75% 以上，这说明棉织品的生产得到了有效保护。1904—1905 年俄日战争期间，大量军事物资的需求促进了动力织布机迅速投入使用。从 1905 年到第一次世界大战开始，日本棉织品的生产量增加了一倍多，出口量增加了四倍多，主要出口到韩国和中国。第一次世界大战期间，日本抓住英国撤出世界市场的有利时机，扩大了高质量的棉织品生产。[②] 30 年代中期，日本的纱线、棉布生产

[①] 在日本劳动力过剩的经济发展时期，技术的内在变革促进了劳动生成资本。有关技术变革作用更为详尽的讨论，参见布罗曼索（Blumenthal, 1980: 547-559, 1981: 845-848）以及费景汉和兰尼斯（Fei and Ranis, 1981: 841-844）。

[②] 某些国家想依靠廉价的劳动成本成为世界纺织业的佼佼者，但都未能取得成功；失败的原因一直以来都是一个谜，也是经济史家争论的焦点。人们一般认为，劳动生产率和工资水平之间有着紧密且积极的关系。一个令人疑惑不解的地方就是，为什么印度没有成功地通过每个工人的高产出把低工资率转化为成本和利润优势呢？（Clark, 1987: 141-173; Wilkins, 1987: 981-983; Clark, 1988: 143-148; Hanson, 1988: 660-672; Clark, 1989: 706-714, 1992）克拉克在第一本著作中认为，即使机器设备可以和英国媲美，但印度纺织业生产的低劳动生产率反映出整个印度经济的劳动生产率都处于一种低级阶段——一个较弱的产业间劳动力市场。

量和出口量都超过了英国。

机械维修及维护工厂设立之后，纺纱机器迅速从英国进口而来。19世纪90年代早期，这些维修工厂可以为进口机械生产零部件；20世纪初期国产纺锤和织布机开始逐渐取代进口设备。19世纪90年代，美国人发明了自动织布机，但20世纪20年代早期，这种织布机就被丰田和其他日本制造商生产的织布机取代了。30年代初，日本成为纺织设备的主要出口国。

日本纺织品产业的发展阐释了日本国家技术体系的四个重要元素：（1）敢于认可并使用国外技术；（2）公众大力支持采用、普及新技术；（3）迅速将进口技术进行改进，以适应国家生产要素禀赋和需求；（4）提高创新、制造能力（Samuels，1994：33）。在20世纪早期的几十年间，这些原则同样运用到了重工业部门，如钢铁、化工和机械生产等部门。19世纪最后几年间，日本钢铁产业缩短了采用新技术与欧洲创新之间的时间差，这种关系如表11-1所示。

表11-1　　1858—1909年日本与欧洲冶金术的技术差距

技术	欧洲创新	日本采用	地点	差距（年）
木炭炉	约1700年	1858年	斧石	约160
焦炭炉（达比尔）	1717年	1894年	田中工厂	177
坩埚钢（亨茨曼）	1740年	1882年	筑地兵工厂	142
反射炉（斯米顿）	1766年	1850—1852年	佐贺钢铁厂	84—86
精锻法（科特）	1784年	1875年	斧石	91
"热鼓风"炼铁（尼尔森）	1828年	1875年	斧石	47
吹风转炉炼钢（贝塞麦）	1856年	1901年	八幡钢铁厂	45
平炉炼钢（西门子—马丁）	1863年	1890年	大阪兵工厂	17
电弧炉炼钢	1899年	1909年	土桥发电厂	10

资料来源：Christopher Howe, *The Origins of Japanese Trade Supremacy: Development and Technology in Asia from 1540 to the Pacific War*, Chicago, IL: University of Chicago Press, 1996: 249。

二　日本第一[①]

从明治维新以来，日本经济政策的特点就是经济史学家所称的"发展

[①] 本部分的标题取自美国社会学家傅高义（Vogel，1979）的著作《日本第一：对美国的启示》。

状态"。在经济领域，这就意味着经济政策鼓励人们高储蓄、高投资、少消费。日本经济政策的第二个要素为"技术民族主义"特征。技术民族主义建立在一种信念之上，即"坚信技术在国家安全中发挥着基础性的作用，为了国富民强，政府必须优先扩散和发展技术"（Samuels，1994：10）。对技术民族主义的忠信使得军用技术和民用技术明显地结合在一起且互相渗透。在明治维新和第二次世界大战期间，日本成为一支重要的经济、军事力量，全日本上下一致支持技术民族主义对此发挥了重要作用。

第二次世界大战后，美国政府的首要目标就是把日本经济完全非军需化。然而，冷战的爆发放松了这些限制。朝鲜战争期间（1950—1952），日本成为美国在朝鲜战场上主要的军需供应商。美国军队的军需采购占日本出口的70%左右。而当时3/4的日本产业都与国防相关。实际上，正是美国的军事采购帮助日本实现了经济复苏。

随着朝鲜战争的结束，日本国内对军需工业的未来产生了激烈的讨论。日本能够回归到战前的技术民族主义体系吗？当时的财政部以及主要的工业联盟——日本经济团体联合会（Keidanren）认为，日本不能依靠国防产业来维持经济增长和技术发展。在1954年《日美安全保障条约》的谈判中，美国同意为日本的产业复苏提供技术支持，而日本则同意接受美国提供的安全保障。条约规定，日本国防部门和军需工业将继续附属于民用机构，优先发展商业应用技术。技术问题一直是日本对国家安全担忧的核心——现在主要用经济术语来定义。

在众多的经济领域内，日本为了维护国家安全而努力追赶或者超越西方国家。笔者已经就这种努力如何体现在计算机产业（见本书第九章）和生物技术产业（见本书第十章）中进行了讨论。本章前面的内容也梳理了日本纺织品产业出现的过程，下面将回顾日本如何成功发展了汽车产业，并打败和超越对手美国的这段历史。

三 汽车产业[①]

从1903年起，日本尝试组装或者生产汽车，但实验了几次，最终都

[①] 麻省理工大学国际机动车项目的研究成果对日本汽车生产体系做了最好的描述（Womack et al.，1991）。同样可以参见库斯玛诺（Cusumano，1985）。对日本汽车产业发展中出现的问题和其中涌现的人物，以及美国汽车产业在第二次世界大战后衰退的原因，可以参见哈伯斯塔姆（Halberstam，1986）。

以失败告终。第一次世界大战后，军队启动了一个小型项目，旨在为国内汽车生产提供补贴。20世纪20年代，很多公司开始涉足摩托车、三轮车以及小汽车生产领域。在纺织机械产业中建立的丰田公司是最成功的公司之一。丰田公司派遣工程师前往底特律考察福特组装工厂，并购买设备；后来通过"逆向工程"模仿了雪佛兰汽车，并开始从通用汽车和福特汽车公司购买零部件（这两家公司当时都在日本设立了组装厂）。尼桑集团建立了尼桑汽车生产线，在美国工程师的指导下开始生产使用哈利—戴维森发动机的汽车。大发、马自达以及五十铃汽车也是第一批"被逐出市场"汽车中的幸存者。从1936年起，政府通过颁发生产许可的方式对汽车生产进行限制，对福特和通用的汽车生产也设置了上限；生产许可权颁给了丰田、尼桑和五十铃。到1939年，丰田和尼桑公司分别生产了15000辆左右的汽车，五十铃的年产量大约有7500辆，但生产的汽车质量依然较差，并大多出售给军队。

20世纪30年代末期，日本工程师已经掌握了美国的卡车生产技术。第二次世界大战结束不久，日本开始使用小型卡车的发动机、框架和底盘来制造小汽车。50年代期间，日本将英国、法国、德国的小型汽车制造技术融合在了一起。1970年日本卡车的生产量超过了美国，小汽车产量接近美国的一半（见表11-2）。作为日本的两大汽车巨头，尼桑和丰田的生产率水平已经超过了美国。当然，不仅仅是产量上的超越，这些轿车的质量、性能以及价格与欧系汽车相比都具有优势。80年代早期，尼桑和丰田的生产率水平完全处在美国和欧洲之上，这被看作对欧美汽车产业生存的威胁。

表11-2　　　　乘用车[a]、卡车以及公共汽车[b]的产量　　　　（单位：千辆）

国家	1979	1980	1985	1989	1990	1991	1992	1993	1994
乘用车									
日本	3179	7038	7645	8370	9948	9756	9374	8682	8014
美国	6547	6400	8022	6808	6052	5407	5684	5936	6614
德国	3655	3689	4375	4861	4618	4270	4866	3926	4223
西班牙	455	1048	1217	1638	1679	1774	1795	1506	1758
韩国	—[c]	58	262	846	956	1132	1294	1528	1756
英国	1641	924	1048	1300	1296	1278	1291	1375	1466
意大利	1720	1455	1354	1970	1873	1627	1475	1118	1407

续表

国家	1979	1980	1985	1989	1990	1991	1992	1993	1994
墨西哥[d]	137	316	286	455	614	733	788	848	831
俄罗斯[e]	257	1166	1165	—	1103	1030	963	956	798
巴西	255	652	460	313	268	293	331	363	395
中国	—	—	—	—	—	—	—	230	250
卡车和公共汽车									
美国	1692	1667	3358	4062	3720	3372	4042	4776	5649
日本	2126	4006	4711	4010	3550	3498	3106	2730	2764
巴西	161	516	508	725	672	684	749	1092	1115
中国	70	136	269	379	305	403	440	935	998
加拿大	236	528	856	949	808	790	901	856	—
俄罗斯	35	55[f]	60[f]	—	764	746	678	655	—
法国	292	505	460	509	551	476	506	342	401
德国	345	420	341	247	349	390	365	271	290
英国[g]	458	389	266	338	274	222	240	196	232
西班牙	77	146	157	319	302	220	232	152	167

注：[a]厂家销售数据，始于1980年，不包括客用面包车。
[b] 如果没有特殊说明，数据包含轻型和重型卡车、轮式拖拉机、特殊车型以及公交车的产量。
[c] —代表缺少相关数据。
[d] 包括使用进口零部件组装的汽车。
[e] 不包括为军队生产的汽车。
[f] 只是公交车的产量，卡车产量未知。
[g] 数据包括出口到海外进行组装的全套零部件。

资料来源：S. C. Davis, *Transportation Energy Data Book*：*Edition 17*, Oak Ridge, TN：Oak Ridge National Laboratory (for U. S. Department of Energy), August 1997, Tables 87, 88。

日本汽车制造业在学习设计和制造汽车的过程中采用了两种技术转移模式（见本书第六章）。尼桑（以及五十铃、日野、三菱）运用的是"直接技术转移"模式，包括与国外汽车制造商、零部件制造商建立正式的合作，从外国工程师那里获得直接的帮助。第二种方法，即"间接技术转移"，包括进口产品，再使用逆向工程仿制设计和制造技术。丰田（以及本田、富士、铃木、王子、大发、马自达）主要依靠间接技术转移（Cusumano, 1985：375）。经过有点混乱无序的"干中学"过程（而非直接获得宏观设计）的探索，丰田在20年间开发并优化了一种"灵活的"或者说"精益"的全新体系。这种体系包括四条重要原则："新奇的市场概念、新颖的生产管理手段、新的人力资源管理方式以及新的团队组织路径"（Womack，1989：19）。

（一）技术

20世纪40年代末，日本的机动车辆市场规模小且极为分散：工厂需要大型卡车，农民需要小型卡车，商界管理者和政府官员需要大型汽车，而普通大众需要小型汽车。高昂的汽油价格刺激了市场对小汽车的需求，因为小型汽车更为省油。为了满足需求，日本汽车制造商开始生产成本低、体积小的汽车，并且把竞争优势转移到其他因素上来，如产品质量，这就需要全新的生产设备。日本的解决方法是发明灵活的机械，能够从一种产品迅速转移到另一种产品。例如，日本当时运用了一套冲压机来制作大范围的零部件，而不像美国体系那样一台冲压机只生产一种零部件。这就意味着经常迅速地更换冲压模具。①

20世纪70年代，相比美国8—24小时的标准，以丰田为首的日本汽车公司把更换冲模的时间减少到了5分钟左右。频繁更换冲模和小批量生产零部件减少了报废零件的数量。工人不仅操作机器，同时还负责更换冲模以及机器的日常保养和维修。工厂安装了检测系统，因此生产出来的问题零部件可以被立刻检测出来，经机器再次加工。这样一来，就减少了制造商的产品库存量。为了使这种生产方式能够切实可行，需要新的生产管理模式，包括产品质量一次性过关、减少废弃物以及不断提高生产流程。这显然和美国体系在组装线末端再次加工缺陷产品形成了对比。

（二）制度

日本体系同样需要一种不同的方案来解决人力资源和工作社会组织等问题。第二次世界大战后，为了应对马克思主义领导下的工人运动的冲击，日本一些大型企业采取了"终身"雇佣保障政策。这就使得劳动成本

---

① 在美国技术的基础上想要实现迅速装配似乎有点讽刺。20世纪50年代中期，当时丰田汽车公司的一位生产经理大野耐一（Ono Taiichi）参观美国时注意到，丹利牌冲压机具有迅速更换冲模的特点。日本工人把丹利冲压机的冲模更换速度提高至美国的3—4倍。大野耐一总结道，由于更长时间的模型运转，美国工人没有日本工人在工作时间上的压力。为了生产各种型号的模具，日本汽车制造商不得不经常调整装配线的运转（Cusamano，1985：285）。20世纪80年代末期，日本取代美国成为世界上最大的机床制造商和出口商（Mazzoleni，1999：169-261）。

固定不变，而非处于变动之中，这样一来就刺激了公司为提高工人劳动技能进行投资。因为不能因为需求的波动而解雇工人，雇主只有不断提高工人技能，而一旦他们的技术足够精湛，公司就会根据年龄和工龄来提高工资，从而抓牢技术工人。劳工关系的制度创新（至少在部分上）推动了加工技术的革命。

第二个制度创新是以团队的形式建立生产组织。日本体系建立的前提是，如果工人甚至整个机构分成各工作小组，那么就可以高效完成工作任务。这种分组在日本汽车生产中有四个层次——车间里的工作小组、产品研发团队、零部件供应团队以及企业集团。

第三个制度创新是"全面质量管理"体系。这一体系由美国统计学家兼管理顾问威廉·爱德华·戴明（W. E. Deming）于20世纪40年代引入日本（见专栏11-1）。组织的最小单位是工作团队，由数名工人和项目组长构成，他们需要完成规定数量的生产步骤。日本管理部门不是直接给每位工人安排特定的任务，也不给项目组长（工头）施加强制性标准（美国批量生产的方法），而是为整个团队安排一定的任务，引导团队成员自己去决定如何完成。这些任务除了生产制造之外，还包括质量控制、机器保养、备件库存以及由质量圈（*kaizen*，即日本的企业哲学——不断改进质量）管理的总务。"质量管控部门和产业工程师也曾是这个体系中的组成部分，但是现在成为工作团队的顾问。工作任务的精确标准化依然进行着……但是由工作团队来完成，每个成员都能完成任何一部分任务。这就意味着，工作团队可以对产品组合和生产流程的变化做出有效的反应"（Womack, 1991: 22、23）。

接下来，日本汽车制造商创建了产品研发团队，包括产品规划师、产品工程师、工艺工程师以及生产车间员工。团队里的产品工程师、流程工程师来自供应商也有的曾是装配工。从产品概念的设计阶段到产品的实际生产阶段，整个研发团队都一直聚集在一起协商工作，目标就是缩短研发产品的时间，减少研发工作量，最终生产出优质产品。20世纪70年代，与通用公司的6年产品周期相比，丰田公司的产品周期大约是4年。到1996年，丰田公司产品研发时间压缩到了16个月（《商业周刊》1997年4月7日，第104—114页）。

产品研发团队中的合作之所以能够非常成功，或许原因之一就是零部件供应团队中的供应者和装配工同样进行了分组工作，且保持紧密联系。

例如，80年代末期，丰田集团囊括了丰田汽车公司、225家零部件供应商、各种加工机械以及相关服务。这些团队交叉持股，机械和员工相互借用、合作设计，共同致力于企业的发展。但是，团队往往不能进行股权控制，不能包销给某一个装配型企业，也不能单一采购。

日本体系的最高层面就是企业集团（keiretsu），往往由装配型企业、银行、贸易公司、保险公司、材料加工公司以及一些其他部门的制造企业组成。

专栏11-1

戴明和全面质量管理体系

爱德华·戴明的名字及其理论首次引起美国管理者们的注意是在一次去日本的考察中。1978年，一群来自底特律的汽车公司总经理前往日本考察，试图揭开日本汽车制造商在产品质量、产品设计以及生产率等方面超越美国的原因。日本人早在30多年前就已经熟知戴明的理论。在麦克阿瑟将军军事政府的授意之下，戴明于1947年初次到达日本，帮助日本组织人口普查以及评估工业重建问题。戴明对日本企业管理影响非常之大，1951年日本政府设立了戴明质量奖，每年颁予在"全面质量管理"方面表现卓越的个人或者公司。

当戴明还是学生的时候，他在西方电气公司位于芝加哥的霍桑工厂工作过两个暑假。1924—1932年，哈佛商学院产业研究教授埃尔顿·梅奥（Elton Mayo）在霍桑工厂进行了一系列产业实验。这些实验表明，加强工人和管理人员之间的互信与合作、消除工作场所内的恐惧、减少监控等措施可以提高产量。研究同样表明，计件工资制阻碍了生产。工人们会认为，如果他们提高生产率，计件标准就会提高。霍桑实验的发现似乎与美国的批量生产体系极其不一致，因此美国管理部门一开始对这些发现视而不见（Gabor, 1990: 41、42）。

戴明在日本的声望最初是由于他修改了统计质量控制体系。他的这一创新是为了区分质量的变异来源——"特殊"原因和"常见的"或者系统原因各自对质量造成的影响。特殊原因是暂时性问题造成的，例如，一台机器出了故障，可以快速被识别，立即得到校正；常见或者系统原因，比如使用劣质的材料或者不合格的设计，明显是由管理部门造成的，因此只能由管理部门来改善。

20 世纪 30 年代，戴明在美国农业部研究生院进行了演讲，介绍了华特·施韦特（Walter Schwhert）在贝尔实验室进行的统计质量控制的相关研究。施韦特第一个揭示了可变性是工业生产不能逃避的一个问题，而这一问题可以运用数据分析的方法来理解并加以管理。第二次世界大战期间，戴明启动了一项有关数据质量控制的短期项目，帮助参加军工生产的管理者和工程师进行管理和生产。在战争期间的这次经历，为戴明 1949 年受邀去日本、为工业家们进行一系列有关质量控制讲座奠定了基础。日本经济团体联合会（Keidannen）深受戴明质量控制方法的鼓舞，在 50 年代期间每年都邀请他前往日本讲学。

在戴明理论的基础上发展起来的日本产业模式包括"管理一切企业流程，包括工人、机械和顾客的需求；把需求转化为生产策略；不断改进产品及工艺等"（Gabor, 1990：56）。在日本以及后来在美国的演讲中，戴明强调了 14 条简单明确的要点：

- 持之以恒地改进产品与服务。
- 采用"全面质量管理"的新企业哲学。
- 停止依靠产品质量检验来提高质量。
- 结束以价格为基础的采购标准。在长期互信的基础上，用单一供应商提供单一零件或服务
- 不断提高生产与服务系统，以提高质量与生产率、降低成本。
- 建立工人和管理者在职培训。
- 建立领导体系。领导者必须熟知自己管理的工作。
- 驱逐恐惧，使人人都能有效地为公司工作。
- 打破部门之间的藩篱。从事研究、设计、销售以及生产的各部门不应独善其身，而需要发挥团队精神。
- 废除对员工的标语、训词及告诫。产品质量和生产率低下的原因主要是体系的问题，超出了工人的能力范围。
- 取消定额管理和目标管理，用领导力来代替。
- 排除打击工人工作热情的障碍；取消打击员工工作热情的考评。
- 建立一个有活力的教育与自我提高机制。
- 让每个人都致力于公司的转变。

全面质量管理（kaizen）是戴明体系的核心特点。20世纪50年代，全面质量控制（TQC）主要指运用戴明的方法解决生产问题。到了70年代，日本企业管理者几乎把它运用到了企业的各个部门中。全面质量管理要求工艺、产品以及公司策略不断改善，从顾客到供应商都要有系统且持续的反馈。消费者研究的目的不在于使顾客相信企业生产的就是他们需要的，而是他们需要的才是企业要生产的。

戴明的理论帮助人们重新明确了生产中蓝领工人和管理者的互动关系，还提出了知识理念，即不断加强生产工人的知识技能，提高解决生产问题的能力。"干中学"被认为是提高生产率的根源所在，但戴明同样强调，管理部门所做决策的好坏决定着每个工人的表现和企业的命运。

尽管戴明的以过程为导向的质量管理方式在日本大受欢迎，但在美国战后经济中却遭到淘汰。80年代，美国汽车企业的管理者们发现，以丰田为首的日本公司正在生产更高质量的汽车，而且劳动生产率水平是美国通用以及福特的两倍，于是戴明的管理方式再次被运用到了美国企业中。随着美国不断使用全面质量控制体系，这种方式变得更为灵活，更能适应全面质量管理（TQM）量规下的某些特定情形。

1987年，美国国会以第一届里根政府商务部部长的名字，模仿日本戴明质量奖，设立了马尔科姆·波多里奇国家质量奖（the Malcolm Baldridge National Quality Awards），由美国国家标准技术研究所负责管理。

资料来源: Adapted from Andrea Gabor, *The Man Who Discovered Quality*, New York: Random House, 1990; William W. Schenkenbach, *The Deming Route to Quality and Productivity*: *Roadmaps and Roadblocks*, Washington, DC: Cree Press, 1986. See also Rafael Aguayo, *Dr. Deming the American Who Taught the Japanese about Quality*, New York: Simon and Schuster, 1991; W. Edward Deming, *Out of the Crisis*, Cambridge, MA: Massachusetts。Institutes of Technology Center for Advanced Engineering Study, 1982. For a more technical treatment of quality control practice, see J. M. Juran, *Quality Planning and Analyses*: *From Product Development through Use*, New York: Mcgraw-Hill, 1980. For a critical perspective, see Sam B. Sitkin, Kathleen M. Sutcliffe, and Roger G. Schroeder, "Distinguishing Control from Management: A Contingency Perspective", *Academy of Management Review*, 19（1994）: 537-564.

（三）扩散

1958年，日产汽车由丰田和尼桑两家企业首次出口到美国。当然，起初日产汽车还不能同更小型的欧系车相竞争（如大众汽车）。日本车体型小，但马力不足。20世纪60年代末70年代初，一波动力更足、设计时尚的日产汽车开始进军美国和欧洲市场，随之建立了一套维修费用低、耐用的新标准。由于美国和西欧国家降低了汽车的关税或者实行零关税，因此这批汽车受到了追捧。1973—1978 年，石油价格上涨，这使节能的日产车更加受到欢迎。1970—1980 年，日产汽车在美国市场的份额从 4.2%增加至 22%；与之相比，欧洲汽车在美国市场的份额从 10.5%跌至 5.4%（Hoffman and Kaplinsky，1988：79-82）。

随着日产车在美国和欧洲市场的崛起，美欧国家采取了贸易保护主义政策。从 1975 年起，西欧国家为应对"日本挑战"，与日本就所谓的"自愿出口限制"（VERs）进行了谈判；而日美两国的自愿出口限制谈判于 1981 年 4 月进行。应对这种新兴的保护主义、打破国家的限制，日本采取的措施是在西欧和美国建立工厂。1981 年本田汽车公司在俄亥俄州设立了工厂，年生产量可达 15 万辆。本田这一举措反映了该公司对出口的强烈依赖，且没有成功地全面实行灵活的制造体系。相比之下，丰田和尼桑两家公司进军美国市场就显得十分谨慎，它们更担心如何在美国劳动力市场施行精益生产体系。然而，20 世纪 80 年代初到 90 年代，日本企业在美国中西部建立起新的汽车制造产业，规模比英国、意大利、西班牙的汽车产业都要大，接近法国产业的规模（Womack et al.，1991：240-242）。80 年代末的一项研究表明，日本在美"移植工厂"的生产率水平比日本国内"母工厂"的水平低 30%左右。从严格经济角度来讲，如果日本汽车公司在国内进行生产再出口到美国，可以获得更为丰厚的利润（Abo，1994：238-245）。

在美国的汽车制造企业中，福特是第一个接受日本精益生产体系的公司。80 年代早期，面对失去市场份额的危机，福特公司的管理者和工人都对改进主要生产要素的变革抱有更开放的态度，尤其是改进精益生产体系中劳动力与供应商之间的关系。90 年代中期，一些福特汽车工厂的生产率水平堪比日本的最高水平（见图 11-1）；克莱斯勒公司和通用汽车公司相比福特稍微落后一些。它们通过关闭一些表现最为糟糕的工厂提高了生产率。但直到 90 年代末，通用汽车都尚未完全采用精益生产体系。1998 年的《商业周刊》（6 月 29 日，pp.36—38）刊登了一篇关于汽车产业生产率的文章，标题为《福特可以做到，为什么通用做不到?》（"If Ford Can Do It Why Can't GM?"）

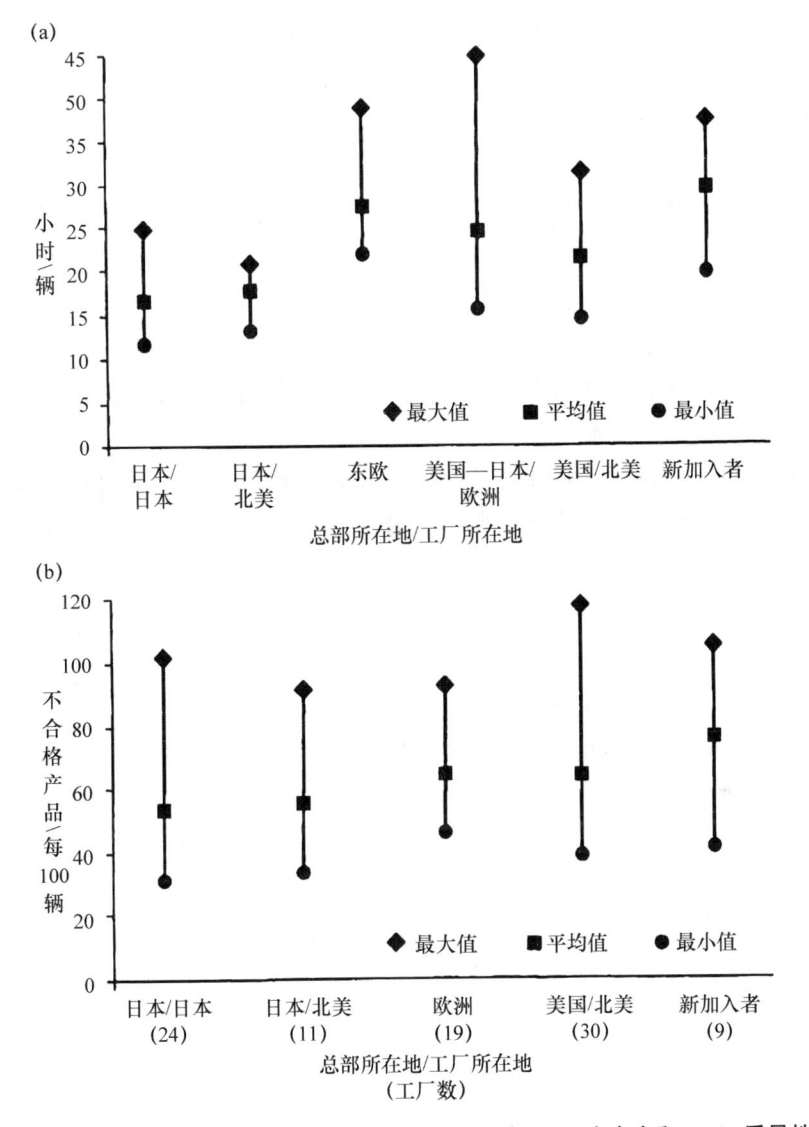

图 11-1　1994 年地域内或者跨地域汽车制造工厂的（a）生产率和（b）质量性能

资料来源：Charles H. Fine and Richard St. Clair, *The U. S. Automobile Manufacturing Industry*, Washington, DC：U. S. Department of Commerce, Office of Technology Policy, December 1996。

四　以科学为基础的技术

自 20 世纪初以来，日本制造商成功地在多个领域取得了全球的领导地位。第一次世界大战和第二次世界大战期间，日本的纺织产业占据世界的主导地位。日本在 60 年代成为最重要的钢铁、船只出口国；70 年代成为消费性电子产品的主要出口国；80 年代成为汽车和机床的主要出口国。在计算机、半导体技术领域也奋起直上；在制药业和生物科技产业虽然不是很成功，但依然在稳步取得进展。

日本对工艺技术以及生产效率的重视由棉纺织业开创，后来转向汽车产业；钢铁、船只建造、消费性电子产品和计算机等产业也都十分重视工艺技术和生产效率。在日本国际贸易与工业部（MITI）的领导下，日本首先选定了一些进行技术和效率改进的产业，然后努力追赶技术先进的国家。日本企业朝着科技前沿发展，利用工艺技术创新的传统优势，以更低的成本生产目标产业的产品。

日本国际贸易与工业部的工作极为高效，其他一些发达国家的观察者视其为高技术领域产业策略的典范。日本半导体公司成立了企业联盟，产品研发部分由 MITI 资助。80 年代早期，日本半导体公司在美国和其他国家的市场中取代了生产动态随机存取储器（DRAM）的美国制造商。日本计算机公司同样成立了研发联盟，能与美国一流的计算机制造商——IBM、数据控制公司以及克雷公司等平起平坐。然而，1982 年，MITI 成立的超级计算机协会没能在该产业发挥重要作用。第五代企业联盟本来旨在推动人工智能基础学科的发展以及为未来"会思考的机器"的发展添砖加瓦，却没能获得计算机产业的支持。而到了 90 年代初，MITI 体系明显陷入混乱。

80 年代早期，日本从一个被迫追赶其他国家的经济体翻身成为西方国家竞相追逐的技术领先强国。通过把能源密集型的重工业转型为增值更高的知识密集型产业，日本成功地躲过了 70 年代的两次石油危机。当时，只有美国的经济规模超过了日本。然而，在取得成功的时候，MITI 的有效性为什么遭到了破坏？斯科特·卡伦（Scott Callon）认为，日本经济的结构转型对此负有责任。80 年代，日本成为技术和经济强国，破坏了 MITI 实施有效产业政策的能力（Callon, 1995：146）。

随着日本企业的信心逐日倍增，它们开始逐渐摆脱 MITI 的技术领导，并拒绝为该联盟提供资金。私人企业研发的开支迅速增加；相比之下，MITI 的技术预算却在缩减。从"技术追赶"策略转为"依靠以科学为基础的技术（或称为基于科学领导）"的策略，这似乎已经超出了 MITI 的能力。最终，来自外部的政治压力（尤其来自美国）限制了日本产业策略的灵活性。由于这些压力，日本在汽车及消费性电子产品等领域的竞争优势受到了挑战。

五　小结

第二次世界大战以来，日本的科学技术政策发展主要经历了三个阶段。第一阶段，20世纪40—60年代，日本技术政策的焦点是重建重工业部门，大量资源被用来转移和强化进口技术。日本政府通过采取鼓励出口和保护企业免受外来竞争等政策，帮助推进了这一"追赶"阶段。在此期间，总要素生产率以每年大约5.0%的速度增加，国内生产总值（GDP）年增幅达到9%。正是这些增长率标志着日本经济的"奇迹"。

第二阶段，20世纪70年代的能源危机以及人们对重工业增长给环境带来负面影响的不断担忧，刺激了日本七八十年代的产业转型。科学和技术资源致力为先进技术的研发加强基础设施建设；产业结构成功转型为价值更高的消费性电子和通信产业的生产与出口。汽车产业在国内外都扩大了生产。然而，第二阶段经济增速却急速慢了下来。总生产率的年增速下跌了1.0%，国民生产总值（GNP）的增速下跌4.0%（Katz, 1998：137）。

第三个阶段，日本的科学技术政策更加强调发展以科学为基础的技术。20世纪90年代期间，日本把GDP的2.5%投入研究中，加强商业技术的发展。这些投资反映了一种担忧：原先日本的做法是把科技资源集中在某些特定领域以赶超技术前沿的外国公司，而现在这种战略行不通了。同时，也可以清楚地看到，相比早期"追赶"阶段的政策，这种新策略的经济增长回报要缓慢得多。90年代，日本经济增速急剧放缓，人们认为这可能是由于新的科学技术政策没有起到作用，更准确来说是由于一系列经济政策的失败（Katz, 1998：75-235）。然而，到21世纪初，日本产业应该会延续甚至加强其竞争优势。

如果日本要实现从科学技术中获益，那么除了改变科技政策之外，也需要进行一些制度变革。就眼前来看，金融机构必须现代化。一直以来，日本金融业的变革并没有像制造业的转型那样成功。第二个制度变革相比之下更为艰难一些，那就是要将发展型经济过渡到自由市场经济（Haymai, 1995）。和德国100年前一样，日本在发展阶段也采取了抑制国内消费、鼓励投资等政策。日本采取的贸易政策对效率相对低下的产业进行保护；也采取了加强出口的政策，旨在增强在国际市场的竞争力。然而，80—90年代，这些适合发展阶段的政策不再奏效，还引起了老牌工业国家政治上的强烈发对（Prestowitz，1988、1994；Fallows，1989；Katz，1998；Porter and Takeuchi，1999）。日本经济在第二次世界大战后取得的成功主要在于提高了工艺技术和产品质量，同时不断借用国外的基本构思和技术概念。然而，随着其他东亚和东南亚国家也采取了这些办法，日本在高质量产品制造领域的领先地位遭到了破坏。为了经济持续增长，日本很有必要从"借用他国的创新构想和理念"过渡到"自己进行科技创新"中来（Hayami and Ogasawara，1999）。从90年代初开始，日本经济陷入了长达10年的衰退期。然而，90年代末，日本开始进行一些制度变革，经济很可能在21世纪初的头10年中实现复苏。

第三节　德国技术创新体系

落后经济体在科学、技术及教育领域投入大量资金，最终追赶上许多发达国家，德国是这方面的一个典型。[①] 19世纪初，法国在科学和科学教育发展方面居于世界领先地位，而在当时的英国，工业革命正在进行之中。然而，德国工业却依赖于其他国家（尤其是英国）的机械以及安装、操作机械的技术工人。

然而，德国的落后逆转了过来，这得归功于一项意义重大的制度革新：现代研究性大学。传统的欧洲大学致力于神学、医学以及法律等古典职业教育。1809年，洪堡（Wilhelm von Humboldt）及其合伙人在柏林创建了柏林大学（现改名为洪堡大学），这标志着一种新型大学的诞生。洪堡的目标是建立一所研究型高等学府，能够培育以实验室为基础的新学科，如化学、物理以及生物等学科。洪堡大学的使命还包括了实际运用科学知识。19世纪中期，李比希（Justus von Liebig）详细阐述了有机化学对理解植物营养和提高农作物产量的重要意义。在李比希的支持下，第一座公共支持的农业实验站于1852年在德国建立，旨在发展"把科学运用到农业中的方法"（见本书第六章）。

李比希在培训学生时试图把纯知识与实验室研究相结合，进行化学教

[①] 本节主要引用了凯克（Keck，1993）。

育改革，却遭到了学术机构的极力阻挠。他的做法是为了推动技术和科学知识的发展，却被指责有损大学的教育宗旨。然而，19世纪70年代，他的实验室方法已经传播到了德国国内外。企业（如赫斯特公司、巴斯夫公司等）与大学实验室展开合作研究，这种范式一直延续下来。同时，化学化工公司也着手建立自己的内部研究室（Lenior，1998）。很多德国企业（如拜耳、爱克发、西门子等）所取得的商业成功都直接归功于公司内部实验室的研究成果。化学、电气以及制药等产业以科学为基础的技术帮助德国企业在世界市场中占据了主导地位（Reich，1985：12-41；见本书第七、八章）。

20世纪初，德国建立了一套成熟的教育体系，从小学生到博士都要接受科学、技术以及商业等领域的教育。这套教育体系包括综合性大学、技术型大学以及中等技术学校。许多基金会建立起来，并有自己附属的综合性大学或者理工大学，支持技术和科学研究的发展。在大多数专门化的领域，不同层面的知识相互流动，紧密结合；同时，教育体系和企业之间也有紧密联系，大学不仅为企业输送专门人才，而且应用科学领域的工程学教授也时常为企业提供咨询意见。德国的科技教育基础设施与别国不同，主要表现在两点上：一是科研机构质量高，二是在校学生人数众多。德国各个层次在校学生数占总人口的比例都高于其他国家。

一　以科学为基础的技术

与美国不同，德国先进行的是以科学为基础的创新，然后才开始批量生产。第一批主要以科学为基础的产业是制糖业，而科学研究第一次从生产中完全独立出来并具有制度化的职能，是在合成燃料产业中实现的（见本书第八章）。1913年，德国合成燃料的产量占世界总量的75%以上；同时，德国的重化工业以及制药业也处于世界主导地位；电力机械的产量占世界总量的35%，相比之下，美国占了30%，英国只占16%。从英国和美国转移过来的技术（尤其是棉纺织业和机械制造产业的技术）促进了德国的快速工业化。然而，并不是因为德国技术落后才能赶上并在诸多领域超过英国和美国，而是因为德国在教育、研究、产业组织等方面的制度变革促使该国公司迅速紧跟技术和科学知识的发展，抓住机遇生产新产品并开发新的工艺技术。

德国过去50年间所取得的发展，是在遭受到第一次世界大战、二三十年代经济危机、30 年代希特勒国家社会主义（纳粹）政府的崛起以及第二次世界大战等因素严重拖累之下的结果。第一次世界大战阻断了德国与其主要出口市场的联系，同时也刺激了美国、法国、英国及其他国家努力发展国内生产、取代德国进口商品的决心。第一次世界大战后签订的和平条约使得德国在化学、制药业等关键领域的专利被其他国家无偿使用，同时，战后赔款加重了其经济负担。

1933 年，希特勒纳粹政府开始掌握大权，这进一步削弱了教育和研究机构的发展。很多一流的科学家和工程师被迫放弃了工作。第二次世界大战期间工业基础设施的主体遭到了重创。第二次世界大战后，德国企业设立在同盟国的子公司连同其知识产权一起从总公司中脱离了出来。一些工厂甚至被拆除，设备用来充当战后赔款。每个同盟国都竞相抢夺德国的科学家和工程师，参与到本国国防相关的研究当中（Keck, 1993: 130）。

同盟国禁止德国研发军事技术以及与一些与军事相关的民用技术，比如核技术、航空工程、火箭推进、船舶推进、雷达、远程自动化控制等；而在生产电子阀、滚球和滚珠轴承、合成橡胶、合成机油以及放射性物质等产品时，需要得到特别允许。同盟国拆除了德国的化学以及钢铁工厂，废除了纳粹政府的经济发展框架（Keck, 1993: 133-137）。这些限制极大地削弱了德国在军事以及航空航天等产业的能力，阻碍了一些民用产业对科技前沿的探索。直到 1955 年，这些限制才得以解除。

20 世纪 50 年代，德国技术创新体系的基本制度再次重组和扩大。一种公共及半公共的研究制度体系补充、连接了大学和产业之间的研发活动。[①] 马普所（MPG）是在物理、生物、化学等领域进行基础及长期性应用研究的重要机构；赫姆霍兹中心主要研究国家优先考虑的长期性问题，包括大型设施的投资以及具有相当经济风险的研究，如核能、航空航天技术、医疗以及环境等问题的研究。该中心主要由公共资金建立，但最近几年减少了对项目的制度支持，而增加了与产业相关的研究比重。。

第二次世界大战后成立的弗劳恩霍夫应用研究促进协会（FhG）的初衷是对政府产业项目进行管理；而到了 90 年代，该协会成了德国应用研究领域的主要非营利组织。该协会的研究具有很强的商业导向。其预算只有 20%—30% 属于政府的制度支持，这些资金直接促使了该协会成功完成

[①] 接下来的几段主要引用了艾布拉姆森等人（Abramson et al., 1997: 246-250）。

与公共和私人客户签订的合同研究。通过任命协会的主管担任普通大学教授进行授课，该协会和德国大学之间的密切关系制度化了。尽管 80 年代美国国家技术研究所（NIST）启动了一系列类似的项目，如先进技术计划（ATP）以及制造技术推广中心计划（见本书第十三章），但美国仍然没有可以与弗劳恩霍夫协会相媲美的机构组织。

德国大学是该国国家创新体系中最薄弱的一环，第二次世界大战之后，它们没有恢复以前所具有的科研能力和国际地位。相比美国，德国大学和产业部门之间的关联并不是很密切。这种联系更多地体现为相互合作、合同研究、咨询会以及培训技术和科学人员。与美国相比，德国大学和产业部门之间很少有人员流动。教授职位的数量也不能适应学生人数的增加。教育质量下降以及学生人数过多的双重因素，把获得学位的时间从 4 年延长至 6.5 年。德国博士项目的研究时间很长，且完成率较低。德国企业认为，相比大学教育，技术院校的培训更能满足他们的需求（National Science Foundation，1996：25-32）。尽管德国已经采取措施对大学体制进行改革，但要想把大学变为以科学为基础的高新技术产业的创新源头（如同美国大学在生物科技中发挥的作用），德国还有很长的路要走。

第二次世界大战后，德国经济迅速恢复，其产量和生产率的增速超过了其他任何西方国家，仅仅稍微低于日本（见表 2.1）。然而，明显可以看出，规模最大、做得最成功的公司绝大多数都是那些在第二次世界大战前德国技术领先时期内就已经取得成功的公司（Patel and Pavitt，1997）。经过认真评估德国技术创新体系后，克莱克（Kleck）认为，站在历史的角度看待德国 80 年代的创新体系，"它主要反映了企业的发展势头，而这种势头事实上已经存在相当长一段时间了，在经历了战争和多次危机之后实现了规模增长。第二次世界大战后的重建时期，每个公司主要进行自我修复；正因为如此，整个体系在当时被忘却了"（Kleck，1993：145）。他同时认为，德国产业保持住了在传统领域的优势，但不能将创新能力运用到一些新的领域。这反映了德国在科学、技术以及教育方面缺乏核心的领导。①

---

① 第二次世界大战后的大部分时间内，德国公共研发资金的最主要来源是教育、科学、研究和技术部。80 年代早期，该部门被分为了两部分：联邦研究技术部以及教育科学部。这样一来就削弱了德国政府在制定统一的科学技术政策方面所发挥的作用（Kleck）。

二 福特制及其他

德国取得成功的产业大多建立在以科学为基础的早期发展之上，而汽车产业是一个例外。尽管德国的发明家（如卡尔·本茨、戈特利布·戴姆勒等）在早期的汽车发展中发挥了重要作用，但是德国直到20世纪20年代中期才开始大量生产汽车。20年代初，德国和其他欧洲的汽车制造商参观了底特律，研究福特公司的批量生产体系。"这些人在一起的时候都假称，欧洲技术工人永远不会同意在这种环境下工作……欧洲应该追求一种不同的生产策略；但回国后他们立即尝试复制福特体系。"（Womack，1991：18）

尽管欧洲制造商成功地模仿了福特的生产方法，但他们并没有制造出廉价的汽车。整个欧洲汽车市场四分八裂，没有标准的"欧洲汽车"像T型车主导美国汽车市场那样主导欧洲市场，这就造成汽车的种类繁多，尤其是小型汽车。欧系车在第二世界大战后颇受美国消费者欢迎。虽然第二次世界大战后不久英国汽车控制了整个欧洲出口市场，但它们很快就输给了德国的进口车，主要是因为德系车质量更好，其中最成功的当属大众汽车。

大众汽车起源于阿道夫·希特勒启动的一个项目。1924年，希特勒在监狱中阅读了福特的自传。他在1933年掌权后，把"生产出德国工人买得起的汽车"作为一项优先发展的政策；而当时唯一推出了价格适宜的车款的制造商是通用汽车在德国的分公司——欧宝汽车公司。希特勒不愿意接受他向社会承诺的"人民汽车"只能由外国公司生产这一事实。1937年，他把大众汽车项目指派给了德国劳工阵线，即纳粹劳动组织。劳工阵线选定了一种类似于保时捷公司早先的设计——一种带有后置发动机、风冷发动机、扭杆弹簧悬架、四人坐车厢以及流线型铁制车身的车型。1983年，劳工阵线开始建造生产零部件和进行组装的综合楼群，这些都是模仿位于汉诺威东部沃尔夫斯堡的福特胭脂河工厂建造的。1939年9月第二次世界大战爆发时，工厂尚未竣工。第二次世界大战期间，德国工厂制造出来的大众汽车和美国吉普车一样都是为了满足军事需求（Laux，1992：115、116）。

第二次世界大战结束后，没有人知道如何处理那些庞大的大众汽车制造设施。当时，劳工阵线已经解散。英国军队占领区域内的一座工厂经受住了炮火的轰炸，并未受到多大破坏。美国的一个工业考察小组将其称为世界上最现代化的汽车制造厂（Abelshauser，1995：282）。最后，英国政府掌控了这座工厂，在进行了必要的维修之后，开始生产少量的原装大众汽车。1947 年，这座工厂为占领军以及德国官员一共制造了 20000 辆汽车。1949 年，英国政府将这座工厂转交给了新的联邦德国政府。1950 年，大众汽车的产量超过了 90000 辆。工厂主管诺德霍夫（Heinz Nordhoff）曾评价说："历史真是很讽刺——把希特勒的梦想变成现实的竟然是占领军。"（Laux，1992：170）

第二次世界大战结束以来，大众汽车一直是德国最大的汽车制造商。除了低廉的价格，大众汽车在质量和可靠性上也享有盛誉，因此在战后早期控制了德国低端车市场。渐渐地，大众安装了大型发动机、更好的制动器以及更精细的变速器。1953 年，大众决定进军美国市场；到 1959 年，在美国 60 万辆进口车中，大众占了 1/4。大众抓住了一个被美国制造商忽视的商机，即通过极具创意的广告向人们宣传，大众是一款可靠的汽车；广告鼓动人们应该重视引擎盖下面零部件每年的改进，而不是关注外观样式（Laux，1992：185、186）。

实际上，大众极力效仿福特在 50 年代开创的 T 型车生产体系，也把生产限制在一个车型上——甲壳虫汽车。大众还在国内外构建了强大的销售服务网，但它与福特体系有两点重要的不同之处。第一，大众体系强调"引擎盖下面"零部件的改进与生产技术的提高，同时和贸易联盟构建合作而非对抗的关系。第二，与福特体系不同，大众的管理人员和劳动者在车间各司其职，并依然采用德国古典模式解决产业关系，将传统的技术工人和批量生产相结合（Abelshauser，1995：282-289）。[①]

然而，只有在欧洲货币相对美元疲软的时候，大众及其他欧式小型车才能保持优势 P，而这种优势在日系车进军美国和欧洲市场后便不复存在。日产车相对便宜，质量和可靠性方面更胜一筹，款式也具有创意。1968 年推出的"达特桑（日产汽车株式会社原来的商标）510"汽车使用了欧洲最好的工程技术和日本最好的制造技术，并进行批量生产，轻便且便宜。1975 年，丰田出口到美国的汽车超过了大众。

[①] 20 世纪 70 年代，大众逐渐停止了"甲壳虫"车型在德国的生产。1978 年，随着埃姆登工厂生产出最后一辆甲壳虫，大众总共生产了 1930 万辆甲壳虫，其中大约有 500 万辆出口到了美国。然而，甲壳虫的生产在尼日利亚、巴西以及墨西哥的生产仍在持续（Laux，1992：230）。1998 年，大众将一款重新设计的甲壳虫汽车引入美国市场。

德国的应对措施是集中精力制造新型的豪华轿车,比美国产的豪华轿车更小、马力更大、质量更高。在大众化汽车的三大制造商(大众、福特、欧宝)面临生产销售停滞或下跌的困境时,这种战略有效地应对了来自日系车的挑战。70年代末80年代初,占领了高端消费市场的三大制造商(戴姆勒—奔驰公司、宝马公司、奥迪公司)产量和销量持续增长。80年代中期,德系车几乎占领了整个美国豪华轿车市场。因此,尽管德国出口到美国的汽车数量下降了,但出口价值却在不断增长(Womack, 1989: 18)。

90年代中期,德国控制的豪华车市场受到日产豪华轿车的挑战。相比德国(或者其他欧洲)制造商,日本制造商能够以更低的价格出售质量上乘的豪华轿车。80年代,日本汽车制造商掌握了精益生产方式,能够和德国"工艺精湛的"制造商展开有效竞争。麻省理工学院国际机动车辆计划研究组在参观德国豪华车组装工厂时,在组装线的末端发现了一片面积巨大的再制造和"矫正"区,"穿着白色实验室外套的技术工人努力地使制成品达到公司制定的质量标准"(Womack et al., 1991: 90)。组装线上的工人有1/3在这个区域工作。与日本豪华轿车制造厂相比,德国的豪华轿车工厂需要更多的技术工人来纠正组装线上出现的错误。

三 走向复苏

20世纪80年代,迈克尔·波特(Michael Porter)在其著作中强调了威胁到德国技术领导地位的诸多制度局限(Porter, 1990: 715-719)。首先,德国工人的收入在西方世界里是最高的,他们享受着生产率增长带来的好处——工作时间更短、假期更长、工作也更有保障;其次,德国对环境保护的种种规定使得生物技术研究举步维艰,最终迫使制药企业将研发设施迁移到国外;再次,仅仅受过金融培训的公司领导取代了具有生产经验的管理者,而保守的信贷机构阻碍了富有活力的风险资本市场的发展,竞争的环境被产业合作及联合所替代。

很难去评价波特言论的重要性,但显而易见,德国拥有众多优势可以推动其产业走向复苏。从规模上来看,德国依然拥有西方世界最强大的研发基础之一。90年代中期,德国和美国的研发投入不分上下——德国研发开支占据国内生产总值的2.3%,美国为2.5%;而美国的研发主要集中在国防和太空技术领域,因此公共部门在早期的研发开支中占据了很大份额。90年代，德国用很大的代价成功地将前民主德国吸收到自己的国民经济体系中来。国内市场规模较小一直是德国研发以及影响经济增长的主要瓶颈（Eaton et al.，1998）。如果德国领导欧洲组建欧洲货币联盟，而后进一步建立更加开放的欧洲市场，那么欧洲内部的竞争就会更加激烈，最终不仅德国甚至整个欧盟都会具有更强的国际竞争优势。

第四节　技术创新体系

20世纪80年代亨利·厄伽斯（Henry Ergas）在两篇学术论文中呈现了一个结构框架，目的是帮助人们理解本章讨论的三个创新体系的发展（Ergas，1987a、1987b）。厄伽斯认为，当代美国创新体系的主要特征是任务导向型；德国的创新体系是扩散导向型；而日本的体系二者兼顾。

在把美国技术创新体系的特征描述为任务导向型时，厄伽斯指的是美国倾向于把以科学为基础的技术发展集中在少数几个产业上。第二次世界大战后，这些技术与国家安全（原子能、太空以及计算机领域）和医疗健康（生物科技）密切相关。

"扩散导向型"这个术语适用于德国这样的国家，其公共部门支持将技术创新贯穿到整个工业体系中的各个领域，发展综合国力。厄伽斯认为，进行扩散导向型创新体系的能力取决于对人力资本进行投资的深度和广度。德国形成了高质量的综合大学体系、广泛的职业教育体系以及全面的中等教育体系，从而有效地把学生分流到了职业教育或综合大学体系中。

日本在任务导向型创新阶段时，在每个不同的发展时期都把技术进步聚焦于对国家军事或者经济策略比较重要的一些部门上。这些特定部门在不停地变化着——开始是棉纺织业，接着是钢铁业、造船业和汽车制造业，现在是电子和计算机产业。与此同时，日本还发展了制度安排，包括教育机构和产业的合作，促使了技术和制度的快速扩散。

厄伽斯使用技术轨道（见本书第四章）来详细说明三个体系的优越点。技术轨道有三个发展阶段——萌芽阶段、巩固阶段以及成熟阶段（见图11-2）。要想在萌芽阶段取得成功，需要进行广泛而深入的研发，并设立足够灵活的财政制度来应对充满希望但又不确定的新机遇。这种体系必须能够持续不断地产生一系列技术创新，刺激新的技术轨道产生。巩固阶段的成功取决于有能力充分利用不断涌现的新技术轨道的成果，但不必积

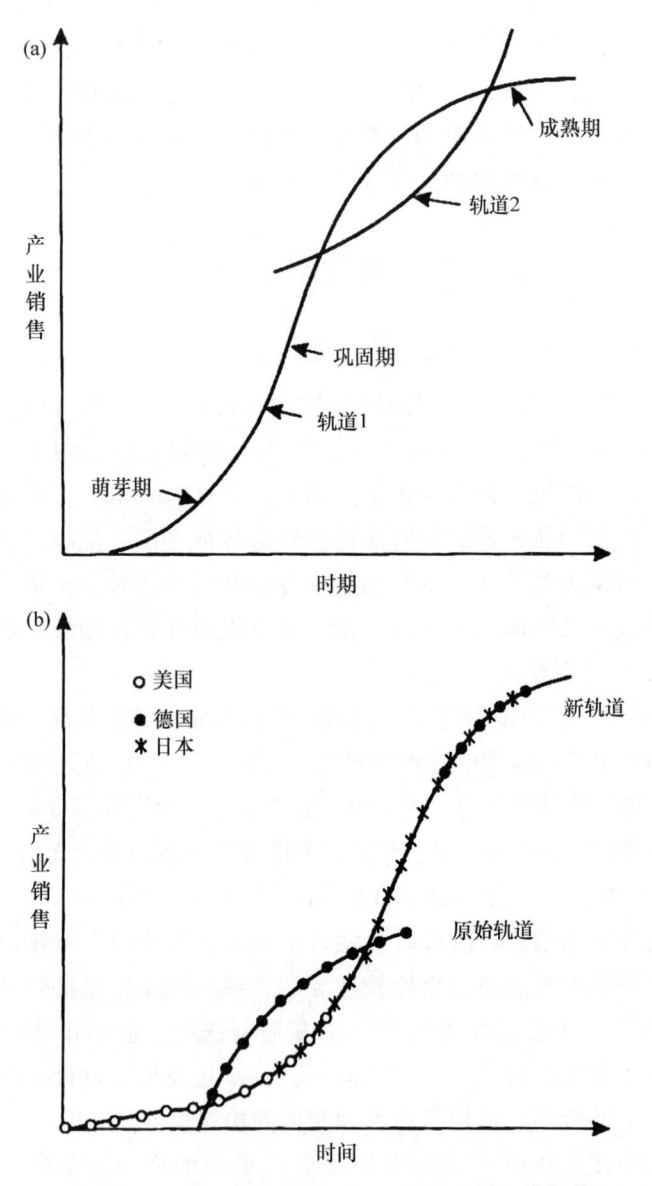

图 11-2 (a) 技术轨道；(b) 沿着技术轨道的国家实力

资料来源：Adapted from Henry Ergas, "Does Technology Policy Matter?", In *Technology and Global Industry: Companies and Nations in the World Economy*, B. R. Guile and H. Brook, eds., Washington, DC: National Academic Press, National Academy of Sciences, 1987: 226、231。

极参与研发。同时,这种体系需要有能力把资源从一个技术轨道转移到另外一个技术轨道上。而要想在成熟阶段充分地利用技术轨道,就需要高技术人才和精湛的生产工艺。厄伽斯认为,第二次世界大战后,美国在萌芽阶段具有相对优势;日本在巩固阶段具有相对优势,德国则在成熟阶段具有优势。很明显,本章中描述的汽车产业发展和厄伽斯的分析吻合。

在任何一个阶段,集中发展技术能力都有可能带来严重的后果。萌芽阶段的成功并不能确保生产率的迅速增长,也不能广泛地为产业带来更多收入;巩固阶段的成功取决于在新技术轨道刚从萌芽阶段产生时,就能迅速地从过时技术轨道转移到新技术轨道。在巩固阶段,很难取得生产率的增长。相对沿着自身轨道从巩固期过渡到成熟期的公司而言,巩固阶段的公司相对缺乏优势。

21世纪初,本章涉及的三个国家技术革新体系都将面临严重的问题。每个国家的教育和技术发展体系决定了其技术轨道(见表11-3)。第二次世界大战后,美国没有成功地提高效率和生产率,因此没有从巩固期过渡到成熟期。如前文提到的那样,这是因为充满活力的高新技术部门并没有带来相应的高新技术就业机会。在第二次世界大战后的大部分时间内,高新技术研发密集型产业所提供的职位主要集中在与国防相关的产业中。80年代初以来,研发密集型非国防产业中增加的就业机会与国防工业中减少的就业相当,彼此抵消。1996年,研发密集型制造业的就业人数不足制造业总就业人数(1850万)的1/3,更不足总就业人数(1.27亿人)的5%(Luker and Lyons, 1988; Riche et al., 1983)。

表11-3　20世纪80年代中期美国、德国、日本技术发展体系指标

指　　标	美国	德国	日本
国防相关研发开支占政府研发总开支比例(1981)(%)	54	9	2
各类产业研发资金占国家公共研发资金总额比例(1980)(%)			
高技术产业	88	67	21
中等技术产业	8	23	12
低技术产业	4	10	67
政府资助的研发在政府部门中的比例(20世纪80年代初)(%)	26	32	—

续表

指　　标	美国	德国	日本
劳动力中每 1000 个工人所对应的研究科学家和工程师人数（1981）（人/千人）	6.2	4.7	5.4
同年龄段中获得高等教育学历的比例（20 世纪 80 年代初）（%）	72	26	87

资料来源：Henry Ergas, "Does Technology Policy Matter?", In *Technology and Global Industry: Companies and Nations in the World Economy*, B. R. Guile and H. Brook, eds., Washington, DC: National Academic Press, National Academy of Sciences, 1987。

对德国来说，一个重要的问题是它是否可以进入新技术轨道更为有效的巩固期或萌芽期。德国专注发展一些已成熟的技术，而日本等国家有能力沿着自身轨道将一些产业带入成熟期，比如机床和汽车制造业。日本的问题是其技术发展体系能否在萌芽阶段变得更加高效。

20 世纪六七十年代，日本工厂在工艺技术方面建立了世界标准——提高生产率及产品质量。现在日本面临的技术挑战是，产品技术应该和工艺技术一样提高创新能力；而要从 90 年代的经济停滞中复苏，日本最主要的挑战则来自制度的创新能力，而非科学或技术。日本曾极力地保护国内工业、零售业贸易、金融服务以及农业等免遭国外竞争，但在出口迅速扩张的时期，支持这些低效能的领域进行发展付出了多大的代价仍然不为人所知。八九十年代，随着经济增速放缓，那些受保护免遭竞争的产业，其低下的生产率逐渐成为经济增长的负担。要打开日本国内市场，参与国内国际竞争，日本的产业结构需要进行一系列变革（Katz, 1998；Porter and Takeuchi, 1999）。

为什么第二次世界大战后美国企业在追求技术发展进入巩固期和成熟期时效率相对低下呢？内森·罗森伯格和爱德华·斯坦米勒（Nathan Rosenberg and Edward Steinmueller, 1988）用一种稍微不同的方式指出了这个问题。为什么美国企业是如此差劲的模仿者？为什么日本公司的仿造能力比美国强？原因在于日本有几个优势。第一，整个现代日本的发展史都是建立在创造性模仿的文化之上。第二，日本技术发展更加强调发展加工工艺而非产品技术。曼斯菲尔德（Mansfield, 1988）的研究发现，日本企业的研发预算只有 1/3 用于提高产品技术；剩余的 2/3 用于发展工艺技术。第三，产品技术主要关注技术的改进而非技术突破。

直到 80 年代早期，美国企业才意识到，日本产业有很多值得仿效的地方，日本企业在电气、电子、交通以及机械等领域具有很高的生产率，并且占据越来越大的市场份额；而在上述产业中，成熟的制造技能和技术同样重要。日本产业中值得模仿的并不是硬件设施，而是进行生产活动中存在的微妙而不易察见的方式，包括了研究与制造、设计与发展的紧密结合，以及与供应商建立的长期联系（Kenney and Florida, 1993）。

现在是时候回到本章开始时提出的问题了。交通、通信的发展以及财政资源、技术、商品流通性的增加削弱了国家技术创新体系的重要性吗？我们真的正在走进一个没有所谓德国、日本或者美国公司之分——"只有成功的公司"的时代吗？例如，在汽车制造业中，公司总部设置在某个国家，但在全世界范围内设立工厂或进行生产合作。北美、欧洲和日本工厂之间的水平和产品质量差距逐渐缩小。更狭义来说，美国和欧洲汽车制造商开始采用日本的生产方式，并模仿日本建立了与供应商之间的关系（Shimokawa, 1997）。每个国家内的汽车制造厂之间依然有很多主要差异。[①] 每个国家内部的产品质量也有很大差距。然而，这三个国家内表现最佳的工厂之间差距相当小（见图 11—1）。1998 年，戴姆勒·奔驰公司和克莱斯勒公司合并，由此引起了人们对汽车产业长期结构的疑问。将来会出现一个世界性的汽车产业吗？是不是仅会有 3—6 个全球性企业，外加少数几个"在夹缝中生存的"制造商呢？（《商业周刊》1998 年 5 月 18 日，pp.40—43）随着人们将焦点转移到早先实行中央计划经济的新兴工业国家或者相对欠发达的国家上，明显可以看出，国家体系在推动（或阻碍）技术和经济发展中起着重要作用。

即使三个国家的发展逐渐趋同，但国家体系之间依然存在巨大差异（Patel and Pavitt, 1997）。尽管三个国家研发投入在国家经济中的份额相当，但相对而言，美国仍然继续从公共部门分配更多的研发资金来支持与国防和空间技术相关的研究，同时将非国防研发的大部分资源用来发展基础性的生物和医疗健康研究（见本书第十三章）；而德国的产业研究继续关注那些自己长久以来具有优势的传统制造业，如汽车、机械、电子通信

[①] 《商业周刊》（Business Week, June 29, 1998: 36-38）中的一篇文章提出"如果福特可以做到，为什么通用做不到"这一问题。作者将原因归咎于通用汽车公司内失败的劳工关系，但这篇文章并没有提及福特在精益生产中取得的成功。

设备以及工业化学等产业。无论是日本还是美国都没有能与德国弗劳恩霍夫应用研究促进协会相媲美的产业导向型应用研究体系；同样，美国风险投资公司和新兴公司在新技术商业化中的突出地位，德国和日本也都是望尘莫及。

第五节 技术、贸易与竞争力

第二次世界大战结束后的半个世纪以来，美国技术在许多重要领域失去了领导权，日本和德国成功缩小了战后早期与美国在生产率及国民收入上的差距。除此之外，一大批新兴工业国家（如韩国、墨西哥）成为美国重要的成品供应商。美国原先认为自己会一直在高科技产品领域保持领先地位，但贸易平衡却不断下降，这一事实尤其让人难以接受。

20世纪80年代，美国的贸易赤字急剧增加，使其迅速从世界上最大的债权国变成了最大的债务国，这使得民众和专家都开始关注美国在全球市场中的竞争力问题。于是，大量有关"美国失去竞争力原因"的研究资料开始涌现。总的来说，这些研究从三个广义的角度探讨了美国失去技术领导权的原因，以及其他工业化国家拥有技术领导权可能给美国带来的挑战。[①]

第一种观点认为，美国的领导地位根深蒂固，不可动摇，一部分原因在于其他当下的发达经济体的产业发展起步较晚；另一部分原因是，第二次世界大战期间，美国主要的产业对手严重遭到破坏。第二种观点认为，没有全球经济的趋同，只不过是美国的产业在衰退。和英国100年前衰落的原因一样，美国也是由于没有充分利用技术发展机遇，也没有很好地组织经济活动。第三种观点认为，美国经济相对衰退是全球经济一体化出现的必然结果。在新的全球经济体中，随着一些新兴的发展中国家也开始掌握某些领域的技术领导权，国家边界和国家技术体系都不再起关键作用了（Nelson and Wright，1992：1933）。这三种解释都至少部分是合理的。

关于美国如何重拾其技术领导权以及在世界经济体中更具有竞争力的研究也有很多。第一种观点是，美国应强调宏观经济政策改革，从而提高

---

① 接下来的几段将重点引用尼尔森和赖特（Nelson and Wright，1992），也可参见克鲁格曼（Krugman，1990、1991、1997）。

资本形成的速度。有人认为,技术变革并不是空无实体(像许多有关经济增长的文献中所提出的那样,见本书第三章);相反,其主要体现为新资本设备的形式。日本钢铁制造商在碱性氧气转炉和连涛技术中增加投资、扩大生产时,其对手美国却在维修和保养过时的炼钢设施。低储蓄率和高资本成本迫使美国缩减投资,以一种短浅的规划眼光考虑资本投入。研究学者们敦促美国采取财政货币政策来避免对消费进行补贴,并鼓励提高储蓄率和资本形成(Hatsopoulas et al., 1988)。

第二种观点是,应发展"战略性"或者"管理性"贸易策略。有人认为,决定相对优势的不是传统贸易理论中的自然资源禀赋;技术变革所"构建的"或"创造的"优势才是相对优势的主要来源。由于技术外部经济和(或)货币外部经济,最初的技术领先或许可以转化为自我强化的相对优势(见本书第四章)。从这个角度来看,美国在喷气式客运飞机制造中的优势并不在于本国的自然资源禀赋,而是特定的历史环境赋予了美国在该产业发展中抢先起步的优势(Krugman, 1997: 129)。同样,人们认为正是日本政府对计算机产业发展给予的支持,才使得日本公司能应对IBM的最初竞争优势(见本书第九章)。战略性贸易的观点展示了一种更为复杂的"幼稚产业论",为贸易政策更积极地支持高新技术产业发展提供了依据。

第三种观点是,呼吁美国制定更加清晰的支持商业技术发展的公共和私人部门政策。这一观点的潜在前提是,第二次世界大战中美国国防导向性产业政策阻碍了科技知识运用到商业发展和产品工艺中。产业领导者们批评,德国和日本优先发展制造技术,而相对而言,美国对制造业的关注十分有限。"美国制造商没有从彩色电视机发展中获得最大利益的原因是,美国无线电公司及其他获得生产许可的企业在制造业中根本不具竞争力"(Teese, 1987: 91)。技术政策的支持者认为,美国应该更积极地发展"包罗万象的"或者通用技术,这样就可以增加未来高收入的工作机会,并且提高出口收入。

对技术、贸易以及竞争力的讨论将人们的关注重心从那些主要强调贸易收益(或者亏损)的分析上转移开来,而转向了国内经济效率和生产率的增长问题(Krugman, 1991: 811-815)。直到今天,人们的讨论也经常忽视技术变革的影响以及国际贸易对收入分配的作用。通常来说,技术革新对同一国家内的技术工人和非技术工人的收入分配有着重要影响。而相比对贸易效率或者生产率的重要影响,收入分配的变化更会造成自由贸易政策的支持者和反对者之间的政治关系紧张(见专栏11-2)。

专栏 11-2

全球化、技术与收入分配

传统的贸易理论清晰地指出了贸易自由化对收入分配的影响。斯托尔珀—萨缪尔森定理(the Stolper-Samuelson Theorem)明确指出,假设开放经济中有两种可贸易的产品,那么一种产品的相对价格上升将导致该产品密集使用的生产要素实际报酬或实际价格提高,而另一种生产要素的实际报酬或实际价格下降。如果一个产业(假设为电子产业)在生产中最密集使用的要素是技术性劳动,而另一个产品价格下降的产业(假设为纺织业)中最密集使用的是非技术性劳动,那么技术性劳动的实际工资就可能提高,非技术性劳动的实际工资就会减少。这种现象的原因在于资源(技术性劳动和非技术性劳动)会从纺织业中被抽调出来,转移到电子产业中。然而,由于电子产业生产只需要较少的非技术性劳动,因此对非技术性劳动的需求会减少,相应地,其工资率自然也会下降。

这种分析也可以用来解释贸易对不同国家内部收入分配的影响。假设贸易体系由高收入的"北国"和低收入的"南国"组成。北国生产电子产品,需要雇用大量技术工人;而南国生产纺织品,需要雇用大量非技术工人。北国对进口纺织品征收关税。

现在做个假设,两国签订贸易协定,取消关税。那么,顾客就可以低价购买棉纺织品,纺织品的全球贸易范围就会扩大。其结果对北国收入分配的影响就会类似于上文中单一国家内的情况——技术工人的实际工资提高,非技术工人的实际工资降低;而在南国,情况就会完全相反——非技术工人的实际工资增加。这种情况在意料之中,因为纺织业贸易的扩大(至少从短期来看)抬高了纺织品的价格,当然也就会抬高非技术工人的工资,从而缩小南国内部技术工人与非技术工人的工资差距。

很明显，现实中的实际情况比斯托尔珀—萨缪尔森定理中假设的情况要复杂得多。如定理预测的那样，北国的收入差距会越来越大。在美国，收入分配上的差距把整个社会一分为二：高收入高技能工人的优势群体以及低收入低技能工人的劣势群体。同样，其他发达国家也发生了类似情况，只是分化没有那么大。然而，令人们惊讶的是，即使在新兴的工业经济体中，也有证据表明工资差距在逐渐拉大，而不是如原来预料的那样逐渐缩小。

对上述情况可能的解释就是技术变革。有充足的证据证明，技术性劳动和资本是互补关系；非技术性劳动和资本是替代关系。在北国，技术革新的影响增加了资本和技术性劳动之间的互补性，因此，该国工资差距拉大的原因，除了从南国进口的劳动密集型商品价格下跌的因素外，还（至少部分上）因为技术变革的发生。

如果资本密集型技术以"交钥匙工厂"的方式直接从北国转移到南国，那么很可能会造成技术工人和非技术工人的工资差距拉大，尤其是南国正在快速进行工业化的情况下。假设，南国具备研究、开发以及设计的能力，能够用与本国生产要素禀赋一致的方式来发明或者采用技术，而不是简单地从北国进口"交钥匙"的工厂设备，那么是否就意味着，南国可以减少资本—劳动互补性的影响，从而避免所谓的"可悲性"增长呢？这一问题同样值得更广泛的探讨。另一个问题是，先进技术的迅速发展会在发达国家和发展中国家中创造出新的阶级结构（比如一个阶级主要负责构思和创造，而另一个阶级控制原材料）吗？

资料来源：Adapted from John S. Chipman, "Globalization, Technology, and Income Distribution", paper presented to the conference on "International Economic Justice: Theory and Policy", Minneapolis, Hubert H. Humphrey Institute of Public Affairs, November 14, 1997 (mimeo). See also Per Krusell, Lee E. Ohanian, José-Victor Rios-Rull, and Giovanni L. Violante, "Capital-Skill Complementary and Inequality: A Macroeconomic Analysis", Minneapolis, MN: Federal Reserve Bank of Minneapolis Research Department, Staff Report 239, September 1997.

20世纪八九十年代，在全球经济发展日趋不平等的局面下，美国成了全球领导者。管理者和技术工人的工资提高了，而非技术工人的工资下降了。在其他发达国家甚至几个新兴工业国家中，也产生了类似但相对较小的工资差异。这些变化激发了劳动经济学家和贸易经济学家热烈探讨造成工资率差异的原因。劳动经济学家倾向于把差异归因于贸易自由化的影响；而贸易经济学家则倾向于认为是技术变革造成了对技术工人和非技术工人不同的需求。

第六节 观点透视

关于科学和技术政策的讨论往往集中在两个密切相连的命题上。一个观点是，以科学为基础的产业代表了某些前沿部门，它们试图广泛地推动和塑造技术变革以及经济增长。另一个观点是，高工资经济在国际市场的竞争力越来越依靠以科学为基础的产业，政府的指导和帮助是此类产业出现并繁荣的保证。两种观点都有一定道理（Nelson，1984）。但一个和最新科学发展毫无关系的产业也可以扮演领先部门的角色。汽车产业最初开始于美国，接着在德国和日本得以发展，就是一个典型的实例。相反，一个国家也可以在成为科学技术新知识主要来源的同时，却无法实现从生产率和人均收入增长中获取经济利益（Broadberry，1994）。

在本章和前面几章中，出现的一种很有说服力的结论是：科学教育和研究的优势是以科学为基础的新兴产业创新能力的前提条件。有些国家的资源禀赋或经济发展阶段与最先发展技术的国家之间的差异非常大，那么这些国家为了对先进的工农业技术进行调整（以适应自身资源禀赋和经济环境）及扩散，科学教育和研究也至关重要。美国在科学和工程学中遥遥领先，因此自第二次世界大战以来一直是以科学为基础的新兴产业的源头；而在中等技术教育和产业管理方面的劣势时常成为美国充分从科学技术创新中获利的绊脚石。德国发展了优质的技术教育和劳动技能培训。而日本在制造业加工中取得了巨大的成功，并且在许多技术及科学领域处于领先地位，这都与日本国民高水平的通识教育和技术培训密切相关。日本有能力在产品质量和工艺技术上对德国提出挑战。而对日本来说，最大的困难就是如何更有效地挑战美国在以科学为基础的产业创新中的领导地位。

20世纪90年代初以来，日本（及东亚）和德国（及西欧）经济增速放缓，而美国经济却在不断增长。这使经济媒体甚至一些分析家都认为，没有必要再担心美国的竞争力了——"华尔街已经赢了"（Murray，

1997）。美国再次捍卫了自己在半导体、软件等高科技和技术密集型产业中的领导权。与此同时，日本经济下滑，东亚的一些国家经历了严重的经济危机。而自从和民主德国合并后，高失业率严重阻碍了德国经济的发展。20 世纪 80 年代末，美国、日本、德国以及其他经合组织国家生产率趋同的进程似乎放缓了。

美国正在经历第二次世界大战以来最长的一个经济持续增长时期，一些观察家因此宣称美国进入了一个在技术和经济上取得统治地位的新时代。《美国新闻和世界报道》的主编莫泰米·扎科曼（Mortimer Zuckerman）认为，相比以前发展批量生产产业经济，美国更适合发展如今这种以不断变化的知识为基础的经济（Zuckerman，1998：23）。但保罗·克鲁克曼（Paul Krugman）却认为，"美国是世界第一的认知太言过其实了。美国的貌似强大只不过是因为相比之下，其他国家这几年经济状况不太好而已"（Krugman，1998：45）。

笔者认为，本章所讨论的三种国家体系要想在 21 世纪前几十年取得生产率的快速且持续增长，都将面临诸多困难。美国会面临收入分配之间的巨大差距，以及优质教育和医疗服务不足等问题，这些问题在 20 世纪的最后 25 年里出现了；美国将被迫完成科技创新体系的重构，以满足冷战后大环境的需求。教育、医疗改革的目的是加快人力资本积累的速度，以保证生产率持续增长（Van Opstal，1998：99）。日本则会加快大型传统服务型经济的现代化，尤其是金融市场，以维持其世界一流的制造能力；其政治体系必须能适应经济政策的过渡，从适合"发展阶段"的政策过渡到自由的政治经济政策中。而德国（更广义来说，整个欧洲）会面临欧盟政治、经济一体化的难题。如果要发展先进技术，欧盟还必须进一步扩张，将先前施行中央计划经济的中欧国家纳入进来。

鉴于还不确定未来究竟还会面临哪些困难，因此如果到了 21 世纪下半叶，本章中对美国、日本以及德国国家创新体系发展轨道的预测显得不够成熟甚至幼稚，就不足为奇了。毕竟，展望未来相比反思过去要难得多。

第十二章 技术、资源与环境

人们坚信，运用科学解决实际问题是人类不断进步的坚实基础。在美国思想史、文化史和经济史的发展中，这一信念从未改变。第二次世界大战后的20年中，科学和技术迅猛发展，经济也飞速增长；三者紧密相连，似乎更进一步坚定了这种信念。美国农业技术革命的发生、产业生产率的提高、科学在军事和航天空间技术中的运用以及商业周期的实际消除等也更加强化了人们的这一看法。[1]

然而，20世纪60年代中期，美国得以在科学技术领域领先世界的发展模式受到了知识分子和民粹主义者的质疑。他们认为，战争的爆发、环境的恶化以及社会心理的快速转变无不与现代科学技术有关，并且明显地威胁到了当今人类及后代的生存。这样一来，人们严重质疑科学进步、技术改革及经济增长对人类来说是否真的是福祉。

本章主要讨论不断变化的资源禀赋与技术、制度革新之间的关系。工农业集约化的外部性和溢出效应迅速提高了先前开放的自然资源的价值。自工业革命以来，相对原材料和资本，劳动力的价格增加了，这极大地推进了技术变革的步伐。20世纪后半叶，开放自然资源价值的提高同样刺激了技术和制度改革，包括水、空气、自然环境在内的资源在经济市场中显得极为短缺。于是，人们开始努力进行制度创新，遏制阻碍经济发展的外部因素。制度创新第一阶段包括制定新的规章制度、限制向环境中排放废弃物；而从20世纪80年代开始，规章制度得到了补充、添加了一些经济刺激方案，纠正了早期"命令加控制"的扭曲经济发展方式。本章后面部

---

[1] 特此感谢桑德拉·阿奇博尔德（Sandra Archibald）、杰伊·S.柯金思（Jay S. Coggins）、威廉姆·K.（William K.）、伊斯特（Easter）、格鲁贝勒（Arnulf Grubler）等人对本章早期稿件给予的建议。本章中的许多问题在达斯古普塔和梅尔（Dasgupta and Mäler, 1995）的一篇调查报告中有所提及。

分要谈及的一个例子就是旨在限制燃煤发电厂二氧化硫排放的排污权交易。

第一节 三股关注热潮

第二次世界大战后,美国对自然资源的关注经历了三股热潮,关注的是自然资源能否支撑经济的稳定增长(Bennett,1949)。

一 经济增长的资源条件

20世纪40年代末50年代初,未来经济发展以及地球自然资源可利用限度的问题成为人们关注的焦点。战后的第一波关注热潮主要聚焦于资源可利用性和经济增长之间的量化关系——土地、水、能源、矿产及其他自然资源是否足以维持经济发展。1952年,美国总统材料政策委员会(简称为帕雷委员会)得出结论——"在美国,常见、廉价、易获取的自然资源即将用尽"。在帕雷委员会发布报告50多年后的今天,国家产出中的自然资源组成不断减少;而资源部门的相对就业率和绝对就业率都下降了(Barnett and Morse,1963;Ausubel and Sladovich,1989)。如果该委员会现在再来做一次调查,肯定会得出不同的结论——有大量的证据表明"以前不为人们发现的资源现在出现了,以往昂贵的资源现在变便宜了,以往不可获取的资源现在可以获取了"(Ruttan,1971:708)。高昂的价格总是会激励人们努力探索新资源、充分利用旧资源、用更丰富的资源来替代相对稀缺的资源。

二 对环境服务的需求

第二次世界大战后,除了自然资源基础能否维持经济增长这一传统担忧外,人们又开始担忧起环境是否有能力吸收及化解经济增长造成的污染。这就是第二股关注热潮。两种类型的环境服务需求之间发生了尖锐的矛盾。第一种是对传统环境服务需求的日益增长。这种环境服务能够吸收商品生产及人类消费带来的废弃物——水中的化学物质、隔热材料中的石棉、食品中的杀虫剂、空气中的雾霾以及生物圈中的辐射性物质等;第二种需求是,由于人口数量和人均收入的增加,消费者对环境舒适度的需求日益增加,比如洁净的水及干净的空气。这两种环境需求之间展开了一场角逐（Ayres and Kneese，1969）。这些担忧导致了人们对于经济增长限制因素的激烈争论——环境质量能够与经济增长协调发展吗（Ehrlich and Ehrlich，1970；Meadows et al.，1972；Nordhaus，1973b）？要解决这些问题，就必须进行制度设计，鼓励私人企业以及其他组织机构共同承担商品生产外部性所付出的代价。

三　全球变化

自20世纪80年代末以来，除了对早期自然资源和环境的两种担忧外，又多了一种，这就是第三股关注热潮。这种新的担忧主要关注跨国性的环境变化，如全球变暖、臭氧耗竭、酸雨、国际水域污染等（Committee on Global Change，1990；Committee on Science，Engineering and Policy，1991）。[①] 要解决这些问题所需要进行的制度创新更加困难，因为正如这种环境变化是全球性的一样，进行相应的制度创新也需要跨越国界或者说国际化。人们曾试图设计激励相容的跨国制度创新，甚至还制定了还算成功的《蒙特利尔协定书》，旨在减少消耗臭氧层的化学物质的排放。然而，这些尝试都表明，解决国家之间责任分配的公平性问题相当困难，尤其是因为现在还无法确定环境改变的幅度及其造成的影响（Lambright，1995）。这些困难严重阻碍了制定和实施有效跨国机制（解决全球变暖等问题的机制）的速度（Rutta，1994a：9、10）。

另外一种焦点的转变是，20世纪60年代人们担忧的是"经济增长的限制"这一问题，但70年代人们既关注环境质量问题，同时也关注经济的可持续性发展。这种转变反映出，要想说服富裕国家控制其经济增速是不可能的，说服贫穷国家放缓追赶富裕国家的脚步也是不实际的。于是，人们开始努力寻求一种可持续性的方式来实现经济增长（Pearce and Warford，1993：7；National Research Council，1999）。

第二节　资源经济学

早期的自然保护运动（也称为保育运动）和环境保护运动充分利用了

---

① 人们把"全球变化"定义为"一种转变过程，在真正意义上的全球范围内发生，但也同时发生在较小的范围内；无论范围大小，这种过程都无处不在，具有全球性的重要意义"（Grübler，1998：3）。全球范围内的例子有全球变暖问题，小范围的实例之一是城市空气污染。

大众和知识分子的智慧。

> 从技术角度来说，自然保护运动是成功的，主要关注的是自然资源的有效利用，通过合理、高效地使用自然财富，从而避免浪费。此外，自然保护运动的领导者努力向政治当局揭示替代资源和环境问题可能造成的后果。而环境保护运动的方向更加明确，试图详细说明人类经济活动无意中对环境造成的破坏往往是巨大的。（Marcus，1994：413）

本节和接下来几节将会讨论资源经济、环境经济和生态经济等学科分支中所涉及的主题及相关概念。① 尽管这些学科分支的主题稍微有所不同，但从分析法和策略的角度来看，它们主要关心的都是人类活动产生的外部效应。② 接下来的部分将首先在传统资源经济框架下探讨技术变革在改善、恶化或者耗用自然资源禀赋方面所充当的角色。谈论这些问题时，考虑一下使用不可再生资源和再生资源两种情况下各自应遵循的基本原则，会有很大帮助。

一 不可再生资源

不可再生资源的一个显著特征就是，这种资源作为生产投入进行使用时会被用尽。第二个特征就是资源的储存总量由自然决定。人类可能会不断发现新的资源储藏，但已经开采的资源和未发现资源的总量是一定的，至少从经济学意义上的地质年代来说是一定的。即使不可再生资源可以循环使用，以上观点也站得住脚。要想恢复已经消耗的不可再生资源，无论在技术上还是在经济上都不可能实现，例如，我们不可能从一吨使用过的原铜中再重新得到一吨。每轮循环利用的过程中都伴随着资源的流失。

---

① 有关资源经济领域发展的详细回顾，可以参考尼斯（Kneese，1995）。本节及接下来几节所要讨论的问题的相关初步探讨，可以参考奥茨（Oates，1999）。

② 只要一个个体（无论是一个公司还是一个家庭）的福祉取决于其他个体的活动，那么外部性就会存在。"外部不经济"这一术语是指生产或消费给其他人造成损失而其他人却不能得到补偿的情况。燃煤发电厂产生的烟雾污染就是外部不经济的例子。"外部经济"则是指受影响的一方从外部性中获利的情况。研发所带来的收益并不归属于进行研究的公司，这就是外部经济的实例。不能依靠具有外部性特点的市场来实现资源的有效配置。无论"外部不经济"还是"外部经济"，它们都是"市场失灵"后的产物（Scitovsky，1954；Tietenberg，1992：51-54）。

确保未来有足够的不可再生资源比维持工厂和设备等可再生资本难得多。[1] 即使可再生资本整体遭到破坏，过一段时间都能恢复——甚至有时恢复的速度相当快，第二次世界大战后德国和日本就发生了这样的情况。相反，如果世界上的化石燃料储量遭到破坏，就无法重新创造了（Common，1975：8）。在简单经济中（资源开采没有经历技术变革的经济），维持消费的基本原则是，对可再生资本的投资（包括实物投资和人力投资）必须和不可再生资源的经济消耗量相当。实际上，自然资本的减少必须由其他形式的资本增加来抵消，以维持消费水平。这意味着生产资本无论以矿产资源的形式还是以可再生资本的形式一代代流传下去，都是一个效率问题而不是代际公平问题（Hartwich，1977：972-974；Solow，1986：143）。

有一些可再生资源受到了保护，一直没有被开发；而未开发的不可再生资源无法为人类提供服务，因此必须对那些选择保护资源而非消耗资源的人给予补偿。哈罗德·霍特林（Harold Hotellin，1931）第一次阐述了在极其简化的条件下（稳定的边际开采成本、销售资源型产品的竞争性市场、对资源储量准确了解等），经过萃取的资源性产品的价格将会随着其他收益同时提高——这种收益指的是可以通过持有一些其他相对安全的资产（如美国短期国债）来获得的报酬（Pindyck，1978；Berck，1995）。

在更为复杂的现实生活中，必须修改霍特林模型。[2] 开采成本的变化会拉大储藏资源与资源型产品在价格上的差距。如果成本随着开采延伸至较为边缘的矿藏而上升，那么产品价格上升的速度会比市场利率或者折现率提高的速度都要快得多。而如果由于技术变革，开采成本降低了，那么产品的价格也会下跌。因此，在更为复杂的经济体中，自然资源租金（地下资源的价值）和资源开发带来的利润率取决于保护资源及开采资源的成本。[3]

---

[1] 当然，通过能源密集性技术，促进较低质量矿物的开采，从而获得更多的自然资源，也是可能的。生产铜就是一个例子，萃取电积法能够使生产者从废料堆中获得具有商业价值的铜。在原来使用低效率的萃取方法时，这些废料堆都是要丢弃的（Tilton and Landsberg，1999）。

[2] 20世纪60年代，人们再次对霍特林的研究产生浓厚兴趣，很多有关不可再生资源的经济学理论研究就是从这时开始的。这些理论研究试图详细阐述霍特林模型，以糅合更多的合理假设，包括开发成本、消耗成本、技术变革以及不确定性等（Hartwich，1977；Solow，1974；Fisher，1979；Smith，1979，1980；Farzin，1995）。

[3] 资源和资源型商品两个互相联系的市场的存在，抑制了资源市场及商品市场中的不均衡倾向（Solow，1974）。

60年代早期，巴奈特和莫尔斯（Barnett and Morse，1963）进行了一项研究，他们使用霍特林分析法来判断自然资源是否越来越稀少。地质学家和政策分析家传统上使用自然资源的潜在储存量来衡量资源短缺的程度（见图12-1）。然而，巴奈特和莫尔斯认为，一个判断短缺的适合指标应当能够反映出获取资源的可能性——"为了获取资源必须做出的直接或者间接的牺牲"（Fisher，1979：252）。他们制定了两项衡量资源短缺的指标。一项指标建立在单位开采成本之上，巴奈特和莫尔斯称为"弱检验"；另一项建立在自然资源型产品的价格上，这种价格是相对于其他部门商品的价格而言的，称为"强检验"。强检验符合费希尔的标准，那就是，直接或者间接的牺牲应当成为衡量资源短缺程度的指标。①

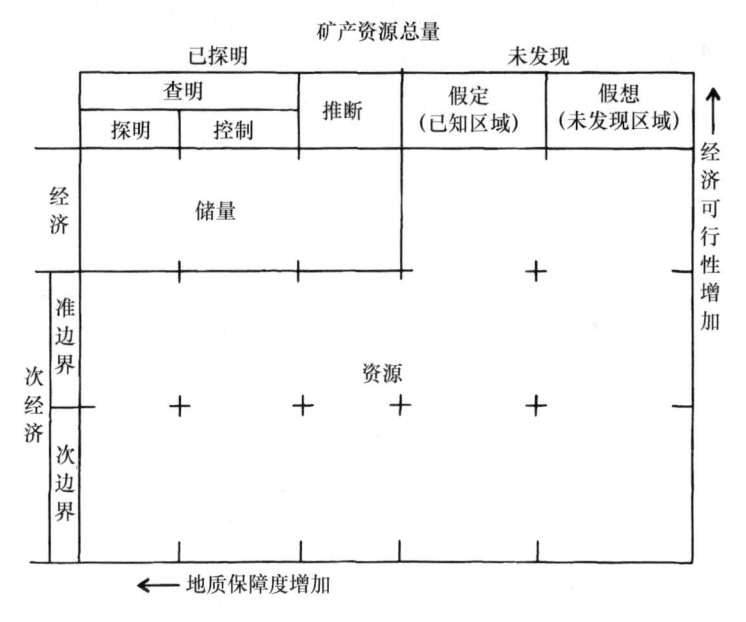

图 12-1　美国地质调查局的分类体系 [麦凯尔维专栏（Mckelvey Box）]

资料来源：V. Kerry Smith，"The Evaluation of National Resource Adequacy: Elusive Quest on Frontier of Economic Analysis"，*Land Economics*，(August，1980)：266。

---

① 巴奈特和莫尔斯使用的单位成本标准指的是，单位开采产出量所需要的资源投入量（Smith，1980）。斯密斯（Smith）认为单位成本检验具有古典主义的特点，而价格监测则具有新古典主义的特点。西奥多·W. 舒尔茨（Theodore W. Schultz，1951）在早前的一项研究中也有类似的发现；他的研究表明，相对于劳动和资本，美国和英国用于农业生产的土地减少了。然而，在一些贫穷国家中，自然资源提供的服务在生产和消费投入中占据很大比例。

巴奈特和莫尔斯（1963）的发现出乎大多数观察家的意料，包括：（1）1870—1960 年，所有资源型产品的平均开采成本都下降了；（2）同一时期内，几乎所有资源型产品的实际价格都略微下降了，只有立木（形成森林主要部分的树木的总和，亦指林地上未伐倒的活着的树木）的价格是一个例外。1979 年，通过使用较长数据序列进行再分析，巴奈特得出的新分析结果和之前的结论相吻合（Barnett, 1979: 186）。70 年代末，经济学家普遍接受了这个观点，即价格体系提供了最有效且适用的指标来衡量资源短缺程度。如果资源型产品（如原油和小麦）的实际价格相对一般产品价格长期下跌，就可以看作资源短缺现象减少的准确标志；而如果资源型产品的价格相对一般产品价格长期上升，就可以看作是资源短缺恶化的标志。

巴奈特—莫尔斯方法的可靠性遭到了很多来自理论层面的挑战（Dasgupta and Heal, 1979: 464-469; Berck, 1995; Farzin, 1995）。其中之一是，原材料本身的价格几乎不可能被确定；只有加工后的原材料才能明确地显示出价格来，而且这时的价格受到诸多因素的影响，如加工技术的资本密集程度以及产地原材料市场的不完善等。用加工后的原材料价格衡量资源短缺程度并不准确。比方说，市场价格无法反映煤矿产业给环境造成的溢出效应。还有一些理论层面的质疑围绕着一个问题，那就是开采成本降低对资源耗竭速度的影响。如果较低的开采成本导致了资源的迅速消耗，那么相对没有技术变革的情况下，资源租金就会更加迅速地上涨（Farzin, 1995）。

也有人通过运用更精确的数据分析法重新整理历史数据，对巴奈特—莫尔斯研究的结论产生置疑。70 年代末期，巴奈特在美国未来资源研究所的同事凯里·史密斯（Kerry Smith）发现，并没有充分的证据可以支撑巴奈特—莫尔斯"资源稀缺度减轻了"的结论（Smith, 1979、1980）。数年后，玛格丽特·斯莱德（Margaret Slade）对数据进行了再分析，她提出，大多数不可再生资源产品的实际价格遵循 U 形时间曲线——这反映为，在初始阶段，资源发现和生产率提高等问题比资源消耗以及开采成本的问题更为突出；而在资源开采的后期阶段，资源消耗和开采成本问题会更为突出。10 年后，穆阿扎米和安德森（Moazzami and Anderson）对斯莱德的结论再次进行了研究，结论如出一辙。70 年代末 80 年代初的这些考证和批判所造成的影响，在今天似乎没有再那么引人注目了。这是因为八九十年代，能源的实际价格一直处于下滑趋势，大多数矿产资源的实际价格也下降了（Nordhaus，1992；Simpson，1999）。

要解释为什么现代生产活动明显成功地减少了资源耗竭的问题，人们经常提及以下因素：（1）用其他投入代替不可再生资源；（2）资源短缺诱导的技术变革。从技术层面来说，单纯依靠经验和估计在资源投入及其他因素之间寻找短期的灵活性替代能源，往往不太容易（Binswanger and Ruttan，1978：235-239；Smith，1980；Thompson and Taylor，1994）。如果没有资源节约型技术变革，且资本和自然资源之间的替代弹性不够充分，那么消费最终肯定会降至零（Smith and Krutilla，1984）。因此，在缺少资源节约型技术变革的情况下，替代投入的影响主要是为了减缓资源价格上升的趋势。

上面提到的第二种因素——资源节约型的诱导性技术变革——似乎是不可再生资源实际价格下降更为重要的一个原因。乔根森和弗朗梅尼的研究（Jorgenson and Fraumeni，1981）表明，1957—1974年，作为研究对象的36个产业中，有29个产业的技术变革与材料节约及能源使用有关。资源节约型技术变革增强了替代投入的可能性。显然，能源价格相对其他原材料价格的下跌促进了技术革新，帮助人们找到了能源的替代品，替代开采、加工以及使用中的原材料（见本书第七章）。

诱导性技术变革与后备技术的发展密切相关。[①] 人们往往会等到资源缺乏的实物指标和经济指标变得日渐明显后，才会投资技术开发，并充分利用后备技术。为了使后备技术经济可行，通常需要付出大量心血。例如，直到明尼苏达州米沙比矿场高质量的矿石即将消耗殆尽时，钢铁公司和明尼苏达州大学里的一些研究者才开始努力发展技术，以开采储量丰富的低级别铁燧岩；同样，美国的铜生产商受优质矿藏即将消耗殆尽以及国外竞争的刺激，也开始寻求更加高效的开采技术（Slade，1982；Tilton and Landsberg，1999）。

笔者认为，发生在资源开采、后备技术开发及运用、原材料利用等领域的诱导性技术革新，使得不可再生资源缺乏问题的紧迫性降低了，不像美国国家材料政策委员会报告（1952）或70年代的资源评估中所提到的

[①] 后备技术可以为可耗尽资源提供大量替代品，成本合理，而且能确保"遏制需求价格"等同于边际成本。前文提到的斯莱德（Slade）对铜的研究中，较低级别的矿石就是后备技术的实例。

那样紧迫（National Commission on Materials Policy，1973；National Commission on Supplies and Shortages，1976）。

然而，有关不可再生资源的研究文献有很大的局限性。大多数文献只是狭隘地关注物质资源的直接使用，比如生产、消费所需原材料的投入，而资源开采以及使用这些资源所产生的废弃物的溢出效应（如空气和水的污染）在传统的资源经济学研究中很少受到关注；至于整个开放性环境所提供的服务（如资源性商品生产中的材料投入）则无论在建模研究还是实证研究中都被忽视了。[①]

二　可再生资源

与不可再生资源相比，只要环境适宜，可再生资源能够源源不断地为人类提供服务。因此，只要管理科学，土壤就可以长久地供人们使用；大气污染物、微粒以及各种污染气体会随风雨扩散；如果污染减少了，特定气域内的空气质量就可以在很长时间内维持在可以接受的水平。可再生资源提供的服务是减少还是增加，这都取决于资源管理。

即使在一个非常简单的经济体中，长时间维持可再生资源消耗量的基本标准也要比维持可耗尽资源消耗量的基本标准复杂得多，很多可再生资源即使在大量损耗或退化后，也能自我更新，水就是一个例子。水通常有自我净化功能，但这种功能取决于污染物在水中的沉积量。如果长年来污染物的水平过高，那么即使污染度降到了可接受水平，水也需要很长时间才能再生。另一个例子是鱼和其他野生动物；如果消耗过多，那么某个物种就有可能变得濒危，再生能力也会受到破坏。

可再生资源的产量通常取决于资源是在何种制度下开采——开放的、公共的、私人的还是国家产权制度下的？佘雷尔瑟·万初普和毕晓普（Ciriacy-Wantrup and Bishop，1975）首次区分了开放财产和公共财产的概念。在公共财产机制中，有相对稳固的规范及协定框架来管理公共资源使用权。这样的例子很多，比如瑞士的村庄管理着村民在集体共有的阿尔卑斯牧场放牧的权利；印尼的村民互相合作保护、管理珍珠母贝的收获（Netting，1972；Ruttan，1998）。相比之下，在开放体系中，对个人使用

[①] 参见克鲁梯拉（Krutilla，1972）、豪（Howe，1979：256-329），以及斯密斯和克鲁梯拉（Smith and Krutilla，1979）。

权没有强加规范；因此，如果使用权由开放机制进行管理，那么除非改变财产权，否则资源会被开采到很难恢复的程度，甚至在某些极端情况下，根本不可能再恢复。① 区分开放机制和公共机制对于制定合适的资源管理政策相当重要。开放体系的问题在于人们可以无条件地开采资源。这些问题出现在很多结构上相似的领域，比如捕鱼、石油和天然气的开采、地下含水层的消耗以及空气或水资源的消耗和恶化等（Runge，1981）。

以捕鱼业为例，某一物种是否会濒临灭绝取决于相对水产市场价格的捕鱼成本。捕鱼的成本越低，人们就会捕捉越多的鱼，水产资源就越可能枯竭。随着捕鱼技术的改进（比如更大的拖网渔船以及更有效的渔网等），捕鱼的成本降低了，这样就很容易达到水产生物再生所能承受的最低水平。但渔业公司为什么没有预料到密集捕捉所带来的影响，从而像管理不可再生资源那样来限制捕鱼量呢？传统观点认为，这是由于渔业公司没有意识到任何汇水区的物种数量都是动态的；况且没有任何自然指标能够提醒渔业公司捕鱼量已经超过了再生临界点。

达斯古普塔和希尔（Dasgupta and Heal，1979）认为，对于纯粹的开放体系，最理想的政策应包括两种可以替换使用的措施。一是在汇水区按照捕鱼种类的单位数量进行征税。这样做合乎情理，因为在一定自然环境中的物种具有积极的"影子价格"或价值；而在不受管制的开放体系中，这种价格或者价值被渔业公司所忽略。二是在汇水区内按渔船征税。如果将汇水区看作是不受管制的公共财产，那么哪怕多增加一艘渔船都会给已经在该区域作业的渔船带来额外的成本，这是渔业公司不愿意承担的；因此从这点来看，按渔船征税的措施也是部分合理的。当然，人们可以在有或无政府支持的情况下，集体合作对资源进行管理，包括按捕鱼量或渔船征税。然而，目前很多世界级的大型渔业公司是在所谓"有规定的开放体系"中作业的。在有规定的开放体系中，渔业公司自由进入捕鱼区，但是必须遵守相关规定，比如渔具、渔场准入以及捕鱼季时间等限制。霍曼斯和威伦（Homans and Wilen，1997）认为，这些规定应该被看作由内生性

---

① 在早期几部重要的资源经济学和环境经济学著作中，使用了"共有财产"这一术语来指代开放财产和公共财产（Hardin，1968；Dasgupta and Heal，1979；Baumol and Oates，1975）。开放财产没有财产权，没有准入准出的限制；而公共财产权有明确的归属权。哈丁（Hardin）的文章已成为广泛争议的话题。更详细的资料回顾可以参阅菲尼等人（Feeny et al.，1996）。更详细的分析方案可以参阅朗格（Runge，1981）。

决定的。水产数量的生物动态性、捕鱼产业的经济行为以及捕鱼技术的革新共同推动了这些规定的出台。这样一来，先前开放的水产资源就变成了准公共财产。

第三节　环境经济学

生产和消费所需的材料最终都会以残渣的形式进入环境中。① 环境经济学关注的焦点是如何对这些残渣（或者污染物）的排放作出规定，以及对环境舒适度进行评估。这与资源经济学形成了对比，后者主要关注的是原材料在生产过程中的使用和加工（见图 12-2）。

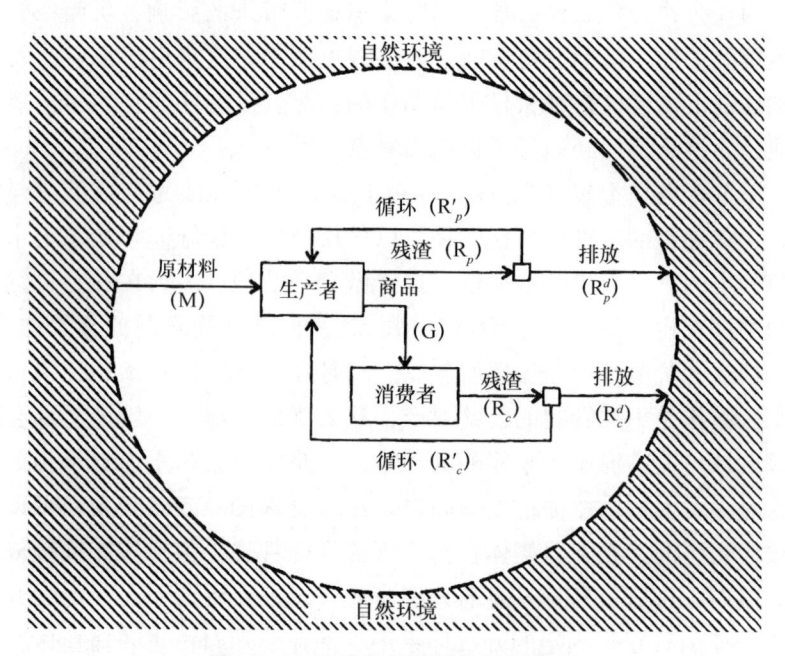

图 12-2　环境及经济的物料平衡观

资料来源：Barry C. Field, *Environmental Economics*: *An Introduction*, New York: McGraw-Hill, 1994, p. 24. Reproduced with the permission of The McGraw-Hill Companies。

---

① 克尼斯（Kneese, 1964）第一次把这种观点引入经济学中，后来艾尔斯和克尼斯（Ayres and Kneese, 1969）、克尼斯等人（Kneese et al., 1979）以及马勒（Maler, 1974）对此进行了更为详细的阐述。克尼斯曾主持有关污染物治理的未来资源项目，对这一项目成果的总结请参看克尼斯和鲍尔（Kneese and Bower, 1979）。

我们可以想象，在前工业化社会里，人类和环境之间存在着合理的平衡：动植物可以满足人类的需求，废弃物质再循环到自然界。但即使在原始和远古时代，技术和能源也同样限制着处理人类活动废弃物的能力。工业革命以来，原材料的大规模提取以及化石燃料的大量开采加剧了这样一个问题：在不危及人类社会可持续发展的情况下，应该以何种方式来处理人类活动所带来的废弃物？本书前几章研究的一些产业［如农业（第六章）、能源产业（第七章）以及化工产业（第八章）］都是导致环境恶化的罪魁祸首。

20世纪下半叶，工业经济面临着巨大挑战，人类对环境服务的需求不断增加，这对无弹性供给造成了很大压力。[①] 这种日益增长的需求是以下冲突的产物：（1）以前，人们对环境的要求是环境能够同化、吸收产品生产和消费中产生的残渣；（2）现在，消费者对环境舒适度的要求越来越高——对环境服务的直接消费需求越来越高——这是源于人均收入的快速增加以及环境需求的高收入弹性（如免于环境危害以及享受自然环境）。20世纪末，随着更多的贫穷国家经历了工业化、人均收入增加，这些问题就不仅局限于富裕国家了。

一　外部性

环境经济学的中心问题是如何管理生产和消费产生的外部效应。这一问题出现在快速发展的现代社会以及正在经历现代化的社会，其原因是之前人们出于市场交易的目的，一直低估开放资源（如水、空气、自然环境）的实际经济价值。一些经济学文献将这种情况称为市场失灵。

生产理论指出，如果一种要素投入的市场价格是零（或接近零），则该要素投入将被使用，直到其边际产品对公司的价值接近于零。即使边际社会产出可能为负，上述情况同样会发生。在一个技术迅速变革的环境中，如果开放资源的定价低于其边际社会价值，人们就对技术变革的方向产生偏向性，并加大对定价等于或者低于其边际社会价值的资源的需求。相比在特定的生产水平或既有技术的限制情况下人们对可代替物的需求，

[①] 有关环境和生态系统服务更为详细的讨论，可以参阅戴利（Daily, 1997）。戴利使用的"生态系统服务"这一术语包括：（1）生产系统商品，如自然环境的物料产品；（2）生命保障功能，如清洁、循环以及更新；（3）自然环境的美学和文化特征。

这种需求会增加得更加迅速（见本书第六章；Ruttan，1971；Smith，1972）。因此，相比以静态技术或者无倾向性技术变革为特点的社会资源，开放资源会遭到更大的压力和破坏（见本书第二章，附录 A）。这种影响会加速破坏环境服务私人成本和社会成本之间的关系。但如果有某种制度能够充分地展现出开放资源的价值，那么就会发生技术变革，从而减少排放到环境中的废弃物（见本书第四章）。

就如何制定相关政策和制度来应对外部性的问题，经济学家庇古（Pigou）在其经典著作《福利经济学》（*The Economics of Welfare*）中首次提出，可以通过征税和补助相结合来处理这个问题（1932：172—205）。然而，更多的经济学家倾向把外部性问题看作一种偶发事件。除了社会主义市场的研究文献讨论过庇古的提议之外，其建议几乎被完全忽视了；直到 20 世纪 60 年代，人们开始关心环境恶化问题，才重新对庇古分析的准确性展开激烈讨论。[①]

20 世纪六七十年代，专业化的讨论主要聚焦于对废弃物的产生和处理进行公共干涉的必要性及合适的形式。这个争论在科斯（Coase，1960）那里得到了发展，他认为政府没有必要进行干涉，因为环境保护主义者和污染的受害者会主动直接地进行协调，减少污染活动。有人批评科斯的这种看法，他们认为，环境保护主义者和污染受害者之间的协商会造成过高的交易成本。鲍莫尔（Baumol，1972）回应了科斯的观点，他表明，在极其简化的条件下，对污染源征收庇古税——让污染者付费——可能是最合适的选择。穆勒（Mäler，1974）进一步表示，如果环境管理者可以获取适当的信息，那么在相同社会成本的前提下，不管是制定环境标准还是征收费用，都可以实现相同的环境目标；结果的区别仅在于分布效应不同。鲍莫尔和穆勒都没有把技术变革融入自己的模型中。而在将技术变革考虑在内的动态模型中，相比环境标准，排污税更能有效地刺激技术变革朝着减少废弃物的目标发展（Magat，1978）。

穆勒同时认为，排污费政策对资源和管理机构信息获取能力的要求更低一些。但无论选择排污费还是排污标准，都需要对废物的排放进行监

[①] 这些讨论中最好的评述来自鲍莫尔（Baumol，1972）。也可见米善（Mishan，1971）、拉坦（Ruttan，1971）、马勒（Maler，1974）、鲍莫尔与奥茨（Baumol and Oates，1975）、达斯古普塔与马勒（Dasgupta and Mahler，1995：2414-2421）。在市场社会主义的研究文献中，人们认为相对于资本主义经济，社会主义经济体会更容易地解决庇古的外部效应问题（Lange，1938）。

控。很多情况下，尤其对于"非点源"污染，这样的监控费用高得离谱。于是，人们就开始寻求次优方案——它应当结合标准、收费、补助、退款等因素，而且具备操作可行性。例如，西里西·温查普（Ciriacy Wantrup, 1952）提出了旨在管理可再生资源的"最低安全标准"，这一标准被人们进一步扩展来应对废弃物处理的问题。① 再比如，对产生有害废弃物的产品生产征税，但如果将废弃物运送到规定的回收点，就可以退税。

二 价值评估

大多数情况下，资源环境经济学家评价社会收益和成本的方法是收益—成本分析法；社会收益和成本与资源开发和保护的计划相关，也与资源使用及环境相关规定的实施密切相关。收益—成本分析法使用新古典福利经济学原则来产生与公共决策相关的信息。估测成本和收益所使用的手段必须与微观经济学福利理论的特性保持一致。② 其中一个特性是，只考虑与计划或者规定相关的成本及效益的边际（或递增）变化，而不考虑环境资源或服务的总价值；第二个特点就是赋予收益的价值应该能反映社会为收益的付费意愿——无论以市场还是税费的形式来支付；第三个特点是成本应将机会成本计算在内，包括直接开支和放弃其他形式所造成的损失（Farrow and Toman, 1999：12-15、33-38）。考虑机会成本的目的是避免在面对预算或者其他资源限制时，选择效益—成本率相对较低的计划或者规定。

评估效益和成本的很多价值标准并不能完全解释市场交易的情况，因此经济学家想方设法构思出新方案来评估非市场价值。一些收益以健康的生活方式、低频率的患病以及较低的死亡率形式出现；而另一些收益可能主要具有美学价值，比如独一无二的自然资源价值。保护生物多样性就是一个尤其困难的挑战。

在某些情况下，市场行为可以提供环境质量改善或者恶化后经济收益

---

① 鲍莫尔认为，最低安全标准类似于"稳定化政策制定过程中使用的一种方法。这个标准规定，就业率超过 w 个百分点或通货膨胀率超过 v 个百分点都是不可接受的；并在此基础上制定财政及货币政策"（Baumol, 1972：318）。

② 早期关于效益—成本分析法的阐述，可以参考埃克斯坦（Eckstein, 1958）。也可参阅弗里曼（Freeman, 1993）和奥茨的一些文章（Oates, 1992）。法罗和托曼（Farrow and Toman, 1999：12-15、33-38）对此也有精彩的非技术性论述。

状况的相关信息。大型猪肉加工厂造成的水污染和空气污染会影响周围的房价；通过与另一处相似地段的房价进行对比，这种环境效应可以被评估出来（Palmquist，1997）。在另外一些例子中，研究者使用"条件价值评估"的方法来询问调查对象对环境某些具体改善措施的支持度。尽管条件价值评估已经引起了很大的争议（Hanemann，1994：19-43；Diamond and Hausmann，1994：45-69），但这种方法还是有很多可取之处，能从调查对象身上得到有用的反馈信息（Smith and Osborne，1996）。

效益—成本分析法遭到了实证主义和理论主义的批评。实证主义的批判特别关注测量非市场成本和效益的难度和完整性。支持效益—成本分析法的人认为，通过清楚地辨别效益和成本，倾向性和不确定性就可以被分辨出来并加以考虑。而最难的概念性问题集中在当代及代际收入分配上。有些人认为效益—成本分析法必须忽视收入分配效应；这种观点是不正确的，只要灵活地使用这种方法，就可以帮助我们认清收益和成本对个人及群体收入分配的影响。但是，现在最大的问题是代际公平性问题。实际上，经济可持续性问题就是代际公平问题，在一代代人之间公平分配收益和成本，这是最新分支学科——生态经济学——的中心问题。

第四节 生态经济学

对很多社会科学家和生态学家来说，经济学家使用新古典经济学框架中的环境溢出效应来分析问题是十分狭隘的（Gowdy，1997）。20世纪80年代末期，一门新的分支学科——生态经济学——应运而生，它不同于原来的资源经济学和环境经济学。尽管生态经济学家之间存在很大分歧，但他们关注的都是人类活动的最优范围。生态经济学构建的一条基本原则就是，经济体系和生态体系依赖于生态体系的完整性——保护生态体系免遭由于人类活动扩大而带来的负外部性。资源经济学家、环境经济学家以及生态经济学家所关注问题之间的区别，从他们各自使用的保护生物多样性的方法上就可以清楚看到。资源经济学家和环境经济学家往往将保护生物多样性的价值概念化，把它看作保护资产组合多样性的方式，未来可能会在农业或者制药业方面有重要的意义，但意义有多大尚未可知。生态学家和生态经济学家重视生物多样性是出于它对生命保障系统的重大意义，比如基本的生物地球化学循环对于地球上的生命是至关重要的（Dasgupta and

Mäler，1995：2377）。

生态经济学发展为一门独立的分支学科主要归功于赫尔曼·达利（Herman Daly）发表的一系列论文和一部著作（1968、1974、1977）。生态经济学家认为他们的学科创始人有四位，第一位是西里西·温查普（S. V. Ciriacy-Wantrup, 1952），他提出的"最低安全标准"及"阈值效应"两大理论意义十分重大；第二位是乔治斯库·罗金（Nicholas Georgescue-Roegen, 1971），他使得经济学家关注浪费能源和物质所带来的热力学后果（熵）；第三位是肯尼斯·鲍尔丁（Kenneth Boulding, 1966），他发展了"太空船地球"概念，用来比喻与环境问题相关的封闭体系的重要性；第四位是约翰·克鲁梯拉（John Krutilla, 1967），他表明，如同传统的效益—成本分析所展现的那样，如果开发某些自然资源的当前价值比保护它们的当前报酬率高，那么永久性地保护这些自然资源可能是最佳选择。

生态经济学家研究议题与资源经济学家、环境经济学家有很大的不同。其中一个就是研究问题的选择。生态经济学家最关心的问题大多与独一无二的自然环境、濒临灭绝的物种以及生物多样性的政策有关。在经济发展（如水利发电设施或者煤矿的开采）给自然环境带来威胁时，我们需要思考什么；我们该如何衡量日益珍贵的自然环境（如哥伦比亚河上的地狱谷或者肯尼亚的塞伦盖蒂平原）；一些生态经济学家继续使用新古典微观经济学和福利经济学的方法（如效益—成本分析法）来强调上述问题。

第二学派的生态经济学家更倾向于希望发展一门新的经济学说，取代建立在新古典经济学基础上的研究方法。价值中立的主张为他们所摒弃——例如，必须把当代消费者的喜好作为考虑因素（Norton et al., 1998）。必须将消费者喜好、技术以及生态系统的共同演化考虑在内。人们不仅要考虑现代人和后代人之间资源公平分配的问题，还要考虑人类、非人类以及其他生命之间的资源公平分配问题。

一个经济学家和生态学家组成的团体致力于关注世界生态体系的自然资本和服务，这可以充分说明上述两个学派的差异（Costanza et al., 1997）。以康斯坦萨（Costanza）为首的这群学者利用从微观经济学研究中得到的特殊数据，评估了16个生物群落中17个生态体系服务的每公顷经济价值，然后再将其计入全球经济总值。他们计算出，对于整个生物圈来说，生态系统服务的年值大约为 33 万亿美元（浮动区间为 16 万亿—50 万亿美元）；对比而言，全世界的国民生产总值每年大约为 18 万亿美元。

人们广泛达成共识的一点是，国民收入核算中对自然资源的处理方法无法令人满意。[①] 康斯坦萨的报告无论是从方法论的角度还是从实证的角度都遭到了资源经济学家的严厉批评（Smith，1997；Pearce，1998）。对其方法论的批判是，认为该报告违背了增量的效益和成本计算，也违背了以新古典主义经济学为基础的效益—成本分析法中"情愿支付"的标准："如果说世界国民生产总值为 18 万亿美元，那么每年就没有所谓的 33 万亿美元来消费"（Bockstael et al.，1998）。实证批评则认为他们合计个人微观层面价值的方法不正确。[②] 康斯坦萨研究中使用的方法也遭到了生态学家的批评。格雷琴·戴利（Gretchen Daily）坚持认为，保护定量或定值自然服务会带来的损失或者收益的边际价值应当被看作促进了环境政策的制定；他同时认为"没有绝对的生态体系服务价值等待着知识界去发现"（Daily，1997：7）。

如何评估既不是直接也不是间接投入生产或消费中的生态资源，对人类现有的知识结构来说依然是一个棘手的问题。生态经济学研究把衡量所有自然物的价值作为政策制定的基础，但这显然是不可能成功的（Goulder and Kennedy，1997）。然而，衡量人类活动对自然环境造成的影响是可能的；但要想给自然物质的固有属性赋予经济价值，还没有合适的方法。最低安全标准的制定属于政治决策，在制定过程中要考虑到经济和政治的相关理论。

接下来的几节将首先讨论消费和生产对环境的影响，接着讨论为管理

[①] 罗伯特·艾以斯纳（Robert Eisner）是研究国民收入核算的重要学者之一，他同意使用传统的方式来处理国民收入核算体系中的自然资源是不合适的。"我们应当考虑到自然资源的退化或相关服务的流动，但同时我们应当注意到那些用来维持或者增加自然财富的投资。从一定程度上说，自然财富的增加是源于新发现或者技术革新，我们应该意识到这种积累也许就是资本收益或者评估"（Eisner，1989：86）。有关生态服务价值评估的详细讨论，可以参见古尔德和肯尼迪（Goulder and Kennedy，1997）。

[②] 评估生态体系中某种要素的价值时，假定其他资源的价值保持不变。"例如，我们会计算某块特定湿地消失后损失的价值，但其他的湿地依然处于原来的自然状态下。第二次分析时，估算第二块湿地消失造成的损失价值，会假设第一块湿地处于自然状态下。然而，把这两个价值加起来是不能成立的"（Bockstael et al.，1998：6）。

两大环境威胁——酸雨和全球气候变暖——所作的制度创新。

第五节 生产对环境的影响

工业革命之前，环境污染的主要源头是人类和动物的废弃物；在某些地区，农业也是环境恶化的重要根源。但这些污染对环境和人类健康的影响在当时很大程度上是本地性质的。随着工业革命的到来，能源生产、煤矿开采以及原材料的转化成了环境改变的主要原因。这时污染对环境和人类健康的影响就变成地域性甚至全球性的了。

一 物质流

评估技术变革对环境的影响，需要具备追踪工农业生产中的物质流、原材料转化以及能源使用的能力。"物料平衡"原理在20世纪70年代发展起来，[①] 能够帮助人们清楚认识生产、消费以及废弃物处理的相互关系所带来的影响。

使用技术来加工或净化生产和消费所产生的污染物并不会彻底销毁这些废弃物，而只是改变了它们的形式。如果有合适的技术，人们将更倾向于循环利用这些物质，或者把它们排放到环境中。技术进步使得减少提取和使用间的物质流变为可能。[②] 很多污染物可以被复原、转化或者再利用，也可以以固态的形式处理。从物料平衡的观点来分析废弃物的处理，可以揭示空气、水以及土地污染之间的相互关系。目光狭窄的环境政策经常忽视这些相互关系，往往并没有减少污染物总量，只是把污染物从一种媒介转换到了另一种媒介上。发展技术的目的是减少水污染或者土地污染，以及减少造成空气污染的固体废弃物排放等。

[①] 物料平衡原理的雏形出现在艾尔斯和克尼斯的著作中（Ayres and Kneese, 1969）。也可见克尼斯等人（Kneese et al., 1970）以及艾尔斯（1978）。最近人们大多在工业代谢的主题下讨论物料平衡原理（Ayres and Simonis, 1994）。弗洛斯彻（Frosch）发明了"工业生态学"这一术语，从耐用度、重新使用度以及再循环能力来描述工业产品的生命周期。回顾性评述，请参看克尼斯（1998）。

[②] 研究经济中技术变革的文献并没有足够重视材料科学和工程的发展，但对于本书前面几章中谈到的每一个产业的技术变革来说，材料科学及工程的进步都扮演着十分重要的角色（Larson et al., 1986）。用来减少物质流动的技术可以分为以下几类：（1）非物质化；（2）替代材料；（3）循环利用国；（4）废物开采（Larson et al., 1986; Rohatgi et al., 1998）。

物料平衡原理揭示了排污问题的实际情况。排入环境中的废弃物必须与进入生态体系中的原材料及环境反应（比如硫磺、氮氧化物）的数量相当。很明显，早在 20 世纪 70 年代，由于环境被当作一种廉价的废物处理装置，环境在很多领域的同化能力都已经不堪重负。

人们花了很大力气去衡量物质流对环境造成的压力。20 世纪 60 年代中期，美国每年材料使用量（生产和进口）大约为 24.92 亿吨（Ayres and Kneese, 1969：286）。在这些材料中，燃料占 58%，其他矿物质占 23%，农业和渔业占 16%，林业占 7%。建筑材料（如石头、沙子以及碎石）不包含在计算之内。尾矿和土壤流失也不包括在内，因为这些物质的使用只是从一个地方转移到另外一个地方。然而，把一些具备美学价值的物质计算在内是合适的。

专栏 12-1

产业经济和环境技术

20 世纪 70 年代，一系列重要环境法的制定为迅速发展的新产业——环境技术产业——提供了动力。90 年代末，美国每年投入超过 1.5 亿美元用于控制环境污染，而全球每年的投入则超过 3 亿美元。美国两大新兴机构——环境技术委员会和未来可持续能源发展委员会——联合一些主流的环保组织游说政府，要求制定严格的环境法规。瑞士人斯蒂芬·斯密德亨尼（Stephan Schmidheiny）组织成立了可持续发展工商理事会，目的是联合国际企业共同开发技术，减少生产过程及产品的污染物排放。

为减少生产带来的环境影响，人们早先的努力是希望推动制定更为严格的环境法规。例如，70 年代中期，明尼苏达矿物及制造业公司（3M）把污染防治的重点从末端治理技术转移到加工技术。80 年代中期，3M 公司致力于研究既能减少污染也能提高质量的新产品设计。发达国家和发展中国家的很多产业开始发展更清洁的加工技术及产品设计，并减少污染源（Schmidheiny, 1992）。

尽管有这样一些具有高度责任感的优秀企业，但环境技术产业迅速发展背后的驱动力一直是法规，或者说是对法规的威胁。传统上反对环境管制的企业现在开始致力于影响环境法律或者环境法规的内容。尽管它们经常支持符合公众利益的法规，但不能说不是为了保证自身的竞争优势。例如，杜邦公司极力支持1987年《蒙特利尔协定书》，制止使用消耗臭氧层的氟碳化物（CFCs），正是因为该公司控制着氟碳化物替代物的市场（用于冰箱、塑料制品、喷雾器等）。《蒙特利尔协定书》谈判过程中的最大困难就在于人们担心杜邦公司会因此增强自身竞争优势，而不是真正关心氟碳化物对环境的影响。同样，通用电气因为在洁净煤技术和燃气轮机技术发展方面的领先地位，曾经是《空气清洁法》的主要受益者。

环境技术产业与工业管理学的分支——工业生态学——同步出现，后者包括一套系统的研究产业和消费者活动中物质和能源流动的方法。工业生态学的基础是传统的物料平衡、工业代谢以及物质流分析。物质流的全过程可以在从原材料的生产到最终使用及处置的整个产业体系中进行追踪。理想情况下，对物质流的分析应该与对人类健康和环境风险的分析相结合。工业生态学从耐用度、重新使用度以及再循环等角度关注产品的生命周期，目的是在对废物进行处置时，能尽可能地使其循环利用。

工业生态学的贡献可以通过一项对比研究来说明。这项研究对比了铅在汽车中的两种用途——汽油中的铅以及电池中的铅——对人体健康的影响。把铅用作汽油添加剂属于耗散使用。铅离开排气管后就会渗透到空气中，人类不仅遭受到含铅空气的伤害，铅也会渗透进种植食物的土壤中。逐步停止使用含铅汽油可以控制铅对环境和人体健康的不良影响。相比较而言，电动车使用的电池中的铅就不会扩散到环境中，而且可以循环利用。清洁的循环利用方式要求所有的电池在使用寿命结束时再次进入熔炉，而且电池制造厂必须满足严格但可行的环境及职业健康标准。

但工业生态运动也遭到了各个层面的批评。民粹主义者认为,宣传绿色产业只不过是争取持续拨款的一种方式。对产业宣称的企业文化变革,他们持有怀疑的态度(Greer and Bruno, 1996)。环境经济学家则认为,只关注企业行为是由于缺少与政府在政策方面的建设性对话,政府制定的政策必须能够消除动因的偏向性,即对价格扭曲、耗竭补贴、税收优惠、矿产和燃料开发补贴等鼓励过度消耗能源和原材料的政策加以摒弃(Kneese, 1998)。

资料来源:Robert Socolow and Valerie Thomas, "The Industrial Ecology of Lead and Electric Vehicle", *Journal of Industrial Ecology*, 1 (1, 1977): 13–36; Stephan Schmidheiny, *Changing Course: A Global Business Perspective on Development and the Environment*, Cambridge, MA: MIT Press, 1992; R. Socolow, C. Andrews, F. Berkhout, and V. Thomas, *Industrial Ecology and Global Change*, Cambridge, UK: Cambridge University Press, 1994; "How to Make Lots of Money and Save the Planet Too", *Economist*, June 3, 1995: 65–66; Jed Greer and Kenny Bruno, *Greenwash: The Reality Behind Corporate Environment*, New York: Apex Press, 1996; James K. Hammitt and Kimberly Thompson, "Protecting the Ozone Layer", In *The Greening of Industry: A Risk Management Approach*, John D. Graham and Jennifer Kassalow Hartwell eds., Cambridge, MA: Harvard University Press, 1997: 43–92。

20世纪90年代中期,世界资源研究所(WRI)更加全面地研究了物质流(Adriaanse et al., 1997; see also Wernick and Ausubel, 1995)。世界资源研究所的研究使用了一种更加广泛的定义,其内容包括:(1)直接进入产业经济中的物质投入;(2)作为提供直接物质投入过程中的一部分的隐藏物质或者中介物质(见表12-1)。研究发现,1991年美国物质需求总量(TMR)合计达到212.37亿吨;人均需求量达到85公斤,足够装满300个购物袋。相比之下,1991年日本的人均物质需求总量只有46公斤。① 然而,从70年代中期开始,美国的物质需求总量逐渐减少,日本和德国则持续增加(见图12-3)。

---

① "物质需求总量"这一术语带有误导性,它暗示了技术输入—输出之间的关系。事实上,物质需求总量受到经济因素的巨大影响。经合组织制定了一项远大目标——把工业国家的物质密集度减少一个数量级,但这一目标在可预见的将来几乎不可能实现(Adriaanse et al., 1997: 2)。

表 12-1　　　1991 年三个工业国家的物质流（单位：百万吨）

类别	美国	日本	德国
国内商品总量[a]	4581	1424	1367
国外商品总量	568	710	406
商品总量	5149	2133	1773
人均商品总量	20	17	22
国内隐藏流[b]	15494	1143	2961
国外隐藏流	594	2439	2030
总隐藏流	16088	3583	4991
总物质流（商品+隐藏流）	21237	5716	6764
总物质流/人均	84	46	86

注：[a] 商品是指进入经济体中经过进一步加工的自然资源物质流。这一范畴包括食品加工厂使用的粮食、送到提炼厂的石油、制造商使用的钢铁以及制造厂使用的伐木等。

[b] 隐藏流是物质需求总量的一部分，不直接进入工业经济中，它由两部分组成：（1）辅助流，指的是在生产想得到的物质时，必须从环境中清除的物质，比如精炼矿石中需要处理及丢弃的部分矿砂；在加工成木质产品前，从土地和木材中分离出来的生物质；（2）挖掘出来的和（或）干扰的物质流，这是指为了获取某种自然资源或创造、保持某种基础实施而移除或干扰的物质。这种物质流包括表土（必须清除掉才能到达岩石体）、农业中的水土流失、基础设施建造中清除的物质等。

资料来源：Albert T. Adriaanse, Stefan Bringezu, Allan Hammond, Yuichi Moriguchi, Eric Rodenberg, Donald Rogich, and Helmut Schütz, *Resource Flows*: *The Material Basis of Industrial Economies*, Washington, DC: World Resources Institute, 1997. Copyright© 1997 World Resources Institute. All Rights Reserved。

美国物质强度（每产生一美元 GNP 所需要的物质投入）经历了长期下滑（见图 12-3），下滑的原因在于人们通过各种方式提高了物质资源使用的生产率，包括：（1）去物质化，比如减少汽车的数量；（2）物质代用，比如使用塑料管代替生铁水管或者铜水管；（3）循环利用，比如从荧光灯中回收水银；（4）废物开采，比如从石油或者汽油精炼厂回收硫元素（Ayres and Ayres, 1996：7-17）。然而，这些方式极其复杂（见图 12-4）。木材的物质强度至少自 20 世纪初以来就一直持续下滑；钢铁和其他重物质的物质强度从20世纪中期开始下滑；而某些物质（尤其是塑料、铝等轻物质）的物质强度上升了。每种物质的生产模式似乎都遵循一个共同的模式。刚发现一种新物质时，该物质的生产速度会超过经济增长率；而随着对旧物质和替代物质的需求不断增加，相对其他物质部门而言，新物质的增速就会减缓。然而，物质强度的下降并不会直接导致物质总量的下降。那么随着GNP迅速增长，即使每单位GNP的物质强度在减弱，某些特定物质的使用量也将会大幅度增加。

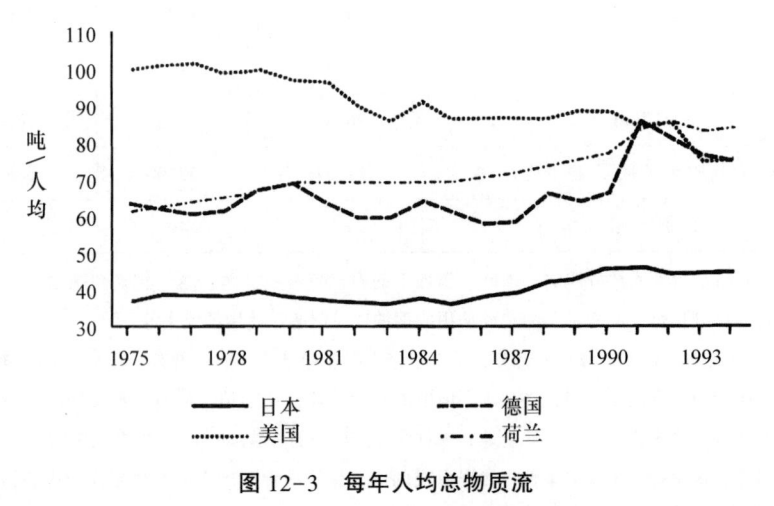

图12-3 每年人均总物质流

资料来源：Albert T. Adriaanse, Stefan Bringezu, Allan Hammond, Yuichi Moriguchi, Eric Rodenberg, Donald Rogich, and Helmut Schütz, *Resource Flows: The Material Basis of Industrial Economies*, Washington, DC: World Resources Institute, 1997: 12. Copyright © 1997 World Resources Institute. All rights reserved。

改进物质流的估算方法十分重要。但只有用环境影响的角度来诠释这一问题，这一切才会有意义。物质是被排放到空气中还是消散在水循环系统中，抑或是在陆地上进行处理，不同的方式对环境和人体健康造成的影响差别很大。环境影响和物质的数量或者重量并不成比例；搬移1000吨沙子或者沙砾所造成的环境破坏远远低于丢弃十几公斤重金属对环境造成的巨大破坏。填充一块湿地对一个国家或全球的环境几乎没有什么意义，但在很大程度上可以提高一个地方的生活质量。人们还无法确定哪种物质流会对环境造成破坏，但据世界资源研究所的报告估算，美国17%的物质流会对环境造成很大的潜在性危害。然而，这个报告并没有全面评估物质流对人类健康和环境的威胁。

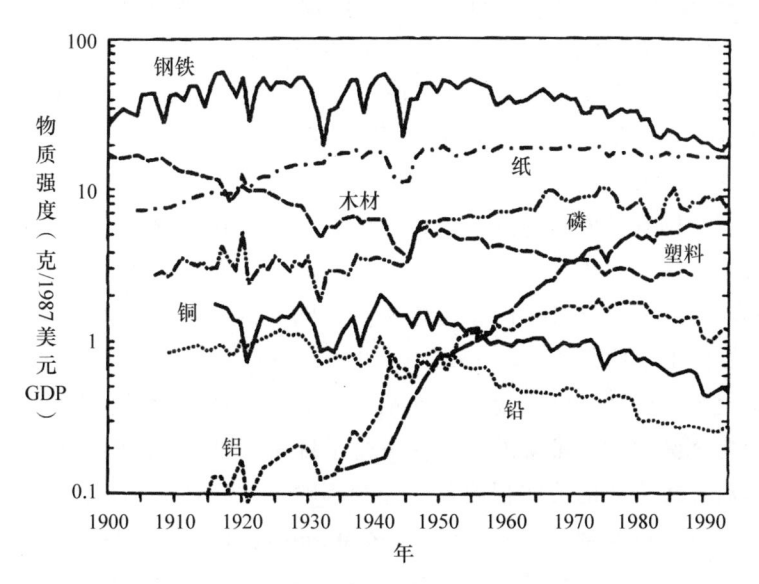

在GDP年增长率为3%条件下物质强度减少量等值线
(=物质使用绝对恒量)

图 12-4　1900—1990 年美国经济的物质强度（克/1987 美元 GDP）

资料来源：Iddo K. Wernick, "Consuming Materials: The American Way", *Technological Forecasting and Social Change*, 53（1996）：114, adapted by Arnulf Grübler, *Technology and Global Change*, International Institute for Applied System Analysis, Laxenburg, Austria; Cambridge, UK: Cambridge University Press, 1998: 240。

二　物质流的影响

对环境恶化和人体健康有直接影响的废弃物质大多来源于某几个产业的生产。① 可以用几种方式来描述物质流对环境及人体健康影响的特征。其中之一是，明确物质流的溢出效应对人体健康、工农业生产、环境服务带来的影响。第二种方式是，根据污染发生的媒介对这些影响进行分类，包括水污染、空气污染、土壤退化、废弃物处理、森林砍伐以及生物多样性的流失等。

笔者发现，为确定影响环境的来源而进行的唯一一次综合性研究已经

---

① 关于有害物质对人类健康影响的全面叙述，可以参见萨利文和克里格尔（Sullivan and Krieger, 1992）。

是20多年前的事了（Holdren，1987、1992）。这项研究试图评估工业、传统能源、农业以及制造业能源对全球环境的影响（见表12-2）。评估结果相当主观。[①]但是明显可以看出，使用化石燃料以及核能源发电对环境影响巨大，而其对健康的危害到底有多大还无法确定。但有一点可以确定，那就是使用传统化石燃料造成的户外空气污染对人体健康具有危害性；尤其在发展中国家的农村地区，这是主要的一项健康危害。"全球大约80%的空气颗粒污染发生在发展中国家；那些地区人们吸入的空气中充满大量致癌物质和其他危害健康的碳氢化物。不同人群受到的伤害不同，但妇女和儿童受到的危害最大。"（Holdren，1992：17）

美国环保局采用可比较风险评估（CRA）方法，对几种危害人类、环境以及生态健康的污染源的重要性进行了排序（见图12-5）。CRA的排序与媒体对各污染源的关注程度几乎完全不吻合，与环保局对治理每项污染源拨款的多少也非常不同（Davies and Mazurek，1998：101-102）。排在前两位的健康危害——氡和室内空气污染——得到的资金最少。水环境非点源污染（如来自农场和马路的径流）造成了主要的环境问题，但研究资源却主要分配给了点源污染。

环境变化深刻影响着农业发展——大多数农业活动是在户外进行的，与自然环境以及建构环境密切接触（见本书第六章）。农业集约化本身就是危害人类健康和造成环境变化的主要原因（Runge，1997a，1997b：200-216）。农业活动尤其对水质影响巨大。水土流失、杀虫剂和化肥的使用以及动物粪便的处理都会破坏水质。农业生产也是产生温室气体的源头，比如氮肥会释放出一氧化二氮，而稻田和反刍动物会释放出甲烷。消费者对食品安全问题日益敏感，这些问题也和农业活动以及食品加工有关，大多数围绕着粮食生产中杀虫剂和除草剂的使用以及动物生产中抗生素的使用等问题。从广义上来说，把草地、湿地以及森林转化为密集型农业用地导致了生物多样性的流失，这既威胁到了自然环境的完整性，也导致了种质的损失——种质对商用改良农作物、新型农作物以及具有药物价值的物质都具有潜在价值。

[①] 有人曾尝试寻找一种更加缜密的办法来量化危害和风险，见霍恩埃姆泽等人（Hohenemser et al.，1983：379）。"危害就是对人类以及人类所珍视的东西的威胁，而风险是衡量危害后果的量化手段。危害后果具有条件概率性。因此，接触有毒物质是一种危害；而风险则是接触的人或者动植物可能因此丧命。"（Kates，1985：51）

第十二章　技术、资源与环境　443

表 12-2　影响全球环境的因素 [a]

影响指标	自然基线	人类破坏指数	工业能源供应	传统能源供应	农业	制造业及其他
排放到大气中的铅	2.5万吨/年	15	63%（燃烧化石燃料，包括添加剂）	少	少	37%（钢铁加工、制造、垃圾焚烧）
排放到海洋中的油	50万吨/年	10	60%（石油开采、加工、运输）	忽略不计	忽略不计	40%（污油处理）
排放到大气中的镉	1000吨/年	8	13%（燃烧化石燃料）	5%（燃烧传统燃料）	12%（农业焚烧）	70%（金属加工、制造、垃圾焚烧）
排放到大气中的硫	5千万吨/年	1.4	85%（燃烧化石燃料）	0.5%（燃烧传统燃料）	1%（农业焚烧）	13%（熔炼、垃圾焚烧）
聚集在大气中的甲烷	1亿分之80单位	1.1	20%（采集、加工化石燃料）	3%（燃烧传统燃料）	62%（稻田、家畜、开荒）	15%（垃圾填埋堆）
排放到大气中的汞	2.5万吨/年	0.7	20%（燃烧化石燃料）	1%（燃烧传统燃料）	2%（农业焚烧）	77%（金属加工、垃圾焚烧）
土地使用或转换	1.35亿平方公里不冻土	0.5	0.2%（能源设施占用）	6%（持续获取薪柴）	88%（放牧、耕种、沙漠化）	6%（伐木业、城镇、交通体系）
固氮（如二氧化氮、铵根）	2亿吨/年	0.5	30%（燃烧化石燃料）	2%（燃烧传统燃料）	67%（施肥、农业焚烧）	1%（垃圾焚烧）
排放到空气中的一氧化二氮	700万吨/年（氮含量）	0.4	12%（燃烧化石燃料）	4%（燃烧传统燃料）	84%（施肥、开荒导致含水层破坏）	少
聚集在大气中的二氧化碳	1万分之2.8单位	0.25	75%（燃烧化石燃料）	3%（获取木材的净砍伐）	15%（开荒中的净砍伐）	7%（获取木材的净砍伐、水泥制造）

续表

影响指标	自然基线	人类破坏指数	工业能源供应	传统能源供应	农业	制造业及其他
排放到大气中的微粒	5亿吨/年	0.25	35%（燃烧化石燃料）	10%（燃烧传统燃料）	40%（农业焚烧、小麦处理）	15%（熔炼、非农业、开荒、垃圾）
人体遭受的电离辐射	8亿雷姆(rem)/年	0.20	1%（一半来自核能，一半来自煤中的氡）；	土壤干扰释放无法量化的氡	土壤干扰释放无法量化的氡	99%（医用X射线、放射性生埃、乘坐飞机）
排放到空气中的非甲烷烃	8亿吨/年	0.13	35%（加工及燃烧化石燃料）	5%（燃烧传统燃料）	35%（农业焚烧）	20%（非农业开采、垃圾焚烧）

注：a 一些影响的特征是适合用自然库存或者储存的变化来描述，而另外一些适合用自然流量或者流量的变化来描述。人类破坏指数是指人类变化规模与没有遭受到破坏的自然存量或流量（称为"自然基线"）之间的比率。人类破坏的因素分别所占的比例是基于当下情况，根据多种不同领域的活动得出的。表12-2中的数据是笔者根据不同材料做出的粗略估算，可以参见Holdren (1987)、Lashof and Tirpak (1989)、Graedel and Crutzen (1989)、政府间气候变化专门委员会（1990）以及世界资源研究所（1990）。

资料来源：John Holdren, "The Transition to Costlier Energy", in *Efficiency and Human Activity: Past Trends Activity: Future Prospects*, L. Schipper and S. Meyers (with R. B. Howarth and R. Sterner) eds., Cambridge University Press, 1992: 18, 19。

与工业部门形成鲜明对比的是，几乎没有任何重要的环境控制施加在农业活动中。部分原因在于，农业活动的环境影响来自分布广泛的非点源

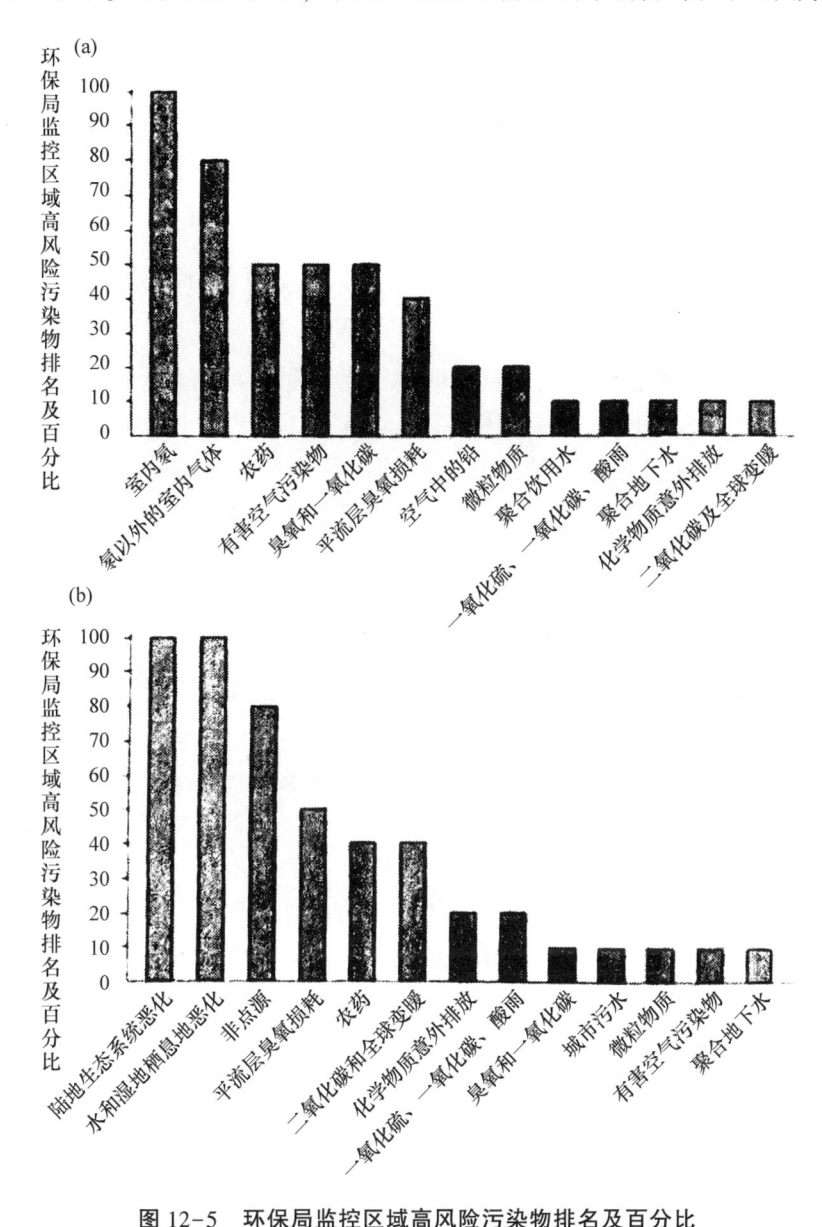

图 12-5 环保局监控区域高风险污染物排名及百分比
(a) 人类健康风险；(b) 生态环境风险

资料来源：J. Clarence Davies and Jan Mazurek, *Pollution Control in the United States: Evaluating the system*, Washington, DC: Resources for the future, 1998: 115、116。

污染（Ervin et al., 1998）。在过去，要追踪这些非点源十分困难。但是，随着具有分析功能的环境工程技术日益改进，再加上公众加深了对密集型农业对环境和人类健康影响的认识，点源和非点源污染的区别就模糊不清了。虽然在科学上还具有一些不确定性，但人们普遍认定杀虫剂是一种主要的非点源污染。直接接触杀虫剂带来的健康风险已得到充分证明。除此之外，杀虫剂可以通过一些渠道影响远处的非靶标生物，比如对食物链中土地和地表水的污染。

第六节 消费对环境的影响[①]

环境压力与能源生产及原材料的使用密切相关；农业生产的压力则来自人口以及收入的增长。发达国家的环境保护主义者往往将发展中国家人口的迅速增长视为导致环境恶化的原因。另外一些环境保护主义者则认为，发达国家消费者的消费习惯才是资源枯竭及环境恶化的主要原因。[②]

照这些讨论来说的话，消费对环境的影响反映出，人类的任何行为（包括增加人口数量）都有可能危害环境。

> 这一说法展示的情形包括：垃圾场里塞满了废弃产品、塑料以及废弃包装；高速公路堵塞，车辆几乎无法移动，但还在不停地污染空气；本可以修理的汽车和器械结果被当作废物扔掉了；占据大量土地的巨大独栋房屋空空荡荡，里面住的人很少，但却安装有中央空调以及恒温游泳池；在若干年前根本不需要的产品广告到现在几乎是必不可少了；配有空调的购物广场被大片的沥青包围着；街道和高速公路两旁垃圾到处可见。这些情形表明了人类对资源的过度使用、大量垃圾的产生以及极强的物质占有欲。（Stem, 1997: 10）

[①] 本节主要引用了斯特恩（Stern, 1997）；同样可以参阅梅尔斯（Myers, 1997）以及文森特和帕纳约托（Vincent and Panayotou, 1997: 53-56）。

[②] 为了理解人口数量及人类活动对环境的影响，埃利希和霍尔德伦（Ehrlich and Holdren, 1971）提出了 IPAT 方程式：$I=P\times A\times T$。其中，I 代表对环境的影响，P 代表人口，A 代表人均产出，T 代表每单位产出造成的环境影响。T 应该被理解为代表了技术以及文化和社会组织。就像最初提出的那样，方程式是代表一致性，并不是函数关系。有关 IPAT 方程的形式化以及评估，可以参见迭特兹和罗莎（Dietz and Rosa, 1994、1997）。

这显然与南亚或者非洲的贫困国家形成鲜明对比；在这些国家，消费中的物质组成总是反复使用。

斯特恩（Stern）曾尝试用一种清晰明了的定义来理解这些情形的影响："消费的组成部分是人以及人类活动所诱导的物质、能源转化。消费对环境的重要性主要在于，消费行为使得物质或能源在未来更加不易获得；消费使得生物化学系统朝着不同的状态发展，或者说，对这些系统造成一定的影响，从而威胁到人类健康、福祉以及其他人们珍视的东西"（Stern，1997：20）。这个定义包含了生产以及消费对环境的影响。但这和另一种观点不相符，那就是，导致能源和物质需求发生转变的根源是人口与收入增长，这也是导致废弃物——环境污染——产生的根源。

笔者曾担任美国农业发展委员会主席。在一次发言中，笔者曾提道：

> 在高收入经济体中，商品和物质服务需求具有较低的收入弹性，而且随着收入的增加，这一弹性会下降；对比而言，更有效的废弃物处理需求以及环境舒适度需求则具有很高的收入弹性，而且在不断上涨。这与贫困国家的情形形成了鲜明对比。在贫困国家，物质需求具有很高的收入弹性，而环境舒适度需求的收入弹性则较低。（Ruttan 1971：707-708）

直到 20 世纪 90 年代，被称为"环境转变的假说"才得到实证检验（World Bank，1992：9-11；Shafik and Bandyopadhyay，1992；Antle and Heidebrink，1995；Grossman and Krueger，1995；Lucas，1996；Hauer，1997）。一些研究发现，以一组空气质量和水质量的指标为参考，人均收入和污染之间的关系呈倒 U 形。[①] 这些研究也发现，相比人口密度较低的国家而言，人口密度较高的国家往往在收入水平更低时就对污染进行了控制（Hauer，1997：101-119）。人均收入和两类环境福利设施（国家公园总面积和每年平均造林率）之间存在着类似的关系（Antle and Heidebrink，1995）。这些研究表明，人均收入非常低时，经济增长就有可能伴随着环

[①] 对这些研究以及相关研究的批判性回顾，可以参阅阿罗等人（Arrow et al.，1995）、达斯古普塔和梅尔（Dasgupta and Maler，199）、斯特恩等人（Stern et al.，1996）以及伊扎提等人（Ezzati et al.，1998）。

境恶化。人均收入达到8000—10000美元，即当今中等收入国家的水平时，环境保护需求就会增加，从而就会走上一条经济不断增长、环境不断改善的发展之路。当然，认为这些规律适用于生产和消费带来的各种形式的负面溢出效应，现在还为时过早。①

世界银行的研究表明（Shafik and Bandyopadhay，1992），人均收入和环境恶化之间的关系存在不同的阶段（见图12-6）。

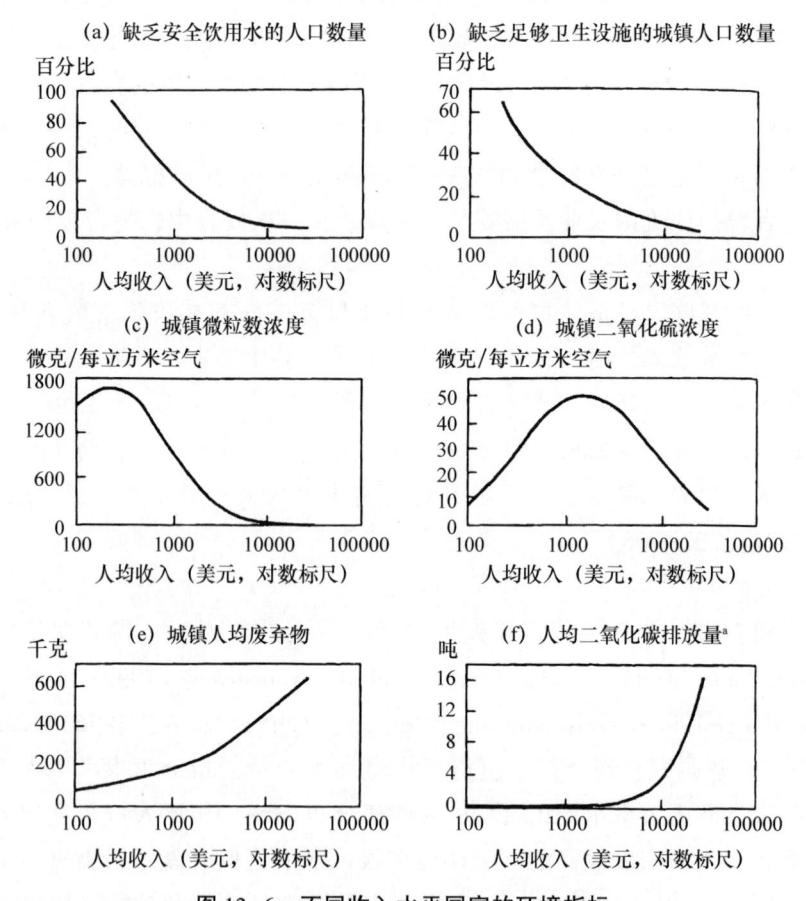

图12-6 不同收入水平国家的环境指标

资料来源：World Bank, *World Development Report, 1992: Development and the Environment*, New York: Oxford University Press, 1992; adapted from a Shafik and Bandyopadhyay Background Paper, 1992; reprinted by permission of Oxford University Press, Inc.

---

① 有关条件限制，可以参阅达斯古普塔和梅尔（Dasgupta and Maler, 1995: 2384-2388）和伊扎提（Ezzati et al., 1998）。

图 12-6a 和图 12-6b 指出，即使在相对较低收入水平的阶段，人们也对安全饮用水及废弃物处理具有强烈需求；中间的两个小图表和倒 U 形假设一致，表明处在中等收入水平时，收入的提高会导致对清洁空气的需求增加，就会促使政府进行干涉，减少空气污染；最下面的两个小图表则表明，即使处于相对较高的收入水平，政府也没有采取积极有效的干预措施，减少与高水平消费相关的废弃物。试图减少人均二氧化碳排放量的措施没有成功，原因是多方面的：第一，人们近几十年才意识到二氧化碳排放对全球气候变化的威胁；第二，电力以及个人交通工具的需求持续快速增加；第三，缺少一套全面的全球协议，因此无论一个地区还是国家，其控制二氧化碳排放量的效果都很难确认。本章后面的部分会再回到这个问题。

专栏 12-2

消费的定义

不同学科界对"消费"一词有着相当精确但又非常不同的定义。这些含义在各个学科内是通用的。在讨论"消费对环境的影响"时，定义不同，结论也就不同。

物理学家的定义

根据热力学第一定律，消费是不可能发生的：物质或能量不能被产生，也不能被消耗。因此，对物理学家来说，消费只能解释为"物质或者能量的转变"。根据热力学第二定律（又称熵增定律），这些转变增加了熵，增加到一定程度就会造成污染，或者减少转化后的资源的有用性，这是消费对环境造成影响的一个重要方面。物料平衡和工业生态学等方法论就是建立在这样的物理学基础上的。

生态学家的定义

绿色植物是人类及其他动物消费产品的主要来源。生态学家根据光合作用来定义生产或者净初级生产力（NPP）。净初级生产力指的是从总能量（主要是太阳能）中减去初级生产者（主要是植物）的自养呼吸消耗所剩下的能量。从这个定义上来说，任何通过进食来获取能量的生物体都是消费者。净初级生产力并不能有效地衡量人类消费对全球环境的影响。因为人类活动同样也在改变生态系统，用更能高效满足人类需求的物种取代低效的物种。在这个过程中，一些物种变得越来越普遍，在某些情况下也会提高生产力。

> **社会学家的定义**
>
> 　　消费也有社会学意义，这反映在一些术语上，如"消费主义"及"炫耀性消费"。在这种用法中，消费指个人或者家庭使用收入购买商品来提高社会地位。在美国一些亚文化中，社会地位可以通过建造一栋完全使用太阳能的房子来提升。从某种程度上来说，这是在炫耀性地消费财政资源（用以支付建筑设计、太阳电池板等费用）；但如果太阳能豪宅的修建能减少化石或核能源的消费，抵消建造过程中使用的过多的材料，那么就可能减少对环境的影响。同样，一辆最新款的豪华轿车会花费很多钱，能够提升个人社会地位，但相比老式的小卡车来说，它也能节约更多的钢铁以及燃料。因此，社会学家没有把对环境有益的消费与对环境有破坏性的消费区分开来。
>
> **经济学家的定义**
>
> 　　经济学家把商品、服务消费与对应的生产、分配区别开来。消费被定义为花在商品和服务上的总开支。经济活动也包括对生产资料的投资。无论从哪种意义上来说，经济学家的定义都不符合"消费对环境的影响"这一说法。大多数经济学家可能更喜欢把消费对环境的影响解读为经济活动对环境的影响。从经济学的角度来看，认为"消费增加，对环境的影响就会自动相应增加"的想法是不正确的。
>
> ────────
>
> 资料来源：Adapted from Paul C. Stern, Thomas Dietz, Vernon W. Ruttan, Robert H. Socolow and James L. Sweeney, eds., *Environmentally Significant Consumption: Research Directions*, Washington, DC: National Academy Press, 1997。

　　持有"收入提高会驱使'环境转变'"这一想法的乐观主义应该为一些限制因素所抑制。第一个限制在于，如（本书第二章）提到的，几乎没有证据可以说明最贫困国家的人均收入水平正在向高收入国家的水平趋近，甚至也没有向比较成功的中等收入国家的水平靠近。很多贫穷国家的人均收入一直在1000美元以下。第二个限制是，环境恶化还是改善在很大程度上可以通过地区和国家的环境法律法规来进行调整。倒U形关系适用于分析对地区造成明显影响的污染物。当然，如果国家间签订并实施协议,那么得到的环境指标结果是否会相似,仍然值得怀疑。第三个限制是,在前面我们回顾的一些研究中,几乎没有人对"环境改变对经济增长的负面反馈"进行分析(Lopez,1994)。最后一个限制是,就如工业生态学有关文献中所强调的那样,物质和能量的转换很多时候并不是由消费者来决定,而是由参与经济活动的企业来决定。这些公司做出的决策很少受到消费者收入变化的影响。当然,地方或者国家的公共政策机构也会做出一些决策,但这些决策对环境政策的反应很小。在美国,国防部和能源部(前身是原子能委员会和能源研究开发署)的实验室造成的麻烦最大。

将物料平衡法及其最新延伸(如工业代谢理论、工业生态学)用来辨别生产对资源、环境、人类健康的影响的前景还有待发掘。世界资源研究所最近的一项研究指出,鉴于生产和消费对环境影响的不确定性,急需的制度创新应当包括:(1)更加密集地进行监督,并持续不断地推进立法,以保护工人免受环境的危害;(2)加强对农业—环境互动关系的研究;(3)增加对公共卫生及植物检疫的研究;(4)增加公共卫生方面的投资,对流行病进行监控,对人类健康进行干预(Runge et al.,1997:43)。值得注意的是,如今的低收入国家可以获取重要的信息或技术来应对这些环境挑战,而这些信息和技术是如今的发达国家在当时经历倒 U 形曲线的陡峭路段时所无法获得的。

有人认为,倒 U 形曲线(也称为环境库兹涅茨曲线)从结构上来说是确定的,是经济增长几乎无法避免的后果。这一观点对那些关注经济增长、忽视环境资源与服务流失的人来说,是极大的安慰。有证据表明,倒 U 形曲线是一条有效的实证性概念,但是从结构上来说,它并不是确定的。适当的环境政策(如基于最低安全标准的环境政策)对当下的发展中国家很有必要,可以帮助他们避免最严重的健康危害或者环境资源的过度恶化。

第七节　排放权交易

在前面的论述中,我们可以清楚地看到,要想持续不断地获取生产所需要的物质,减少经济活动对环境的影响,就需要设立激励兼容的制度。诱导性技术创新理论并不是认为,创新是对市场这只"看不见的手"的一个简单回应（见本书第四章）；而是认为，"经济市场"中的相对价格以及"政治市场"中的公共商品价值会发生变化，从而刺激制度变革。如果市场价格不能准确地反映资源的相对稀缺，那么就会产生大量制度租金，从而诱导技术和制度变革。

排放权交易作为公共部门制度创新的实例——"构建的市场"——是由于以前的开放资源的经济价值不断上涨而出现的。20世纪八九十年代，为排放权交易"构建市场"是环境管理最成功的制度创新之一。这一观点相对容易理解，因为人们意识到，环境污染问题的人为因素在很大程度上可以归于没有对水和空气等环境资源的财产权进行很好的定义。

广义上讲，能够控制环境污染的政策机制可以分为三类，包括"市场手段，如污染物排放税、补贴以及可交易排放许可等；业绩标准，如企业单位经济活动污染物排放量不能超过特定的标准；技术标准，比如特定产业设备和加工技术使用的条件"（Jaffe and Stavins，1995：5-45）。人们经常在"命令加控制"的量规下讨论业绩标准和技术标准。技术标准保证某些设备的使用必须符合规定。例如，公共电力公司被要求安装烟道废气洗涤器来控制二氧化硫的排放，或者安装静电除尘器清除有害颗粒。相比之下，业绩标准往往要设立特定的目标（如单位时间内排放污染物的最大量），但并不明确规定选择何种技术，因此为技术的采用提供了更大的灵活性，也比技术标准更能刺激技术的发展。市场手段在刺激技术开发、采用以及扩散等方面更高效，在一定程度上更能保护环境（Plott，1983：106-127；Keohane et al.，1998；见本书第四章）。

笔者的论述主要聚焦于市场手段（如二氧化硫排污交易体系），但这不意味着市场手段一定比业绩或者技术标准优越。排污权交易也许并不一是达到业绩标准最高效或最合理的方法。如果监管和执行的成本过高，无论是业绩标准还是市场手段都不是很有效的方法。如果技术或者业绩标准主要关注生产体系的投入，比如控制汽油中的铅含量或者化石燃料中的碳化物和硫化物，那么这两种机制的交易成本可能是最低的。排污权交易则代表了向更复杂的制度前进的第一步，但这种机制也包含了巨额的交易成本。其他较为复杂的机制还包括周边许可交易、集中许可交易、曝光交易以及风险交易等（Stavins，1995；Roumasset and Smith，1990）。选择二氧化硫排污权交易的案例，是因为它可以展示给人们如何在环境政策中设计重要的制度革新。[1]

1970年，美国国会通过了《清洁空气法》，建立了政府"命令加控制"体系；但后来，鉴于这一体系的明显缺陷，人们呼吁建立市场体系，对空气污染进行治理。《清洁空气法》的目的是"保护并提高国家空气质量"。作为对此法案的回应，环境保护局要求各州要严格执行空气质量标准。排放标准建立的基础是，对排污者来说使用"最优化的做法"或者最先进的技术可能达到的结果。[2] 任何超出这些标准的排放都是违法的，要受到处罚。基本上来说，《清洁空气法》对排放标准进行了详细说明，并对垃圾堆、通风口、储油罐等特定排放点的所有主要排放物设定法律上限。

60年代末，人们首次提出，建立一个用于污染治理的产权及排放许可权体系（Crocker，1966；Dales，1968a、1968b）。就如前几章讨论的技术发明案例一样，这种制度创新并不是一开始就具备可操作性。建议提出后，人们进行了大量理论和实证研究（Bohm and Russell，1985），包含了广泛的"干中学"和"用中学"过程。

约翰逊总统提议收取排污费，尼克松总统提议对汽油中的铅征税，但他们的建议被环境保护主义者认为不切实际，是在变相地发放"污染许可证"，因而都遭到了摒弃。然而，从80年代中期开始，一系列事件的发生刺激了更加市场化的手段出现，旨在把减少二氧化硫排放法律化（Taylor，1989：28-34；Hahn and Stavins，1991；Stavins，1998）。其中第一个事件是布什总统赞成使用市场手段解决环境政策问题；第二个事件是，前环境保护局局长威廉·瑞利（William K. Reilly）以及总统行政办公室的一些主要官员积极地游说布什总统成为"环保总统"。同样，国会两党都高调支

---

[1] 斯塔文斯（Stavins，1998）指出，尽管有另外几种可选择的市场工具，也尽管收取排污税、拍卖许可证等措施有利于政府的财政收入，但是"祖父级的"排污许可证交易政策一直主导着美国。对此，一种解释是，环境保护主义者和政治家们强烈地希望能够避免使用顾客和选民明显看得到环境保护成本的政策工具。另外一种解释是，排污权交易机制之所以受到欢迎，是因为可以将工厂的合规成本减少到最低（Keohane et al.，1998）。

[2] 1970年《清洁空气法》确认了两类空气污染。相对来说，标准污染物相对而言更普遍，包括二氧化硫、悬浮颗粒、一氧化碳、一氧化氮、碳氢化合物、臭氧以及铅等。"标准文件"总结了既有的一些研究，包括对这些污染物造成的健康问题和环境影响的研究；这是排放标准形成的重要一步。有害污染物包括很多在空气中扩散的物质，尤其是重金属，它们已经造成了癌症和其他一些严重的健康问题。《清洁空气法》要求环境保护局列出并控制这些污染物的排放，包括石棉、铍、汞、乙烯基、氯化物、苯、放射性核素以及砷等（Tietenberg，1985：2、3）。

持采取各种市场手段，包括二氧化硫排污权交易。

而在环境保护领域，早在 80 年代中期，美国国家环保局（EDF）就开始支持使用市场手段。1989 年，环保局和白宫官员密切合作，起草了最早的法律文本。这项努力之所以能够取得成功，应当归功于环保局的行政长官瑞利（保护国际基金会的前主席），他是坚定的环境保护主义者。商业领域对排污权交易制度则持有好奇而含糊的态度。受环保局精心游说的影响，几家重要大型企业的主管极力赞扬排污权交易制度。同时，也有一些企业对此表示强烈反对。

《1990 年清洁空气法修订案》框架下的二氧化硫排放交易体系吸收了环保局早期的经验。环保局从 1974 年开始试行排放交易许可，早期的项目包括：消除汽油中的铅、逐渐停止在冰箱中使用氯氟碳化合物以及卤代烷哈龙、减少非点源水污染等。这些早期项目的效果有好有坏，它们往往嫁接在既有的"命令加控制"项目之上。但把"命令和控制"的要求转化为可交易排放项目就会面临大量的交易成本。但无论怎么说，这些尝试为 90 年代更为市场化的排污交易项目的发展提供了重要的经验。

《清洁空气法》为燃煤发电厂二氧化硫的排放权交易开创了一个国家市场。二氧化硫排放交易项目中进行交易的商品就是排放二氧化硫的权利。这项权利由环保局制定，并分配给各个公司。如果一个公司减少的污染物排放量能低于设定的基准水平，就可以把自己拥有的排放权卖给其他公司。

1995 年是实施排污交易项目的第一年，项目内容包括整治 110 座污染最严重的燃煤发电厂。环保局规定，这些发电厂每发一百万英热单位的电量只能排放 2.5 磅二氧化硫。第二个阶段的排污交易项目始于 2000 年，几乎把所有的燃煤发电厂都包括在内，规定每产生一百万英热单位的电量，二氧化硫排放限额为 1.2 磅。"超标执行"减排标准的公共发电厂可以把自己多余的排污权进行出售；而那些没有达到排放标准的发电厂就可以从其他企业购买排污权。

证据表明，排污权交易制度比之前所预想的更加有效。[1] 在排污权交易制度使用之前，公共发电厂时常抱怨，为达到计划中的二氧化硫减排目

---

[1] 酸雨控制项目的最初动因是减少森林和水生生态系统的酸化。但是，该项目的大多数收益却表现为通过减少接触硫酸盐从而降低人类死亡的风险（Stavins, 1998: 71）。

标（从1980年的1900万吨减少到2000年的895万吨），所付出的成本可高达每吨1500美元。而90年代排污权出售的价位为每吨100—125美元。成本下降的原因部分是，煤炭开采技术的革新以及煤炭铁路运输的一些管制规定被撤销，从而降低了低硫煤的成本；排污交易权促进了燃料混合技术以及脱硫技术的改进也是原因之一（Coggins and Swinton, 1996; Schmalensee et al., 1998; Stavins, 1998）。

90年代末，其他一些排污权交易项目也开始实施，其中最宏大的项目之一就是洛杉矶南海岸空气质量管理区开发的RECLAIM项目。该项目的目标是，硫和氮氧化物的排放许可逐年减少。新的排放源必须从既有的工厂购买排放权，从而将排放总量控制在限额之内。一些石油精炼厂通过购买新机械或者停止使用1971年前的机械来履行减排的部分责任。1998年，美国东北12个州联合起来，考虑制定减少臭氧排放的交易权制度。芝加哥贸易委员会积极探索在未来市场实行二氧化碳排放资格证的可能性（Fialka, 1997）。1998年春，美国环保局建议，模仿二氧化硫排放权交易制度，启动氮氧化物的排放权交易项目。

二氧化硫排污交易制度成功的经验阐明了一条非常重要的原则，展示了如何创立新的产权制度来管理以前开放的资源。在一篇经典论文中，科斯（Coase, 1960）认为，哪怕只有一部分政策制定者参与到了外部性的形成中，同时只有一部分消费者受到了外部性的影响，这两方也会自行协商出一套赔付方式（或通过贿赂的方式）来减小外部性的影响，从而使其达到可接受的水平。但无论他分析得多么在理，科斯的理论和大多数外部性问题都没有实际关联。当今社会关注的最重要的外部性问题（如二氧化硫污染）往往涉及大量污染源以及许多受此影响的人。直接解决问题可能会需要难以承受的大量交易成本。1968年，戴尔斯（Dales）提出"从经济角度来说，环境适宜和饮用水污染之间根本不存在最适当的划分"（1968a：799）。不管政治或者经济方面的考虑如何，决策都必须专制。与"自然"市场相对而言，政府必须制定出相关决策，为"构建的"市场提供能够运行的必要条件。[①] 美国国会很有必要确定私有资源的规模（或界限）——在这里指的就是二氧化硫的排放上限，并建立相应的交易规定。如果没有政府的干预，就不会有排放交易的私人市场。

[①] 有关自然市场和建构市场的区别，可以参见柯金思和拉坦（Coggins and Ruttan, 1999）。

第八节　全球气候变化

1896年，瑞典地理化学家阿尼仑乌斯（Svante Arrhenius）首次提出，大量燃烧化石燃料导致大气层中二氧化碳积聚可能是全球变暖的主要原因。20世纪六七十年代，人们越来越清晰地认识到，自从工业革命以来，大气中二氧化碳的含量增加了25%左右。80年代末，气候变化开始由科学推测转变为全球关注的问题。

随着全球气候变化问题被提上决策日程，很多观察家发现了一种抵消趋势。自阿尼仑乌斯的科学发现以来，能源使用中的碳强度——碳元素对氢元素的平均比例——以每年0.3%的速度下降（Ausubel et al., 1988；Nakicenovic, 1997）。这种下降和能源结构的改变（从有机物到煤炭，从煤炭到石油、天然气、核能源）密切相关。一些工业国家和发展中国家的能源强度（每单位产出需要的能源投入量）也有所下降。然而，无论在工业国家还是在发展中国家，伴随着经济增长，能源使用量与二氧化碳排放量都在持续增长。此外，现有的经济模型都不足以解释"脱碳趋势"这一能源结构的变化。

为应对人类活动造成的全球气候变化，1992年6月，国际社会在巴西里约热内卢召开的联合国环境与发展会议（UNCED）上签署了《气候变化框架公约》。公约的目标是把大气层中温室气体的浓度维持在一定水平，以防止人为因素造成的气候变化危险。签约国同意制定国家政策，把温室气体排放量控制在1990年的水平。随后在1997年日本京都召开的大会上，经合组织的24个富裕成员国以及苏联原联盟中的欧洲国家达成了一项协议，同意在2008—2012年把二氧化碳以及其他温室气体排放量在1990年水平的基础上再减少6%—8%（Bolin, 1998：330、331）。[①] 1998年秋，在阿根廷首都布宜诺斯艾利斯举行的会议上，代表们就如何执行

---

① 造成"辐射强迫"——大气温度升高的趋势——的原因中大约2/3是二氧化碳排放。其他温室气体包括甲烷、一氧化二氮、氟氯烃等。1992年和1998年的条约并没有把氟氯烃包括在温室气体内，因为《蒙特利尔协定书》（以及1990年的修订法案）已经把它包括在内，并且主要排放氟氯烃的国家同意在2000年以前减少氟氯烃的生产和消费。氟氯烃广泛用于冰箱、绝缘材料、清洁溶剂、气溶胶等。除造成温室效应之外，氟氯烃被认为是造成南极洲上空臭氧层消耗的主要原因。

《京都议定书》这一议题展开了讨论。

一 人类对气候的影响

在刚刚过去的一个世纪中,全球平均气温大约上升了 0.5℃。1996 年,联合国政府间气候变化专门委员会(IPCC)的《第二次评估报告》指出,全球平均气温的"巨大变化"现在可以被测算出来,"人类所观察到的气候变暖趋势,不可能完全是自然本身的原因";"权衡一下这些证据,我们发现人类活动对全球气候变化的影响清晰可辨"(Houghton et al., 1996:44-45)。[①]

《第二次评估报告》的作者同时指出,在 2100 年之前,人类活动有可能将全球平均气温在 1990 水平的基础之上提高 1.0—3.5℃。他们从模拟模型中得到一个共识,认为人类活动带来的影响将包括:北方高纬度地区的秋冬两季会变暖、海冰和积雪层会减少、白天气温变化幅度会缩小、全球水循环体系会发生变化、高纬度地区的沉淀物和土壤水分在冬季会有所增加(Houghton et al., 1996:47-48)。他们同时也预测,北半球内陆地区夏季会更干燥,海平面会上升(到 2100 年会上升 15—95 厘米)。1996 年的评估报告对二氧化碳浓度、全球平均气温升高以及海平面上升高度等方面的预测相比早期更加保守,而且模拟模型中包括了更多的温室气体,对空气浮质(随风流动的浮土灰尘、化石燃料燃烧带来的污染颗粒及灰烬、森林和农业燃烧带来的烟灰等)造成的未知影响给予了更多的关注。人们依然很难准确预测气候到底会发生什么样的变化。计算机技术还无法清楚呈现出 300 平方千米(大约是俄勒冈州的面积)之内的气候变化。

二 气候变化的影响

气候在预期范围内发生的变化会带来哪些影响呢?可以预见的是,大多数自然生态系统、社会经济系统以及人类健康肯定会受到影响。很明

[①] 《第二次评估报告》共出版三册(Houghton et al., 1996; Watson et al., 1996; Bruce et al., 1996)。对此书的回顾与评价,可以参考克拉克和耶格尔(Clark and Jaeger, 1997:23-28)、凯茨(Kates, 1997:29-33)以及奥瑞奥丹(O'Riordan, 1997:34-39)。有关"人类对全球气候变化的影响变得清晰可见"的提议在国会和保守新闻界引起了强烈的批评,其中一些科学家持怀疑态度。有关对怀疑主义者的评论和回应,可以参见埃利希(Ehrlich and Ehrlich, 1996)和布朗(Brown, 1997)。

显,那些受到最大负面影响的体系却最缺乏相应的能力去适应这种变化。因此,高度依靠农业的贫困国家所受到的影响远比富裕国家大。毕竟像美国这样的富裕国家,从事农业生产的人口数只占劳动总人口的2%。可是气候变化的影响的确很复杂。例如,空气中温室气体的浓度增加可能会导致全球变暖;但另一方面,这些温室气体富含氮元素,能够促进植物生长,并减少需水量。气候变化会对四个领域造成最明显的危害:森林生态系统、海岸带和小岛屿、人类健康以及农业生产(Kates,1997:30)。

两种不同的观点——"防治主义"和"适应主义"——分别提出了应对全球变暖威胁的策略。前者认为,大气中温室气体的增加会给自然以及人类带来灭顶之灾,因此必须立即采取措施大幅减缓大气中二氧化碳增加的速度;而后者认为,气候变化很慢,大自然和人类可以适应。这两派都不愿意进行建设性对话。"防治主义者担心,研究如何适应气候变化会削弱人们减少温室气体排放的意愿,这中了那些认为'采取任何措施都为时过早'的人的下怀;相反,很多适应主义者认为没有必要系统研究对策,因为他们坚信,无论是自然选择还是市场力量都会自动做出调整"(Kates,1997:32)。

经济学家和其他社会科学家进行了大量研究,比较"防治"和"适应"这两种不同策略的利与弊。[①] 90年代的大量研究试图对减排的成本问题进行估算(Manne and Richels, 1990; Jorgenson and Wilcoxen, 1992)。研究结果大多显示,如果到2050年要将美国二氧化碳的排放量减少50%,需要的成本占国民生产总值的2%左右。这些早期研究的主要局限在于,忽视了为减排所作的努力会对技术变革的速度和方向造成一定的影响。技术通常被认为是由外因推动技术变革所产生的。

第二组研究试图把全球变暖造成的经济损失与减排成本作比较(Cline, 1992; Nordhaus, 1991、1994)。克莱因(Cline)的研究目标特别远大,他将全球变暖的影响以及减排的成本与收益进行评估,评估期限到了2275年。从他的分析中得出的总体趋势是:低碳减排的初始阶段之后,减排成本会升至全世界GDP的3.5%;然后会逐渐减少到2.5%。从收益

[①] 可以参见科学、工程和公共政策委员会(Committee on Science, Engineering and Public Policy, 1991)、斯特恩等人(Stern et al., 1992)、卡亚等人(Kaya et al., 1993)、那奇斯诺维克等人(Nakicenovic et al., 1994、1996)。同时可以参见蒂坦伯格的论文集(Tietenberg, 1997)。

的角度来看，第一阶段收益很少（因为气候变暖远远滞后于温室气体排放），但随后收益会稳定增长。收益—成本比较的结果分为高、中、低三种情况。几十年后（具体时间取决于上述三种情况），收益会超过成本。即使政策制定者想要规避风险、采取激进的减排策略，收益也很有可能会大于开支。

20 世纪 90 年代初期，诺德豪斯（Nordhaus，1994）建构了一个模型，试图超越收益—成本分析法，用另外一种情境来构建温室气体减排最优路线。诺德豪斯模型（DICE 模型）是研究世界经济的新古典主义单部门模型，集合了全球产出生产模型、基于消费者效用最大化的跨期选择模型以及气候变化对生产率影响的模型。经济活动（主要是化石燃料的燃烧）造成了气候变化。气候变化又反馈到经济活动中，使生产率降低。碳税则可将二氧化碳排放产生的外部效应部分内化。DICE 模型是收益—成本分析法更为精密的版本，可以决定温室气体减排的最佳路径。为了评估"通过政策限制二氧化碳排放从而控制气候变化"的效果，诺德豪斯进行了两次模拟实验：一次没有任何控制，另一次施加最优控制限制排放。出乎意料的是，这两组模拟实验结果的差别竟然很小。与没有任何控制的情况相比，温室气体最优减排量为 9%，2100 年减排量可以达到 14%。到 21 世纪末，将碳税从每吨 5 美元提高至 20 美元，就能达到最优效果。诺德豪斯模型表明，相比克莱因提出的积极减排方案，或许再缓和一点的政策更为合适。

本书第七章讨论的证据表明，能源部门中技术变革的最大动力来自能源相对于其他生产要素的价格（Jorgenson and Fraumeni，1981；Jorgenson and Wilcoxon，1993；Schipper and Myers，1992）。第三个能源气候模型构建的基础便是，技术变革（至少部分上）是由经济因素而非外部因素诱导的。在升级版 DICE 模型（R&DICE 模型）中，技术变革的部分动力在于使能源效率的提升速度与能源部门研究项目的增加成正比（Nordhaus，1997）。二氧化碳减排能够实现是因为研发的目标旨在改进能源效率，也是因为资本投入代替了能源投入。在 R&DICE 模型中，诱导效果非常小，这是因为，将研究资源分配给旨在减排的技术变革会造成很高的机会成本。

部分诱导技术变革模型在概念上与 R&DICE 模型相似，具有资源的内生替代和后备技术的外生成本下降趋势，已成为一段时间以来的常规模型

(International Institute for Applied System Analysis and World Energy Council, 1995)。一个例子是使用诺德豪斯升级版模型来评估光伏技术成本降低造成的影响（Chakravorty et al., 1997:1201-1234）。在这个模型中，能源（煤、石油、天然气、光伏）具有内生可替代性；外生性则是通过光伏技术发电的电价在过去几十年间一直在下降。在这些模拟中可以得出结论，碳排放量在2000—2025年会继续增加，但随着能源生产从煤、石油、天然气等转移到光伏（或其他太阳能）技术上来，碳排放量也将大幅下降。[1]

自格拉布等人（Grubb et al.）于1996年发表了一篇具有开创性的文章开始，陆续有很多研究学者对如何完全内化能源气候模型中技术变革的速度和方向提出了许多建议。[2] 在这些技术变革被看作外生性的模型中，减少温室气体排放的政策迟迟未出台似乎合乎情理，因为政策实施的收益往往要滞后很长一段时间。此外，这些研究认为，未来随着减排和节能技术的研发成本降低，减排的总成本也会降低。从经济效益角度来看，因为诱导性技术变革的存在，短期内为减排所付出的巨大努力会更具有吸引力。格拉布及其同事坚持认为，尽管由于资本设备具有长期性而使整个体系缺少活力，但如果在模型中增加适量的碳税，再加上技术变革的作用，会极大地刺激技术朝着节能（减碳）的方向发展。通过增强市场刺激达到减排目的的政策会创造出更多的市场机遇，从而提升人们的期望值，促进资金流动，从而支持技术变革，朝着低碳节能的技术前沿发展。[3]

把诱导性技术变革融合到能源气候变化模型中的一大优势是，可以缓和"防治"政策与"适应"政策之间的冲突。诱导性技术变革可以减少防治成本，增强适应的可能性。然而，确立一个能够完全包含诱导性或内生性技术变革的模型，从分析学的角度来说，存在很多困难。最近正在进行

---

[1] 自20世纪80年代中期以来，发达国家（除了日本）与能源相关的研发大量减少，这表明替代能源（比如蓄电池电极板光伏系统）的发展可能会比预期的慢一点（Dooley, 1998:551）。

[2] 韦恩特（Weyant, 1997）及韦恩特和欧拉文森（Weyant and Olavson, 1998）回顾了这些研究，其中一些研究在1997年6月国际应用系统分析研究所（IIASA）举行的以"诱导型技术变革和环境"为主题的国际研讨会上被广为讨论。

[3] 诱导型技术变革的出现降低了实现特定减排目标的成本；同时，征收定量碳税的成本上升了，经济变得对碳税的反应更具有"弹性"。大量减排产生了高额成本。但即使成本高了，诱导型技术变革还是引起了人们对二氧化碳减排政策的关注，因为碳税政策可以带来很大的收益。如果在征收碳税之前，研发更加偏重化石燃料产业，那么利用诱导型技术变革减少碳税成本或许可以实现（Goulder and Schneider, 1998; Goulder and Mathai, 1998; Weyant and Olavson, 1998）。

的研究有望克服这些困难。在新模型实施之前，我们应该认识到，技术变革比传统模型所认为的更加具有内生性。此外，这些模型表明，尽管早期投资十分巨大，但低碳及零碳技术有望大幅减少二氧化碳减排的成本（Weyant and Olavson，1998；Grubler and Gritseuzkii，1998）。

三 制度设计

1997 年签署《京都气候变化框架公约》（FCCO）的富裕国家做出承诺，2010 年前后 5 年左右的时间会努力完成 6 种温室气体的减排任务。[①]《京都议定书》规定，发达国家之间可以进行排放额度买卖的排放权交易，也可以以资金援助和技术转让的方式，在没有减排指标的发展中国家投资清洁发展项目，经认证后，如果这些项目的确能减少温室气体排放，那么发达国家就可以获得相应的减排额度。除此之外，各国也可以通过改变土地用途、开发新的林业技术来降低二氧化碳的水平，减少大气中的温室气体量，从而履行自己的减排承诺。然而，《京都议定书》的签约国并没有充分重视制度安排，没有意识到要推动节能减排技术的开发与利用，必须重新设计合适的制度。克林顿总统表示，如果没有几个较大的发展中国家参与到协定中来，他不打算执行美国参议院签署的《京都议定书》。

对于《京都议定书》的成就，评价褒贬不一（Cooper，1998：66-79；Jacoby et al.，1998：54-66）。一些知情观察者担心《京都议定书》取得的成效非常小，反而会阻碍一些旨在使大气中温室气体浓度趋于稳定或者减少的严格措施的实施。人们普遍认为，议定书要取得成效，至少要在以下三个方面努力。第一，全球范围内的大量减排需要全世界的参与。即使在目前的工业国家全面禁止使用化石燃料也无法达到预期的效果。要想全球广泛参与，发达国家必须准备为不能承受排放控制成本的贫穷国家提供资源。第二，必须进行相关研究，带动技术发展，从而减少排放或者降低排放控制的成本。这些技术包括提高对核能的依赖度、使用太阳能发电、把化石燃料转化为氢燃料并储存副产品二氧化碳（埋藏在地下或者深海处）等。第三，对已经确定的政策创造监督和执行的制度基础设施；这也

[①] 有关美国在《京都议定书》框架条约中立场的详细讨论，可以参见美国经济顾问委员会（U.S. Council of Economic Advisors，1998：155-194，1999：205-210）。

是最难的任务。

国际经济条约方面的权威学者理查德·库珀（Richard Cooper）一直呼吁征收排放税（Cooper，1998：74）。① 然而，政府间气候变化专门委员会（Bruce et al.，1996：356-439）则认为，建立二氧化碳排污权交易制度是把排污量控制在一定水平的唯一有成本效益的方式。克林顿政府在京都会议上极力支持排污权交易制度。尽管还有争议，但排污权交易的概念已经为人们普遍接受（Bolin，1998）。在巴西的倡议下，《京都议定书》纳入了清洁发展机制（CDM），允许经合组织国家的投资者在发展中国家实施有利于发展中国家可持续发展的减排项目，从而减少温室气体排放量，以履行发达国家在《京都议定书》中所承诺的限排或减排义务。

无论业绩标准本身多么有效（或实用），几乎没有哪个国家具备足够的制度能力来有效实施排污税或者排放交易权制度。同样明显的是，没有哪一个国际组织在不久的将来能够管理、监管、实施一套国际条约来完成《京都议定书》设定的目标（Stavins，1997：293-329）。如果将来要想将温室气体稳定在目前的水平，那么就需要一种强烈的紧迫感来促进国家和国际进行必要的制度创新。完成这个任务并非短时间可以做到，可能需要好几十年的时间。要想在不久的将来实施碳税或可交易许可体系不是一件容易的事。美国国会已经多次对碳税或者能源税显露出不感兴趣的态度。交易许可体系还需要大量财政资源的转移，每年估计需要向苏联各国以及发展中国家提供 1300 亿美元左右的财政支持。

面对全球气候变化的威胁，需要国际社会共同采取积极有效的应对措施，这意味着全世界需要更加坦诚并公正地面对一些重大问题。首先，为了减少温室气体排放，必须进行技术和制度变革，而这一点要落实到位可能至少需要几十年。设计的政策必须既能防治气候变化也要适应气候变化。其次，如果发展中国家被迫承担减排或限排温室气体的义务，那么发达国家就需要向其提供大量资金和技术支持。但目前来看，即使是一些大国，也不能指望他们从当前发展目标中转移资金和技术来应对

---

① 到目前为止，替代税费或者交易许可体系的公平问题并没有引起足够的重视。例如，就征税而言，收入分配效应取决于是否对在国际市场进行交易的化石燃料的生产或消费进行征税。燃料生产国需纳生产税，而燃料消费国纳消费税（Mckibbin，1998）。

气候变化,毕竟这样做可能带来的效益只有在遥远的未来才能看得见。①从政治因素考虑,发达国家不会轻易地下定决心进行资金和技术的转移。最后,乐观一点说,在未来 50 年,与预期的人均收入增加相比,发达国家控制本国排放以及转移资源到贫穷国家的成本并不会很高(Schelling,1997)。

第九节 观点透视

在结论部分,让我们回到本章开头提出的那些问题上来。技术应当被看作地球生命保障体系的巨大威胁吗?或者说,在资源匮乏和环境压力的双重威胁下,人类能够依靠技术变革来挽救现代经济吗?这两个问题的答案是肯定的,但同时也是否定的!

要想进一步从经济发展中获取利益,我们需要意识到技术变革可能带来的种种风险。在本书前面讨论过的每个产业中,技术变革都给人类带来了福祉,但是也产生了一些危害人类健康和环境的外部效应。在某些情况下,通过更多的技术变革(技术补救),可以防止与技术变革相关的危险发生。物料平衡和工业生态学的产生就是一个例子。在另外一些情况中,可以通过制度创新设计来规范人类行为,从而减少危害。

从分析层面来看,最大的问题就是提高人们理解、建模诱导性(内生性)技术与制度变革过程的能力。但是仅仅依靠增加知识以及对技术和制度变革带来的后果进行预测显然是不够的。无论在私人部门还是公共部门,知识增加的同时还应该提高能力,制定出新技术和新制度能相互协调的设计。

这样的能力现在还十分缺乏。也就是说,人类必须继续依赖隐性的或已成文的知识来进行技术和制度的设计。干中学和用中学在将来依然会是技术和制度变革的重要根源。

新技术会持续不断地给人类健康和环境带来意想不到的影响。无论是私人部门还是公共部门的制度,都不能准确按照设计者最初所预测的那样

---

① 罗斯和史蒂文斯(Rose and Stevens, 1993)探讨了二氧化碳排放其他市场许可交易机制的公平和效率问题。他们认为,可以设计出排污许可交易系统,创造大量效益,把大量资源转移到发展中国家,比如内蒙古和巴西,从而抵消减排成本。

产生结果。这一局限意味着，在未来，我们会和过去一样，面对技术和制度所带来的不可预知的惊吓或者惊喜。全球气候变化是当今国际关系中的一个主要问题；这一点是 25 年前的人们完全没有预料的。冷战的结束是过去 25 年间最大的制度变革，这也是 20 世纪 80 年代中期的人们无法预见的。

第十三章　科学政策与技术政策[①]

50年来，第二次世界大战和冷战为美国对科学技术的公共投资提供了政治和财政背景。美国当今研发政策的起源及其所依据的政治原则主要来自1940年建立的制度安排，目的是动员科技支持战争。前面提到，1940年的夏天，时任华盛顿卡内基研究院院长和麻省理工学院工程学院院长的范内瓦·布什（Vannevar Bush）说服富兰克林·罗斯福总统，动员大学中的科学与工程团体支持新军事技术的研发，为打败德国和日本提供帮助。罗斯福被成功说服，成立了美国国防研究委员会（后来的科学研究与发展局）。

第二次世界大战快要结束时，布什在罗斯福的要求下，撰写了名为《科学：无尽的前沿》（Science：The Endless Frontier，1945）的报告，为美国战后科学政策的制定规划了蓝图（Dickson，1988：25；Bush，1970：26-68）。布什的这篇报告强调，基础研究不仅有助于维护国家安全，而且能够产生新工艺流程、新产品、新产业和新工作岗位，因此政府应该制定政策给予支持（见本书第三章）。然而，在美国历史上，科学政策通常是技术政策的衍生物。19世纪末至20世纪初，美国在工农业生产上取得的巨大成就依靠的不是基于科学的技术；自然资源利用技术和劳动生产率的提高主要得益于实践积累而来的知识技术进步。

直到第二次世界大战后，科学政策和技术政策才被视为两个不同的领

[①] 非常感谢尤金·艾伦（C. Eugene Allen）、欧文·费勒（Irwin Feller）、凯斯·伏格列（Keith Fuglie）、丹尼尔·卡门（Daniel M. Kammen）、肯尼思·凯勒（Kenneth Keller）、爱德华·莱顿（Edward Layton）、帕梅拉·史密斯（Pamela Smith）、彼得·斯坦伯格（Peter Stenberg）对本章初稿内容提出的宝贵意见。

域（Salomon，1977）。① 科学推动战时军事技术开发的成功经验让人们相信，科学知识的进步将会成为战后推动经济增长和人类福祉的主要动力。但大量资源投入科学技术研究和培训中带来了两个重要问题：如何在基础研究、应用研究和技术开发之间进行资源配置，以及如何在几个科学技术领域内实现商业化及扩散。

这一章的主要目的是介绍美国公共政策如何推动制度的建立，从而产生、维持和指导科学和技术的变革。首先，笔者将讨论科学和技术政策的原则；其次，将介绍两种传统的政策工具——专利制度和军事采购，以及它们在推动科技进步中所起的作用；再次，笔者将介绍指导和管理美国科技政策的公共政策工具的发展史；② 最后一节则将探讨有关美国科技政策的一些持续争论。

第一节　科学和技术政策的原则

19世纪美国建立了公共支持科学技术的制度基础。技术政策的主要工具是内部机构的改进、专利制度和军事采购。成立于1879年的地质调查局成为联邦政府首个伟大的科学局（Dupree，1957：195-214）。19世纪80年代，国会立法成立了另外几个科学研究局，并资助各州农业实验站的建立。1919年后，国会开始通过国家航空咨询委员会支持商用飞机产业的发展（Mowery and Rosenberg，1982：128-130）。

一　做科学和做技术

科学研究与技术研究不同的动机和完整性是否会导致不同的指导逻辑，这是一个长期存在的问题。传统观点认为，"科学是……高端的、推测性的、知识性的；而技术是低端的、凭经验累积的、以行为为导向的"（White，1968：79）；科学是理解自然，而技术是控制自然。但人们越来

---

① 用"科学政策"这条术语将科学和技术政策都包含在内是一种不好的倾向。"提到科学政策时，我们指的是政府采取的集体措施，目的是鼓励科学和技术研究的发展，并利用研究结果达到一般的政治目标"（Salomon，1977：45）。之前的工作中，笔者更喜欢用"研究政策"这个词语来讨论科学和技术（Ruttan，1982）。

② 本章中，笔者没有讨论国家安全的科学技术政策。想了解有关介绍，请参看史考尼柯夫（Skolnokoff，1993：49-92）。

越认识到,这种传统的观点已不恰当了,"科学与技术之间的区别不在于理解或控制的抽象功能上"(Layton,1977:209)。二者的不同之处应该是基于对待知识的不同社会态度。"现今有两大涵盖范围广泛的社会组织(我们可称之为科学和技术),二者由截然不同的态度所推动,并导向研究成果的产生。科学作为一种社会组织,视知识为公共消费品,而技术则视知识为一种私有资产"(Dasgupta,1987:10)。

这种结构带来一个问题,即如何奖励创造公共知识的科学家。达斯古普塔(Dasgupta)认为,科学发现的"优先原则"能够解决这个问题。优先原则有两个目的:(1)在科学发现领域建立争夺优先权的比赛。科学家获得奖励不是因为他或她很努力或者有好的意图,而是因为其成就;(2)推动新知识的公开。公开新知识是科研操守的基本要求,况且不公开就无法得到奖励。

以这种理想化的观点看,技术奖励是非常不同的。技术团体的成员因能从他们的发现中获得经济利益而受到激励。他们把知识转化为产品,使产品具有技术和经济价值;用于激励技术人员(工程师、农学家、临床医生等)的奖励就是知识转化为产品后的部分收益。原则上,通过新发现的公开,专利制度能够使个人和公司宣称自己对新知识的所有权,他人使用其产品必须支付专利费用。因此,从这个意义上说,专利发明与科学领域奖励结构的基本特征一样,都是向第一位发明者提供奖励(报酬)(Stephan,1996)。

19世纪末,"做科学"和"做技术"的差别开始消失。"例如,工程师把物理学中的实验和理论方法用于自己的研究中。要想这样做,他们需要新的与物理学研究相类似的制度组织——科学专业团体、研究期刊和研究实验室"(Layton,1977:209)。这样做的结果是,工程、医学和农业等领域的技术性科学出现增长和繁殖。

在科学进步和技术进步关系最密切的领域,"做科学"和"做技术"的传统差别消失得最为彻底(Narin and Noma,1985:369-381)。例如,在研究原子弹的曼哈顿计划中,关键人物都是承担工程师工作的科学家,"因为只有科学家具备工程计划所需的基本知识"(Dresch,1995:179)。肖克利(Shockley)及其同事在贝尔电话公司开发的晶体管被视为一种技术的发展而非科学发现。很多既是生物化学家又是基因学家的人士不仅推动了基因组学知识的发展,而且也推动了生物技术的进步(见本书第十章)。和那些与专利权不太相关的科学家相比,获得专利技术并将研究成果商品化的"明星科学家"在推动科学知识进步方面常常更有成效(Dasgupta and David, 1994; Zucker and Darby, 1998)。

20世纪80年代,对于科学研究和技术开发之间的关系,一个比线性模型或流水线模型更为复杂的解释出现了(见本书第三章中图3-6; Mckelvy, 1997; Stokes, 1997: 58-89)。① 图13-1展示了制度环境的影响。

图13-1的右下部分象限为好奇心驱动的基础研究,称为"玻尔象限",以伟大的丹麦物理学家尼尔斯·玻尔(Niels Bohr)命名。玻尔对原子结构模型的研究属于纯好奇心驱动的科学研究,尽管后来在原子能领域他的观点成为重大技术发展的来源。对好奇心驱动研究的支持来自私人基金会、大学和政府。不管动机如何,"基础研究最典型的特性是,力图使人们对某一科学领域现象有更充分的了解"(Stokes, 1997: 7)。

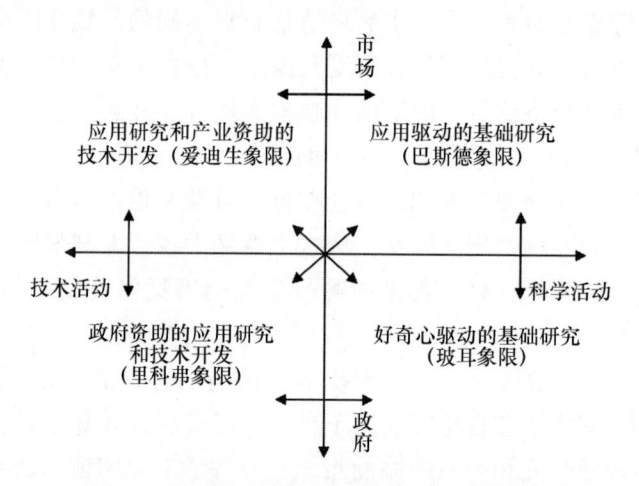

图13-1 科学研究和技术开发机构象限模型

资料来源:Adapted from Donald E. Stokes, *Pasteur's Quadrant: Basic Science and Technological Innovation*, Washington, DC: Brookings Institution, 1997; Maureen McKelvey, "Emerging Environments in Biotechnology", in *Universities and the Global Knowledge Economy*, Henry Etzkowitz and Loet Leydesdorff, eds., London: Printer, 1997: 63。

---

① 在一篇打破传统的文章中,特伦斯·基莱(Terence Kealey, 1996)认为:(1)科学知识的进步通常是由技术变革引起的;(2)科学研究的公共支持比私人支持效率低,却取代了私人支持。

图 13-1 的左上部分象限是应用研究和产业资助的技术开发，被称为爱迪生象限。爱迪生的门洛帕克实验室自发地把研究聚焦在商业技术的研发上，其目的是满足技术及经济可行性的要求。它运用了科学知识，但是却不会对其有所发展。研究的支持全部来自私人部门——来自爱迪生早期研究获得的利润和对未来利润的期待。

图 13-1 的右上部分象限是应用驱动的基础研究，被斯托克斯（Stokes）称为巴斯德（Pasteur）象限——巴斯德早期对发酵的基础研究，致力于解决如何用甜菜产生酒精的难题。他证明了发酵是由于微生物的作用；并通过把发酵液中糖分子作隔氧处理使其发酵，展示了微生物生产酒精的过程。他后来对疫苗的研发也反映出如何通过发展科学知识来解决具有经济或社会意义的问题。

图 13-1 左下部分象限是政府资助的应用型研究和技术开发，称为里科弗象限。在某些领域，市场制度无力促使私人进行投资；这些领域的技术开发研究就属于里科弗象限。海曼·里科弗上将（Admiral Hyman Rickover）组织了世界上第一艘潜水艇动力设备的开发工作，参与者包括橡树岭原子能委员会、洛斯阿拉莫斯国家实验室、利弗莫尔国家实验室、西屋电气和通用电气实验室。20 世纪，诸多联邦和各州资助的农业研究成为美国农业生产率增长的来源。在材料科学和技术领域，很多公共资助的研究也属于里科弗象限的范畴。

我们应该清楚，这几个象限不是独立存在的。图 13-1 中，连接玻尔象限和爱迪生象限的箭头实际上就是范内瓦·布什的线性模式；表 6-2 中也更细节地展示了很多农业科学和技术的纵向和横向联系。

第二次世界大战期间及冷战早期的几十年中，"大科学"的快速发展导致大量科学、技术和资金资源投入里科弗象限中。20 世纪八九十年代，大学在商用技术发展中变得活跃起来，这也促使更多的资源投入这个象限。现代社会不仅要求科学家加深对自然世界的理解，而且要推动技术的进步，改善技术变化可能造成的意外结果。这些发展引起了关于科技企业诚信的严肃问题。这些发展的相关政策将在本章后面部分谈及（见下文中"大科学"和"商业技术"的部分）。

二 投资不足的依据

直到 20 世纪 50 年代晚期至 60 年代早期，人们才清楚地认识到公共支持科学研究的经济学原理。理查德·纳尔森（Richard Nelson）和肯尼斯·阿罗（Kenneth Arrow）在这一时期发表了一些影响巨大的文章,他们指出,个人企业研究投资的社会收益超过了私人收益。[1] 这样看来,科学和技术知识具有"公共物品"的特征。科学和技术进步带来的好处可以"外溢"到其他企业和消费者。其结论是,私人部门最好不要在科学研究中投资过多,而公共投资对于实现社会最佳的研究水平是非常必要的。

这种"市场失灵"的论断最初应用于基础研究。然而,人们渐渐发现,这也与应用研究和技术开发有关。在同一产业的不同商品层面上,公共支持农业研究的社会收益率是传统私人部门投资收益率的好几倍（Evenson and Kislev, 1999）；而在不同的产业层面,研究投资的社会收益率比私人收益率也要高出很多（Mansfield et al. , 1997：144-166, 1986；Scherer, 1982；Griliches, 1992、1995；Jones and Williams, 1998）。更有成效的私人研究项目往往把从公司得到的长期支持与广泛的产品线结合起来,从而获得内部重大研究项目的收益。而公共部门学术研究的收益率可与公共资助的农业研究的高收益率相媲美（Mansfield, 1991：11-12）。

将这些微观经济学研究与针对生产率增长来源的宏观经济学研究相结合,就会得出一个结论：对民用研发投资不足会严重限制美国经济的增长（Jones and Williams, 1998）。投资不足理论带来的启示是,政府需要加大公共投资,改善私人部门投资不足的情况。有一些企业的研发是由公共资金提供支持的；衡量这些企业的私人收益率得出的模糊结果进一步证实了这个结论。20世纪70年代以来的大量研究没有找到一个统一的模式来解释联邦资助的企业研究所获得的收益率。原因是,联邦资助大部分用于国防和航天相关产业。由于这些领域的研发和产品都不受正常市场的检验,所以不能以经济标准来衡量其收益率（Hall, 1996：148-155；Moore et al. , 1995：112-118）。[2]

20世纪90年代,几个新的分析性研究进一步说明了公共部门投资的重要性（Feller, 1992：119-131）。一个观点结合了亚瑟（Athur）和大卫

---

[1] 《创造性的方向和进程》（The Rate and Direction of Inventive Activity）一书基于美国国家经济研究局于1959年在明尼苏达大学召开的会议（Nelson, 1962）,是代表了战后初期对经济研发认识的里程碑著作。该书中大部分的论文依然在传播。回顾性分析请看纳尔逊（Nelson, 1997）。

[2] 一些证据显示,20世纪90年代中期,美国联邦实验室引进的鼓励技术转移的新激励措施对专利活动有积极的影响（Jaffe and Lerner, 1999）。

(David) 的研究，认为发明新技术的企业所实现的规模经济可能会导致其"锁定"最初的技术轨道不变，即使另一技术发展轨道其实更为有效（见本书第四章）；另一个以战略贸易理论为基础的观点则认为，在适度规模限制低成本生产商数量的产业中（以宽体飞机为例），研发资金的多少决定了哪些企业可以维持经济可行性。收益递增和战略贸易的观点都说明，政府的支持对激发私人研发部门达到最佳水平很有必要。然而，持反对意见的人却认为，调整资金支持以达到上述两种标准所需的相关信息，政府很难获取（Cohen and Noll，1991）。

第三种观点强调了知识利用和扩散的制度限制。大部分关于"美国工业失去国际竞争力"的文章指出，尽管美国在新科学技术的发现与发明上遥遥领先，但在商业发展上却落后于其他国家。与新技术的发展和利用相关的隐性知识传播困难且价格昂贵。这样看来，政府仅仅支持新知识和技术的产生是不够的，还应加大投资，研究更有效的技术转移制度。20世纪七八十年代，这个观点为美国联邦政府发起的诸多商业技术发展和转移项目奠定了基础。

具有讽刺意味的是，投资不足的观点刚开始是作为公共支持基础研究的一个理论依据，后来却主要用于评估商业技术开发的私人和公共研究项目收益率。同时，科学界为科学研究的资源配置制定操作标准的努力失败了。

对于研究的资源配置问题，科学界遇到的困难起源于第二次世界大战后期科学政策思想的一个基本矛盾。布什的报告正是这个矛盾的反映。之前提到，布什的报告发展了投资理论，为联邦支持科学研究提供了依据；同时，对运用投资理论分配研究资源的做法，该报告却持有极其不可知论的态度。报告认为，"基础研究没有考虑实际目标"（Bush，1945：18）；但又同时指出，"重要的和非常有用的发现来自基础科学的相关研究，但任何可能的结果都无法精确预测"（Bush，1945：19）。

在思考基础研究资源配置的标准时，我们应该首先了解从基础研究中能得到什么。基础研究可视为中间投资，能够提高应用研究和技术开发的生产率。如果应用研究被看作潜在流程或产品的分配取样阶段（就像尼尔森—温特演化模型（见本书第三章）所展示的那样），那么基础研究就可被看作扩大了取样阶段的属性分布（Evenson and Kislev，1975：140-155）。通过扩大属性分布，基础研究提高了技术及经济可行研究成果的可能性，同时降低了发现过程的成本。

这种观点形成了"双派生需求模型"，该模型展示了对基础研究的需求。技术变革主要来自商品和服务的需求，而知识进步则来自技术和制度变革的需求。如果基础研究的探索和发现（基础知识的供给）是一个随机的过程，那么该模型应该如何在制定研究资源配置的标准中运用呢？

20世纪60年代早期，时任橡树岭国家实验室主任的阿尔文·温伯格（Alwin Weinberg）在谈到"大科学"的未来时试图回答这个问题（Weinberg，1961：161-164，1964：42-48）。温伯格指出，首先要坚持研究资源配置内部标准和外部标准的合理性。其中有两个重要的内部标准：（1）这个领域准备好被开发了吗；（2）这个领域的科学家是否具备足够的能力（Weinberg，1964：44）。项目建议书中的同行评议往往对这两个标准最为重要。外部标准在科学领域之外产生，它们试图弄清楚，为什么要对一个科学领域进行研究，以及如何进行研究。温伯格认为，一个领域是否具有科学价值，不能只看该领域自身，"当对其周围学科也有重大贡献时，这个领域才具有最大的科学价值"（Weinberg，1964：45）。

大卫等人也持有类似的观点（David et al.，1992：73-90）。对于基础研究的资源配置，他们反对以传统的成本—收益或收益率为根据。和温伯格一样，他们把基础研究当作一种中间投入，能够提高相关领域科学知识的生产率，提高应用研究和技术发展的生产率。但是"基础研究产生经济效益的途径十分复杂，进行基础研究投资收益的评估所需要的假设非常不现实，因此这个做法对指导实际的政策决定毫无用处"（David et al.，1992：87）。[①]

大卫等人也强调，"基础科学项目所产生的知识之间联系的多少及程度……决定了某一特定学科发现中蕴含的潜在经济收益"（1992：84）。一个领域与另一个密切相关的领域之间的联系可以用简单的参数图表示出来（见本书第三章）；它们之间的联系基于跨领域的物理规律，类似于化学和物理之间的联系一样。大卫等人也担心，缺少这些明显的联系可能导致对基础研究投资不足，尤其像高能粒子物理这样研究成本极高的领域。

[①] 大卫等人（David et al.）指出，基础研究也有重要的外部效应：（1）在学术机构进行的基础研究是对科学家进行教育和培训的重要工具；（2）基础研究项目创造了社会网络，还没有经过审核和出版的信息在此网络中传播迅速；（3）基础研究项目可以推动研究技术的进步，降低研究成本，提高生产率。他们指出，应用研究和技术开发也具有这些特点（David et al.，1992：75）。

本节所讨论的问题在过去十年逐渐成为美国国家科学和技术研究的焦点。冷战时期，大量联邦资金投入科学和技术研究中，模糊了科学政策和技术政策之间的矛盾。随着冷战结束，美国政府对研究的投入减少，研究资源配置成为一个亟待解决的问题。笔者将会在后面的章节中再回到这个问题。而在接下来的两节内容里，笔者将讨论专利制度和军事采购，这是美国联邦政府刺激技术发展的两个传统领域。

第二节 专利制度

没有哪种制度像专利制度这样长期存在如此多的争议（Scherer, 1980：439）。专利制度是美国鼓励发明和创新的主要传统政策手段。[①] 美国宪法规定："国会有权……保证作者和原创者对其作品或发现在一定期限内享有专有权，通过这种方式可以促进科学和艺术的发展。"国会于1790年通过了专利法。诸多法律条文和行政法规构成了美国的知识产权制度，尤其是"专利制度"和"版权制度"；尽管这个制度在后来发生了一些变化，但并没有被快速或彻底地改变（David, 1993：23）。[②]

专利申请有两大主要部分。第一部分具体描述发明产品，就像科学或工程类文章那样，描述发明者面临的问题、解决问题的步骤以及解决此问题的"最佳模式"等。这些信息的重要作用是提供发明过程中涉及的知识。第二部分是确定法律保护的范围。这一部分内容赋予了发明者独一无二的权利，使其可以对自己发明的产品进行生产、使用或销售（Merges and Nelson, 1990：844）。

为达到美国专利局的要求，一项发明必须具有新颖性、非显而易见性和实用性。技术发明在哪个国家申请专利，就由哪个国家授予专利权，而且只在专利授予国的范围内有效。因此，美国专利与商标局授予的专利只在美国本土受保护。美国公司如果在国外做生意，必须在国外获得专利权才能受到保护。

[①] 这节内容大量参考了谢勒（Scheler, 1980：439-458, 1990：613-660）、西伯克（Siebeck, 1990）、大卫（David, 1993：19-61）的精彩论述。

[②] 知识产权法在中世纪和文艺复兴时期的欧洲诞生，想进一步了解其发展史，请看大卫（David, 1993：43-54）。现代知识产权法分为五大类：专利权、植物育种家权利、著作权、商标权和商业机密（Lesser, 1990）。有关专利有效期的争议，请参看本书第十章。

各个国家的专利法有很多不同之处。其中之一是，德国、日本和巴西等几个国家会为产品小的改进颁发短期实用专利（又称"小专利"）。第二个不同之处在于，美国实行的是"先发明制"，允许发明者在科学或技术会议上先宣布新发现，再于一年之内申请专利；其他国家遵循的是"先申请制"，规定在申请专利之前不能泄露任何相关信息。例如，伯耶和科恩（Boyer-Cohen）的重组 DNA 技术在申请专利之前就受到美国专利法的保护，但在欧洲则不行（见本书第十章）。各国之间在专利法上的不同还包括：(1) 期限；(2) 范围；(3) 审查程序；(4) 权利转让；(5) 强制许可；(6) 实施。例如，一些国家（如印度）不愿对健康相关的发明授予专利；一些国家的审查程序要求不能泄露任何敏感信息；还有一些国家有强制许可，规定如果国外专利持有者连续几年在本地市场没有使用该技术，那么就要把技术转让给当地公司；很多低收入国家有强大的专利法，但实施能力却很弱。

一　关于专利的争论

专利制度对个人发明者或公司来说有很多好处（Scherer，1980：444）。当然，最明显的莫过于加强了发明者的优势；当潜在创新者数量众多或开发成本很高时，大家就会排除困难，争当第一个发明者，因为得到的好处最大。另一个好处是，防止在进入某个技术领域时被另一个拥有平行专利权的公司所阻拦。第三个好处是，防止竞争对手没有投入任何研发费用就生产出类似或相关的替代品。例如，杜邦公司的科学家们在"发明"尼龙时，他们"做了系统的调查，把所有与尼龙具有相似特性的分子变异都进行了专利申请，以防止别的公司开发出有效的替代品。然而，此做法只获得了部分成功。以德国法本公司为首的很多公司用聚酯和聚烯烃分子研发出了具有竞争力的纤维"（Scherer，1990：624）。[①]

[①] 20 世纪 60 年代中期，杰西·马卡姆（Jesse Markham）指出，美国的产业研发和专利制度受到反垄断政策的刺激。"在美国，专利法在 175 年里为发明和相关革新活动开辟了道路，使它们可以获得垄断性收益；然而，过去 75 年中实施的反垄断法逐渐阻止了大部分为获取这些垄断性收益所使用的过于明显的方式。相应的……这两个政策在推动创新活动方面互为补充"（Markham，1966：293-294）。然而巴顿（Barton）指出，美国是把早期的弱专利法和强反垄断法模式变成了强专利法和弱反垄断法的模式。1983 年，集中受理上诉的法院成立，主要负责处理所有专利相关上诉，法官大部分都是专利法律师，这大大加强了专利法的有效性和扩大了适用范围（Barton，1993）。

从更广泛的社会角度看，专利的目的不是维护奖励发明者的权利，而是刺激新产品的开发和商业化（Bush，1970：196）。但很多经济学家一直对专利具有刺激发明的作用表示怀疑。"只有当广泛传播和快速模仿的阻碍较弱，或竞争性领导的优势不大，或发明的潜在收益很小，甚至这三个因素都具备时，专利保护才具有重要的刺激作用"（Scherer，1980：447）。然而，人们已经广泛达成共识的一点是，尽管专利刺激研究的作用可能有限，但在促进扩散方面却很有效，包括在产品推向市场过程中的创新和投资（Barton，1995：614）。

专利也不总能有效地防止模仿（Mansfield，1981）。巴顿（Barton，1993：256-283）认为，在"常规"模式下，专利主要用作交叉许可的基础。美国通用电气和西屋电气公司在研发发电和照明的成熟技术时，就使用了这种方法（见本第七章）。这种体系既奖励了发明者，又避免了昂贵的诉讼，除非其中一方或双方的要求出现严重不和。巴顿指出，"常规"模式有两种例外情况，其中一种是，在类似化学和制药这样的行业中，个人专利是特定产品的基础，这些产品都具有重要的市场潜力。实际上，每一种产品都可以垄断市场，这种垄断产品的发展及市场化与竞争对手开发的相似产品毫无关联。例如，在医药生物技术产业，公司每年推出的新产品很少，这是因为每种产品都涉及大量的前端研究和管理投资，而且都有很长的生命周期，且很容易被模仿（见本书第十章）。垄断对于弥补前端固定成本非常重要。由于这个缘故，企业都愿意进行大量诉讼，保护其专利不被侵犯（Barton，1993：279）。

当一个产业正经历技术上的变革时，"常规"模式的另一个例外就会出现。"通信、计算机和软件企业为了额外的影响力和控制力而竞争，一旦发现任何知识产权的可能性，就马上提出申请"（Barton，1993：280）。巴顿的话也同样适用于生物技术产业。这些产业的技术发展成熟之后，"常规"的交叉许可模式就有望成为解决知识产权争端的主要方法。

研究专利政策的学者往往对专利制度有利于欠发达国家的观点持怀疑态度（Gould and Gruben，1996）。他们普遍认为，由于国内发明活动数量少，相对于授予国外专利保护的社会成本来说，专利制度的益处也会很小。有人认为，最不发达国家往往被建议通过"索取、借用或剽窃"发达国家的知识产权（不仅包括受专利保护的发明，还包括商业机密和受版权保护的材料）来提高自身的优势。一个普遍的观点认为，专利制度不能有效鼓励欠发达国家的重要发明活动，也不能有效提高国外技术转移到欠发达国家的效率。欠发达国家遵守国际知识产权法的唯一原因只不过是受到了发达国家的政治压力（Greer，1973：223-266）。

二 新视角

20世纪80—90年代，"专利和其他知识产权制度能促进发达国家和发展中国家经济增长"的看法有了极大改变。科学和技术变革迅速发生，并跨越了各个"高技术"产业，这就要求发达国家和发展中国家的知识产权制度保持"统一"，因此带来了前所未有的压力。国际贸易体制变得更加开放，国家经济体由国家管控转变到由市场驱动，这两个因素推动了科学和技术的全球化和传播进程，也进一步增加了统一全球知识产权制度的需求。

如今，相对普遍的观点认为，良好的专利制度能够推动发展中国家新科学和技术知识的成功转移和商业应用。在受授国，强大的知识产权保护制度能够刺激隐性知识的转移，这些知识正是跨国公司在产业发展过程中盈利所需要的（Arora，1992：141、189）。然而，强大的专利制度可能减少对本国企业技术转让的刺激，而转向复制或采用发达国家公司开发的技术（Smith，1999）。如果知识产权制度被视为国家制度性基础设施的生产性投资，那问题就变成，一个国家该采取什么形式的知识产权制度？该投入多少公共投资来建设和维护知识产权制度？

知识产权制度的统一框架对发展中国家是否有益，研究团体内部尚未达成共识（Lanjouw，1997）。例如，强大的制度能够刺激经济增长吗？或者说，产权制度如果不够强大，会阻碍经济发展吗？这是非常重要的问题，但实证研究尚未找出客观证据。霍夫曼和埃文森（Huffman and Evenson）根据科学技术发展的阶段对国家进行了分类，把不同层次的国家同知识产权制度刺激发明活动和技术转移的能力联系起来。处于第一阶段的国家中大部分的科研和发明能力都十分有限，无法研发出能从产权保护制度中获利的技术。处于2b和2c阶段的国家，能够运用逆向工程，仿制更为复杂的技术。随着这种能力的增强，他们也就逐步掌握了开发技术的能力。这样看来，从符合国际标准的知识产权制度中得到的要比从无限制的模仿中得到的还要多。这就暗示，产权政策具有内生性。当一个国家的科学技术达到一定水平，本国企业有能力开发出值得保护的技术时，其产权制度也就会得到发展。

1994年的乌拉圭回合多边贸易谈判使这种观点深入人心。乌拉圭回合谈判促进了世界贸易组织（WTO）的成立，取代之前的关税与贸易总协定（GATT）。世界贸易组织签订了《与贸易有关的知识产权协议》（TRIPS）（Maskus，1998）。TRIPS首次为所有形式的知识产权制定了不同标准，包括专利版权、商标、服务标志、地理标志、工业设计、集成电路设计和商业机密等。美国承诺采用其他经合组织国家一致同意的标准，包括把专利期限从17年延长至20年。1996年，TRIPS的条款开始在发达国家签署国中生效。而对1996年之前未受到专利保护的产品（包括药品专利），较为先进的发展中国家被允许用5年的时间来进行过渡；最不发达国家则拥有10年的过渡期（World Bank，1999：33-36）。但对最贫穷的国家来说，TRIPS仍是一个过早的制度革新。

经济学研究明确指出，尽管有效的知识产权制度是国家制度性基础设施的重要组成部分，但其鼓励创新活动和促进新技术商业化的能力还远远不够。在现代经济中，积极的政策对于保持现有优势、缩小发达国家与落后国家之间的差距很有必要。大量证据显示，强大的知识产权制度与高速的经济增长有关。强大知识产权制度的优势在相对开放的经济体中最为明显，在保护本国企业避免国际竞争的国家中则较弱（Gould and Gruben，1996）。无论是发达国家还是发展中国家，如果想要现有的知识产权制度不阻碍技术的开发和扩散，都很有必要重新对其进行思考和改革，尤其是在具有"网络性"或"系统外部性"的领域，如生物和信息技术领域。

第三节　军事采购

军事采购在技术发展过程中所扮演的角色极其重要（Roland，1985）。① 武器制造中获得的知识是工业革命的重要知识来源——为了给蒸汽机的凝水缸钻孔，"瓦特向约翰·威尔金森寻求帮助，后者发明了能够在生铁上精准钻孔的大炮钻孔机"（Kaempffert，1941：435）；为了使德国军队摆脱对国外氮的依赖，刺激了哈伯—博施固氮流程的发展；美国标准

---

① 但是内夫（Nef，1950）却认为，这造成了一种进步的假象；事实上这种进步是通过加强军用物品生产来实现的，军事生产又来源于以往科学技术的进步。

化生产源于新英格兰枪支生产体系。而在19世纪，军队常常是新技术产品的唯一可靠消费者。在英国，大炮销售的有保障市场直接促成了威尔士和苏格兰边远地区燃煤高炉的建立；在法国，海军提供的市场使该国企业家们抓住机遇追赶英国的钢铁冶金技术（Mcneill，1982：177、211-212）。[①]

一 衍生、脱轨和接轨

在第二次世界大战和冷战结束之间的半个世纪中，美国国防建设占据了研发开支的绝大部分。50年间，冷战为科学技术的公共投资提供了政治和财政背景（Mowery and Rosenberg，1989：123-168；Gibbons，1995：119）。这段时间，一半以上的联邦研发预算都投入了国防技术的开发中（见表13-1）。对太空探索、能源研究和开发，甚至基础数学、物理、生物和社会科学等非国防研究领域的投资，也都是因为它们与国家安全存在历史和潜在的关联（Cohen and Noll，1996：306）。重点投资国防研究领域对民用技术活力和经济增长的影响长期以来一直存在争议（Cowan and Foray，1995：851-868）。理查德·塞缪尔斯（Richard Samuels）用衍生、脱轨和接轨（spin-off，spin-away，spin-on）这几个术语对这些争论进行了探讨（Samuels，1994：18）。

"衍生"（spin-off）的概念来自一种观点——军事研发是民用技术的一个普遍来源。军事体系对复杂技术的要求促进了供应商企业科学和技术能力的提高；这些供应商进而为产业体系提供了先进的技术。常被提及的产品包括喷气式发动机和机身、杀虫剂、微波炉、卫星（用于通信、航海或天气预报）、机器人、集成电路和核能等（Samuels，1994：18）。衍生也涉及为达到复杂的军事相关技术性能需求而开发的加工技术，以及为复杂管理体系而进行的制度创新（见专栏13-1）。毫无疑问，为军事和太空项目而进行的研发及采购对科研工作的重点以及技术革新的方向和扩散有重要的影响。但军事研发也带来机会成本——民用技术开发可能因为对军事和太空技术的投资而被放弃。第二次世界大战后，军事和太空技术投资

[①] 埃杰顿（Edgerton）认为，第二次世界大战结束以前，科学、技术和战争之间的关系被历史学家严重忽略了。这种缺乏远见的观点导致"科学—国家—战争关系的历史编纂几乎专门针对国家资助的民用科技"（Edgerton，1996：37）。塞缪尔斯（Samuels）也有相似的观点，他认为，经济理论学家几乎没有关注过军事经济与民用经济之间的相互关系（Samuels，1994：4-14）。

表 13-1　1960—1999 年美国联邦的研发支出，按功能分类（以当前美元价值来计算）

研发支出		冷战				民用技术					
	总支出	国防	太空	原子科学	总额	国家科学基金会	能源	交通运输	健康	农业	自然资源	其他	总额

1960
| 数量 | 7.322 | 5,937 | 330 | 183 | 6.450 | 57 | 159 | 77 | 277 | 107 | 68 | 127 | 87.2 |
| 百分比 | 100.0 | 81.1 | 4.5 | 2.5 | 83.1 | 0.8 | 2.2 | 1.1 | 3.8 | 1.4 | 0.9 | 1.7 | 119 |

1970
| 数量 | 15.153 | 8.021 | 3.518 | 393 | 11.932 | 292 | 491 | 407 | 1.073 | 246 | 301 | 451 | 3.221 |
| 百分比 | 100.0 | 52.9 | 23.2 | 26 | 78.4 | 1.9 | 3.2 | 2.7 | 7.1 | 1.6 | 2.0 | 3.0 | 21.6 |

1980
| 数量 | 30.235 | 14.643 | 4.262 | 345 | 19,250 | 838 | 3,289 | 861 | 3.682 | 563 | 951 | 801 | 10.985 |
| 百分比 | 100.0 | 48.4 | 14.1 | 1.1 | 63.7 | 2.8 | 10.9 | 2.8 | 12.1 | 1.9 | 3.1 | 2.6 | 36.3 |

1990
| 数量 | 63.810 | 41,078 | 5.624 | 784 | 47.486 | 1.520 | 2.342 | 973 | 8.253 | 937 | 1,220 | 1,081 | 16.324 |
| 百分比 | 100.0 | 64.4 | 8.8 | 1.2 | 74.4 | 2.4 | 3.7 | 1.5 | 12.9 | 15 | 1.9 | 1.4 | 25.6 |

1995
| 数量 | 68.432 | 32.699 | 8.243 | 700 | 46.642 | 1.894 | 3.152 | 1,353 | 1,260 | 1.126 | 1,602 | 1,283 | 21.790 |
| 百分比 | 100.0 | 55.1 | 12.1 | 1.0 | 68.2 | 2.8 | 4.6 | 1.9 | 16.4 | 1.7 | 2.4 | 1.9 | 31.8 |

续表

<table>
<tr><th rowspan="2">研发支出</th><th colspan="4">冷战</th><th rowspan="2">总额</th><th rowspan="2">国家科学基金会</th><th rowspan="2">能源</th><th colspan="5">民用技术</th><th rowspan="2">其他</th><th rowspan="2">总额</th></tr>
<tr><th>总支出</th><th>国防</th><th>太空</th><th>原子科学</th><th>交通运输</th><th>健康</th><th>农业</th><th>自然资源</th></tr>
<tr><td colspan="14" align="center">1996</td></tr>
<tr><td>数量</td><td>68.439</td><td>39,428</td><td>6,963</td><td>705</td><td>47.096</td><td>2,077</td><td>2,938</td><td>1,654</td><td>10.498</td><td>1,168</td><td>1,610</td><td>1.398</td><td>21.343</td></tr>
<tr><td>百分比</td><td>100.0</td><td>57.6</td><td>10.2</td><td>1.0</td><td>68.8</td><td>3.0</td><td>4.3</td><td>2.4</td><td>15.3</td><td>1.7</td><td>2.4</td><td>2.0</td><td>31.2</td></tr>
<tr><td colspan="14" align="center">1997</td></tr>
<tr><td>数量</td><td>71.073</td><td>40,177</td><td>8,137</td><td>703</td><td>49,017</td><td>2.015</td><td>2.641</td><td>1,782</td><td>1,458</td><td>1,178</td><td>1,590</td><td>1.392</td><td>22.054</td></tr>
<tr><td>百分比</td><td>100.0</td><td>56.5</td><td>11.5</td><td>1.0</td><td>69.0</td><td>2.8</td><td>3.7</td><td>2.5</td><td>16.2</td><td>1.7</td><td>2.2</td><td>2.0</td><td>31.0</td></tr>
<tr><td colspan="14" align="center">1998</td></tr>
<tr><td>数量</td><td>71.379</td><td>39,024</td><td>7.975</td><td>1,438</td><td>48.437</td><td>2.111</td><td>1.527</td><td>1.920</td><td>13.069</td><td>1.228</td><td>1.734</td><td>1.353</td><td>22.942</td></tr>
<tr><td>百分比</td><td>100.0</td><td>54.7</td><td>11.2</td><td>2.0</td><td>67.8</td><td>3.0</td><td>2.1</td><td>2.7</td><td>18.3</td><td>1.7</td><td>2.4</td><td>1.9</td><td>322</td></tr>
<tr><td colspan="14" align="center">1999</td></tr>
<tr><td>数量</td><td>73,704</td><td>39.417</td><td>7,880</td><td>1,234</td><td>49.031</td><td>2.360</td><td>4.573</td><td>2.255</td><td>14.087</td><td>1247</td><td>1,985</td><td>1.366</td><td>24.673</td></tr>
<tr><td>百分比</td><td>100.0</td><td>53.4</td><td>10.7</td><td>2.4</td><td>66.5</td><td>3.2</td><td>2.1</td><td>3.0</td><td>19.1</td><td>1.7</td><td>2.4</td><td>1.8</td><td>33.5</td></tr>
</table>

资料来源：Adapted table from data assembled by Keith Fuglie, Staff Economist, Council of Economic Advisors, February 1998. Data from D. C. Mowery and N. Rosenberg, *Technology and the Pursuit of Economic Growth*, Cambridge, UK: Cambridge University Press, 1989, Table 6.12; *Budget of the United States Government, Fiscal Year 1999: Historical Tables*, （1999 data are preliminary）。

对技术革新的速度和生产率的增长是一种好处还是一种负担，至今尚未有定论。

专栏 13-1

制度创新的衍生物：系统方法

军队—产业—大学集合体是技术和制度革新的来源。系统方法的例子展示了制度变革转移的潜力和面临的困难。第二次世界大战中以及刚结束时，管理大规模复杂军事和太空项目的方法演变为现在的项目管理系统方法。20世纪50年代的阿特拉斯导弹计划（Atlas project）制造出第一个洲际弹道导弹，之后演变为系统工程的管理方式。这种方法起初在军事航天机构内运用，后扩散至非国防产业和政府部门（Hughes，1998：4）。

在把系统方法应用于非国防产业和政府部门的过程中，人们倾注了极大的热情。拉莫—伍尔德里奇公司（天合集团的前身，国防和太空项目主要承包商之一）的西蒙·拉莫（Simon Ramo）认为，新管理工具可以缩小快速技术进步和落后社会制度之间的差距。各企业和部门纷纷成立了系统分析和规划办公室，由工程师和行为科学家（经济学家、社会学家、心理学家）的跨学科团队组成。美国总统林登·约翰逊颁布行政命令，要求所有联邦政府的技术部门和机构都按照系统分析原则为计划—设计—预算体系（PPB）制定实施步骤。

伯纳德·施赖弗（Bernard Schriver）作为洲际弹道导弹项目前负责人，曾创造了辉煌的业绩；1968年，他离开政府部门，自己成立了一个咨询公司，业务内容就是将系统方法应用于非国防领域。他把政府和产业之间的公共利益伙伴关系具体化，运用系统分析法"通过盈利来解决公共利益问题"（Hughes，1998：172）。而他的公司于1969年3月宣布倒闭；施赖弗把倒闭原因归咎于"对政府行政人员的目标不甚了解、创新遭到普遍抵制、经济政策制定时存在政治压力"（Hughes，1998：174）。施赖弗得出结论："命令加控制"的组织结构无法存在于公共和私人部门，因此冷战时对管理军队—产业—大学项目非常有效的制度革新无法在公共和私人部门中产生同样的效果。

> 系统工程的管理方式在20世纪80年代早期发展得极为混乱。在有些产业中建立起来的操作研究从管理层降为更具体的应用；学术操作研究部门被关闭或并入其他部门；而在联邦和政府机构中，PPB体系已基本被废弃。然而，这并不意味着系统方法对大规模组织和项目的影响力已完全消失。虽然许多与"命令和控制"组织结构相关的正式分析方法已被废弃，但"系统思考"和很多开放的系统方法依然广为应用。最近使用系统方法的一个例子就是评估全球气候变化影响的综合评价模式（见本书第十二章）。
>
> ---
>
> 资料来源：I draw primarily on C. West Churchman, *The Systems Approach*, New York: Delacorte Press, 1968; Thomas P. Hughes, *Rescuing Prometheus*, New York: Random House-Pantheon Books, 1998; Russell L. Ackoff, "The Future of Operational Research Is Past", *Journal of the Operational Research Society*, 30 (1979): 93-104。

"脱轨"（spin-away）的概念是指国防工业技术变革和民用经济之间的连接逐渐消失。20世纪60年代，与国防和太空相关的研发被视为生产率增长的负担。"军事和太空研究使科学技术脱离了民用领域，减缓了产业技术的前进步伐，降低了经济增长速度"（Solo, 1962：49-60）。此外，美国产业经常无法利用技术转移的机遇。国防承包商常常把国防科研和非国防科研区别对待。到70年代，美国的生产率增长下滑得越来越明显，人们的担心也逐渐增加；80年代，人们普遍认为，民用经济技术已领先于军用技术。

"接轨"（spin-on）在塞缪尔斯的术语中指的是现成技术从民用经济到军事应用的转移。历史上，"接轨"一直都是军事技术的重要来源。微电子学中最重要的发明，如贝尔实验室的晶体管、德州仪器公司的集成电路、飞兆公司的平面工艺和英特尔公司的微处理器，起初针对的都是民用设施，但很快就用于军事应用。美国军队不仅加大采购了国内原本民用领域的产品，还将采购范围扩大到了国外，"1991年海湾战争中的爱国者导弹使用的先进零件最初是由日本分包商针对商业市场生产的"（Samuels, 1994：28）。

有三个原因可以解释"接轨"的现象。第一，民用市场逐步提高了产品性能要求。20世纪90年代，任天堂游戏使用的微处理器比一些最先进的军用设备都更为复杂；第二，新技术的开发成本增加；第三，商业市场的产品生命周期一般比军事系统的产品生命周期短。结果就是，商用产品的技术复杂程度逐步领先于军事应用的要求（Samuels，1994：28）。90年代末，很多技术导向的国防承包商中断了他们的国防科研活动（Chen，1999）。

二　国防—产业基础

以上这些发展的结果就是，美国军用经济和民用经济之间的关系比第二次世界大战后前几十年的情况更加复杂。美国开始向日本的历史模式靠拢。19世纪末20世纪初，日本工业发展受"富国强兵"口号的刺激，要求民用技术应具有重要的军事衍生作用。因此20世纪30年代，日本的汽车产业把重点放在了卡车的生产上。第二次世界大战后，由于军队规模受"百分之一原则"的限制，日本把重点继续放在民用经济中能为军队提供强大基础的优势领域。

很多政府和非政府委员会及研究小组为美国制订了一个解决方案——军队采用新的采购制度，鼓励民用和军用技术更紧密融合，创造一个更强大的国防及产业基础。1986年，国防管理总统委员会（国防管理特别工作委员会）建议，可通过使用民用技术以及放宽与功能无关的性能要求，实现国防部节省成本、提高质量的目标（Samuels，1994：27）。卡耐基科学技术和政府委员会则强调，全球（尤其是西欧和东亚）技术基础的增强对美国国防技术政策来说有两个意义："第一，美国国防部需要从更为庞大的商用技术领域中挑选同样适用于国防的技术；第二，国家总体经济需要从国防部对技术的大量投入中获利。"（May 1993：14）这意味着，必须要减小政府对商用和军事部门之间技术共享的阻碍。预算紧缩对这些目标的实现有所帮助。几乎可以肯定的是，下届美国国家委员会在研究军事采购的改革时，国防管理特别工作委员会和卡耐基科学技术和政府委员会的建议将依然适用。

第四节　科学技术政策的政治运作

如何分配研究资源是一个国家科学技术政策的重要表现。有些国家（如法国）设有中央研究部门或科学技术部门，管理和指导国家大部分的公共资助研究。美国没有这样的中央机构；但在美国联邦资助的所有研究中，大学研究实验室和私人国防承包商所占据的份额比其他经合组织国家都要高（见图13-2）。

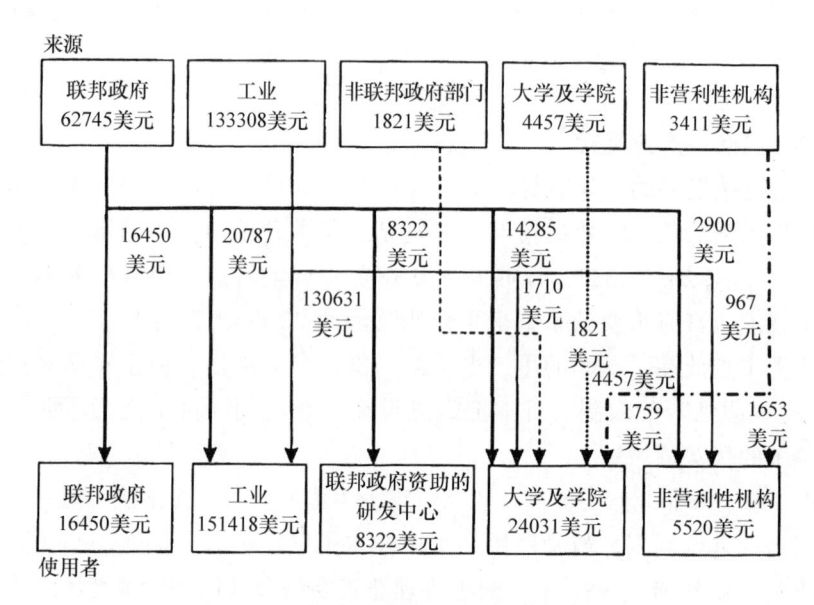

图 13-2　美国研发经费的资金来源和使用者

资料来源：National Science Board，*Science and Engineering Indicators*，1998，Appendix table 4-5。

在建国之初，美国就试图成立中央机构负责研发工作。华盛顿总统曾提议在哥伦比亚特区建一所国家大学。19世纪中期，人们对建立史密森学会和国家科学院的讨论也反映了同样的问题。20世纪30年代，美国科学咨询委员会成立；1940年国防研究委员会成立；第二次世界大战期间作为国家科学院分支机构的国家研究委员会成立。这都反映了同一个问题——建立联邦科学技术政策的中央规划和协调机制（尤其在紧急关头）是很必要的（Dupree，1985：ix，x）。

1942年参议员哈雷·吉尔格（Senator Harley M. Kilgore，D，West Virginia）提议成立科学和技术动员局，把科学研究同经济增长更直接地联系起来；它将为美国研究型大学提供制度性补贴，跟联邦政府资助国家农业实验站的方式类似（见本书第六章）。布什所著《科学：无尽的前沿》（*Science：The Endless Frontier*，1945）的报告中也提出了成立国家研究基金会，主要支持基础研究。后来，美国政府于1950年成立了国家科学基金会（NSF），由总统亲自任命的独立科学家组成国家科学委员会进行管理。当时，科学界担心非科学家将对科学进行中央集权控制；商界反对联邦政府对技术发展的直接投资；参与国防建设的研究人员则反对加强民用科技对军事科学技术的控制。而布什成功地将这些人都动员了起来。[①]

国家科学基金会成立之前，美国农业部、内政部、劳工部和商务部都各自有自己的研究项目。在国会积极讨论成立国家科学基金会时，国家卫生研究院的研究项目正在快速扩张，原子能委员会也逐步发展了核武器和核能的研究；此外，第二次世界大战后的十年中，海军研究局成了物理学基础科学研究最主要的支持者。这些机构及其赞助者都不急于使自己的研究活动被中央科学机构吸收。20世纪50年代中期，国家科学基金会只有不足1千万美元的预算开支，因此被迫减少了对基础研究和教育相关活动的支持。而1957年苏联人造卫星的发射使得美国马上加大了对科学技术研究及科学相关教育的投入；苏联人造卫星发射后不足数月，美国国家航空航天局（NASA）以及美国国防部高级研究计划局（ARPA）就相继成立。

美国逐步形成的科技政策具有多元性，意味着没有专门的机构来确定科技研发的优先顺序。在很多部门和机构中，科研预算的制定过程极为分散。科研预算涉及诸多行政部门和机构，包括众议院和参议院下属的授权和拨款委员会、总统行政办公室、行政管理和预算局（OMB）、科学技术政策办公室（OSTP）、国家科学技术委员会（NSTC）等（见图13-3）。研究资源从联邦政府到联邦研究实验室、私人部门和大学的流动过程极其复杂。在后面的章节中，笔者将讨论影响总统和国会制定科技政策的制度的发展。

一 研发政策的不同发展阶段

第二次世界大战后，美国联邦政府对科研的支持主要经历了四个变化（见图13-4、表13-1）。战后头20年间，对科研的支持主要基于其有推动

[①] 在制定战后科技政策框架的问题上，美国政府做出了很多努力。相关介绍，请参看克莱门（Kleinman，1995：75-144）。20世纪60年代以前，美国国家科学基金会在资助基础研究方面作用一直不是很大（Kleinman，1995：145-170）。国会和总统希望该基金会能增加对应用科学和工程的支持；但它一直表现得极为抵制（Belanger，1998）。

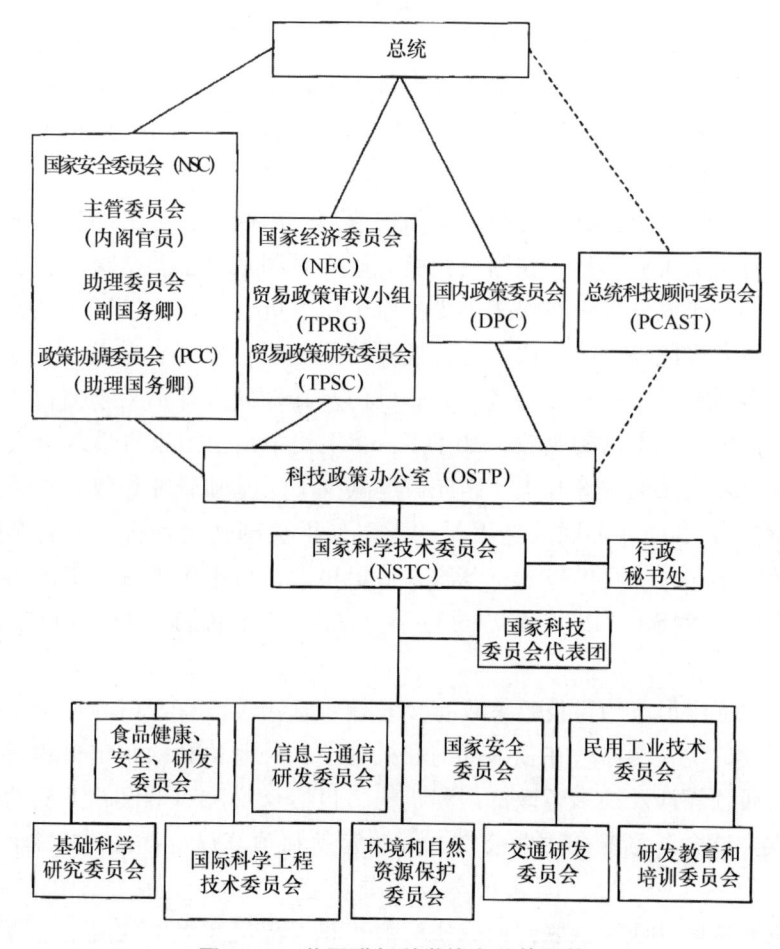

图 13-3　美国联邦科学技术政策机构

资料来源：OSTP, the White House, 1997。

军事技术和核能开发的潜力；60 年代，目标扩大到对太空的征服，在这期间，研究经费（尤其是国防和太空领域）大幅增加。

10 年之后，即约翰逊和尼克松执政期间，政府决定把科研资源转移到与社会需要有密切联系的领域。约翰逊总统向科学界呼吁，把重点从物理学的基础研究转移到与"向贫困宣战"有密切关系的科学技术领域。尼克松总统鼓励研究团体把重点放在清洁能源、自然资源控制、交通和药品管理的研究上。议会授权"向癌症宣战"是为了证明，对科学能力的重视既然能使人类实现登月，也就能使人类治愈癌症。约翰逊和尼克松执政期间，联邦政府的科研经费减少。直到福特总统上台，科研经费才恢复至1976年的水平。科研经费的减少源于人们广泛的批评，抨击科学界研发的技术被运用到越南战争中，而有些技术导致了环境恶化。

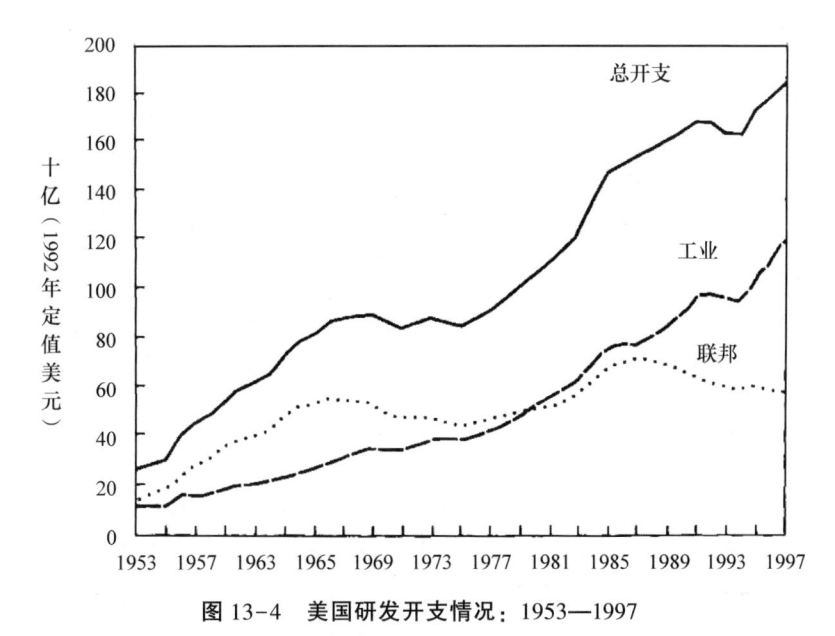

图 13-4　美国研发开支情况：1953—1997

资料来源：Adapted from United States General Accounting Office, *Measuring Performance: Strengths and Weakness of Research Indicators*, Washington, DC: GAO/RCED - 97 - 91, March 1997: 30 from National Science Foundation, Science Resources Studies Division. Source: *NSF/SRS*, *National Patterns of R&D Resources*: 1997, Table 7, Arlington, VA。

20世纪70年代，大量经费投入能源研究和开发中，但到80年代，这个领域的经费投入快速减少。这是因为在这个时期，公共对科研的支持再次集中到军事技术开发上。1980—1990年，联邦研发预算中，军事相关投入从48%上升到64%。里根政府在军事技术领域进行了大量投资，而有意识地减少了对应用研究和技术开发的支持。但里根政府推进了许多其他的刺激政策，如税收抵免、鼓励私人部门的研发等（Day and Ruttan, 1991: 32-40）。

冷战结束后，在布什和克林顿执政期间，联邦政府总体减少了对研发的支持，尤其是国防和太空相关领域的研发。在克林顿总统及其共和党对手所达成的为数不多的一致意见中,平衡预算是其中一个;这使研究团体不得不同联邦预算中的其他环节争夺有限的资源。科研部门的管理者们努力寻找新的能引起政府担忧的问题,以迫使政府增加预算;这反映在一些新词中,如"环境安全"和"全球竞争力"等,但这仍没赢得足够多的政治民意,以增加联邦政府的科技预算。国防部和能源部的研究预算得益于冷战时期美苏的紧张关系;而在20世纪90年代,这两个部门的研究预算大幅缩减。相比之下,从1960年起,健康方面的研究经费持续增长,到90年代末,约占联邦研发预算的20%。而就在90年代期间,美国联邦的预算压力减小,几乎所有非国防科技部门都实现了预算的大幅增加。

二 白宫里的科学

为总统提供科学咨询的制度安排是近几十年才发展来的,主要源于战争和国防的需要。[①] 1941年,罗斯福总统任命范内瓦·布什为科学研究与发展办公室(OSRD)主任,首次正式把科学顾问引进总统顾问体系。[②]

科学研究与发展办公室的成功有几个特别重要的制度因素。第一,布什可直接向有科学顾问需求的总统汇报;第二,科学研究和发展办公室拥有独立的预算;第三,赢得战争的迫切需要为建立中央规划机制提供了政治环境。之后的科学顾问们就没有这么幸运了。

50年代,为总统提供科学技术咨询的机制经历了几次变革,但其主要功能仍是提供国防及国家安全领域科学研究和技术开发的建议。60年代早期,由于有国会进行监督,科学技术顾问体制有了更加正式的地位。1962年3月,肯尼迪总统正式成立科学技术局,隶属于总统行政办公室,负责进行长期的科技规划;而之前,这一直是国家科学基金会所负责的任务,但他们从未完全尽职。科学顾问的责任范围不断扩大,包括健康、环境以及民用科学技术的其他领域。

尼克松总统1972年再次当选后,撤销了科学技术局和总统科学顾问委员会(PSAC)。尼克松做此决定是出于政治方面的考虑。白宫和学术界

[①] 这部分,笔者借鉴了许多白宫前科学顾问写的书或文章,尤其是布什(Bush, 1970)、伯格(Burger, 1980)和巴菲尔德(Barfield, 1982)。也可参考卡耐基科学技术和政府委员会的报告(1988年10月,1991年9月)。

[②] 关于20世纪30年代总统科学顾问制度化的论述,请参看奥尔巴克(Auerbach, 1965: 458-482)。

对越南战争的看法分歧越来越大，而尼克松认为 PSAC 的大部分成员也持有和学术界一致的观点。撤销 PSAC 之后，尼克松让国家科学基金会主任负责为总统行政办公室提供科学咨询——科研界认为这是一种大降级。

1976 年，国会授权行政部门协调并监督所有的联邦研发活动。除了总统科学顾问之外，高校中的科学家和工程师组成的特别小组以及私人部门都被召集起来，为军事、太空、环境等问题提供建议。里根执政期间，总统顾问办公室再次把重点放在了军事和太空领域，而非民用技术上。[①]

随着美国越来越多的产业逐渐失去了技术领先地位，技术政策在布什和克林顿执政期间变得越来越重要。1990 年在布什执政期间，科学技术政策局（OSTP）主任艾伦·布朗姆利（Allan Bromley）发布了一份报告，首次提出制定联邦政府技术政策。这份名为《美国技术政策》（*U. S. Technology Policy*）的报告（Bromley，1990；1994：122-141）是一个巨大的政治成就。它要求美国政府投入大量资源，并动员以任务为导向的科技机构提供支持，这些机构都隶属于联邦科学、工程和技术协调委员会（FCCSET）。这需要对白宫工作人员耍一些小手段，因为他们视"产业政策"为一个粗俗的词语。布朗姆利之所以成功，至少有一点是因为其报告内容只涉及宽泛原则的制定，而非具体的科技预算再分配或特定的技术开发计划。布朗姆利报告中的建议几乎都没有争议性（见专栏 13-2）；它为后来的 OSTP 主任们提供了一个平台，使他们在与联邦政府内部其他部门或同国会作战时不落下风，有利于他们提出新的倡议或维护联邦政府在技术发展和扩散中的地位。

1993 年 2 月，总统克林顿和副总统戈尔刚就职不久，他们就发布了第二份联邦政府技术政策报告——《促进美国经济增长的技术：增强经济实力的新方向》（*Technology for America's Economic Growth: A New Direction to Build Economic Strengths*，1993）。克林顿—戈尔报告和布朗姆利报告有一个共同观点，那就是重视与基础科学相关的技术商业化及转移。另外，克林顿—戈尔报告对以下几个方面进行了更加明确的强调：（1）环境保护技

[①] 总统行政办公室下属的其他几个办公室和政策委员会也在科技政策中发挥了很重要的作用。其中最重要的是行政管理和预算局（OMB）以及国家安全委员会（NSC）。其他还包括白宫办公厅主任处、国家经济委员会（NEC）、国内政策委员会（DPC）和美国贸易代表处等。

术；（2）对国家标准与技术研究所先进技术项目（NIST/ATP）的支持；（3）对信息技术基础设施建设的支持。

贯穿克林顿—戈尔政策的基本原则是加强布什执政时的科技政策，也就是将研究方向从冷战时期为联邦政府服务的科技领域（如国防、太空和核能领域）转移到非国防技术领域，以提高美国在国际市场上的竞争力。为此，国会在1994—1995年的预算中大量增加了对民用技术的资金投入，诸如国家科学基金会（NSF）、NIST/ATP以及国家卫生研究院等机构和项目获得了大量的预算支持。由此看来，美国政府实现军用技术和民用技术预算平分的目标将在10年内实现。①

专栏13-2

美国技术政策实施策略

政府对私人部门的激励措施：

- 把技术政策关心的问题融入相关政策的制定中（如财政、货币、贸易和环境政策等）。
- 通过联邦货币和财政政策（如研究项目的资本收益税和税收减免）鼓励个人对技术进行投资。
- 提供一个良好的法制环境（如反垄断法、稳定的管理环境等）。
- 提高政府合同中技术商业化的机会。
- 鼓励多边标准化制度。
- 健全国际知识产权保护体制。

教育培训：

- 振兴各层次教育。
- 建立一个框架，使数学、科学、工程和技术教育等领域进行协调与合作。
- 鼓励继续教育和在职培训。

---

① 10年内指的是从原作者写书的时候开始计算，原书出版于2001年，作者完书时间则为20世纪末。——译者注

> **联邦政府承担的研发责任：**
> - 加大联邦对基础研究的投入。
> - 同私人部门合作，共同参与通用技术的竞争前研究。
> - 继续加强联邦政府对主要消费产品及流程的开发。
> - 保持一个强大的国防技术基础。
> - 鼓励科学技术的国际合作。
> - 转移联邦资助技术。
>
> 资料来源：D. Allan Bromley, *US. Technology Policy*, Washington, DC: Executive Office of the President, Office of Science & Technology Policy, September 26, 1990。

国会和政府平衡预算开支的努力遇到了严重的财政限制。《华盛顿邮报》的一位记者说道，"国会预算开支未定使克林顿政府雄心勃勃的科技发展计划几乎完全不可能实现。这个破坏是毁灭性的。之前还从来没有过在任总统的公私合作在启动之后就这么快被彻底破坏的情况"（Schrage, 1995: F3）。

三 国会科学咨询

在建立科技信息和咨询的正式制度安排上，国会比总统要谨慎得多。[①] 但 20 世纪 70 年代以后，加强制度安排已变得非常迫切。参众两院的议员们在很多问题上争论不休，如弹道导弹的投掷重量、平流层中臭氧层耗竭和艾滋病的流行等问题。科技信息不仅对考虑科技政策问题（如研发机构的成立和资金投入）的委员会成员很重要，而且也成为讨论经济、社会和伦理道德等一系列政策问题的重要信息。卡耐基科学技术和政府委员会发现，"很难找到一个国会委员会没有参与到政策的制定中，这些政策影响了科技发展，或受到科技发展的影响"（February, 1991: 13）。国会利用政府行政机构的科技能力来获取科技信息和咨询。但随着时间推移，国会也具备了足够的制度能力，至少能部分满足自身对信息和分析的需求。

专门为国会提供科技政策信息和分析的唯一机构是 1973 年成立的技

---

① 这部分内容大量借鉴了卡耐基科学技术和政府委员会的三份报告（1991 年 2 月、1991 年 10 月及 1994 年 1 月）。

术评估办公室（OTA）。技术评估办公室的评估结果受到国会成员及其工作人员以及国会之外科技团体的广泛应用和重视。在一份名为《科学、技术和国会》（Science, Technology and Congress）的报告中，卡耐基委员会（1991年10月）敦促加强技术评估办公室的作用，使其具备其他的分析能力，更有效地把经济分析同其他评估活动结合起来，并把更多的注意力放到国际科技问题上。然而，1994年，国会两院党派比重改变导致了财政革命；其结果是，尽管技术评估办公室工作质量高，并能够同国会领导层进行有效沟通，但仍被撤销了。技术评估办公室的规模（115名专业人员）和预算（1994年时为2200万）都不大，且国会高级官员都很支持，但这都未能避免被撤销的命运（Bimber，1996：69-77）。

四 非政府组织的建议

除了政府咨询机制，各种非政府研究和倡导组织也提供科学技术咨询。这些组织中包含了各种各样的科学技术团体，如"三院一会"国家研究院体系（国家科学院、国家工程院、国家医学院和国家科学研究委员会）和美国科学进步协会；还包括各个学科学会，如美国物理学会等；还有许多公共政策智囊团，如兰德公司和布鲁金斯学会；以及各种左翼和右翼政策宣传组织。其中，国家研究院体系的影响是最大的（Carnegie Commission，1993）。

国家科学院（NAS）成立于1863年，是一个私人自治非营利性组织，由国会管理，目的是推动知识进步，并向联邦政府提供独立意见。国家科学研究委员会（NRC）成立于1916年，是国家科学院、国家工程院（成立于1964年）和国家医学院（成立于1970年）的运作机构；① 该组织招募了大量科学、技术和政策科学领域的专业人员组成研究团体，参与相关咨询活动。

"三院一会"国家研究院体系和联邦政府之间关系密切，这既有优点又有缺点。② 该体系预算中约有75%来自联邦机构（其他来自捐款和私人

---

① 这两个姐妹学会之所以成立，主要是因为人们认为国家科学院在其成员组成上不足以代表应用科学家和工程师的贡献。农业科学团体在20世纪80年代提出了类似的担忧，于是国家科学院成立了农业委员会。

② 这部分内容大量借鉴了卡耐基委员会（1993年1月）。笔者也利用了自己在几个国家研究委员会和理事会的工作经验。

筹集资金）。尽管研究项目常常由国会或白宫发起，但经费却要通过项目评估机构来发放——例如，评估地球观测系统的国家航空航天局，或是评估授权研究经费体系的国家科学基金会。由于依赖外部资源，国家研究委员会的工作人员一直受到项目开发的压力，常常为了维持委员会的运作而不得不研究一些十分平淡的课题。有时，即使研究课题相对枯燥乏味（如研究防水膜对混凝土桥面的功效），但委员会也不得不进行相关研究，这让一些成员认为其首要目的是养活员工。

但毫无疑问，国家研究委员会的工作极具价值；其独立性和客观性是其他组织无法赶超的。技术评估办公室撤销后，国家科学研究委员会就成为唯一一个能够利用知识的范围和深度去解决重要科技政策问题的组织。有时，它很愿意解决对其他政府机构来说有争议的问题。比如，当里根政府拒绝对艾滋病研究做出承诺时，国家科学研究委员会利用自身获得的捐助资金首次对这一具有争议性的疾病进行了综合性的研究；这项研究最终促使政府开始采取行动（Lawler，1997：900-904）。[①]

在这部分中，笔者重点谈论了"三院一会"国家研究院体系。如果篇章允许，笔者很愿意用同样的笔墨谈论一下其他的机构。纽约卡耐基基金会是其中最重要的一个；1991—1994 年，卡耐基科学技术和政府委员会发布了 19 份受到高度重视的科技政策报告。布鲁金斯学会也经常进行科技政策的研究并发布相关报告。兰德公司以操作为导向的研究起初主要关注空军问题，后发展到关注广大的社会和经济政策问题（Smith，1966）。大量智囊团和基金会（很多位于华盛顿）都有针对某领域利益的研究议程，如自然资源政策。有些机构的创立是为了进行意识形态方面的研究；这些机构的建议常常具有激励性或争论性。

第五节 科技政策问题

20 世纪 80 年代后，美国开始对科技政策进行集中复审，这其中有

[①] 尽管国家研究委员会的工作受到人们的高度评价，但是最近却遭到大量批评。国会成员和一些政府机构的代表认为委员会写报告和发表报告的时间太长。国家资源保护委员会和动物法律保护基金会挑战了委员会研究小组的客观性。法院已做出判决，要求国家研究委员会将大部分会议对公众开放。过去 10 年中，国家研究委员会面临的最大挑战可能是联邦政府科技预算缩减。20 世纪 90 年代初开始，联邦机构对国家研究委员会研究的投入已经下降（Lawler，1996）。

两个非常重要的推动因素：第一，越来越多的人认为，美国在诸多商用技术领域失去了领导地位；第二，冷战慢慢平息。这次复审发生在预算紧缩时期——80年代中期至90年代中期，联邦政府投入研发的资源每年减少了1%（见图13-4、表13-1）；其原因主要是与国防相关的研发资源减少了。总统和国会发起了一系列对科技政策的复审工作；很快，大学、私人基金会、专业协会和商业团体也加入了他们。然而，到目前为止，各方还没能就联邦科技政策达成一致，因此无法取代冷战时期人们在国家安全问题的共识之上建立的原有科技政策（Smith and Mcgeary, 1997: 37）。这一节将介绍一些近期在政策讨论中受到高度重视的问题。

一　政策目标

吉米·卡特总统的科学顾问弗兰克·普雷斯（Frank Press）曾指出，"没有比预算决策更有力的政府政策了"（Press, 1995: 1449）。但预算决策很少能反映出国家一贯的政策。国会决策过程十分复杂，这使联邦研发预算各组成部分之间、联邦研发预算与国家其他重点投资项目之间的直接交易或转移变得很困难。尽管联邦研发预算能够"统计"，但不能被当成一个统一的整体进行分配或管理。它仅代表了参与研发的私人部门和机构预算的总和。

1995年，参议院拨款委员会要求国家研究院体系建立"一个标准，用于判断研发活动资金分配是否合理、参与这些研究的机构之间是否平衡、分配方法是否客观"（Committee on Criteria for Federal Support of Research and Development, 1995: v）。于是，国家研究院体系成立了联邦研发投入标准委员会，由弗兰克·普雷斯担任主席。

普雷斯委员会的职责是为国会提供联邦科技研究预算方面的意见。该委员会认为，科学和技术之间关系密切——"基础科技和应用科技之间关系非常复杂，把它们当作一个相互关联的联邦科技企业更为合适"（Press, 1995: 1449）。该委员会把自己限定在"基础技术"领域，避免了处理与技术商业化及扩散相关的研究；它把重点放在联邦科技的研发上，而国防部拨给私人企业的资金被排除在外，原因是它们不属于"国家科学技术基础"。国防部拨给私人企业的资金主要用于测试和评估、建立飞机生产线、升级武器零部件及武器系统，并对其进行现代化改造等领域。按这样的说法，则 90 年代中期近 700 亿美元研发预算中，联邦科技预算只占一半多一点（联邦实验室、学术机构和产业部门的预算比例分别为 39%、31% 和 21%，剩下的 9% 拨给了非营利性机构等）。

普雷斯委员会的建议引起了激烈争论，人们对此褒贬不一。有人质疑，当今的产业更关注产品开发的短期研究，普雷斯委员却无视此现状，弱化了联邦政府对竞争前通用技术的支持作用（House Committee on Science, 1996: 4、5）。还有人批评建议中的第四条——"总统和国会应保障足够的联邦科技预算，促使美国在关键领域处于领先地位，并在其他重要领域保持世界一流水平"——不合时宜。因为科研经费分配应当关注基本社会目标的实现，而不应考虑是否能取得领先地位；那些认为"科学实际上是一种竞争性活动，相对于可实现国家目标的知识，国际排名更为重要"的人实际上是把美国该优先发展哪些事业的决策权交由他国经费开支来决定（Robinson, 1997）。

此外，在某一领域科学的领先也并不能保证就可以有效地实现社会目标。比如，美国在生物医学的各方面（无论是基础科学还是临床应用）都遥遥领先于其他国家，但其卫生服务的制度措施却招致民众的普遍不满。美国的许多健康指数（如婴儿死亡率等）都落后于一些生物医学研究能力相当有限的国家。

尽管普雷斯委员会在报告中及国会听证会上都对其提出的目标进行了大量的附加说明，但也避免不了被认为是在为"科学家的科学"辩解。委员会也曾尝试设立可操作性标准，以合理分配科学和基础技术各领域的资源，但最终也宣告失败。1997 年 2 月，众议院议长纽特·金里奇（R-GA）指示下属的科学委员会起草一份报告，旨在为国会制定长期科技政策提供参考。但这份由委员会副主席弗农·埃勒斯（R-MI）指导完成的报告却毫无新意可言。不过报告的确表达了一种担忧：尽管联邦政府越来越重视基础领域的研究，但私人部门的产业研究却越来越注重实用性。然而，该报告却未提及卫生和国防领域研发开支的问题。针对商业技术领域，报告给出的主要建议是将研发税收抵免制度永久化（House Committee on Science, 1998）。

专栏 13-3
联邦科研经费分配原则

建议 1. 总统应每年提交联邦科技综合预算，包括重点和非重点领域。应保证足够预算以服务于国家优先发展的项目，培育出世界一流的科技企业。

建议 2. 政府各部门和机构应确保联邦科技经费分配决策标准清晰明了，且与总统行政办公室及国会标准一致。

建议 3. 国会应当建立一套审核程序，以便在联邦预算全部发放给相应委员会及其下属委员会之前对其进行审核。

美国应不遗余力保持其全球科技领袖的地位。（建议 4 和建议 5）

建议 4. 总统和国会应保障足够的联邦科技预算，促使美国在关键领域处于领先地位，并在其他重要领域保持世界一流水平。

建议 5. 美国应寻求国际合作以实现成本共摊，并掌握世界顶尖技术实现国家目标。

建议 6. 联邦实验室的研发工作应专注于实现赞助机构的目标，但不得从事与本实验室任务无关的研究工作。所有实验室的规模和研究项目都应当按照任务要求适时调整。

建议 7. 学术机构灵活，有内在质量要求，且将科学和工程方面的教育培训与研究直接挂钩。因此总的来说，联邦科技经费应向学术机构倾斜。

建议 8. 联邦政府应鼓励私人部门发展商业技术，但不应直接为其提供经费支持，不过下面两方面除外：
- 政府任务的技术项目，例如武器研发与航天飞行；
- 新的使能技术或具有广阔应用前景技术的开发，且政府是其唯一可寻求的投资者。

建议 9. 联邦科技预算应优先考虑基金项目及个人，而不是机构。这样可以更加灵活地把握机遇，迎接变化带来的挑战。

国家的优先发展目标决定总的方针，个人项目的选择既要有总方针的指导，也必须符合科技界的标准。(建议 10 和建议 11)

建议 10. 经费分配引入竞争机制对于保证联邦科技计划的高质量至关重要，因此，竞争优势审核（特别外部审核也参与的情况）应当成为经费分配的首选方式。

建议 11. 在对研发项目、项目参与者及赞助者进行评估时应当考虑外界评估者的意见和看法。

联邦政府须建构一套可用于改进研发管理的体系。(建议 12 和建议 13)

建议 12. 应保证研发工作管理良好，并有清晰明确的工作说明，避免用无社会效益的规章制度苛求或束缚研发工作。

建议 13. 应保留政府相关机构的研发能力，建构灵活多元的支持体系。无论科学部能否建立，行政和立法机关都应执行建议 1 至建议 4 中的程序，以保证联邦科技预算决策过程的一致性。

资料来源：Committee on Criteria for Federal Support of Research and Development, *Allocating Federal Funds for Science and Technology*, Washington, DC: National Academy Press, 1995: 8-10。

二 权衡与评估

20 世纪 90 年代初，美国联邦预算紧缩，国会越来越担心缺乏"研究资源与项目成果之间关系"的相关信息。这种担心促使《政府业绩与成果法》（GPRA）于 1993 年获得通过。该法案旨在将联邦管理及职责的焦点由关注研究人员、活动层次及任务达成转变为关注研究成果。法案的执行包括制定战略规划、年度绩效规划以及具体措施，以展示年度计划的完成情况（General Accounting Office，1997；Kostoff，1997：651）。就研究而言，这就意味着要测算私人研究项目在国家安全、医疗保健和生产率等方面对国家目标的贡献值。而对 GPRA 制定程序的批评则主要集中在过于局限于项目，而不是评估广泛的计划领域。

国会施压要求出台更客观的成果衡量标准，而科技界对于这些标准的潜在影响很担心。普雷斯委员会指出大多数量化标准不够完善——"不顾实际地使用这些衡量标准可能会适得其反"（Committee on Criteria for Federal Support of Research and Development, 1995：27）。国家科学技术委员会在 1995 年的一份报告中强调，量化可以在评估研发结果时发挥一定的积极作用。但一系列的官方审核已经发现，投资收益、专利率和引证分析等量化指标并不能满足公共或私人部门决策者和管理者的需要（Office of Technology Assessment, 1986；General Accounting Office, 1997）。经济研究的结果表明，研发工作的社会收益率远高于个人收益率，这对于希望得到更多预算的科学界来说无疑是一个好消息（Griliches, 1992：S43）。但科学界却并不愿意用同样的方法指导研究资源的分配。

评估可以发生在不同的阶段：既可以是调研者提交的项目计划书中的同行评议，也可以是研究机构对项目业绩的评估，抑或是科学机构的组合研究。科学界几乎一致认为，将同行评议机制运用到计划评估或价值评估中应该成为决定研究项目资金分配优先顺序的主要方式（Committee on Criteria for Federal Support of Research and Development, 1995：25-27, 68）。[①]这种共识影响巨大，常常使人觉得其中暗含这样一种论断：除非某一研究

[①] 美国国家科学基金会（NSF）所使用的"价值评估程序"的突出特征是，依靠外界同行评议者对研究计划书进行评估。评估标准包括：（1）研究者的能力以及方法的技术可行性；（2）研究在促进科学及工程进步方面的内在价值；（3）研究在推动技术进步或解决社会问题方面的功用或相关性；（4）研究对于科学基础建设的影响。对 NSF 方法的评估请参阅科学、工程与公共政策委员会的报告（1994）。这份报告源于一笔颇具争议的价值 6000 万美元的拨款。这笔款项是用于国家高磁场实验室的建设和运营，由佛罗里达州立大学领头的联合企业负责项目运作，而非麻省理工学院。委员会得出的结论为："未发现（比同行评议）更具优势的方式以筛选值得提供支持的研究项目"。潮来（Itako）指出："同行评议者往往拘泥于那些自己有绝对能力进行评价的标准，通常这些标准为申请者的技术水平和能力。而由哪些人来评估其他标准，以及最终决策者如何将这些标准进行整合还是一个未知之数"。普雷斯委员会并没有解决如何在 NSF 理事会和下属部门之间分配研究资金的问题，也未解决开创新的研究领域的问题。事实上，来自国会的指令和总统行政办公室的压力都对新提议和资金分配有所影响。更多深入讨论请见丘宾和哈克特（Chubin and Hackett, 1990）。对于 20 世纪 70 年代中晚期同行评议有效性的争议，有很多文献进行了探讨（Stein, 1973：2-16；Bowers, 1975：624-626；Cole et al., 1977：34-41；Gustafon, 1975：1060-1066；Ling and Hand, 1980：1203-1207）。笔者曾在农业研究的背景下对相关文献进行了评估（Ruttan, 1982：215-236；Fuglie and Ruttan, 1989：365-380）。

通过了同行评议，否则"就不可能是好的科学"。不过同行评议共识的依据何在？并没有实证可以证明，同行评议机制比制度化的支持拨款等方式更有助于推动科学或技术进步。

普雷斯委员会指出，由于任务导向型机构承担的职责是专业应用研究和技术开发，这就需要更多定向研究，因此有必要建立多样化的资助机制。然而，委员会也认为，"财政紧缩的现实使得公平的竞争环境变得至关重要。因此相对于其他联邦科技奖励机制，应更多使用竞争价值评估方式"（Committee on Criteria for Federal Support of Research and Development, 1995: 26）。[1] 笔者个人认为，学术界致力于将同行评议机制作为分配项目资金的基础，这样的做法至少来说考虑到了平等性（维护公平的竞争环境），又兼顾了研究质量或生产率。这个做法可以被视为对任务导向性研究项目合理性的变相批判。[2]

而相对来说，关于如何评估研究项目、研究机构和部门的问题，学术界内部及更广泛的研究界达成的共识就要少得多了。只有上升到一定的高度时（是否不管结果如何，研究都具有自身价值），研究与宏观社会目标之间的相关性问题才会变得更为重要。显而易见，到了这样的高度，仅仅依靠调研者提案中的同行评议来决定研究资金分配将会无法满足需要。普雷斯委员会强调，竞争性同行评议机制对于项目资金分配至关重要，但是至于研究资金应当如何在项目和机构之间分配，委员会却没能给出什么建议。尽管"盲目运用"量化标准的做法受到批判，但如果在运用报酬率进行分析时，能够做到技巧熟练、深入洞悉，这种方法将大有益处（Mansfield, 1991: 1-12; Evenson and Kislev, 1999）。此外，引证和专利数量等方式也可以发挥相应作用（Narin and Olivastro, 1992: 237-249; Narin et

---

[1] 普雷斯委员会报告指出，公式拨款体系，如美国农业部用来为国家农业实验站发放部分资金的体系，在响应研究需要或保证结果质量等方面收效甚微（Committee on Criteria for Federal Support of Research and Development, 1995: 26）。这个发现来源于国家研究委员会的一项研究（1990）；但是，美国联邦—各州农业研究系统在研究高社会报酬率时，详细记载了其预估结果；考虑到这一点，上述的研究发现多少让人感到疑惑不解（Echeverria, 1990; Evenson and Kislev, 1999; 见本书第六章）。

[2] 前任卫生局局长杰西·斯丁菲尔德（Jesse Stinfeld）博士在国家卫生研究院主张更定向的研究项目时曾半开玩笑地说道："如果当年美国国家航空航天局将太空项目建立在调研者主导项目的基础之上，现在就会有6万名空间科学家，在通往月球的路上每80英里就可以安排一个。"（Burger, 1984: 41）1997年，国家卫生研究所和国家科学基金会都对其采用的同行评议程序进行了适度调整，评估时更加重视项目创新和社会效益。

al., 1997)。

上文讨论布什报告时曾提过,科学界评估时遇到的困难反映了一个基本矛盾。布什报告坚称,对科学的支持应当视为一种投资,不仅有利于国家安全,还有利于产生新产品、新流程、新产业以及新的就业机会(Bush, 1945: 17-19)。这一"投资论"违背了过去强调"基础研究不应当考虑到实际结果"的人文主义观点(Bush, 1945: 18)。按照这样的标准,可以进行或能获得资金的科学研究项目将少之又少。[①] 第二次世界大战和冷战时期,这一基本矛盾因大量联邦资金的流动而弱化了;但现在已经到了必须正视这一问题的时候。

每一个研究系统和机构都面临着两个重要的问题,而不管是以直接还是间接的方式都必须对这两个问题给出解答:

• 如果将资源分配给某个特定的研究者或研究团队,或特定的科学或技术领域,又或者被用于完成某一个特定任务,知识扩展或技术进步的可能性有多大?这样的问题要获得权威性的解答,只有在这一特定研究领域顶尖的科学家或技术专家才能做到。研究管理人员(即使是科学家或工程师出身)、规划者、经济学家或其他社会科学家仅靠直觉做出的判断是远远不够的。同行评议可以作为一个可行的方法。

• 倘若研究获得成功,产生的新知识和新技术将会产生什么样的社会价值?相反的,要回答这个问题就需要借助于规划者、经济学家和其他社会科学家的正式分析手段;而参与研究的科学家、技术专家、研究管理者和政治领导的直觉判断也远远不够(Ruttan, 1982: 363)。

为了合理分配研究资源,向政府监管部门和国会委员会展示科研计划

[①] 这并不意味着,为纯粹由好奇心驱使而进行的科学项目(不是为了实现具体的经济或社会目标而进行的研究)提供资金没有什么道理。例如,对生活在北极地区的史前人类金属使用的考古研究就不应当用"投资论"的标准来评判,因为这样的研究是有助于加深我们对恶劣自然环境下人类器具制造技术演变过程的了解。与此类似,无论何时,人类空间探索技术的开发也不能用投资标准来评判。但如果主要依赖人文主义的观点,那么就会很难让人相信,支持科技发展不只是现有水平的体现;这也不代表挑战了"探究自由"的概念。"探究自由"要求研究结果不受科学之外因素的干扰,不过这并不要求社会对所有研究领域一视同仁。如果一个贫穷国家更加重视食品生产相关的生物科技,之后再更重视与老化相关的生物科技,这样的做法并不是在限制探究自由(Mohr, 1979)。

成果所具有的价值，项目负责人需要运用一定的分析方法，因此每个主要的任务导向型公共研究机构都应当成立一个小组，以测试和改进分析方法。不具备此能力的研究机构将会在应对批评或捍卫自己主张时遇到巨大困难。

三 技术基础的转型

前面曾提到，第二次世界大战及战后，军方对研发的支持促使国防技术基础得以建立，这在很多领域引领并促进了商用技术的发展。"1960 年国内半数研发项目得到国防部（DOD）经费支持，美国的研发项目数占北美和西欧研发项目总数的 2/3。30 年后，国防部资助的研发项目只占到国内研发项目总数的 1/3，而美国研发项目在北美和西欧研发项目总数中的比重也下降至 1/2。"（Carnegie Commission, 1991：15）但事实上，这种趋势未必不是一件好事。当今世界经济欣欣向荣，需要广泛扩大全世界范围内的技术基础，尤其是发展中国家；这些国家要尽快赶上美国的规模；从更大范围来说，就是要跟上经济发达的经合组织国的规模。而在美国，商用技术基础要赶上国防相关的技术基础，这一点很重要。

上述变化源于以下几个因素的作用：（1）美国在多个重要产业的主导地位遭到削弱，例如钢铁业、汽车业以及计算机产业；（2）商业需求在决定研发优先发展项目方面变得越来越重要；以及（3）商业研发取得突破，商业研究与军事研究相互独立，即使在那些同时生产商用和军用产品的企业也是这样（Carnegie Commission and September, 1991：6）。

卡耐基委员会发现，没有任何总统层面的组织机制在致力于解决国防技术基础和商业技术基础之间关键政策的联系问题。为了填补这个空白，卡耐基委员会建议对三项制度进行改革。首先，国防部高级研究计划局（DARPA）改组为国家高级研究计划局（NARPA）。DARPA 对学术和产业研发机构提供支持与协调；而 NARPA 的职责将更广泛，包括支持军民两用技术，尤其是那些时间长、风险大、潜在报酬率高的通用技术。其次，对于那些在多个产业具有潜在商业应用价值，但又不属于任何部门或机构研究项目范围之内的通用和竞争前产业技术研发，委员会建议将其交由隶属于商务部的国家科学技术研究院（NIST）和先进技术计划（ATP）全权负责。最后，卡耐基委员会还建议由国家安全委员会（NSC）负责协调及整合总统行政办公室内部在涉及国家安全、经济状况和技术实力等问题时的不同政策意见。

四 大科学

第二次世界大战前的科学大多属于"小科学"。那时科学研究最常见的状况是：一个独立的科学家（通常是男性）带着若干研究生在自己的个人实验室"做科学"。不过，大的工程项目在当时很盛行。田纳西州流域管理局的土木工程建设以及福特汽车公司胭脂河工厂进行的大批量汽车生产就是当时民用工程建设的缩影（见本书第十一章）。以发明原子弹而著称的曼哈顿计划等战时项目的成功标志着科学研究方法取得了决定性的突破。这同时清楚地表明：在"大科学"项目成功的因素中，大工程和科学同等重要。①

关于大科学给科技政策带来的难题，在60年代早中期担任橡木岭国家实验室负责人的阿尔文·温伯格表达得最为贴切（Weinberg, 1961: 161-164, 1964: 42-48, 1967）。温伯格提出，如果有一天，人们回顾20世纪后半叶的历史，"将会发现大科学的里程碑——大型火箭、高能加速器、高通量反应堆等——已成为我们时代的象征，正如巴黎圣母院和圣米歇尔山是中世纪的象征一样"（Weinberg, 1961: 161）。温伯格接着谈到三个伴随大科学发展而来的问题："其一，大科学会破坏科学吗？其二，大科学会摧毁我们的经济吗？其三，我们是否应当将精力更多地放在能直接造福于人民的科学事业，而不是载人航天飞行和高能物理这样的惊人之举？"（Weinberg, 1961: 161）为了应对冷战时期的紧张局势，美国大力支持大科学（以及大技术）的发展，这使得温伯格提出的问题在过去的30年都尽量避免被触碰。但现在冷战已结束，我们不得不直面这些问题，因此有必要回顾一下温伯格自己给出的解答。

温伯格对第一个问题的回答是："大科学不可能只是昙花一现，我们

---

① "大小科学"之争最早出现于20世纪五六十年代。可参见温伯格（Weinberg, 1961: 161-164, 1967）和普雷斯（Price, 1963、1986）的相关著述。普雷斯指出："大科学是新生事物，我们中很多人见证了它的兴起。大科学非常庞大，以至于很多人开始对人类创造出的这一庞然大物感到忧虑。大科学截然不同于之前的科学研究；我们在（或许会有些怀旧地）回顾曾属于过去生活方式一部分的小科学时，可以清楚地看到二者的不同。"（Price, 1986: 2）温伯格对大科学的成本有所顾虑："大型研究用反应堆或加速器价格不菲，需要雇人进行操作，不过这也为科学论文的产生大开方便之门。正因如此，许多科学家不愿意放弃价格高昂的装置，但科学将因此遭受多大的损失呢？"（Weinberg, 1967: 40）

必须学会接受它。但在确保大科学蓬勃发展的同时,又要避免大科学凌驾于小科学之上"(Weinberg, 1961: 162)。对于大科学中的官僚主义以及大科学向大学渗透并极力挤压小科学生存空间的现状,温伯格表示担忧。而关于第二个问题,温伯格指出,目前联邦研发经费支出年均增长10%,"照此速度,65年后我们就得把所有的钱都投入到科技上"(Weinberg, 1961: 162)。他建议,联邦支持非国防科学的额度不要超过国民生产总值的1%。

近期对大科学前景的担忧主要集中于隶属能源部的各个国家实验室。随着首个商用压力水冷核反应堆发电站竣工,对这些实验室(当时由原子能委员会负责运营)前景的担忧也随之出现。20世纪70年代出现的石油危机使实验室重新焕发生机。不过第一届里根政府对能源研发的支持力度大幅减小。80年代末人们开始质疑,在后冷战时代,这些实验室还是否有存在的价值。1995年一份针对能源部国家实验室的报告主张,由一家国有企业来管理这些实验室。相关议案也提交到国会,提议仿效关闭国防部基地的做法也关闭这些实验室。同年,能源部成立实验室运作董事会指导实验室改革,董事会成员由能源部高级管理人员以及在企业及政府都有丰富工作经验的外部人员组成。

自90年代中期起,能源部系统由9个大型多项目实验室和许多专门化实验室组成(见图13-5)。这些实验室归政府所有,但由非政府承包商负责运营;年预算总额超过60亿美元,有大约3万名科学家和工程师雇员。其中大约16亿美元经费来自能源部之外,包括其他联邦机构及私人企业。预算中没有为专门个人实验室准备的分项预算。在国会指导意见的基础上,项目负责人自主决定如何在项目、实验室和私人企业之间进行资金分配,主要的依据是它们各自对能源部职责的贡献度,这些职责包括:(1)维护国家安全;(2)推动科技进步;(3)促进能源开发;(4)保护环境。①

能源部体系科技研发的职责有各自的目标。其中,国家安全任务的首要目标是在不进行核武器测试的情况下保证国家核军火库安全与可靠;科学任务的目标则是为国家实验室、大学和产业科学家的自然科学研究提供大量科学设备;能源任务旨在促进核技术等能源技术的发展;环境任务的

---

① 后边几页主要参考了柯蒂斯等人(Curtis et al., 1997)的观点。

图 13-5　1995 年能源部国家实验室分布

资料来源：Reprinted with permission from Andrew Lawler, "DOE Labs: Is Evolution Enough?", *Science*, 172 (June 14, 1996): 1577, Copyright© 1995 American Association for the Advancement of Science。

目标则主要是，如果在为了保障国家安全要使用核武器时，能够消除核武器残留物造成的环境破坏，包括核废料的稳定、储存和处理，停止并关闭剩余设施，修复受污染环境等。几乎所有为国家安全而进行的研发都是由国家实验室来完成的；科学任务的研发中 70% 由国家实验室完成，25% 由大学完成；58% 的能源任务由产业承担；而环境任务则主要交由承包商完成。政府正有意识地强化大学在这四大职责中的作用。

很显然，在我们现处的时代，所有大科学的研发项目都必须经过日益严格的审查和再审查。在决定这些研发项目未来走向的因素中，技术价值和经济价值的重要性已经超越了科学价值。全球气候变化项目与超导超级对撞机项目截然不同的命运就很好地诠释了这一点。全球气候变化项目旨在深化人们对大气中温室气体（包括二氧化碳、一氧化二氮、甲烷）含量升高对全球气候变化影响的认识。该计划的大部分资金由美国国家航空航天局（NASA）以及国家海洋和大气管理局（NOAA）调拨。该项目遭到了人们的批判，主要是因为没有投入足够的资金研究气候变化中人的作用。不过相关参与机构已经成功争取到了科学界、国会和大众对该项目的资助。尽管针对气候变化根源和影响所做的模型不够精确且依然存在争议，但该计划的经费支持却从未中断——虽然其数额跟 90 年代初超过 15 亿美元的预算相比已不可同日而语。

相比之下，超导超级对撞机项目的境遇就差得多了。该项目的首要目标是加强人们对高能物理领域的科学认识。经过全国数州之间的竞标角逐，项目最终选址德克萨斯州。德克萨斯州政府同意拿出 10 亿美元用于项目建设（Walsh，1988：248）。遗憾的是，该项目并没有取得令人信服的效果。该项目在 90 年代初进行规划和初期建设时曾得到巨额的资金支持；而到 1993 年，由于人们对项目费用超支以及缺乏国际合作的担心，再加上研究资源投向了其他科技发展领域，国会决定终止对该项目的经费支持。

核聚变研究项目也遭遇到了相似的问题。1977 年，能源部决定关闭普林斯顿等离子体物理实验室，而加入正处于酝酿中的国际热核聚变实验堆项目（ITER）。支持者声称，只有加入国际热核聚变实验堆计划，美国才能在等离子科学领域前沿问题的实验研究方面占有一席之地；而且，此举还可能带来一些潜在的其他好处。批评者则指出，在可预见的未来，这一名为"托卡马克"（Tokamak）的核技术不可能成为能与核裂变、化石燃料，甚至太阳能相提并论的能源。他们认为，核聚变研究应当由大科学降级为小科学项目，除非能发展出经济和技术都可行的核聚变发电技术。[①]

时任总统科学技术助理和科技政策办公室主任的约翰·霍华德·吉本斯指出，独立承担大科学项目的国家（包括美国）正面临着日益严峻的挑战。"比如，要证明某些科学项目的合理性正变得越来越困难，例如绘制人类基因组图谱、开发核聚变能、进行太空探索、解开粒子物理学的奥秘、解决臭氧损耗和气候变化等全球生态难题等。"（John H. Gibbons，1995：122）如今越来越多的大工程项目只有通过国际交流与合作才行得通。[②] 吉本斯同时指出，在科学技术研究是经济发展重要前提的情况下，科技合作与经济竞争存在固有矛盾。

笔者认为，到 21 世纪初，美国再想通过政治渠道来启动如冷战初期

[①] 关于核聚变技术的争议见斯特西（Stacy，1997：53-59）和赫希等人（Hirsch et al.，1997：60-64）发表于 1997 年《科学技术问题》（*Issues on Science and Technology*）夏季刊的文章。也可参阅 1997 年秋季刊上卡尔弗特等人（Calvert et al.，1997：5-9）的信件。

[②] 回顾正式和非正式国际研究合作的快速演变历史，参见乔希亚（Georghiou，1998：611-626）。

那么大规模的大科学项目已不现实。而且有些领域的现存项目,例如太空探索和全球气候变化,即使是要维持现有发展势头也已非常困难。另外,由于设备成本增加,多数"小科学"正变得越来越像过去的大科学。人类基因组计划在总体研究规划的框架下进行广泛的国际合作和数据共享,这可能预示着"大小科学"未来的发展方向(Speaker and Lindee,1993)。

五 商业技术

在寻找经济和政治上均可行的策略以支持商业技术开发方面,美国可谓一直困难重重。农业技术的"联邦—各州体系"在制度安排上取得了高度成功,但要将这种体系复制到其他部门却绝非易事。相关尝试均以失败告终。例如,1965 年通过的《国家技术服务法案》旨在为高校的研发提供资源,使其能为中小企业提供技术支持,加快技术的扩散,但由于越战期间预算紧张,该法案于 1972 年遭到废止。美国国会在 80 年代初曾启动一系列项目鼓励能源部实验室的技术转移,但到 90 年代中期,对这些项目的预算支持也停止了。

70 年代出现的能源危机、80 年代对美国产业竞争力的担忧以及冷战的结束促使联邦和各州政府进行大规模的制度创新,以鼓励私人企业开发和推广商业技术。一些观察人士认为,联邦和各州为支持科技发展而进行的制度创新不啻为科技政策的第三次革命——前两次分别为美国 1862 年通过的莫里尔法案以及 1945 年范内瓦·布什(Vannevar Bush)的报告《科学:没有止境的前沿》,前者促进了一大批赠地大学的成立,以推动农业高等教育和机械科学的发展;后者则成为第二次世界大战后科技政策的纲领性文件。

(一)联邦政策

历史上,美国联邦政府曾采取过两种策略推动商业技术的发展。[①] 其一,采取相关措施提高研发投资的收益率;其二,通过对研究、开发和扩散进行补贴以纠正市场失灵。

为了提高研发报酬率而制定的政策包括:加大知识产权保护力度、提

[①] 此部分大量参考了技术评估处(Office of Technology Assessment,1991)、科恩和诺尔(Cohen and Noll,1991,1992:223-265,1996:72-214)、凯雷(Kelley,1997)以及约翰逊和特斯克(Johnson and Teske,1997:42-60)。同时也参考了温迪·H. 沙赫特(Wendy H. Schact)所作的一系列有关国会研究服务的报告(1997a、b、c、d)。

高税收补贴（如研发税收抵免政策）、允许横向兼并以利用潜在的研发规模经济等。不过这些政策却并非时常奏效。本章前面曾提到过知识产权的问题，而要建立一套政治上可行的研发税收抵免体系，专门针对那些私人部门研发资金严重不足的领域，是一件相当困难的事。虽然研发税收抵免政策已经免去了许多"税费支出"（尤其是在 80 年代中晚期），但其对研发产生的纯粹的积极影响却难觅踪迹（Scherer, 1998）。

为了加快商业技术发展，联邦政府自 80 年代初便开始进行一系列的制度创新（见表 13-2）；这些制度创新的开启是出于人们担心联邦资助的研发成果市场转化工作不到位——在这之前，相对于美国公司，其他国家对由美国率先开展的研究的商业转化往往更为迅速。在这些制度创新中，最具影响力的莫过于以下几个法案的颁布：一是 1980 年的《拜杜法案》，它对政府资助及合同框架内的发明的专利政策进行了松绑；二是 1980 年颁布的《史蒂文森—魏德勒技术创新法案》，它为联邦实验室更加关注商业技术的发展提供了法律保障；而 1984 年通过的《国家合作研究法》则放松了对研发合资企业垄断行为的限制。① 尽管 80 年代中期以后联邦研发总投入有所下降，但冷战局势的逐渐缓和却创造了难得的机遇，使更多的资源投向了商业技术研发。联邦实验室在寻找非国防项目的过程中，尝试着把资源用于商业产品的开发，并加大技术转让的力度。

表 13-2　　　　　　联邦技术转让法案（1980—1993）

年份	法案	重　点
1980	《拜杜法案》（PL 96-517）	大学、非营利企业和小企业可拥有联邦政府资助研究项目发明的所有权，并将其用于商业生产
1980	《史蒂文森-魏德勒技术创新法案》（PL 96-480）创新法案》	（PL 96-480）通过实验室建立的研究和技术应用办公室（ORTA）强制要求各联邦实验室与企业积极展开技术合作
1982	《小企业技术创新开发法》	要求联邦机构在职权范围内为小型企业的研发（PL 97-219）提供特别资金
1984	《国家合作研究法》	鼓励企业成立竞争前研发合资企业，废除反垄断案（PL 98-462）中败诉企业必须承担三倍赔偿责任的规定

---

① 上述三法案内容转自李（Lee, 1997: 225-273）。

续表

年份	法案	重 点
1986	《联邦技术转让法案》	规定政府所有，政府运行的实验室（GOGOs）（PL 99-502）有直接与企业订立合作研究和开发协议（CRADA），建立联邦实验室技术转让联盟（FLC）的权利
1987	《12591号行政令》	和出于管理目的进一步阐释《12618号行政令》《联邦技术转让法案》
1988	《综合贸易及竞争法》	指定由国家科学技术研究所牵头建立生产技术（PL 100-418）中心并对其进行管理
1989	《国家竞争力技术转让法》	规定政府所有、民间运营实验室（GOCOs）（PL 101-189）有订立合作研究和开发协议的权利
1993	《国防授权法》（PL 103-160）	要求高级研究计划局（ARPA）通过技术再投资开发推动军民两用技术发展

资料来源：Young S. Lee, ed., *Technology Transfer and Public Policy*, Copyright© 1997 by Young S. Lee. Reproduced with permission of Greenwood Publishing Group, Inc., Westport, CT。

在推动商业技术发展方面经验最丰富的联邦机构非国防部高级研究计划局（DARPA）莫属。高级研究计划局成立于1958年，其使命在于"开发能对美国未来防卫态势产生重大影响的革命性技术，并保证这些技术能得到有效的合理利用，支持产业基础的发展"（Office of Technology Assessment, 1996: 106）。高级研究计划局的资金配置方式极其灵活，计划负责人历来拥有极高的项目自主权。通常，各个项目的负责人需要制定出任务导向型的研究项目组合，例如砷化镓在微型电路技术开发中的应用。同时，项目负责人有权动用自主基金，以探求新的项目内容。在高性能计算、先进材料以及人工智能的发展过程中，高级研究计划局资助的项目发挥了举足轻重的作用。例如，在70年代为互联网的前身——阿帕网的开发提供了经费支持；80年代又支持建立了半导体制造技术战略联盟（SEMATECH）。

对于支持产业政策更加专业化的人，国防部高级研究计划局给出了最具说服力的证据：如果有适当的制度规划，联邦政府有能力为产业层次的技术进步提供有效的支持。1991年，卡耐基委员会建议，将国防部高级研究计划局改组为国家高级研究计划局。原先，国防部计划局的策略是鼓励从国防技术衍生出商业技术，一旦改组为国家计划局，它将有权超越这个策略。克林顿政府听取卡耐基委员会的建议，将国防部高级研究计划局更名为国家高级研究计划局（APRA），并赋予它在技术再投资计划（TRP）中的核心地位。技术再投资计划在最初设想时的作用是协助以往从事国防相关业务的公司、地区和工人转型进入商业领域。三大关键领域获得了经费支持：技术开发、技术部署以及与生产相关的教育和培训（Kelley，1997：313-328）。国家高级研究计划局的项目本已获得近 15 亿美元的经费，而再投资计划的实施又使其获得了 5 亿美元的拨款。与之前国防部高级研究计划局的项目不同的是，技术再投资计划承受了相当大的政治压力，特别是加利福尼亚和堪萨斯等州，因为这些州面临着国防工业转型的巨大问题（Cohen and Noll，1992）。由于国会担心技术再投资计划会占用国防研发经费，该计划于 1995 年被叫停。

在所有专门促进商业技术发展的项目中，最重要的是国家标准及技术研究所（NIST）开展的先进技术计划（ATP）。[1] 该计划为某些项目提供数年的经费支持，旨在研发具有巨大潜在商业价值的高风险项目；项目成本由先进技术计划与私人企业或处于行业领先地位的合资企业共同承担，而合资企业则由高校、联邦实验室、独立的非营利研究机构与以营利为目的的公司一起共同成立。此做法的基本原理是，由产业自身（而非政府）来决定采用何种技术，并减少联邦财政所占份额，这样一来，就可以减少这些项目市场失灵的情况（Cohen and Noll，1992：243）。

项目要经过严格的竞争程序，由联邦高级科学家、工程师以及外界审查者共同进行筛选。无论某个提案在其他标准下具有多么大的价值，若想获得通过，都必须符合科学技术价值的标准。与私人企业合作的先进技术计划项目包括：（1）通过生物聚合物基因改造并带有聚酯特性的转基因棉纤维［阿格拉斯特斯公司（Agracetus）出资 75.7 万美元；先进技术计划出资 131.1 万美元，项目时间 3 年］；（2）计算机集成全髋关节置换术（集成外科手术系统股份有限公司和 IBM 公司出资 213.5 万美元；先进技术计划出资 205.1 万美元，项目时间 3 年）；（3）大功率单芯片金属氧化物半导体控制固态开关的先进制造技术（先进功率技术公司 338 万美元；先进技术计划出资 190.4 万美元，项目时间 2 年）；（4）汽车组合框架的制造工艺（巴德公司出资 131.2 万美元；先进技术计划出资 200 万美元，

---

[1] 请参阅科恩和诺尔（Cohen and Noll，1996：305-333）、美国国家标准及技术研究所（1994）、美国总审计署（1996）、凯雷（Kelley，1997：313-328）和郎（Long，1999）。

项目时间 3 年) 等。

克林顿政府上台以后，将先进技术计划视为提振美国产业竞争力的重头戏。第一届克林顿政府将该计划的预算增加了一倍多，由 1993 年的 6790 万美元提高到 1994 年的 1.99 亿美元；1995 财年该计划的经费再翻了一番，1996 财年再次翻倍。然而，克林顿政府雄心勃勃的计划因 1994 年中期选举共和党赢得参众两院多数席位而遭遇重大挑战。国会质疑技术开发项目的资金使用问题，并且担心，如果先进技术计划没有先注资到这些项目中，私人部门是不是依然还会参与呢？①

为推动商业技术发展而进行的另一个重要举措是，1986 年联邦政府授权政府下属实验室可以与私人部门共同签订一系列合作研究和开发协议 (CRADAs)。② 在 CRADAs 下开展的研究必须与政府实验室的任务保持一致。政府实验室可以接收来自合作方的资金、人员、服务和不动产，也可以向对方提供人员、服务和不动产。实验室可以负担研究产生的管理费用，却禁止向合作企业直接提供资金。

由联邦科学家单独完成的发明归联邦政府所有，但可出售特许权给私企合作伙伴用作商业开发，以换取资金。对于共同开发的技术，合作企业可以优先取舍某一特定用途的专用许可权。随着 1990 年能源部实验室也开始与私人部门签订这样的协议，该计划规模迅速扩大。到 1995 年底，能源部实验室与私企签订的 CRADA 协议已超过 1000 份。

CRADA 协议的运作可以通过一个例子来说明，这是两个共同促进了抗癌药"泰素"技术开发的项目。60 年代的研究证实，一种发现于短叶紫杉树皮中含量极少的物质——紫杉醇——对某些肿瘤具有极好的疗效。不过抗癌药"泰素"的开发遇到了两个棘手的问题：如何获取足够的紫杉醇来满足所有亟须接受治疗的癌症患者，以及如何向可将这种药物商业化的公司进行投资。为了解决上述问题，国家卫生研究所 (NIH) 与百时美施贵宝公司签订了一份 CRADA 协议。国家卫生研究所负责提供临床前的动物研究，并提供其下属国家化学试验网络的化学数据、研究人员以及充足的紫杉醇和短叶紫杉树皮等，以供进行化学试验；百时美施贵宝公司则

---

① 可参看国会、众议院以及科学委员会 (1995)。
② 第三个计划较小，是由国家科学基金会于 1986 年发起的工程研究中心计划 (ERC)。在各高校设立工程研究中心，资金来源除了国家科学基金会，还包括私人企业、各州和所在高校。自 1987 年起，已建成 29 个工程研究中心 (Abelson, 1997)。

对相关生产程序进行了改进，从树皮中提取出更多的紫杉醇，从而增加了药物中紫杉醇的含量。同时百时美施贵宝公司也对植物组织细胞培养技术的开发提供支持，以生产更多的紫杉醇。

植物组织细胞培养技术基于农业研究局（ARS，隶属美国农业部）开发的植物细胞培养程序。1990年，农业研究所与 Phyton 股份有限公司签订了合作研发协议，后者是一家由三名研究生创办的生物技术公司。按照协议，Phyton 获得独家许可，调整实验室规模的流程，生产可投入市场的"泰素"。之后 Phyton 又与百时美施贵宝公司签订合同，为后者生产"泰素"。这两份 CRADA 协议改变了由短叶紫杉数量有限而造成的药物供应紧张的状况。百时美施贵宝公司获得了一种新的抗癌药物，而 Phyton 公司则在商业生产领域获得了一席之地。

1988年通过的《综合贸易及竞争法》建立了先进技术计划（ATP），同时也授权建立区域技术转让中心，以协助企业采用不同联邦机构开发的技术和生产方法，促进企业项目的完成（Kelley，1997：313-328）。1994年，先进技术计划与国家标准及技术研究所（NIST）的国家技术推广计划合并，后者为各州提供资金以促进基础设施建设，促使联邦政府的技术转移到私人部门。合并后的计划更名为制造技术推广伙伴关系（MED）。

1995年，在对该计划（MED）进行审核之后，总审计局（GAO）认为，现在对其进行明确的经济评估还为时尚早（General Accounting Office，1995）。不过，总审计局的报告说明，曾接受 MED 计划技术支持的公司评估结果都十分良好；报告同时指出，全美93%的中小型企业还没有接受过来自 MED 计划的技术支持。1995年共和党执掌国会时，国家标准及技术研究所的预算遭到削减，支持能源部国家实验室 CRADA 协议的经费也大幅减少。

（二）州政策

高等教育一直是各州促进科研基础发展的主要手段。1862年通过的《莫里尔赠地法案》使联邦和各州开始建立合作伙伴关系，共同建立国家公立大学，并维护其发展。由各州发放的学费补贴代表了各地政府发展人力资本的决心；因为他们都认同，发展人力资本可以促进科技的进步和转移。近些年来，研究生教育已成为公立及私立大学用以组织和加强其科研能力的重要手段。最初，各州对技术开发和扩散的支持体现为在各赠地大学建立农业实验站和技术推广机构；同时，各州政府为政府机构内部或公立大学提供适当的支持，进行自然资源、公共卫生、能源和交通运输等领域的研究。①

80年代，各州政府开始更加积极地对以科技为基础的经济开发进行投资。到了90年代初，大部分州相继建立了一些以科技为基础的经济开发项目，包括建立先进技术中心、研究资助项目、研究园以及研发孵化项目等。这一趋势的出现受到多方面因素的影响。其中最重要的原因是，各州开始认识到科技项目可以解决伴随传统重工业部门衰落而出现的一系列问题。高科技产业取代"烟囱产业"将最有可能促进收入增长及提高就业率。为了争取联邦资助项目（如半导体制造技术战略联盟和超导超级对撞机等）落户本州，各州竞争激烈。第二个原因在于联邦对科技发展的支持下降，因此高校负责人、科学家和工程师都开始寻求其他资金渠道，即使这意味着要将研究更多地向商业开发倾斜。另一个重要的刺激因素则是某些州未能参与到联邦商业技术发展的项目中。

然而，各州科技项目的主要目标比较单一，大多集中于开发新产品和新工艺，以此为基础建立新企业，增强现有企业的市场竞争力，创造更多更理想的就业岗位。这些项目由各州科技办公室或商务和经济开发部门进行管理。与联邦计划一样，高校与企业合作项目得到的资金支持也有条件限制。州政府加大研究支持力度创造了新的机遇，不管是公立大学还是私立大学都在竭力争取这难得的机遇。同时为了获取更多的资源，各高校还不遗余力地为自己的科技成果申请专利及出售技术许可。

州级科技发展计划的战略目标包括：(1) 建设研究基础设施，开发人力资本；(2) 进行通用和商业前研究；(3) 产品开发和转移。建设研究基础设施是某些最早期项目的特征。20世纪50年代，北卡罗来纳州政府联合该州三所名校——北卡罗来纳大学、北卡罗来纳州立大学和杜克大学——共同参与到"研究三角园区"的建设和开发工作中。其他例子还包括：以哈佛大学与麻省理工大学为依托而发展起来的马萨诸塞州128公路高科技区，以及以加利福尼亚大学和斯坦福大学为基础的硅谷。② 通用和商业前研究是80年

---

① 对州级科技政策最有研究的学者当属欧文·费勒（Irwin Feller）。本部分大量参考了费勒的著作（Feller, 1991: 68-71; 1997a: 181-197; Feller and Anderson, 1994: 127-140）。另外可参阅卡耐基委员会（1992年9月）以及拉姆布莱特和拉姆（Lambright and Rahm, 1991: 49-60）。

② 上述及其他类似的事例似乎导致了人们过分认定高校在区域发展中具有潜在的企业性质（Dorfman, 1983; Lowood, 1987）。也可参阅斯坦伯格（Stenberg, 1998）。

代政府—大学—企业三者合作模式的典型代表。州政府通常会引入某种竞争机制以确立科研中心的位置。除了高校与企业合作模式，另一种常见的模式是高校与其他教育机构（如更侧重技术教育的社区大学）建立的联盟。90年代期间，各州科技项目在发展过程中积累了一定的经验，于是通用和商业前研究变得不再像以前那么受到重视。一些州开始更加重视增强自身科研基础。马里兰州建立了马里兰大学生物技术研究所（UMBI），归属马里兰大学体系，但拥有自己独立的校园。而为了吸引世界级科学家加入位于埃默里大学的疫苗研究中心，乔治亚州更是不惜重金。其他诸州也越来越重视技术转移、协助、培训以及商业措施和管理技能等领域。

1995 年，各州政府的研发投入近 25 亿美元，远高于美国国家科学基金会当年的经费总额（Battelle，1998）。到了 90 年代，由于早期的科技政策主导者纷纷退隐，并且这些项目的新鲜感逐渐减退，各州研发预算逐渐趋于平缓甚至下降。而同一时期的学术研究经费总额则为 170 亿—180 亿美元。不过，"虽然各州的科技项目在全美研究投资中所占比重不高，却在很多方面发挥了非常重要的作用"（Carnegie Commission，September 1992b：40）。

至于各州项目的成果，人们争议很大。批评者认为，本该用于本州经济发展的政府经费被高校用来完善其研究人员结构；如果非要说州项目有什么收益的话，那也是体现为"外溢"到其他领域的政治管理制度。国家研究委员会针对俄亥俄州托马斯·爱迪生研究中心的报告（1990）得出结论：通过案例分析和专家团队这两种方式进行的质量评估才是唯一可行的评估方法。不过，费勒和安德森（Feller and Anderson，1994：127-140）表明，州级项目适度严格的收益—成本分析是可行的。费勒和安德森针对纽约州先进技术中心（CAT）计划所做的研究显示，与政府只参与直接投资的项目相比，州级项目的收益是前者的 3—6 倍不等。

现在，各州政府与高校正尝试订立新的社会契约，以对联邦政府与高校之间缺乏一致性的现存契约进行补充。然而，如何最有效地实现州级科技投资向经济发展转化的问题既未得到很好的解决，也未形成制度化。尽管各州政府推进产业技术发展的水平和持久性都在不断提高，但在研究深度方面依然处于实验阶段。笔者认为，"联邦—各州体系"中商业研究和推广项目正变得日益制度化，更加类似于各州政府和高校在过去签订的合作契约（体现为公立大学的赠地模式），而后冷战时期联邦政府和高校签订的社会契约则与之有很大区别。

六　隐性社会契约

第二次世界大战结束后，联邦政府、科学界和承担多数基础研究任务的大学三者之间关系的决定因素是所谓的隐性社会契约。"政府承诺对同行评议中认为最有支持价值的基础科学提供经费支持；科学家承诺搞好研究工作，不弄虚作假，并稳定不间断地提供研究成果，以转化为新产品、新药物或新武器等。"（Guston and Keniston，1994b：2）

第二次世界大战期间，社会契约代表了联邦政府、科学界和研究型大学三者建立适当关系的中心法则；不过执行起来却并不那么理想。包括国家科学基金会在内的联邦研究资助机构时常发现，有必要指定能得到资助的研究领域，且规定每个领域所得经费的数额。① 此外，经过同行评议的研究所得联邦经费通常还不到高校研究所得经费的一半。对高校研究的支持还包括农业研究的公式拨款，以及对军事、空间和能源研究在制度上的支持。政府实验室和大型高校项目中开展的研究（如周期性的实地考察）很多都要经过"价值评审"。

早在20世纪六七十年代，国会就已经开始对联邦资助研究项目的相关性表示担忧。1970年通过的《曼斯菲尔德修正案》限制国防部资助与军事无关的研究项目。1971年国会拨出指定款项用于国家科学基金会的国民需求研究计划（RANN）。近几十年来，多个引起联邦政府、高校和社会公众之间关系紧张的因素使得政府和科学界间的社会契约遭到破坏。60年代末以来，高校研究经费中，联邦经费所占份额持续下降；这正是二者社会契约遭到破坏的反映。

公众担心的问题之一是研究的伦理道德问题（Woolf，1994：82-100）。饱受诟病的学术造假、数据造假以及学术剽窃等行为使人们产生这样的印象：学术腐败现象非常普遍（Chubin，1990）。一些针对人和动物开展的不负责任的研究事件遭曝光，这也引发了公众对科学界人文价值观的担忧。人们关于由研究导致的环境和健康危害（尤其是农业研究和生物医药研究领域）的分歧导致公众对科学研究更加不信任。

---

① 不过笔者并能找到有关国家科学基金会项目领域研究经费分配标准的资料。笔者与国家科学基金会有关人士就这一问题进行了讨论，结果表明，连续性和"机会目标"的相互作用决定了各董事会的研究经费分配。

导致高校与国会之间关系紧张的另一个因素是研究间接成本回笼的问题（Likins and Teich, 1994: 176-193）。研究拨款与研究合同通常囊括了相关服务和设备的间接费用。上述费用用于支付部分间接成本（例如图书馆的建立和维护），通常会统一计入"成本积聚"，以便得出平均间接成本。众议员约翰·丁格尔（D-MI）曾在 80 年代末召开听证会，主要探讨间接成本积聚中的不当内容，例如斯坦福大学的豪华游艇。尽管争议性条目的花费算不上巨额，却足以引出一些吸引眼球的新闻标题，比如"纳税人为斯坦福的纸醉金迷埋单"（Likins and Teich, 1994: 187）。

第三个因素是高校努力想要绕过联邦的同行评议和价值审查制度直接争取经费。90 年代，国会专门用于学术研究的拨款大幅增加，原因在于各高校纷纷聘请说客向国会施压，为本校设施建设争取更多款项，或为研究所和相关项目争取国会的支持。联邦研究机构一直以来都面临一个问题：专项预算项目占用了本应优先研究的项目的经费。至于学术专用经费对研究质量究竟有何影响，现在还不太清楚（Office of Technology Assessment, 1991）。不过显而易见的是，高校对专项经费的追逐损害了社会契约。

不管上述三个因素哪个更关键，事实是，联邦政府、高校和社会公众三者的关系一直处于变动之中。八九十年代，高校逐渐提高了对联邦机构研究拨款中对等拨款和成本分摊的要求（Feller, 1999b）。联邦政府对未来科学家和工程师在研究生阶段的支持，由直接提供奖学金转为提供研究助理职位（Chubin, 1994: 126）。高校科研所得联邦经费的很大一部分被用作发展与产业和各州政府机构的合作项目。人们也日渐担心高校钱花了不少，却没能促进生产率的提高——既然缩减规模能提高私人部门的效能，为什么不也缩减高校的规模呢？（Honan, 1998: 33、44、46）虽然这种担忧或许有夸大之嫌，但高校确实在调整自身项目、适应变化机遇这一方面遭遇到重重困难。面对此困境，新型的高校组织应运而生。① 第二次

---

① 此类大学中最常为人提到的是凤凰城大学。该大学具有许多传统高校的核心要素——学生、老师、考试和学位授予计划。但传统高校的某些要素凤凰城大学却不具备。例如，该大学没有校园，采取的是远程教育的形式，授课地点遍布美国各地；凤凰城大学的教授们也没有终身制，教职工多为兼职，采用合同制；该大学也不进行研究工作。从注册学生数来看，该校是美国最大的高校之一（Traub, 1997: 114-122）。凤凰城大学和其他传统高校的类似项目多少印证了皮特·德鲁克（Peter Drucker）曾描述的场景："30 年后，占地很广的高校校园将遭废弃。高校将不复存在……现在我们正更多地将讲座和课程借助卫星通过双向无线电的方式在校园外传授，这样做将成本降低了非常之多。住宿制的高校将遭淘汰。今天高校里的建筑将完全不再需要。"（1997）

世界大战结束时，算得上研究型大学的美国高校还不足 50 所；而到了 90 年代末，有志向研究型发展的大学已达 400 所。科研经费严重倾斜——联邦科研经费中，50 所大学所得经费的比重达到 51.0%，100 所大学占到 79.1%。为了保持名校地位、提高排名、提高专业科技实力，各高校陷入混战，展开了激烈角逐（Feller，1999a）。但联邦政府很有可能将在 21 世纪初的几十年缩减科研经费开支，鉴于这一点，也就不难得出结论：能被称为研究型大学的高等教育机构数量将会下降。

第六节　公共投资的经验

为了了解美国政府科技项目的发展历史，人们进行了许多相关的研究，而其中最为出色的当属理查德·尼尔森于 80 年代初所做的研究（Nelson，1983；Nelson and Langlois，1983：814-818）。如今尼尔森的推论仍然得到广泛认可。他的推论与本书 6 个领域研究（第五章到第十章）得出的结论大体一致。结论表明，三种政策相对比较成功：（1）政府对自己参与程度较高的领域的科技研发提供直接支持；（2）分散的政府支持体系，对介于基础研究和应用型研究之间的"通用"领域给予支持；（3）分散支持客户导向型的应用型研究和技术发展。而第四种则是政府用于"优胜劣汰"的政策，不过尼尔森及其同事认为这种政策"显然很失败"。这些政策成功（或失败）的原因在以下几个领域各不相同。

一　采购相关技术

美国政府一直是航空、计算机和半导体等产业技术举足轻重的用户。这种情况对政策的影响体现在两个重要的方面。其一，政府作为技术使用方，清楚自己的需求，且具有"内部"技术能力将自身需求转达给私人部门供应商。其二，公众支持政府完成当前任务（例如国防或空间探索），这样政府支持科技研发也就变得合情合理。这类项目往往会间接给民用经济发展带来莫大好处。不过这些溢出效应并不能作为公众支持合理性的主要来源。[1]

---

[1] 基于瑞典经验得出的相似结论，请参阅埃德奎斯特（Edquist，1995）。

二 分散的通用技术

通用研究（有时又叫商用前技术或竞争前技术）介于基础学科研究和各种开发导向型研究之间，基础学科研究很常见于学术研究中，而开发导向型研究则更受多数公司研发实验室的青睐。通用研究往往与商业开发只有十分细微的差别，针对的则是有潜在应用价值或社会意义的领域，其宗旨在于提高人类的科技知识，但不需要政府监管部门为其潜在商业应用做出决定。

一个早期的例子是国家航空咨询委员会（NACA，NASA 的前身）资助的研究项目。NACA 的研究虽是在产业内（而非学术机构内）进行，其关注的却是与航空相关的广义的科学和工程问题，而不是具体的细节。近期的例子则包括生物医药和生物技术研究（见本书第十章），此类研究一般由医学院和农学院等专业院校的科学家承担完成，但经费主要由国家卫生研究所提供，目标是改善国家卫生状况。

三 客户导向型技术

公众的支持导向了开发技术，而非以往的直接采购，这就给项目负责人带来了许多相当棘手的信息难题。这类项目要想获得政治上的可行性，必须有效动员选民，争取支持。政府为推进技术开发（而非采购）而制定的项目中最成功的当属农业研究领域的项目（本书第六章；Ruttan，1982；Huffman and Evenson，1993）。该领域的许多研究都是基础性或通用研究，但即使如此，支持农业研究也是出于开发技术任务的需要，即提高农作物产量和动物饲料转化率，加强土壤和水资源管理，改善农业经营的经济状况。①

四 优胜劣汰

美国联邦政府启动了房建技术、超音速运输、合成燃料等项目，想从中挑选出优胜者（优势技术），促进相关领域的发展，但结果惨遭失败。一些人据此认为，为商业市场开发特定技术的结果"显然很糟糕"（Cohen and Noll，1991）。不过尼尔森却并不这么悲观，"政府应该把眼光放得比

---

① 困扰研究政策分析师的一个主要问题是，为什么不将农业研究的模式推广到其他产业，例如住房建设。美国政府开发的住房研究项目相对比较失败的两个方面是对用户进行技术转移的失败，且无法维持长时间的政治支持。其原因有二。其一，建筑规范涉及范围广且棘手；其二，规模庞大的房建公司视住房建设方面的创新为自己市场地位的威胁。

私人企业更长远些，支持那些现在看来没什么用但前景广阔的项目。不过履行这种为下一代考虑职能的最有效方式不是商业市场上的竞争，而是更加通用性质的研究"（Nelson and Langlois，1983：219）。①

上述结论使人想起20世纪八九十年代联邦和各州政府在商业技术开发领域的诸多举措。科恩和诺尔（Cohen and Noll，1991）在回顾了这个时期的经验后，得出了不同的结论。二人认为，私人占有的研究成果（私人所有知识产权）更能激励创新和研究成果的商业化，并且有效的商业产品技术选择要求个人参与者（而非政府部门监管者）对技术选择施加强大的影响；此外，企业之间的合作是科研活动有效开展的基础，但同时也需要政府的鼓励；最后，政府资源——其中最重要的是实验室和公立大学——在开发主要供私人使用的技术方面起着重要作用；偶然得到的商业应用只能作为完成政府科研任务衍生出的副产品，而非政府资源的主要作用（Cohen and Noll，1996：311）。

总的来说，相比尼尔森及其同事，科恩和诺尔从公共部门支持商业技术开发的成果中得出的经验教训比较悲观。之所以出现这种差异，部分原因在于科恩和诺尔两人运用了较笼统的政治经济学方法。在过去，大批科技发展计划曾遇到"分肥拨款"（为讨好选民而在地方建设上花费的政治拨款）的问题，对于新项目能不能避免这一问题，两人表示高度怀疑。他们强调，由于受制于政治压力，政府机构能力有限，既无法降低损失，也无法叫停失败的项目和计划。

显然，不管是联邦政府还是州政府都不太清楚自己在第二次世界大战后商业技术发展中的定位。近20年来启动的新项目将有可能促使商业技术研发领域诞生新的社会契约，以取代战后社会契约。

第七节 观点透视

从本章及前面几章可清楚地看到以下几点。

---

① 相比一些对政府研究政策进行激烈批评的人，笔者由于有农业研究的经验，对发现优胜者的可能性持更乐观的态度。人们的批判很多时候来自分析研究，也来自对既得利益和意识形态的考虑。例如，貌似有一种普遍的观点认为，假如某种方法对农业有效，那它很显然对工业就不会有效。对制度安排的敏感反应帮助公共部门农业技术发展收获成功，同样也可以使其他项目避免成为政府失灵的牺牲品。

第一，公共部门投资对于美国每个具有全球竞争力产业的出现都发挥了至关重要的作用。其投资范围从高速公路基础设施建设，到军队采购支持计算机发展，再到支持生物技术产业基础——生物医药科学的发展；还包括支持高校教育和研究工作，以产生人力资本促进科技进步。

第二，知识产权制度在建立之初是为了鼓励技术推广，这一制度是所有国家科技政策制度性基础设施不可或缺的组成部分。但光有知识产权制度还不够。较之鼓励技术开发，知识产权鼓励技术扩散的效果更明显。通过知识产权制度奖励发明人的做法与要求技术更快速扩散的社会目标之间存在着基本冲突（公平原则提出每个人都应当拥有占有自己劳动成果的权利）。不过也有人担心，如果想将来知识产权制度不会成为新兴领域（如生物技术）发展和电子信息分享的阻碍，就必须对该制度进行革新。

第三，第二次世界大战期间以及冷战头几年，国防相关科技研发得到巨额投资，尤其是军事、核能及空间探索方面。有人据此推断此类投资会成为衍生商业技术的普遍来源。但随着冷战逐渐平息，国防相关研究开始降温，上述推断的不合理性也就越来越明显。除了出于国家安全的考虑之外，美国政府从未致力于建构其他领域强大的科技研发实力。而如今，美国的军事技术和商用技术之间的关系正在回归更传统的相互依存模式，军事技术也越来越依赖于民用技术。一些新的担忧（如国际竞争力或环境安全等问题）没能得到政府足够的重视。

第四，当前，不管是私人企业还是公共部门都越来越怀疑科技投资是否真的能直接促进商业科技发展。科学界与整个社会之间的战后社会契约体现在科学与技术相互关系的线性模型或流水线模型上；但自冷战结束以来，这一社会契约遭到了迅速破坏。在这个新时代，对基础研究进行投资"不考虑实际结果"（Bush，1945：181）。但事实上，基础研究投资虽不能用于实现社会或经济目标，却能切实提高科学文化水平。笔者认为，未来50年，那些收益不明朗的科技领域要想获得大量的科研经费将会日益困难。这意味着，大科学项目要获取经费将受到极大限制；大科学投资将越来越延续小科学的发展轨迹。

另外还有几点无法在本章一一陈述。其中最重要的问题是，美国科研投入是否太多（或太少）。那些认为美国在科研（以及公众支持的技术开发）上投资超过最优水平的人认为我们培养了过多的科学家。几乎在所有的科学领域都存在产出（以科学出版物衡量）分布严重不均衡的问题。在所有已出版的研究论文中，被引用过两次的论文仅占 1/3 多一点点。有一种稍显幼稚的说法称，少培养 1%（甚至 10%）的科学家不会对科学知识进步产生任何实质影响（Dresch，1975：176、187）。有一种共识认为，研发领域规模报酬递增的想法过于乐观。有确凿的证据表明，相比可获得专利的发明项目，研发经费的增长速度更快。

  当前越来越多的人提出疑问，美国创造的科研成果是否过多地流向了其他国家？有人认为，美国在推进科技发展方面的投入超过了自己应负担的合理范围。为了应对这一问题，有人提议对外国留学生、科学家和工程师进入美国高等院校、公共实验室、私人研究项目进行一定限制。另外就是对于其他国家的研究成果，美国应该更多地加以利用。现今 60% 的科学著作来自美国之外的国家或地区，而其他国家产生的新技术比例甚至更高。相比利用他国知识技术所需的费用，美国自己探索和开发的成本要高得多。

  要求科学界和社会建立新的社会契约的呼声越来越高。有人呼吁，公众支持应更多地分配给那些有可能为商业技术发展提供广泛实用性知识的科技领域（Nelson and Langlois，1983）。也有人呼吁，科学界应该集中精力发展可用于政治决策和政策执行的理论知识，以实现可持续性发展。尽管人们对新社会契约的内容分歧很大，但对于"基础研究不能也不应该为重大国家安全或经济和社会迫切问题提供解决办法"的说法，人们则普遍表示反对。定向基础研究的成功案例（如国防部支持的电子技术基础研究、国家卫生研究所支持的分子生物学研究等）成为定向支持基础研究政策的证据。定向基础研究及通用技术所获得的政策支持，与技术开发中"优胜劣汰"这种更狭义的政策迥然不同。

  今天我们正迈入 21 世纪（指笔者完书时的 20 世纪末——译者注），而美国的科技政策却仍缺乏统一的知识基础。八九十年代涌现的新项目属于暂时性的爆发，这期间的项目经费、国家优先发展目标和政治可行性三者的关系仍不明朗。不管是科学界还是科技政策制定者都不愿正视研究资源分配的重重困难。然而长期来看，科研经费增长速度远超劳动生产率和人均收入增长速度的情况不可能维持太久。

第十四章　向可持续性发展过渡[①]

现代世界的制度根基和文化根基在 17—18 世纪开始出现，而科学技术的根基则是建立在 18—19 世纪的农业及工业革命之上的。这些制度变革和技术变革相结合，支撑着史无前例的人口增长，维持着资源的大量使用，并为人类带来了相对富足的生活。自 1950 年以来，全球人口增长了一倍以上，能源产量超过了原来的三倍，经济产出增长了五倍。

不过，这种增长是可持续的吗？要维持接下来半个世纪的可持续性增长，知识和技术的进步至关重要；本章将讨论在此过程中必须应对的挑战。

第一节　我们学到了什么？

一　通用技术

一系列战略技术或通用技术的产生已经成为农业、工业及服务产业技术变革的重要工具。19 世纪，蒸汽机是一种主要的通用技术，蒸汽为工业革命提供了动力；20 世纪，发电机成为整个经济体系中技术变革的动力来源，从大批量生产到通信技术再到电子消费产品，如果没有电力，20 世纪的技术发展将难以想象；化学及化学工程的发展代表了又一重要的通用技术，同样在 20 世纪，化学产业促进了农业和军事技术的发展，产生了新的纤维、材料以及医药产品；20 世纪下半叶，计算机和半导体产业成为制造业和服务业技术变革的主要来源；而在 20 世纪末，由于物理、化学和生物领域新知识的出现，生物技术正逐渐成为一种充满活力的新兴通用

[①] 十分感激罗伯特·凯茨（Robert W. Kates）和凯恩·李（Kai N. Lee）对本章初稿给予的评论。

技术。

这些通用技术的共有特性是,它们从最初出现到最终产生影响都经历了一个极为漫长的时期(David,1990;Lipsey et al.,1998)。蒸汽机历经一个世纪的修正和改进,才于 19 世纪上半叶广泛应用于工业和交通产业;电力从首次发明到成为产业生产率提高的重要来源,经历了半个世纪的时间;直到 20 世纪 90 年代,关于计算机对生产率的影响仍然存在争议;而很有可能直到进入 21 世纪,生物技术才会对农业生产或人类健康产生重要影响。

二 诱导性创新

技术变革的速度和方向受到经济环境变化的巨大影响,尤其是产品价格相对于要素价格,以及要素价格之间的影响。短期来看,经济力量对技术变革的速度和方向产生的影响可能会被不完善的市场和政治干预所掩盖;但长远来看,劳动价格相对于资本价格的上涨似乎是促使科技发展的最大动力。

技术变革的速度和方向也会受到强大的自主力量的影响。科学发现的内在逻辑持续不断地为知识和技术的发展提供机遇,如近年来的分子生物学领域。然而,即使技术发展是受到科学的驱动,经济环境仍旧发挥着重要作用——它不仅决定着科学技术发展的方向,也决定了选择何种知识进步加以最大限度的利用。

诱导技术变革的经济力量在政治和经济市场中都扮演着重要的角色。以前被视为"自由商品"的环境资源和服务,在 20 世纪后半叶诱导了经济和政治市场的制度创新。例子包括用来控制二氧化硫排放量的"命令加控制"管理办法和"构建市场"的设计。

原子能发展的例子代表了政治体系驱动下一次不成熟的技术变革。在未来,能源资源禀赋和人类环保意识的改变有可能诱导新的科技研究,以产生一种经济上可行并有利于环境的核能技术。然而,至少结合核能的历史发展经验来看,这种技术进步何时会发生很难预料,因为过早的商业开发已经打乱了该产业良性发展的节奏。

三 政府角色

在美国的所有产业中,具备全球竞争力的产业几乎都离不开政府的重要作用。比如，美国政府通过开展广泛的研究促进了农业科技的发展；设计和建造高速公路基础设施以发展汽车产业；扶持基础生物研究发展生物科技产业等。

公共支持中有三种类型比较成功。第一种成功是在政府相关的领域为技术发展提供直接支持。一个引人注目的实例就是互联网，互联网最初是由美国国防部高级研究计划局（APRA）进行开发的，目的是加强国防部承包商和委托人之间的交流和联系。第二种成功是在通用技术领域。一个成功案例就是美国政府对分子生物学基础研究以及生物技术相关领域研究的支持。第三种成功是在客户导向型领域。农业研究就是一个极为成功的例子。19世纪动植物生产率的增加大多是公共部门农业研究的成果；而客户导向型公共研究成功的一个重要因素就是公共部门知识技术供给者和私人部门使用者之间的密切联系。

美国发展过程中第二个宝贵的经验是国家研究体系去集中化的重要性。在1880—1930年的半个世纪里，美国国家研究体系发展成了现在的形式。在此期间，我们见证了联邦政府管辖下各个科技局的成立、各工业研究实验室的建成，还有公立和私立研究型大学的建立和发展以及许多对研究和教育事业提供赞助的慈善基金会的建立。这些公共机构有各自的发展优势：大学和小型创业公司吸引到多种来源的资金支持，开展的研究比其他工业国家的同类研究机构更多。在某些国家，政府资助的研究项目主要在国家实验室或研究机构内开展，而这些国家研究机构与大学只有些许很少的联系；还有一些国家的私人研究主要限于在大公司内展开。与这些国家相比，美国的权力分散体系使美国的科技研究更能适应国际国内的经济环境变化，更能充分利用商业机遇（Mowery and Rosenberg，1998：11-46）。

四 成熟产业

另一个重要的经验是，技术进步（尤其是工艺技术的进步）会促进生产率的增长、加强产业的竞争优势，甚至是在技术相对成熟的产业中也是如此。在这方面，美国农业和汽车产业的发展经验尤其具有指导意义。20世纪上半叶的大部分时间中，美国农业劳动生产率的增长速度超过了国内对农业商品需求的增长速度，这使得农业部门的劳动力可以被释放到迅速成长的新兴产业中（如汽车产业）。同一时期，美国国民的人均收入快速增加，加上生产率的提高，汽车市场被迅速打开，使得汽车产业能够提供更多高工资的工作。制造技术的领先也使美国的汽车产业得以占据全球市场。

20世纪后半叶，这种状况发生了急剧变化，农业部门就业人数下降至不足总劳动力的2%。但生产率的快速增长和实际生产成本的随之下降，使美国仍能在许多主要农产品的国际市场中占主导地位。而汽车产业的发展就截然不同了。第二次世界大战后的很长一段时间内，美国汽车产业的生产率增长落后于日本和德国。也就是说，即使在就业人数急剧下跌的情况下，美国农业部门在世界市场中的地位也依旧稳固；相比之下，美国的汽车产业发展状况不佳，失业人数众多，也失去了市场。

这些经验对发展中国家来说十分重要。即使在汽车产业发展成为美国的成熟产业的时期，它也是西欧和日本经济增长的一个动力来源。其他的成熟产业，如纺织业、钢铁业以及造船业等，都为第二次世界大战后日本的经济复苏贡献了重要的力量。现在，上述这些产业已经成为几个发展中国家经济增长的重要领域。在某些情况下，成熟技术通过直接海外投资转移到了发展中国家；而在韩国和中国台湾等国家和地区，这些成熟技术已经为当地企业所采用。虽然因为限额和关税等政策，国家鼓励进口替代技术往往不可靠（例如，有一些政策使得低效或者高成本的国内商品反而替代了低成本的进口商品），但支持成熟技术有效转移的政策将会继续成为发展中国家经济增长的重要来源。

五　转换轨道

19—20世纪，西方经济体技术变革的一个重要路径是研发新工艺以促进低价原材料向商用产品的转换。蒸汽机将煤转换为电力产业和交通运输业的宝贵能源；哈伯—博施法将大气中的氮转变为一种能够替代天然肥料和日渐稀缺的土壤资源的物质；石油从提供照明这单一的有限价值发展成为可用于交通运输业和原材料生产的重要燃料；电弧炉将几乎没有任何经济价值的铝土矿转变成具备多种商业用途的新金属（铝）；同样的技术使报废的汽车成为低成本钢的来源，以减少国内对铁矿石的开采（Mowery and Rosenberg, 1998: 169-178）。

20世纪下半叶，美国技术发展的轨道开始朝着一条新型的后工业革命道路转变。科学技术研究通过联邦资源的配置得以发展，进入一些与冷战期间政府军事和太空项目密切相关的科技领域。冷战的经历揭示了这样一个事实：公共资源在科技研究中的大量投入可能会使某些领域开发出革命性的"高科技"产业，如航空航天、电子、通信、计算机以及生物科技等。

20世纪刚刚过半，能源、材料需求量大的领域以及高科技的军事、太空领域的技术变革都遭受重创。因为人们越来越相信，农业及工业生产和消费品所产生的残余物威胁着人类的健康和生存环境。这些认识刺激了发达国家在环境政策和相关法律方面进行了大幅革新。材料和能源强度产生的影响日益加剧，对于随之造成的变化人们应做出何种适当的反应仍存在着很大分歧。乐观主义者认为人类已经朝着去物质化和脱碳化进步（Ausubel, 1989; Ausubel and Langford, 1997）；悲观主义者则预计到21世纪中叶，物质需求会超过现在的两倍，而如果现在的发展趋势不变，自然环境必然遭到严重破坏（Daily, 1997）。然而，可持续转变的重要意义是无可争议的；人们争论的大多是发展速度的问题，而非其必要性。

并不是过去的每一个经验教训都可以作为指导可持续转变的方法。但是有一点毋庸置疑，那就是随着我们进入21世纪，开放性能源（自然提供的服务）的价值不断上升，这将日益成为技术变革和制度变革的重要推动力。要迎接这项挑战，公共部门需要进行大量投资以发展新知识和新技术。增长知识和改进技术的能力代表了一种"后备军"的力量，未来需要这股力量来应对可能面临的突然挑战。

第二节 可持续性批判

21世纪人类面临的最重要挑战就是如何使当前发达国家和低收入国家都能实现可持续性发展。这包括全球人口数量保持平稳、向以城市为主导的社会过渡以及稳定的物质消费水平。要实现这些转变，是否意味着当前贫困国家的物质及能源消耗量将达到工业国家现在的水平，这个问题引起了人们的激烈争论。人类究竟能留给大自然多少土地仍不得而知。

在讨论向可持续性发展转变的细节问题之前，我们有必要回顾以下关于技术变革的"可持续性批判"。20世纪末，"自然资源"的概念由传统的"非再生能源和可再生能源"的范畴延伸到了"环保和生态系统的社会服务价值"范畴（Daily, 1997, 见本书第十二章）。这一概念的延伸，是对生态与经济发展、现在与未来之间可能发生的冲突所做出的回应。国际自然和自然资源保护联盟在 1980 年的一个报告中第一次提到了"可持续性"（sustainability）这个术语（Lele, 1991; Jamieson, 1998）。20 世纪 80 年代中期以前，批判"农业发展的工业化路径"的批评家们广为接受和传播了"可持续性"这一概念。

可持续性发展有三个不同的定义。有些人认为可持续性主要是一个生态问题。一个"耗尽、污染、破坏"自然生态平衡的体系必然是不可持续的，应该为"尊重大自然长期生物物理约束"的体系所替代（Douglass, 1984: 2）。提倡推动生态保护的人普遍认为，全球人口数量过大，将导致无法维持现有的人均消费水平（Ehrlich, 1968; Ehrlich and Ehrlich, 1970; Myers, 1994）。提出"可持续发展"第二种定义的大多是主流的资源经济学家和农业经济学家，他们从技术和经济层面给出了如下定义：可持续性是指具备运用有利条件来应对不断扩大的资源和商品需求的能力（见本书第十二章）。第三种观点强调不仅要维持物质资源基础，还要维持广泛的群体价值。该观点的支持者通常认为技术变革会带来负面影响，对生态环境、对农民和土生土长的群体都会造成破坏。他们将可持续性这一议题从最初的农业生态范畴扩展开来，把社会和经济的发展也囊括在内（Ruttan, 1994a）。

20 世纪 80 年代末，"可持续性"一词经历了"准确性构建"的问题。可持续性的概念从农业生态范畴迅速扩散为将整个人类发展过程包含在内。联合国布伦特兰委员会将可持续发展定义为"在不牺牲未来数代人利益的前提下，能满足当前需要的发展"（World Commission on Environment and Development, 1987: 3）。这一定义代表了深思熟虑后的结果，将可持续性的概念进行了延伸，考虑到了由于经济增长引起的自然资源型商品和环境服务需求的增长。

布伦特兰委员会也提出了这样一种可能性：目前世上的人类，尤其是生活在富足社会的人们，可能不得不控制自己的物质消费，一方面是为了平衡低收入社会的消费增长；另一方面，则是为了避免未来人类的消费水平发生更剧烈的下降。代际资源转移问题并没有得到富裕社会的欢迎，他们一直抵制这种"通过资源转移来缩小国内或国际收入差距"的想法。历史经验（至少在西方）经常使人们质疑自己对未来人类应尽的义务。"对于祖先传承下来的基业，实际上我们发展得相当好。如果他们能料想到自己穷得掉渣,而我们却富得流油,或许他们就不会那么节约,而会进行更多的消费"(Solow,1974:9)。

主流经济学家通常将布伦特兰委员会的定义阐释为:可持续发展是指赋予未来人类与当代人一样平等的待遇;也就是说,每代人都要传承给自己的继承者们"他们所渴望达到的生活水平"(Chichilinsky,1997)。在这个观点中,可持续性发展的方法代替了自然和生产资本。然而,真正重要的并不是替代所采用的这种特殊形式,而是具备足够的能力,能够生产出子孙后代需要的物品。倘若累积资本的生产率保持不变的话,某种自然资本的减少就不会和"弱可持续性"发展发生矛盾(Solow,1992)。许多生态学文献认为自然资本和构建资本之间的可持续发展是不可能实现的,特别是具有"维持人类生命"功能的自然资本(如维持水循环、碳循环和氮循环的自然资本等)。"强可持续性"是由许多生态经济学家共同提出的,这要求自然资本(包括"维持生命"的重要自然资本)保持稳定甚至提高(Pearce and Atkinson, 1995)。[①]

20 世纪 80 年代初以来,人们开展了许多国际研究项目,旨在"描绘和了解调节地球独特环境的物理、化学和生物过程,即人类活动在生态系统及方式上造成的改变"(National Research Council,1983、1992a、1992b)。经过最初的研究,一些自然科学家开始坚信:人类活动范围的扩大——尤其是农业、工业生产强度的加大导致了对化石燃料需求的加大,以及原材料化学转换的增多——促使人类社会演变成一个巨大的实验品。这个实验正以一种不可逆的方式改变着物理、化学和生物间的相互作用。他们认为,人类与自然就地球的未来正进行着一场巨大的赌博——而自然一定会是这场赌局的赢家。

然而,对于到底哪些领域应该维持、哪些领域应该发展以及二者之间的作用关系,在物理、生物和社会科学内部产生了巨大的分歧;维持或发展这些领域的时间范畴问题分歧就更大了。但很明显的是,可持续性发展必须要提高当前世界人口以及未来 50 年将增加的世界人口的物质消费水平(National Research Council,1999)。

---

① 对于环境政策"强可持续性"和"弱可持续性"范式的相关性,在环境专家、生态经济学家以及资源经济学家之间产生了巨大的争议。来自一位活跃的评论家的言论,参见贝克曼(Beckerman,1994、1995)。

第三节　塑造未来[①]

我们可以确定的是，未来将不会是过去的线性延伸。探究可能的未来世界，方法之一就是综合评价模型的构建。之前，一个备受争议的事例是罗马俱乐部发布的报告——《增长的极限》（*Limits to Growth*，Measows et al.，1972）。该报告描绘了一个进入"极限时代"的世界；到那时，即使是低增长率都无法维持。最近的许多综合评价模型强调构建更为真实的模型，而且参数值必须要细化。另一种趋势则不再着眼于预测，转而探索结果对替代参数值和政策制度的敏感性（Wyant，1996；Rottman and Dowlatabadi，1998）。

探索未来的第二种方法摆脱了正规综合评价模型造成的分析限制，构建了多种可能的发展情境。情境是指用文字和数字构建关于未来的故事，是基于用科技的视角对历史模式、当前状况和物理过程的理解。它们可能借鉴正规的模型来创建结构、规范并保证精确度；但也运用洞察和想象力对可能的制度和文化变革进行描述。情境既不是预言也不是推测；确切地说，它们能向我们展示未来事件的呈现方式。

然而，综合评价法和情境构建法都有类似的问题：无论这种方法多么复杂，做出假设时都必须要沿着外生变量的轨迹。这就导致预测结果会产生两种偏见：第一，分析人员往往很难避开传统观念的束缚。比方说，20世纪70年代中期至80年代初，在预测石油价格走势时，几乎所有的官方预测都融入了外生变量，因此都估计未来石油价格将会持续走高；第二，来自一种强烈的诱惑：分析人员努力挣脱传统认知的束缚，受蛊惑似的纷纷预测大灾难的来临——瓦格（Wagar，1982）将其称为"末日视角"。

最近关于全球变化情境有两份重要的报告：一是世界资源研究所与圣菲研究所、布鲁金斯研究所一起完成的《展望2050》报告（Hammond，1998）；二是斯德哥尔摩环境研究所的报告（Raskin et al.，1996）。这两项报告呈现了三个基本的情境——传统世界、大转折与野蛮世界（见表14-1）。

[①] 笔者曾参与美国国家研究委员会可持续发展小组的工作（1999），这一节借鉴了当时的工作经验。

表 14-1　　　　　　　　　三次转变情境

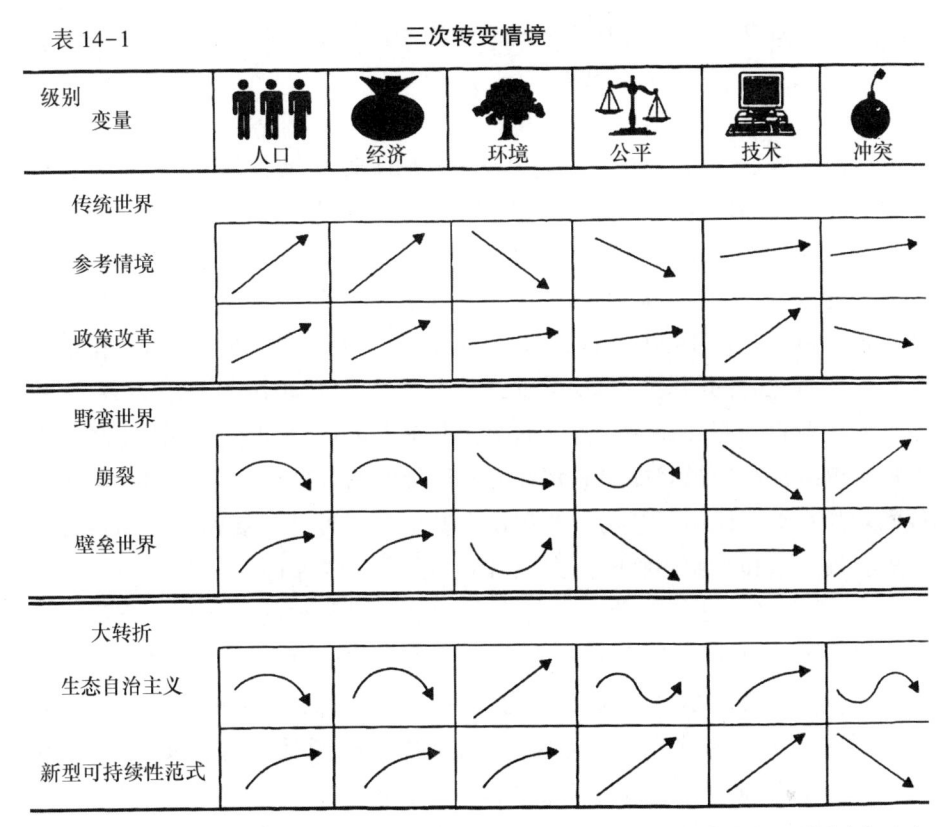

级别　　变量	人口	经济	环境	公平	技术	冲突
传统世界						
参考情境	↗	↗	↘	↘	↗	↗
政策改革	↗	↗	→	↗	↗	↘
野蛮世界						
崩裂	⌒↘	⌒↘	⌒↘	∿	↘	↗
壁垒世界	⌒→	⌒→	∪	↘	↗	↗
大转折						
生态自治主义	⌒↘	⌒↘	↗	∿	∿	⌒↘
新型可持续性范式	⌒→	⌒→	↗	↗	↗	↘

资料来源：G. C. Gallopin, A. Hammond, P. Raskin, and R. Swart, *Branch Points*: *Global Scenarios and Human Choice*, Stockholm: Stockholm Environment Institute, 1997。

一　传统世界

传统世界的"参考情境"假设经济发展趋势会沿着 20 世纪的历史轨迹继续向前发展，只会有微小的改变，社会制度和价值观都不会发生根本性变化。这些趋势包括：

> 市场、私人投资和竞争将作为经济增长和财富分配的基本驱动因素；自由贸易、非限制资本和金融流动将推动产品和劳动力市场的全球化；快速的工业化和城市化；"财产个人主义"将作为人类行为的动机和实现"美好生活"的基础；"国家至各州"的政治体制和自由民主将作为现代社会管理国家的适当形式。传统的发展范式预测，在

未来，这些相互联系的过程将持续展开，但不会对社会、技术或自然造成破坏。(Raskin, 1996: 2-3)

"参考情境"假定全球人口将从 2000 年的 60 亿增长到一个峰值——到 2050 年达到约 100 亿人，而几乎所有增加的人口都将集中在发展中地区。发展中国家的经济增长将比发达国家（经合组织成员国）更加迅速，二者的增长速度分别为 3.6% 和 2%。发展中国家与经合组织国家的人均国内生产总值比例，将从 1990 年的 1:20 下降至 2050 年的 1:15；但尽管比例下降了，二者之间的绝对差异却会继续扩大。经济活动中的结构转型——从农业到工业再到服务业——将会继续，经济发展也将朝着去物质化和脱碳的趋势继续向前。虽然能源和水资源使用量的增长速度远不及国内生产总值的增加水平，但由于结构转型和技术变革，人类更大规模的活动将日益考验空气、水和土壤的吸收能力。石油和天然气资源将日益匮乏。

"参考情境"所描绘的未来世界将会比 21 世纪初的世界更加富裕，但会变得更脏。地球化学循环和生态系统所累积的负荷可能会超过自然的同化能力；自然资源承受的重压可能导致对经济和社会的破坏，或产生冲突；而来自社会和地理政治的压力可能会威胁到社会经济的可持续性(Gallopin and Raskin, 1998: 11; Homer-Dixon, 1994)。

这些担忧促使传统世界情境的变体——"政策改革"——的形成。"政策改革"设想在当前价值和制度结构的环境下，政府积极推动实现经济快速增长，推进更公平的分配制度以及对环境质量的严格保护。"政策改革"的实现需要进行重大的制度变革，其中包括由富裕国家向贫困国家转移更多资源和技术，从而比参考情境中所预设的更快转向去物质化和低碳生活。政府必须在环境治理方面发挥更为重要的作用。积极实施这样的"政策改革"，将会使环境质量得到提高，分配会更加公平，社会政治冲突也会减少。

二 大转变

"大转变情境"展现了对可持续性挑战采取更为激进的举措可能造成的结果。它所设想的社会是对自然资源的保护力度更大、物质消费水平更低、人类的幸福感更强；同时，国家内部和国家之间的收入分配将更加公平合理。而在它的变体"新型可持续发展范式"中，环境技术将沿着工业生态文献中所倡导的轨迹发展，经济发展过程中的能量流和物质流会大幅减少。较贫困地区的收入会渐渐与发达国家趋同。文化消费应运而生，取代物质消费的增长。

另一变体"生态自治主义"则寻求"绿化"可持续性社会，提倡的是地方主义、面对面民主、小规模生产组织以及区域经济自治；包括有计划地取消大规模的工业及农业生产，这与 20 世纪 70 年代的"小即是美"以及"适用技术"运动所倡导的思想很相似（Schumacher, 1973; Briggs and Clay, 1981）。本地工艺经济可以完善小规模的工厂和农场。人口的流动将发生逆转，从大城市流向小城镇，低能耗的交通运输系统和新的通信技术将这些小城镇连接起来。

三 野蛮世界

"野蛮世界"情境向人们展示了可持续性发展一旦失败的后果。无论是实现"传统世界情境"或是"大转变情境"，都必须进行制度变革，而制度变革一旦失败就有可能导致一个"野蛮的世界"：环境恶化、国家内部和国家之间的收入分配差距加大、管理和社会制度遭到破坏（Gallopin and Raskin, 1998: 262）。

"野蛮世界"的变体"崩裂"则包括制度的瓦解，经济的崩溃以及各民族、各宗教和各种意识形态之间日益激化的矛盾。另一变体"壁垒世界"指的是，如果发达国家内部经济崩溃，专制主义思想可能给予的回应。这些专制政府将会想尽办法霸占海外地区的丰富资源；同时，他们会千方百计地保护自己的国界，禁止贫困地区的移民大量涌入自己的国家。

要在接下来的 50 年里成功实现可持续发展，人们很容易低估这一过程中文化变革和制度变革的重要性。这些变革的特征之一是（尤其是在当前的发达国家）由物质和能源密集型消费转变为服务及文化密集型消费模式。本章回顾的几种可持续性情境几乎都未明确提及传统或现代的增长理论。在以经济增长理论为基础的模型中，由于维持生产率提高的技术持续改进，经济将保持稳定增长。

对可持续性发展更为乐观的估计设想持续的技术变革将带来低碳生活和去物质化。然而，持续的脱碳和去物质化将降低物质和能源在个人或国家收入中的份额；这就意味着收入必须更多地以服务的形式被消费。在第一章中，笔者呈现了两个产业的经典模型；通过这个模型，我们可以看出，如果人均消费增长率不下降为 0，那么材料密集型产业生产率收益的下降必将导致服务产业（包括文化服务）的生产率收益在经济增长中占据更大的份额。

在笔者看来，虽然这几个情境对未来可能的发展轨迹提供了有价值的预测，但 21 世纪下半叶，国家和地区之间也将会继续呈现巨大的差异。许多国家将无法达到令人满意的物质消费水平，环境服务的压力也得不到实质性的削减，收入分配也无法实现更大的公平。"新型可持续发展范式"中所描述的情境大部分都不可能实现；而同时，"野蛮世界情境"中描绘的情况也不可能完全被消除。

第四节　可持续性转变

21 世纪上半叶，人们在努力实现可持续性转变的同时，将会面临许多科学技术的挑战；这些挑战与 19—20 世纪面临的挑战非常不同。人类已经取得了许多实质性的进步，一些转变所取得的进展十分显著，其延续性也不容置疑。一是人类居住地的转变，从农村转为城市；二是农业生产率的转变，以前是通过扩大耕地面积来增加农业生产产量，而现在则依赖于知识和技术的进步所带来的单位土地产量的提高；三是人口统计学的转变，人口出生率和死亡率都将有所下降。

另外几种转变也有很大进展，人们相信它们将会持续。其中包括经济上物质和能源消耗水平的提高，以及在教育方面人们识字识数水平的提高。其他转变也在进行中，如物质和能源强度的下降（转向去物质和低碳生活）、流行病学的转变——以前的人们多因为感染传染病或寄生虫病而年少早逝；而现在的主要死因为癌症、心脏病或中风，人类的寿命也更长（National Research Council, 1999）。与 20 年前发达国家的情况相比，或与 20 年前人们的预测相比，人口统计学和教育的转型速度都更快。此外，在过去半个世纪，人们对于促成这些转变的过程和政策的理解也有了实质性的提高。某些地区和国家的发展经历也提供了很多宝贵的经验，如中国台湾和韩国，经过两代人的时间，已经实现了经济、人口和教育的转变；而巴西、中国、印度等国家的转变也在进行之中。

然而，我们也必须保持一定程度的谨慎。物质、能源和流行病学的转变进程与经济的转变密切相关，而经济转变对于极贫国家来说仍然是很大的难题。在许多中、低收入国家，尽管人口和教育的发展趋势日益好转，但经济增长仍然受到落后制度的限制。理想的"发展状态"是能够制定法律规范、维持相对较低的公共消费水平，公共资源转向个人消费；同时，调控货币和财政政策，避免发生高水平的通货膨胀以及经济活动中的极端波动。只有这样，才能实现实现向高水平物质消费的快速转变（Barro，1997）。此外，流行病学领域也许会发生一些可能扭转变革方向的意外；在寄生虫病和传染病治疗过程中，许多病毒产生了抗药性，再加上新的疾病的出现和传播，这预示着未来可能会出现更严重的健康隐患（Lederberg，1996）。

维持人类健康需要在科技方面进行大量投资；可持续增长的实现则必须推动物质和消费转型，这同样需要科技投资。然而，在许多中等收入国家和大多数低收入国家，除非经济、人口和教育发生实质性的进步，否则很难调动所需资金。要应对以可持续性转变为代表的挑战，就必须在推动科学知识和技术进步方面进行大量投资。低收入国家保护生态所需要的技术要实现经济可行性，就必须能够降低人口、教育、健康和能源转变所需的实际成本。

除非研究成果体现为专利产品的形式，否则私人部门的研究和技术发展几乎不具有经济可行性；而如果该技术的潜在使用者无法掌握所需资源来获得该技术，私人部门的研究技术成果也没有任何经济价值。如前所述，随着许多传统领域的研究和发展由公共部门转为私人部门主导，在实行可持续性转变的许多关键领域，很有必要加强公共部门的技术支持。

未来几十年我们将面临许多艰巨的挑战，最困难的当属粮食、健康和环境服务的公平性问题。应对这些挑战将会使国家政策、制度设计、科学知识以及技术进步等方面出现许多难题。其解决办法是减少贫困，达到更高、更公平的人均收入分配和物质消费水平；这对科学技术进步提出了极高的挑战。如下所述，这些挑战是生物系统将要面对的，挑战的是技术进步的可持续性。由于私人部门缺乏足够的动机推动必要的知识和技术进步，因此要应对这些挑战会更加复杂。

一　粮食

未来 50 年，世界人口将会增加 30 亿—60 亿人；为这些增加的人口提供足够的粮食将会是一项相当艰巨的任务。随着人口增加、人均收入提高以及解决极贫地区的营养问题，粮食需求量将大幅增加。全世界农民很有可能面临至少增加一倍的粮食需求。粮食产品将不得不与非粮食产品争夺土地、水等资源。除了棉花、橡胶等传统的非粮食作物，还包括许多潜在的新消耗，如能源生产所消耗的生物质能、农田转化为城市用地以及生态环境对水的需求等（Waggoner，1994）。这些需求将会非常"不规则"地渗入世界的各个地区：过去50年间，在富裕国家，人口增长速度减缓、生产率快速提高，释放了大量的土地供非农业使用；在亚洲的大部分地区，尽管土地使用受到严格限制，但农业生产率的提高以及人口增速的下降使农业生产能够满足粮食需求；在拉丁美洲，耕地面积的扩张和生产率的提高正在开始促进农业产量的快速增长；但是，许多极贫国家，特别是撒哈拉以南非洲地区以及亚洲、拉丁美洲的一些贫困国家，还不具备快速提高生产率以满足未来增长需求的能力。

过去半个世纪的经验告诉我们，农业生产的可持续性增长必须需要三种制度的建立：（1）公共、私人农业研究去集中化；（2）当地的公共和私人研究部门有能力为生产者提供知识、技术和物质；（3）农民和农业工人接受学校教育或非正规教育。在过去的几十年中，国际农业研究磋商组织（CGIAR）推行的一套国际农业研究体系已经成为新知识和新技术的重要来源。在许多国家，该体系已经具备了借鉴、采用和产生新知识技术的能力。发达国家的新知识技术中，私人部门农业研究占有较高份额；这种私人部门积极参与农业研究的模式也正在许多较大的发展中国家中迅速扩散。

但是人们的担忧也是有实质性根据的。20世纪90年代，许多发达国家对农业研究提供的财政支持逐渐减少，发达国家对发展中国家农业研究提供的援助也大幅缩减。制度发展，如在一些跨国公司或联盟中整合私营部门农业研究（尤其是生物科技领域），或是极其广泛地扩大对新技术知识产权的保护，都有可能减缓技术进步和扩散的速度。

农民要应对粮食增长的需求就必须提高农业生产率，但相对于过去来说，这一目标在现在更难实现。现在，农业科学家在提高产量上限方面面临着很大困难，尤其是主要粮食作物的产量，很难再重现过去半个世纪的辉煌。扩大灌溉土地的代价越来越高，粮食作物与非粮食作物、粮食与动物饲料之间的竞争似乎日益激烈；土壤的流失和退化限制了某些地区的农业生产，农业集约化和工业集约化排出的污染物已经影响到了某些农田的粮食生产率，有些土地甚至已经变得不再适合粮食生产；由于生物化学害虫防治方法发生了抗性演变，害虫的防治越来越困难；生物技术的进步将帮助生产者实现农作物和动物的生物产量潜能，但生物技术进步是否（或在多长时间内）能够提高产量上限仍不得而知。

二 健康

相对于全球农业研究体系，全球健康研究体系出现得较晚。从郭霍（Koch）和巴斯德（Pasteur）的时代开始，19世纪的大部分时间中，健康研究主要被看作以实验室为基础的生物医学研究，寻求抵抗某种感染或疾病的良方，如新型疫苗、新药物、新的外科手术方法等；加上近几十年健康保健所取得的显著进步，导致人们误认为，大学、研究机构以及工业国家的制药、生物技术实验室可以产出所有所需的新知识和新技术，来保护人类远离疾病。[①]

这个明显错误的观点近几年来正在发生改变，有三个方面尤为重要。第一，人们已经认识到，健康技术必须要应用到特殊的社会环境中才会真正发挥作用。提高居民健康水平不仅需要技术支撑，也需要政策、组织和发展进程能够顺应国际国内经济、社会、文化、历史环境。甚至是最简单的技术——疫苗——也不可能以相同的方式应用于英格兰的利物浦（Liverpool）和尼日利亚的首都拉各斯（Lagos）。

第二，提高健康水平的主要因素在于个体和家庭，也就是卫生技术的使用者和受益者。预防疾病及促进健康首先取决于家庭运用基本的营养知识、健康知识和进行其他健康行为的能力，以及如何、何时向健康专业人士寻求帮助的能力。必须要建立一个有效的健康研究体系，这不仅有助于医生开展工作，也有助于健康知识和技术在家庭和社区间的传播；同时，有助于家庭和社区将实际的健康问题及其所发生的变化等相关信息反馈给研究人员。

第三，当前世界健康研究工作绝大多数集中在工业化国家，这些国家所寻求的是应对富裕社会疾病的解决办法。全球健康研发经费中，只有不

[①] 本部分内容参考了拉坦（Ruttan, 1994b、1994c）。重点可参考拉坦论文集（Ruttan, 1994c）中古纳蒂莱克（Gunatilleke, 1994）和卡斯杰（Kaseje, 1994）的论文，也可参阅腾德勒（Tendler, 1994）。

到10%用于发展中国家的重大疾病和健康问题,而全世界90%以上的可预防性死亡都发生在这些国家(Commission on Health Research for Development,1990)。

对家庭和个人来说,有效的健康服务以及健康专业知识与农民所需的资源很相似。高收益的健康投入包含以下几个方面:(1)健康研究机构具备足够的能力,能研发出适用于贫困地区资源和文化禀赋的新知识和新材料;(2)国家、地区和地方机构具备将这些新知识、新材料扩散给家庭的能力;(3)家庭成员,尤其是母亲,在接受正规教育或非正规教育的前提下,能有效运用所学健康知识。

在完善科学为基础的健康研究并进行有效的传播和教育这一方面,美国是一个失败的案例。美国在生物医学科学的各个方面都居于世界前列,包括基础科学和临床应用。然而,美国扩散健康服务的制度建设却引起了人们的普遍不满。美国的很多健康指标(如婴儿死亡率)都远远低于许多生物医疗研究能力极其有限的国家;美国依然不重视发展满足贫困人口需求的健康技术和制度改革。相比之下,尽管健康服务的资源极其有限,但一些非常贫困的国家却很好地落实了上述的某些重要举措,比如,斯里兰卡已经能够达到许多健康指标——人均预期寿命达到70年以上,婴儿死亡率低于2%,堪比某些富裕国家的健康水平。

三 环境

实现生态环境的可持续性发展需要进行技术和制度创新,其科学根基(环境政策科学)比农业及健康政策的科学根基要不稳定得多。仅仅在大约15年前,生物圈内生物、化学和地球物理学过程之间的基本关系才初步成型(Bretherton,1985)。关于生态系统的发展过程以及生物多样性在其中扮演的角色,仍无法确定。此外,环境变化与可持续性转变密切相关,但能够监测环境变化的连贯体系仍未建立。

目前,很明显,要了解全球正在发生的环境变化,并发展出能够指导可持续性转变的技术创新和制度创新,需要建立某种科学体系,并且在区域和地方层面上必须将这种科学体系制度化。国际地圈生物圈计划(IG-BP)、世界气候项目(WCP)与国际全球环境变化人文因素计划(IHDP)联合开发的 START 系统(用于分析、研究及培训的系统)代表了国际社会在这方面的努力(National Research Council,1999;见本书第六章)。美国国家研究委员会（NRC）可持续性发展研究小组明确了需要进行深入研究的四个领域：(1) 了解和监测正在发生的转变；(2) 确定地球支持人类生命和生态系统的安全极限；(3) 了解和适应全球环境变化过程；(4) 培养可持续性转变所需要的技术开发和制度建立的能力。

环境变化的规模与能有效应对这些变化的制度的规模严重不匹配，这可能对可持续性转变造成极为严重的制约（Lee, 1993a）。需要进行大量的制度创新，尤其是要建立产权制度，使之能够在家庭、公司和公共管辖范围内内化环境变化的外部成本。

支撑可持续性转变的全球研究体系必须包含高效的农业和健康研究系统。应该清楚地认识到，家庭、企业和农场在地方、区域以及全球的环境变化过程中，是极为重要的中心环节。要使工厂、农场和家庭能够建设性地缓和及调节环境变化，需要新的知识和技术，这取决于：(1) 全球环境变化研究机构是否有能力提供所需知识，包括工厂、农场和家庭决策人所需要的国家和地区研究；(2) 国家、地区和社区制度是否有能力转移知识和技术，并为资源利用决策人创造合适的动机；(3) 工厂、农场和家庭决策人对于自身的行为以及自身参与的经济、政治活动所产生的影响是否有深刻的理解。

第五节 知识挑战

如果将可持续性转变的实现看作全人类统一的改革议程，那么我们必须要面对一些尚未解决的知识和分析性问题，包括：(1) 可替代性；(2) 未来的责任；(3) 制度设计。

一 可替代性

在"扩展自然资源与建设资本之间的可替代性"这一方面，我们对技术在其中所扮演的角色还不甚了解。通常情况下，经济学家和技术专家把技术变革看作资源替代可能性的拓宽，光纤电缆代替铜制电缆就是一个例子。正如上述所言，致力于可持续性发展的群体否认"可替代性时代"的言论（Goeller and Weinberg, 1976）。植被基因资源的流失被看作永久性的；自然因素与建设因素之间的替代被认为是受到了严重的制约。在考虑一种特定商品的生产时（比方说，在生产小麦的过程中用化肥来代替土地),这被认为是一个有关生产形式的争论。但是,在生产不同的产品,或者是通过执行同一功能或满足同一需求时,替代同样可能发生。例如,使用氢碳比较高的燃料替代煤。

关于可替代性的争论本质上是一个经验问题。但是,解决关于替代可能性的分歧所需要的科学和技术知识拥有存在于未来。然而,这个问题极其重要。如果资本投资和技术变革相结合可以不断扩大替代机会,那么对资源和环境开发施加限制就有可能会让子孙后代变得不那么富裕。另一方面,如果每单位自然资源或环境投入的实际产出受到限制——如果不能超越即将出现的上限-那么灾难将不可避免。

二 未来的责任

使主流经济学家和可持续发展界发生分歧的第二个问题是,如何分析处理当代人对后代的义务。正如前文所看到的那样,代际公平问题是可持续性发展争论的核心(Pearce,1990:23-56;Page,1991:58-74;Pearce and Atkinson,1995;Solow,1992)。以资源经济学家为首的主流经济学家所采用的传统方法是,将"实际"利率的成本和收益进行折算(折现),来计算某种资源开发或保护项目的"现值"。批评家认为这种方法导致了一种"当下对未来的独裁"。按常规利率计算,收益的"现值"在50年后将趋近于0,"折现可以大题小做"(Batie,1989:1092)。

在比较各个环境工程在不久的将来可能的成本和收益时(例如,在决定哪些有毒废物排放点应该优先加以治理时),传统的折现法是非常适合的;而对遥远未来有益的项目,比如减少温室气体的排放,折现法是否适用则有待探究。在很多方面,在代际进行收入转移的决策与在当今国家间进行收入转移的决策非常相似。在做出这些决策时,需要衡量能够提高未来人类幸福指数的投资,就如同需要衡量用于改善贫困国家经济状况的直接投资机会成本一样。要找到原则性依据,以此将资源用于减少当下收入分配不平等的现象,对某些国家来说并不容易,权衡以上决策也就会极为困难。

显而易见,对大多数国家来说,要取得可持续发展,必须能够实现:(1)当下较高的储蓄率,也就是延迟消费;(2)加大对人力资本形成的投资;(3)加快技术变革,尤其是能够提高资源生产率和拓宽资源可替代范围的技术变革。但是仅凭这些就能保证可持续发展吗?在接下来的半个世纪,甚至是与"传统世界情境"紧密联系的发展模式都看似具备可持续性；但是从长远来看，几乎没有任何一种涉及经济持续增长"情境"是可持续的。由此无限延伸，即使极低的人口增长率、资源使用率和人均收入增长率都似乎都很难实现可持续性（National Research Council，1999，见本书第一章）。从长远发展来看，也许有必要建立限制规定来约束当前消费。

三 制度设计

第三个需要加深认识的领域是制度设计。一些行为的负面外部性是产生环境压力的源头，而良好的制度设计能够在家庭、私人公司以及公共组织内部内化这些行为的成本。在当前的制度安排下，组成自然和社会环境的重要因素一直被低估。无法内化外溢成本而造成的动态性后果将会十分严重。如果在一个环境中，经济快速增长，相对要素价格不断变化，但资源和环境成本无法内化的话，将会使技术变革的方向发生偏离，使之朝着低效的轨道倾斜。与替代的可能性受现有技术限制的情况相比，对定价低于其社会成本的资源的需求将会增长得更快。因此，相比以静态技术或中性（无偏见）技术变革的情况，这种情况将使得"开放性"资源面临更大的压力，消耗得更快。

"激励相容"的机制能够使个人目标、组织目标以及社会目标达成一致；而在现阶段，设计这样的制度依然是一门艺术而不是一门科学。即使在最抽象的理论层面，激励相容的问题也未能得到解决。[①] 经济学家和其他社会科学家在对"路线矫正"进行必要的分析上已经取得了很大的进展，但是制度设计的能力依然十分有限。

这些尚未解决的分析性问题给我们造成了严重的限制，使我们无法设计出能广为接受的可持续性指标，对要发展什么、要维持什么以及时间范畴等问题，缺乏连贯的概念性知识基础。因此，在很多情况下，我们所选择出的可持续性指标，更多的是出于其在政治上的接受度或与意识形态的一致性，而不是基于对这些指标所反映的生态或经济变化的客观认识。对

---

① 激励相容的概念是由哈维茨提出的（Hurwicz，1972、1998）。他认为，要设计出一种信息下放的资源分配制度，能够同时形成有效的资源分配并激励消费者诚实地反映出自己的真实喜好，这是不可能的。要想了解这方面的知识现状，请参考格罗夫斯等人的研究（Groves et al.，1987）；如果想要详细地了解自然资源与环境政策和管理之间达成激励相容的困难性，请参考杨（Young，1992）。

于可能导致不可逆破坏的社会和环境变化，还没有哪一种可持续性指标可以用以监测（National Research Council，1999）。

第六节　观点透视

综上所述，在探索可持续性发展的过程中，我们有必要时常提醒自己几个容易被忽略的问题。

第一，在人类的发展历史上，一直面临着这样两个问题：一是如何为自己提供充足的物质材料？二是如何处理生产和消费所产生的残留物。无法兼顾这两个方面时常会严重阻碍社会的增长和发展。人类社会一直饱受环境危害的影响。大自然并不总是愿意承受人类长期密集型活动而向环境施加的压力（Meyer，1998）。

第二，与古老文明或者西方工业文明的早期阶段相比，科学技术的进步使现代社会与自然界之间建立了一种更富有成效、更加平衡的关系。技术的不断进步对于进一步提高人类的物质和文化生活至关重要。技术变革的根本意义在于实现知识替代资源，或是用廉价的资源替代昂贵的资源，抑或是扫除了非弹性资源供给对社会发展所造成的阻碍。

第三，如果人类无法成功地在 21 世纪实现可持续性过渡，问题最有可能是出在制度创新上，而非自然资源供给等造成的固有限制。这并不是一个乐观的结论。就我们现阶段的知识水平而言，制度设计就好比是行驶在一条宽阔的高速公路上时观察后视镜。人类更擅长边走边调整行驶路线，而不是前瞻性地做出规划。由于现阶段可以使用的导航工具不甚准确，所以我们对未来的构想会继续受到限制。但是，就像我们可以完善信息系统来提高定位的灵敏度一样，我们也可以发展技术和制度能力以应对未知的将来。

第四，向可持续过渡不应当被看作一个目标，而应当是一个发现的过程（Lee，1993b：185-201）。实现可持续性过渡需要在人类和自然秩序之间建立起一种适当的关系，也需要探寻合适的技术和制度来维持人类已经建立起来的秩序。接下来的半个世纪，实现以上任何一项都不大可能；但是毫无疑问的，人类将会取得显著进步。

附录 A 对技术革新与生产率增长的一些简单分析

在本节附录中，笔者将介绍一些涉及全要素生产率（或称总和要素生产率）测量方法的简单概念。[①] 一个重要的问题是，在什么样的条件下才适合将全要素生产率作为衡量"技术变革促进生产"的一项指标？本部分提供的材料对相关学者应该会有所启发，有助于他们理解目前同生产率发展创建者和阐释者相冲突的一些争论。

在附录第一部分，笔者以图表和数据的形式对衡量生产率发展的各项指数和生产函数进行了阐释。第二部分同样以图表的形式对生产率测量产生偏差的原因进行了阐释，而这些偏差都源于测量方式内部结构。

第一节 指数和生产函数

生产，即投入转化为产出的过程。它包括将（1）资本服务、（2）劳动服务、（3）能源、（4）原材料转化为产出。生产函数则是关于投入和产出的量化关系。在附图 A-1 中，等产量线 Q_0 用来描述投入—产出以及资本（K）与劳动（L）二者的要素替换关系。

等产量线定义：在相同产量的条件下，生产一种商品的两种要素投入量的各种不同组合轨迹（$Q_0 = Q'_0$）。在且只有在下列等式成立的条件下，

[①] 在准备附录 I 的过程中，笔者阅览了一些经济学家的著作，他们是拉坦（Ruttan, 1952）、索洛（Solow, 1957）、多马（Domar, 1961）、里希特（Richter, 1966）、费舍尔和谢尔（Fisher and Shell, 1972: 739-755）、胡尔藤（Hulten, 1973、1978）、宾斯王格和拉坦（Binswanger and Ruttan, 1978）、艾伦和狄娃特（Allan and Diewardt, 1981）、埃尔斯特（Elster, 1983）、哈特迈尔（Haltmaier, 1984）和谢（Hsieh, 1998）。

(K_0, L_0) 和 (K_1, L_1) 出现在同一等产量线中：
$$Q = f(K_0, L_0) = f(K_1, L_1)$$

等成本线表示在生产要素价格既定的条件下，一个固定的总支出所能得到的各种投入组合轨迹：

$$P_0 通过 Q_0 < P'_0 通过 Q'_0$$

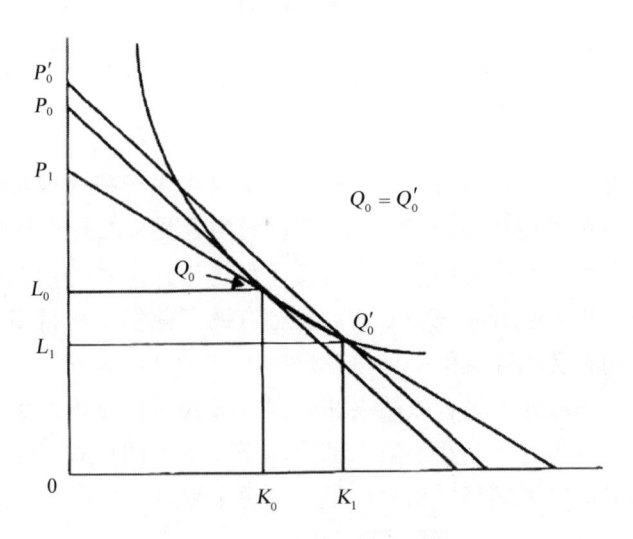

附图 A-1 等产量线和等成本线

生产者会依据等成本线的最低点来选择单位等产量线的位置。价格因素发生变化会产生一个新的等成本线，生产者会依据变化在等产量线上重新选择一个点以使成本达到最小化。Q'_0 的选择取决于 P_1 的变化。

该模式依赖于四个相对具有限制性的假设：(1) 利益最大化（行为假设）；(2) 生产函数或等产量线充分代表了既有技术能力与限制（本质特征）；(3) 假设单位等产量线上所有点呈现的情况都能出现（技术假设）；(4) 完全竞争（制度假设）。

一 衡量技术变革：指数法

如果我们选择一个基准年（t_0），为第二年（t_1）的商品投入和产出值校正价格变化，第二年（拉式）投入指数和产出指数的（百分比）差异就能衡量技术变革对 t_0 和 t_1 之间产出的贡献。生产率指数指 t_1 单位总投入的产出指数。

$$在\ t_0\ 年:_q p_0 Q_0 = A_0\ (_l p_0 L_0 +\ _k p_0 K_0)$$
$$在\ t_1\ 年:_q p_0 Q_1 = A_1\ (_l p_0 L_1 +\ _k p_0 K_1)$$

假设：

$_q p_0 = \$1.00$	$Q_0 = 100$	$Q_1 = 200$
$_l p_0 = 0.75$	$L_0 = 100$	$L_1 = 133.3$
$_k p_0 = 0.25$	$K_0 = 100$	$K_1 = 200$

全要素生产率指数

$A_1 = (qp_0 Q_1 / lp_0 L_1 + kp_0 K_1) \times 100$

$A_1 = \$1.00(200) / [(0.75)(133.3) + (0.25)(200)]$

$\quad = (200/150) \times 100 = 133.3$

其中：

$_q p_0$ 表示 t_0 时间的产品价格

$_l p_0$ 表示 t_0 时间的工资率

$_k p_0$ 表示 t_0 时间的资本价格

劳动生产率	资本生产率	资本/劳动比率
$(Q_1/L_1) \times 100$	$(Q_1/K_1) \times 100$	$K_1/L_1 = 200/133.3 = 1.50$
$(200/133.3) \times 100 = 150$	$(200/200) \times 100 = 100$	

附图 A-2 以图表的形式演绎了指数法的路径。演绎过程中，产出保持不变（$Q_0 = Q_1$），资本投入保持不变（$K_0 = K_1$），劳动投入减少（$L_1 < L_0$）。

二 衡量技术变革：生产函数法

如果我们为基准期（t_0）创建一个生产函数，在函数中，以第二期（t_1）投入代替第一期投入，依据基准期生产函数推测，通过观察 t_1 的实际产出（或产出指数）和 t_0 产出（或产出指数）的区别，比较两个时期的产出变化，衡量技术变革带来的贡献。在接下来的阐述中，笔者将使用柯布-道格拉斯（Cobb-Douglas，线性对数）生产函数。

按照生产函数法计算得出生产率指数为 136，按照指数法得出生产率指数为 133，为什么前者数值比后者大呢？答案就在聚集的形式之中。前文中，我们使用了线性聚集，无论用多少资本（K）代替劳动（L），度量值（${}_lp_0 = 0.75, {}_kP_0 = 0.25$）确保了 3 个附加单元资本代替 1 个单元劳动。当使用对数（指数）聚集时，我们就已经假设资本替代劳动百分比（而不是计算值）保持不变。因此，劳动投入沿 Q_1 下降到资本的位置，劳动每下降 1 个单位，需更大的资本数量来补足。

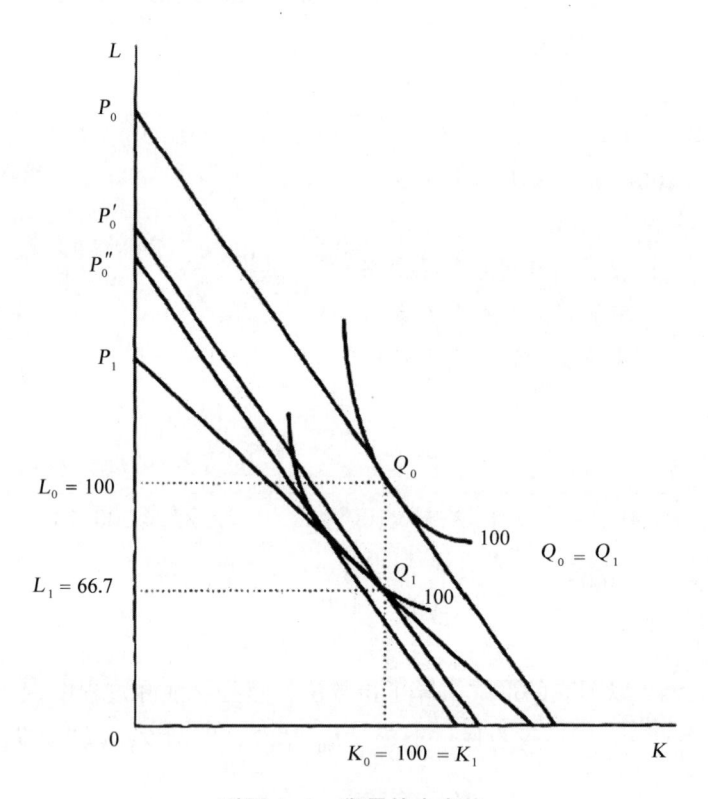

附图 A-2　衡量技术变革

在 t_0 年：$Q_0 = A_0 L_0^{lo} K_0^{ko}$

在 t_1 年：$Q_1 = A_1 L_1^{lo} K_1^{ko}$

$Q_0 = 100 \quad Q_1 = 200$

$l_1 = 0.75 \quad L_0 = 100 \quad L_1 = 133.3$

$k_0 = 0.25 \quad K_0 = 100 \quad K_1 = 200$

$$A_1 = \frac{Q_1}{L_1^{l0} K_1^{k0}}$$

$$A_1 \frac{200}{(1.333)^{0.75}(200)^{0.25}} = \frac{200}{(39.24)(3.761)} = \frac{200}{147.55}(100) = 136$$

$$\frac{Total\ Productivity\ Index}{总生产率指数} = 136$$

三 投入与产出的定义

应该计算中间投入的净产出还是总产出呢？会计员习惯以宏观经济的角度计算产出的两个要素：资本（K）和劳动（L）。就广义上的经济而言，各公司之间与各部门之间的中间投入相互抵消（一家公司的产品变为另一家公司的投入品）。就公司或行业水平而言，将企业使用的资本和劳动同其他企业相比，便可计算出该企业的附加值产出。附加值就是企业产出值减去中间投入成本所得到的差值。

学者们采用了计算总投入（包括中间投入）和总产出的方法研究公司或部门技术变革。技术进步不仅体现在中间投入上，还体现在资本和劳动方面。如果省去中间投入，在计算附加值时，生产率增长中的重要因素可能也被省去了。然而，如果依据附加值（中间投入净值）和总产出（中间投入总值）计算产出，生产率预估值和实际值会发生偏差。下面的例子阐释了两种计算方法的联系。

假设在农业和工业这两个经济部门中，农业部门的产出值用作工业部门的投入值，则：

$$农业：Q_a = a_1 L_1^{l1} K_1^{k1}$$
$$工业：Q_1 = a_2 L_2^{l2} K_2^{k2} Q_a^{q}$$
$$经济：Q = a_1^q a_2 L_1^{l1q} K_1^{k1q} L_2^{l2} K_2^{k2}$$

技术变革指数为：

$$农业：A_a = (a_1)_1 / (a_1)_0$$
$$工业：A_1 = (a_2)_1 / (a_2)_0$$
$$经济：A = (a_1^q a_2)_1 / (a_1^q a_2)_0$$

假设：$(a_1)_0 = 1\quad (a_2)_0 = 1\quad q = 0.5$

$$(a_1)_1 = 1.7 \quad (a_2)_1 = 1.4$$
那么：$A_a = 1.7$
$A_1 = 1.4$
$$A = (1.7)^{0.5}(1.4)/(1)^{0.5}(1) = (1.3)(1.4) = 1.8$$

只要工业借助农业产出的任何一部分作为中间投入值，A 就会超过 A_1。该原则同样适用于任何借助其他产业的产品作为中间投入的产业。可使用总产出生产函数来理解部门间的生产率增长；亦可使用附加值生产函数或指数来比较部门产值和经济总产值。

第二节 生产率测定产生偏差的原因

在前一部分，我们讨论了衡量技术变革的指数法和生产函数法。我们发现在指数法中无论选择哪一种衡量方法（算术、对数或其他），都需要对生产函数的形式作隐性判断；我们还发现生产率的预测取决于投入与产出的定义。

各国间一段时间以来在衡量生产率变化的过程中出现偏差有三个主要原因：
- 要素和产品相对价格变动导致的偏差；
- 非中性技术变革引起的偏差；
- 失调程度不同引起的偏差。

在此，笔者用意仅在于提供直觉性理解，因此不再提供详细论据。

一 要素和产品价格变动

如果要素价格或产品价格发生变动，就无法使用一种特定的测量法对技术变革进行测量，这里指"指数法问题"。

（一）要素价格变动

在创建投入指数时，如果用 t_0 的价格来权衡 t_0 和 t_1 的投入，且在等产量线图上，如果用来生产既定产出的投入之和从 Q_0 滑到了 Q'_0（$Q'_0 = Q'_1$），那么投入指数就会上升（见附图 A-3）。

$$
\begin{array}{cc}
0 \text{ 投入期} & 1 \text{ 投入期} \\
{}_l p_0 L_0 + {}_k p_0 K_0 & < \quad {}_l p_0 L_1 + {}_k p_0 K_1 \\
{}_q p_0 Q'_0 / {}_l p_0 L_0 + {}_k p_0 K_0 & > \quad {}_q p_0 Q_1 / {}_l p_0 L_1 + {}_k p_0 K_1 \\
A_0 & > \quad (A_1)_L
\end{array}
$$

无变动时,基准期(拉氏)指数结果表明技术退步了;而终结期(帕氏)指数则显示投入减少、单位投入的产量增加:

$$(A_1)_P > A_0$$

正确的单位总投入($A_0 = 1.00$)产出指数介于两个预估值之间:

$$(A_1)_P \geq A_0 \geq (A_1)_L$$

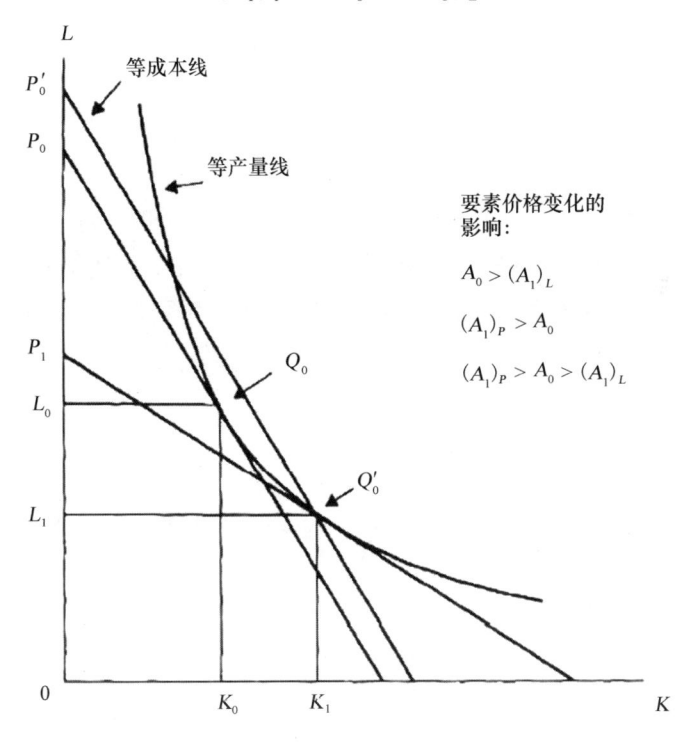

要素价格变化的影响:
$A_0 > (A_1)_L$
$(A_1)_P > A_0$
$(A_1)_P > A_0 > (A_1)_L$

附图 A-3 要素价格变动

(二)产品价格变化

产品价格同样可能发生变化(见附图 A-4)。假设存在变换曲线或生产可能性曲线 I(用于衡量长期数量投入的产出),且 X 产品的价格相对于 Y 产品的价格上涨了。如果在斜线 P_0 上原本存在 X 和 Y 的相对价格,I_0 和 X_0、Y_0 的相交点即最优产出组合。在 t_1 线上,X 产品价格相对 Y 产品价格上升以后,斜线 p_1 上的最优产出组合即 I'_0 和 X_1、Y_1 的相交点。

在构建产出指数时,如果两个时期内都要以 t_0 价格评估产品,那么在同一变换曲线上,当 I_0 向 I'_0 移动时,产出指数会下降。

$$\begin{array}{ccc} 0\text{ 产出期} & & 1\text{ 产出期} \\ (_xp_0X_0+_yp_0Y_0) & > & (_xp_0X_1+_yp_0Y_1) \\ (_xp_0X_0+_yp_0Y_0)/_ip_0I_0 & > & (_xp_0X_1+_yp_0Y_1)/_ip_0I'_0 \\ A_0 & > & (A_1)_L \end{array}$$

基准期（拉式）产出指数结果再次证明，当一切指数无变动时，表明科技退步。如果使用末期（帕氏）指数，结果将显示生产率提高：

$$(A_1)\ p > A_0$$

又一次显示为：

$$(A_1)_P \geqslant A_0 \geqslant (A_1)_L$$

仅要素价格发生变动时，所得结果扩大了生产率测定偏差。

如果我们将两个价格标准不同的国家进行比较，上述结论同样适用。然而，我们也可以适用拉式和帕氏指数提供的"不等式"来测定"指数偏差"的可能范围。

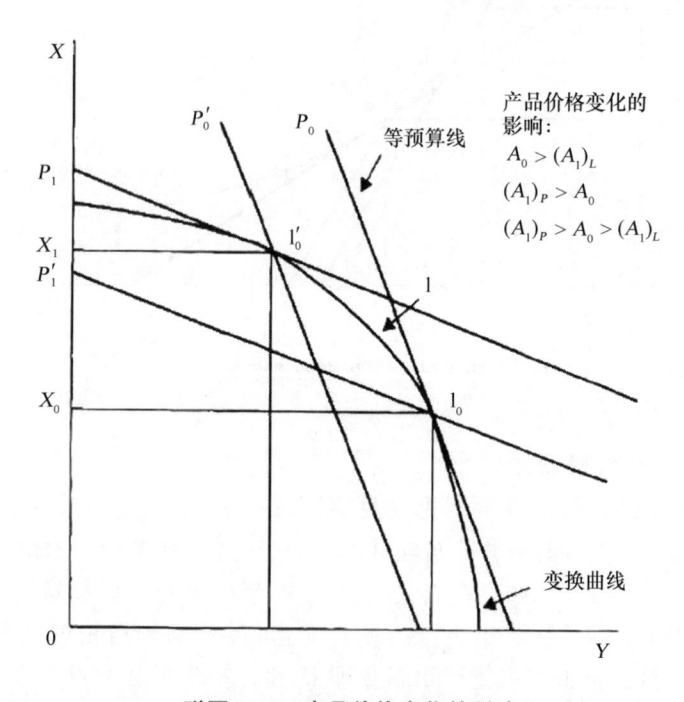

附图 A-4　产品价格变化的影响

价格权数（或生产函数系数）调整期越长，指数偏差越有可能上升。因此，频繁地调整权数或系数可降低偏差。生活成本指数精确性的讨论在部分程度上与基价调整后相对价格的变化有关。连续一段时间投入率、产出率的变化形成了连续的投入指数、产出指数和生产率指数。

二 非中性偏差

关于这一点，我们大胆假设生产函数转变属中立增长类型。技术进步可能也会引起劳动节约和资本节约的偏向性（见专栏 A-1）。附图 A-5 说明，在使用总生产率作为衡量技术进步手段的基础上，非中性技术进步带来的影响。

专栏 A-1

中性技术进步的定义

中性技术进步又称希克斯中性。资本—劳动比率保持不变，在已知要素价格的条件下，单位等产量线向原始曲线移动。在所有要素之中，随着技术的进步，边际替代率也保持不变。价格不变，要素份额同样不变。

劳动节约型技术进步又称哈罗德中性。资本单位产出（K/Q）不变，资本—劳动比率（K/L）上升，在已知要素价格的条件下，单位等产量线向原始曲线移动。资本边际产量为常数，劳动上升。

资本节约型技术进步又称索洛中性。劳动单位产量不变（L/Q），资本—劳动比率（K/L）下降，在已知要素价格的条件下，单位等产量线向原始曲线移动。劳动边际产量为常数，资本提高。

改编自 J. Elster, *Explaining Technical Change*, Cambridge: Cambridge University Press, 1983: 100. For a more complete explanation see Binswanger and Ruttan (1978: 42-43)。

三 由相对价格变化和中性变化引起的偏差

假设在两个时期内（0 投入/产出期和 1 投入/产出期），要素价格或产品价格发生变化，生产函数以非中性形式转变。

在附图 A-5 中，假设在等产量线上存在 X_0X_0 和 X_1X_1 两点。随着资本的增加（从 K_0 到 $\bar{K}_1$，劳动从 L_0 到 $\bar{L}_1$），t_0 和 t_1 的产量增长了 1 倍（从 Q_0 到 $\bar{Q}_1$）。因此，在没有技术进步或要素价格变化的情况下：

$$_qp_0Q_0/(_lp_0L_0+_kp_0K_0) = {}_qp_0\bar{Q}_1/(_lp_0\bar{L}_1+_kp_0\bar{K}_1) = A_0 = 1$$

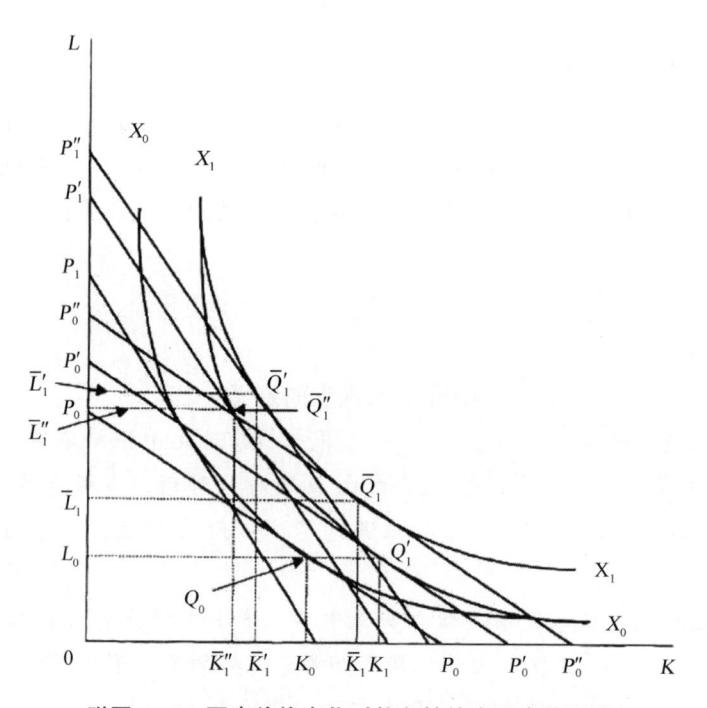

附图 A-5 要素价格变化对偏向性技术进步的影响

假设 X_1X_0 代表采用"劳动节约型"技术进步的等产量线，那么在 X_1X_0 曲线上可得到 X_1X_1 点。劳动和资本在价格 P_0 时的最佳产出组合是 L_0 和 K_1 ——P_0 和 X_1X_0 相切于 Q'_1 点。相比 Q_1，我们在 Q'_1 上投入的劳动更少，投入的资本更多：

$$_qp_0Q'_1/(_lp_0L_0+_kp_0K_1) >{}_qp_0\bar{Q}_1/(_lp_0\bar{L}_1+_kp_0\bar{K}_1) \text{（因为 } p'_0 \text{ 低于 } p''_0\text{）}$$
$$A_1 > \bar{A}_1 = 1$$

然而，如果代表原本价格体系的是 p_1、p'_1 和 p''_1，而不是 p_0、p'_0 和 p''_1（例如，如果劳动"更廉价"），那么从"劳动节约型"技术进步中得益会更少——是 p''_1 和 p'_1 之间的距离所致（和 X_1X_1 相切于 $\bar{Q}'_1$，和 X_1X_0 相切于 $\bar{Q}''_1$）。因此：

$$A_1 > A'_1 > A_0 = 1$$

此前说到，如果技术进步属希克斯中性，则 t_0 和 t_1 相对价格发生变化，技术变革的测量就会发生偏差。我们已经证明，如果 t_0 和 t_1 间技术进步属非中性，则技术变革的测量方法就不再独立于当前的相对价格。

附图 A-5 表明，相比高收入经济体，低收入经济体从劳动节约型技术进步中获利更少。

当中性技术变革和不断变化的相对价格相结合，指数偏差会发生什么变化呢？

假如在"劳动节约型"技术进步的同时，相对资本而言，劳动价格上升，要素节约和价格效应还会朝同一方向发展吗？这里，劳动价格上涨，从而导致劳动替代资本，而技术进步偏差又导致"劳动节约型"的出现，相对劳动而言，资本边际生产率增加。指数偏差和中性效应是可累积的：

$$(A'_1)_P \geq (A_1)_P \geq A_1 \geq (A_1)_L \geq (A'_1)_L$$

然而，如果要素节约效应和价格效应朝不同的方向发展（技术进步是自发的），那么劳动价格上涨使得劳动替代资本而存在。但相对资本而言，技术变革偏差使得劳动边际生产率上升。本例中，如果技术变革充分非中性，则测定技术变革"真正"的方法可能在指数"不等式"之外。

四　要素市场和产品市场的不均衡

假设，t_0 和 t_1 间要素价格和技术都未发生变化。附图 A-5 中，如果要素投入 L_0 和 K_0 没有被充分使用，则产量水平没有达到：

$$Q_{0i} < Q_0$$

附图 A-5 中，如果在 t_1 中，投入 $\bar{L}_1$ 和 $\bar{K}_1$ 用以生产 $\bar{Q}_1$，即使技术没有进步，单位投入所得产出仍是可以测量的，这就是在经济萧条复苏阶段典型生产率偏差的原因。

同样地，如果在 t_0 阶段，L_0 和 K_0 投入用以生产 Q_0，但在 t_1 阶段，$\bar{L}_1$ 和 $\bar{K}_1$ 投入用以生产 $\bar{Q}_1$，那么：

$$\bar{Q}_1 < \bar{Q}_1$$

当技术没有发生退步时，生产率指数会显示下降。除经济复苏期以外，整个经济萧条时期的剩余劳动都被"贮藏"起来了，这段时间通常会出现经济活动放缓的现象，这就是生产率测量出现偏差的原因。

在实践经验中，两个时期内的不均衡程度得到了确定和校正。

五 规模、大小和范围

附图 A-6 中的规模经济表明，从 Q_1 到 Q_2 的移动伴随着劳动（L）和资本（K）的小幅比例变化。关于规模经济的两个术语（economies of scale 和 economies of size）能否相互替换使用成了热门讨论话题，经济学家也置身其中。从分析的角度来看，二者区别尤为重要。规模经济反映的是和要素投入比例增长相关的效率增益。

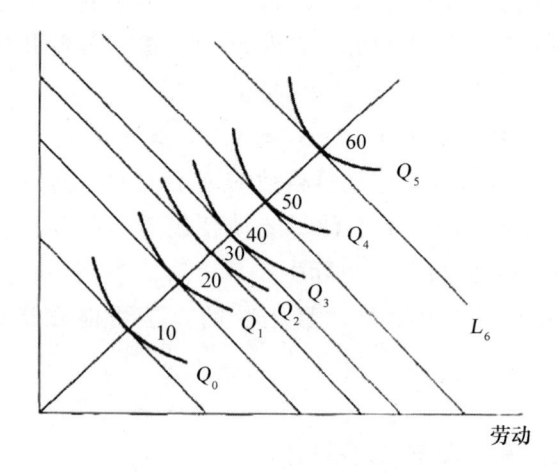

附图 A-6　规模经济和规模不经济

规模经济和公司经营规模扩大相联系。如附图 A-7 所示，它反映了要素间相互替代的关系，即相对于其他要素（如资本相对于劳动）一种要素投入量的增加。附图 A-7 中，要素比率变化完全是要素价格比率变化的结果。劳动生产率上升是因为要素替代而不是技术进步。

当同一企业多个产品互补，且节约了成本，这时就出现了范围经济（无举例说明）。互补的原因可能是技术上的，也可能是制度上的——如在研发、生产、分配和金融领域。

区分生产率的提高同规模经济和范围经济之间的关系很有必要。但规模经济和范围经济本身又是作为技术变革的产物而存在。在实践研究中，从技术变革和规模经济、范围经济三者之中找到生产率增长的原因就变得特别困难。

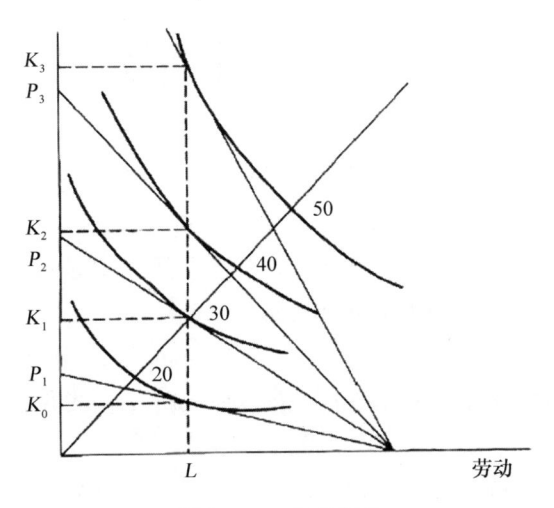

附图 A-7　规模经济

附录 B 分子生物学和生物技术相关术语

分子生物学和基因工程领域相关专业术语不如其他技术领域术语的普及程度高。第十章所用的术语如下所示。

氨基酸：蛋白质是由氨基酸构成的。常见的氨基酸有 20 种。

抗生素：一种特殊的化学物质用于防治感染，通常防治人或动物的细菌感染。抗生素多由微生物造成，有些是合成的。

抗原：是一类能诱导免疫系统发生免疫应答，并能与免疫应答的产物（抗体或效应细胞）发生特异性结合的物质。抗原具有免疫原性和反应原性两种性质。

细菌：细菌指在土壤、水、有机物中自由生存的有机体，也包括植物或动物中的寄生物。

抗菌素/细菌病毒：在细菌中繁殖的病毒，抗菌素病毒通常用作基因充足实验的载体。

生物工艺：用细胞或其成分（例如酵素、叶绿体等）完成物理或化学实验的工艺。

生物工艺技术：生物工艺技术指用于大规模工业生产的生物方法和设备。在起步阶段，工业化的生物合成多采用发酵技术分批处理。

催化作用：催化作用指调节尤其通过使用酶加速化学反应速度。最后该物质化学成分不变。

催化剂：能显著提高反应速率，其自身的化学性质和数量在反应前后均保持不变的物质。生物催化剂指酶，非生物催化剂包括金属复合物。

细胞：生物学中构成生物体的基本单位，通常包括核心和各种非生物形式，独立或与其他细胞共同构成生命体。

细胞融合：细胞融合指在自发或人工诱导下，两个不同基因型的细胞或原生质体融合形成一个杂种细胞。基本过程包括细胞融合形成异核体，异核体通过细胞有丝分裂进行核融合，最终形成单核的杂种细胞。细胞融合可作为一种实验方法被广泛适用于单克隆抗体的制备、膜蛋白的研究。

染色体：细胞内具有遗传性质的物体，易被碱性染料染成深色，又叫染色质。其本质是脱氧核甘酸，是细胞核内由核蛋白组成、能用碱性染料染色、有结构的线状体，是遗传物质基因的载体。在无性繁殖物种中，生物体内所有细胞的染色体数目都一样；而在有性繁殖大部分物种中，生物体的体细胞染色体成对分布，称为二倍体。

互补 DNA：特指与信使核糖核酸（mRNA）分子具有互补碱基序列的单链 DNA 分子，用于克隆或作为杂交探针研究。

脱氧核糖核酸（DNA）：由数量庞大的四种脱氧核苷酸（脱氧腺苷酸、脱氧鸟苷酸、脱氧胞嘧啶、脱氧胸苷酸）通过磷酸二酯键连接起来的线形分子。DNA 的重要生物学功能是作为遗传信息的载体。DNA 通过自我复制、转录和翻译，使后代表现出与亲代相似的遗传性状。生物界物种的多样性也源于 DNA 分子上四种核苷酸千变万化的不同排列顺序。

DNA 探针：DNA 探针是利用筛选所得之 DNA 片段，即 DNA 引子对，加以标识后，用来侦测病原细菌之存在与否，以及鉴定植物病原细菌。

基因序列：基因序列指基因螺旋中的核苷酸碱基序列，基因序列对于基因信息存储十分重要。

酶：人体内所有的化学反应都需要酶，包括细胞能量的产生、食物的消化和营养吸收，以及人体的新陈代谢，其主要功能是催化和分解化学键。19世纪90年代后，提取出的真菌细胞首次用于酿造，从淀粉中分解出糖。欧洲两大公司诺罗工业（丹麦）和吉斯特锦缎（荷兰）拥有酵素市场65%的市场份额。

大肠杆菌：是一种两端钝圆、能运动、无芽孢的革兰氏阴性短杆菌。若进入人体或动物体内可致病。不致病的大肠杆菌可用于实验的重组基因。

发酵：发酵指微生物在无氧条件下，以有机物作为受体的氧化还原产能反应，可用于制造酒精、酸、奶酪等。

基因：也叫作遗传因子，它是生物遗传进化的物质基础，生物个体所表现的各种性状都是由其体内的基因控制的。

基因表达：是指生物基因组中结构基因所携带的遗传信息经过转录、翻译等一系列过程，合成特定的蛋白质。见转录和翻译。

基因转移：是在患者细胞的基因组中转移加入相应的外源性正常功能基因，使其发挥作用，从而纠正由缺陷基因导致的紊乱。

染色体组：指维持一个生物的发生和生活机能的表现所不可缺少的最少限度的基因群或一套基本染色体。它可以用来反映不同种之间的亲缘关系。

基因组学：研究生物基因组和如何利用基因的一门学问。用于概括涉及基因作图、测序和整个基因组功能分析的遗传学分支。该学科提供基因组信息以及相关数据系统利用，试图解决生物、医学和工业领域的重大问题。

生长激素：高等动物正常生长所需的多肽类。生长激素的主要生理功能是促进神经组织以外的所有其他组织生长；促进机体合成代谢和蛋白质合成；促进脂肪分解；对胰岛素有拮抗作用；抑制葡萄糖利用从而使血糖升高等。

荷尔蒙：在高级生物体发现的化学信使，向细胞发送信息。

杂交瘤：经历骨髓瘤细胞与淋巴细胞协调发作的细胞株，它们能无穷制地发作两种亲本的免疫球蛋白。

免疫反应：是机体免疫系统对抗原刺激所产生的以排除抗原为目的的生理过程。这个过程是免疫系统各部分生理功能的综合体现，包括抗原递呈、淋巴细胞活化、免疫分子形成及免疫效应发生等一系列的生理反应。

干扰素：是一种广谱抗病毒剂，并不直接杀伤或抑制病毒，而主要是通过细胞表面受体作用使细胞产生抗病毒蛋白，从而抑制乙肝病毒的复制，同时还可增强自然杀伤细胞（NK 细胞）、巨噬细胞和 T 淋巴细胞的活力，从而起到免疫调节作用，并增强抗病毒能力。

信使核糖核酸：是由 DNA 的一条链作为模板转录而来的、携带遗传信息的能指导蛋白合成的一类单链核糖核酸。

单克隆抗体：动物脾脏有上百万种不同的 B 淋巴细胞，具有不同基因的 B 淋巴细胞合成不同的抗体，当机体受抗原刺激时，抗原分子上的许多决定簇分别激活各个具有不同基因的 B 细胞。被激活的 B 细胞分裂增殖形成效应 B 细胞、浆细胞和记忆 B 细胞，大量的浆细胞克隆合成和分泌大量的抗体分子分布到血液、体液中，如果能选出一个制造一种专一抗体的浆细胞进行培养，就可得到由单细胞经分裂增殖而形成细胞群，即单克隆细胞将合成针对一种抗原决定簇的抗体，称为单克隆抗体。

神经递质：通过神经中枢传输信号的分子。

植物组织培养：器官或细胞、原生质体等，通过无菌操作，在人工控制条件下进行培养以获得再生的完整植株，或生产具有经济价值的其他产品的技术。狭义是指组培指用植物各部分组织，如形成层、薄壁组织、叶肉组织、胚乳等进行培养获得再生植株，也指在培养过程中从各器官上产生愈伤组织的培养，愈伤组织经过再分化形成再生植物，也叫细胞无性系变异。

质粒：一种在细菌里存在的环状 DNA 结构。

原生质体融合：将两种差别的细胞经溶菌酶或青霉素等处理，失去细胞壁成为原生质体掉队行相互融合的进程。

重组基因：将目的基因（外源 DNA 分子）用 DNA 连接酶在体外连接到适当的载体上，即 DNA 分子的体外重组，这种重新组合的 DNA 称为重组 DNA。

重组体基因技术：将重组基因用于特定用途，例如新产品的制造或研究基因等。

重组 DNA 技术：在体外重新组合脱氧核糖核酸（DNA）分子，并使它们在适当的细胞中增殖的遗传操作。这种操作可把特定的基因组合到载体上，并使之在受体细胞中增殖和表达。因此它不受亲缘关系限制，为遗传育种和分子遗传学研究开辟了崭新的途径。

限制酶：是一种能将双股 DNA 切开的酵素。

类固醇：可促进人或动物细胞生长的一组有机化合物，作用类似于激素。

参考文献

Abelshauser, W., "Two Kinds of Fordism: On the Differing Roles of the Industry in the Development of the Two German States", In H. Shiomi and K. Wada, eds., *Fordism Transformed: The Development of Production Methods in the Automobile Industry*, Oxford, UK: Oxford University Press, 1995.

Abelson, P. H., "Global Technology Competition", *Science*, 277, 1997.

Abelson, P. H., "Nuclear Power in East Asia", *Science*, 272, April 26, 1996.

Abo, T., ed., *Hybrid Factory: The Japanese Production System in United States*, New York: Oxford University Press, 1994.

Abramovitz, M., "Catching Up, Forging Ahead and Falling Behind", *Journal of Economic History*, 46, June 1986.

Abramson, H. N., J. Encamacao, P. Reid, and U. Schmoch, eds., *Technology Transfer Systems in the United States and Germany*, Washington, DC: National Academy Press, 1997.

Achilladelis, B., A. Schwarzkopf, and M. Cines, "A Study of Innovation in the Pesticide Industry: Analysis of the Innovation Record of an Industrial Sector", *Research Policy*, 16, 1987.

Achilladelis, B., A. Schwarzkopf, and M. Cines, "The Dynamic of Technological Innovation: The Case of the Chemical Industry", *Research Policy*, 19, 1990.

Adams, R. M. B. Hurd, S. Lenhart, and N. Leary, "The Effects of Global Warming on Agriculture: An Interpretative Review", *Journal of Climate Research*, forthcoming 1999.

Adelaja, A. O., and B. J. Schilling, "Nutraceuticals: Blurring the Line Between Food and Drugs in the Twenty-First Century", *Choices*, *Fourth Quarter*, 1999.

Adelman, M. A., *The Economics of Petroleum Supply: Papers by M. A. Adeiman, 1962-1993*, Cambridge, MA: MIT Press, 1993.

Adesina, A. A., and B. Forson, "Farmers Perception and Adoption of New Agricultural Technology: Evidence from Analyses in Burkina Faso and Guinea, West Africa", *Agricultural Economics*, 13, 1995.

Adriaanse, A., S. Bringezu, A. Hammond, Y. Moriguchi, E. Rodenberg, D. Rogich, and H. Schutz, "*Resource Flows: The Material Basis of Industrial Economies*, Washington, DC: World Resources Institute, 1997.

Afuah, A. N., and J. M. Utterback, "The Emergence of a New Supercomputer Architecture", *Technological Forecasting and Social Change*, 40, 1991.

Aghion, P., and P. Howill, *Endogenous Growth Theory*, Cambridge, MA: MIT Press, 1998.

Agrawal, A., "Dismantling the Divide between Indigenous and Scientific Knowledge", *Development and Change*, 26, 1995.

Ahmad, S., "On the Theory of Induced Innovation", *Economic Journal*, 76, 1966.

Ahmad, S., "Reply to Professor Fellner", *Economic Journal*, 77, 1967a.

Ahmad, S., "A Rejoinder to Professor Kennedy", *Economic Journal*, 77, 1967b.

Ahmed, K. (with an overview by D. Anderson and K. Ahmed), *Renewable Energy Technologies: A Review of Status and Costs of Selected Technologies*, Washington, DC: The World Bank, 1994.

Alchian, A. A., and H., Demselz, "The Property Right Paradigm", *Journal of Economic History*, 33, 1973.

Alchian, A. A., "Uncertainty, Evolution and Economic Theory", *Journal of Political Economy*, 58, 1950.

Alexandratos, N. ed., *World Agriculture Toward 2010: An FAO Study*, Rome, Italy: Food and Agricultural Organization, 1995.

Allen, D., "The Chemical Industry: Process Changes and the Search for

Cleaner Technologies", In *Reducing Toxics: A New Approach to Policy and Industrial Decision Making*, Robert Gotlieb, ed., Washington, DC: Island Press, 1995.

Allen, R. C., and W. E. Diewardt, "Direct Versus Superlative Index Number Formulae", *Review of Economics and Statistics*, 63, 1981.

Allen, R. C., *Enclosure and the Yeoman*, New York: Oxford University Press, 1992.

Allen, R. C., "The Effciency and Distributional Consequences of Eighteenth Century Enclosures", *Economic Journal*, 92, 1982.

Alston, J. M., and P. G. Pardey, *Making Science Pay: The Economics of Agricultural R&D Policy*, Washington, DC: AEI Press, 1996.

Alston, J. M., B. J. Craig, and J., Roseboom, "Financing Agricultural Research: International Investment Patterns and Policy Perspectives", *World Development*, 26, 1998b.

Alston, J. M., B. J. Craig, and P. G. Pardey, "Dynamics of the Creation and Depreciation of Knowledge, and the Returns to Research", Washington DC: International Food Policy Research Institute, EPTD Discussion Paper, No. 35, August 1998a.

Alston, J. M., M. C. Marra, P. G. Pardey, and T. G. Wyatt, "Research Returns Redux: A Meta-Analysis ofthe Returns of Agricultural R&D", International Food Policy Research Institute, EPTD Discussion Paper No. 38, November 1998c.

Alston, J. M., P. G. Pardey, and V. H Smith, eds., *Paying for Agricultural Productivity*, Baltimore, MD: The Johns Hopkins University Press, 1999, in press.

Alston, J. M., P. G. Pardey, and V. H. Smith, "Financing Agricultural R&D in Rich Countries: What's Happening and Why", *Australian Journal of Agricultural and Resource Economics*, 51, 1998d.

Alston, J. M., and P. G. Pardey, "International Approaches to Agricultural R&D: The CGIAR", Washington, DC, International Food Policy Research Institute (paper prepared for U. S. Office of Science and Technology Policy, Executive Office of the President), February 1999 (mimeo).

Alt, C. T. Osborrn, and D. Colacicco, *Soil Erosion: What Effect on Agricultural Productivity?*, Washington, DC: United Slates Department of Agriculture, Economic Research Service Information Bulletin, 556, 1989.

Altman, D. W., and K. N. Watanabe, *Plant Biotechnology Transfer to Developing Countries*, Austin, TX: R. G. Cordes, 1995.

Ames, E., and N. Rosenberg, "The Enfield Arsenal in Theory and History", *Economic Journal*, 78, 1968.

Ames, E., and N. Rosenberg, "The Enfield Arsenal in Theory and History", *Economic Journal*, 78, 1968.

Anchordoguy, M., *Computers Inc.: Japan's Challenge to IBM*, Cambridge, MA: Harvand University Press, 1989.

Anderson, E. S., *Evolutionary Economics: Post-Schumpeterian Contributions*, London: Pinter, 1994.

Anderson, J. R., and J. Thompaillia, *Soil Conservation in Developing Countries: Project and Policy Interaction*, Washington, DC: The World Bank, 1990.

Anderson, J. R., and D. G. Dalrymple, *The World Bank, the Grant Program and the CGIAR: A Retrospective Review*, Washington, DC: The World Bank, OED Working Paper Series, #1, March 1999.

Ante, J. M., and G. Heidenbrink, "Environment and Development: Theory and International Evidence", *Economic Development and Cultural Change*, 43, April 1995.

Ante, J. M., and P. L. Pingali, "Pesticide Productivity and Farmer Health: A Philippines Case Study", *American Journal of Agricultural Economics*, 76, 1994.

Antonelli, C., *The Economics of Localized Technological Changes and Industrial Dynamics*, Dordrecht: Kluwer Academic Publishers, 1995.

Aoki. M., "Toward Comparative Institutional Analysis: Motivations and Some Tentative Theorizing", *Japanese Economic Review*, 47, 1996.

Archibald, S. O., and L. Brandt, "A Flexible Model of Factor Biased Technological Change: An Application toJapanese Agriculture", *Journal of Development Economics*, 35, 1991.

Argote, L., and D. Epple, "Learning Curves in Manufacturing", *Science*,

247, 23, February 1990.

Arora, A., and A. Gambardella, "Chemicals", In *U. S. Industry in 2000: Studies in Competitive Performance*. D. E Mowery, ed., Washington, DC: National Academy Press, 1999.

Arora, A., and A. Gambardella, "Complementary and External Linkages: The Strategies of the Large Firms in Biotechnology", *Journal of Industrial Economics*, 38, June 1990.

Arora, A., and A. Gambardella, "Evaluating Technological Information and Utilizing It", *Journal of Economic Behavior and Organization*, 24, 1994.

Arora, A., and A. Gambardella, "Evolution of Industry Structure in the Chemical Industry", In *Chemical and Long Term Economic Growth: Insights from the Chemical Industry*, A. Arora, R. Landau, and N. Rosenberg, eds., New York: John Wiley and Sons, 1998.

Arora, A. R. Landau, and N. Rosenberg, "Dynamics of Comparative Advantage in the Chemical Industry", In *The Sources of Industrial Leadership*, D. Mowery and R. Nelson, eds., Cambridge, UK: Cambridge Universily Press, 1999.

Arora, A. R. Landau. and N. Rosenberg, *Chemicals and Long Term Economic Growth: Insight from the Chemical Industry*, New York: John Wiley and Sons, 1998.

Arora, A. Taciu, *Knowledge Technology Licensingand the Acquisition of Technological Capability*, Stanford, CA: Stanford University Ph. D. Thesis, 1992.

Arora, N., *The Transfer of Technological Know-How to Developing Countries; Technology Licensing, Tacit Knowledge, and the Acquisition of Technological Capability*, Stanford, CA: Ph. D. Thesis, Department of Economics, Stanford University, 1992.

Arow, K., "The Econonic Implications of Learning by Doing", *Review of Economic Studies*, 29, 1962.

Arow, K., "Viewpoint", *Science*, 267, March 17, 195.

Arow, K. B. Bolin, R. Costanza, P. Dasgupta, C. Folke, C. S. Holling, B. Jansson, S. Levin, K. Maler, C. Perrings, and D. Pimentel, "Economic Growth, Carrying Capacity and the Environment", *Science*, 168, 1995.

Arow, K. J., "Cassication Notes on the Production and Transmission of Technological Knowledge", *American Economic Review*, 59, 1969.

Arow, K. J., "The Economic Implications of Learning by Doing", *Review of Economic Studies*, 29, 1962.

Arthur, W. Brian, "Positive Feedback in the Economy", *Scientific American*, Feb. 1990.

Arthur, W. B., and D. A. Lanec, "Information Contigation", In *Increasing Returns and Path Dependence in the Ecomomy*, W. B. Arthur ed., Ann Arbor, MI: University of Michigan Press, 1994.

Arthur, W. B., *Increasing Returns and Path Dependence in the Economy*, Ann Arbor, MI: The University of Michigan Press, 1994.

Arthur, W. B., Y. M. Ermoliev, and Y. M. Kaniovski, "Path Dependence Processes and the Emergence of Macrostructure", *European Journal of Operational Research*, 30, June 1987.

Arthur, W. B., "Competing Technologies, Increasing Returns, and Lock-In by Historical Events", *The Economic Journal*, 99, March 1989.

Arthur, W. B., "On Competing Technologies and Historical Small Events: The Dynamics of Choice Under Increasing Returns", *International Institute for Applied Systems Analysis Paper WP*, Laxenburg, Austria, 1983.

Arthur, W. B., "Positive Feedbacks in the Economy", *Scientific American*, 262, February 1990.

Artow, K. J., "Economic Welfare and the Allocation of Resources for Invention", In *The Rare and Direction of Inventive Activity: Economic and Social Factors*, R. R. Nelson, ed., Princeton, NJ: Princeton University Press, 1962.

Aschauer, D. A., "Is Public Expenditure Productive?", *Journal of Monetary Economics*, 23, 1989.

Attewell, P., "Information Technology and the Productivity Paradox", In *Organizational Linkages: Understanding the Productivity Paradox*, Douglas H Harmis, ed., Washington, DC: National Academy Press, 1994.

Auerbach, L. E., "Scientists in the New Deal: A Prewar Episode in the Relations Between Science and Government in the United States", *Minerva*, 3, 1965.

Ausubel, J., and D. Langford, eds., *Technological Trajectories and the Human Environment*, Washington DC: National Academy Press, 1997.

Ausubel, J., and H. E. Sladovich, eds., *Technology and the Environment*, Washington, DC: National Academy Press, 1989.

Ausubel, J. H., and C. Marchetti, "Elektron: Electrical Systems in Retrospect and Prospect", In *Technological Trajectories and the Human Environment*, J. H., Ausubel and H. D. Langford, eds., Washingion, DC: National Academy Press, 1997.

Ausubel, J. H., A. Gribler, and N. Nakicenovic, "Carbon Dioxide Emissions in a Methane Economy", *Climatic Change*, 12, 1988.

Ausubel, J. H., "Energy and the Environment: The Light Path", *Energy Systems and Policy*, 15, 1991.

Ausubel, J. H., "Regularities in Technological Development: An Environmental View?", In *Technology and Environment*, J. H. Ausubel and H. E. Sladovich, eds., Washington, DC: National Academy Press, 1989.

Ayres, R. U., and A. V. Kneese, "Production, Consumption and Externalities", *American Economic Review*, 59, June 1969.

Ayres, R. U., and U. E. Simonis, *Industrial Metabolism: Restructuring for Sustainable Development*, New York: United Nations University Press, 1994.

Ayres, R. U., *Resource, Environment and Economics: Applications of the MaterialsEnergy Balance Principle*, New York: John Wiley & Sons, 1978.

Ayres, R. U., "Industrial Metabolism", In *Technology and Environment*, J. H. Ausubel, R. A. Frosch, and R. Herman, eds., Washington, DC: National Academy Press, 1989.

Baba, Y., S. Taki, and Y. Mizuo, "The User Driven Evolution of the Japanese Software Industry: The Case of Customized Software for Mainframes", In *The International Computer Software Industry: A Comparative Study of Industry Evolution and Structure*, D. C. Mowery, ed., New York: Oxford University Press, 1996.

Babcock, J. M., "Adoption of HybridCom: A Comment", *Rural Sociology*, 27, 1962.

Bailey, J., "Carter Era Law Keeps Price of Electricity Up in Spite of a Surplus", *Wall Street Journal*, May 17, 1995.

Bairoch, P., "Europe's Gross National Product, 1800-1973", *Journal of European Economic History*, 5, 1976.

Baldwin, R. E., and P. R. Krugman, "Market Access and International Competition: A Simulation Study of 16K Random Access Memories", In *Empirical Methods for International Trade*, R. C. Feenstra, ed., Cambridge, MA: MIT Press, 1988.

Ball, R., and L. Pounder, "'Efficient but Poor' Revisited", *Economic Development and Cultural Change*, 44, 1996.

Balough, T., "Review of Transforming Traditional Agriculture", *Economic Journal*, 74, 1964.

Bamelt, H. J., and C. Morse, *Scarcity and Growth: The Economics of Natural Resource Availability*, Baltimore, MD: Johns Hopkins University Press, 1963.

Barfield, C. E., *Science Policy from Ford to Reagan: Change and Continuity*, Washington, DC: American Enterprise Institute, 1982.

Barnett, H. J., "Scarcity and Growth Revisited", In *Scarcity and Growth Reconsidered*, V. K. Smith, ed., Baltimore, MD: Johns Hopkins University Press, 1979.

Barro, R. J., and X. Salai Martin, *Economic Growth*, New York: McGraw-Hill. 1995.

Barro, R. J., *Determinants of Economic Growth: A Cross-Country Empirical Study*, Cambridge, MA: MIT Press, 1997.

Barton, J. H., "Adapting the Intellectual Property System to New Technologies", In *Global Dimensions of Intellectual Property Rights in Science and Technology*, M. B. Wallerstein, M. E. Magee, and R. A. Schoen, eds., Washington, DC: National Academy Press, 1993.

Barton, J. H., "Patent Scope in Biotechnology", *International Review of Industrial Property and Copyright Law*, 26, 1995.

Barton, J. H., "Patents and Antitrust: A Rethinking in Light of Patent Breadth and Sequential Innovation", *Antitrust Law Journal*, 65, 1997.

Barton, J. H., "The Impact of Contemporary Patent Law on Biotechnology Research", In *Global Genetic Resources: Access and Property Rights*, S. A. Eberhart, ed., Madison, WI: Crop Science Society of America, 1998.

Bashe, C. J. L., R. Johnson, J. H Palmer, and E. W. Pugh, *IBM's Early Computers*, Cambridge, MA: MIT Press, 1986.

Bass, F. M., "A New Product Growth Model of Consumer Durables", *Management Science*, 5, 1969.

Bass, F. M., "The Relationship Between Diffusion Rates, Experience Curves and Demand Elasticities for Consumer Durable Technological Innovations", *Journal of Business*, 53, 1980.

Basu, S., and D. N. Weil, "Appropriate Technology and Growth", *Quarterly Journal of Economics*, 6, 1998.

Batie, S., "Sustainable Development: Challenges to the Profession of Agricultural Economics", *American Journal of Agricultural Economics*, 71, 1989.

Battelle MemorialInstitute, *Survey of State Research and Development Expenditures: Fiscal Year* 1995, Columbus, OH, September 1998.

Bauer, M. ed., *Resistance to New Technology*, Cambridge: Cambridge University Press, 1995.

Bauer, R. A., E. Caller, and V. Tang (with J. Wind and P. Houston), *The Silverlake Project: Transformation at IBM*, New York Oxford University Press, 1992.

Baumol, W. J., and E. N. Wolf, "Productivity Growth, Convergence, and Welfare: Reply", *American Economic Review*, 78, December 1988.

Baumol, W. J., "Macroeconomics of Unbalanced Growth: The Anatomy of Urban Crisis", *American Economic Review*, 57, 1967.

Baumol, W. J., "On Taxation and Control of Externalities", *American Economic Review*, 62, June 1972.

Baumol, W. J., "Productivity Growth, Convergence and Welfare: What the Long-Run Data Show", *American Economic Review*, 76, 1986.

Baumol, W. J., and W. E Oates (with V. S. Bawa and David Bradford), *The Theory of Environmental Policy: Extralities, Public Outlays and the Quality of Life*, Englewood Cliffs, NJ: PrenticeHall, 1975.

Baumol, W. J. S. A. B. Blackman, and E. N. Wolff, *Productivity and American*

Leadership: The Long View, Cambridge, MA: MIT Press, 1989.

Beal, G. M., and J. M. Bohlen, "The Diffusion Process", Ames, IA: Iowa State Agricultural Experiment Station, Special Report, 1957.

Becker, G. S., *A Treatise on the Family*, Cambridge, MA: Harvard University Press, 1991.

Becker, G. S., "The Economic Way of Looking at Behavior", *Journal of Political Economy*, 101, 1993.

Beckerman, W., "How Would You Like Your Sustainability, Sir? Weak or Strong? A Reply to My Critics", *Environmental Values*, 4, 1995.

Beckerman, W., "Sustainable Development: Is It a Useful Concept?", *Environmental Values*, 3, 1994.

Belanger, D. O., *Enabling American Innovation: Engineering and The National Science Foundation*, West Lafayette, IN: Purdue University Press, 1998.

Bell, D. E., W. C. Clark, and V. W. Ruttan, "Global Research Systems for Sustainable Development: Agriculture, Health and Environment", In *Agriculture, Environment and Health: Sustainable Development in the 21st Century*, V. W. Ruttan, ed., Minneapolis, MN: University of Minnesota Press, 1994.

Bendt, E. R., and D. O. Wood, "Technology, Prices and the Derived Demand for Energy", *The Review of Economics and Statistics*, 57, August 1975.

Bendt, E. R., "Energy Use, Technical Progress and Productivity Growth: A Survey of Economics Issues", *Journal of Productivity Analysis*, 2, 1990.

Benett, M. K., "Population and Food Supply: The Current Scare", *Scientific Monthly*, 68, 1949.

Bennett, H. H., "The Problem of Soil Erosion in the United States", *Annals of the Association of American Geographers*, 21, 1931.

Berg, P., D. Baltimore, S. Brenner, R. O. Roblen, II, and M. F. Singer, "Asilomar Conference on Recombinant DNA Molecules", *Science*, 188, 1975.

Berg, P., et al., "Potential Biohazards of Recombinant DNA Molecules", *Science*, 185, July 26, 1974.

Berg, P., "Empirical Consequences of the Hoteling Principle", *Handbook of*

Environmental Economics, D. W. Bromley, ed., Oxford, UK: Blackwell Publishers, 1995.

Berndt, E. R., and M. S. Khaled, "Energy Prices, Economies of Scale and Productivity Gains in U. S. Manufacturing, 1947–1981", Vancouver: University of British Columbia, Department of Economics Discussion Paper, 77–23, 1977.

Berndt, E. R., "Aggregate Energy. Efficiencyand Productivity Measurement", Annual Review of Energy, 3, 1978.

Berndt, E. R., "The Role of Energy in Productivity Growth: Comment", In International Comparisons of Productivity and Causes of the Slowdown, J. W. Kendrick ed., Cambridge, MA: M. A. Ballinger, 1984.

Bimber, B., The Politics of Expertise in Congress: The Rise and Fall of the Office of Technology Assessment, Albany, NY: State University of New York Press, 1996.

Binswanger, H. P., and V. W. Ruttan, eds., Induced Innovation: Technology, Institutions and Development, Baltimore, MD: Johns Hopkins University Press, 1978.

Binswanger, H. P., and V. W. Ruttan, Induced Innovation: Technology, Institutions and Development, Baltimore: Johns Hopkins University Press, 1978.

Binswanger, H. P., "A Cost Function Approach to the Measurement of Elasticities of Factor Demand and Elasticities of Substitution", American Journal of Agricultural Economics, 56, 1974a.

Binswanger, H. P., "Induced Technical Change: Evolution of Thought", In Induced Innovation: Technology, Institutions and Development, H. P. Binswanger, and V. W. Rultan, eds., Baltimore, MD: Johns Hopkins University Press, 1978a.

Binswanger, H. P., "The Measurement of Technical Change Biases with Many Factors of Production", American Economic Review, 64, 1974b.

Binswanger, H. P., "The Micro-Economics of Induced Technical Change", In Induced Innovation: Technology, Institutions and Development, H. P. Binswanger and V. W. Ruttan, eds., Baltimore, MD: Johns Hopkins University Press,

1978b.

Blase, M. G., and A. Paulson, "The Agicultural Experiment Station: An Institutional Development Perspective", *Agricultural Science Review*, 10, Second Quarter 1972.

Blau, M., "A Survey of the Theory of Process Innovation", *Economica*, 63, 1963.

Blumenthal, T., "Factor Proportions and Choice of Technology: The Japanese Experience: Reply", *Economic Development and Cultural Change*, 29, July 1981.

Blumenthal, T., "Factor Proportions and Choice of Technology: The Japanese Experience", *Economic Development and Cultural Change*, 28, April 1980.

Bockstael, N. E., A. M. Freeman II. R. J. Kopp, P. R. Portney and V. K. Smith, "On Valuing Nature", College Brook, MD: University of Maryland Department of Agricultural and Resource Economics, 1998 (mimco).

Bohi, D. R., *Energy Price Shocks and Macroeconomic Performance*, Washington, DC: Resources for the Future, 1989.

Bohm, P., and Russell, "Comparative Analysis of Alternative Policy Instruments", In *Handbook of Natural Resource and Energy Economics*, Vol. 1, A. V. Kneese and J. Sweeney, eds., Amsterdam: North Holland, 1985.

Bolin, B., "The Kyoto Negotiations on Climate Change: A Science Perspective", *Science*, 279, January 16, 1998.

Borkin, J., *The Crime and Punishment of I. G. Farben*, New York: The Free Press, 1978.

Boserup, E., *Population and Technical Change*, Chicago, IL: University of Chicago Press, 1981.

Boserup, E., *The Conditions of Agricultural Growth: The Economics of Agrarian Change Under Population Pressure*, Chicago, IL: Aldine, 1965.

Boskin, M. J., and L. J. Lau, "Capital, Technology and Economic Growth", In *Technology and the Wealth of Nations*, N. Rosenberg, R. Landau, and D. C. Mowery, eds., Stanford, CA: Stanford University Press, 1992.

Boulding, K. E., "The Economics of the Coming Spaceship Earth", In *Environmental Quality in a Growing Economy*, Henry Jrett, ed., Baltimore,

MD: Johns Hopkins University Press, 1966.

Bowers, R. , "The Peer Review System on Trial", *American Scientist*, 63, 1975.

Boyett, J. H. , S. Schwartz. , L. Osterwise, and R. Bawer, *The Quality Journey: How Winning the Baldridge Sparked IBM*, New York: DuttonPenguin, 1993.

Bradner, L. , and M. A. Straus, "Congruence Versus Profitability in the Diffusion of Hybau Sorghum", *Rural Sociology*, 24, 1959.

Braga, P. , "Trade Related Intellectual Property Issues: The Uruguay Round Agreement and Its Economic Implications", In *The Uruguay Round and the Developing Countries*, W. Marin and L. A. Winters, eds. , Cambridge, UK: Cambridge University Press, 1996.

Bray, F. , *The Rice Economies: Technology and Development in Asian Societies*, Oxford, UK: Basil Blackwell, 1986.

Brennan, T. J. K. L. , Palmer, R. J Kopp, A. J. , Krupnick, and D. Burtraw, *A Shock to the System: Restructuring America's Electricity Industry*, Washington, DC: Resources for the Future, 1996.

Brenner, C. , *Integrating Biotechnology in Agriculture: Incentives, Constraints and Country Experiences*, Paris: Organization for Economic Cooperation and Development, 1996.

Bresnahan, T. F. , "Computing", In *U. S. Industry in 2000: Studies in Competitive Performance*, D. C. Mowery, ed. , Washington, DC: National Academy Press, 1999.

Bresnahan, T. F. , "Industrial Dynamics and Evolution of Firms' and Nations' Competitive Capabilities in the World Computer Industry", In *Sources of Industrial Leadership: Studies of Seven Industries*, D. C. Mowery and R. R. Nelson, eds. , Cambridge, UK: Cambridge University Press, 1999.

Bretherton, F. , "Earth System Science and Remote Sensing", *Proceedings of the IEEE*, 73, 1985.

Brewster, M. , "The Machine ProcessAgriculture and Industry", *Journal of Farm Economics*, 32, 19.

Briggs, S. , and E. Clay, "Sources of Innovation in Agricultural Technology",

World Development, 9, 1981.

Brill, W. J., "Safely Concerns and Genetic Engineering in Agriculture", *Science*, 227, January 25, 1985.

Broadberry, S. N., "Technological Leadership and Productivity Leadership in Manufacturing Since the Industrial Revolution: Implications for the Convergence Debate", *Economic Journal*, 104, 1994.

Brock, T. D., *The Emergence of Bacterial Genetics*, Plainview, NY: Cold Spring Harbor Laboratory Press, 1990.

Brock, W. H., *Justus von Liebig: The Chemical Gatekeeper*, Cambridge, UK: Cambridge University Press, 1997.

Brockway, L. H., *Science and Colonial Expansion: The Role of the British Royal Botanic Gardens*, New York: Academic Press, 1979.

Bromley, D. A., *The Presidents Scientists: Reminiscences of a White House Science Advisor*, New Haven, CT: Yale University Press, 1994.

Bromley, D. A. U. S., *Technology Policy*, Washington, DC: Executive Office of the President, Office of Science and Technology Policy, September 26, 1990.

Bromley, D. ed., *Handbook of Environmental Economics*, Oxford, UK: Blackwell Publishers, 1995.

Brown, G. E., "Environmental Science Under Siege in the U. S. Congress", *Environment*, 39, March 1979.

Brown, L., and B. Halweil, "China's Water Shortage Could Shake World Food Security", *World Watch*, 11, July/August, 1998.

Bruce, J. P., H. Lee, and E. F. Hartes eds., *Climate Change, 1995: Economic and Social Dimensions of Climate Change*, Contribution of Working Group I1 to the Second Assessment Report of the Intergovernmental Panel on Climate Change, New York: Cambridge University Press, 1996.

Bruno, M., "Raw Materials, Profits, and the Productivity Slowdown", *Quarterly Journal of Economics*, 99, 1984.

Buchanan, J. M., R. D. Tillson, and G. Tullock, *Toward a Theory of the Rent-Seeking Society*, College Station, TX: Texas A&M University Press, 1980.

Bud, R., *The Uses of Life: A History of Biotechnology*, Cambridge, UK:

Cambridge University Press, 1993.

Bunce, A. C., *The Economics of Soil Conservation*, Ames, IA: Iowa State College Press, 1942.

Bunch, R., and G. Lopez, *Soil Recuperation in Central America: Sustaining Innovation after Intervention*, London, UK: International Institute for Environmental Development, 1995.

Burger. E. J., *Science at the White House: A Political Liability*, Baltimore, MD: Johns Hopkins University Press, 1980.

Burraw, D., "The SO$_2$ Emissions Trading Program: Cost Savings without Allowance Trades", *Contemporary Economic Policy*, 14, April 1996.

Bush, V., *Pieces of the Action*, New York: William Morrow, 1970.

Bush, V., *Science: The Endless Frontier*, Washington, DC: Office of Scientific Research and Development, 1945.

Bush, V., *Science: The Endless Frontier*, Washington, DC: US. Office of Scientific Research and Development, 1945, Reprint eds., National Science Foundation, 1960, 1980.

Byerlee, D., and C. K. Eichet, *Africa's Emerging Maize Revolution*, Boulder, CO: Lyne Rienner, 1997.

Byerlee, D., and G. Alex, *Strengthening National Agricultural Research Systems: Politics Issues and Good Practice*, Washington, DC: World Bank, 1998.

Byerlee, D., and P Moya, *Impacts of International Wheat Breeding Research in the Developing World*, 1966–1990, Mexico, DF: CIMMYT, 1993.

Caims, J., G. S. Stent, and J. D. Watson, *Phage and the Origins of Molecular Biology*, Plainview, NY: Cold Spring Harbor Laboratory Press, 1992.

Cain, L. P., and D. G. Peterson, "Factor Bias and Technical Change in Manufacturing: The American System", *Journal of Economic History*, 41, June 1981.

Callan, B., *Who Gains from Genes? A Study of National Innovation Strategies in the Globalizing Biotechnology Markets*, Dissertation, University of Califonia, 1995.

Callan, B., "Why Production Technology Is Not a Measure of Competitiveness in Biotechnologies", Berkeley, CA: Berkeley Roundtable on the International

Economy Working Paper #86, April 1996, mimeo.

Callon, S., *Divided Sun: MITI and the Breakdown of Japanese High-Tech Industrial Policy, 1975 – 1993*, Stanford, CA: Stanford University Press, 1995.

Calvert, K. C. Star, R. W. Bussard, S. O. Dean, W. E. Parkins and J. Adams, "Fusion: Pro and Con", *Issues in Science and Technology*, 14, 1997.

Cameron, R. A., *Concise Economic History of the World*, New York: Oxford University Press, 1993.

Campbell, M., and W. Aspray, *Computer: A History of the Information Machine*, New York: Basic Books, 1996.

Campbell, C. J., and I. H. Larer, "The End of Cheap Oi!", *Scientific American*, 278, March 1998.

Carey, J., "The Duo Jolting the Gene Business", *Business Week*, May 25, 1998.

Carlson, G., M. Marra, and B. Hubbll, "The New Super Seeds: Transgenic Technology for Crop Production", *Choices*, Third Quarter, 1997.

Carlson, R., *Silent Spring*, Boston, MA: Houghton Mifflin, 1962.

Carnegie Commission on Science, Technology, and Government Reports Copies of these reports are available from the Carnegie Commission on Science, Technology, and Government, 437 Madison Avenue, 27th Floor, New York, NY 10022 (Fax: 212-838-6019).

Carr, G., "The Phamaceutical Industry", *Economist*, February 21, 1998.

Carson, R., "*Silent Spring*", New York: Fawcett, 1962.

Carson, R. T., "Valuation of Tropical Rainforests: Philosophical and Practical Issues in the Use of Contingent Valuation", *Ecological Economics*, 24, 1998.

Carter, M. H., and R. A. Goldberg, *Monsanto Company: Licensing 21st Century Technology*, Cambridge, MA: Harvard Business School (N9.-597-038), October 15, 1996.

Cartwright, D. W., "ImprovedDeflation of Purchased Computers", *Survey of Current Business*, 66, March 1986.

Carud, R., and M. A. Rappa, "A Sociocognitive Model of Technology Evolution: The Case of Cochlear Implants", *Organization Science*, 5, 1994.

Cassman, K. G., "Ecological Intensification of Cereal Production Systems Yield Potential, Soil Quality and Precision Agriculture", *Proceedings of the National Academy of Sciences*, U.S.A., 96, 1999.

Cavallo, D., and Y. Mundlak, "Agriculture and Economic Growth in an Open Economy: The Case of Argentina", Washington, DC: International Food Policy Research Institute Research Report, 36, December 1982.

CGLAR Systems Review Secretariat, "The International Research Partnership for Food Security and Sustainable Agriculture: Third System Review of the Consultation Group on International Agricultural Research", Washington, DC: CGIAR, October 8, 1998.

Chakravarty, U. J. Roumasset, and K. Tse, "Endogenous Substitution among Energy Resources and Global Warming", *Journal of Political Economy*, 1997.

Chakravorty, U. J. Roumasset, and K. Tse, "Endogenous Substitution among Energy Resources and Global Warming", *Journal of Political Economy*, 105, 1997.

Chamber, J. D., and G. E. Mingay, *The Agricultural Revolution, 1750–1880*, London: B. T. Batsford and New York: Schocken Books, 1966.

Chandler, A. D., *Strategy and Structure: Chapters in the History of the Industrial Enterprise*, Cambridge, MA: MIT Press, 1962.

Chandler, A. D., *The Visible Head: The Managerial Revolution in American Business*, Cambridge, MA: Harvard University Press, 1977.

Chapman, K., *The International Petrochemical Industry: Evolution and Location*, Oxford, UK: Basil Blackwell, 1991.

Chari, V. V., and H. Hopenhayen, "Vintage Human Capital: Growth and the Diffusion of New Technology", *Journal of Political Economy*, 99.

Chen, C., and E. G. Sewell, "Strategies for Technological Development in South Korea and Taiwan: The Case of Semiconductors", *Research Policy*, 25, 1996.

Chen, K., "Pentagon Finds Fewer Firms Want to Do Military R&D", *Wall Street Journal*, October 22, 1999: A20.

Cheng, Y. T. , and A. H. Van de Ven, "Learning the Innovation Journey: Order Out of Chaos?", *Minneapolis*, MN: University of Minnesota Strategic Management Center, Discussion Paper, 208, October 1994.

Chichilinsky, G. , "What Is Sustainable Development?", *Land Economics*, 73, 1997.

Chposky, J. , and T. Leonois, *Blue Magic: The People, Power and Politics Behind the IBM Personal Computer*, New York: Facts on File, 1988.

Chubin, D. , "How Large an R&D Enterprise?", In *University Science and the Federal Government*, D. H. Guston and K. Keniston, eds. , Cambridge, MA: MIT Press, 1994.

Chubin, D. A. , "Scientific Malpractice and the Contemporary Politics of Knowledge", In *Theories of Science and Society*, S. E. Cozzens and T. F Gieryn, eds. , Bloomington, IN: Indiana University Press, 1990.

Chubin, D. E. , and E. J. Hacket, *Peerless Science: Peer Review and U. S. Science Policy*, Albany, NY: State University of New York Press, 1990.

Ciriancy Wantrup, S. V. , and R. C. Bishop, " 'Common Property' as a Concept in Natural Resource Policy", *Natural Resources Journal*, 79, October 1975.

Ciriancy Wantup, S. V. , *Resource Conservation: Economics and Policies*, Berkeley, CA: University of California Press, 1952.

Ciriancy Wantrup, S. V. , and R. C. Bishop, "Common Property as aConcept in Natural Resource Management", *Natural Resources Journal*, 15, 1975.

Ciriancy Wantrup, S. V. , "Soil Conservation in European Farm Management", *Journal of Farm Economies*, 20, 1938.

Clark, G. , *Textile History as World History: Labor Organization as World History: Labor Organization and Productivity in England, the USA, India and Japan, Davis*, CA: University of California, Department of Economics, March 1992 (mimeo) .

Clark, G. , "Can Management Develop the World: Reply to Wilkins", *Journal of Economic History*, 48, March 1988.

Clark, G. , "Why Isn't the Whole World Developed? A Reply to Hanson", *Journal of Economic History*, 49, September 1989.

Clark, G. , "Why Isn't the Whole World Developed? Lessons from the Colton

Mills", *Journal of Economic History*, 67, 1987.

Clark, G., "Why Isn't the Whole World Developed? Lessons from the Cotton Mills", *Journal of Economic History*, 47, March 1987.

Clark, W. C., and J. Jaeger, "Climate Change 1995: The Science of Climate Change", *Environment*, 39, November 1997.

Cline, W. R., *The Economics of Global Warming*, Washingion, DC: Institute for International Economics, 1992.

Clinton, W. J., and A. Gore Jr., *Technology for America's Growth: A New Direction to Build Economic Strengths*, Washington, DC Executive Office of the President, February, 22, 1993.

Clinton, W. J., and A. Gore, Jr., *Science in the National Interest*, Washingon, DC: Executive Office of the President, 1994.

Cnig, B. L., P. G. Pardey, and J. Roseboom, "International Productivity Pattern: Accounting for Input Quality, Infrastructure and Research", *American Journal of Agricultural Economics*, 79, 1997.

Coase, R. H., "The Problem of Social Cost", *Journal of Law and Economics*, 3, 1960.

Coates, J. F., "The Role of Formal Models in Technology Assessment", *Technological Forecasting and Social Changes*, 9, 1975.

Cochrane, W. W., *The Development of American Agriculture: A Historical Analysis*, Minneapolis, MN: University of Minncsota Press, 1979.

Cockbum, I., R. Henderson, L. Orsenigo, and G. Pisano, "Pharmaceuticals and Biotechnology", In *U. S. Industry in 2000: Studies in Competitive Performance*, D. C. Mowery, ed., Washingion, DC: National Academy Press, 1999.

Cockburn, I., R. Henderson, L. Orsenigo, and G. P. Pisano, "Pharmaceuticals and Biotechnology", In *U. S. Industry in 200 Studies in Competitive Performance*, D. E. Mowery, ed., Washington, DC: National Academy Press, 1999.

Coe, D., E. Helpman, and A. W. Hoffmaisier, "North South R&D Silvers", *The Economic Journal*, 107, 1997.

Coggins, J. S., and R. Swinton, "The Price of Pollution: A Dual Approach to Valuing SO_2 Allowances", *Journal of Environmental Economics and Manage-*

ment, 30, 1996.

Coggins, J. S., and V. W. Ruttan, "U. S. Emission Permit System", *Science*, 284, 1999.

Cohen, J. E., *How Mary People Can the Earth Support?*, New York: W. W. Norton, 1995.

Cohen, J. E., "The Genomics Gamble", *Science*, 275, February 7, 1997.

Cohen, L. R., and R G. Noll, "Research and Development", In *Settling Domestic Priorities: What Can Government Do?* H. J. Aaron and C. L. Schultze, eds., Washington, DC: Brookings Institution Press, 1992.

Cohen, L. R., and R. G. Noll, eds., *The Technology Pork Barrel*, Washington, DC: BrookingsInstitution, 1991.

Cohen, L. R., and R. G. Noll, "Privatizing Public Research: The New Competitiveness Strategy", In *The Mosaicof Economic Growth*, R. Landeu, T. Taylor and G. Wight, eds., Stanford, CA: Stanford University Press, 1996.

Cohen, S. N., A. C. Y. Chang, H. Boyer, and R. B. Helling, "Construction of Biologically Functional Bacterial Plasmids In Vitro", *Proceedings of the National Academy of Sciences*, U. S. A., 70, November 1973.

Cohen, W., "Empirical Studies of Innovative Activity", *Handbook of the Economics of Innovation and Technological Change*, P. Stoneman, ed., Oxford, UK: Basil Blackwell, 1995.

Cohen., L. R., and R. G. Noll eds., *The Technology Pork Barrel*, Washington, DC: Brookings Institution Press, 1991.

Cohen., W. M., and D. A. Leventhal, "Innovation and Learning; The Two Faces of R&D", *Economic Journal*, 99, 1989.

Cole, R., Y. C. Chen, J. A. Barguin Stolleman, E. Dulberger, N. Helvcian, and J. H. Hodge, "Quality Adjusted Price Indices for Computer Processors and Selected Peripheral Equipment", *Survey of Cement Business*, 66, January 1986.

Cole, S. L. E. Rubin, and J. R. Cole, "Peer Review and Support of Science", *Scientific American*, 237, October 1977.

Colwell, R. K., E. A. Norse, D. Pimental, F. E. Sharples, D. Simberloff,

W. Szbalski, and W. Brill, "Genetic Engineering in Agriculture", *Science*, 229, July 12, 1995.

Commission on Health Research for Development, *Health Research: Essential Link to Equity in Development*, Oxford, UK: Oxford University Press, 1990.

Committee on Criteria for Federal Support of Research and Development, *Allocating Federal Funds, for Science and Technology*, Washington, DC: National Academy Pess, 1995 (The Press Report).

Committee on Global Change of the Commission on Geoscience, Environment, and Resources, *Research Strategies for the U. S. Global Change Research Program*, Washington, DC: National Academy Press, 1990.

Committee on Science, Engineering and Public Policy, *Major Award Decision Making at the National Science Foundation*, Washington, DC National Academy Press, 1994.

Committee on Science, Engineering and Public Policy, *Policy Implications of Greenhouse Warning*, Washington DC: National Academy Press, 1991.

Common, M., "Comments on Papers by Robinson, Sumay and Page", In *The Economics of Natural Resources Depletion*, D. W. Pearce, ed., London: MacMillan, 1975.

Commons, J. R., *The Economics of Collective Action*, New York: Macmillan, 1950.

Conway, G. R., and J. Prety., *Unwelcome Havest: Agriculture and Pollution*, London, UK: Earthscan Publications, 1991.

Conway, G. R., *The Doubly Green Revolution: Food for All in the 21st Century*, London, UK: Penguin Books, 1997.

Cooper, J. C., "The New Golden Age of Productivity", *Business Week*, September 26, 1994.

Cooper, R. N., *Environment and Resource Policies for the World Economy*, Washington, DC: The Brookings Institution Press, 1994.

Cooper, R. N., "Toward a Real Global Warming Treaty", *Foreign Affairs*, 77, March/April 1998.

Costanza, R., C. Perrings, and C. J. Cleveland, *The Development of Ecological*

Economics, Cheltenham, UK: Edward Elgar, 1997.

Costanza, R. R. d'Arge, R. de Groot, S. Farber, M. Grasso, B. Hannon, K. Limburg, S. Naeem, R. V. Oneill, J. Parueto, R. Raskin, P. Sutton, and M. van den Belt, "The Value of the World's Ecosystem Services and Natural Capital", *Nature*, 387, May 15, 1997.

Cowan, R., and D. Foray, "Quandaries in the Economics of Dual Technologies and Spillovers from Military to Civilian Research and Development", *Research Policy*, 24, 1995.

Cowan, R., "Nuclar Power Reactors: A Study in Technological Lockin", *Journal of Economic History*, 50, September 1990.

Cowan, R., "Nuclear Power Reactors: A Study in Technological Lockin", *Journal of Economic History*, 50, 1990.

Cowling, E. B., J. T. Sigman, and C. E. Putnam, "Maximizing Benefits from Research: Lessons from Medicine and Agriculture", *Issues in Science and Technology*, 12, 1996.

Crabowski, R., "Induced Innovation: A Critical Perspective", In *Induced Innovation Theory and International Agricultural Development: A Reassessment*, B. M. Koppel, ed., Baltimore, MD: The Johns Hopkins University Press, 1995.

Craig, B. I. P., G. Pardey, and J. Roseboom, "Internationally Comparable Growth, Development, and Research Measures", In *Agricultural Research Policy: International Quantitative Perspectives*, P. G. Pardey, J. Roseboom, and J R. Anderson, eds., Cambridge, UK: Cambridge University Press, 1995.

Craig, B. J., P G. Pardey, and J. Roseboom, "Patterns of Agricultural Growth and Economic Development", In *Agricultural Research Policy: International Quantitative Perspectives*, P. G. Pardey, J., Roseboom, and J. R. Anderson, eds., Cambridge, UK: Cambridge University Press, 1991a.

Crane, D., *Invisible Colleges: Diffusion of Knowledge in Scientific Communities*, Chicago, IL: University of Chicago Press, 1972.

Creer, D. F., "The Case Against PatentSystems in Less Developed Counties", *Journal of International Law and Economics*, 8, 1973.

Crocker, T. D. , "The Structure of Atmospheric Pollution Control Systems", In *The Economics of Air Pollution*, H. Wolozin, ed. , New York: W. W. Norton, 1966.

Crosby, A. W. Jr. , "*The Columbian Exchange: Biological and Cultural Consequences of 1492*", Westport, CN: Greenwood Publishing Co. , 1972.

Crossman, C. C. , J. M. Antle, and S. M. Capalbo, eds. , *Ecological, Environmental and Health Tradeoffs in Agriculture: Pesticides and Sustainability in Andean Potaro Products*, Boston, MA: Kluwer Academic Publisher, 1998.

Crosson, P. , "Soil Erosion and Its OnFarm Productivity Consequences: What Do We Know?", Washington, DC: Resources for the Future Discussion Paper, 95-29, 1995s.

Crosson, P. , "Soil Erosion Estimates and Costs", *Science*, 269, 995.

Curtis, C. B. , J. P. McTague, and D. W. Cheney, "Fixing the National Laboratory System", *Issues in Science and Technology*, 12, 1997.

Curtis, J. L. Mott, and T. Kuhnle, *Harvest of Hope: The Potential for Alterative Agriculture to Reduce Pesticide Use*, Washington, DC: Natural Resources Defense Council, 1991.

Cusumano, M. A. , *The Japanese Automobile Industry: Technology and Management at Nissan and Toyola*, Cambidge, MA: Harvard University Press, 1985.

Cyent, R. M. , and J. G. March, *A Behavioral Theory of the Firm*, Englewood Cliffs, NJ. Prentice Hall, 1963.

C. Goodin, R. E. , "Institutions and Their Design", In *The Theory of Institutional Design*, R. E. Goodin, ed. , Cambridge, UK: Cambridge University Press, 1996.

Dahlman, C. , J. , *The Open Field System and Beyond: A Property Rights Analysis of an Economic Institution*, Cambridge, UK: Cambridge University Press, 1980.

Daily, G. C. , ed. , *Nature's Services: Societal Dependence on Natural Ecosystems*, Washington, DC: Island Press, 1997.

Daily, G. C. , *Nature's Services: Societal Dependence on Natural Ecosystems*, Washington, DC: Island Press, 1997.

Daily, G. C., P. A. Matson, and P. M. Viaesck, "Ecosystem Services Supplied by Soil", In *Nature's Service: Societal Dependence on Natural Ecosystems*, G. C. Daily, ed., Washington, DC: Island Press, 1997.

Dales, J. H., *Pollution, Property and Prices*, Toronto: University of Toronto Press, 1968b.

Dales, J. H., "Land, Water and Ownership", *Canadian Journal of Economics*, 1, November, 1968a.

Daly, H. E., "From Empty World Economics to Full World Economics: Recognizing an Historical Development", In *Environmentally Sustainable Economic Development: Building on Bruntland*, R. Goodland, H. Daly, and S. EI Serafy, eds., *World Bank Environment Working Paper*, 46, Washington, DC: World Bank, 1991.

Daly, H. E., "On Economics as a Life Science", *Journal of Political Economy*, 76, 1968.

Daly, H. E., "*Steady State Economics*", San Francisco, CA: W. H. Freeman, 1977.

Daly, H. E., "The Economics of the Steady State", *American Economic Review*, May 1974.

Danian, M., "Nuclear Power: The Ambiguous Lessons of History", *Energy Policy*, July 1992.

Dasgupla, P., *An Inquiry into Wellbeing and Decision*, Oxford, UK: Clarendon Press, 1993.

Dasgupta, P., and G. Heal, *Economic Theory and ExhaustibleResources*, Cambridge, UK: Cambridge University Press, 1979.

Dasgupta, P., and P. A. David, "Toward a New Economics of Science", *Research Policy*, 23, 194.

Dasgupta, P., "The Economic Theory of Technology Policy: An Introduction", In *Economic Policy and Technological Performance*, P. Dasgupta and P. Stoneman, eds., Cambridge, UK: Cambridge University Press, 1987.

Dasgupta, P., and K. G. Maler, "Poverty, Institutions, and the Environmental Resource Base", In *Handbook of Development Economics*, J. Behrman and T. N. Srinivasan, eds., Amsterdam, The Netherlands:

Elsevier Science B. V. , III A, 1995.

David, P. A. , and J. A. Bunn, "The Economics of Gateway Technologies and Network Evolution: Lessons From Electricity Supply History", *Information Economics and Policy*, 3, 1988.

David, P. A. , and J. A. Bunn, "The Economics of Gateway Technologies and Network Evolution: Lessons From Electricity Supply History", *Information Economics and Policy*, 3, 1988.

David, P. A. , D. Mowery, and W. E. Steinmueller, "Analyzing the Economic Payoffs from Basic Research", *Economics of Innovation and New Technology*, 2, 1992.

David, P. A. , "Clio and the Economics of QWERTY", *American Economic Review*, 76, 1985.

David, P. A. , "Computer and Dynamo: A Historical Perspective on the Modern Productivity Paradox", *American Economic Review*, 80, 1990.

David, P. A. , "Computer and Dynamo: The Modern Productivity Paradox in a Not Too Distant Mirror", *Stanford University: Stanford Center for Economic Policy Research*, 172, July 1989.

David, P. A. , "Intellectual Property Institutions and the Pandora's Thumb: Patents. Copyrights, and Trade Secrets in Economic Theory and History", In *Global Dimensions of Intellectual Property Rights in Science and Technology*, M. B. Wallerstein, M. E. Mogee, and R. A. Schoen, eds. , Washington, DC: National Academy Press, 1993.

David, P. A. , "Mechanization of Reaping in the Ante Bellum Midwest", In *Industrialization in Two Systems: Essays in Honor of Alexander Gerscherkrom*, H. Rosovsky, ed. , New York: John Wiley, 1966.

David, P. A. , "Path Dependence and Predictability in Dynamic Systems with Local Network Externalities: A Paradigm for Historical Economics", In *Technology and the Wealth of Nations: the Dynamics of Contracted Advantage*, D. Foray and C. Freeman, eds. , London: Pinter, 1993.

David, P. A. , "*Path Dependence and the Quest for Historical Economics: One More Chorus of the Ballad of QWERTY*", Oxford, UK: Oxford University, All Souls College, November 1997 (mimeo) .

David, P. A. , "*Technical Choice, Innovation and Ecomomic Growth*", Cambridge: Cambridge, University Press.

David, P. A. , "The Dynamo and the Computer: An Historical Perspective on the Modern Productivity Paradox", *American Economic Review*, 80, May 1990.

David, P. A. , "The Dynamo and the Computer: An Historical Perspective on the Modern Productivity Paradox", *American Economic Review*, 80/2, May 1990.

David, P. A. , "The Hero and the Herd in Technological History: Relations on Thomas Edison and the Battle of the Systems", In *Favourites of Fortune: Technology, Growth and Development Since the Industrial Revolution*, P. Higonnet, D. S. Landes, and H. Rosowsky, eds. , Cambridge, MA: Harvard University Press, 1991.

David, C. C. , and K Otsuka, *Modern Rice Technology and Income Distribution in Asia*, Boulder, CO: Lynne Rienner, 1988.

David, P. A. , "Labor Scarcity and the Problem of Technological Practice and Progress in the Nineteenth Century", Cambridge, MA: Harvard Institute of Economic Research, Research Paper, 297, May 1973.

David, P. A. , "Understanding the Economies of QWERTY: The Necessity of History", In *Economic History and the Modern Economist*, W. N. Parker, ed. , New York: Basil Blackwell, 1986.

Davies, J. C. , and J. Mazurek, *Pollution Control in the United States: Evaluating the System*, Washinglon, DC: Resources for the Future, 1998.

Davies, S. , *The Diffusion of Process Innovations*, Cambridge, UK: Cambridge University Pess, 1979.

Davis, L. E. , and D. C. North, *Institutional Change and American Economic Growth*, Cambridge, UK: Cambridge University Press, 1971.

Day, K. , and V. W. Ruttan, "The Deficit in Natural Resources Research", BioScience, 41, 1991.

de Janvry, A. , "A Socioeconomic Model of Induced Innovations for Argentine Agricultural Development", *Quarterly, Journal of Economics*, 87, August 1973.

DeLong, J. B. , " Productivity Growth, Convergence and Welfare: Comment!", *American Economic Review*, 78, December 1988.

Demsetz, H. , "The Exchange and Enforcement of Property Rights", *Journal of Law and Economics*, 7, October 1964.

Demsetz, H. , "Toward a Theory of Property Rights", *American Economic Review*, 57, 1967.

Dennison, E. E. , *Trends in American Economic Growth, 1929-1982*, Washington, DC: The Brookings Institution Press, 1985.

Dertouzos, M. L. , R. K. Lester, and R. M. Solow, *Made in America: Regaining the Productive Edge*, Cambridge, MA: The MIT Press, 1989.

Dertouzos, M. L. , R. K. Lester, R. M. , Solow, and The MIT Commission on Industrial Productivity, *Made in America: Regaining the Productive Edge*, Cambridge, MA: MIT Press, 1989.

Devine, W. D. Jr, "From Shafts to Wires: Historical Perspectives on Electrification", *The Journal of Economic History*, 43, June 1983.

Devine, W. D. Jr. , *An Historical Perspective on the Value of Electricity in American Manufacturing*, Oak Ridge Associate Universities, Institute for Energy Analysis. 82 - 8 (M), Springfield, VA: National Technical Information Service, 1982.

Diamond, P. , D. McFadden, and M. Rodriguez, "Measurement of Factor Substiution and Bias of Technological Change", In *Production Economics: A Dual Approach to Theory and Applications*, M. Fuss and D. McFadden, eds. , Vol. 2. Amsterdam North Holland, 1978.

Diamond, P. A. , and J. A. Hausmann, " Contingent Valuation: Is Some Number Better Than No Number?", *The Journal of Economic Perspectives*, 8, 1994.

Dick, A. R. , "Comment", In *The Political Economy of American Trade Policy*, A. O. Krueger ed. , Chicago: University of Chicago Press, 1996.

Dickson, D. , *The New Policies of Science*, Chicago, IL: University of Chicago Press, 1st ed. , 1984; 2nd ed. , 1988.

Dietz, T. , and E. A. Rosa, "Rethinking the Environmental Impacts of Population, Aflufence and Technology", *Human Ecology Review*, 1, 1994.

Dietz, T., and E. Rosa, "Environmental Impacts of Population and Consumption", In *Environmentally Significant Consumption: Research Directions*, P. C. Stemel al. eds., Washington, DC: National Academy Press, 1997.

Doll, J. J., "The Patenting of DNA", *Science*, 280, May 1, 1998.

Domar, E., "Capital Expansion, Rate of Growth and Employment", *Econometrica*, 14, 1946.

Domar, E., "Expansion and Employment", *American Economic Review*, 37, 1947.

Domar, E. D., "On the Measurement of Technological Change", *Economic Journal*, 34, 1961.

Dooley, J. J., "Unintended Consequences: Energy R&D in a Deregulated Energy Market", *Energy Policy*, 26, 1998.

Dorfman, N. S., "Route 128: The Development of a Regional High Technology Economy", *Research Policy*, 12, 1983.

Dosi, G., C. Marengo, and G. Fagiolo, *Learning in Evolutionary Environments*, Laxenburg, Austria: International Institute for Applied Systems Analysis, WP96-124, 1996.

Dosi, G., *Technical Change and Industrial Transformation*, New York: St. Martins Press, 1984.

Dosi, G., "Sources, Procedures, and Microeconomic Effects of Innovation", *Journal of Economic Literature*, 26, 1988.

Dosi, G. K. Pavit, and L. Soete, *The Economics of Technological Change and International Trade*, New York, New York University Press, 1990.

Dosi, G. L., Orsenigo, and G. Silverberg, *Innovation, Diversity, and Diffusion: A Self-Organization Model*, Sussex, UK: University of Sussex Science Policy Research Unit, 1986.

Dosi, G. R. Gianneti, and P. A. Toninelli, eds., *Technology and Enterprise in 4 Historical Perspectives*, Oxford, UK: Oxford University Press, 1992.

Dosil, G., "Opportunities, Incentives and the Collective Patterns of Technological Change", *Economic Journal*, 107, 1997.

Douglass, G. K., ed., *Agricultural Sustainability in a Changing World Order*, Boulder, CO: Westview Press, 1984.

Dowrick, S., and Nguyen. D., "OECD Comparative Economic Growth, 1950-1985: Catch-up and Convergence", *American Economic Review*, 79, December 1989.

Dresch, S. P., "The Economics of Fundamental Research", In *The Academy in Crisis: The Political Economy ofHigher Education*, J. W. Sommer, ed., New Brunswick, NJ: Transaction Publishers, 1995.

DuBoff, R. B., *Electric Power in American Manufacturing, 1889-1958*, New York: Amo Press, 1979.

DuBoff, R. B., "Electrification and Capital Productivity: A Suggested Approach", *Review of Economics and Statistics*, 48, 1966.

Dupree, A. H., *Science in the Federal Government: A History of Policies and Activities In 1940*, Cambridge, MA: Harvard University Press, 1957.

Dupree, A. H., *Science in the Federal Government: A History of Policies and Activities to 1940*, Cambridge, MA: Harvard University Press, 1957-1985.

Duvick, D. N., "Plant Breeding, An Evolutionary Concept", *Crop Science*, 36, 1996.

"E3: Organizing for Environment, Energy, and the Economy in the Executive Branch of the U. S. Government", April 1990.

Easter, K. W., M. W. Rosegrant, and A. Dinar, eds., *Markets for Water: Potential and Performance*, Dordrecht, Netherlands: Kluwer Academic Publishers, 1998.

Eaton, J., E. Cuierrez, and S. Kortum, *European Technology Policy*, Cambridge, MA: National Bureau of Economic Research, 1998.

Eckstein, O., *Water Resource Development: The Economics of Project Evaluation*, Cambridge, MA: Harvard University Press, 1958.

Economist, "Energy and the Environment: A Power for Good, a Power for II", August 31, 1991.

Edbaum, B., and W. Lanzonick eds., *The Decline of the British Economy*, Oxford, UK: Oxford University Press, 1986.

Edgerton, E. E. H., "British ScientificIntellectuals and the Relations of Science, Technology and War", In *National MilitaryEstablishments and the Advancement of Science and Technology: Studies in 20th Century History*,

P. Forman and J. M. Sanchez Ron, eds., Dordrecht, The Netherlands: Kluwer Academic Publishers, 1996.

Edquist, C., *Government Technology Procurement as an Instrument of Technology Policy*, Linkoping, Sweden: Linkoping University Department of Technology and Social Change, September 1995.

Ehrlich, P. H., and S. H. Schneider, *Best and Ecofantasies*, Stanford, CA: Morrison Institute for Population and Resource Studies, Paper, 0060, 1995.

Ehrlich, P. R., and A. H., Ehrlich, *Betrayal of Science and Reason: How Anti-Environmental Rhetoric Threatens Our Future*, Washington, DC: Island Press, 1996.

Ehrlich, P. R., and A. H. Ehrlich, *Population Resources, Environment: Issues in Human Ecology*, San Francisco, CA: W. H. Freeman, 1970.

Ehrlich, P. R., and J. P. Holden, "Impact of Population Growth", *Science*, 121, 1971.

Ehrlich, P. R., *The Population Bomb*, New York, NY: Ballentine Books, 1968.

Ehrlich, P. R., *The Population Bomb*, New York: Ballantine Books, 1968.

Eicher, C. K., *Personal Communication*, December 31, 1998.

Eisner, R., *The Total Incomes System of Accounts*, Chicago, IL: The University of Chicago Press, 1989.

Elster, J., *Explaining Technical Change*, Cambridge, UK: Cambridge University Press, 1983.

Enos, J. L., and W. H. Park, *The Adoption and Diffsion of Imported Technology: The Case of Korea*, London: Croom Helm, 1988.

Enos, J. L., *Petroleum Progress and Profits: A History of Process Innovation*, Cambridge, MA: The MIT Press, 1962.

Epple, D., L. Argote, and K. Murphy, "An Empirical Investigation of the Microstructure of Knowledge Acquisition and Transfer through Learning by Doing", *Operations Research*, 44, 1996.

Ergas, H., "Does Technology Policy Mater?", In *Technologies and Global Industry: Companies and Nations in the World Economy*, B. R. Guile and H. Brooks, eds., Washington, DC: National Academy Press, 1987a.

Ergas, H., "The Importance of Technology Policy", In *Economic Policy and Technology Performance*, P. Dasgupla and P. Stoneman, eds., Cambridge, MA: Cambridge University Press, 1987b.

Ervin, D. E., C. F. Runge, E. A. Graffy, W. E. Anthony, S. S. Batie, P. Faith, T. Penny and T. Warman, "Agriculture and the Environment: A New Strategic Vision", *Environment*, 40, July/August 1998.

Esteghamat, E., "Structure and Performance of the Chemical Industry under Regulation", In *Chemical and Long Term Economic Growth: Insights from the Chemical Industry*, A. Arora, R. Landau, and N. Rosenberg, eds., New York: John Wiley and Sons, 1998.

Evenson, D. D., and R. E. Evenson, "Legal Systems and Private Sector Incentives for the Invention of Agricultural Technology in Latin America", In *Technical Change and Societal Conflict in Agriculture: Latin American Perspectives*, M. E. Pineiro and E. J. Trigo eds., Boulder, CO: Westview Press, 1983.

Evenson, R. E., and Y. Kislev, *Agricultural Research and Productivity*, New Haven, CT, Yale University Press, 1975.

Evenson, R. E., and Y. Kislev, "Research for Agriculture: Economic Evaluation", Paper presented at Zvi Griliches' Commemoration Symposium, National Bureau of Economic Research, March 5-6, 1999 (mimeo).

Evenson, R. E., J. P. Houck, and V. W. Ruttan, "Technical Change and Agricultural Trade: Three ExamplesSugarcane, Bananas and Rice", In *The Technology Factor in International Trade*, R. Vernon, ed., New York: Colombia University Press, 1970.

Evenson, R. E., P. E. Waggoner, and V. W. Ruttan, eds., "Economic Benefits from Research: An Example from Agriculture", *Science*, 205, 1979.

Evenson, R. E., "Biotechnology and Genetic Resources", In *Agricultural Values of Plant Genetic Resources*, R. E. Evenson, D. Golin, and V. Sananiello, eds., New York: CABI Publishing, 1998.

Evenson, R. E., "Intellectual Property Rights, R&D Inventions, Technology Purchase and Privacy in Economic Development: An International Comparative Study", In *Science and Technology: Lessons for Development Policy*,

R. E. Evenson and G. Ranis, eds., Boulder, CO: Westview Press, 1990.

Evenson, R. E., "Science for Agriculture: International Perspective", *Asian Journal of Agricultural Economics*, 2, 199.

Evenson, R. E., and Y. Kislev, *Agricultural Research and Productivity*, New Haven, CT: Yale University Press, 1975.

Evenson, R. E., and Y. Kislev, "Research for Agriculture: Economic Evaluations", Cambridge, MA: National Bureau of Economic Research, March 5 and 6, 1999 (Conference in commemoration of Zvi Gniches' 20 years as director of the NBER Program on Pouctivity and Technological Progress).

Ezzati, M., B. Singer, and D. Kammen, *Toward an Integrated Framework for Development Policy: The Dynamics of Environmental Kuznets Curves*, Princeton, NJ: Princeton University Center for Environmental Studies Report PUICEES No 315, 1999.

Fallows, J., "Caught in the Web", *New York Review*, February 14, 1996.

Fallows, J., "Containing Japan", *The Atlantic*, 263, 1989.

Fan, S., and V. W. Ruttan, "Induced Technical Change in Centrally Planned Economies", *Agricultural Economics*, 6, 1992.

Fan, S., "Effects of Technological Change and Institutional Reform on Production and Growth in Chinese Agriculture", *American Journal of Agricultural Economics*, 73, May 1991.

Fan, S., and P. Hazel, "Should Developing Counties Invest More in LessFavored Areas? An Empirical Analysis of Rural India", Washingion, DC: International Food Policy Research Institute, April 1999 (mimeo).

Farrow, S., and M. Toman, "Using BenefitCost Analysis to Improve Environmental Regulation", *Environment*, 41, March 1999.

Farzin, Y. H., "Technological Change and the Dynamics of Resource Scarcity Measures", *Journal of Environmental Economics and Management*, 29, 1995.

Feder, G. R., E. Just and D. Zilberman, "Adoption of Agricultural Innovations in Developing Countries: A Survey", *Economic Development and Cultural Change*, 33, 1985.

Federal Coordinating Council on Science, Engineering and Technology, *Biotech-*

nology for the 21st Century, Washington, DC: US/GPO, February 1992.

Feeny, D., S. Hanna and A. F. McEvoy, "Questioning the Assumptions of the 'Tragedy of the Commons' Model of Fisheries", *Land Economics*, 72, May 1966.

Feeny, D., *The Political Economy of Productivity*: *Thai Agricultural Development, 1880-1975*, Vancouver: University of British Columbia Press, 1982.

Feeny, D., "The Demand and Supply of InstitutionalArrangements", In *Rethinking Institutional Analysis and Development*, V. Ostrom, D. Feeny. and H. Pichl, eds., San Francisco, CA: International Center for Economic Growth, 1988.

Fei, J. C. H., and G. Ranis, "Factor Proportions and Choice of Technology: The Japanese Experience: Comment", *Economic Development and Cultural Change*, 29, July 1981.

Feldbaum, C. B., "Agricultural Biotechnology: The Future of the World's Food Supply", Biotechnology Industry Organization, Websitehttp://www.bio.org/bio/2usbio.html, January 1996.

Feldman, D. L., ed., *The Energy Crisis: Unresolved Issues and Enduring Legacies*, Baltimore: The Johns Hopkins University Press, 1996.

Feller, I., "Do State Programs on Technology Work", *Forum for Applied Research and Public Policy*, 6, 1991.

Feller, I., "Manufacturing Technology Centers as Components of Regional Technology Infrastructures", *Regional Science and Urban Economics*, 27, 1997a.

Feller, I., "Recent Theoretical and Organizational Approaches to U.S. Technology Policy", In *Technologyand U. S. Competitiveness: An Institutional Focus*, H. Lambright and D. Rahm, eds., New York: Greenwood Press, 1992.

Feller, I., "Universities as Engines of R&D-based Economic Growth: They Think They Can", *Research Policy*, 19, 1990.

Feller, I., "University Experiences with Federal Agency Matching and Cost-Sharing Policies and Evaluation", *College Park*, PA: Institute for Policy Research and Evaluation, 1996 (mimeo).

Feller, L., "Elite and Distributed Science: AnAnalytical Guide to Public

Policy in the Distribution of Federal Academic R&D Funds", College Park, PA: Institute for Policy Research and Evaluation, 1999a (mimeo).

Feller, L., "Federal and State Government Roles in Science and Technology", *Economic Development Quarterly*, 11, 1997b.

Feller, I., "Manufacturing Technology Centers as Components of Regional Technology Infrastructures", *Regional Science and Urban Economics*, 27, 1977.

Feller, I., and G. Anderson, "A BenefitCost Approach to the Evaluation of State Technology Development Programs", *Ecomomic Development Quarterly*, 8, May 1994.

Fellner, W., *Trends and Cycles in Economic Activity*, New York: Henry Hot, 1956.

Fellner, W., "Specific Interpretations of Learning by Doing", *Journal of Economic Theory*, 1, 1969.

Fellner, W., "Empirical Support for the Theory of Induced Innovation", *Quarterly Journal of Economics*, 85, 1971.

Fellner, W., "Two Propositions in the Theory of Induced Invention", *Economic Journal*, 71, 1961.

Fenandez Cornejo J., and S. Jans, *Pest Management in U. S. Agriculture*, Washington, DC: United States Department of Agriculture, Agricultural Handbook, 717, August 1999.

Ferguson, C. H., and C. R. Morris, *Computer Wars: How the West Can Win in a PostI-BM World*, New York: Times Books, 1993.

Ferguson, E. S., "The Origins of the Steam Engine", *Scientific American*, 1964.

Fialka, J. J., "Breathing Easy: Clear Skies Are Goal as Pollution Is Turned into a Commodity", *Wall Street Journal*, October 3, 1997.

Field, A. J., "The Problem with Neoclassical Institutional Economics: A Critique with Special Reference to the North/Thomas Model of Pre – 1500 Europe", *Explorations in Economic History*, 18, 1981.

Filardo, A. J., "Has the Productivity Trend Steepened in the 1990s?", *Federal Reserve Bank of Kansas City Economic Review*, Fourth Quarter 1995.

Findlay, R., "Relative Backwardness, Direct Foreign Investment, and the Transfer of Technology: A Simple Dynamic Model", *Quarterly Journal of Economics*, 42, 1978.

Fischer, C. S., "Studying Technology and Social Life", In *High Technology Space and Society*, Manuel Castels, ed., Beverly Hills, CA: Stage Publications, 1985.

Fischer, G., K. Frohberg, M. L. Parry, and C. Rosenzweig, "Impacts of Potential Climate Change on Global and Regional Food Production and Vulnerability", In *Climate Change and World Food Security*, T. E. Dowling, ed., Berlin, Germany: Springer, 1995.

Fisher, A. C., "Measures of Natural Resource Scarcity", In *Scarcity and Growth Reconsidered*, K. Smith, ed., Baltimore, MD: Johns Hopkins University Press, 1979.

Fisher, F. M., and K. Shell, *Economic Analysis of Production Price Indices*, Cambridge, UK: Cambridge University Press, 1998.

Fisher, F. M., and K. Shell, *The Economic Theory of Price Indices: Two Essays on the Effects of Taste, Quality and Technical Change*, New York: Academic PRess, 1972.

Fisher, J. C., and R. H. Prey, "A Simple Substitution Model of Technological Change", *Technological Forecasting and Social Change*, 3, 1971.

Fisher, W. ed., *Resource Allocation in Agricultural Research*, Minneapolis, MN University of Minnesota Press, 1971.

Fitzgerald, D., "Beyond Tractors: The History of Technology in American Agriculture", *Technology and Culture*, 32, 1991.

Flamm, K., *Creating the Computer*, Washington, DC: Brookings Institution Press, 1988.

Flamm, K., *Mismanaged Trade: Strategic Policy and the Semiconductor Industry*, Washington, DC: Brookings Institution Press, 1996.

Flamm, K., *Targeting the Computer: Government Support and International Competition*, Washington, DC: Brookings Institution Press, 1987.

Florida, R., and M. Kenney, *The Breakthrough Illusion: Corporate America's Failure to Move from Innovation 10 Mass Production*, New York: Harper Collins, 1990.

Fogel, R. W. , "The Speication Problem in Economic History", *Journal of Economic History*, 27, 1967.

Food and AgricultureOrganization (FAO), *Water Development for Food Security*, Rome, Italy: FAO WFS/TEC #12, March 1995.

Foray, D. , and A. Grubler, "Morphological Analysis, Diffusion and Lockout of Technologies: Ferrous Casting in France and the FRG", *Research Policy*, 19, 1990.

Ford, H. , "Mass Production", *Encyclopedia Britannica*, 13th ed. , Supplement Vol. 2, 1926.

Forester, T. , ed. , *The Information Technology Revolution*, Cambridge, MA: MIT Press, 1985.

Forester, T. , ed. , *The Microelectronic Revolution: The Complete Guide to the New Technology and Its Impact on Society*, Cambridge, MA: MIT Press, 1981.

Fox, G. C. , "Is the United States Really Underinvesting in Agricultural Research?", *American Journal of Agricultural Economics*, 62, 1985.

Fransman, M. , *Japanese Computer and Communications Industry: The Evolution of Industrial Giants and Global Competitiveness*, Oxford, UK: Oxford University Press, 1995.

Fransman, M. , *The Marker and Beyond: Cooperation and Competition in Information Technology Development in the Japanese System*, Cambridge, UK: Cambridge University Press, 1990.

Freeman, A. M. , *The Measurement of Environmental and Resource Values: Theory and Methods*, Washington, DC: Resources for the Future, 1993.

Freeman, C. , *The Economics of Industrial Innovation*, 2nd ed. , Cambridge, MA: MIT Press, 1982.

Freeman, C. , "Chemical Process Plant: Innovation and the World Market", *NationalInstitute of Economic Review*, 45, 1968.

Freeman, C. , "The Economics of Technical Change", *Cambridge Journal of Economics*, 18, 1994.

Freeman, C. , and Luc Soete, *The Economics of Industrial Innovation*, 3rd ed. , Cambridge, MA: MIT Press, 1997.

Freeman, C. ed. , *The Economics of Innovation*, Aldershot, UK: Edward Elgar, 1990.

Friedel, R. P. Israel, and B. S. Finn, *Edison's Electric Light: Biography of an Invention*, New Brunswick: Rutgers University Press, 1986.

Friedman, M. , "Do Old Fallacies Ever Die?", *Journal of Economic Literature*, 30, December 1992.

Frink, C. R. , P. E. Waggoner, and J. H. Ausubel, "Nitogen Fertilizer: Retrospect and Prospect", *Proceedings of the National Academy of Sciences U. S. A*, forthcoming, 1999.

Frohlich, N. , J. A. Oppenheimer, and O. R. Young, *Political Leadership and Collective Grounds*, Princeton, NJ: Princeton University Press, 1971.

Frosch, R. A. , "Industrial Ecology: A Philosophical Introduction", Proceedings of the National Academy of Sciences of the United States of America, 89, 1992.

Frosch, R. A. , "Toward the End of Waste: Reflections on a New Ecology of Industry", In *Technology Trajectories and the Human Environment*, J. H. Ausubel and H. Dale Langford, eds. , Washington, DC: National Academy Press, 1997.

Fuglie, K. , C. Narrod, and C. Neumeyer, "Public and Private Investments in Animal Research", In *Collaboration in Agricultural Research*, K. Fuglie and D. Schimmelpfennig eds. , Ames, IA: Iowa State University Press, forthcoming, 1999.

Fuglie, K. , and V. W. Ruttan, "Value of External Reviews of Research of the International Agricultural Research Centers", *Agricultural Economics*, 3, 1989.

Fuglie, K. , N. Ballenger, K. Day, C. Klotz, M. Ollinger, J. Reilly, U. Vasavada, and J. Yee, *Agricultural Research and Development: Public and Private Investment under Alternative Markets and Institutions*, Washington, DC: USDA Economic Research Service Report AE735, May 1996.

Furter, W. F. , *History of Chemical Engineering*, Washington, DC: American Chemical Society, 1980.

Fusteld, D. R., "The Conceptual Framework of Modem Economics", *Journal of Economic Issues*, 14, 1980.

Gales, B., *The Road Ahead*, New York: Viking Penguin, 1995.

Gallopin, A., A. Hammond, P. Raskin, and R. Swant, *Branch Points: Global Scenarios and Human Choice*, Stockholm, Sweden: Stockholm Envionmental Institute. 1997.

Gallopin, G. C., and P. Raskin, "Windows on the Future: Global Scenarios and Sustainability", *Environment*, 40, 3, April 1998.

Gambardella, A., *Science and Innovation: The U. S. Pharmaceutical Industry during the 1980s*, Cambridge, MA: Cambridge University Press, 1995.

Gans, J. S., and G. B. Shepherd, "How Are the Mighty Fallen: Rejected Classic Articles by Leading Economists", *Journal of Economic Perspectives*, 8, 1994.

Geertz, C., *Agricultural Involution: The Process of Ecological Change in Indonesia*, Berkeley, CA: University of California Press, 1966.

General Accouning Office, *Manufacturing Extension Programs: Manufacturers Views of Services*, Washington, DC: GAO/GGO95 _ 216BR, August 1995.

General Accounting Office, *Measuring Performance: Strengths and Limitations of Research Indicators*, Washington, DC: GAO/RCED97-91, March 1997.

Georgescue Roegen, N., *The Entropy Law and the Economic Process*, Cambridge, MA: Harvard University Press, 1971.

Georghiou, L., "Global Cooperation in Research", *Research Policy*, 27, 98.

Gianessi, L. P., "Reducing Pesticide Use with No Loss in Yields? A Critique of a Recent Cornell Report", Washington, DC: Resources for the Future Discussion Paper QE91-16, 1991.

Gibbons, J. H., "Science and Technology in a Post-Cold War Era", *Forum for Applied Research and Public Policy*, 10, 1995.

Giddy. L. H., "The Demise of the Product Cycle Model", *International Business Theory*, 7, 1978.

Gilfllan, S. C., "Prediction of Technical Change", *The Review of Economics and Statistics*, 34, 1952.

Giliches, Z., "The Search for R&D Sellovers", *Scandinavian Journal of Eco-*

nomics, 44, 1992.

Gililan, S. C., *The Sociology of Invention*, Chicago, IL: Follet, 1935.

Glazovsky, N. F., "The Aral Sea Basin", In *Regions at Risk: Comparisons of Threatened Environments*, J. X. Kasperson, R. E. Kasperson, and B. L. Turmner, II, eds., New York: United Nations University Press, 1995.

Glickman, H., et al., "The Technology Pay Off", *Business Week*, August 14, 1995.

Gniliches, Z., "R&D Productivity: EconometricResults and Measurement Issues", In *Handbook of the Economics of Innovation and Technological Change*, P. Stoneman, ed., Oxford, UK: Basil Blackwell, 1995.

Goeller, H. E., and A. M. Weinberg, "The Age of Substituability", *Science*, 191, 1976.

Gold, B., "Technological Diffusion in Industry: Research Needs and Shortcomings", *Journal of Industrial Economics*, 29, 1981.

Gomory, R. E., "Technology Development", *Science*, 220, May 6, 1983.

Goodman, R. M., H. Hauptli, A. Crossway, and V. C., Knauf, "Gene Transfer in Crop Improvement", *Science*, 236, April 3, 1987.

Gordon, R. J., *Forward into the Past: Productivity and Retrogression in the Electric Generating Industry*, Cambridge, MA: National Bureau of Economic Research, 1992.

Cordon, R. J., "The Postwar Evolution of Computer Prices", In *Technology and Capital Formation*, D. W. Jorgenson and R. Landau, eds., Cambridge, MA: MIT Press, 1989.

Gould, D. M., and W. C. Gruben, "The Role of Intellectual Property Rights in Economic Growth", *Journal of Development Economics*, 48, 1996.

Goulder, L. H., and D. Kennedy, "Valuing Ecosystem Services: Philosophical Bases and Empirical Methods", In *Nature's Sciences: Societal Dependence on Natural Ecosystems*, G., C. Daily, ed., Washington, DC: Island Press, 1997.

Goulder, L. H., and K. Mathai, "Optimal CO_2 Abatement in the Presence of Induced Technical Change", Palo Alto, CA: Stanford University Department of Economics, February 1998 (mimeo).

Goulder, L. H. , "Induced Technical Change, Crowding Out, and the Attractiveness of CO_2 Emissions Abatement", Palo Alto, CA: Stanford Universily Department of Economics, January 1998 (mimeo).

Gowdy, J. M. , "The Value of Biodiversity: Markets, Society and Ecosystems", *Land Economics*, 73, February 1997.

Grant, W. , W. , Patterson, and C. , Whitston, *Government and the Chemical Industry:A ComparativeStudy of Britain and West Germany*, Oxford, UK: Oxford University Press, 1988.

Grant, W. , W. Paterson, and C. Whitston, *Government and the Chemical Industry: A Comparative Study of Britain and West Germany*, Oxford, UK: Oxford University Press, 1988.

Grantham, G. , "The Shifting Locus of Agricultural Innovation in Nineteenth-Century Europe: The Case of the Agiculural Experiment Stations", *Research in Economic History*, 3, 1984.

Greif, A. , "Cultural Beliefs and the Organization of Society: A Historical and Theoretical Reflection on Collectivist and Individualist Societies", *Journal of Political Economy*, 102, 1994.

Gribler, A. , and A. Gritsevskii, "A Model of Endogenous Technological Change through Uncertain Returns on Learning (R&D and Investments) ", Laxenburg, Austria: InternationalInstitute for Applied Systems Analysis, 1998 (draft).

Gribler, A. , *Technology and Global Change*, Cambridge, UK: Cambridge University Press, 1998.

Gribler, A. , and N. Nakidenovic, "The Dynamic Evolution of Methane Technologies", In *The Methane Age*, T. H. Lee, H. R. Linden, D. A. Dreyfus, and T. Vasko, eds. , Dordrecht: Kluwer Academic Publishers, 1988.

Grigg D. B. , *The Dynamics of Agricultural Change*, New York: St. Martins Press, 1982.

Griliches, Z. , "Congruence Versus Profitability: A False Dichotomy", *Rural Sociology*, 25, 1960.

Griliches, Z. , "Hybrid Com: An Exploration in the Economies of Technological Change" , *Econometrica*, 25, 1957.

Griliches, Z., "Productivity and the Data Constraint", *American Economic Review*, 84, 1994.

Griliches, Z., "Profitability Versus Interaction: Another False Dichotomy", *Rural Sociology*, 27, 1962.

Griliches, Z., "Research Costs and Social Returns: Hybrid Com and Related Innovations", *Journal of Political Economy*, 66, 1958.

Griliches, Z., "The Discovery of the Residual: A Historical Note", *Journal of Economic Literature*, 34, 1996.

Griliches, Z., "The Search for R&D Spillovers", *Scandinavian Journal of Economics*, 945, 1992.

Griubler, A., "Diffusion: Long Term Patterns and Discontinuities", *Technological Forecasting and Social Change*, 39, 1991.

Grossman, G. M., and A. B. Krueger, "Economic Growth and the Environment", *Quarterly Journal of Economics*, May, 1997.

Grossman, G. M., and E. Helpman, *Innovation and Growth in the Global Economy*, Carmbridge, MA: MIT Press, 1991.

Groves, T., R. Radner, and S. Reiter, eds., *Information, Incentives, and Economic Mechanisms*, Minneapolis, MN: University of Minnesota Press, 1987.

Grubb, M., "The Cinderella Options: A Study of Modernized Renewable Energy Technologies", In *Renewable Energy: Prospects for Implementation*, T. Jackson, ed., Oxford, UK: Butterworth Heinemann, 1993.

Grubler, A., *Technology and Global Change*, Cambridge, UK: Cambridge University Press, 1998.

Grubler, A., "Introduction to Diffusion Theory", In *Computer Integrated Manufacturing, Vol. 3. Models, Case Studies and Forecasts of Diffusion*, R. Clyres, W. Haywood, and I. Tohijou, eds., London, UK: Chapman and Hall, 1991b.

Grubler, A., and N. Nakicenovic, "The Dynamic Evolution of Methane Technologies", In *The Methane Age*, T. H. Lee, H. R. Linden, D. A. Dryfus, and T. Vasco, eds., Dordrecht: Kluwer Academic Publishers, 1988.

Grubler, A., and N. Nakicenovid, "Decarbonizing the Global Energy

System", *Technological Forecasting and Social Change*, 53, September 1996.

Grubler, W. H., and D. G. Marquis, eds., *Factors in the Transfer of Technology*, Cambridge: MIT Press, 1969.

Gubb, M., J. Chapius, and M. Ha Duong, "The Economics of Changing Course", *Energy Policy*, 23, 1996.

Gubb, M., "Technologies, Energy Systems, and the Timing of CO_2 Emissions Abatement: An Overview of Economic Isues", In *Climate Change: Integrating Science, Economics, and Politics*, N. Nakicenovic, W. D. Nordhaus, R. Richels, and F. L. Toth, eds., Laxenburg, Austria: International Institute of Applied Systems Analysis, 1996.

Gulman. J. M., "Can Political Entrepreneurs Solve the Free-Rider Problem?", *Journal of Economic Behavior and Organization*, 3, 1982.

Gunatilleke, G., "Health Policy for Rural Areas: Sri Lanka", In *Agriculture, Environment, and Health: Sustainable Development in the 21st Century*, V. W. Ruttan, ed., Minneapolis, MN: University of Minnesota Press, 1994.

Gustafson, "The Controversy over Peer Review", *Science*, 190, 1975.

Guston, D. H., and K. Keniston, eds., *The Fragile Contract: University Science and the Federal Government*, Cambridge, MA: MIT Press, 1994a.

Guston, D. H., and K. Keniston, "Introduction: The Social Contract for Science", In *The Fragile Contract: University Science and the Federal Government*, Cambridge, MA: MIT Press, 1994b.

Habakkuk, H. J., *American and British Technology in the Nineteenth Century*, Cambridge, UK: Cambridge University Press, 1962.

Habakkuk, H. J., *American and British Technology in the Ninteenth Century: The Search for Labor Saving Inventions*, Cambridge, MA: Cambridge University Press, 1962.

Hahn, R. W., and R. N. Stavins, "Incentive Based Environmental Regulation: A New Era from an Old Idea?", *Ecology Law Quarterly*, 18, 1, 1991.

Halberstam, D., *The Reckoning*, New York: William Morrow, 1986.

Hall, B. H., "Private and Social Returns to Research and Development", In *Technology R&D and the Economy*, B. R. Smith and C. E. Barfield, eds.,

Washington, DC: Brookings Institution Press, 1996.

Haltmaier, J., "Induced Innovation and Productivity Growth: An Empirical Analysis", Washington, DC: Federal Reserve Board Special Studies Paper, 220, February 1986.

Haltmaier, J., "Measuring Technical Change", *Economic Journal*, 94, 1984.

Hammond, A., *Which World? Scenarios for the 21st Century*, Washington, DC: Island Press, 1998.

Hanemann, W. M., "Valuing the Environment through Contingent Valuation", *The Journal of Economic Perspectives*, 8, 1994.

Hansen, A. H., "Economic Progress and Declining Population Growth", *American Economic Review*, 29, 1939.

Hanson, J. R., "Why Isn't the Whole World Developed? A Traditional View", *Journal of Economic History*, 48, September 1988.

Harberger, Arnold C., "A Vision of the Growth Process", *American Economic Review*, 88, 1998.

Harlan, J. R., *Crops and Man*, 2nd ed., Madison, WI: American Society of Agronomy and Crop Science Society of America, 1992.

Harris, M., *Cultural Materialism: The Struggle for a Science of Culture*, New York: Random House, 1979.

Harris. J. M., *World Agriculture and the Environment*, New York: Garland Publishers, 1990.

Harrod, R. E., "An Essay in Dynamic Theory", *Economic Journal*, 49, 1939.

Hartwick, J. M., "Intergenerational Equity and the Investing of Rents from Exhaustible Resources", *American Economic Review*, 67, 197.

Hatsopoulos, G. N., P. Krugman, and L Summers, "U. S. Competitiveness: Beyond the Trade Deficit", *Science*, 241, July 15, 1988.

Hauer, G. K., *International Pollution Externalities: Public Bads with Multiple Jurisdictions*, Ph. D. thesis, Minneapolis, MN: University of Minnesota, 1997.

Hayami, Y., and J. Ogasawara, "Changes in the Sources of Modem Economic Growth: Japan Compared with the United States", *Journal of the Japanese and International Economies*, 13, 1999.

Hayami, Y., and K. Otsuka, *The Economics of Contract Choice: An Agrarian Perspective*, Oxford, UK: Oxford University Press, 1993.

Hayami, Y., and M. Kikuchi, *A Rice Village Saga: The Three Decades of Green Revolution in the Philppines*, London, UK: MacMillan Press, 2000.

Hayami, Y., and M. Kikuchi, *Asian Village Economy at the Crossroads: An Economic Approach to Institutional Change*, Tokyo: University of Tokyo Press, 1981; Baltimore, MD: Johns Hopkins University Press, 1982.

Hayami, Y., and M. Kikuchi, *Asian Vllage Economy at the Crossoads: An Economic Approach to Institutional Change*, Tokyo: University of Tokyo Press, Baltimore, MD: The Johns Hopkins University Press, 1981.

Hayami, Y., and S. Yamada, "Agricultural Research Organization in Economic Development: A Review of the Japanese Experience", In *Agriculture in Development Theory*, L. G. Reynolds, ed., New Haven, CT: Yale Universily Press, 1975.

Hayami, Y., and V. W. Ruttan, *Agricultural Development: An International Perspective*, 2nd ed., Baltimore, MD: Johns Hopkins University Press, 1985.

Hayami, Y., and V. W. Ruttan, *Agricultural Development: An International Perspective*, Baltimore, MD: Johns Hopkins University Press, 1971, 1985.

Hayami, Y., and V. W. Ruttan, *Agricultural Development: An International Perspective*, Baltimore, MD: Johns Hopkins University Press, Isted. 1971, 2nd ed., 1985.

Hayami, Y., and V. W. Ruttan, "Agricultural Productivity Differences among Countries", *American Economic Review*, 60, 1970.

Hayami, Y., and V. W. Ruttan, "Factor Prices and Technical Change in Agricultural Development: The United States and Japan, 1880–1960", *Journal of Political Economy*, 78, 1970.

Hayami, Y., and V. W. Ruttan, "Factor Prices and Technical Change in Agricultural Development: The United States and Japan, 1880–1960", *Journal of Political Economy*, 78, 1970.

Hayami, Y., M. Akino, M. Shintani, and S. Yamada, *A Century of Agricultural Growth in Japan*, Minneapolis, MN: University of Minnesota Press, 1975.

Hayami, Y., "Japan in the New World Confrontation: A Historical Perspective", *The Japanese Economic Review*, 46, 1995.

Hayami, Y., and V. W. Ruttan, *Agricultural Development: An International Perspective*, Baltimore, MD: Johns Hopkins University Press, 1985 (First edition, 1971).

Hayami, Y., and V. W. Ruttan, "Korean Rice, Taiwan Rice and Japanese Agricultural Stagnation: An Economic Consequence of Colonialism", *Quarterly Journal of Economics*, 89, 1970.

Hayami, Y., "The Peasant and Economic Modernization", *American Journal of Agricultural Economics*, 78, 1996.

Hayenga, M., "Structural Change in the Biotech, Seed and Chemical Industrial Complex", Ag Bio Forum 1 (Fall 1998), (Retrieved from http://wwagbioforuom missour. edu).

Heady. E. O., "Basic Economic and Welfare Aspects of Farm Technological Advance", *Journal of Farm Economics*, 31, 1949.

Heetje, A., and M. Perlman, eds., *Evolving Technology and Market Structure: Studies in Schumpeterian Economics*, Ann Arbor, MI: University of Michigan Press, 1990.

Heller, M. A., and R. S. Eisenberg, "Can Patents Deter Innovation? The Anticommons in Biomedical Research", *Science*, 280, May I, 1998.

Henderson, R., and I. Cockburn, "Scale, Scope and Spillovers: The Determinants of Research Productivity in Drug Discovery", *RAND Journal of Economics*, 27, Spring 1996.

Henderson, R., L. Orsenigo, and G. P. Pisano, "The Pharmaceutical Industry and the Revolution in Molecular Biology: Interactions among Scientific, Institutional and Organizational Change", In *Sources of Industrial Leadership: Studies in Seven Industries*, D. E. Mowery and R. R. Nelson, eds., Cambridge, UK: Cambidge University Press, 1999.

Heppenheimer, T. A., "What Made Bell Labs Great", *Invention and Technology*, 12, 1996.

Herman, R., S. A. Ardekani, and J. H. Ausubel, "Dematerialization", In *Technology and Environment*, J. H. Ausubel and H. E. Sladovich, eds.,

Washigton, DC: National Academy Press, 1989.

Hewlett, R. G., and J., W. Hall, *Atoms for Peace and War, 1953-1961*, Berkeley, CA: University of Califomia Press, 1989.

Hicks, J. R., *The Theory of Wages*, London: Macmillan, 1963 (First edition, 1932).

Hightower, J., *Hand Tomatoes, Hard Times*, Cambridge, MA: Schenkman, 1973.

Hignett, T. P., *Fertilizer Manual*, Dordrecht: Kluwer Academic Publisher, 1985.

Hikino, T., T. Harada, Y. Tokuhisa, and J. A. Yoshida, "The Japanese Puzzle: Rapid Catch-Up and Long Struggle", In *Chemicals and Long-Term Economic Growth: Insights from the Chemical Industry*, A. Arora, R. Landau, and N. Rosenberg, eds., New York: John Wiley and Sons, 1998.

Hill, R. P. O'Keefe, and C. Snape, *The Future of Energy Use*, New York: St Martin's Press, 1995.

Hills, R. L., *Power in the Industrial Revolution*, Manchester, UK: Manchester University Press, 1970.

Hirsch, F., *Social Limits to Growth*, Cambridge, MA: Harvard University Press, 1976.

Hirsch, R. L. G. Kulcinski, and R. Shanny., "Fusion Research with a Future", Issues *in Science and Technology*, 1997.

Hirsh, R. F., *Technology and Transformation in the American Electric Utility Industry*, Cambridge, UK: Cambridge University Press, 1989.

Hirsh, R. F., and A. H. Serchuk, "Momentum Shifts in the American ElectricUtility System: Catastrophic Changeor No Change al All?", *Technology and Culture*, 37, April 1996.

Hobday, M., "Export-Led Technology Development in the Four Dragons: The Case of Electronics", *Development and Change*, 25, April 1994.

Hocking, A. J., *Economic Aspects of Biotechnology*, Cambridge, UK: Cambridge University Press, 1986.

Hoelling, H., "The Economics of Exhaustible Resources", *Journal of Political Economy*, 39, April 1931.

Hoffman, K., and R. Kaplinsky, *Driving Force: The Global Restructuring of Technology. Labor and Invesment in the Automobile and Components Industries*, Boulder, CO: Westview Press, 1988.

Hohenberg, P. H., *Chemicals in Western Europe: 1850–1914, An Economic Study of Technological Change*, Chicago, IL: Rand McNally, 1967.

Hohenemser, C., R. W. Kates, and P. Slovic, "The Nature of Technological Hazard", *Science*, 220, Apil 1983.

Holdren, J. P., "Global Environmental Uses Related to Energy Supply: The Environmental Case for Increased Efficieney of Energy Use", *Energy*, 12, 10/11, 1987.

Holdren, J. P., "The Transition to Costlier Energy", In *Energy Efficiency and Human Activity: Past Trends, Future Prospects*, L. Schipper and S. Meyers (with R. B. Howarth and R. Steiner), eds., Cambridge, UK: Cambridge University Press, 1992.

Homans, F. R., and J. E. Wilen, "A Model of Regulated Open Access Resource Use", *Journal of Environmental Economics and Management*, 32, 1997.

Homer Dixon, T. F., "Environmental Scarcities and Violent Conflict", *International Security*, 19, 1994.

Honan, W. H., "The Ivory Tower Under Siege", New York Times, January 4, 1998, Sec. 4A.

Houghton, J. T. et al, eds., *Climate Charge 1995: The Science of Climate Change*, Contribution of Working Group I to the Second Assessment Report of the Intergovernmental Panel on Climate Change, New York: Cambridge University Press, 1996.

Houghton, O. A., "Seven Decades of Chemical Engineering", *Chemical Engineering Progress*, 73/1, 1972.

Hounshell, D. A., *From the American System to Mass Production*, 1800–1932, Baltimore, MD: Johns Hopkins University Press, 1984.

Hounshell, D. A., "Planning and Exceling 'Automation' at Ford Motor company, 1945–1965: The Cleveland Engine Plant and its Consequences", In *Fordism Transformed: The Development of Production Methods in the Automobile Industry*, H. Shiomi and K. Wada, eds., Oxford, UK: Oxford University Press, 1995.

Hounshell, D. A. , "The System: Theory and Practice", In *Yankee Enterprise: The Rise of the American System of Manufacturers*, O. Mayer and R. C. Post, eds. , Washington, DC: Smithsonian Institution Press, 1981.

Hounshell, D. A. , and J. K. Smith. Jr. , *Science and Corporate Strategy: DuPont R&D, 1902-1980*, Cambridge, UK: Cambridge University Press, 1988.

House Committee on Science, *Toward A New National Science Policy*, Washington, DC: September 24. 1998.

House Committee onScience, *Allocating Funds for Science and Technology*, Washington, DC: USGPO, 1996.

Howe, C. , *The Origins of Japanese Trade Supremacy: Development and Technology in Asia from 1540 to the Pacific War*, Chicago, IL: University of Chicago Press, 1996.

Howe, C. W. , *Natural Resource Economics: Issues, Analysis and Policy*, New York: John Wiley & Sons, 1979.

Howitt, P. , "Measurement Obsolescence and General Purpose Technologies", In *General Purpose Technologies and Economic Growth*, E. Helpman, ed. , Cambridge, MA: MIT Press, 1998.

Hsieh, C. T. , "Measuring Biased Technical Change", Princeton, NJ: Princeton Universily Woodrow Wilson School, August 1998.

Huffman, W. E. , and R. E. Evenson, *Science for Agriculture: A Long Tern Perspective*, Ames, IA: lowa State University Press, 1993.

Huffman, W. E. , "Finance, Organization and Impact of U. S. , Agricultural Research: Future Prospects", Ames, IA: Dept. of Economics, Iowa State University, Saf Papers 314, March 1999.

Huffstutler, C. , and B. Bingham, "Productivity Slows in the Organic Chemical Industry", *Monthly Labor Review*, 11/3, June 1988.

Hughes, J. , *The Viral Few: The Entrepreneur and American Economic Progress*, 2nd ed. , New York: Oxford University Press, 1986.

Hughes, T. P. , and A. C. Hughes (eds.), *Lewis Munford: Public Intellectual*, Oxford: Oxford University Press, 1990.

Hughes, T. P. , *Networks of Power: Electrification in Western Society*, *1880 – 1930*, Baltimore, MD: Johns Hopkins University Press, 1983.

Hughes, T. P. , *Rescuing Prometheus*, New York: Random House Pantheon Books, 1998.

Hughes, T. P. , *Rescuing Prometheus*, New York: Random House, 1998.

Hughes, T. P. , "Introduction", In *Selections from Lives of the Engineers with an Account of Their Principal Works by Samuel Smiles*, Thomas P. Hughes, ed. , Cambridge, MA: MIT Press, 1966.

Hughes, T. P. , "Inventors: The Problems They Choose, the Ideas They Have and the Inventions They Make", In *Technological Innovation: A Critical Review of Current Knowledge*, Patrick Kelly and Melvin Kranzberg eds. , San Francisco, CA: San Francisco University Press, 1978.

Hughes, T. P. , "Technological Momentum in History: Hydrogenation in Germany, 1898–1933", *Past and Present*, August 1969.

Hughes, T. P. , "The Electrification of America: The System Builders", *Technology and Culture*, 20, 1979.

Hughes, T. P. , "The Electrification of America: The System Builders", *Technology and Culture*, 20, January 1979.

Hulten, C. R. , "Division Index Numbers", *Econometrica*, 41, 1973.

Hulten, C. R. , "Total Factor Productivity: A Short Biography", Cambridge, MA: National Bureau of Economic Research Working Paper, 7471, January 2000.

Hunt, S. , and G. Shuttleworth, "Unlocking the Grid", *IEEE Spectrum*, July 1996.

Hurwicz, L. , "Issues in the Design of Mechanisms and Institutions", In *Designing Institutions for Environmental and Resource Management*, E. T Lochman and D. M. Kalgour, eds. , Chetenham. UK: Edward Elgar, 1998.

Hurwicz, L. , "Issues in the Design of Mechanisms and Institutions", In *Designing Institutions for Environmental and Resource Management*, E. T. Lochman and D. M. Kilgour, eds. , Cheltenham, UK: Edward Elgar, 1998.

Hurwicz, L. , "On Informationally Decentralized Systems", In *Decisions and Organization*, C. B. McGuire and R. Radner, eds. , Amsterdam, Netherlands:

North Holland, 1972.

Hurwicz, L. , "Organized Structures for Joint Decision Making: A Designer's Point of View ", In *Interorganizational Decision Making*, M. Tiute, R. Chisholm, and M. Radnor, eds. , Chicago, IL: Aldine, 1972.

Hurwicz, L. , "The Design of Mechanisms for Resource Allocation", *American Economic Review*, 63, 1973.

Hutcheson, G. D. , and J. D. Hutcheson, "Technology and Economics of the Semiconductor Industry", *Scientific American*, 274, January 1996.

Ibrahim, J. M. , "Genetic Soybeans Alarm Europeans", *New York Times*, November 7, 1996.

International Institute for Applied Systems Analysis and Word Energy Council (IASAWEC), *Global Energy Perspectives to 2050 and Beyond*, London: World Energy Council, 1995.

Irwin, D. A. , "Trade Politics and the Semiconductor Industry", In *The Political Economy of American Trade Policy*, A. O. Krueger, ed. , Chicago, IL University of Chicago Press, 1996.

Irwin, D. A. , and P. J. Klenow, "Learning by Doing: Spillovers in the Semiconductor Industry", *Journal of Political Economy*, 102, 1994.

Irwin, D. A. , and P. J. Klenow. , "High-Tech R&D Subsidies: Estimating the Effects of Sematech", Cambridge, MA: National Bureau of Economic Research Working Paper, No. 4974, 1994.

Ise, J. , "The Theory of Value as Applied to Natural Resources", *American Economic Review*, 15, 1925.

Ishikawa, S. , *Economic Development in Asian Perspective*, Tokyo, Japan: Kinokuniya Bookstore Co. , 1967.

Ishikawa, S. , *Essays on Technology: Employment and Institutions in Economic Development Comparative Asian Experience*, Tokyo: Kinokuniya, 1981.

Islam, N. , *Horticulural Exports of Developing Countries: Past Performance, Future Prospects and Policy Issues*, Washington, DC: International Food Policy Research Institute, Research Report, 80, April 1990.

Islas, J. , "Getting Round the Lockin in Electricity Generating Systems: The Example of the Gas Turbine", *Research Policy*, 26, 1977.

Jackson, T., *Renewable Energy: Prospects for Implementation*, Oxford, UK: ButterworthHeinemann, 1993.

Jacoby, H. D., R. G. Prin, and R. Schmalensee, "Kyoto's Unfinished Business", *Foreign Affairs*, 77, July/August 1998.

Jaffe, A. B., and J. Lemer, *Privatizing R&D: Patent Policy and Commercialization of National Laboratory Technologies*, Cambridge, MA: National Bureau of Economic Research Working Paper, 7064, April 1999.

Jaffe, A. B., and R. N. Stavins, "Dynamic Incentives of Environmental Regulations: The Effects of Alternative Policy Instruments on Technology Diffusion", *Journal of Environmental Economics and Management*, 29, 1995.

James, C., *Global Status of Transgenic Crops in 1998*, Ithaca, NY: The International Service for the Acquisition of Agri-Biotech Applications, 1998.

James, C., and A. F. Krttiger, *Global Review of the Field Testing and Commercialization of Transgenic Plans: 1986—1995*, Ithaca, NY: The International Service for the Acquisition of Agri-Biotech Applications, 1996.

James, D. E., P. Nijkamp and J. B. Opschoor, "Ecological Sustainability in Economic Development", In *Economy and Ecology: Toward Sustainable Development*, F. Archibugi and P. Nijkamp, eds., The Netherlands: Kluwer, Dordrecht, 1989.

James, J. A., and J. S. Skinner, "Resolution of the LaborScarcity Paradox", *Journal of Economic History*, 45, 1985.

Jamieson, D., "Sustainability and Beyond", *Ecological Economics*, 24, 1998.

Jarvis, L. S., *The Potential Effects of Two New Biotechnologies on the World Dairy Industry*, Boulder, CO: Westview Press, 1996.

Jennings, P. R., "Plant Type as a Breeding Objective", *Crop Science*, 4, 1964.

Johansson, T. B., H. Kelly, A. K. N. Reddy, and R. H. Williamns, eds., *Renewable Energy Sources for Fuels and Electricity*, Washingion, DC: Island Press, 1993.

Johnson, B., *We Were Burning: Japanese Entrepreneurs and the Forging of the Electronic Age*, Boulder, CO: Westview Press, 1999.

Johnson, D. G., "The Growth of Demand Will Limit Output Growth for Food over the Next Quarter Century", *Proceedings of the National Academy of Sciences*, U. S. A., 96, 1999.

Johnson, N., and V. W. Ruttan, "Why Are Farms So Small?", *World Development*, 22, 1994.

Johnson, N. L., and V. W. Ruttan, "The Diffusion ofLivestock Breeding Technology in the US: Observations on the Relationship Between Technical Change and Industry Structure", *Journal of Agribusiness*, 15, 1997.

Johnson, R. J., and P Teske, "Toward an American Industrial Technology Policy", In *Technology Transfer and Public Policy*, Y. S. Lee, ed., Westport, CT: Quorum Books, 1997.

Jones, C. I., *Introduction to Economic Growth*, New York: W. W. Norton, 1997.

Jones, C. I., "Time Series Tests of Endogenous Growth Models", *Quarterly Journal of Economics*, 110, 1995.

Jones, C. I., and J. C. Williams, "Measuring the Social Return to R&D", *The Quarterly Journal of Economics*, 1998.

Jorgensen, M. R., "Monopoly and Markets in the U. S. Computer Industry to 1970: IBM and U. S. Govemment Technology and Antitrust Policy", University of Minnesota, Department of Sociology, 1996, mimeo.

Jorgenson, D. W., and B. M. Fraumeni, "Relative Prices and Technical Change", In *Modeling and Measuring National Resource Substitution*, E. R. Bendt and B. Fields eds., Cambridge, MA: MIT Press, 1981.

Jorgenson, D. W., and B. M. Fraumeni, "Relative Prices and Technical Change", In *Modeling and Measuring Natural Resource Substitution*, E. R. Bendt and B. Field, eds., Cambridge, MA: MIT Press, 1981.

Jorgenson, D. W., and B. M. Fraumeni, "Relative Prices and Technical Change", In *Modeling and Measuring Natural Resources Substitution*, E. R. Bendt and B. Field, eds., Cambridge, MA: MIT Press, 1981.

Jorgenson, D. W., and F. M. Gollop, "Productivity Growth in U. S. Agriculture: A Postwar Perspective", In *Productivity*, Vol. 1: *Postwar U. S. Economic Growth*, D. W. Jorgenson, ed., Cambridge, MA: MIT Press, 1995.

Jorgenson, D. W., and K. J. Stiroh, *Raising the Speed Limit*: *U. S. Economic Growth in the Information Age*, Cambridge, MA: Harvard University, Department of Economics, May 1, 2000, mimeo.

Jorgenson, D. W., and K. J. Stiroh, "Information Technology and Growth", *American Economic Review*, 89, 1999.

Jorgenson, D. W., and P. J Wilcoxen, "Energy, the Environment and Economic Growth", In *Handbook of Natural Resources and Energy Economics*, *Vol. III*, A. V. Kneese and. J. L. Sweeney eds., Amsterdam: North Holland, 1993.

Jorgenson, D. W., and P. J. Wilcoxen, "Energy, the Environment, and Economic Growth", In *Handbook of Resource and Energy Economics*, A. V. Kneese and J. L. Sweeney eds., Vol. III, Amsterdam: Elsevier Science Publishers, 1993.

Jorgenson, D. W., and P. J. Wilcoxen, "Environmental Regulation and U. S. Economic Growth", *The Rand Journal of Economics*, 21, No. 2, Summer 1990.

Jorgenson, D. W., and Z. Giliches, and E. F. Denison, *The Measurement of Productivity*: *An Exchange of Views between Dale W. Jorgenson and Zvi Griliches and Edward F. Denison*, Washingon, DC: The Brookings Instiution Press, reprint no. 244, 1972.

Jorgenson, D. W., and Z. Giliches, "The Explanation of Productivity Change", *Review of Economic Studies*, 34, 1967.

Jorgenson, D. W., E. M. Gollop, and B. M. Fraumeni, *Productivity and U. S. Economic Growth*, Cambridge, MA: Harvard University Press, 1987.

Jorgenson, D. W., "The Great Transition: Energy and Economic Change", *The Economic Journal*, 7, 1986.

Jorgenson, D. W., "The Great Transition", *Energy Journal*, 7, July 1986.

Jorgenson, D. W., and P. J. Wilcoxen, "Energy, the Environment and Economic Growth", In *Handbook of Natural Resources and Energy Economics*, *Vol. III*, A. V. Kneese and J. L. Sweency eds., Amsterdam, Netherlands: Elsevier, 1993.

Jorgenson, D. W., and P. J. Wilcoxen, "Reducing U. S. Carbon Dioxide Emissions: The Cost of Different Goals", In *Advances in the Economics of Energy and Resources*, Vol. 7, J. R. Moroney, ed., Greenwich, CT: JAI Press, 1992.

Jorgenson, D. W., and E. Yip, "Progress in Productivity Measurement: An Overview", Paper presented at a Seminar in Commemoration of Zvi Griliches' 20 years as Director of the NBER Program on Productivity and Technological Progress, Cambridge, MA. March5-6, 1999.

Kaempffert, W., "War and Technology", *The American Journal of Sociology*, 46, January 1941.

Kaiser, J., "Cuba's BillionDollar Biotech Gamble", *Science*, 282, 1998.

Kalaitzandonakes, N., and R. Maltsbarger, "Biotechnology and Identity Preserved Supply Chains", *Choices*, Fourth Quarter, 1998.

Kales, R. W., "Climate Change 1995: Impacts, Adapations and Mitigation", *Environment*, 39, November 1997.

Kaliz, B. G., and A. Phillips, "The Computer Industry", In *Government and Technical Progress. A Cross-Industry Analysis*, R. R. Nelson, ed., New York: Pergamon Press, 1982.

Kaltz, E., "Communication Research and the Image of Society: Convergence of Two Traditions", *American Journal of Sociology*, 65, 1960.

Kamien, M. L., and N. L. Schwartz, "Optimal Induced Technical Change", *Econometrica*, 36, 1969.

Karz. E., H. Hamilton, and M. L. Levin, "Traditiois of Researchon the Diffusion of Innovation", *American Sociological Review*, 28, 1963.

Kaseje, Dan C. O., "Health Systems for Rural Areas: Kenya", In *Agriculture, Environment, and Health: Sustainable Development in the 21st Century*, V. W. Ruttan, ed., Minneapolis, MN: University of Minnesota Press, 1994.

Kasperson, J. X., R. E. Kasperson, and B. L. Turner, II. *Regions at Risk: Comparisons of Threatened Environments*, New York: United Nations University Press, 1995.

Kasperson, J. X., R. E. Kasperson, and B. L. Turrner, II, *Regions at Risk: Comparisons of Threatened Environrments*, New York: United Nations

University Press, 1995.

Kates, R. W., "Success, Strain and Surprise", *Issues in Science and Technology*, 2, 1, 1985.

Katz, R., *Japan: The System that Soured: The Rise and the Fall of the Japanese Economic Miracle*, Armonk, NY: M. E. Sharp, 1998.

Katz., E., and C. Shapiro, "Technology Adoption in the Presence of Network Externalities", *Journal of Political Economy*, 94, 1986.

Kaya, Y. N. Nakicenovic, W. D. Nordhaus, and F. L. Toth, eds., *Costs, Impacts, and Benefits of CO_2 Mitigation*, Laxenberg, Austria: International Institute for Systems Analysis, 1993.

Kcohane, N. O., R. L. Revesz, and R. N. Stavins, "The Positive Political Economy of Insrtumental Choice in Environmental Policy", *Harvard Environmental Law Review*, 22, 1998.

Kcohane, N. O., R. L. Revesz, and R. N. Stavins, "The Positive Political Economy of Instrumental Choice in Environmental Policy", *Harvard Environmental Law Review*, 22, 1998.

Kealey, T., *The Economic Laws of Scientific Research*, New York: St. Martins Press, 1996.

Kelley, M. R., "From Missions to Commercial Orientation: Perils and Possibilities for Federal Industrial Technology Policy", *Economic Development Quarterly*, 11, 1997.

Kellogg, C. E., "Conflicting Doctrines about Soils", *Scientific Monthly*, 66, 1948.

Kellow, A., *Transforming Power: The Polities of Electricity Planning*, Cambridge, UK: Cambridge University Press, 1996.

Kemp, R., *Environmental Policy and Technical Change: A Comparison of the Technological Impact of Policy Instruments*, Chelenham, UK: Edward Elgar, 1997.

Kench, B. T., "Induced Regulatory Changes in the Electric Power Industry", Storrs, CT: University of Connecticut Department of Economies, October 1999.

Kendall, H. W., R. Beachy, T. Eisner, F. Gould, R. Herdt, P. Raven,

J. S. Schell, and M. S. Swaminathan, *Bioengineering of Crops: Report of the World Bank Panel on Transgenic Crops*, Washington, DC: The World Bank, 1997.

Kennedy, C., "Induced Bias in Innovation and the Theory of Distribution", *The Economic Journal*, 75, 1964.

Kennedy, C., "On the Theory of Induced Innovation: A Reply", *Economic Journal*, 77, 1967.

Kennedy, C., "Samuelson on Induced Innovation", *Review of Economics and Statistics*, 48, 1966.

Kennedy, C., and A. Thirlwall, "Technical Progress: A Survey", *Economic Journal*, 82, 1972.

Kennedy, P., *The Rise and Fall of the Great Powers: Economic Change and Military Conflict from 1500-2000*, New York: Random House, 1987.

Kenney, M and U. von Burg, "Paths and Regions: The Creation and Growth of Silicon Valley", In *PathDependence and Creation*, R. Garud and P. Karnoe, eds., Mahawah, N. I. Lawrence Erlbaum Associates (in press).

Kenney, M., and R. Florida, *Beyond Mass Production: The Japanese System and its Transfer to the U. S.*, Oxford, UK: Oxford University Press, 1993.

Kenney, M., *Biotechnology: The University Industrial Complex*, New Haven, CT: Yale University Press, 1986.

Kerr, R. A., "Research Council Says U. S. Climate Models Can't Keep Up", *Science*, 283, February 5, 1999.

Kershen, D. L., "Biotechnology: An Essay on the Academy, Cultural Attitudes and Public Policy", *Agri-Bio Forum* 2, 1999, Retrieved from http://ww agbioforum.missouri.edu.

Ketber, R., "Independent Electric Producers Losing Power Struggle", *Wall Street Journal*, August 7, 1996.

Khan. A. R., *Growth and Inequality in the Philippines: Poverty and Landlessness in Rural Asia*, Geneva: International Labour Office, 1977.

Kikuchi, M., and Y. Hayami, "Inducements to Institutional Innovations in an Agrarian Community", *Economic Development and Cultural Change*, 29, 1980.

Killman, S. , and H. Cooper, "Monsanto Falls Flat Trying to Sell Europe on Bioengineered Food", *Wall Street Journal*, 103, May II, 199.

King, Ralph T. Jr. , "Magic Formula", *Wall Street Journal*, 14, 1994.

Klasen, G. , *Acid Rain and Environmental Degradation: The Economics of Emission Trading*, Cheltenham, UK: Edw ard Elgar, 1996.

Kleck, O. , "The National System for Technical Innovation in Germany", In *National Innovation Systems: A Comparative Analysis*, R. R. Nelson, ed. , New York: Oxford University Press, 1993.

Kleinman, D. , *Politics on the Endless Frontier: Postwar Research Policy in the United States*, Durham, NC: Duke University Press, 1995.

Klepper, S. , "Entry, Exit, Growth and Innovation over the ProductLife Cycle", *The American Economic Review*, 86, 1996.

Kline, R. , and T. Pinch, "Users as Agents of Technological Change: The Social Construction of the Automobile in the Rural United States", *Technology and Culture*, 37, 1996.

Kling, J. , "Could Transgenic Supercrops One Day Breed Superweeds", *Science*, 274, 1996.

Klonglan. G. E. , and E. W. Coward, Jr. , "The Concept of Symbolic Adoption: A Suggested Interpretation", *Rural Sociology*, 35, 1970.

Klose, N. , *America's Crop Heritage: The History of Foreign Plant Introduction by the Federal Government*, Ames, 1A: Iowa State College Press, 1950.

Kneese, A. V. , and B. T. Bower, *Environmental Quality and Residuals Management*, Baltimore, MD: Johns Hopkins University Press, 1979.

Kneese, A. V. , R. U. Ayres, and R. C. D. Arge, *Economics and the Environment: A Materials Balance Approach*, Baltimore, MD: Johns Hopkins University Press, 1970.

Kneese, A. V. , *Water Quality Management*, Baltimore, MD: Johns Hopkins University Press, 1964.

Kneese, A. V. , "The Economics of Natural Resources", In *Natural Resource Economics: Selected Papers of Allen VKneese*, Aldershot, UK: Edward Elgar, 1995.

Kneese. A. V. , "Industrial Ecology and Getting the Prices Right", *Resources*,

130, Winer 1998.

Knight, E. H. , "Institutionalism and Empiricism in Economics", *American Economic Review*, 43, 1952.

Knudson, M. K. , and V. W. Ruttan, "Research and Development of a Biological Innovation: Commercial Hybrid Wheat", *Food Research Issue Studies*, 21, 1988.

Knugman, P. A. , *Rethinking International Trade*, Cambridge, MA: MIT Press, 1990.

Knugman, P. A. , "Myths and Realities of U. S. Competitiveness", *Science*, 254, November 8, 1991.

Koppel, B. M. ed. , *Induced Innovation Theory and International Agricultural Development: A Reassesment*, Baltimore, MD: Johns Hopkins University Press, 1995.

Koppel. B. ed. , *Induced Innovation Theory and International Agricultural Development: A Reassessment*, Baltimore, MD: Johns Hopkins University Press, 1995.

Kostoff, R. N. , "Peer Review: The Appropriate GPRA Metric for Research", *Science*, 277, 1997.

Krattiger, A. F. , *Insect Resistance in Crops: A Case Study of Bacillus thuringiensis (Bt) and its Transfer to Developing Countries*, Ithaca, NY: The International Service for the Acquisition of Agri-Biotech Applications, 1997.

Krimsky, S. , and R. Wrubel, *Agricultural Biotechnology and the Environment: Science, Policy and Social Issues*, Urbana, IL: University of Illinois Press, 1996.

Krimsky, S. , *Biotechnics and Society: The Rise of Industrial Genetics*, New York: Praeger, 1991.

Krimsky, S. , *Genetic Alchemy: The Social History of the Recombinant DNA Controversy*, Cambridge, MA: MIT Press, 1982.

Krueger, A. O. , "The Political Economy of the Rent Seeking Society", *American Economic Review*, 64, 1974.

Krugman, P. , *The Age of DiminishedExpectations: U. S. Economic Policy in the 1990s*, Cambridge, MA: MIT Press, 1994.

Krugman, P. A., *The Age of Diminished Expectations: U. S. Economic Policy in the 1990s*, 3rd ed., Cambridge, MA: MIT Press, 1997.

Krugman, P. A., "Americathe Beautiful", *Foreign Affairs*, 77, May/June 1998.

Krutilla, J. V., ed., *Natural Environments: Studies in Theoretical and Applied Analysis*, Baltimore, MD: Johns Hopkins University Press, 1972.

Krutilla, J. V., "Conservation Reconsidered", *American Economic Review*, 57, June 1967.

Kuhn, T., *The Structure of Scientific Revolutions*, Chicago, IL: University of Chicago Press, 1962.

Kush, G. S., "Breeding Rice for Sustainable Agricultural Systems", *International Crop Science*, Madison, Wl: Crop Science Society of America, 1993.

Lal, R., "Productivity of Tropical Soils and the Effect of Erosion", In *Quantification of the Effect of Erosion on Soil Productivity in an International Context*, F. Rijsberman and M. Wolman, eds., Delft, The Netherlands: Delft Hydraulics Laboratory, 1984.

Lambright, W. H., and D. Rahm, "Science, Technology and the States", *Forum for Applied Research and Public Policy*, 6, Fall 1991.

Lambright, W. H., "NASA, Ozone, and Policy Relevant Science", *Research Policy*, 24, 1995.

Landau, R., and N., Rosenberg, "Successful Commercialization in the Chemical Process Industries", In *Technology and the Wealth of Nations*, N. Rosenberg, R. Landau, and D. C. Mowery, eds., Stanford, CA: Stanford University Press, 1992.

Landau, R., and N. Rosenberg, "Successful Commercializaion in the Chemical Process Industries", In *Technology and the Wealth of Nations*, N. Rosenberg, R. Landau, and D. C. Mowery, eds., Stanford, CA: Stanford University Press, 1992.

Landau, R., "Entrepreneurs, Managers and the Importance of Finance", *Daedalus*, 125, 1996.

Landauer, T. K., *The Trouble with Computers*, Cambridge, MA: MIT Press, 1995.

Landes, D. S., "What Room for Accidents in History?: Explaining Big Changes by Small Events", *Economic History Review*, 47, 1994.

Lange, O., "On the Economic Theory of Socialism", In *On the Economic Theory of Socialism*, B. E. Lipincol, ed., Minneapolis, MN: University of Minnesota Press, 1938.

Langlois, R. N., and D. C. Mowery, "The Federal Governmet's Role in the Development of the U. S. Software Industry", In *The International Computer Software Industry: A Comparative Study of Industry Evolution and Structure*, D. C. Mowery, ed., New York: Oxford University Press, 1996.

Langolis, R. N., T. A. Puygel, C. S. Haklisch, R. R. Nelson, and W. G. Egelhoff, *Microelectronics: An Industry in Transiton*, Winchester, MA: Unwin Hyman, 1988.

Langolis, R. N., "External Economies and Economic Progress: The Case of the Microcomputer Industry", *Business History Review*, Spring 1992.

Langolis, R. N., and M. J. Everett, "What is Evolutionary Economics?", In *Evolutionary and Neo-Schumpeterian Approaches to Economics*, Magnusson, ed., Dordrecht: Kluwer, 1994.

Lanjouw, J. O., "Introduction of Pharmaceutical Product Patents in India: Heartless Exploitation of the Poor and Suffering", New Haven, CT: Yale University Economic Growth Center Paper, 775, 1997.

Larson, E. D., H. M. Ross, and R. H. Williams, "Beyond the Era of Materials", *Scienific American*, 254, 6, 1986.

Latour, B., and S. Woolgar, *Laboratory Life: The Social Construction of Scientific Facts*, London and Beverly Hills, CA: Sage, 1979.

Lau, L., and P. Yotopoulos, "The Meta-Production Function Approach to Technological Change in World Agriculture", *Journal of Development Economics*, 31, 1989.

Laux, J. M., *The European Automobile Industry*, New York: Twane Publishers, 1992.

Law, J., "The Structure of Sociotechnical Engineering: A Review of the New Sociology of Technology", *Sociological Review*, 35, 1987.

Lawler, A., "DOE Labs: Is Evolution Enough?", *Science*, 272, June

1996.

Lawler, A. , "Is the NRC Ready for Reform", *Science*, 276, May 1997.

Lawler, A. , "OSTP: A Mixed Midterm Report", *Science*, 268, April 1995.

Layion, E. , "Mirror Image Twins: The Communities of Science and Technology in 19th Century America", *Technology and Culture*, 12, 1971.

Layton, E. , "Mirror Image Twins: The Communities of Science and Technology in 19th Century America", *Technology and Culture*, 12, 1971.

Layton, E. , "Technology as Knowledge", *Technology and Culture*, 15, 1974.

Layton, E. T. , Jr. , "The Dimensional Revolution: The New Relations between Theory and Experiment in Engineering in the Age of Michelson", In *The Michelson Era in American Science, 1870 – 1930*, S. Goldberg and R. H. Stoewer, eds. , New York: American Institute of Physics, 1988.

Layton, E. T. , "Conditions of Technological Development", In *Science, Technology and Society: A Cross-Disciplinary Perspective*, I. Spiegel Rosing and D. de Solla Price, eds. , Beverly Hills, CA: Sage Publications, 1977.

Lederberg, J. , "Infectious Disease: A Threat lo Global Health Security", *Journal of the American Medical Association*, JAMA, 276, 1996.

Lederberg, J. , "Infectious Disease: A Threat to Global Health and Security", *Journal of the American Medical Association*, 276, 1996.

Lee, K. M. , *Compass and Gyroscope: Integrating Science and Politics for the Environment*, Washington, DC: Island Press, 1993b.

Lee, K. M. , "Greed, Scale, Mismatch and Learning", *Ecological Applications*, 3, 1993.

Lee, T. H. , "Combined Cycle Systems: Technology Implication", In *The Methane Age*, T. H. Lee, H. R. Linden, D. A. Dreyfus, and T. Vasko, eds. , Dordrecht: Kluwer Academic Publishers, 1988.

Lee, Y. S. , ed. , *Technology Transfer and Public Policy*, Westport, CT: Quorum Books, 1997.

Lele, S. M. , "Sustainable Development: ACritical Review", *World Development*, 19, 1991.

Lenoir, T. , "Revolution from Above: The Role of the State in Creating the German Research System, 1810 – 1910", *American Economic Review*, 88, 1998.

Leonard Benton D., *Wellspring of Knowledge: Building and Sustaining the Sources of Innovation*, Boston, MA: Harvard Business School Press, 1995.

Lery, B., and W. J. Kuo, "The Strategic Orientation of Firms and the Performance of Korea and Taiwan in Frontier Industries: Lessons from Comparative Case Studies of Keyboard and Personal Computer Assembly", *World Development*, 19, April 1991.

Lesser, W., "An Overview of Intellectual Property Systems", In *Strengthening Protection of Intellectual Property in Developing Countries: A Survey of the Literature*, W. Siebeck. ed., Washington, DC: World Bank Discussion Paper, 112, 1990.

Levin, R. C., "Technical Change and Optimal Scale: Some Evidence and Implications", *Southern Economic Journal*, 44, 1977.

Levin, R. C., "The Semiconductor Industry", In *Government and Technical Progress: A Cross-Indusiry Analysis*, R. Nelson, ed., New York: Pergamon Press, 1982.

Lewis, W. A., "Economic Development with Unlimited Supplies of Labor", *Manchester School of Economics and Social Studies*, 22, 1954.

Lichtenberg, F. R., "Energy Prices and Induced Innovation", *Research Policy*, 15, 1986.

Liebowitz, S. J., and S. E. Margolis, "Market Processes and the Selection of Standards", University of Texas at Dallas School of Management Working Paper, March 1992.

Liebowitz, S. J., and S. E. Margolis, "Path Dependence, Lock In, and History", *Journal of Law Economics and Organization*, II, 1995.

Liebowitz, S. J., and S. E. Margolis, "The Fable of the Keys", *Journal of Law and Economics*, 33, 1990.

Liebowitz. S. J., and S. E. Margolis, "Network Externality: An Uncommon Tragedy", *Journal of Economic Perspectives*, 8, 2, 1994.

Likins, P., and A. H. Teich, "Indirect Costs and Government University Partnership", In *The Fragile Contract: University Science and the Federal Goverrn-*

ment, D. H. Guston and K. Keniston, eds., Cambndge. MA: MIT Press, 1994.

Lin, J. Y., and J. B. Nugent, "Institutions and Economic Development", In *Handbook of Development Economics*, J. Behrman and T. N. Srinavasan, eds., Vol. II A. Amsterdam, Netherlands: Elsevier Science, B. V., 1995.

Lin, J. Y., "The Household Responsibility System in China's Agricultural Reform", *Economic Development and Cultural Change*, 36, 1998.

Lin, J. Y., "The Household Responsibility System Reform in China: A Peasants' Institutional Choice", *American Journal of Agricultural Economics*, 69, 1987.

Lindert, P. H., *Shifting Ground: The Changing Agricultural Soils of China and Indonesia*, Davis, CA: University of Califonia, Davis, Department of Economics, 1998 (mimco, draft).

Lindert, P. H., "The Bad Earth? Chinese Agricultural Soils Since the 1930s", *Economic Development and Cultural Change*, 48, 1999.

Ling, J. G., and Mary A. Hand, "Federal Funding in Materials Research", *Science*, 201, 1980.

Lionberger. H. L., *Adoption of New Ideas and Practices: A Summary of Research Dealing with the Acceptance of Technological Change in Agriculture with Implications in Facilitating Social Change*, Ames, IA: Iowa State University Press, 1960.

Lipsey, R. G., C. Bekar, and K. Conlaw, "What Requires Explanation?", In *General Purpose Technologies and Economic Growth*, E. Helpmian, ed., Cumbridge, MA MIT Press, 1998.

Lipton, M., "Accelerated Resource Degradation by Third World Agriculture: Created in the Commons, in the West, or in Bed?", In *Agricultural Sustainability, Growth and Poverty Alleviation: Issues and Policies*, S. Vosti, T. Reardon, and W. von Urff, eds., Washington, DC: International Food Policy Research Institute, 1991.

Lipton, M., "The Theory of the Optimizing Peasant", *Journal of Development Studies*, 4, 1968.

Lissoni, F., and J. S. Metcalf, "Diffusion of Innovation: Ancient and Modern:

A Review of the Main Themes", In *Industrial Innovation*, M. Dodgeson and R. Rothwell eds., Aldershot, UK: Edgar Elgar, 1994.

Loehman, E., and D. M. Kilgour, eds., *Designing Instiutions for Environment and Resource Management*, Aldershot, UK: Edward Elgar, 1998.

Lohr, S., "Computer Age Gains Respect of Economists", *New York Times*, April 4, 1999.

Long. W. F., *Advanced Technology Program: Performance of Completed Projects Status Report*, NIST Special Publication 950 – 1, Washington, DC: U. S. Govemment Printing Office, 1999.

Lopez, R., "The Environment as a Factor of Production: The Effects of Economic Growth and Trade Liberalization", *Journal of Environmental Economics and Management*, 27, 1994.

Lovins. A. B., "Energy Strategy: The Road Not Taken?", *Foreign Affairs*, 55, October 1976.

Lowood, H., *Steeples of Excellence and Valley of Silicon: The Industrial Park and Industry Connection at Stanford*, Stanford, CA: Stanford University Libraries, 1987 (mimeo).

Lubchenko. J., "Entering the Century of the Environment: A New Social Contract for Science", *Science*, 279, 1998.

Lucas, R. E. B., "International Environmental Indicators: Trade, Income and Endowments", In *Agriculture, Trade and Environment: Discovering and Measuring the Critical Linkages*, M. E. Bredahl, N. Ballinger, J. C. Dunmore. and T. L. Roe, eds., Boulder, CO: Westview Press, 1996.

Lucas, R. E. Jr., "Making a Miracle", *Econometrica*, 61, 1993.

Lucas, R. E. Jr., "On the Mechanics of Economic Development", *Journal of Monetary Economics*, 22, 1988.

Lucas, R. E. Jr., "On the Mechanics of Economic Development", *Journal of Monetary Economics*, 22, 1988.

Lucas, R. E. Jr., "On the Mechanics of Economic Development", *Journal of Monetary Economics*, 22, July 1988.

Lucas, R. E. Jr., "Tests of a Capital Theoretic Model of Technological Change", *Review of Economic Studies*, 34, 1967.

Luker, W. Jr., and D. Lyons, "Employment Shifts in High Technology Industries, 1988–1996", *Monthly Labor Review*, 120, June 1998.

Lunnan, A., "AgriculturalBased Biomass Energy Supply: A Survey of Economic Issues", *Energy Policy*, 25, 6, 1997.

Macher, J. T., D. C. Mowery, and D. A. Hodges, "Semiconductors", In *U. S. Industry in 2000: Studies in Competitive Performance*, D. C. Mowery, ed., Washington, DC: National Academy Press, 1999.

MacKenzie, D., and J. Wajcman, eds., *The Social Shaping of Technology: How the Refrigerator Got Its Hum*, Philadelphia, PA: Open University Press, 1985.

MacKerron, G., "Innovation in Energy Supply: The Case of Electricity", In *The Handbook of Industrial Innovation*, Mark Dodgson and Roy Rothwell, eds., Aldersbot, UK: Edward Elgar, 1994.

MacKerron, G., "Nuclear Costs: Why Do They Keep on Rising?", *Energy Policy*, July 1992.

Maddison, A., *Phases of Capitalist Development*, New York: Oxford University Press, 1982.

Maddison, A., "Growth and Slowdown in Advanced Capitalist Economies", *Journal of Economic Literature*, 25, June 1987.

Maddison, A., "Monitoring the World Economy: 1820–1992", Paris: Organization for Economic Cooperation and Development (OECD), 1995.

Madrick, J., "How New is the New Economy", *New York Review*, 1999, September 23.

Magal, W. A., "Pollution Control and Technological Advance: A Dynamic Model of the Firm", *Journal of Environmental Economics and Management*, 5, 1978.

Mahajan, V. E. Muller, and F. Bass, "New Product Diffusion Models in Markeing: A Review and Directions for Research", *Journal of Marketing*, 54, 1990.

Maitland, I., "Who Won the Industrial Policy Debate", *Business and the Contemporary World*, 1, 1995.

Maler, K. G., Environmental Economics: A Theoretical Inquiry, Baltimore,

MD: Johns Hopkins University Press, 1974.

Malerba, F., and S. Torrisi, "The Dynamics of Market Structure and Innovation in the Western European Software Industry", In *The International Computer Software Industry: A Comparative Study of Industry Evolution and Structure*, D. C. Mowery, ed., New York: Oxford University Press, 1996.

Malthus, T. R., *An Essay on the Principle of Population, as it Affects the Future Improvement of Society, with Remarks on the Speculations of Mr. Goodwin, M. Candorcel and Other Writers*, Harmondsworth, UK: Penguin Books, 1970.

Mankiw, N. G. D. Romer, and D. N. Weil, "A Contribution to the Empirics of Economics Growth", *Quarterly Journal of Economics*, 107, 1992.

Manne, A. S., and R. G. Richels, *Buying Greenhouse Insurance*, Cambridge, MA: MIT Press, 1992.

Mansfield, E., *Industrial Research and Technological Innovation: An Econometric Analysis*, New York: W. W. Norton, 1968.

Mansfield, E., J. Rapopont, A. Romero, E. Villani, S. Wagner, and F. Husic, *The Production and Application of New Industrial Technology*, New York: Norton, 1977.

Mansfield, E., "Academic Research and Industrial Innovation", *Research Policy*, 20, 1991.

Mansfield, E., "Industrial R&D inJapan and the United States: A Comparative Study", *American Economic Review*, 78, May 1988.

Mansfield, E., "Intrafirm Rates of Diffusion of an Innovation", *Review of Economics and Statistics*, 45, 1963a.

Mansfield, E., "Technological Change and the Rate of Imitation", *Econometrica*, 29, 1961.

Mansfield, E., "The Speed of Response of Firms to New Techniques", *Quarterly Journal of Economics*, 77, 1963b.

Mansfield, E. M. Schwartz and S. Wagner, "Imitation Costs and Patents: An Empirical Study", *The Economic Journal*, 91, 1981.

Marchette, C., and N. Nakicenovic, *The Dynamics of Energy Systems and the Logistical Substitution Model*, Laxenburg, Austria: International Institute for

Applied Systems Analyses, 1979.

Marcus, A. A., *Business and Society: Ethics, Government and the World Economy*, Homewood, IL: Irwin, 1993

Marcus, A. A., and D. Gefflen, "The Dialectics of Competency Acquisition: Pollution Prevention in Electric Generation", Minneapolis: University of Minnesota Strategic Management Research Center Discussion Paper, 220, October 1996.

Marcus, A. A., *Controversial Issues in Energy Policy*, Newbury Park, CA: Sage Publications, 1992.

Maredia, M. K., and C. K. Eicher, "The Economics of Wheat Research in Developing Countries: The One Hundred Million Dollar Puzzle", *World Development*, 23, 1995.

Mareus, A., *Business and Society: Ethics, Government and the World Economy*, Homewood, IL: Irwin, 1993.

Margolis, R. M., and D. M. Kammen, "Underinvestment: The Energy Technology and R&D Policy Challenge", *Science*, 285, 1999.

Marin, J. M., "Energy Technologies: Systemic Aspects, Technological Trajectories, and Institutional Frameworks", *Technological Forecasting and Social Change*, 53, September 1996.

Marin, L. R. ed, *A Survey of Agricultural Economics Literature, Vol. 4. Agriculture in Economic Development, 1940s to 1990s*. Minneapolis, MN: University of Minnesota Press, 1992.

Markham, J. W., "The Joint Effect of Antirust and Patent Law Upon Innovation", *American Economic Review*, 56, May 1966.

Marshall, E., "A Bitter Battle over Insulin Gene", *Science*, 277, 1997a.

Marshall, E., "Snipping Away at Genome Patenting", *Science*, 227, September 19, 1997b.

Marx, K., *A Contribution to the Critique of Political Economy*, Chicago, IL: Charles H. Kerr, 1913.

Maskus, K. E., "The International Regulation of Intellectual Property", *Weltwirtschaftliches Archiv*, 134, 1998.

Masood, E., and L. Garwin, "Closing the Earth: When Ecology Meets Economics", *Nature*, 395, 1998.

Mazzoleni, R., "Innovation in the Machine Tool Industry: A Historical Perspective on Comparative Advantage", In D. C. Mowery and R. R. Nelson, eds., Cambridge, UK: Cambridge University Press, 1999.

McCoy, C., "When the Boomster Slams the Doomster, Bet on a New Wager", *Wall Street Journal*, June 5, 1995.

McCraw, T. K., "Henry Ford and Alfred Sloan", In *Management Past and Present: A Casebook on the History of American Business*, A. D. Chandler, Jr, T. K. McCraw, and R. S. Tedlow, eds., Cincinnati, OH: Southwestern College Publishing, 1996.

McDowell, S. D., "The Decline of the License Raj: Indian Software Export Policies", *Journal Communication*, 45, 1995.

McKelvey, M. D., *Evolutionary Innovations: The Business of Biotechnology*, Oxford, UK: Oxford University Press, 1996.

McKelvey, M. D., "Emerging Environments in Biotechnology", In *Universities and the Global Knowledge Economy*, Henry Etzkowitz and Loet Leyesdorff, eds., London: Pinter, 1997.

McKibbin, W. J., "Greenhouse Abatement Policy: Insights from the Grubbed-Multicountry Model", *Australian Journal of Agricultural and Resource Economics*, 42, 1998.

McNeill, W. H., "The Pursuit of Power: Technology", *Armed Forces and Society since A. D. 1000*, Chicago, IL: University of Chicago Press, 1982.

Meadows, D. H., and D. L. Meadows, with J. Randers and W. W. Behrens III, *The Limits to Growth*, New York: Universe Books, 1972 (Limits I).

Meadows, D. H., D. L. Meadows et al., *The Limits to Growth*, New York: Universe Books. 1972.

Meadows, D. H., D. L. Meadows, and J. Randers, *Beyond the Limits*, Post Mills, VT: Chelsea Green Publishing Company, 1992 (Limits I).

Meadows, D. H., D. L. Meadows, and J. Randers, *Beyond the Limits: Confronting Global Collapse, Envisioning a Sustainable Future*, Post Mills, VT: Chelsea Green Publishers, 1992.

Meadows, D. H., D. L. Meadows, and J. Randers, *The Limits to Growth: A*

Report for the Club of Rome's Project on the Predicament of Mankind, New York: Universe Books. 1972.

Mellor, J. W., "Accelerating Agricultural Growths Irrigation Institutional Reform Necessary?", The Pakistan Development Review, 35, 1996.

Merges, R. P., and R. R. Nelson, "On the Complex Economics of Patent Scope", Columbia Law Review, 90, May 1990.

Merton, R. K., "Priories in Scientific Discovery", In The Sociology of Science: Theoretical and Empirical Investigations, R. K. Marton, ed., Chicago, IL: University of Chicago Press, 1973.

Metcalf, J. S., "The Diffusion of Invention: An Interpretive Survey", In Technical Change and Economic Theory, G. Dosi, C. Freeman, R. Nelson, G. S. Silverberg and L., Soete, eds., New York: Pinter, 1988.

Meyer, W. B., K. W. Butzer, T. E. Downing, B. L. Tumer, G. W. Wenzel, and J. L. Wesscoat, "Reasoning by Analogy", In Human Choice and Climate Change, Vol II, The Tools for Policy Analysis, S. Rayner and E. L. Malone, eds., Columbus, OH: Battle Press, 1998.

Mishan, E., J., "The Postwar Literature on Externalities: An Interpretive Essay", Journal of Economic Literature, 9, March 1971.

Mishan, E. J., Technology and Growth: The Price We Pay, New York: Praeger, 1970.

Moazzami, B., and E. J. Anderson, "Modeling NaturalResource Scarcity Using the ErrorCorection Approach", Canadian Journal of Economics, 17, 1994.

Mohr, H., "The Ethics of Science", Interdisciplinary Science Reviews, 4, 1979.

Mokyr, J., The Lever of Riches: Technological Creativity and Economic Progress, New York: Oxford University Press, 1990.

Mokyr, J., "Innovation and Its Enemies: The Economic and Political Roots of Technological Inertia", In A Not So Dismal Science, M. Olson, ed., Oxford. UK: Oxford University Press, 1998.

Mokyr, J., "Progress and Inertia in Technological Change", In Capitalism in Context: Essays in Honor of R. M. Harwel, J. James and M. Thomas, eds., Chicago, IL: University of Chicago Press, 1994.

Moore, D., J. Sturock, and P. Webre, "CanU. S. Support of Research Fuel Economic Gains?", *Forum for Applied Research and Public Policy*, 10, 1995.

Moore, G. E., "Intel Memories and the Microprocessor", *Daedalus*, 125, Spring 996-55-80.

Moore, M. R., R. Gardner, and J. M. Walker, "Groundwater Institutions: Models and Experiments", In *Designing institutions for Environmental and Resource Management*, E. T. Loehman and D., M. Kilgour, eds., Cheltenham, UK: Edward Elgar, 1998.

Moore. G. E., "Intel Memories and the Microprocessor", *Daedalus*, 1996.

Moroney, J. R., "Energy Capital, and Technological Change in the United States", *Resources and Energy*, 14, 1992.

Mowery D. C., and N. Rosenberg, *Paths of Innovation: Technological Change in 20th Century America*, Cambridge, UK: Cambridge University Press, 1998.

Mowery, D. C., ed., *The International Computer SoftwareIndustry: A Comparative Study of Industry Evolution and Structure*, New York Oxford University Press, 1996.

Mowery, D. C., "Innovation, Market Structure, and Government Policy in the American Semiconductor Electronic Industry: A Survey", *Research Policy*, 12, 1983.

Mowery, D. C., "The Changing Structure of the U. S. National Innovation System: Implications forInternational Conflict and Cooperation in R&D", *Research Policy*, 27, 1998.

Mowery, D. C., "The Development of Industrial Research in U. S. Manufacturing", *American Economic Review*, 80, May 1990.

Mowery, D. C., and N. Rosenberg, *Technology and the Pursuit of Economic Growth*, Cambridge, UK: Cambridge University Press, 1989.

Mowery, D. C., and N. Rosenberg, "The Commercial Aircraft Industry", In *Government and Technical Progress: A Cross-Industry Analysis*, R. R. Nelson, ed., New York: Pergamon Press, 1982.

Mowery, D. C., and N. Rosenberg, "The USNational Innovation System", In *National Innovation Systems: A Comparative Analysis*, Richard Nelson, ed.,

New York: Oxford University Press, 1993.

Mowery, D. C. ed., *U. S. Industry in 2000 Studies in Competitive Performance*, Washington, DC: National Academy Pres, 1999.

Mowery, D. C., and N. Rosenberg, "The Influence of Market Demand Upon Innovation: A Critical Review of Some Recent Empirical Studies", *Research Policy*, 8, 1979.

Mueller, W. F., "The Origins of the Basic Inventions Underlying DuPon's Major Product and Process Innovations, 1920 to 1950", In *The Rate and Direction of Inventive Activity: Economic and Social Factors*, Richard R. Nelson, ed., Princeton, NJ: Princeton University Press, 1962.

Mukerji, C. A., *Fragile Power: Scientists and the State*, Princeton, NJ: Princeton University Press, 1989.

Mumford, L., *Technics and Civilization*, New York, NY: Harcourt Brace, 1934.

Mumford, L., *The Pentagon of Power*, New York: Harcourt, Brace Jovanovich, 1964.

Munell, A. H., "Why Has Productivity Growth Declined: Productivity and Public Investment", *New England Economic Review*, January/February 1990.

Munford, L., *Technics and Civilization*, New York: Harcourt Brace, 1934.

Murphy, K., "There's Big Green in Organic Food", *Business Week*, October 6, 1997.

Murray, A., "New Economic Models Fail While American, Inc. Keeps Rolling: Why?", *Wall Street Journal*, Dec. 8, 1997.

Musgrave, R. A., *The Theory of Public Finance*, New York: McGraw-Hill, 1959.

Myers, N., "Consumption: Challenge to Development", *Science*, 276, April 4, 1997.

Myers, N., "Pre-Debate Statement", In *Scarcity or Abundance? A Debate on the Environment*, N. Meyers and J. L. Simon, eds., New York: W. W. Norton, 1994.

Myers, N., and J. Simon, *Scarcity or Abundance? A Debate on the Environment*,

New York: W. W. Norton, 1994.

Nakićenović, N., and A Grubler, eds., *Diffusion of Technologies and Social Behavior*, Berlin: SpringerVerlag, 1991.

Nakićenović, N., A. Grubler, and A. McDonald, eds., *Global Energy Perspectives*, Cambridge, UK: Cambridge University Press, 1998.

Nakićenović, N., *Growth in Limits: Long Waves and the Dynamics of Technology*, Vienna: University of Vienna, 1984.

Nakićenović, N., W. D. Nordhaus, R. Richels and F. L Toth, ed., *Integrative Assessment of Mitigation, Impacts, and Adaptations to Climate Change*, Laxenberg, Austria: International Institute for Systems Analysis, 1994.

Nakićenović, N., W. D. Nordhaus, R. Richels, and F L. Toth, eds., *Climate Change: Integrating Science, Economics, and Policy*, Laxenberg, Austria: International Institute for Applied Systems Analysis, 1996.

Nakićenović, N., "Freeing Energy from Carbon", In *Technological Trajectories and the Human Environment*, J. H Ausubel and H. D. Langford, eds., Washingon, DC: National Academy Press, 1997.

Narin, F., and D. Olivastro, "Status Report: Linkage Between Technology and Science", *Research Policy*, 21, 1992.

Narin, F., K. S. Hamiton, and D. Olivastro, *The Increasing Linkage between U. S. Technology and Public Science*, Hadden Heights, NJ: CHI Research, March 17, 1997 (mimeo).

Narin, F., and E. Noma, "Is Technology Becoming Science", *Scientometrica*, 7, 1985.

Nasbeth, L., and G. F. Roy, *The Diffusion of New Industrial Process: An International Study*, Cambridge, UK: Cambridge University Press, 1974.

Nash, H. ed., *The Energy Controversy: Soft Path Question and Answers*, San Francisco, CA: Friends of the Earth, 1979.

National Commission on Materials Policy, "Materials Needs and the Environment Today", Washington, DC: U. S. Government Printing Office, 1973.

National Commission on Supplies and Shortages, "Government and the Nation's Resources", Washington, DC: U. S. Government Printing Office, 1976.

National Institutes for Standards and Technology, "National Institute of Standards and Technology Program: Proposal Preparation Kit", Washington, DC: U. S. Department of Commerce, 1994.

National Research Council Board on Science and Technology for International Development, *Applications of Biotechnology to Traditional Fermented Foods*, Washington, DC: National Academy Press, 1992.

National Research Council Energy Engineering Board, Committee on Automobile and Light Track Fuel Economy (NRC), *Automotive Fuel Economy: How Far Should We Go?*, Washington, DC: National Academy Press, 1992.

National Research Council, *Biogically Based Pest Management: New Solutions for a New Century*, Washington, DC: National Academy Press, 1996b.

National Research Council, Board on Sustainable Development, *Our Common Journey: Toward a Sustainability Transition*, Washington, DC: National Academy Press, 1999.

National Research Council, *Changing Climate*, Washington, DC: National Academy Press, 1983a.

National Research Council, *Colleges of Agriculture at the Land Grant Universities: Public Service and Public Policy*, Washington, DC: National Academy Press, 1996a.

National Research Council, *Ohio's Thomas Edison Centers: A 1990 Review*, Washinglon, DC: National Academy Press, 1990.

National Research Council, *Policy Implications of Greenhouse Warming: Mitigation, Adaptation and The Science Base*, Washington, DC: National Academy Press, 1983b.

National Research Council, *Sustainable Agriculture and the Environment in the Humid Tropics*, Washington, DC: National Academy Press, 1993.

National Research Council, "Report of the Committee on Research Advisory 10 the U.S Department of Agriculture (The Pound Report)", Springfield, VA: National Technical Information Service, 1972.

National ResearchCouncil, *Global Environmental Change: Understanding Human Dimensions*, Washington, DC: National Academy Press, 1992.

National Science and Technology Council, *Assessing Fundamental Science*,

Washington, DC: National Academy Press, 1996.

National Science Foundation, *Human Resources for Science and Technology*: *The European Region*, Arlington, VA: NSF Special Report 96-316, 1996.

National Research Council, *Our Common Journey*: *A Transition Toward Sustainability*, Washington, DC: National Academy Press, 1999.

National Research Council, *Water Transfers in the West*: *Efficiency Equity and the Environment*, Washington, DC: National Academy Press, 1992.

Navin, F., and D. Olivastro, " "Status Report: Linkages between Technology and Science", *Research Policy*, 21, 1992.

Naylor, R. L., *Herbicides in Asian Rice*: *Transitions in Weed Management*, Manila, Philppines: International Rice Research Institute, 1996.

Naylor, R. L., "Energy and Resource Constraints on Intensive Agricultural Production", *Annual Review of Energy and the Environment*, 21, 1996.

Nef, J. U., *War and Human Progress*, Cambridge, MA: Harvard University Press, 1950.

Nelson, R. R., and N. Rosenberg, "The U. S. National Innovation System", In *National Innovation System*: *A Comparative Analysis*, Richard Nelson, ed., New York: Oxford University Press, 1993.

Nelson, R. R., and R. Mazzoleni, *The Benefits and Costs of Strong Patent Protection*: *A Contribution to the Current Debate*, New York: Columbia University School of International and Public Affairs, 1998.

Nelson, R. R., and R. N. Langlois, "Industrial Innovation Policy; Lessons from American History", *Science*, 219, 1983.

Nelson, R. R., and S. G. Winter, *An Evolutionary Theory of Economic Change*, Cambrdge, MA: Harvard University Press, 1982.

Nelson, R. R., and S. G. Winter, "Neoclassical vs. Evolutionary Theories of Economic Growth: Critique and Prospects", *Economic Journal*, 84, 1974.

Nelson, R. R., and S. G. Winter, "Simulation of Schumpeterian Competition", *American Economic Review*, 67, 1977.

Nelson, R. R., S. G. Winter, and H. L. Schuette, "Technical Change in an Evolutionary Model", *Quarterly Journal of Economics*, 40, 1976.

Nelson, R. R., *Why Bush's Science*: *The Endless Frontier Has Been a Hindrance* to the Development of an Effective Civilian Technology Policy, New York: Columbia University, School of International and Public Affairs, 1997.

Nelson, R. R., "Recent Evolutionary Theorizing About Economic Change", *Journal of Economic Literature*, 33, March 1995.

Nelson, R. R., "The Economics of Invention: A Survey of the Literature", *Journal of Business*, 32, 1959.

Nelson, R. R., "The Simple Economics of Basic Scientific Research", *Journal of Political Economy*, 67, 1959.

Nelson, R. R., "The Transistor", In *The Rare and Direction of Inventive Activity: Economic and Social Factors*, R. R. Nelson, ed., Princeton, NJ: Princeton Universily Press, 1962.

Nelson, R. R., and G. Wright, "The Rise and Fall of American Technological Leadership: The Post War Era in Historical Perspective", *The Journal of Economic Literature*, 23, 1992.

Nelson, R. R., and G. Wright, "The Rise and Fall of American Technological Leadership: The Postwar Era in Historical Perspective", *The Journal of Economic Literature*, 23, December 1992.

Nelson, R. R., and S. A. Winter, "Toward an Evolutionary Theory of Economic Capabilities", *American Economic Review*, 63, 1973.

Nelson, R. R., and S. G. Winter, *An Evolutionary Theory of Economic Change*, Cambridge, MA: Harvard University Press, 1982.

Nelson, R. R., and S. G. Winter, "Factor Price Changes and Factor Substitution in an Evolutionary Model", *Bell Journal of Economics*, 6, 1975.

Nelson, R. R. ed., *Government and Technical Progress: A Cross-Industry Analysis*, New York: Pergamon Press, 1983.

Nelson, R. R. ed., *National Innovation Systems: A Comparative Analysis*, New York: Oxford University Press, 1993.

Nelson, R. R. ed., *The Rate and Direction of InventiveActivity: Economic and Social Factors*, Princeton, NJ: Princeton University Press, 1962.

Nerlove, M., "Household and Economy; Toward a New Theory of Population and Economic Growth", *Journal of Political Economy*, 82, 1974, Part 2:

S200S218.

Neting, R. M., "What Alpine Peasants Have in Common: Observations on Communal Tenure in a Swiss Ville", *Human Ecology*, 4, 1976.

Netting, R. M., "Of Men and Meadows: Strategies of Alpine Land Use", *Anthropological Quarterly*, 45, 1972.

Newhery, D. M., "Privatization and Liberalization of Network Utilities", *European Economic Review*, 41, 1997.

Norberg, A. L., and J. B. O'Neill (with K. J. Freedman), *Transforming Computer Technology: Information Processing for the Pentagon*, 1962-1986, Baltimore, MD: Johns Hopkins University Press, 1996.

Nordhaus, W. D., *Managing the Global Commons: The Economics of Climate Change*, Cambridge, MA: MIT Press, 1994.

Nordhaus, W. D., *Modeling Induced Innovation in ClimateChange Policy*, New Haven, CT: Yale University Department of Economics, 1997 (mimeo).

Nordhaus, W. D., "Lethal Model 2: The Limits to Growth Revisited", *Brookings Papers on Economic Activity*, #2, 1992.

Nordhaus, W. D., "Some Skeptical Thoughts on the Theory of Induced Innovation", *Quarterly Journal of Economics*, 87, 1973.

Nordhaus, W. D., "The Allocation of Energy Resources", *Brookings Papers on Economic Activity*, 3, 1973a.

Nordhaus, W. D., "ToSlow or Not to Slow: The Economics ofthe Greenhouse Effect", *Economic Journal*, 101, July 1991.

Nordhaus, W. D., "Traditional Productivity Estimates Are Asleep al the Switch", *Economic Journal*, 107, 1997.

Nordhaus, W. D., "World Dynamics: Measurement without Data", *Economic Journal*, 83, 1973.

Nordhaus. W. D., *Invention, Growth and Welfare: A TheoreticalTreatment of Technical Change*, Cambridge, MA: MIT Press, 1969.

North, D. C., and R. P. Thomas, "An Economic Theory of the Growth of the Western World", *Economic History Review*, 23, 1970.

North, D. C., *Structure and Change in Economic History*, New York: W. W. Norton, 1981.

North, D. C., "A Theory of Economic Chang", *Science*, 219, 1983.

North, D. C., "Ideology and the Free Rider Problem", *Structure and Change in Economic History*, New York: W. W. Norton, 1981.

North. D. C., and R. P. Thomas, *The Rise of the Western World*, London, UK: Cambridge University Press, 1973.

Norton, B., R. Costanza, and R. C. Bishop, "The Evolution of Preferences: Why 'Soverign' Preferences May Not Lead to Sustainable Policies and What to Do about It", *Ecological Economics*, 24, 2&3, 1998.

Nye, D. E., *Electrifying America: Social Meanings of a New Technology, 1880-1940*, Cambridge, MA: MIT Press, 1990.

Oates, W. E. ed., *The Economics of the Environment*, Aldershot, UK: Edward Elgar, 1992.

Oates, W. E. ed., *The RFF Reader in Environmental and Resource Management*, Washingion, DC: Resources for the Future, 1999.

Odagin, H., and A. Goto, "The Japanese System of Innovation: Past, Present, and Future", In *National Innovation Systems: A Comparative Analysis*, R. Nelson, ed., New York: Oxford University Press, 1993.

Office of Technology Assessment, *Biotechnology in a Global Economy*, Washington, DC: U. S. Govemment Printing Office (OTABA 495), October 1991.

Office of Technology Assessment, *Commercial Biotechnology: An International Analysis*, Washington, DC: U. S. Govenrment Printing Office (OTABA218), January 1984.

Office of Technology Assessment, *Impacts of Applied Genetics: Micro-organisms, Plants, and Animals*, Washington, DC: U. S. Government Printing Office (OTAHR132), April 1981.

Office of Technology Assessment, *Research Funding as an Investment: Can We Measure the Returns?*, OTATMSET 36, Washington, DC: Govemmrnnt Printing Office, April 1996.

Ogburn, W. F., *Technological Trends in National Policy*, Washington, DC: U. S. Government Printing Office, 1937.

Ogburn, W. F., and D. S. Thomas, "Are Inventions Inevitable?", *Political Science Quarterly*, 37, 1922.

Ogden, J. M., and R. H. Williams, *Solar Hydrogen: Moving Beyond Fossil Fuels*, Washington, DC: World Resources Institute, 1989.

Oliner, S. D., and D. E. Sichel, "Computers and Output Growth: How Big Is the Puzzle?", *Brookings Papers on Economic Activity*, 2, 99.

Oliner, S. D., and W. L. Wascher, "Is a Productivity Revolution Underway in the United States?", *Challenge*, Novermber/December 1995.

Olmstead, A. L., and P. Rhode, "Induced Innovation in American Agricultures: A Reconsideration", *Journal of Political Economy*, 101, 1993.

Olmstead, A. L., and P. W. Rhode, "Induced Innovation in American Agriculture: Regional Perspectives Since 1880", *Journal of Political Economy*, 101, 1993.

Olmstead. A. L., and P. Rhode, *Induced Innovation in American Agriculture: An Econometric Analysis*, Institute of Government Affairs, University of California, Davis, CA, 1995 (mimeo).

Olson, M., *The Rise and Decline of Nations: Economic Growth, Stagflation, and Social Rigidities*, New Haven, CT: Yale University Press, 1982.

Olson, M. Jr., *The Logic of Collective Action: Public Goods and the Theory of Groups*, Cambrndge, MA: Harvard University Press, 1965.

Or, J. B., *As I Recall*, London, UK: MacGibbon and Kee, 1966.

Organization for Economic Cooperation and Development, *Intellectual Property: Technology Transfer and Genetic Resources*, Paris: OECD, 1996.

Orsenigo, L., *The Emergence of Biotechnology: Institutions and Markets in Industrial Innovation*, New York: St. Manin's Press, 1989.

Oster, S., "The Diffusion of Innovation Among Steel Firms: The Basic Oxygen Furnace", *Bell Journal of Economics*, 13, 1982.

Ostrom, E., *Governing the Commons: The Evolution of Institutions for Collective Action*, Cambridge, UK: Cambridge University Press, 1990.

Ostrom, E., *Governing the Commons: The Evolution of Instruments for Collective Action*, Cambridge, UK: Cambridge University Press, 1990.

Ostrom, E., J. Barger., C. B. Field, R. B. Norgard, and D. Policansky, "Revisiting the Commons: Local Lessons, Global Challenges", *Science*,

284, 1999.

Ostrom, E. , *The Comparative Study of Public Economics*, Memphis, TN: P. K. Seidman Foundation, 1998.

Otsuka, K. , G. Ranis, and G. Saxonhouse, *Comparative Technology Choice in Development: The Indian and Japanese Contton Textile Industries*, New York: St. Martin's Press, 1988.

Overton, M. , *Agricultural Revolution in England: The Transformation of the Agrarian Economy: 1500 – 1850*, Cambridge, UK: Cambridge University Press, 1996.

O'Riordan, T. , "Climate Change 1995: Economic and Social Dimensions", *Environment*, 39, November 1997.

Page, T. , "Sustainability and the Problem of Valuation", In *Ecological Economics: The Science and Management of Sustainability*, R. Costanza, ed. , New York: Columbia University Press, 1991.

Paleti, M. G. , and D. Pimentel, "Environmental and Economic Costs of Herbicide Resistance and Host Plant Resistance to Plant Pathogens and Insects", *Technological Forecasting and Social Change*, 50, 1995.

Palladino, P. , *Entomology, Ecology, and Agriculture: The Making of Scientific Careers in North America, 1885 – 1985*, Amsterdam, The Netherlands: Harwood Academic Publishers, 1996.

Palmquist, R. B. , E. M. Roka, and T. Vukina, "Hog Operations, Environmental Effects, and Residential Property Values", *Land Economics*, 73, February 1997.

Pardey, P. , J. Roseboom, and N. M. Beintema, "Investments in African Agricultural Research", *World Development*, 25, 1997.

Pardey, P. J. , B. J. Craig, and M. J. Hallaway, "U. S. Agricultural Research Deflators: 1890–1985", *Research Policy*, 18, 1989a.

Pardey, P. J. Roscboom, and J. R. Anderson, eds. , *Agricultural Research Policy: International Quantitative Perspectives*, New York: Cambridge University Press, 1991.

Pardey, P. J. Roseboom, and J. R. Anderson, *Agricultural Research Policy: International Quantitative Perspectives*, Cambridge, UK: Cambridge University

Press, 1989b.

Parente, S. L. , and E. C Prescot, "Barriers to Technology Adoption and Development", *Journal of Political Economy*, 102, 1994.

Parente, S. L. , and E. C. Prescott, *Barriers to Riches*, Cambridge, MA: MIT Press, 2000.

Parry, M. L. , *Climate Change and World Agriculture*, London: Earthscan Publications, 1990.

Patel, P. , and K. Pavit, "The Technological Competencies of the World's Largest Firms: Complex and Path-Dependent, But Not Much Variety", *Research Policy*, 26, 1997.

Pearce, D. , and G. Atkinson, "Measuring Sustainable Development", In *The Handbook of Environmental Economics*, D. W. Bromley, ed. , Oxford, UK: Blackwell Publishers, 1995.

Pearce, D. , A. Markandya, and E. B. Barbier, *Blueprint for a Green Economy*, London: Earthscan, 1989.

Pearce, D. , E. Barbier and A. Markandya, *Economics and Environment in the Third World*, London: Earthscan Publications, 1990.

Pearce, D. , "Auditing the Earth: The Value of the World's Ecosystem Services and Natural Capital", *Environment*, 40, March 1998.

Pearce, D. W. , and J. J. Warford, *World without End: Economics, Environment and Sustainable Development*, New York: Oxford University Press, 1993.

Pearse, A. , *Seeds of Plenty, Seeds of Want: Social and Economic Implications of the Green Revolution*, Oxford, UK: Clarenden Press, 1980.

Peirce, W. S. , *The Economics of Energy Industries*, Westport, CN: Praeger, 1996.

Penrose, E. T. , "Biological Analogies to the Theory of the Firm", *American Economic Review*, 42, 1952.

Perkins, J. H. , *Geopolitics and the Green Revolution*, Oxford, UK: Oxford University Press, 1997.

Peterson, W. , "Overinvestment in Public Sector Capital", *Cato Journal*, 14, 1994.

Pigou, A. C. , *The Economics of Welfare*, London, UK: Macmillan, 1948.

Pimentel, D. , et al. , "Environmental and Economic Impacts of Reducing U. S. Agricultural Pesticide Use", In *Handbook of Pest Management in Agriculture*, 2nd ed. , D. Pimentel, ed. , CRC Press, 1991.

Pimentel, D. , et al. , "Response (to Crosson) ", *Science*, 269, 1995b.

Pimentel, D. et al. , "Environmental and Economic Costs of Soil Erosion and Conservation Benefits", *Science*, 267, 1995.

Pimentel, D. et al. , " Land Degradation: ffects on Food and Energy Resources", *Science*, 194, 1976.

Pindyck, R. S. , "The Optimal Exploration and Production of Nonrenewable Resources", *Journal of Political Economy*, 86, October 1978.

Pingali, P. , Y. Bigot, and H. P. Binswanger, *Agricultural Mechanization and the Evolution of Farming Systems in Africa*, Baltimore, MD: Johns Hopkins University Press, 1987.

Pingali, P. L. , and P. A. Roger, eds. , *Impact of Pesticides on Farmer Health and the Rice Environment*, Boston, MA: Kluwer Academic Publishers, 1995.

Pingali, P. L. , C. B. Marquez, and F. G. Palis, "Pesticides and Philippine Rice Farmer Health: A Medical and Economic Analysis", *American Journal of Agricultural Economics*, 76, 1994.

Pingali, P. L. , M. Hossain, and R. V. Gerpacio, *Asian Rice Bowls: The Returning Crisis*, New York: CAB International, 1997.

Pizer, W. A. , "Optimal Choice of Policy Instruments and Stringency Under Uncertainty: The Case of Climate Change", Resources for the Future Policy Paper, Washington, DC: Resources for the Future, March 1997.

Plor, C. , "Externalities and Corrective Policies in Experimental Markets", *Economic Journal*, 93, 1983.

Plucknet, D. L. , and N. J. H. Smith, "Sustaining Agricultural Yields", *BioScience*, 36, 1986.

Pollack, A. , "In Japan Aid for Developing Chip of Future", *New York Times*, October 16, 1995a.

Pollack, A. , "Japanese Seck l0 End Semiconductor Pact with US", *New York*

Times, November 3, 1995c.

Pollack, A., "Motorola Joins Competitors in International Chip Alliance", *New York Times*, October 19, 1995b.

Pool, R., *Beyond Engineering: How Society Shapes Technology*, New York: Oxford University Press, 1997.

Popp, D., *Induced Innovation, Energy Prices and the Environment*, Ph. D. Dissertation, New Haven, CT: Yale University Graduate School, 1996.

Porter, M. E., *The Competitive Advantage of Nations*, New York: Free Press, 1990.

Porter, M. E., and H. Takeuchi, "Fixing What Really Ails Japan", *Foreign Affairs*, 78, May/June 1999.

Porter, M. F., "Clusters and the New Economics of Competition", *Harvard Business Review*, November/December, 1998.

Powles, S. B., C. Preston, I. B. Bryon, and A. R. Jutsum, "Herbicide Resistance: Impact and Management", *Advances in Agronomy*, 58, 1997.

Pray, C. E., and D. UmaliDeininger, "The Private Sector in Agricultural Research Systems: Will It Fill the Gap?", *World Development*, 26, 1998.

Pray, C. E., "Private Sector Research in Asia", In *Policy for Agricultural Research*, V. W. Rultan and C. E. Pray, eds., Boulder, CO: Westview Press, 1987.

Pray, C. E., and R. G. Echeveria, "Transferring Hybrid Maize Technology: The Role of the Private Sector", *Food Policy*, 13, 1988.

President's Committee of Advisers on Science and Technology, *Federal Energy Research and Developmentfor the Challengesofthe Twenty-First Century*, Washington, DC: President's Committee of Advisors on Science and Technology (PCAST), November 1997.

President's Materials Policy Commission, *Resources for Freedom*, A Report to the President by the President's Materials Policy Commission, Washington, DC, 1952.

President's Water Resources Policy Commission, *A Water Policy for the American People*, The Report of the President's Water Policy Commission, Vol. 1,

Washingion, DC, 1950.

Press F., "Needed: Coherent Budgeting for Science and Technology", *Science*, 270, December 1, 1995.

Preston, R., "The Bioweaponeers", *New Yorker*, March 9, 1998.

Prestowitz, C. V. Jr., *Trading Places: How We Allowed Japan to Take the Lead*, New York: Basic Boks, 1988.

Prestowitz, C. V. Jr., "Playing to Win", *Foreign Affairs*, July/August 1994.

Price, D. J. de Solla, "Notes Toward a Philosophy of the Science: Technology Interaction", In *The Nature of Knowledge: Are Models of Scientific Change Relevant?*, Rachel Laudon, ed., Dordrecht: Kluwer Academic Publishers, 1984.

Price. D. J., de Solla, "Is Technology Historically Independent of Science? A Study in Statistical Historiography", *Technology and Culture*, 6, 1965.

Price. D. J. de Solla, *Little Science, Big Science... And Beyond*, New York: Columbia University Press, 1986, 1st ed, 1963.

Pritchett, L., "Divergence, Big Time", *Journal of Economic Perspectives*, II, 1997.

Pugh, E. W., *Memories That Shaped an Industry: Decisions Leading to IBM System 1360*, Cambidge, MA: MIT Press, 1984.

Purcell, D. L., and J. R. Anderson, *Agricultural Extension and Research Achievements and Problems in National Systems*, Washington, DC: The World Bank, 1997.

Quah, D., "Galton's Fallacy and Tests of the Convergence Hypothesis", *Scandinavian Journal of Economics*, 95, 4 1993.

Raeburn, P., *The Lost Harvest*, New York: Simon and Schuster, 1995.

Randall, A., *Before the Luddites*, Cambridge, UK: Cambridge University Press, 1991.

Randazzese, L. P., "Semiconductor Subsidies", *Scientific American*, June 1996.

Ranis, G., and J. C. H. Pei, "A Theory of Economic Development", *American Economic Review*, 51, 1961.

Raskin, P. M. Chadwick, T. Jackson, and G. Leach, *The Sustainability Transi-*

tion: *Beyond Conventional Development*, Stockholm, Sweden: Stockholm Environment Institute, 1997.

Raskin, P. M. Chadwick, T. Jackson, and G. Leach, *The Sustainability Transition: Beyond Conventional Development*, Stockholm, Sweden. Stockholm Environment Institute, 1996.

Raskin, P. P. Gleick, P. Kirshin, G. Pontius, and K. Strzepek, *Comprehensive Assessment of the Freshwater Resources of the World*, Stockholm, Sweden: Stockholm Environment Institute, 1998.

Rasmussen, N. , "What's So New About Biotechnology? Tales of Life Science and Industry in 1930 and 40s America", Sydney, Australia: The University of New South Wales, School of Science and Technology Studies, February 2, 1999 (mimeo).

Rausser, G. , "Public/Private Alliances", Ag Bio Forum, 2, 1999. Retrieved April 15, 1999, from the worldwide web: http://www.agbioforum.missouri.edu.

Rausser, G. C. E. Lichtenberg and R. Latimore, "Developments in Theory and Empirical Applications of Endogenous Governmental Behavior", In *New Directions in Econometric Modeling and Forecasting in U.S Agriculture*, G. C. Rausser, ed. , New York: Elsevier. 1982.

Ray, G. F. , "The Diffusion of New Technology: A Study of Ten Processes in Nine Industries", *National Institute Economic Review*, 48, 1969.

Reardon, T. , "African Agriculture: Productivity and Sustainability Issues", In *International Agricultural Development*, 3rd ed. , C. K. Eicher and J. M. Statz, eds. , Baltimore, MD: Johns Hopkins University Press, 1998.

Reddy, N. M. , and L. Zhao, "International Technology Transfer: A Review", *Research Policy*, 19, 1990.

Reich, L. S. , *The Making of American Industrial Research: Science and Business al GE and Bell, 1876 – 1926*, Cambridge, UK: Cambridge University Press, 1985.

Reich, L. S. , "Irving Langmuir and the Pursuit of Science and Technology in the Corporate Environment", *Technology and Culture*, 24, 1983.

Reilly, J. , D. Schimmelpfennig. and L. Lewandrowski, "The Future for Global and Regional Food Production in a Changing Environment", In *Climate Change and Global Crop Productivity*, K. R. Reddy and H. F. Hodgest, eds., Oxon, UK: CAB International, 1999 (in press).

Reimers, N., "Tiger by the Tail", *Chemtech*, 17, 1984.

Repetto, R., W. Magrath, M. Wells, C. Beer, and E Rossini, "Wasting Assets: Natural Resources in the National Income Accounts", In *The Earthscan Reader in Environmental Economics*, A. Markandys and J. Richardson, eds., London: Earthscan Publications, 1992.

Reynolds, T. S., "Defining Professional Boundaries: Chemical Engineering in the Early 20th Century", In *The Engineer in America*, T. S. Reynolds, ed., Chicago, IL: University of Chicago Press, 1991.

Rhodes, R., and D. Beller, "The Need for Nuclear Power", *Foreign Affairs*, 79, January/February 2000.

Ricardo, D., *The Principles of Political Economy and Taxation*, London: J. M. Dent & Sons, 1911.

Riche, R. W., D. E. Hecker, and J. U. Burgan, "High Technology Today and Tomorrow: A Small Slice of the Employment Pie", *Monthly Labor Review*, 106, November 1983.

Rifkin, G., and G. Harar, *The Ultimare Entrepreneur: The Story of Ken Olson and DigitalEquipment Corporation*, Chicago, IL: Contemporary Books, 1988.

Rifkin, J., *The Biotech Century: Harnessing the Gene and Remaking the World*, New York: Putnam, 1998.

Riordan, M., and L. Hoddeson, *Crystal Fire: The Birth of the Information Age*, New York: W. W. Norton, 1977.

Robinson, D. Z., "Think Twice Before Overhauling Federal Budgeting", In *AAS Science and Technology Policy Yearbook, 1996–1997*, A. H. Teich, S. D. Nelson. and C. McEnany, eds., Washington, DC: American Association for the Advancement of Science, 1997.

Rochin, G. L., *Trapped in the Net: The Unanticipated Consequences of Computerization*, Princeion, NJ: Princeton University Press, 1997.

Rogers, E. M., *Diffusion of Innovations*, 3rd ed., New York: The Free Press,

1983.

Rogers, E. M., *Diffusion of Innovations*, 4th ed., New York: The Free Press, 1995.

Rogers, E. M., and A. E. Haven, "Adoption of Hybrid Corn: A Comment", *Rural Sociology*, 27, 1962.

Rogers, E. M. with F. E. Shoemaker, *Communication of Innovations: A Cross Cultural Approach*, New York: Free Press, 1971.

Rogers, E. M., *Diffusion of Innovations*, New York: Free Press of Glencoe, 1962.

Rogers, E. M. with L. Svenning, *Modernization Among Peasants: The Impact of Communication*, New York: Holt, Rinchart & Winston, 1969.

Rogoff, M. H. L., and S. L. Rawlins, "Food Security: A Technological Alternative", *Bioscience*, 37, December 1987.

Rohalgi, P. K. Rohatgi, and R. U. Ayres, "Materials Future: Pollution Prevention, Recycling, and Improved Functionality", In *Eco-restructuring: Implications for Sustainable Development*, R. U. Ayres and P. M. Weaver, eds., New York: United Nations University Press, 1998.

Roland, A., "Technology and War: A Bibliographic Essay", In *MilitaryEnterprise and Technological Change: Perspectives on the American Experience*, M. R. Smith, ed., Cambridge, MA: MIT Press, 1985.

Romer, P. M., "Beyond Market Failure", In *AAAS Science and Technology Policy Yearbook, 1996 – 1997*, A. H. Teich, S. D. Nelson, and C. McEnanoy, eds., Washington, DC: American Association for the Advancement of Science, 1997.

Romer, P. M., "Growth Based on Increasing Returns Due to Specialization", *American Economic Review*, 77, 1987.

Romer, P. M., "Idea Gaps and Object Gaps in Economic Development", *Journal of Monetary Economics*, 32, 1993.

Romer, P. M., "Increasing Returns and Long Run Growth", *Journal of Political Economy*, 94, 1986.

Rose, A., and B. Stevens, "The Efficiency and Equity of Marketable Permits for CO_2 Emissions", *Resource and Energy Economics*, 15, 1993.

Rosegrant, M. Waler, *Resources in the 21st Century: Challenges and Implications for Action*, Washington, DC: International Food Policy Research Institute, 1997.

Rosegrant, M. W., M. Agacalilomobilla, and N. D. Perez, *Global Food Projections to 2020*, Washington, DC: International Food Policy Research Institute, 1995.

Rosenberg N., and W. E. Stimueller., "Why Are Americans Such Poor Imitators?", *American Economic Review*, 78, May 1988.

Rosenberg N., *Exploring the Black Box: Technology Economics and History*, Cambridge, UK: Cambridge University Press, 1994.

Rosenberg, N., *Inside the Black Box: Technology and Economics*, Cambridge, UK: Cambidge University Press, 1982.

Rosenberg, N., *Perspectives on Technology*, Cambridge, UK: Cambridge University Press, 1976.

Rosenberg, N., *Technology and American Economic Growth*, New York: Harper & Row, 1972.

Rosenberg, N., "Chemical Engineering as a General Purpose Technology", In *General Purpose Technology and Economic Growth*, E. Helpman, ed., Cambridge, MA: MIT Press, 1998b.

Rosenberg, N., "Leaming by Using", In *Inside the Black Box: Technology and Economics*, N. Rosenberg ed., Cambridge: Cambridge University Press, 1982.

Rosenberg, N., "Science, Invention and Economic Growth", *Economic Journal*, 84, 1974.

Rosenberg, N., "Technical Change in Chemicals: The Role of University Industry Relations", In *Chemical and Long-Term Economic Growth: Insights from the Chemical Industry*, A. Arora, R. Landau, and N. Rosenberg, eds., New York: John Wiley and Sons, 1998a.

Rosenberg, N., "Technological Change in the Machine Tool Industry, 1840 – 1910", *Journal of Economic History*, 23, 1963.

Rosendal, G. K., "The Politics of Patent Legislation in Biotechnology: An International View", In *Biotechnology Annual Review*, M. Raafat and EI

Gewely, eds., Amsterdam: Elsevier, 1995.

Rosenzweig, C., and D. Hillel, *Climate Change and the Global Harvest*, New York: Oxford University Press, 1998.

Rostow, W. W., *The Sages of Economic Growth: A Non – Communist Manifesto*, 3rd ed., Cambridge, UK: Cambridge University Press, 1990.

Rostow, W. W., "The Takeoff Into Self-sustained Growth", *Economic Journal*, 66, 1956.

Rotman, J., and H. Dow latabadi, "Integrated Assessment Modeling", In *Human Choices and Climate Change*, Vol. II, *The Tools for Policy Analysis*, S. Rayner and E. L. Malone, eds., Columbus, OH: Battle Press, 1998.

Roumassel, J. A., and K. R. Smith, "Exposure Trading: An Approach to More Efficient AirPollution Control", *Journal of Environmental Economics and Management*, 18, 99.

Ruchl, D., "The Impact of Anti-Nuclear Power Movements in International Comparison", In *Resistance to New Technology: Nuclear Power, Information Technology and Biotechnology*, M. Bauer, ed., Cambridge, UK: Cambridge University Press, 1995.

Runge, C. F., *Institutions and Common Property Externalities: The Assurance Problem in Economic Development*, Ph. D. dissertation, University of Wisconsin, Madison, 1981a: xvi.

Runge, C. F., "Common Property and Collective Action in Economic Development", *World Development*, 14, 5, 1986.

Runge, C. F., "Common Property Externailies: Isolation, Assurance, and Resource Depletion in a Traditional Grazing Context", *American Journal of Agricultural Economics*, 63, November 1981.

Runge, C. F., "Common Property Externalties: Isolation, Assurance, and Resource Depletion in a Traditional Grazing Context", *American Journal of Agricultural Economics*, 63, 1981b.

Runge, C. F., "Environmental Protection from Farm to Marke", In *Thinking Ecologically: The Generation of Environmental Policy*, M. R. Chertow and D. C. Esty, eds., New Haven, CT: Yale University Press, 1997.

Runge, C. F., "Induced Agricultural Innovation and Environmental Quality:

The Case of Groundwater Regulation", *Land Economics*, 63, 1987.

Runge, C. F. E. Cap, P. Faeth, P. McGinnis. D. Papageorgiou, J. Toby, and R. Houseman, *Sustainable Trade Expansion in Latin America and the Caribbean: Analysis and Assessment*, Washington, DC: World Resources Institute, 1997.

Ruttan, L. M., "Closing the Commons: Cooperation for Gain or Restraint", *Human Ecology*, 26, 1998.

Ruttan, V. W., *Agricultural Research Policy*, Minneapolis, MN: University of Minnesota Press, 1982.

Ruttan, V. W., *Agricultural Research Policy*, Minneapolis, MN: University of Minnesota Press, 1982.

Ruttan, V. W., *Agriculture, Environment and Health: Sustainable Development in the 21st Century*, Minneapolis, MN: University of Minnesota Press, 1994c.

Ruttan, V. W., and Y Hayami, "Induced Innovation Theory and Agricultural Development: A Personal Account", In *Induced Innovation Theory and International Agricultural Development: A Reassessment*, B. Koppel, cd., Baltimore, MD: Johns Hopkins University Press, 1994.

Ruttan, V. W., and Y. Hayami, "Toward a Theory of Induced Institutional Change", *Journal of Development Studies*, 20, 1984.

Ruttan, V. W., *Technological Progress in the Meat Packing Industry*, Chicago, IL: University of Chicago Department of Economics, Ph. D. Thesis, March 1952 (also U. S. Department of Agriculture Marketing Research Report 59, January 1954).

Ruttan, V. W., *United States Development Assistance Policy: The Domestic Politics of Foreign Economic Aid*, Baltimore, MD: Johns Hopkins University Press, 1996.

Ruttan, V. W., "Biotechnolgy and Agriculture: A Skepical Perspective", AgBio Forum (http://www agbioforum. missouriedu/AgBioForum/Cenera/archivcs. html), 1999b.

Ruttan, V. W., "Changing Roles of Public and Private Sectors in Agricultural Research", *Science*, 216, April 2, 1982.

Ruttan, V. W. , " Constraints on the Design of Sustainable Systems of Agricultural Development" , *Ecological Economics*, 12, 1994a.

Ruttan, V. W. , " Constraints on the Design of Sustainable Systems of Agricultural Production" , *Ecological Economics*, 10, 1994b.

Ruttan, V. W. , "Constraints on the Design of Sustainable Systems of AgriculturalProduction" , *Ecological Economics*, 120, 1994a.

Ruttan, V. W. , "Cultural Endowments and Economic Development What Can Economists Learn from Anthropology?" , *Economic Development and Cultural Change*, 36, 1988.

Ruttan, V. W. , "Induced Innovation and Path Dependence: A Reassessment with Respect to Agricultural Development and the Environment ", *Technological Forecasting and Social Change*, 53, 1996.

Ruttan, V. W. , "Induced Innovation, Evolutionary Theory and Path Dependence: Sources of Technical Change", *Economic Journal*, 107, 1997.

Ruttan, V. W. , "Induced Institutional Change", In *Induced Innovation: Technology Institutions and Development*, H. P. Binswanger and V. W. Ruttan, eds. , Baltimore, MD: Johns Hopkins University Press, 1978.

Ruttan, V. W. , " Social Science Knowledge and Institutional Change ", *American Journal of Agricultural Economics*, 66, 1984.

Ruttan, V. W. , "Technology and the Environment", *American Journal of Agricultural Economics*, 63, 1971.

Ruttan, V. W. , "The New Growth Theory and Development Economics A Survey", *Journal of Development Studies*, 35, 1998.

Ruttan, V. W. , "The Transition to AgriculturalSustainability", *Proceedings of the National Academy of Sciences*, U. S. A. , 96, 1999.

Ruttan, V. W. , "Toward a Global Agricultural Research System: A Personal View", *Research Policy*, 15, 1986.

Ruttan, V. W. , "Usher and Schumpeter on Invention, Innovation and Technological Change", *Quarterly Journal of Economics*, 73, 1959.

Ruttan, V. W. , "What Happened to Diffusion Research? , *Sociologia Ruralis*, 36, 1996.

Ruttan, V. W. ed. , *Agriculture, Environment and Health: Sustainable Development in the 21st Century, Minneapolis, MN: University of Minnesota Press, 1994a.

Ruttan, V. W. ed., Health and Sustainable Agricultural Development: Perspectives on Growth and Constraints, Boulder, CO: Westview Press, 1994b.

Ryan, B., and N. C. Gross, Acceptance and Diffusion of Hybrid Com Seed in Two lowa Communities, Ames, IA: lowa Agricultural Experiment Station Research Bulletin 372RS, 1950.

Ryan, B., and N. C. Gross, "The Diffusion of Hybrid Seed Com in Two lowa Communities", Rural Sociology, 8, 1943.

Sachs, J., "The Limits of Convergence: Nature, Nurture and Growth", The Economist, June 14, 1997.

Saco, D., Colonizing Cyberspace: 'National Security' and the Internet, Minneapolis: University of Minnesota, Department of Political Science, 1996.

Sagers, M. J., and T. Shabad, The Chemical Industry in the USSR: An Economic Geography, Boulder, CO: Westview Press, 1990.

Salman, S. C., and A. A. Hanson, The Principles and Practice of Agricultural Research, London: Leonard Hil. 1964.

Saloman, J. J., "Science Policy Studies and the Development ofScience Policy", In Science Technology and Society: A Cross-Disciplinary Perspective, I. Spiegel Rosing and D. de Solla Price, eds., Beverly Hills, CA: Sage Publications, 1977.

Salter. W. E. G., Productivity and Technical Change, 1st ed., Cambridge: Cambridge University Press, 1960.

Samuels, R. J., Rich Nation, Strong Army: National Security and the Technological Transformation of Japan, Ithaca, NY: Comell University Press, 1994.

Samuelson, P. A., Foundations of Economic Analysis, Cambridge, MA: Harvard University Press, 1948.

Samuelson, P. A., "A Theory of Induced Innovation along Kennedy-Weizsacker Lines", Review of Economics and Statistics, 47, 1965.

Samuelson, P. A., "Aspects of Public Expenditure Theories", Review of Eco-

nomics and Statistics, 40, 1958.

Samuelson, P. A., "Diagrammatic Exposition of a Theory of Public Expenditure", *Review of Economics and Statistics*, 37, 1955.

Samuelson, P. A., "Rejoinder: Agreements, Disagreements, Doubts and the Case of Induced Harrod Neutral Technical Change", *Review of Economics and Statistics*, 48, 1961.

Samuelson, P. A., "The Pure Theory of Public Expenditure", *Review of Economics and Statistics*, 36, 1954.

Sanders, J. H., B. L. Shapiro, and S. Ramaswamy, *The Economics of Agricultural Technology in Semiarid Sub Saharan Africa*, Baltimore, MD: Johns Hopkins University Press, 1996.

Sapienza, A. M., "R&D Collaboration as a Global Competitive Tactic Biotechnology and the Ethical Pharmaceutical Industry", *R&D Management*, 19, 1989.

Saramma, A. D., *Petroleum Industry: A Study of Its Spread Effects*, New Delhi: Deep and Deep Publications, 1984.

Sauer, C. O., *Agricultural Origins and Dispersal: The Domestication of Animals and Foodstuffs*, 2nd ed., Cambridge, MA: MIT Press, 1969.

Sawyer, J. E., "The Social Basis of the American System of Manufacturing", *Journal of Economic History*, 14, 1954.

Sbordone, A. M., "Cyclical Productivity in a Model of Labor Hoarding", *Journal of Monetary Economics*, 38, 1996.

Schacht, W. H., *Cooperative Researchand Development Agreements*, (CRADAs) Washington, DC: Congressional Research Service, Library of Congress, 95-150 SPR, January 10, 1997a.

Schacht, W. H., *Manufacturing Extension Partnership Program: An Overview*, Washington, DC: Congressional Research Service, Library of Congress, 97-104 SPR, August II. 1997d.

Schacht, W. H., "Technology Transfer: Use of Federally Funded Research and Development", Washington, DC: Congressional Research Service, March 4, 1997.

Schact, W. H., *The Advanced Technology Program*, Washington, DC: Congressional Research Service, Library of Congress, 95 – 36 SPR, July 28, 1997c.

Schelling, T. C., "The Cost of Combating Global Warming: Facing the Tradeoffs", *Foreign Affairs*, 76, November/December 1997.

Scher, S. D., *Soil Degradation: A Threat to Developing Country Food Security by 2020*?, Washington, DC: International Food Policy Research Institute FAE Discussion Paper, 27, February 1999.

Scherer, F. M., and M. Perlman, eds., *Entrepreneurship, Technological Innovation and Economic Growth: Studies in the Schumpeterian Tradition*, Ann Arbor, MI: University of Michigan Press, 1992.

Scherer, F. M., *Industrial Market Structure and Economic Performance*, Chicago, IL: Rand McNally, 1980; rev. ed., 1990.

Scherer, F. M., *New Perspectives on Economic Growth and Technical Innovation*, Washington, DC: Brookings Institution Press, 1999.

Scherer, F. M., "Demand Pull and Technological Inventions: Schmookler Revisited", *Journal of Industrial Economics*, 30, 1982.

Scherer, F. M., "Inter-industry Technology Flows and Productivity Growth", *Review of Economics and Statistics*, 64, 1982.

Scherer, F. M., "Invention and Innovation in the Watt Boulton Steam Engine Venture", *Technology and Culture*, 6, 1965.

Schipper, L., "Lifestyles and the Environment: The Case of Energy", In *Technology Trajectories and the Human Environment*, J. H. Ausubel and D. Langford, eds., Washington, DC: National Academy Press, 1997.

Schipper, L., and S. Myers (with J. B. Shoven, R. Howarth, and R. Steiner), *Energy Efficiency and Human Activity: Pasi Trends, Future Prospects*, Cambridge, UK: Cambridge University Press, 1992.

Schmalensee, R., D. L. Joskow, A. D. Ellenman, J. P. Montero, and E. M. Bailey, "An Interim Evaluation of Sulfur Dioxide Emissions Trading", *Journal of Economic Perspectives*, 12, 1998.

Schmeck, H. M. Jr., "3 Immunology Investigators Win Nobel Prize in Medicine", *New York Times*, October 16, 1981, AI, C2.

Schmookler, J., *Intention and Economic Growth*, Cambridge, MA: Harvard

University Press, 1966.

Schmookler, J., "Changes in Industry and in the State of Knowledge as Determinants of Industrial Invention", In *The Rate and Direction of Inventive Activity: Economic and Social Factors*, R. R. Nelson, ed., Princeton, NJ: Princeton University Press, 1962.

Schmookler, J., "Inventors Past and Present", *Review of Economics and Statistics*, 39, 1957.

Schotter, A., *The Economic Theory of Social Institutions*, Cambridge, MA: Cambridge University Press, 1981.

Schrage, M., "The GOP Needs a Bit More R&D in Its Science and Technology Politics", *The Washingion Post*, May 19, 1995, F3.

Schran, P., "On the Yenan Origins of Current Economic Policies", In *China's Modern Economy in Historical Perspective*, D. H. Perkins, ed., Stanford, CA: Stanford University Press, 1975.

Schultz, M. W., "The Value of the Ability to Deal with Disequilibria", *Journal of EconomicLiterature*, 13, 1975.

Schultz, T. W., "Institutions and the Rising Economic Value of Man", *American Journal of Agricultural Economics*, 50, 1968, 1113-1122.

Schultz, T. W., "The Declining Importance of Agricultural Land", *Economic Journal*, 61, 1951.

Schumacher, E. F., *Small is Beautiful: Economics as if People Mattered*, New York: Harper, 1973.

Schumpeter, J. A., *Business Cycles*, 2 Vols, New York: McGraw-Hill, 1939.

Schumpeter, J. A., *Capitalism, Socialism, and Democracy*, New York: Harper, 1950.

Schumpeter, J. A., *The Theory of Economic Development*, Cambridge, MA: Harvard University Press, 1934.

Schumpeter. J. A., *The Theory of Economic Development*, Cambridge, MA: Harvard Unversily Press, 1934.

Schur, S. H., and B. C. Netscher (with V E. Eliasberg, J. Lerner, and H. H. Landsberg), *Energy in the American Economy, 1850-1975*, Baltimore,

MD: Johns Hopkins University Press, 1960.

Schur, S. H., "Energy, Technological Change, and Productive Efficiency: An Economic-Historical Interpretation", *Annual Review of Energy*, 9, 1984.

Schware, R., "Software Industry Entry Strategies for Developing Countries: A Walking on Two Legs' Propositions", *World Development*, 20, 1992.

Scitovsky, T., "TWO Concepts of External Economics", *Journal of Political Economy*, 62, April 1954.

Scriven, L. E., "On the Emergence and Evolution of Chemical Engineering", In *Perspectives in Chemical Engineering: Research and Education*, Clark K. Colton, ed., Advances in Chemical Engineering, Vol.16, New York: Academic Press, 1991.

Searle, A. D., "Productivity Changes in Set Wartime Sipping Programs", *Monthly Labor Review*, 61, 1945.

Seckler, D. D. Molden, and R. Barker, "Water Scarcity in the Twenty-First-Century", *International Journal of Water Resources Development?*, forthcoming 1999.

Sedjo, R. A., "The Economics of Forest Based Biomass Supply", *Energy Policy*, 25, 1997.

Sehgal, S., "Biotechnology Heralds a Major Restructuring of the Global Seed Industry", *Diversity*, 12, 1996.

Sen, A. K., "The Choice of Agricultural Techniques in Underdeveloped Countries", *Economic Development and Cultural Change*, 7, 1959.

ServanSchreiber, J. J., *The American Challenge*, New York: Avon, 1971.

Service, R. F., "Relaunching Bell Labs", *Science*, 272, 1996.

Servos. J. W., "The Industrial Relations of Science: Chemical Engineering at MIT, 1900–1939", *ISIS*, 71, 1980.

Shafik, N., and S. Bandyopadhyay, "Economic Growth and Environmental Quality: Time Series and Cross-country Evidence", In *World Development Report: Environment and Development*, Washington, DC: World Bank, 1992.

Sheshiski, E., "Tests of the 'Learning by Doing' Hypothesis", *Review of Economics and Statistics*, 49, 1967.

Shimokawa, K., *The Ever Changing Competition between the Japanese and*

U. S. Auto Industry, Tokyo, Japan: Jj Tsushin Sha, 1997 (in Japanese).

Shionoya, Y., and M. Perlman, eds., Innovation in Technology Industries, and Institutions: Studies in Schumpeterian Perspectives, Ann Arbor, MI: University of Michigan Press, 1994.

Shiva, V., The Violence of the Green Revolution: Third World Agriculture, Ecology and Politics, London: Zed Books, 1991.

Shockley, W., "The Path to the Conception of the Junction Transistor", IEEE Transactions on Electronic Devices ED23, July 1976.

Shurkin, J., Engines of the Mind: A History of the Computer, New York: W. W. Norton, 1984.

Sichel, D. E., The Computer Revolution: An Economic Perspective, Washington, DC: Brookings Institution Press, 1997.

Sichel, D. E., "The Productivity Slowdown: Is a Growing Unmeasurable Sector the Culprit?", The Review of Economics and Statistics, 779, 1997.

Sidel, R. W., Technology Transfer: Half Way Houses, Los Alamos, NM: Los Alamos National Laboratory Center for National Security Studies, Report No. 17, May 1995.

Sidell, F. R., E. T. Takafuji, and D. R. Franz., Medical Aspects of Chemical and Biological Warfare, Falls Church, VA: Office of the Surgeon General, U. S. Army, 1997.

Siebeck, W., ed., Strengthening Protection of Intellectual Property in Developing Countries: A Survey of the Literature, Washington, DC: The Word Bank, Discussion Paper, 112, 1990.

Sigler, G. J., "The Theory of Economic Regulation", Bell Journal of Economics and Management Science, 2, Spring 1971.

Silverberg, G., "Adoption and Diffusion of Technology as a Collective Evolutionary Process", Technological Forecasting and Social Change, 39, 1991.

Silverberg, G. G. Dosi, and L. Orsenigo, "Innovation, Diversity and Diffusion: A Self Organization Model", The Economic Journal, 98, 1988.

Simon, H. A., "Theories of Decision Making in Economics", American Economic Review, 49, 1959.

Simon, H. A., "A Behavioral Model of Rational Choice", Quarterly Journal of

Economics, 69, 1955.

Simon, J. H., *The Ultimate Resource*, Princeton, NJ: Princeton University Press, 1981.

Simon, J. H., "Resources, Population, Environment: An Oversupply of False Bad News", *Science*, 208, 1980.

Simpson, D. ed., *Productivity in Natural Resource Industries*, Washingion, DC: Resoures for the Future, 1999.

Sioneman, P., *The Economic Analysis of Technological Change*, Oxford, UK: Oxford University Press, 1983.

Skolnikoff, E. B., *The Elusive Transformation: Science, Technology and the Evolution of International Politics*, Princeton, NJ: Princeton University Press, 1993.

Slade, M. E., "Trends in NaturalResources Commodity Prices", *Journal of Environmental Economics and Management*, 1982.

Slavins, R. N., "What Can We Learn from the Grand Policy Experiment? Lessons from SO_2 Allowances Trading", *Journal of Economic Perspectives*, 12, 1998.

Slem, D. L., M. S. Common, and E. B. Barbier, "Economic Growth and Environmental Degradation: The Environmental Kuznets Curve and Sustainable Development", World Development, 24, 1996.

Slenber, P. L., "The Growth of the Minneapolis-St. Paul Instrument Industry Cluster", Washingion, DC: U. S. Department of Agriculture, Economic Research Service, 1998 (mimeo).

Slokes, R. G., *Oping for Oil: The Political Economy of Technical Change in the West German Chemical Industry, 1945–1961*, Cambridge, UK: Cambridge University Press, 1994.

Smale, M., and V. Ruttan, "Social Capital and Technical Change: The Groupments Nam of Burkina Faso", In *Insisrion and Economic Development: Growth and Governance in Less Developed and Post-Socialist Countries*, Baltimore, MD. Johns Hopkins University Press, 1997.

Smale, M. P. Heisey, and H. Leathers, "Maize of the Ancestors and Modem Varieties: The Microeconomics of HighYielding Variety Adoption in Malawi",

Economic Development and Cultural Change, 43, 1995.

Smil, V., *Energy in World History*, Boulder, CO: Westview Press, 1994.

Smiles, S., *Selections from Lives of the Engineers, with an Account of Their Principle Works*, Edited and with an Introduction by T. P. Hughes, Cambridge, MA: MIT Press, 1966.

Smith, A., *Wealth of Nations*, E. Cannon, ed., New York: Random House, 1937.

Smith, B. L. R., *The RAND Corporation: Case Study of a Nonprofit Advisory Corporation*, Cambridge, MA: Harvard University Press, 1966.

Smith, P. H., *Polities and Beef in Argentina: Patterns of Conflict and Change*, New York: Columbia University Press, 1969.

Smith, P. H., and M. McGeary, "Don't Look Back: Science Funding for the Future", *Issues in Science and Technology*, 13, 1997.

Smith, P. J., "Intellectual Property Rights and Trade: Analysis of Biological Products, Medicinals and Botanicals, and Pharmaceuticals", St. Paul, MN: Department of Applied Economics, May 25, 1999 (mimeo).

Smith, V. K., and J. V. Kruilla, "Economic Growth, Resource Availability and Environmental Quality", *American Economic Review*, 74, 1984.

Smith, V. K., *Scarcity and Growth Reconsidered*, Baltimore, MD: Johns Hopkins University Press, 1979.

Smith, V. K., "Mispriced Planet", *Regulation*, 3, Summer, 1997.

Smith, V. K., "The Evaluation of Natural Resource Adequacy: Elusive Quest or Frontier of Economic Analysis", *Land Economics*, 56, August 1980.

Smith, V. K., "The Implications of Common Property Resources for Technical Change", *European Economic Review*, 3, 1972.

Smith, V. K., and J. V. Kruilla, "Resources and Environmental Constraints to Growth", *American Journal of Agricultural Economics*, 61, August, 1979.

Smith, V. K., and L. L. Osborne, "Do Contingent Valuation Estimates Pass a ´Scope´ Test? A Metanalysis", *Journal of Environmental Economics and Management*, 31, 1996.

Snow, A. A., and P. M. Palma, "Commercialization of Transgenic Plants: Patented Ecological Risks", *Bioscience*, 47, 1997.

Socolow, R. C. Andrews, F. Berkhout and V. Thomas, eds., *Industrial Ecology and Global Change*, Cambridge, UK: Cambridge University Press, 1994.

Socolow, R. H., "Nitrogen Management and the Future of Food: Lessons from the Management of Energy and Carbon", *Proceedings of the National Academy of Sciences*, U.S.A., 96, 1999.

Soete, L., "International Diffusion of Technology, Industrial Development and Technological Leapfrogging", *World Development*, 13, 1985.

Solingen, E., *Industrial Policy, Technology and International Bargaining: Designing Nuclear Industries in Argentina and Brazil*, Sanford, CA: Stanford University Press, 1996.

Solis, F. G., *Inside the AS/400*, Lowland, CO: Duke Communications International, 1996.

Solo, R. A., *Across the High Technology Threshold: The Case of Synthetic Rubber*, Norwood, PA: Norwood Editions, 1980.

Solo, R. A., "Gearing Military R&D to Economic Growth", *Harvard Business Review*, 1962.

Solow, R. M., *An Almost Practical Step Toward Sustainability*, Washington, DC: Resources for the Future, 1992.

Solow, R. M., "A Contribution to the Theory of Economic Growth", *Quarterly Journal of Economics*, 70, February 1956.

Solow, R. M., "Growth Theory and After", *American Economic Review*, 78, 1988.

Solow, R. M., "On the Intergenerational Allocation of Natural Resources", *Scandinavian Journal of Economics*, 88, 1986.

Solow, R. M., "Technical Change and the Aggregate Production Function", *Review of Economics and Statistics*, 39, August 1957.

Solow, R. M., "The Economics of Resources and the Resources of Economists", *American Economic Review*, 64, 1974.

Speaker, S. L., and M. S. Lindee, *A Guide to the Human Genome Project: Technologies, People and Institutions*, Philadelphia, PA: Chemical Heritage Foundation, 1993.

Speaker, S. L. , and M. S. Lindee, "A Guide to the Human Genome Project: Technologies, People and Institutions", Philadelphia, PA: Chemical Heritage Foundation, 1993.

Spengler, O. , *The Decline of the West*, New York: Alfred A. Knopf, 1926, 1928.

Spiz, P. H. , *Petrochemicals: The Rise of an Industry*, New York: John Wiley & Sons, 1988.

Stacy, W. M. , "The ITER Decision and U. S. Fusion R&D", *Issues in Science and Technology*, 14, Summer 1997.

Stakeman, E. C. R. Bradfield, and P. C. Mangelsdorf, *Campaigns Against Hunger*, Cambridge, MA: Harvard University Press, 1967.

Stavins, R. N. , "Policy Instruments for Climate Change: How Can National Governments Address a Global Problem", *University of Chicago Legal Forum*, 1997.

Stein, B. R. , "Public Accountability and the Project Grant Mechanism", *Research Policy*, 2, 1973.

Steinmeller, W. E. , "The U. S. Software Industry: An Analysis and Interpretive History", In *The International Computer Software Industry: A Comparative Study of Industry Evolution and Structure*, D. C. Mowery, ed. , New York; Oxford University Press, 1996.

Stem, P. C. , O. R. Young, and D. Druckman, *Global Environmental Change: Understanding the Human Dimensions*, Washington, DC: National Academy Press, 1992.

Stent, G. S. , *The Coming of the Golden Age: A View of the End of Progress*, Garden City, NY: American Museum of Natural History, 1969.

Stent, G. S. , "That Was the Molecular Biology That Was", *Science*, 160, April 26, 1968.

Stephan, P. E. , "The Economics of Science", *Journal of Economic Literature*, 34, 1961.

Stern, P. C. O. R. Young, and D. Druckman, eds. , *Global Environmental Change: Understanding the Human Dimensions*, Washington, DC: National Academy Press, 1992.

Stiroh, K. J. , "Computers, Productivity and Input Substitution", *Economic Inquiry*, 36, 1998.

Stokes, D. E. , *Pasteur's Quadrant: Basic Science and Technological Innovation*, Washington, DC: Brookings Institution Press, 1997.

Stokes, D. E. , *Pasteur's Quadrant: Basic Science and Technological Innovation*, Washington, DC: The Brookings Institution Press, 1997.

Stokes, R. G. , *Opting for Oil: The Political Economy of Technological Change in the West German Chemical Industry, 1945–1961*, Cambridge, UK: Cambridge University Press, 1994.

Strassmann, P. A. , *The Squandered Computer: Evaluating the Business Alignment of Information Technologies*, New Canaan, CT: The Information Economics Press, 1997.

Stuever, S. ed. , *Prehistoric Agriculture*, Garden City, NY: The Natural History Pess, 1971.

Suavins, R. N. , "Transaction Costs and Tradeable Permits", *Journal of Environmental Economics and Management*, 29, 1995.

Subramanian, C. R. , *India and the Computer: A Study of Planned Development*, Bombay, India: Oxford University Press, 1992.

Suem, P. C. , "Toward a Working Definition of Consumption for Environmental Research and Policy", In *Environmentally Significant Consumption: Research Directions*, P. C. Stem, T. Dieiz, V. W. Ruttan, R. H. Socolow, and J. L. Sweeney, eds. , Washington, DC: National Academy Press, 1997.

Sullivan, J. B. Jr, and G. R. Krieger, *Hazardous Materials Toxicology: Clinical Principles of Environmental Health*, Baltimore, MD: Williams & Wilkins, 1992.

Sullivan, J. B. Jr. , M. Gonzales, G. R. Krieger, and C. F. Runge, "Health-Related Hazards of Agriculture", In *Hazardous Materials Toxicology: Clinical Principles of Environmental Health*, J. B. Sullivan, Jr. and G. R. Krieger, eds. , Baltimore, MD: Williams & Wilkins, 1992.

Summers, R. , and A. Heston, "Improved International Comparisons of Real Product and Its Composition, 1950–1980", *Review of Income and Wealth*, 30, June 1984.

Swan, T. W., "Economic Growth and Capital Accumulation", *Economic Record*, 32, 1956.

Tanouye, and R. Langreth, "With Patents Expiring on Big Prescriptions, Drug Industry Quakes", *Wall Street Journal*, August 12, 1997.

Taylor, F. W., *The Principles of Scientific Management*, New York: Harper and Brothers, 1911.

Taylor, G. D., and P. E. Sudnik, *Du Pont and the International Chemical Industry*, Boston, MA: Twayne Publishers, 1984.

Taylor, R. E., *Ahead of the Curve: Shaping New Solutions to Environmental Problems*, New York: Environmental Defense Fund, 1989.

Teal, G. K., "Single Crystals of Germanium and Silicon Basic to the Transistor and Integrated Circuit", *IEEE Transactions on Electronic Devices ED*, 23 July 1976.

Technology and Economic Performance: Organizing the Executive Branch for a Stronger National Technology Base (September 1991a).

Teece, D. J., "Technology Transfer by Multinational Firms: The Resource Cost of Transferring Technological Know How", *Economic Journal*, 77, 1977.

Teese, P. J., "Capturing Value from Technological Innovation: Integration, Strategic Partnering and Licensing Decisions", In *Technology and Global Industry*, B. R. Guile and H Brooks, eds., Washington, DC: National Academy of Engineering Press, 1987.

Temple, J., "The New Growth Evidence", *Journal of Economic Literature*, 37, 1999.

Tendler, J., "Tales of Dissemination in Agriculture", In *Agriculture, Environment and Health: Sustainable Development in the 21st Century*, V. W. Ruttan, ed., Minneapolis, MN: University of Minnesota Pres, 1994.

Tendler, J., "Trust in a RentSeeking World: Health and Government Transformed in Northeast Brazil", *World Development*, 22, 1994.

Tester, J. W., D. O., Wood, and N. A. Ferrari, eds., *Energy and the Environment in the 21st Century*, Cambridge, MA: MIT Press, 1991.

Thirtle, C. G., and V. W. Ruttan, *The Role of Demand and Supply in the Generation and Diffusion of Technical Change*, London, UK: Harwood Academic

Publishers, 1987.

Thirtle, C. G., and V. W. Ruttan, *The Role of Demand and Supply in the Generation and Diffusion of Technical Change*, London: Hanwood Academic Publishers, 1987.

Thirtle, C. G., and V. W. Ruttan, *The Role of Demand and Supply in the Generation and Diffusion of Technical Change*, London: Harwood Academic Publishers, 1987.

Thirtle, C. G., and V. W. Ruttan, *The Role of Demand and Supply in the Generation and Diffusion of Technical Change*, London: Horwood Academic Publishers, 1987.

Thompson, P., and T. G. Taylor, "The CapitalEnergy Substitutability Debate: A New Look", *Review of Economics and Statistics*, 77, 1995.

Tiemey, J., "Betting the Planet", *New York Magazine*, 2, 1990.

Tietenberg, T. H., *Environmental and Natural Resource Economics*, 3rd ed., New York: Harper Collins, 1992.

Tietenberg, T. H., ed., *The Economics of Global Warming*, Cheltenham, UK: Edward Elgar, 1997.

Tietenberg, T. H., *Emissions Trading: An Exercise in Reforming Pollution Policy*, Washington, DC: Resources for the Future, 1985.

Tietenberg, T. H., "Design Lessons from Existing Air Pollution Control Systems: The United States", In *Property Rights in a Social and Ecological Context*, S. Hanna and M. Munasinghe, eds., Washington, DC: The World Bank, 1995.

Tietenberg, T. H., "Transferable Discharge Permits and the Control of Stationary Source Pollution: A Survey and Synthesis", *Land Economics*, 56, November 1980.

Tilden, W. A., *Chemical Discovery and Invention in the Twentieth Century*, New York: E. P. Dutton, 1936.

Tilton, J., and H. Lansberg, "Innovation in the Copper Industry", In *Productivity in Natural Resource Industries*, D. Simpson, ed., Washington, DC: Resources for the Future, 1999.

Tilton, J. E., *International Diffusion of Technology: The Case of Semiconductors*,

Washington, DC: Brookings Institution Press, 1971.

Timmer, C. P. , " The Turnip, the New Husbandry, and the English Agricultural Revolution", *Quarterly Journal of Economics*, 83, 1969.

Tipp, J. T. B. , and D. J. Dudek, "Institutional Guidelines for Designing SuccessfulTransferable Rights Programs", *Yale Journal on Regulation*, 6, 1989.

Titon, J. E. U. S. , *Energy R&D Policy*, Washington, DC: Resources for the Future, 1974.

Tllison, R. , "Rent Seeking: A Survey", *Kyklos*, 35, 1982.

Tomash, E. , and A. A. Cohen, "The Birth of ERA: Engineering Research Associates, Inc. , 1946–1955", *Annals of the History of Computing*, October 1979.

Traub, J. , "DriveThru", New Yorker, October 20, 197: 114122.

Tribe, K. , *Land, Labor and Economic Discourse*, London: Routledge and Kegan Paul, 1978.

Triplett, J. E. , "The Economic Interpretation of Hedonic Methods", *Survey of Current Business*, 66, January 1986.

Tsao, C. S. , and R. H. Day, "A Process Analysis Model of the U. S. Steel Industry", *Management Science June*, 1971.

Tullock, G. , "The Welfare Costs of Tariffs, Monopolies and Theft", *Western Economic Journal*, 5, June 1967.

Turner, B. , L. , *Global Land Use Change: APerspectivefrom the Colombian Encounter*, Madrid, Spain: Consejo Superior de Investigaciones Ciencias, 1995.

Turner, B. L. , W. C. Clark, R. W. Kates, J. F. Richards, J. T. Matthews, and W. B. Meyer, eds. , *The Earth as Transformed by Human Action*, Cambridge, UK: Cambridge University Press, 1990.

Tyson, L. D. A. , *Who's Bashing Whom? Trade Conflict in High Technology Industries*, Washington, DC: Institute for International Economics, 1992.

United States Congress, "House of Representatives, Committee on Science", FY 1996 TA/NIST Budget Authorization. 104th Congress 1st Session, March 23, 1995. Washington, DC: Government Printing Office, 1995.

United States General Accounting Office, "Measuring Performance: The Advanced Technology Program and Private Sector Funding", Washington, DC: US/GAO/RCED96/47, January 1996.

United States International Trade Commission, "The Shift from U. S. Production of Commodity Petrochemicals to ValueAdded Specialty Chemical Products and the Possible Impact on U. S. Trade", Washington, DC: United States International Trade Commission, 1985.

Usher, A. P. , *History of Mechanical Inventions*, 2nd ed. , Cambridge, MA: Harvard University Press, 1954 (First edition, 1929).

Usher, A. P. , "Soil Fertility, Soil Exhaustion, and Their Historical Significance", *Quarterly Journal of Economics*, 37, 1923.

Usher, A. P. , "Technical Change and Capital Formation", In *Universities National Bureau Committee for Economic Growth*, Capital Formation and Economic Growth, Princeton, NJ: Princeton University Press, 1955.

Usselman, S. W. , "IBM and Its Imitators: Organizational Capabilities and the Emergence of the International Computer Industry", *Business and Economic History*, 222, 1993.

U. S. Council of Economic Advisors, "Annual Report of the Council of Economic Advisors", Washington, DC: U. S. Government Printing Office, 1998, 1999.

Van Bath, S. H. S. , *The Agrarian History of Western Europe, A. D. 500-1850*, London: Edward Arnold, 1963.

Van de Ven, A. , and R. Garud, "Innovation and Industry Development: The Case of Cochlea Implants", In *Research on Technological Innovation*, Management and Policy, R. Burgelman and R. Rosenbloom, eds. , Vol. 5, Greenwich, CT: JAI Press, 1993.

Vanberg, V. , *Rules and Choice in Economics*, London, UK: Routledge, 1994.

Vande Ven. A. H. H. L. Angle, and M. S. Poole, *Research on the Management of Innovation: The Minnesota Studies*, New York: Harper and Row, 1989.

Vavilov, N. I. , *The Origin, Variation, Immunity and Breeding of Cultivated Plants*, K. S. Chester, trans. Chronica Botanica, Vol. 13.

Vemon, R. , "International Investment and International Trade in the Product

Cycle", *Quarterly Journal of Economics*, 80, 1966.

Vemon, R., "The Product Cycle Hypothesis in a New International Environment", *Oxford Bulletin of Economics and Statistics*, 41, 1979.

Vermon, R., "International Investment and International Trade in the Product Cycle", *Quarterly Journal of Economics*, 80, 1966.

Vernon, R., ed., *The Technology Factor in International Trade*, New York: Columbia University Press, 1970.

Vernon, R., "The Product Cycle Hypothesis in a New International Environment", *Oxford Bulletin of Economics and Statistics*, 40, 1979.

Verspagen, B., "Endogenous Innovation in Neo-Classical Growth Models: A Survey", *Journal of Macroeconomics*, 14, 1992.

Vincent, J. R., and T. Panayotou, "Consumption: Challenge to Development or Distraction?", *Science*, 276, April 4, 1977.

Vogel, E. F., *Japan as Number 1: Lessons for America*, New York: Harper & Row, 1979.

Volti, R., "A Century of Automobility", *Technology and Culture*, 37, October 1996.

Von Opstal, "The New Competitive Landscape", *Issues in Science and Technology*, 15, Winter 1998/1999.

Wade, N., "Gene Splicing: At Grassroots Level a Hundred Flowers Bloom", *Science*, 195, February 1977.

Wagar, W. W., *Terminal Visions: The Literature of Last Things*, Bloomington, IN: Indiana University Press, 1982.

Waggoner, P. E., "How Much Land Can Ten Billion People Spare for Nature?", In *Technical Trajectories and the Human Environment*, J. H. Ausubel and H. D. Langford, eds., Washington, DC: National Academy Press, 1997.

Wallerstein, M. B., M. E. Mogee, and R. A. Schoen, eds., *Global Dimensions of IntellectualProperty Rights in Science and Technology*, Washington, DC: National Academy Press, 1993.

Walsh, J., "Texas Wins R&D Center", *Science*, 239, 1988.

Walsh, V., "Invention and Innovation in the Chemical Industry: Demand Pull or Discovery Push?", *Research Policy*, 13/4, 1984.

Warmer, R. M., ed., *Integrated Circuits: Design Principles and Fabrication*, New York, McGraw-Hill, 1965.

Watanabe, C., "Identification of the Role of Renewable Energy", *Renewable Energy*, 6, 3, 1995.

Watson, J. D., *The Double Helix: A Personal Account of the Discovery and Structure of DNA*, New York: Athenium, 1968.

Watson, R. T., M. C. Zinyowere, and R. H. Moss eds., *Climate Change 1995: Impacts, Adaptations and Mitigation of Climate Change: Scientific Technical Analyses*, Contribution of Working Group II to the Second Assessment Report of the Intergovernmental Panel on Climate Change, New York: Cambridge University Press, 1996.

Weaver, W., "The Natural Sciences", Rockerfeller Foundation Annual Report, New York, 1938.

Weinberg, A. M., "Criteria for Scientific Choice", *Physics Today*, 17, March 1964.

Weinberg, A. M., "Impact of Large Scale Science in the United States", *Science*, 134, 1961.

Weinberg, A. M., "Reflections on Big Science", Cambridge, MA: MIT Press, 1967.

Weinberg, A. M., "Social Institutions and Nuclear Energy", *Science*, 177, July 7, 1972.

Weiner, M. J., *English Culture and the Decline of the Industrial Spirit: 1850-1980*, London: Cambridge University Press, 1981.

Weingart, P., "The Structure of Technological Change: Reflections on a Sociological Analysis of Technology", *Technological Knowledge: Are Models of Scientific Change Relevant?*, Rachel Laudan, ed., Dordrecht Kluwer Academic Puhlishers, 1984.

Wemick, I., R. Herman, S. Govind, and J. Ausubel, "Materialization and Dematerialization: Measures and Trends", In *Technological Trajectories and the Human Environment*, J. H. Ausubel, eds., Washington, DC: National Academy Press, 1977.

Wemick, I. K., and J. H. Ausubel, "National Materials Flows and the Environment", *Annual Review of Energy and the Environment*, 20, 1995.

Wemick, L. K., "Consuming Materials: The American Way", *Technological Forecasting and Social Change*, 53, 1996.

Weyant, J. P., and T. Olavson, "Induced Technological Change in Climate Policy Modeling", Energy Modeling Forum Working Paper, 14.6, Stanford, CA: Stanford University, April 1998.

Weyant, J. P., "Technological Change and Climate Policy Modeling", Paper prepared for the Workshop on Induced Technical Change and the Environment, International Institute for Systems Analysis, Laxenberg, Austria, June 1997.

White, L. Jr., *Machina Ex Deo: Essays in the Dynamics of Western Culture*, Cambridge, MA: MIT Press, 1968.

White, R., and C. K. Eicher, *NGOs and the African Farmer: A Skeptical Perspective*, East Lansing, MI: Michigan State University Department of Agricultural Economics, Staff Paper, 9901, 1999.

Whitehead, A. N., *Science and the Modern World*, New York: Macmillan, 1925.

Wight, G., "Toward a Historical Approach to Technological Change", *Economic Journal*, 107, 1997.

Wilkins, M., "Efficiency and Management: A Comment on Gregory Clark's 'Why Isn't the Whole World Developed?'", *Journal of Economic History*, 47, December 1987.

Wilkins, M., and F. E. Hill, *American Business Abroad: Ford on Six Continents*, Detroit, MI: Wayne State University Press, 1964.

Williams, M., "NEC Seeks to Settle Supercomputer Case", *The Wall Street Journal*, September 15, 1997.

Williams, N., "European Parliament Backs New Biopatient Guidelines", *Science*, 277, July 25, 1997.

Williams, R., "Roles for Biomass Energy in Sustainable Development", In *Industrial Ecology and Global Change*, R. Socolow. C. Andrews, F. Berkhout, and V. Thomas, eds., New York: Cambridge University Press, 1994.

Williamson, H. F., and A. R. Daum, *The American Petroleum Industry*,

Vol. I: *The Age of Illumination*, Evanston, IL: Northwestern University Press, 1959.

Williamson, H. F. R. L., Andreano, A. R. Daum, and G. C. Klose, *The American Petroleum Industry, Vol. I*: *The Age of Energy, 1900–1959*, Evanston, IL: Northwestern University Press, 1961.

Williamson, J. G., "Globalization, Convergence and History", *Journal of Economic History*, 56, 1996.

Williamson, O. E., *The Economic Institutions of Capitalism*: *Firms, Markets, Relational Contracting*, New York: Collier Macmillan, 1985.

Winter, S. G., "Satisficing, Selection, and the Innovating Remnant", *Quarterly Journal of Economics*, 85, May 1971.

Winter, S. G., "Schumpelerian Competition in Alternative Technological Regimes", *Journal of Economic Behavior and Organization*, 5, 1984.

Wise, G., "Science and Technology", *Osiris I. 2nd series*, 1985.

Wise, W. S., "The Role of Cost Benefit Analysis in Planning Agricultural R&D Programs", *Research Policy*, 4, 1975.

Witcoff, H. A., and B. G. Reuben, *Industrial Organic Chemicals in Perspective, Part 1*: *Raw Materials and Manufacture*; *Part II*: *Technology. Formulation and Use*, New York: John Wiley & Sons, 1980.

Witfogel, K. A., *Oriental Despotism*: *A Comparative Study of Total Power*, New Haven, CT: Yale University Press, 1957.

Witt, U., *Evolutionary Economics*, Aldershot, UK: Edward Elgar Publishing, 1993.

Wolff, E. N., ed., *The Economics of Productivity*, Cheltenham, UK: Edward Elgar, 1997.

Wolff, E. N., "The Magnitude and Causes of Recent Productivity Slowdown in the United States: A Survey of Recent Studies", In *Productivity Growth and U. S. Competitiveness*, W. J. Baumol and K. McClennan, eds., New York: Oxford University Press, 1985.

Womack, J. P., D. T. Jones, and D. Roos, *The Machine that Changed the World*, New York: Harper Collins, 1991.

Womack, J. P., "The U. S. Automobile Industry in an Era of International Competition: Performance and Prospects", In *Working Papers of the MIT Commission on Industrial Productivity*, Vol. 1, Cambridge, MA: MIT Press, 1989.

Woolf, P., "Integrity and Accountability in Research", In *The Fragile Contract: University Science and the Federal Government*, D. H. Guston and K. Keniston, eds., Cambridge, MA: MIT Press, 1994.

Woolgar, S., "Laboratory Studies: A Comment on the State of the Art", *Social Studies of Science*, 12, 1982.

Word Energy Council, "Global Energy Perspectives to 2050 and Beyond", Luxemburg, Austria: International Institute for Applied Systems Analysis, 1995.

World Bank, "Knowledge for Development: World Development Report, *1998/99*", New York: Oxford University Press, 1999.

World Bank, "World Development Report, *1992*: Development and the Environment", New York: Oxford University Press, 1992.

World Commission on Environment and Development, *Our Common Future*, New York: Oxford University Press, 1987 (The Brundtland Commission).

World Energy Council, *Energy for Tomorrow's World: The Realities, the Real Options, and the Agendafor Achievement*, New York: St. Martin's Press, 1993.

World Energy Council, *New Renewable Energy Resources: A Guide to the Future*, London: Kogan Page Limited, 1994.

Wortman, S., and R. W. Cummings. Jr., *To Feed This World: The Challenge and the Strategy*, Baltimore, MD: Johns Hopkins University Press, 1978.

Wright, G., "The Origins of American Industrial Success, *1889-1940*", *The American Economic Review*, 80, 1990.

Wright, S., *Molecular Politics: Developing American and British Regulatory Policy for Genetic Engineering: 1972-1982*, Chicago, IL: University of Chicago Press, 1994.

Wright, T. P., "Factors Affecting the Cost of Airplanes", *Journal of Aeronautical Sciences*, 3, 1936.

Wyant, J. W. Clive S. Frankhauser et al., "Integrated Assessment of Climate Change: An Overview of Comparison of Approaches and Results", In *Climate*

Changes, 1995: *Economic and Social Dimension of Climate Change*, J. P. Bruce, H. Lee, and E. F. Haites, eds., Contribution of Working Group III to the Second Assessment Report of the Intergovernmental Panel on Climate Change, New York, NY: Cambridge University Press, 1996.

Yanggen, D. V. Keel, T. Reardon and A. Nascem, *Incentives for Frillier Use in Sub-SaharanAfrica: A Review of Empirical Evidence on Frillier Response and Profitably*, East Lansing, MI: Michigan State University Department of Agricultural Economics International Development Working Paper, No. 70, 1998.

Young, H., "BEAS Measurement of Computer Output", *Survey of Current Business*, 69, July 1989.

Young, M. D., *Sustainable Investment and Resource Use: Equity, Environmental Integrity and Economic Efficiency*, Park Ridge, NJ: Parthenon, 1992.

Zucker, L. G., and M. R. Darby, "Entrepreneurs, Star Scientists, and Biotechnology", *NBER Reporter*, Fall, 1998.

Zuckerman, M. B., "A Second American Century", *Foreign Affairs*, 77, May/June 1998.

"An Illusiration from Nineteenth Century Hawaii", In *Rethinking Institutional Analyses and Development: Issues, Alterarives, and Choices*, V. Ostrom, D. Feenry, and H. Pichl, eds., San Francisco, CA: International Center for Economic Growth, 1988.

"Enabling the Future: Linking Science and Technology 10 Societal Goals" September 1992a.

"Environmental Research and Development: Strengthening the Federal Infrastructure", December 1992a.

"Facing Toward Governments: Nongovernmental Organizations and Scientific and Technical Advice", January 1993.

"In the National Interest: The Federal Government in the Reform of K12 Math and Science Education", September 1991b.

"International Environmental Research and Assessment: Proposals for Better Organization and Decision Making", July 1992.

"Partnerships for Global Development: The Clearing Horizon", December

1992b.

"Risk and the Environment: Improving Regulatory Decision Making", June 1993.

"The New Encyclopedia Britannica", Macropaedia Vol. 17, Chicago, 1974.

索引词中英对照[1]

A

阿伯丁弹道研究实验室　Aberdeen Ballistics Research Laboratory, 319

阿道夫·希特勒　Hitler, Adolf, 457, 460, 461

阿尔吉美纳公司（美国一家采购公司）　Allgemene Elekrizitäts-Gesellchaft, 242, 252

阿尔芒·标致　Peugeot, Armand, 429n8

阿根廷　Argentina, 19, 131, 222, 385, 397

阿姆达尔公司　Amdahl Corporation, 323, 345, 346

阿南达·莫汉·查克拉巴蒂　Chakrabarty, Ananda M., 386-388

阿帕网　ARPANET, 340-341, 342b, 578

阿斯旺（埃及）　Aswan (Egypt), 274

埃博拉　Ebola, 205

埃德加·克拉克　Clark, Edgar, 298

埃及　Egypt, 274

埃克特—莫克利电脑公司　Eckert-Mauchley Computer Company, 320

埃默里大学　Emory University, 582

癌症　Cancer, 555-556, 580

艾波比集团　Asea Brown Boveri, 279

艾伯特·卡恩　Kahn, Albert, 430-431, 434n13

艾伯特·蒲柏　Pope, Albert A., 429n7

艾格福公司　AgrEVO, 404

艾克森石油公司　Exxon, 297, 298, 301

艾伦·达尔伯格　Dulberger, Ellen, 42b

艾伦·格林斯潘　Greenspan, Alan, 40b

艾伦·威廉森　Willimson, Alan, 387n12

艾瑞克·切尔玛克　Tischermak, Erich, 372

艾滋病　AIDS, 205, 413, 560, 562

爱德华·戴明　Deming, W. Edwards, 447-451

爱德华·克拉克　Clark, Edward M, 297-298

爱迪生电力照明公司　EEIC. See Edison Electric Illuminating Company,

爱迪生电力照明公司　Edison Electric Il-

---

[1] 本书中索引页码以中文为准。

luminating Company (EEIC), 239, 240

爱迪生通用电气公司 Edison General Electric Company, 243, 244, 245

爱迪生象限 Edison's Quadrant, 537-538

爱尔兰 Ireland, 19

爱国者导弹 Patriot Missile, 551

爱荷华州立大学 Iowa State University, 149-150

爱荷华州立农业试验站 Iowa State Agricultural Experimental Station, 149

爱克发公司 Agfa, 457

氨 Ammonia, 287, 290-291, 299

氨基酸 Amino acids, 418

奥迪 Audi, 462

奥地利 Austria, 156-157, 159

奥古斯特·冯·霍夫曼 Hoffman, August von, 289

奥纶（合成纤维的一种） Orlon, 292

奥斯本 I 型（世界上首台笔记本电脑） Osborne I, 333

奥托·巴斯 Bathy, Otto, 240

澳大利亚 Australia, 397

B

BBN 公司 Bolt Beranek and Newman (BBN), 341b, 342b

巴布科克·威尔科克斯 Babcox and Wilcox, 263

巴基斯坦 Pakistan, 202

巴斯德象限 Pasteur's Quadrant, 538

巴斯夫公司 BASF. See Badische Anilin and Soda-Fabrik,

巴斯夫公司 Badische Anilin and Soda-Fabrik (BASF), 290, 310, 456

巴西 Brazil, 180, 222, 305

巴西的生物技术 biotechnology in, 408

牛生长激素和巴西 bovine growth hormone and, 401

巴西的环境问题 environmental issues in, 521

巴西的水力发电 hydropower in, 274

巴西的专利 patents in, 543

巴西的可持续发展过渡阶段 sustainability transitions in, 612

巴西坚果 Brazil nuts, 397

白炽灯照明 Incandescent lighting, 238-239, 240, 244

白皮书（电力私有化） White Paper (on electric utility privatization), 269-270

百分之一原则 One percent rule, 552

百时美施贵宝公司 Bristol-Myers Squibb, 580

拜耳 Bayer, 310, 457

半导体 Semiconductors, 81, 116n14, 118, 316, 324-330, 340, 349, 353-357, 359, 361, 452, 454

半导体的定义 defined, 326-327b

美国半导体销售分布 distribution of U.S. Sales, 331t

半导体产业发展迟缓 falling behind in, 353-354

半导体产品后后发展国家 late-late developers, 350-351

半导体产业的干中学 learning by doing, 92-95

技术扩散与半导体 technology diffusion and, 328-330, 343, 347-348

半导体工业协会 Semiconductor Industry

索引词中英对照 673

Association, 354, 355
半导体贸易协议 STCA. See Semiconductor trade accords,
半导体贸易记录 Semiconductor trade records（STCA），354-356
半导体制造联盟 Sematech, 356-357, 578, 581
半自动地面防空系统 SAGE. See Semi-Automatic Ground Environment
半自动地面防空系统 Semi-Automatic Ground Environment（SAGE），321, 341
宝马 BMW, 462
保尔·艾伦 Allen, Paul, 332, 339
保护模式 Conservation model, 182-183
保时捷 Porsche, 460
保守世界情境 Conventional Worlds scenario, 608-609, 618
堡垒世界情境 Fortress World variant scenario, 610
悲观科学，经济学 Dismal science, economies as, 4-6
北卡罗来纳大学 University of North Carolina, 582
北卡罗来纳州 North Carolina State, 582
北美洲 North America, 180, 198
贝尔集团 Group Bell, 357
贝尔实验室 Bell Telephone Laboratories, 81, 324, 325, 328, 329, 330, 332, 343, 353, 437, 439, 449b, 536, 551
贝尔通信 Bell Telecommunications, 330
贝塞麦酸性转炉炼钢法 Bessemer process,
本田汽车公司 Honda, 445, 452

苯胺紫 Aniline purple, 289
苯胺紫 Mauve, 289
崩裂情境 Breakdown variant scenario, 610
比尔·盖茨 Gates, Bill
比较风险评估 Comparative risk assessment（CRA），501
比较生产率增长 Comparative productivity growth, 30-32
比利时 Belgium, 19
庇古税 Pigovian taxes, 490
变压器 Transformers, 240, 241
遍历性 Ergodicity, 113
标准石油公司 Standard Oil Company, 297
标准文件 Criteria documents, 512n29
宾夕法尼亚大学 University of Pennsylvania, 319
冰岛 Iceland, 275
病毒 Viruses, 422
波利亚过程 Polya processes, 113
波斯金委员会 Boskin Commission, 40-42b
玻尔象限 Bohr's Quadrant, 537, 538
玻璃纸 Cellophane, 293
玻璃纸有限公司 LeCellophane Société Anonyme, 293
伯纳德·施里弗 Schriver, Bernard, 550b
补偿贸易 Compensation deals, 304
不动产权期限 Copyhold tenures, 122
不可再生资源 Nonrenewable Resources, 481-485
不稳定但有效的假设 Poor but efficient hypothesis, 186, 187n6

布基纳法索 Burkina Faso, 161
布拉德利 Bradley, 242
布鲁金斯学会 Brookings Institution, 562, 608
布伦特兰委员会 Brundtland Commission, 605-606
布罗利姆报告 Bromley Report, 558
布什报告 Bush Report, 80, 543, 540, 553, 569, 576

C

财产权 Property rights, 121-127, 135-136
财政部（日本） Ministry of Finance (Japan), 444
采购代理模型 Purchasing agent model, 269
采用问题 Acceptance problem, 151
参考情境 Reference Scenario,
操作说明书 Operation sheets, 433
测量 Measurement,
测量失败 failure of, 39-42
测量的指数方法 index number approach to, 48-49, 50, 52
测量的生产函数方法 production function approach to, 49-51, 64-65
测量中出现偏差的原因 sources of bias in, 52-59
查尔斯·巴贝奇 Babbage, Charles, 318b
查尔斯·巴彻勒 Batchelor, Charles, 84b
查尔斯·齐波诺斯基 Zipernowski, Charles, 240
查尔斯·斯坦 Stine, Charles, 291

查尔斯帕森 Parsons, Charles A., 250-252
产出 Outputs,
产出的定义 defined, 51-52
产能转移 Capacity transfer, 167-168
产品发展 Product development, 466
产品发展组织 Product development teams, 447, 448
产品价格 Product prices, 29, 54, 192-196
产品周期 Product cycle, 163-166, 172, 350, 448
产业政策 Industrial policy,
常规体系 Routinized regime, 112
场效应晶体管 Field-efficient transistors, 324
超大规模集成电路 VLSI. See Very large-scale integration,
超大规模集成电路 Very large-scale integration (VLSI), 317, 350
超导超级对撞机 Superconducting Supercollider, 574, 581
超级计算机协会 Supercomputer consortium, 454
朝鲜战争 Korea War, 320, 443-444
成熟产业 Mature industries, 602-603
程序数据处理机 Programmed Data Processor, 331
程序数据处理机1号 PDP-1, 331
程序数据处理机6号 PDP-6, 331
程序数据处理机8号 PDP-8, 331
冲电气工业株式会社 Oki Electric, 336
初学者的通用符号指令码（基础语言） BASIC. See Beginner's All-Purpose Symbolic Instruction Code

索引词中英对照 675

初学者的通用符号指令码（基础语言） Beginner's All-Purpose Symbolic Instruction Code (BASIC), 332, 339

储蓄率 Savings rates, 20, 24, 468, 618

畜牧生产 Animal production, 197-198, 387

串联 Tandem, 336

创新 Innovation, 63-98

创新的累计合成方法 cumulative synthesis approach to. See Cumulative synthesis approach,

制度创新 institutional. See Institutional innovation,

发明与创新的区别 invention distinguished from, 64

创新的机械过程论 mechanistic process theory of, 66

熊彼特创新 Schumpeterian, 64-65

技术创新。参见技术变迁；技术创新 technical. See Technical change; Technical innovation,

创新的先验论方法 transcendentalist approach to, 66

创新可能性边界 Innovation possibility frontier, 106

创新可能性函数 Innovation possibility function (IPF), 117

创新可能性曲线 Innovation possibility curve (IPC), 104-105, 106, 108b, 193

创新者 Innovators, 149

创业企业 Start-up firms, 406-407, 438

创意作为非竞争性商品 Ideas, as nonrival goods, 26

创造性破坏 Creative destruction, 65, 170

粗俗化的前景 Barbarization scenario, 608, 610-611

畜牧生产 Animal production, 197-198, 387

催化剂 Catalyst, 419

催化研究协会 Catalytic Research Association, 298

催化作用 Catalysis, 419

D

DICE 模型 DICE model, 518

DNA, 373-377

互补 DNA complementary, 419

DNA 问题 concerns about, 374-377

DNA 的定义 defined, 419

DNA 双螺旋结构 double helical structure of, 374, 375f

DNA 标记技术 DNA marker technology, 394

DNA 探针 DNA probe, 420

DNA 序列 DNA sequence, 420

重组 DNA Recombinant DNA (rDNA), 374, 376, 378-379, 388, 411-412, 543

农业生物技术与重组 DNA agricultural biotechnology and, 394

重组 DNA 的定义 defined, 421

人类增长素与重组 DNA human growth hormone and, 391, 393

重组 DNA 技术 Recombinance DNA technology, 421

重组 DNA 技术 Recombinant DNA (rDNA) technology, 421

搭建平台 Setting the stage, 67, 68-69

现代水稻品种与搭建平台　modern rice varieties and，76
瓦特-博尔顿蒸汽机与搭建平台　Watt-Boulton steam engine and，71
达默　Dummer, G. W. A.，325
达特茅斯学院　Dartmouth College，339
达特桑牌汽车　Datsun，510，461
大肠杆菌　Escherichia coli，376n5，420
大豆　Soybeans，370，386，397
抗杂草大豆　herbicide-resistant，390，395-396，412
大发公司　Dihatsu，444
大发汽车　Daihatsu，445
大科学　Big science，538，571-575，589
大卫·琼斯　Jones, David，82
大萧条　Great Depression，6，23-24，42，246
大学　Universities，439-440，582-585，602
生物技术与大学　biotechnology and，377-384，405，407
德国大学　German，456，457，458-459，463
赠地大学　land-grant，209，576
私立大学　private，581，582
公立大学　public，437，581，582
研究型大学　research. See Research universities，
科技大学　technical，457
产学结合　University-industrial complex，377-384，407
大野耐一　Taiichi, Ono，445-446n27
大众汽车　Volkswagon（VW），451，460-461

大转变情境　Great Transformation scenario，609-610
大转变情境　Great Transition scenario，608
戴尔蒙德案 VS. 查克拉巴蒂案　Diamond versus Chakrabarty，386-387
戴明质量奖　Deming Prize，448b，451b
戴姆勒-奔驰　Daimler-Benz，462，467
丹利冲压机　Danley stamping presses，445-446n27
丹麦　Denmark，276
单克隆抗体　Monoclonal antibodies，374，394，421
单克隆抗体技术　Monoclonal antibody technology，421
弹性　Flexibility，113
弹性大批量生产　Flexible mass production，435
弹性机械　Flexible machinery，445-447
弹性生产体系。参见精益生产体系　Flexible production system. See Lean production system，
弹性制造体系　Flexible manufacturing systems，452
蛋氨酸　Methionine，397
蛋白质工程　Protein engineering，374
氮肥　Nitrogen fertilizer，290，501，517，547，603
倒 U 形假设　Inverted U hypothesis，506，507，509，510-511
道格拉斯·麦克阿瑟　MacArthur, Douglas，448b
德川政府　Tokugawa government，440
德国　Germany，436，468，469，473
德国的农业发展　agricultural development

in, 182

德国的农业研究系统 agricultural research system in, 208-209

德国的汽车产业 automobile industry in, 445, 460, 472, 603

德国的生物技术 biotechnology in, 369, 406

德国的化学产业 chemical industry in, 286, 287-289, 290-291, 294, 300-301, 302, 310, 312, 456, 457

趋同与德国 convergence and, 19

民主德国 East, 462, 472

德国的物质流 material flows in, 498t

德国的不可再生资源 nonrenewable resources in, 482

核能与德国 nuclear power and, 263

石油价格冲击与德国 oil shocks and, 257, 258

德国的专利 patents in, 543

德国的制药业 pharmaceutical industry in, 405, 457

德国的生产率增长 productivity growth in, 31, 32

德国的科学技术 science-based technology in, 457

德国的半导体产业 semiconductor industry in, 351, 355

德国的技术变革 technical change in, 116

德国的技术创新（德国体系） technical innovation in (German system), 456-463, 464, 466t, 467

德国作为技术领导者 as technology leader, 425

德国的技术创新体系 German system of, 456-463, 464, 466t, 467

德国马普学会（马克斯·普朗克科学促进学会） MPG. See Max Planck Society,

德国马普学会（马克斯·普朗克科学促进学会） Max Planck Society (MPS), 458

德国欧宝汽车 Opel, 460, 461

德怀特·艾森豪威尔 Eisenhower, Dwight D., 263

德克萨斯公司 Texas Company, 298

德克萨斯州 Texas, 578

德雷克塞尔—摩根公司 Drexel, Morgan and Company, 240

德利多富计算机 Nixdorf Computers, 336, 352b

德意志壳牌石油公司 Deutsche Shell, 301

德州仪器公司 Texas Instruments, 325, 327b, 329, 347, 348, 351, 551

等产量曲线 Isoquant, 47-48

等成本线 Isocost line, 48

低投入的农业可持续发展模型，参见节约模型 Low-input sustainable agriculture (LISAs) model. See Conservation model,

迪卡尔布 DeKalb, 213

涤纶 Dacron, 292

地球观测系统 Earth Observing System, 562

地区清洁空气激励市场计划 RECLAIM program, 514

地热能 Geothermal energy, 272t, 275

第二次评估报告 Second Assessment Report, 516

第二次圈地运动　Second Enclosure Movement, 122
第二次世界大战　World War Ⅱ, 23-24, 80, 214, 443, 457, 458, 459, 460, 468, 482, 534, 569, 570, 588
农业发展与第二次世界大战　agricultural development and, 183
大科学与第二次世界大战　big science and, 538
化学产业与第二次世界大战　chemical industry and, 286, 293, 294, 302
计算机产业与第二次世界大战　computer industry and, 319
第二代苹果　Apple Ⅱ, 332-333, 334, 339
第二供货源　Second sourcing, 329
第三代苹果　Apple Ⅲ, 335
第五代财团　Fifth-Generation Consortium, 454
第一次圈地运动　First Enclosure Movement, 122
第一次世界大战　World War Ⅰ, 286, 291, 442, 457-458
第一款电子表格办公软件　BisiCalc, 333
第一款广为接受的电脑　Tandy TRS-80 Model I, 333
蒂姆·帕特森　Patterson, Tim, 339
点接触式晶体管　Point-contact transistors, 324-325
电动机　Electric motors, 247-249, 252b
电控公司　Electrical Control Company, 320
电缆轴的传动装置　Electric line shaft drive, 249

电力。参见能源　Electricity. See also Energy, 237-247
放松管制与电力　deregulation and, 269-270
工厂动力与电力　factory motive power and, 250-253b
制度创新与电力　institutional innovation and, 245-247
机械化与电力　mechanical drive and, 247-249
生产率发展与电力　productivity growth and, 253
电力价格上涨　rise in price of, 260-261
发电技术　technology of generation, 261-262
电力企业放松管制　Deregulation of electrical utilities, 269-270,
电脑型号　Commodore PET, 333
电能，参见电力、能源　Power. See Electricity; Energy,
电能—劳动力价格比率　Power-labor price ratio, 193, 195f
电气集团建设　Electric group drive, 249
电子数字积分计算机（ENIAC）　Electronic Numerical Integrator and Calculator (ENIAC), 319
电子数字计算机　Electronic digital computers, 319-320
丁二烯　Butadiene, 303
顶吹氧气转炉炼钢法　LD process, 157
顶点数据系统　Zenith Data Systems, 357
东德　East Germany, 462, 472
东非　East Africa, 275
东南亚　Southeast Asia, 181, 191, 350, 401

索引词中英对照　679

东欧　Eastern Europe, 20, 199, 401
东亚　East Asia, 472
东亚的农业发展　agricultural development in, 183, 191, 196, 198
趋同与东亚　convergence and, 20, 23
核能与东亚　nuclear power and, 266
东亚的半导体产业　semiconductor industry in, 350, 351, 357
东芝公司　Toshiba, 343, 345, 356
氡［化学］　Radon, 501
动态随机存取存储器　DRAM. See Dynamic random- access memory,
动态随机存取存储器　Dynamic random-access memory (DRAM), 93, 94f, 326, 327b, 343, 348, 355 - 356, 361, 454
洞察　Acts of insight, 65, 66, 67, 69
微处理器与洞察　microprocessor and, 79
现代水稻品种与洞察　modern rice varieties and, 76-77
瓦特—博尔顿蒸汽机与洞察　Watt - Boulton steam engine and, 71
独立分配原则（孟德尔第二定律）　Independent assortment principle (Mendel's second law), 371b
独立隔离原则（孟德尔第一定律）　Independent segregation principle (Mendel's first law), 371 b
杜邦公司　DuPont Company. See DuPont de Nemours and Company,
杜邦公司　E. I. DuPont de Nemours and Company, 291 - 293, 301, 310, 404, 412, 437, 496b, 543
杜邦纤维公司　DuPont Fibersilk Company, 292

杜科漆　Duco lacquer, 292n9
杜克大学　Duke University, 582
对轴　Counter shafts, 249
多莉（克隆羊）　Dolly (cloned sheep), 413
多相发动机　Polyphase motors, 240, 242
多相系统　Polyphase system, 243-244
多元扩散现象　Multivariate phenomenon of diffusion, 156

E

俄亥俄州托马斯·爱迪生中心　Ohio Thomas Edison Center, 583
俄罗斯　Russia, 221, 304
恩利克·费米　Fermi, Enrico, 263
二氯二苯二氯乙烷；滴滴涕（杀虫剂）Dichlorodiphenyltrichloroethane (DDT),
二氯二苯二氯乙烷；滴滴涕（杀虫剂）DDT, 203
二氧化硫　Sulfur dioxide (SO_2), 133, 267-268, 274, 278, 479, 511, 512, 513-515, 601
二氧化碳　Carbon dioxide (CO_2), 7, 206, 274, 507, 514, 515, 516, 517, 518, 520-521, 574
二元扩散过程　Binary process of diffusion, 156, 161

F

发电机　Dynamo generators, 241, 600
发电机　Generators, 239, 241, 600
发电机组　Genset, 387n12
发动机　Motors,

680 技术、增长与发展

交流电发动机 alternating current, 241-242
电动机 electric, 247-249, 252b
多相发动机 polyphase, 240, 242
发酵 Fermentation, 369, 372-373, 391, 411
发酵的定义 defined, 420
发明 Invention, 63-98
化学产业的发明 in chemical industry, 287-294
发明的累计合成方法 cumulative synthesis approach to. See Cumulative synthesis approach,
创新与发明的区别 innovation distinguished from, 64
发明的机械过程论 mechanistic process theory of, 66
发明的根源 sources of, 65-70
发明的步骤。参见重大修订阶段、感知问题阶段、搭建平台阶段 steps in. See Critical revision; Perception of the problem; Setting the stage,
发明的先验论方法 transcendentalist approach to, 66
发明的机械过程论 Mechanistic process theory of invention, 66
发明的先验论方法 Transcendentalist approach to invention, 66
发展中国家 Developing Countries, 603
发展中国家的农业发展 agricultural development in, 196
发展中国家的农业研究体系 agricultural research system in, 214-224
发展中国家的生物技术 viotechnology in, 408-409

牛生长激素与发展中国家 bovine growth hormone and, 401
发展中国家的计算机产业 compute industry in, 330, 361-362
消费对发展中国家环境的影响 consumption impacts on environment, 500-510
趋同与发展中国家。参见趋同 convergence and. See Convergence,
发展中国家的食物供应 food supply in, 613
发展中国家的专利 patents in, 545, 546-547
发展中国家的石化产业 petrochemicals industry in, 301, 304-308
参考情境中的发展中国家 in Reference Scenario, 609
发展中国家的可持续发展过渡阶段 sustainability transitions in, 612
发展状态 Development state, 443
法本公司 I. G. Farben, 293, 298, 310, 544
法国 France, 456, 547
法国的汽车产业 automobile industry in, 445
法国的生物技术 biotechnology in, 406
法国的化学产业 chemical industry in, 312
趋同与法国 convergence and, 19
德国与法国 Germany and, 457
核能与法国 nuclear power and, 263, 265-266
石油价格冲击与法国 oil price shocks and, 265
法国的石化产业 petrochemical industry in, 301, 303

法国的生产率发展　productivity growth in, 31

法国的科学和技术　science and technology in, 552

法国的半导体产业　semiconductor industry in, 357

法国的技术扩散　technology diffusion in, 159

法国的一家化学公司　Societé Chimique Usines du Dhone and Société - Rhodiacete, 293

法国石脑油化学公司　Naphtachimie, 301

法玛西亚公司　Pharmacia, 393

翻译，转换　Translation, 422

反倾销措施　Antidumping measures, 354-356

反托拉斯法　Antitrust laws, 330, 354, 437n17, 438

反应训练　Reaction trains, 299

范畴经济　Economies of scope, 58-59

纺织品。参见棉纺织品　Textiles. See also Cotton textiles, 170, 289

非点源污染　Nonpoint sources of pollution, 490, 505, 513

非竞争性　Nonrivalness, 128-129

非竞争性商品　Nonrival goods, 26

非农业经济领域　Nonfarm business sector, 34

非排他性　Nonexcludaility, 128-129

非市场机构　Nonmarket institutions, 127-130

非物质化　Dematerialization, 498, 604, 609, 611

非政府组织　NGOs. See Nongovernmental organizations,

非政府组织　Nongovernmental organizations（NGOs）, 223, 561-562

非中性　Nonneutrality, 29

非中性导致的偏差　bias due to, 54-55

非洲　Africa

非洲农业发展　agricultural development in, 181, 187, 199

非洲农业研究体系　agricultural research system in, 214

消费对非洲环境的影响　consumption impacts on environment, 506

趋同与非洲　convergence and, 20

东非　East, 275

非洲食物供应　food supply in, 613

非洲的健康问题　health problem in, 205

撒哈拉以南非洲地区　sub-Saharan, 199, 205, 613

菲利普·埃斯特利奇　Estridge, Philip, 334

菲律宾　Philippines, 135

菲律宾的农业生物技术　agricultural biotechnology in, 397

菲律宾的农业发展　agricultural development in, 187

菲律宾的农业研究体系　agricultural research system in, 215

菲律宾的生物技术　biotechnology in, 408

牛生长激素与菲律宾　bovine growth hormone and, 401

菲律宾的地热能　geothermal energy in, 275

菲律宾的制度创新　institutional innovation in, 123-127b

菲律宾大学 University of the Philippines, 76

菲律宾新型农作收入分配制度 New hunusan, 127b

菲律宾一种工作和收入分享制度 Hunusan, 124b, 127b

菲亚特（意大利汽车品牌） Fiat, 461

肺结核 Tuberculosis, 205

分利联盟 Distributional coalitions, 120n21

分散的通用技术 Decentralized generic technology, 586

分析、研究和培训系统 START. See System for Analysis, Research, and Training,

分析、研究和培训系统 System for Analysis, Research, and Training (START), 616

分子生物学 Molecular biology, 369, 373-377, 379, 602

丰田［地名］［日本］ Toyoda, 442, 444

丰田汽车公司 Toyota Motor Corporation, 444, 445, 447, 448, 450, 451, 452, 461

风能 Wind power, 272t, 275-276

冯·纽曼结构 Von Neumann architecture, 319, 338, 349

缝纫机产业 Sewing machine industry, 426, 432

凤凰城大学 University of Phoenix, 585n37

弗兰克·班尼特 Bennett, Frank, 434n13

弗兰克·霍华德 Howard, Frank. A., 298

弗兰克·索蒂斯 Soltis, Frank, 336

弗朗西斯·厄普顿 Upton, Francis, 84b, 239

弗朗西斯·克里克 Crick, Francis, 374, 387n13

弗劳恩霍夫协会 FhG. See Fraunhofer Society,

弗劳恩霍夫协会 Fraunhofer Society (FhG), 458-459, 467

弗里茨·哈伯 Haber, Fritz, 290-291

弗里德里希·贝吉乌斯 Bergius, Frederich, 290

弗里德里希·威廉大学 Friedrich-Wilhem-Universitat, 456

弗农·埃勒斯 Ehlers, Vernon, 564

服务业 Service sector, 11, 34, 38-39

服务业成本病 Service sector cost-disease, 9, 39

氟利昂 Chlorofluorocabons (CFCs), 496b, 513, 516n32

福特基金会 Ford Foundation, 215

福特汽车公司 Ford Motor Company, 429-432, 433-435, 436, 571

德国汽车产业与福特汽车公司 German automobile industry and, 460-461

日本汽车产业与福特汽车公司 Japanese automobile industry and, 444, 451b, 452

福特政府 Ford administration, 556

福特制 Fordism, 460-461

负载系数 Load factor, 245-246

富兰克林·罗斯福 Roosevelt, Franklin, 534, 557

富士 Fuji, 445

G

关于生物技术的产业政策 in biotechnology, 405-411

关于计算机产业的产业政策 in computer industry, 353-357

伽玛 Gamma, 124-127b

甘蔗 Sugarcane, 184-86b

赶超红利 Catch-up bonus, 32

感知问题 Perception of the problem, 67

微处理器与感知问题 microprocessor and, 78

现代水稻品种与感知问题 modern rice varieties and, 75-76

瓦特-布尔顿蒸汽机与感知问题 Watt-Boulton steam engine and, 71

干扰素 Interferons, 421

干中学 Learning by doing, 26, 89-95, 164

农业生物技术与干中学 agricultural biotechnology and, 400

美国系统中的干中学 in American system, 433

干中学的定义 defined, 90

环境实践领域的干中学 in environmental practices, 513

日本汽车产业中的干中学 in Japanese automobile industry, 445, 450

自由轮与干中学 liberty ships and, 91-92

核能与干中学 nuclear power and, 264

石化产业中的干中学 in petrochemical industry, 300

半导体产业中的干中学 in semiconductor industry, 92-95

高级研究计划局 NARPA. See National Advanced Research Projects Agency,

高粱 Sorghum, 161, 213

高血压蛋白原酶；［生化］凝乳酶 Rennin, 411-412

戈特利布·戴姆勒 Daimler, Gottlieb, 429n8, 460

哥伦比亚 Colombia, 215

哥伦比亚大教育学院 Columbia University Teachers College, 148

歌尔斯廷 Goldstine, 319

格式塔心理学 Gestalt psychology, 67

个人计算机 PCs. See Personal computers,

个人计算机 Personal computers (PCs), 325, 333-334, 338-339, 348, 351

联盟与个人计算机 complex alliances and, 357

个人计算机的全球份额 worldwide share by company, 336t

根据经验进行设计的方法 Design-by-experience approach, 262

根据推测进行设计的方法 Design-by-extrapolation approach, 262

工厂动力电气化 Factory motive power, electrification of, 250-253b

工程研究协会 ERA. See Engineering Research Associates,

工程研究协会 Engineering Research Association (ERA), 320, 321

工程研究协会 ERA, 1103, 321

工会 Unions, 434, 435, 461

产业 Industry,

国防与产业 defense and, 551-552

大学与产业 universities and, 377-384,

407

工业革命 Industrial Revolution, 180, 235, 456, 473

工业技术 Industrial technology,

工业技术扩散 diffusion of, 153–159

工业技术转移 transfer of, 167

工业能源使用 Industrial energy use, 247–253

工业生态学 Industrial ecology, 312, 494n19, 495–497b

工业研究实验室。参见门洛帕克实验室 Industrial research laboratories. See also Menlo Park laboratory, 82, 132, 436–437

工资 Wages,

农业发展与工资 agricultural development and, 195

诱导性技术变革与工资 induced technical change and, 105

工资的自然率 natural rate of, 5–6

生产率增长与工资 productivity growth and, 9

贸易与工资 trade and, 469–471

工作准则 Work terms, 447

公共财产 Communal property, 128, 486–487

公共经济学 Public economies, 128n29

公共部门。参见联邦资助 Public sector. See also Federal funding,

农业研究与公共部门 agricultural research and, 210–214, 538

生物技术与公共部门 biotechnology and, 405–411

计算机发展与公共部门 computer development and, 319–320, 321

公共部门投资的经验 experience with investment, 585–588

基础设施投资与公共部门 infrastructure investment and, 38

公共部门的角色 role of, 601

科技与公共部门 science and technology and, 538–542

可持续转变与公共部门 sustainability transitions and, 612

公共商品 Public goods,

公共商品供应的非市场机制 nonmarket institutions of supply of, 127–130

科学和技术作为公共商品 science and technology as, 539

公共消费物品 Public consumption goods, 536

公立大学。参见赠地大学 Public universities. See also Land-grant universities, 437, 581, 582

公用的种子 Public seeds, 386

公用事业管制法案 PURPA. See Public Utilities Regulatory Policies Act,

公用事业管制法案 Public Utilities Regulatory Policies Act (PURPA), 268–269, 270

供应 Supply,

化工产业与供应 chemical industry and, 309–310

制度创新供应 of institutional innovation, 120, 130–132, 133

构建市场方法 Constructed market approach, 511, 601

古巴 Cuba, 408, 409n29

古典模型 Classical models, 5–6, 8, 11, 181

索引词中英对照 685

谷物法 Corn Laws, 6, 182
关键性逆转 Critical reversion, 67, 68, 69–70, 94, 95
微处理器与关键性逆转 microprocessor and, 79
现代水稻品种与关键性逆转 modern rice varieties and, 77–78
瓦特-博尔顿蒸汽机与关键性逆转 Watt–Boulton steam engine and, 73–74
关税 Tariffs, 6, 304, 451, 470b
关税暨贸易总协定 GATT. See General Agreement on Tariffs and Trade,
关税暨贸易总协定 General Agreement on Tariffs and Trade (GATT), 345, 546
管理贸易政策 Managed trade policy, 469
光伏能源 Photovoltaic energy, 276–277, 519
光合作用 Photosynthesis, 508b
广州核光电子科技有限公司 HEG, 243
规模不经济 Diseconomies of scale, 29
规模经济 Economies of scale, 29, 58–59, 114, 115
规模消耗 Exhaustion of scale, 260–266
硅谷 Silicon Valley, 329, 357, 582
轨道的成熟阶段 Maturity stage of trajectory, 463, 464, 466
轨迹的出现阶段 Emergence stage of trajectory, 463, 464
轨迹的整合阶段 Consolidation stage of trajectory, 463–464, 466
锅炉—汽轮发电机（BTG） Boiler-turbo-generator (BTG) units, 261–262
国防工业基地 Defense-industrial base, 551–552

国防管理总统委员会 Presidential Commission on Defense Management, 552
国防计算机 Defense Calculator, 320–321
国防项目，参见军事采购 Defense-related projects. See also military procurement, 467, 469, 588–589
与航空研究相关的计算机和国防项目 space-related research computers and, 318, 319, 320–321, 340–342b, 354, 356
科技政策与国防项目 science and technology policy and, 534–535, 539, 556, 570
国防研究委员会 National Defense Research Committee, 534, 552
国防研究与工程主任办公室 Office of the Director of Defense Research and Engineering, 101
国会与科学 Congress, science and, 560–561
国际地圈-生物圈计划 International Geosphere-Biosphere Program, 616
国际交流 International exchange, 166
国际竞争 International competition,
生物技术部门的国际竞争 in biotechnology, 405–411
内生增长与国际竞争 endogenous growth and, 166
技术、贸易与国际竞争 technology, trade and, 468–470
国际开发项目 AID program, 408
国际贸易和工业部电化学实验室 MITI/ECL. See Ministry of International Trade and Industry Electrochemical

Laboratory,

国际贸易和工业部电化学实验室（日本） Ministry of International Trade and Industry Electrochemical Laboratory (MITI/ECL) (Japan), 344, 347

国际贸易与工业部 MITI. See Ministry of International Trade and Industry,

国际贸易与工业部（日本） Ministry of International Trade and Industry (MITI) (Japan), 302, 344-346, 349, 350, 353, 452-454

国际农业研究磋商组织 CGIAR. See Consultative Group on International Agricultural Research,

国际农业研究磋商组织 Consultative Group on International Agricultural Research (CGIAR), 215, 218, 219, 223, 408, 613

国际农业研究磋商组织下属各中心 centers, 216-217t

国际农业研究系统 International agricultural research system, 214-218

国际全球环境变化人类因素计划 International Human Dimensions Program on Global Environment Change, 616

国际热带农业研究所 IITA. See International Institute of Tropical Analysis,

国际热带农业中心 CIAT. See International Center for Tropical Agriculture,

国际热带农业中心 International Center for Tropical Agriculture (CIAT), 215

国际热核实验反应堆 ITER. See International Thermonuclear Experimental Reactor,

国际水稻研究所 IRRI. See International Rice Research Institute,

国际水资源管理研究所 IWMI. See International water management institute,

国际水资源管理研究所 International water management institute (IWMI), 201

国际应用系统分析研究所 IIASA. See International Institute for Applied Systems Analysis,

国际应用系统分析研究所 International Institute for Applied Systems Analysis (IIASA), 156, 161, 162

国际玉米和小麦改良中心 International Center for the Improvement of Maize and Wheat (CIMMYT), 215

国际玉米小麦改良中心 CIMMYT. See International Center for the Improvement of Maize and Wheat,

国际原油价格 Crude oil price, international, 256f

国际植物新品种保护公约 UPOV. See International Convention for the Protection of New Varieties of plants,

国际植物新品种保护公约 International Convention for the Protection of New Varieties of Plants (UPOV), 386

国际自然及自然资源保护联盟 International Union for the Conservation of Nature and Natural Resources, 605

国家安全任务 National security mission, 572, 574

国家安全委员会 National Security Council, 571

国家高级研究计划局 National Advanced

索引词中英对照　687

Research Projects Agency（NARPA），570，571

国家科学基金会　NSF. See National Science Foundation，

国家科学基金会　National Science Foundation（NSF），102，353，438，459，553-554，557，558，567-568n21，582，583，584

国家科学技术委员会　National Science and Technology Council（NTSC），554，567

国家能源计划　National Energy Plan，268

国家农业试验站　State agricultural experiment stations（SAES），209，210，211

国家社会主义政府（纳粹运动）　National Socialist government（Nazi movement），457，458

国家实验室　National laboratories，572，573f，574，576，581

国家研究基金会　National Research Foundation，553

国民生产总值　Gross national product（GNP），

与国民生产总值相关的能耗　energy consumption relative to，253，254t，273

环境成本与国民生产总值　environmental costs and，517

主要产业部门对国民生产总值的贡献　by major industrial sector，36t

能源消耗强度与国民生产总值　material intensity and，498-499

服务部门与国民生产总值　service sector and，39

国民需求研究计划　RANN. See Research Applied to National Needs，

国民需求研究计划　Research Applied to National Needs（RANN），584

国内生产总值　Gross domestic product（GDP），

趋同与国内生产总值　convergence and，17，19，20

生活成本与国内生产总值　cost of living and，41b

发展中国家的国内生产总值　in developing countries，17

环境成本与国内生产总值　environmental costs and，518

日本的国内生产总值　Japanese，455

能源消耗强度与国内生产总值　material intensity and，500f

研发占国内生产总值的比重　R&D as percentage of，462

美国人均实际国内生产总值　real per capita in U. S.，43f

参考情境的国内生产总值　in Reference Scenario，609

果蝇　Fruit flies，370

过程开发　Process development，466

过度　Overreach，7

H

哈伯—波希制氨法　Haber-Bosch process，290-291，547，603

哈佛大学　Harvard University，317-318，376，582

哈佛商学院　Harvard Business School，163

哈佛医学院　Harvard Medical School，

379-380

哈雷·吉尔格 Kilgore, Harley M., 553

哈雷戴维森摩托 Harley-Davidson motors, 444

哈里·亨伯格 Rehnberg, Harry, 299n18

哈龙, 溴氟烷烃 Halons, 513

哈伦·安德森 Anderson, Harlan, 331

哈罗德·布朗 Brown, Harold, 243

哈罗德—多马增长模型 Harrod-Domar growth model, 26b, 27b

哈罗德中性 Harrod neutrality, 55b

哈帕斯费里军工厂 Harpers Ferry Armory, 426

哈塞尔万德 Haselwander, 242

海得拉巴大学 University of Hyderabad, 410b

海军通讯辅助活动 Naval Communications Supplementary Activity, 320

海军研究办公室 Office of Naval Research, 319, 554

海兰帕克福特工厂 Highland Park Ford factory, 430-431, 433

海曼·里科弗 Rickover, Hyman, 263n15, 538

海绵状脑病 Creutzfeld-Jacob disease, 392

海湾战争 Gulf War, 551

海因兹·诺德霍夫 Nordhoff, Heinz, 461

亥姆霍兹联合会 Helmholtz Centers, 458

害虫防治 Pest control, 203-205, 207, 394, 396

害虫综合治理 Integrated pest management (IPM), 204, 396

韩国 Korea, 28, 92, 603

韩国的生物技术 biotechnology in, 408

韩国的计算机产业 computer industry in, 330

趋同与韩国 convergence and, 19

棉纺织产品进口与韩国 cotton textile imports and, 442

核能与韩国 nuclear power and, 266

韩国的石化产业 petrochemical industry in, 305-307b

韩国的半导体产业 semiconductor industry in, 350, 351, 355, 356

韩国可持续发展转变 sustainability transitions in, 611

技术转移与韩国 technology transfer and, 164

韩国高仕达公司 Goldstar, 351

韩国石油公司 Korea Oil Corporation (KOCO), 306b

韩国太平洋化学公司 Korea Pacific Chemical Corporation, 306b

韩洋化学公司 Hanyang Chemical Corporation, 306b

罕用药 Orphan drugs, 393

汉弗莱·戴维斯爵士 Davies, Sir Humphrey, 318b

行政管理和预算局 OMB. See Office of Management and Budget,

行政管理和预算局 Office of Management and Budget (OMB), 554

航空研究 Space-related research, 330, 467, 539, 547, 554, 556

合成染料 Dyestuffs, synthetic, 287-

索引词中英对照　689

289, 457
合作研发协议　CRADAs. See Cooperative Research and Development Agreements,
合作研发协议　Cooperative Research and Development Agreements（CRADAs）, 579-580, 581
和平利用原子能计划　Atoms for peace program, 263
荷兰　Netherlands, 19, 156, 159, 408
荷兰国际合作总署　Netherlands Directorate General for International Cooperation, 408
荷兰皇家壳牌公司　Royal Dutch Shell, 298
核反应堆　Nuclear reactors, 263-264, 270
核管理委员会（美国）　Nuclear Regulatory Commission, 264
核聚变　Nuclear fusion, 266, 574-575
核裂变　Nuclear fission, 263, 266
核能　Nuclear power, 115, 171, 235, 267, 271, 279, 501, 520, 601
核能的背景知识　background on, 262-266
核能的成本　costs of, 264
赫尔曼·冯·亥姆霍兹　Helmholtz, Herman von, 84b
赫蒙·克劳迪斯　Claudius, Hermon, 84b
赫斯特（德国公司）　Hoechst, 310, 312, 381, 404, 406, 456
亨利·贝塞麦　Bessemer, Henry, 156
亨利·福特　Ford, Henry.
宏观经济增长理论　Macroeconomic growth theory, 23

宏碁　Acer, 351
洪堡大学　Humboldt Univerit? tae, 456
后来的大多数　Late majority, 149
互补DNA　Complementary DNA（cDNA）, 419
华南农业大学　South China Agriculture University, 409b
华盛顿大学　Washington University, 381
华中农业大学　Huazhong Agricultural University, 409b
化肥　Fertilizer, 192, 193
氮肥　nitrogen, 290, 501, 517, 547, 603
化肥—可耕地价格比率　Fertilizer-arable land price ratio, 193, 194f
化石燃料　Fossil fuels, 483, 501, 516, 518, 520
化工产业　Chemical industry, 286-315, 456, 457, 600
化工产业内的发明和技术变革　invention and technical change in, 287-294
化工产业的主要制造商　principle manufacturers in, 311t
化工产业走向成熟　toward maturity, 308-312
化学工程　Chemical engineering, 294-296, 600
化学技术　Chemical technology, 188, 190-192
怀廷实验室　Whiting laboratory, 297
环境　Environment, 479
节能运动与环境　conservation movement and, 480-481
农业发展限制与环境　constraints on agricultural development and, 199-207

消费对环境的影响　consumption impact on, 505-511
环境问题的影响因素　contributors to problems, 502-503t
环境服务需求　demand for services, 479-480
排放权交易与环境　emission trading and, 511-515, 521
全球变化与环境　global change and, 480
制度设计与环境　institutional design and, 520-521
生产对环境的影响　production impacts on, 494-505
环境保护基金　Environmental Defense Fund (EDF), 513
环境保护局　EPA. See Environmental Protection Agency,
环境保护局(EPA)　Environmental Protection Agency, U.S. (EPA), 267, 385, 396, 501, 512, 513, 514
环境变迁　Environmental transition, 612, 615-616
环境变迁假设　Environmental transition hypothesis, 506
环境技术　Environmental technology, 485-497b
环境技术委员会　Environmental Technology Council, 396b
环境经济学　Environmental economics, 487-492
环境任务　Environmental mission, 572, 574
环境政策委员会　Council on Environment Policy, 267
环境资源的评价方法　Valuation of environment resources, 490-492
环球石油产品公司　Universal Oil Products Company (UOP), 298, 299n18
环氧乙烷　Ethylene oxide, 301
皇家化学学院　Royal College of Chemistry, 289
皇家植物园　Royal Botanic Garden, 370
回收利用　Recycling, 481, 496-497b, 498
惠勒—威尔逊制造公司　Wheeler and Wilson Manufacturing Company, 426-427
惠普(美国计算机公司)　Hewlett-Packard, 169-170b, 331, 336
霍夫曼—拉罗什公司　Hoffman-LaRoche, 402
霍华德·艾肯　Aiken, Howard H., 317-318
霍华德·古德曼　Goodman, Howard, 388
霍乱　Cholera, 205

I

IPAT模型　IPAT formulation, 505n25

J

机床产业　Machine tool industry, 427-428
机械化,机械电力化　Mechanical drive, electrification of, 247-249
基础技术　Fundamental technology, 563
基础设施,对基础设施的公共投资　Infrastructure, public investment in, 38
基础研究　Basic research, 87, 540-542,

590

基因　Genes, 370, 420

连锁基因　linked, 370

基因表现　Gene expression, 420

基因工程　Genetic engineering, 82, 374, 377-379, 389, 390, 392, 413-414

基因技术　Genentech, 378, 388, 390-393, 402

基因剪接　Gene splicing, 374

基因转移　Gene transfer, 420

基因组。参见人类基因组　Genome. See also Human genome, 420

基因组学　Genomics, 420

基于石油的反馈　Petroleum-based feedback, 298-299

激励兼容　Incentive compatibility, 133, 618-619

激素，荷尔蒙　Hormones, 420

吉姆·卡特　Carter, Jimmy, 268

吉森大学　University of Giessen, 287

集成电路　Integrated circuits (ICs), 78, 316, 325-326, 330, 331, 347, 348, 551

专门用途集成电路　application-specific, 169b

集成电路的定义　defined, 327b

几内亚　Guinea, 161

计划、编程和预算系统　Planning, programming, and budgeting system (PPB), 550b

计件制　Piecework system, 432-433, 449b

计量经济学模型　Econometric models, 160

计算机。参见半导体；软件　Computers. See also Semiconductors; Software, 316-367, 452, 469, 601

计算机作为商业资本和耐用消费品　as business capital and consumer durable, 360t

计算机的商业化发展　commercial development of, 320-322

计算机产业解体　disintegration of industry, 338

经济增长与计算机　economic growth and, 357-362

电子数字计算机　electronic digital, 319-320

计算机发展落后　falling behind in, 353-354

历代计算机　generations of, 316-317

有关计算机的产业政策　industrial policy on, 353-357

计算机产业的后来者　late-late developers, 350-352

大型主机　mainframe, 322-323, 331, 347t, 349

微型计算机　micro, 331-337, 357

迷你计算机　mini, 331-337, 338

计算机的起源　origin of, 318-318b

个人计算机　personal. See Personal computers,

社会与计算机　society and, 362

技术扩散与计算机　technology diffusion and, 343, 344-346

计算机悖论　Computer paradox, 42

计算器　Calculators, 317-318

计算制表记录公司　Computing-Tabulating-Recording Company, 317

记忆芯片　Memory chips, 164, 326,

327b，328f
技能行为　Acts of skill，65，66，69
技术　Technology，
农业技术　agricultural. See Agricultural technology，
农业研究体系的技术　in agricultural research system，220-221t
备用技术　back-stop，485
化学技术　chemical，188，190-192
以顾客为导向的技术　client-oriented，586-587，602
商业技术　commercial，575-583，589
技术对农业发展的限制　constraints on agricultural development，196-199
趋同与技术　convergence and，16-17
分散的通用技术　decentralized generic，586
实干技术　doing，535-538
发电机的技术　of electricity generation，261-262
环境技术　environmental，495-497b
环境与技术。参见环境　environment and. See environment，
基础技术　fundamental，563
技术的通用目的　general purpose，600-601
工业技术　industrial. See Industrial technology，
日本汽车产业的技术　in Japanese automobile industry，445
科学与技术之间的联系　linkages between science and，79-82
模型与技术　pattern model and，133-137
与采购相关的技术　procurement-related，586

研究技术　research，89
抵制技术　resistance to，170-171
资源与技术。参见资源　resources and. See Resources
以科学为基础的技术。参见以科学为基础的技术　science-based. See Science-based technology，
贸易、竞争与技术　trade, competitiveness and，468-470
技术变革　Technical change，618
农业发展与技术变革。参见农业发展　agricultural development and. See Agricultural development，
资本节约型技术变革　capital-saving，56b
化工产业的技术变革　in chemical industry，287-294
技术变革的演化理论　evolutionary theory of，109-112，115-116，117
收入分配与技术变革　income distribution and，471b
技术变革测量的指数方法　index number approach to measuring，48-49，50，52
诱导性技术变革。参见诱导性技术变革　induced. See Induced technical change，
创新与技术变革。参见创新　innovation and. See Innovation，
发明与技术变革。参见发明　invention and. See Invention，
劳动生产率与技术变革　labor productivity and，8
劳动节约型技术变革　labor-saving，55b，57，188

索引词中英对照 693

新古典模型中的技术变革 in neoclassical model, 24-25
中性技术变革 neutral, 55b
非中性与技术变革 nonneutrality and, 29, 54-55
不可再生资源与技术变革 nonrenewable resources and, 484-485
技术变革中的路径依赖。参见路径依赖 path independence in. See Path independence
菲律宾的技术变革 in Philippines, 123-124b
测量技术变革的生产函数 production function approach to measuring, 49-51
生产率增长与技术变革 productivity growth and, 39, 47-59
技术变革的根源 sources of, 100-118
可持续增长与技术变革 sustainable growth and, 42559
技术变革更加通用的理论 toward a more general theory of, 116-118
技术变革的演化理论 Evolutionary theory of technical change, 109-112, 115-116, 117
技术标准 Technology standards, 511
技术采用 Technology adoption, 147, 154, 171, 442
技术创新 Technical innovation, 425-477
技术大学 Technical universities, 457
技术发展差距 Technological gap, 16-17
技术关联 Technical interrelatedness, 114
技术轨道 Technological trajectory, 164, 330, 406
转变技术轨道 bending, 603-604
技术创新体系与技术轨道 technical innovation system and, 463-466
技术间接转移 Indirect technology transfer, 445
技术开发与信息公司 Technology Development and Information Company, 352b
技术扩散 Technology diffusion, 147, 170-172, 442
农业技术扩散 agricultural, 149-153
农业生物技术与技术扩散 agricultural biotechnology and, 397-398
汽车产业的技术扩散 in automobile industry, 451-452
计算机与技术扩散 computers and, 343, 344-346
技术扩散的均衡模型 equilibrium model of, 160-161, 163
技术扩散的演化模型 evolutionary model of, 160, 162-163
工业技术扩散 industrial, 153-159
石化产业的技术扩散 in petrochemical industry, 300-308
技术扩散研究 research on, 148
技术扩散抵制 resistance to, 170-171
半导体产业的技术扩散 in semiconductor industry, 328-330, 343, 347-348
技术民族主义 Technonationalism, 443, 444
技术评估办公室 OTA. See Office of Technology Assessment,
技术评估办公室 Office of Technology Assessment (OTA), 561, 562
技术学院 Fachhochschulen, 459

技术研究部（德国） Ministry of Technological Research（Germany），405
技术再投资计划 TPR. See Technology Reinvestment Project,
技术再投资计划 Technology Reinvestment Project（TRP），578
技术政策。参见科技政策 Technology policy. See Science and technology policy,
技术直接转移 Direct technology transfer，445
技术专科学校 Technische Hochschulen，457
技术专科学校 Technological accumulation，293-294
技术转移 Technology transfer，147，442
产能技术转移 capacity，167-168
化学产业的技术转移 in chemical industry，293
技术转移的成本 costs of，167-168
设计技术转移 design，167-168
直接的技术转移 direct，445
内生增长与技术转移 endogenous growth and，163，166-167
联邦采取措施进行技术转移 federal initiatives，577t
间接的技术转移 indirect，445
材料技术转移 material，167-168
石化产业的技术转移 in petrochemical industry，305-307b
贸易与技术转移 trade and，163-166，167
加勒比 Caribbean，221
加利福利亚 California，270，275，400-401，578

加利福利亚技术研究所 California Institute of Technology，373
加拿大 Canada，263，274，307，321，385，397，401
加拿大亚伯达省 Alberta，Canada，307
加州大学 University of California，582
加州大学伯克利分校 University of California at Berkeley，320
加州大学旧金山分校 University of California at San Francisco，374，388，391
加州大学洛杉矶分校 UCLA，369
家酿计算机俱乐部 Homebrew Computer Club，332
甲虫 Vedelia beetle，203
价格 Prices,
电价 of electricity，260-261
能源价格 of energy，37
要素价格 factor. See Factor prices,
产品价格 product，29，54，192-196
原材料价格 of raw materials，37
相对价格 relative，56
影子价格 shadow，487
价值观点 Merit view，584
碱性氧气转炉炼钢法 Basic oxygen steel process，156-159
建设拨款 Establishment appropriation，605
健康 Health,
农业发展与健康 agricultural development and，205，207
物质流与健康 material flows and，500，501，504t
有关健康的政策 policy on，564
健康转变 Health transition，612，614-615

索引词中英对照 695

键盘研究 Keyboard studies, 113, 114–115
交流电机 Alternating current motors, 241–242
交流电系统 Alternating current system, 240–244
交流发电机 Alternators, 241
交流研究 Communications research, 148, 150–151
教育 Education,
农业研究与教育 agricultural research and, 213–214
趋同与教育 convergence and, 20–22
教育转型 Educational transitions, 611–612
接口通信处理机 Interface Message Processor (IMP), 341–342b
节约能源 Energy conservation, 271–274
杰克·基尔比 Kilby, Jack, 325, 327b
杰西·达布斯 Dubbs, Jesse. A., 299n18
杰西·斯坦菲尔德 Stinfeld, Jesse, 568n23
结构转变 Structural change, 32
金种子公司 Northup King, 403
进口替代 Import substitution, 302303
京都气候变化框架公约 FCCO. See Kyoto Framework Convention on Climate Change,
京都气候变化框架公约 Kyoto Framework Convention on Climate Change (KFCCO), 516, 520, 521
经济分析局 BEA. See Bureau of Economic Analysis,
经济分析局（BEA） Bureau of Economic Analysis (BEA), 40, 41b, 358
经济合作与发展组织 OECD. See Organization for Economic Cooperation and Development,
经济合作与发展组织 Organization for Economic Cooperation and Development (OECD), 198, 310, 472, 516, 521, 546, 552, 570, 609
经济学家对消费的定义 Economist's meaning of consumption, 508–509b
经济增长 Economic growth,
经济增长记录 accounting for, 29–35
古典经济增长模型 classical models, 5–6, 8, 11, 181
计算机有经济增长 computers and, 357–362
内生经济增长。参见内生增长 endogenous. See Endogenous growth,
环境与经济增长 environment and, 506–507, 509
经济自然增长率 natural rate of, 24
经济增长的新古典模型。参见新古典模型 neoclassical model of. See Neoclassical model,
新经济增长理论 new growth theory of, 13, 28–29, 115
石油价格冲击和经济增长 oil price shocks and, 258–260
经济增长的资源需求 resource requirements for, 479
私营非农业经济对经济增长的贡献 sources in private nonfarm business sector, 34t
可持续经济增长；可持续增长 sustain-

able. See Sustainable growth,
经济转型 Economic transition, 612
经济租金 Economic rents, 122
经连会，（日本）企业集团 Keiretsu, 303, 344, 451
经营方法改善。参见全面质量管理 Kaizen. See Total quality control,
晶体管 Transistors, 78, 81, 316, 323-325, 326-327b, 328f, 551
场效应晶体管 field-efficient, 324
双极结型晶体管 junction（bipolar）, 324
点接触晶体管 point-contact, 324-325
精益生产系统 Lean production system, 134, 445, 452, 462
净初级生产力 Net primary productivity（NPP）, 508b
竞争；国际竞争 Competition. See International competition,
竞争性产品 Rival goods, 26
竞争性产品 Things, as rival goods, 26
静态存储器 Static memory（SRAM）, 327b
境外采购 Offshore procurement, 350-351
酒井纺织厂 Sakai Spinning Mill, 441
就业。参见劳动生产率 Employment. See also Labor Productivity, 36, 257-258
居民消费物价指数 Consumer price index（CPI）, 40-42b
巨型一代 Jumbo generation, 241
聚丙烯 Polypropylene, 299
聚合物革命 Polymer revolution, 303
聚四氟乙烯［高分子］ Teflon, 292
决策原则 Decision rules, 109

军事采购 Military procurement, 438-439, 535, 547-552
计算机与军事采购 computers and, 330
国防军事基地与军事采购 defense-industrial base and, 551-552
军事采购的衍生、脱轨和接轨 spin-off, spin-away, and spin-on in, 547-551
军械系统。参见新英格兰军械系统 Armory system. See New England Armory System,

K

克里斯克莫（一种脑垂体人体生长激素药物） Crescormer, 392
Kalc 顾问公司 Kalc Consultants, 352-353b
Kaypro I 计算机 Kaypro I, 333
KeidannenKeidannen, 444, 449b
卡比根 KabiGen, 392
卡比维切姆公司 Kabi Vitrum, 390-393
卡尔·奔驰 Benz, Karl, 429n8, 460
卡尔·博施 Bosch, Carl, 290
卡尔·厄瑞凯 Ereky, Karl, 369
卡尔·科伦 Corren, Carl, 372
卡尔基公司的转基因西红柿 Calgene Flavr Savr, 394
卡洛斯·达布斯 Dubbs, Caros P., 299n18
卡耐基公司 Carnegie Corporation, 562
卡耐基科技与政府委员会 Carnegie Commission on Science, Technology and Government, 552, 560-561, 562, 570, 578
卡耐基研究所 Carnegie Institution, 82
开采成本 Extraction costs, 483, 484,

485

开采浪费　Waste mining, 498

开放的经济体系　Open-access system, 128, 486-487, 489

开国政策（日本）　Kaikoku, 440

凯恩斯经济学　Keynesian economics, 23-24, 26b

凯洛格公司　M. W. Kellogg Company, 298, 299

康懋达电脑公司　Commodore, 339

康奈尔大学　Cornell University, 398

康涅狄格州立农业实验站　Connecticut State Agricultural Experiment Station, 82, 209

抗除草剂大豆　Herbicide-resistant soybeans, 390, 395-396, 412

抗菌素　Bacteriophage, 419

抗农达　Roundup Ready, 396

抗生素　Antibiotics, 373, 418

抗原　Antigens, 418

科技动员办公室　Office of Science and Technology Mobilization, 553

科技政策　Science and technology policy, 534-599

科技政策问题　issues in, 563-585

科技政策测量与评估　measuring and evaluating, 567-570

科技政策的目标　objectives of, 552-562

科技政策的原则　principles of, 535-542

科技政策的步骤　stages in, 554-557

实施科技政策的策略　strategy to implement, 559-560b

转变科技政策的技术基础　transforming the technology base, 570

科技政策研究所　SPRU. See Science Policy Research Unit,

科技政策研究所（SPRU）　Science Policy Research Unit (SPRU), 156

科学　Science,

农业研究体系里的科学　in agricultural research systems, 220-221t

大科学　big, 538, 571-575, 589

国会与科学　Congress and, 560-561

农业发展的科学限制　constraints on agricultural development, 196-199

科学研究　doing, 535-538

科学企业家　entrepreneurs in, 377-379

科学与技术的联系　linkages between technology and, 79-82

小科学　little, 571, 575

总统与科学　President and, 557-560

科学顾问委员会　Science Advisory Board, 552

科学技术振兴机构（日本）　Science and Technology Agency (Japan), 406

科学任务　Science mission, 572, 574

科学设计公司　Scientific Design Company, 299n18, 301, 303, 304

科学数据库系统　Scientific Data Systems, 346

科学研究开发办公室　OSRD. See Office of Scientific Research and Development

科学研究开发办公室　Office of Scientific Research and Development (OSRD), 534, 557

科学与技术办公室　OST. See Office of Science and Technology

科学与技术办公室　Office of Science and Technology (OST), 557, 558

科学与技术政策办公室　OSTP. See Office

of Science and Technology Policy

科学与技术政策办公室 Office of Science and Technology Policy (OSTP), 554

科研机构 Research institutions, 82-89

有关科研机构的历史文献 historical literature on, 82-83

科研机构的中间过程 intermediate processes in, 88-89

科研机构的内部结构 internal structure of, 89

科研机构的研究产出 research output in, 85-88

壳牌公司 Shell, 403

可擦可编程只读存储器 EPROM. See Erasable programmable read-only-memory

可擦可编程只读存储器 Erasable programmable read-only-memory (EPROM)

可持续发展 Sustainable growth, 3-14, 600-623

可持续发展的定义 defined, 605

可持续发展的"末日论者"和"兴旺论者" doomsters and boomsters on, 3-4

可持续发展的知识挑战 intellectual challenges, 616-619

可持续发展的经验教训 lessons learned, 600-604

可持续发展的限制 limits to, 6-8

可持续发展塑造未来 modeling the future, 607-611

可持续发展面向未来的义务 obligations toward the future, 617-618

可持续发展的社会限制 social limits to, 7-8

稳定的可持续发展 steady-state, 6, 11, 23-24, 610

可持续发展工商理事会 Business Council for Sustainable Development, 496b

可持续性的批判 Sustainability critique, 604-607

可持续性转变 Sustainability transitions, 611-616

可代换性；可置换性［计］ Substitutability, 617

可预测性 Predictability, 113

克莱斯勒（美产轿车品牌） Chrysler, 452, 467

克劳福德·格林沃尔特 Greenewalt, Crawford H., 291

克雷格·文特尔 Venter, Craig, 387, 388n13

克雷研究所 Cray Research, 346, 349n24, 454

克里斯托弗·哥伦比亚 Columbus, Christopher, 75, 185b, 370

克隆 Cloning, 413

肯尼迪-萨缪尔森模型。参见增长理论模型 Kennedy-Samuelson model. See Growth-theoretic model,

肯尼斯·奥尔森 Olson, Kenneth, 331

肯尼亚 Kenya, 222, 493

肯尼亚塞伦盖蒂平原 Serengeti Plain, Kenya, 493

空气质量 Air quality, 267-268, 500, 501, 507

控制数据公司 Control Data, 346, 349n24, 454

库尔曼 Kulmann, 301

库兹涅茨曲线。参见倒U型假设 Kuznets curve. See Inverted U

hypothesis,

昆虫学局　Bureau of Entomology, 209

扩散的均衡模型　Equilibrium models of diffusion, 160-161, 163

扩散的演化模型　Evolutionary models of diffusion, 160, 162-163

L

拉丁美洲　Latin America,

拉丁美洲的农业发展　agricultural development in, 181, 187, 199

拉丁美洲的农业研究系统　agricultural research system in, 214, 221

拉丁美洲的生物技术　biotechnology in, 408-409

牛生长激素与拉丁美洲　bovine growth hormone and, 401

趋同与拉丁美洲　convergence and, 20

拉丁美洲的食品供应　food supply in, 613

拉丁美洲的石化产业　petrochemical industry in, 304

莱昂纳多·托里斯·克维多　Torres y Quevedo, Leonardo, 318b

莱姆病　Lyme disease, 205

莱特兄弟　Wright brothers, 80

兰德公司　RAND Corporation, 341b, 562

劳动缺乏理论　Labor-scarcity thesis, 105

劳动节约型　Labor-saving bias, 29

劳动节约型技术　Labor-saving techniques, 188

劳动节约型技术变迁　Labor-saving technical change, 55b, 57, 188

劳动生产率。参见就业　Labor productivity. See also Employment, 8, 9, 15, 17, 29, 30b, 253

劳动数量　Labor quantity, 34

劳动质量　Labor quality, 34

劳工统计局（BLS）　Bureau of Labor Statistics (BLS), 32, 40, 41

劳伦斯·罗伯特　Roberts, Lawrence, 341b

劳伦斯利弗莫尔实验室　Lawrence Livermore Laboratory, 87, 538

劳斯农业信托基金　Lawes Agricultural Trust, 208

老詹姆斯·沃森　Watson, Thomas, Sr., 320

雷明顿兰德公司　Remington-Rand, 317, 320, 330, 349n24

雷声（公司名）（美）　Raytheon, 80n15, 329

类固醇[生化]　Steroids, 421

累计合成方法　Cumulative synthesis approach, 66, 67-79, 95, 153

累计合成方法的四个步骤　four steps in, 67

累计合成方法的三个案例　three cases of, 70-79

冷战　Cold War, 39, 87, 357, 443, 534, 538, 542, 547, 556, 557, 559, 563, 569, 571, 576, 577, 583, 588, 604

离散变量自动电子计算机　EDVAC. See Electronic Discrete Variable Computer,

离散变量自动电子计算机（EDVAC）　Electronic Discrete Variable Computer (EDVAC), 319, 320

利来制药公司　Eli Lilly，378，388，391，393，398

里根政府　Reagan administration，451b，556，558，562，572

里科弗象限　Rickover's Quadrant，538

理查德·尼克松　Nixon, Richard，513，554-555，556，558

丽萨电脑　Lisa（computer），335

连锁基因　Linked genes，370

联邦爱迪生公司　Commonwealth Edison Company，245

联邦技术转移法案　Federal Technology Transfer Act，338n15

联邦科学、工程与技术协调委员会　FCCSET. See Federal Coordinating Council on Science, Engineering and Technology，

联邦科学、工程与技术协调委员会　Federal Coordinating Council on Science, Engineering and Technology（FCCSET），558

联邦科学和技术　Federal science and technology（FS&T），563-564，565-566b，568

联邦能源管理委员会　FERC. See Federal Energy Regulatory Commission，

联邦能源管理委员会　Federal Energy Regulatory Commission（FERC），269，270

联邦研究和开发　Federal research and development（FR&D），563-564

联邦支持研发标准委员会；参见新闻委员会　Committee on Criteria for Federal Support of Research and Development. See Press Committee，

联邦资助。参见公共部门　Federal funding. See also Public sector

联邦资助农业研究　of agricultural research，210-211

联邦资助科学和技术的分配原则　allocation principles for science and technology，565-566b

联邦资助研发　of R&D，554-557

联邦资助研发函数　of R&D by function，548t

联邦资助大学研究　of university research，583-585

联合国发展计划署　UNDP. See United Nations Development Program，

联合国发展计划署　United Nations Development Program（UNDP），215

联合国环境与发展大会　UNCED. See United Nations Conference on Environment and Development，

联合国环境与发展大会　United Nations Conference on Environment and Development（UNCED），515-516

联合国粮食及农业组织　FAO. See United Nations Food and Agriculture Organization，

联合国粮食与农业组织　United Nations Food and Agriculture Organization（FAO），214，215

联合国政府间气候变化专门委员会　IPCC. See United States Intergovernmental Panel on Climate Change，

联合国政府间气候变化专门委员会　United Nations Intergovernmental Panel on Climate Change（IPCC），516

联合碳化合物公司　Union Carbide，301

联盟开关和信号公司　Union Switch and Signal Company, 240

联系　Linkage, 88-89

链霉素　Streptomycin, 373

两部门经济增长模型　Two-sector economic growth models, 8-11, 25, 611

林茨钢铁联合企业　Linz steel complex, 156

林登·约翰逊　Johnson, Lyndon, 513, 550b, 554-555, 556

林国群　Lim Kok Khoon, 169b

临床试验新药豁免　IND. See Investigational New Drug Exemption,

临床试验新药豁免　Investigational New Drug Exemption (IND), 383b

铃木　Suzuki, 445

零售竞争模式　Retail competition model, 269-270

零售折扣店替代　Retail outlet substitution, 41b

领导阶层　Leadership, 88

刘易斯·诺顿　Norton, Lewis, 295

流行病学转变　Epidemiological transition, 612

流水作业线　Assembly line, 431-432, 433

流水作业线模型；线性（流水作业线）模型　Assembly line model. See Linear (assembly line) model,

卢西安·高拉德　Gaulard, Lucian, 240, 241

鲁德分子　Luddites, 170171

鹿儿岛纺织厂　Kagoshima Spinning Mill, 441

路径效率　Path efficiency, 113

路径依赖　Path dependence, 101, 106, 112-116, 117-118

化学产业与路径依赖　chemical industry and, 287

路径依赖的四大特征　four properties of, 113

核能与路径依赖　nuclear power and, 264

路易斯·巴斯德　Pasteur, Louis, 198, 372, 538, 614

罗伯特·戈登　Gordon, Robert, 42b

罗伯特·戈尔　Gore, Robert

罗伯特·哈斯拉姆　Haslam, Robert, 298

罗伯特·汉弗莱斯　Hollerith, Herman, 317

罗伯特·汉弗莱斯　Humphreys, Robert, 297

罗伯特·科赫　Koch, Robert, 614

罗伯特·诺伊斯　Noyce, Robert, 325, 327b

罗伯特·泰勒　Taylor, Robert, 341b

罗马俱乐部　Club of Rome, 7, 607

罗默-卢卡斯增长模型　Romer-Lucas growth model, 27b, 28

罗纳-普朗克公司（法国）　Rhone-Poulene, 312

罗伊·普朗克特　Plunkett, Roy, 292

洛克菲勒基金　Rockefeller Foundation, 76, 215, 369, 408

洛马会议　Asilomar Conference, 376, 377, 385

洛斯阿拉莫斯实验室　Los Alamos Laboratory, 538

落后者 Laggards, 149
绿色革命 Green revolution, 77, 135, 187, 190, 191-192, 197, 204
绿色和平组织 Greenpeace, 397
氯乙烯 Vinyl chloride, 299

M

麻省州际公路 Massachusetts Route, 128, 582
麻省综合医院 Massachusetts General Hospital, 379, 406
马尔科姆·鲍德里奇国家质量奖 Malcolm Baldridge National Quality Award, 337, 451b
马尔萨斯学说 Malthusian theory, 42433
马克思主义 Marxism, 120, 135
马克斯·德尔布吕克 Delbruck, Max, 373
马克辛·辛格（分子生物学家）Singer, Maxine, 376
马来西亚 Malaysia, 214, 223, 330, 352b
马里兰大学生物技术研究所 University of Maryland Biotechnology Institute (UMBI), 582
马萨诸塞州 Massachusetts, 273
马斯特里赫特创新与技术经济研究所 MERIT. See Maastricht Economic Research Institute on Innovation and Policy,
马斯特里赫特创新与技术经济研究所 Maastricht Economic Research Institute on Innovation and Policy (MERIT), 156
马修·博尔顿 Boulton, Matthew, 73, 74

马修·佩里 Perry, Matthew, 440
马自达汽车 Mazda, 444, 445
麦金塔电脑 Macintosh computer, 335, 339
麦克耐特基金会 McKnight Foundation, 408
麦克斯·戴利 Déri, Max, 240
曼哈顿计划 Manhattan Project, 262-263, 571
贸易 Trade,
　收入分配与贸易 income distribution and, 470-471b
　技术对贸易的影响 technology impact on, 468-470
　技术转移与贸易 technology transfer and, 163-166, 167
煤 Coal, 270, 271, 274, 278, 301, 304, 515, 617
酶 Enzymes, 420
　限制 restriction, 421
美孚石油开发公司 Standard Oil Development Company, 298
美国 United States,
　美国的农业生物技术 agricultural biotechnology in, 397
　美国的农业发展 agricultural development in, 153, 180, 183-184, 188, 193-195, 224-225
　美国的农业研究系统 agricultural research systems in, 209-214
　美国的汽车产业 automobile industry in, 134-135, 156, 157f, 294, 429-432, 433-436, 472, 603
　美国的生物技术 biotechnology in, 380t, 385, 386, 412, 413

索引词中英对照 703

牛生长激素与美国　bovine growth hormone and, 398, 399, 400
美国的化工产业　chemical industry in, 286, 308-311
美国的计算机产业　computer industry in, 343, 352
趋同与美国　convergence and, 18-19, 23
美国作为经济领导者　as economic leader, 15
美国的电力和生产率增长　electricity and productivity growth in, 253
美国的能耗与国民生产总值　energy consumption and GNP in, 253, 254t
美国的能源研发　energy R&D in, 267
美国的环境问题　environmental issues in, 496-499b
美国经济增长落后　falling behind in growth, 36-42
美国的地热能　geothermal energy in, 275
德国的汽车产业与美国　German automobile industry and, 461-462
德国技术创新体系与美国　German technical innovation system and, 457, 459n, 462
美国的水电　hydropower in, 274
美国的模仿　imitation in, 466-467
美国的收入分配　income distribution in, 471b
美国的诱导性技术变革　induced technical change in, 105, 106-107
美国的制度创新　institution innovation in, 132, 134-135
日本汽车产业与美国　Japanese automobile industry and, 451-452
日本生物技术产业与美国　Japanese biotechnology industry and, 406, 407
日本计算机产业与美国　Japanese computer industry and, 345, 346
日本半导体产业与美国　Japanese semiconductor industry and, 348, 353-356, 454
日本技术体系与美国　Japanese technical system and, 443-444
美国的物质流　material flows in, 498t
核能与美国　nuclear power and, 264, 265
石油价格冲击与美国　oil price shocks and, 254, 257, 258
美国的专利　patents in, 386, 546
美国的石化产业　petrochemical industry in, 287, 294, 300-301
美国的生产率趋势　productivity trends in, 32-35
美国的水稻生产　rice yields in, 75
美国的以科学为基础的技术　science-based technology in, 436-440
美国的半导体产业　semiconductor industry in, 93, 331t, 351
美国的蒸汽机　stream engine in, 236
美国的可持续发展　sustainable growth in, 7
美国的技术创新　technical innovation in, 426-440, 463-467
美国的技术扩散　technology diffusion in, 156, 158, 159
美国技术对贸易的影响　technology impact on trade, 468-469
美国作为技术领导者　as technology

leader，425

技术转移与美国 technology transfer and，163-165，168

美国的实际增长率 true rate of growth in，42-44

美国 Agracetus 公司 Agracetus，387-388

美国 FunkSeeds 公司 Funk Seeds，403

美国宾夕法尼亚大学摩尔电气工程学院 Moore School of Electrical Engineering University of Pennsylvania，319

美国大型个人电脑零售店 Computerland，332

美国的氨基氰 American Cyanamid，398

美国的技术创新体系 American system of，426-440，463-467

美国的技术政策 U. S. Technology Policy，558

美国的内燃机 American Locomotive，154

美国的农业研究体系 United States，209-214

美国地质调查局 Geological Survey，535

美国电话电报公司 AT&T，328，330，351，356，437

美国电气照明公司 United States Electric Lighting Company，240

美国硅图公司 Silcon Graphics，349n24

美国国防部 Department of Defense，U. S.（DOD），340，353，354，356，438，509，557，564，570，572，584，590

美国国防部高级研究计划署 DARPA. See Defense Advanced Research Project Agency，

美国国防部高级研究计划署 Defense Advanced Research Project Agency（DARPA），316，340-341b，353，554，570，578，602

美国国防管理特别工作委员会 Packard Commission，552

美国国际开发署 Agency for International Development，U. S.（USAID），305b，306b，408

美国国际开发署。参见国际开发署 US-AID. See Agency for International Development，

美国国际商用机器公司 International Business Machines. See IBM，

美国国际商用机器公司 IBM，316，317-318，320-322，329，330，343，353，356，454

IBM650 磁鼓计算器 650 Magnetic Drum Calculator，321

IBM701 701，321

IBM7000 系列 7000 series，316

IBM7090 7090，321

IBM8000 系列 8000 series，322

IBMAS/400 AS/400，336，337

日本与 IBM Japan and，344-346

IBM 大型主机 mainframe computer，322-323，349

IBM 个人电脑 personal computer（PC），325，333-334，339，348，357

银湖计划 Silverlake project，335-337

IBMSystem/3 System/3，335，336

IBMSystem/32 System/32，335

IBMSystem/34 System/34，335

IBMSystem/36 System/36，335，337

IBMSystem/38 System/38，335-336，

337

IBMSystem/360　System/360，322－323，338，345

IBMSystem/370　System/370，316，345－346

IBMSystem/370Model　System/370 Model，145，323

IBMSystem/1360　System/1360，331

美国国家标准局　National Bureau of Standards，319

美国国家工程学院　National Academy of Engineering，361－362

美国国家航空航天局　NASA. See National Aeronautics and Space Administration，

美国国家航空航天局　National Aeronautics and Space Administration（NASA），438，554，562，574，586

美国国家航空咨询委员会　NACA. See National Advisory Committee on Aeronautics，

美国国家航空咨询委员会　National Advisory Committee on Aeronautics（NACA），319，535，586

美国国家科学院　NAS. See National Academy of Science，

美国国家科学院　National Academy complex，561，563

美国国家科学院　National Academy of Science（NAS），552，561-562

美国国家研究理事会　NRC. See National Research Council，

美国国家研究理事会　National Research Council（NRC），210，552，561-562，583

可持续发展委员会　Board on Sustainable Development，616

美国国立卫生研究院　NIH. See National Institute of Health，

美国国立卫生研究院　National Institute of Health（NIH），376，387，388，398，438，554，559，580，586，590

美国哈尔康公司　Halcon，304

美国海军　Navy，U. S.，318，320

美国赫尔斯峡谷　Hells Canyon，493

美国环保协会　EDF. See Environment Defense Fund，

美国霍尼韦尔公司　Honeywell，345，346，349n24

美国技术创新体制　American system of technical innovation，426－440，463－467

美国军队　Army，U. S.，319

美国科学技术研究所　National Institute of Science and Technology（NIST），451b，459，559，571，578

美国空军　Air Force，U. S.，318，322

美国劳工部　Department of Labor，U. S.，32，40，554

美国劳工统计局　BLS. See Bureau of Labor Statistics，

美国麻省理工学院　MIT. See Massachusetts Institute Technology，

美国麻省理工学院　Massachusetts Institute Technology（MIT），294－296，298，369，439，582

麻省理工产业生产率委员会　commission on Industrial Productivity，308-310

麻省理工国际机动车项目　international Motor Vehicle Program，462

美国内政部　Department of the Interior, U.S., 554

美国能源部　DOE. See Department of Energy,

美国能源部　Department of Energy, U.S. (DOE), 87, 254, 273, 509, 557, 572-575, 580

美国农业部　Department of Agriculture, U.S. (USDA), 184, 209, 210, 211, 372-373, 397, 400, 438, 554, 580

美国农业部。参见农业部　USDA. See Department of Agriculture,

美国农业经济学会（AAEA）　American Agricultural Economics Association, 506

美国农业研究局　ARS. See Agricultural Research Service,

美国农作物健康检验局　Agricultural Plant Health Inspection Service (APHIS), 385, 395

美国人造纤维公司　American Viscose Company, 292

美国商务部　Department of Commerce, U.S., 40, 358, 554

美国石油公司　Amoco, 297

美国卫生及公共服务部　DHHS. See Department of Health and Human Services, U.S.,

美国卫生及公共服务部　Department of Health and Human Services, U.S. (DHHS), 388

美国无线电公司　Radio Corporation of America. See RCA,

美国雅培公司　Abbott Laboratories, 387n12

美国雅士哥种子公司　Asgrow Seed Company, 396, 403

美国研究分析公司　RAC, 329, 345, 346, 469

美国原子能委员会　AEC. See Atomic Energy Commission

美国原子能委员会　Atomic Energy Commission, U.S. (AEC), 115, 263, 264, 322, 438, 509, 538, 554, 572

美国种子贸易协会　American Seed Trade Association, 386

美国专利商标局　Patent and Trademark Office, U.S., 387, 543

美日共同安全协议　United States-Japan Mutual Security Agreement, 444

美日贸易协定　United States-Japan trade agreement, 343

门洛帕克实验室　Menlo Park laboratory, 79, 83-85b, 238, 239, 342b, 537-538

孟德尔遗传学　Mendelian genetics, 74, 394

孟加拉国　Bangladesh, 206

孟买牛奶计划　Bombay Milk Scheme, 401

孟山都公司　Monsanto, 311, 381, 394, 396, 398, 399, 404, 412, 413

迷你计算机　Minicomputers, 331-337, 338

米勒德　Millard, 332

米沙比矿场　Mesabi iron range, 485

秘鲁　Peru, 203

密歇根大学　University of Michigan, 320

棉花害虫　Cotton pests, 203, 204n27

免疫反应　Immune response, 420-421

免疫技术 Immunotech, 406
明尼苏达大学 University of Minnesota, 386485
明尼苏达矿业制造业公司 3M. See Minnesota Mining and Manufacturing,
明尼苏达矿业制造公司 Minnesota Mining and Manufacturing (3M), 496b
明尼苏达州作物改良协会 Minnesota Crop Improvement Association, 386
明治政府 Mejii government, 441, 443
命令—控制管理方法 Command-and-control approach, 133, 479, 511, 512, 513, 601
模拟 Imitation, 466-467
摩尔定律 Moore's Law, 79, 348
摩托罗拉 Motorola, 329, 348, 356-357
摩西·法玛尔 Farmer, Moses, 238-239
莫哈韦沙漠 Mojave Desert, 276
墨西哥 Mexico,
墨西哥的农业发展 agricultural development in, 180, 187
墨西哥的农业研究体系 agricultural research system in, 215
墨西哥的生物技术 biotechnology in, 385, 408
牛生长激素与墨西哥 bovine growth hormone and, 401
计算机产业与墨西哥 computers and, 330
墨西哥的地热能 geothermal energy in, 275
墨西哥的石化产业 petrochemical industry in, 305
墨西哥的半导体产业 semiconductor industry in, 350
默克公司 Merck, 387n12
默文·凯利 Kelly, Mervin, 324
木河炼油厂 Wood River refinery, 297-298

N

纳尔逊-温特演化模型 Nelson-Winter evolutionary model, 109-112, 117, 118, 541
南非 South Africa, 401
南海岸空气质量管理区 South Coast Air Quality Management District, 514
南欧 Southern Europe, 20, 75
南亚 South Asia, 191, 401, 506
内包制 Inside contract system, 432-433
内生增长 Endogenous growth, 25-29
罗默—卢卡斯内生增长模型 Romer-Lucas growth model, 27b, 28
技术转移与内生增长 technology transfer and, 163, 166-167
能源，参见电力；可替代性照明系统 Energy, See also Electricity; Lighting systems alternative, 235-284, 270-279
规模消耗与能源 exhaustion of scale and, 260-266
制度创新与能源 institutional innovation and, 266-270
能源的价格 price of, 37
美国的能源基础消费 primary consumption in United States, 236f
可再生能源 renewable. See Renewable energy,

708　技术、增长与发展

能源工业应用转型　transformation of industrial use, 247-253
能源任务　Energy mission, 572, 574
能源替代　Energy substitution, 238f
能源危机，参见石油价格冲击。Energy crisis. See also Oil price shocks, 183, 572, 576
能源研究开发署　Energy Research and Development Administration, 509
能源政策法案　Energy Policy Act, 268, 269, 270
能源转化　Energy transition, 611, 612
尼尔斯·玻尔　Bohr, Niels, 537
尼古拉·特斯拉　Tesla, Nikola, 241-242
尼克森　Nickerson, 403
尼龙　Nylon, 287, 291-294, 304, 543-544
尼日利亚　Nigeria, 215, 222
尼桑/日产汽车　Nissan motors, 444, 445, 451, 452
尼亚加拉大瀑布，作为能源来源　Niagrara falls, as energy source, 244
牛奶生产　Milk production, 394, 398
牛生长激素　Bovine growth hormone, 390, 398-401, 412
纽科门蒸汽机　Newcomen steam engine, 70-71, 72f, 73f
纽特·金里奇　Gingrich, Newt, 564
纽约装运港　Shipping port, New York, 263
农场人均需电量　Farm draft power per worker, 193, 195f
农村电气化管理局　Rural Electrification Administration, 246

农达　Roundup, 396
农业　Agriculture, 105, 602-603
农业经典模型　classical model on, 42496
趋同与农业　convergence and, 18-19
中国农业非集体化　decollectivization in China, 122
农业出口　exports, 199
物质流与农业　material flow and, 500, 501-505
农业劳动力转移　shift of labor from, 32, 38, 43
农业发展　Agricultural development, 179-234, 538, 613-614
阿根廷的农业发展　in Argentina, 131
农业发展的节约模型　conservation model of, 182-183
农业发展的扩散模型　diffusion model of, 183-186
农业发展的高回报投入模型　high-payoff input model of, 186-187
农业发展的诱导性技术变革　induced technical change in, 153, 188-196
土地和劳动生产率的国际对比　international comparison of land and labor productivity, 189f
农业发展经验教训　lessons from experience, 224-225
农业发展的机械化进程　mechanical processes in, 188-190
农业发展的共同生产函数　metaproduction function in, 192-196
农业发展的资源和环境限制　resource and environmental constraints, 199-207
农业发展的资源开发模型　resource ex-

索引词中英对照　709

ploitation model of, 180-181
农业发展的科学和技术限制　scientific and technical constraints, 196-199
农业发展的三种制度需求　three institutional requirements for, 613
农业革命　Agricultural revolution, 122, 182
农业技术　Agricultural technology, 602
农业技术扩散　diffusion of, 149-153
农业技术转移　transfer of, 167
农业科学大学　University of Agricultural Science, 410b
农业生产率过渡阶段　Agricultural productivity transitions, 611
农业生物技术　Agricultural biotechnology, 389, 394-401, 408-409
中国和印度的农业生物技术　in China and India, 409-1b
经济对农业生物技术的影响　economic impacts on, 399-401
市场结构与农业生物技术　market structure and, 403-405
对农业生物技术的抵制　resistance to, 397-398
农业实验站　Agricultural experiment stations, 82, 118, 132, 208-209
德国的农业实验站　German, 456
与农业实验站相关的科技政策　science and technology policy on, 553
各州农业实验站　state, 209, 210, 211
农业研究局（ARS）　Agricultural Research Service, 580
农业研究体系　Agricultural research systems, 207-224, 587
农业研究体系不完善　incompleteness in, 223-224
国际农业研究体系　international, 214-218
农业研究体系的不同级别　levels in, 219
农业研究体系作为公共财产　as public good, 128-130
加强国家农业研究体系的建设　strengthening national, 218-223
农业研究委员会（英国）　Agricultural Research Commission (Britain), 208
农作物健康检验局　APHIS. See Agricultural Plant Health Inspection Service,
疟疾　Malaria, 205
挪威　Norway, 307
诺贝尔奖　Nobel prize, 291, 325
诺华公司（瑞士制药公司）　Novartis, 404, 411

O

欧盟　European Union (EU), 406
欧文·朗缪尔　Langmuir, Irving, 81
欧洲　Europe,
欧洲的分散　divergence in, 19
东欧　Eastern, 20, 199, 401
冶金技术差距与欧洲　metallurgy technology gap and, 443t
南欧　Southern, 20, 75
西欧　Western. See Western Europe,
欧洲化学通信　European Chemical News, 304
欧洲货币联盟　European monetary union, 462
欧洲经济共同体　EEC. See European Eco-

nomic Community,
欧洲经济共同体 European Economic Community (EEC), 397, 399
欧洲议会 European Parliament, 408

P

Phyton 公司 Phyton, Inc., 580
Prosilac 公司 Prosilac, 398
帕克贝尔公司 Packard Bell, 357
帕特·汉森 Hansen, Pat, 337
排污权交易 Emission trading, 511-515, 521
排污税 Effluent taxes, 490, 513
排污税 Emission tax, 520-521
盘尼西林（青霉素） Penicillin, 372-373, 391
抛物面碟式系统 Parabolic-dish system, 276
佩利报告。参见总统材料政策委员会报告 Paley Report. See President's Materials Policy Commission Report,
佩希内公司 Pechiney, 301
配电员 Load dispatcher, 245
批发竞争模型 Wholesale competition model, 269
批量生产 Mass production, 428-430, 432, 433, 435, 436, 437
品系 Strain, 422
平方—立方定律 Square-cube law, 300n19
平面工艺，平面处理 Planar process, 325, 551
苹果电脑 Apple Computer, 332-333, 334-335, 339
珀金埃尔默公司 Perkin-Elmer Corporation, 325, 388n13
珀西·卢德门 Ludgate, Percy, 318b
葡萄牙 Portugal, 19
普雷斯波·埃克特 Eckert, J. Prosper, 319, 320
普林斯顿等离子体物理实验室 Princeton Plasma Physics Laboratory, 574
普强制药公司 Upjohn, 393, 398, 403

Q

企业集团组织 Conglomerate groups, 447, 451
企业家 Entrepreneurs, 377-379
企业家制度 Entrepreneurial regime, 112
起源 Origin, 151-152
气候变化；全球气候变化 Climate change. See Global climate change,
气象局 Weather Bureau, 209
汽巴嘉基公司（瑞士） Ciba-Geigy, 403, 404
汽车产业 Automobile industry, 467, 602
汽车产业年度模型变革 annual model change in, 435-436
德国的汽车产业 in Germany, 445, 460, 472, 603
日本的汽车产业 in Japan, 134-135, 258, 436, 444-452, 455, 461, 462, 472, 603
石油价格冲击和汽车产业 oil price shocks and, 258
石油化工产品和汽车产业 petrochemicals and, 294
选定国家的汽车生产 production in selected countries, 446t

汽车代替役畜 replacement of draft animals by, 156, 157f

汽车产业内的技术扩散 technology diffusion in, 451-452

美国的汽车产业 in United States, 134-135, 156, 157f, 294, 429-432, 433-436, 603

铅 Lead, 497, 513

苏联 Soviet Union, 219, 554

苏联的农业发展 agricultural development in, 199

苏联的农业研究系统 agricultural research system in, 219, 223

苏联的环境问题 environment tissues in, 516, 521

苏联的水电 hydropower in, 274

核能与苏联 nuclear power and, 263

苏联的石化产业 petrochemical industry in, 301, 303-304

苏联的可持续发展 sustainable growth in, 7

欠发达国家。参见发展中国家 Less developed countries (LDCs). See Developing countries,

强检验 Strong test, 483

强可持续性原则 Strong sustainability rule, 606

乔纳森·奥格登·阿穆尔 Armour, J. Ogden, 299n18

乔治·埃尔顿·梅奥 Mayo, Elton, 449b

乔治·布什 Bush, George, 513, 556, 558

乔治·格雷 Gray, George, 297

乔治·华盛顿 Washington, George, 552

乔治·科勒 Kehler, Georges J. F., 374

乔治·斯卡尔 Schull, George H., 82

乔治·西屋 Westinghouse, George, 240

切尔诺贝利核事故 Chernobyl nuclear disaster, 265

氢燃料 Hydrogen fuels, 520

清洁发展机制 CDM. See Clean Development Mechanism,

清洁发展机制（CDM） Clean Development Mechanism (CDM), 521

囚徒两难 Prisoner's dilemma game, 133

区域制造技术转移中心 Regional Manufacturing Technology Transfer Centers, 580

区域专门化育种 Location-specific breeding, 185-186b, 187, 215, 218

趋同 Convergence, 15-23, 32

条件趋同 conditional, 20-23

趋同数据作假理论 stacked deck theory, 19-20

绝对趋同 unconditional, 22f

趋同俱乐部 Convergence club, 17, 172

圈地运动 Enclosure movement, 122, 127

国家技术扩展计划 State Technology Extension Program, 580-581

全国现金出纳机公司 National Cash Register (NCR), 336

全面质量管理 TQM. See Total quality management,

全面质量管理 Total quality management (TQM), 448b, 449b, 451b

全面质量控制 TQC. See Total quality control,

全面质量控制　Total quality control（TQC），447-451

全球化　Globalization，470-471b

全球气候变化　Global climate change，206-207，480，515-521

全球气候变化计划　Global Climate Change program，574

全要素生产率　Total factor productivity，29，30，34，47，455

R

人均产出　per worker，29

R&DICE 模型　R&DICE model，518

燃煤反馈　Coal-based feedback，298

燃气轮机联合循环系统　Combined cycle gas turbine systems（CCGT），278-279

燃气轮机系统　Gas turbine system，278-279

染色体　Chromosomes，419

热能。参见太阳能　Thermal energy. See Solar energy，

人居环境转换　Human settlement transitions，611

人均收入　Income per capita. See Per capita income，

人均收入　Per capita income，15，23，472，618

农业发展与人均收入　agricultural development and，196-197，198-199

趋同与人均收入　convergence and，17

能耗与人均收入　energy consumption and，253

环境与人均收入　environment and，479，506-510

食品需求与人均收入　food demand and，613

人口调查局　Bureau of the Census，319，320

人口增长　Population growth，

农业发展与人口增长　agricultural development and，196，197

趋同与人口增长　convergence and，20-23

环境与人口增长　environment and，479，506

食品需求与人口增长　food demand and，613

人口增长的新增长理论　new growth theory on，28

参考情境中的人口增长　in Reference Scenario，609

人口转变　Demographic transitions，611-612

人类基因组　Human genome，82

人类基因组计划　Human Genome Project，387，387-388n13

人类生长素　hGH. See Human growth hormone，

人类生长素　Human growth hormone（hGH），390-393，414

人力资本　Human capital，20，21，25-26，618

人造纺织品公司　Comptior des Textiles Artificiels，292

人造丝；人造纤维　Rayon，292-293

人造卫星　Sputnik，554

人种学文献　Ethnographic literature，83

日本　Japan，28，468，473

日本的农业发展　agricultural development in，180，188，193-195，224-225

日本的农业研究系统　agricultural research system in, 210n36

日本的汽车产业　automobile industry in, 134-135, 258, 436, 444-452, 445, 461, 472, 603

日本的生物技术　biotechnology in, 405, 406-408, 452

牛生长激素与日本　bovine growth hormone and, 401

日本的计算机产业　computer industry in, 343, 344-346, 349-350, 361-362, 452, 469

趋同与日本　convergence and, 18-19

日本的国防产业基地　defense-industrial base in, 551-555

日本的环境问题　environmental issues in, 498

日本的模仿行为　imitation in, 466-467

日本的诱导性技术变迁　induced technical change in, 106-107

日本的制度创新　institutional innovation in, 131-132, 134-135

日本的物质流　material flows in, 498t

冶金技术差距与日本　metallurgy technology gap and, 443t

日本的不可再生资源　nonrenewable resources in, 482

核能与日本　nuclear power and, 263, 266

日本独占鳌头　as number one, 443-444

石油价格冲击与日本　oil price shocks and, 257, 303, 451

日本的开放获取　open access in, 128

日本的专利　patents in, 543

日本的石化产业　petrochemical industry in, 301, 302-303, 304

日本的制药业　pharmaceutical industry in, 373, 452

日本的生产率发展　productivity growth in, 31, 32

日本的水稻产量　rice yields in, 75

日本的以科学为基础的技术　science-based technology in, 452-454, 455

日本的半导体产业　semiconductor industry in, 93, 347-348, 349, 350, 351, 353-357, 452, 454

日本的技术创新（日本体系）　technical innovation in (Japanese system), 440-456, 463-467

日本的技术扩散　technology diffusion in, 159, 442

技术转移与日本　technology transfer and, 164, 442, 445

日本体系　Japanese system, 440-456, 463-467

日本电报与电话公司　NTT. *See* National Telegraph and Telephone,

日本电报与电话公司　National Telegraph and Telephone (NTT) (Japan), 349, 353

日本电报与电话公司电子通信实验室　NTT/ECL. *See* National Telegraph and Telephone Electrical Communication Laboratories,

日本电报与电话公司电子通信实验室　National Telegraph and Telephone Electrical Communication Laboratories (NTT/ECL) (Japan), 344

日本电气公司　NEC. See Nippon Electric Company,

日本电气公司　Nippon Electric Company（NEC），345，346，348，357

日本电子计算机公司　JEEC. See Japanese Electronic Computer Company，

日本电子计算机公司　Japanese Electronic Computer Company（JEEC），345

日本富士通公司　Fujitsu，336，345，346

日本和欧洲之间的技术差距　Technology gap, Japanese-European，443t

日本商通公司　Busicom，78-79，326

日本石化企业　Nippon Petrochemicals，302

日产财阀　Nissan Zaibatsu，444

日俄战争　Russo-Japanese War，442

日立（日本经营电子电气公司）Hitachi，345，346

日野（日本汽车品牌）Hino，445

乳腺炎　Mastitis，399

软件　Software，90，316，338-340，351-353

瑞典　Sweden，263

瑞士　Switzerland，19

弱测试　Weak test，483

弱可持续原则　Weak sustainability rule，606

S

石油价格冲击与产出　oil price shocks and，257-258

S-M-C-R通信模型　S-M-C-R communication model，151

S形曲线　S-shaped curve，149，151，161，170，171

撒哈拉以南非洲　Sub-Saharan Africa，199，205，613

萨达尔萨诺瓦水坝（印度）Sadar Sarovar（India），274

塞巴斯蒂安·费兰蒂　Ferranti, Sebastian Ziani de，240，242

塞缪尔·英萨尔　Insull, Samuel，245-246，252，270

三角研究园　Research Triangle Park，582

三井石化公司　Mitsui Petrochemicals，302

三菱化工　Mitsubishi Chemicals，263，302，345，445

三峡水电站（中国）Three Gorges（China），274

三星　Samsung，351

散度　Divergence，19-20

色萨·米尔斯坦　Milstein, Cesar，374

杀虫剂　Pesticides，501，505

山度士牌手表　Sandoz，403，404

商业化发展　Commercial development，

生物技术的商业化发展　of biotechnology，389-401

计算机的商业化发展　of computers，320-322

技术的商业化发展　of technology，575-583，589

商业技术的联邦政策　Federal policy on commercial technology，576

商业周期　Business cycle，36，65

商用技术的国家政策　State policy on commercial technology，581-583

上限　Ceiling，151

设计转移　Design transfer，167-168

社会对发展的限制　Social limits to

growth, 42559
社会科学知识　Social science knowledge, 132-133
社会契约　Social contract, 434, 435, 583-585, 590
社会学家对消费的定义　Sociologist's meaning of consumption, 508b
社会制度的集体主义观　Collectivist view of social institutions, 119n18
社会制度的有机论　Organic view of social institutions, 119n18
社会组织　Social organization, 535-536
神经传导物质　Neurotransmitters, 421
审计总署　General Accounting Office (GAO), 580
生产的世俗化阶段　Secular period of production, 193
生产对环境的影响　Production impacts on environment, 494-505
生产函数方法　Production function approach, 49-51, 64-65
生产理论　Production theory, 489
生产率增长　Productivity growth, 6, 8-13
生产率增长的替代测量方法　alternative measures of, 30-31b
对比生产率增长　comparative, 30-32
电力与生产率增长　electricity and, 253
生产率增长迟缓　falling behind in, 36-42
先进工业国生产率长期增长　long-term in advanced industrial countries, 33t
石油价格冲击与生产率增长　oil price shocks and, 258-260
生产率增长测量出现偏差的原因　source of bias in measurement, 39, 47-59
美国生产率增长趋势　trends in the United States, 32-35
生产市场不均衡　Product market market disequilibrium, 58
生活成本指数的辩论　Cost of living index debate, 40-42b
生态经济学　Ecological economics, 492-494
生态欧洲　Bioeurope, 406
生态学　Ecology, 605
产业生态学　industrial, 312, 494n19, 495-497b
生态学家对消费的定义　Ecologist's meaning of consumption, 508b
生态自治情境　Ecocommunalism variant scenario, 610
生物保护法基金会　Conservation Law Foundation, 273
生物的技术　Biological technology,
农业和生物的技术　agriculture and, 188, 190-192, 211, 213
"生物的技术"到"生物技术"的演化　evolution to biotechnology, 369-373
生物的技术作为公共财产　as public good, 129-130
生物多样性　Biodiversity, 500, 501
生物过程　Bioprocess, 419
生物过程技术　Bioprocess technology, 419
生物技术　Biotechnology, 80-81, 368-422, 452, 545, 601, 602
农业生物技术　agricultural. See Agricultural biotechnology from biological technology to, 369-373

生物技术面临的挑战 challenge to, 402-403

商用生物技术 commercial, 389-401

生物技术的定义 defined, 369

食品产业与生物技术 food industries and, 411-412, 413, 613-614

生物技术产业政策和国际竞争 industrial policy and international competition, 405-411

制度创新与生物技术 institutional innovation and, 384-388

市场结构与生物技术 market structure and, 401-405

分子技术与生物技术 molecular biology and, 369, 373-377, 379

专利与生物技术 patents and, 385-388, 408, 545

医药生物技术 pharmaceutical and. See pharmaceuticals regulation of, 385, 401

生物技术的研究经费 research grants to, 381t

产学结合与生物技术 university-industrial complex and, 377-384, 407

生物调查局 Bureau of Biological Survey, 209

生物质能 Biomass energy, 272t, 275

生长激素。参见牛生长激素、人类生长素 Growth hormone. See also Bovine growth hormone; Human growth hormone, 420

圣菲研究所 Santa Fe Institute, 608

胜家制造公司 Singer Manufacturing Company, 427, 432, 433

剩余要素生产率 Residual factor productivity, 30, 31b, 33t

施肥效应 Fertilization effect, 206

石化产品的批处理 Batch process for petrochemicals, 297-298

石化产品连续制造程序 Continuous process for petrochemicals, 297-298

石化产业 Petrochemicals, 287, 294, 295f, 297-308, 310, 311

石化产业的技术扩散 technology diffusion in, 300-308

石油 Gasoline, 294, 297-298, 497, 513

石油 Petroleum, 37, 256-257, 258, 260, 270, 279, 603, 607

石油价格冲击 Oil price shocks, 37, 253-260, 265, 271

日本汽车产业与石油价格冲击 Japanese automobile industry and, 451

核能与石油价格冲击 nuclear power and, 264n18

石化产业与石油价格冲击 petrochemical industry and, 303, 305

石油输出国组织 OPEC. See Organization of Petroleum Exporting Countries,

石油输出国组织 Organization of Petroleum Exporting Countries (OPEC), 257

实验室操作盘 Laboratory Operation Board, 572

实验站办公室 Office of Experimental Station, 209

食品及药物管理局 FDA. See Food and Drug Administration,

食品及药物管理局 Food and Drug Administration (FDA), 383b, 384f, 385, 393, 397, 398, 411, 413

食物　Food, 411-412, 413, 612, 613-614

史密森学会　Smithsonian Institution, 552

世界贸易组织　WTO. See World Trade Organization,

世界贸易组织　World Trade Organization (WTO), 405, 409, 546

世界气候计划　World Climate Program, 616

世界银行　World Bank, 184, 215, 507

世界资源研究所　WRI. See World Resource Institute,

世界资源研究所　World Resource Institute (WRI), 497, 499, 509, 608

市场结构与生物技术　Market structure and biotechnology, 401-405

市场替代　Market institutions, 121-127

适应主义者的策略　Adaptationist approach, 517

收益成本分析　Benefit-cost analysis, 490-492, 493, 518

鼠标（计算机）　Mouse (computer), 335

数据统计模型　Statistical models, 449b

数据系统公司　Data Systems, 331

数字设备公司　DEC. See Digital Equipment Corporation,

数字设备公司　Digital Equipment Corporation (DEC), 331, 336, 346

衰退　Recessions, 36

双极晶体管　Junction (bipolar) transistor, 324

双派生需求模型　Double derived demand model, 541

双重绿色革命　Doubly green revolution, 197

水稻　Rice,

生物技术与水稻　biotechnology and, 397, 408, 409-410b

现代水稻品种的发展　development of modern varieties, 74-78

水稻需求增加　increase in demand for, 122

菲律宾的水稻生产　Philippine production of, 123b, 125t, 126b, 187

台湾的水稻生产　Taiwanese production of, 191

水电　Hydropower, 274-275

水能　Water power, 247

水质　Water quality, 201-203, 207, 486, 500, 501, 507

私立大学　Private universities, 581, 582

私人资本物品　Private capital goods, 536

私人部门　Private sector,

农业研究与私人部门　agricultural research and, 211-214, 223, 224

可持续性转变与私人部门　sustainability transitions and, 612

斯德哥尔摩环境研究所　Stockholm Environmental Institute, 608

斯蒂芬·乔布斯　Jobs, Steven, 332, 334-335

斯蒂夫·沃兹尼亚克　Wozniac, Stephen, 332, 333, 334

斯凡特·阿伦尼斯　Arrhenius, Svante, 515

斯佩里兰德公司　Sperry Rand, 345, 349n24

斯普林菲尔德兵工厂　Springfield Armory, 426, 432

斯坦福大学 Stanford University, 374, 388, 582, 584
斯通-韦伯公司 Stone and Weber, 303
斯托尔珀-萨缪尔森定理 Stolper-Samuelson theorem, 470–471b
斯旺电力公司 Swan Electric Company, 240
寺尾聪田中 Tanaka, Arkira, 76–77, 78
苏威集团 Solvay, 293
苏云金杆菌（Bt） Bacillus thuringiensis (Bt), 397, 409
速水-拉坦模型 Hayami-Ruttan model, 107–108b
酸雨 Acid rain, 268, 514n30
随机存取存储器 RAM. See Random-access memory,
随机存取存储器 Random-access memory (RAM), 79, 327b
索洛-斯旺增长模型 Solow-Swan growth model, 151
索洛中性 Solow neutrality, 56b
索尼 Sony, 347
锁定 Lock-in, 113, 114, 115, 117, 118, 279, 339, 540

T

ThinkJet 打印机 ThinkJet, 169–170b
T 模型 Model T, 294, 430, 431, 433, 434, 460, 461
塔塔研究所生物科学中心 Tata Institute Center for Biological Science, 410b
台湾 Taiwan, 19, 28, 75, 77, 92, 603
台湾农业发展 agricultural development in, 191
台湾的半导体产业 semiconductor industry in, 330, 351
台湾的可持续发展转变 sustainability transitions, 611
太空船地球 Spaceship earth, 492
太平洋电气公司 Pacific Gas and Electric, 273
太阳能 Solar energy, 272t, 276, 520
泰国 Thailand, 122, 127, 385
泰姬集团 Taj Group, 352b
泰米尔纳德邦农业大学 Tami Nadu Agricultural University, 410b
碳水化合物 Hydrocarbons, 301, 304
碳税 Carbon taxes, 518, 521
汤姆·富里 Fury, Tom, 337
汤普森—拉莫—伍尔德里奇公司 TRW, 345
陶氏化学公司 Dow Chemical Company, 301, 306b, 311
陶氏益农公司 Dow Elanco, 404
特德·霍夫 Hoff, Marcian (Ted), 78–79, 326
特殊用途集成电路 Application-specific integrated circuits (ASICs), 169b
特斯拉电灯与电气制造公司 Tesla Electric Light and Manufacturing Company, 242
体外受精的牲畜 In vitro fertilization of livestock, 394
体外组织和细胞培养 In vitro tissue and cell culture, 394
替代模型 Substitution models, 161
替代能源 Alternative energy, 270–279
替代偏差 Substitution bias, 41b

索引词中英对照　　719

天然气　Natural gas, 264-265, 268, 270, 278-279
田纳西州流域管理局（美）　Tennessee Valley Authority, 246, 571
挑选赢家　Picking winners, 587-588, 590
条件价值评估法　Contingent valuation, 491
条件趋同　Conditional convergence, 20-23
通用电力公司　AEG, 263
通用电气公司　General Electric (GE), 115, 154, 243, 244, 245, 249, 252, 263, 279, 322, 329, 345, 346, 437, 496b, 538, 544
通用电气公司研究实验室　General Electric Research Laboratory, 81, 437
通用技术　General purpose technology, 600-601
通用件　Interchangeable parts, 426-428
通用均衡模型　General equilibrium model, 134, 135
通用科学数据公司　Data General Scientific, 331, 336, 346
通用汽车　General Motors (GM), 435, 436, 444, 448, 451b, 452, 460
通用汽车金融服务公司　General Motors Acceptance Corporation, 435
通用自动计算机　UNIVAC, 320
通用自动计算机1103　UNIVAC 1103, 321
同业互查　Peer review, 567-568, 584
投入　Inputs, 51-52
投入高回报模型　High-payoff input model, 186-187

投资不足的原因　Underinvestment rationale, 538-542
投资的准不可逆性　Quasiirreversibility of investment, 114
投资率　Investment rates, 20-22, 24
土地　Soil, 200-201, 207, 486, 500, 501
土地局　Bureau of Soils, 209
土地—劳动比率　Land-labor ratios, 105-108, 195
土地使用权共享　Share tenure, 123-124b, 1125t
土耳其　Turkey, 222
托卡马克装置　Tokamak, 574
托马斯·爱迪生　Edison, Thomas A., 79, 83-85b, 238-240, 241, 242-244, 245, 246, 247, 261, 342b, 437, 537-538
托马斯·布兰查德　Blanchard, Thomas, 432
托马斯·纽科门　Newcomen, Thomas, 70-71
托马斯·萨弗里　Savery, Thomas, 70-71
托马逊-休斯顿公司　Thomson-Houston Company, 241, 244
脱轨　Spin-away, 547-551
脱碳（作用）　Decarbonization, 515, 604, 609, 611
脱氧核糖核酸。参见DNA　Deoxyribonucleic acid. See DNA,

W

瓦尔特·舒可特　Schwhert, Walter, 449b

瓦特—博尔顿蒸汽机　Watt – Boulton steam engine, 70–74, 236, 250b
外部经济　External economy, 481n4
外部效应　Externalities,
　农业生产的外部效应　of agricultural production, 214
　环境问题与外部效应　environmental issues and, 489–490, 514, 515
　外部效应的内化　internalization of, 135
　外部效应网络　network, 115, 339, 547
外在的不经济性　External diseconomy, 481n4
王安电脑公司　Wang Laboratories, 331, 336
王子　Prince, 445
网络外部性　Network externalities, 115, 339, 547
威廉·杜兰特　Durant, William C., 435n14
威廉·冯·洪堡　Von Humboldt, Wilhelm, 456
威廉·卡罗瑟斯　Carothers, William H., 291
威廉·克林顿　Clinton, William
威廉·拉特　Rutter, William, 388
威廉·莱利　Reilley, William K., 513
威廉·劳　Lowe, William, 333, 334
威廉·梅里厄姆·伯顿　Burton, William M., 297–298
威廉·帕金斯　Perkins, William, 289
威廉·斯坦利　Stanley, William, 240–241, 242
威廉·沃克　Walker, William H, 295–296
威廉皇帝物理化学研究所　Kaiser Wilhelm Institute for Physical Chemistry, 291
威斯康星州　Wisconsin, 400
微处理器　Microprocessors, 78–79, 325–326, 327b, 328f, 348, 551
微观经济模型　Microeconomic model, 101, 103–105, 105, 107
微控制器　Microcontrollers, 327b
微软　Microsoft, 332, 334, 339–340, 357
微软磁盘操作系统　MS–DOS, 332, 339
微型计算机　Microomputers, 331–337, 357
微型零件　Microcomponents, 327b
未来能源可持续发展委员会　Council for a Sustainable Energy Future, 496b
温室气体。参见具体的种类　Greenhouse gases. See also specific types, 7, 206, 501, 516, 517, 520, 574, 618
文化禀赋　Cultural endowments, 133–137
文化唯物主义　Cultural materialism, 135n38
文化消费　Cultural consumption, 10
稳定的可持续增长　Steady–state sustainable growth, 6, 11, 23–24, 610
沃尔特·布拉顿　Brattain, Walter, 324, 325
沃尔特河管理局（加纳）　Volta River Authority (Ghana), 275
沃伦·刘易斯　Lewis, Warren K., 296, 298
乌拉圭　Uruguay, 397

乌拉圭回合　Uruguay Round, 405, 546

污染。参见环境　Pollution. See Environment

污染物排放标准　Criteria pollutants, 512n29

无条件趋同；绝对趋同　Unconditional convergence, 22f

无线电器材公司　Radio Shack, 339

无形学院　Invisible college, 149

五十铃汽车　Isuzu, 444–445

物理学家对消费的定义　Physicist's meaning of consumption, 507–508b

物质流　Material flows, 494–505

物质平衡方法　Materials balance approach, 494–495, 509

物质替代　Material substitution, 498

物质消费　Material consumption, 10

物质消耗强度　Material intensity, 498–499, 500f

物质转变　Material transition, 611, 612

物质转移　Material transfer, 167–168

物质总需求　Total material requirements（TMR）, 497–498

X

西奥多·普斯卡斯　Puskas, Theodore, 84b

西班牙　Spain, 19

西尔瓦尼亚（美国俄亥俄州西北部城镇）　Sylvania, 329

西方车轮厂　Western Wheel Works, 429

西方电气公司　Western Electric Company, 328, 329, 343, 437, 448–449b

西红柿　Potatoes, 370

西门子　Siemens, 243, 263, 279, 343, 351, 356, 457

西蒙·雷默　Ramo, Simon, 550b

西欧　Western Europe, 472, 603

西欧的农业发展　agricultural development in, 180, 181, 183, 196, 198

西欧的生物技术　biotechnology in, 405, 408, 412, 413

牛生长激素与西欧　bovine growth hormone and, 399, 401

西欧的化学产业　chemical industry in, 309, 310

西欧的计算机产业　computer industry in, 343, 352, 361

趋同与西欧　convergence and, 20

日本汽车产业与西欧　Japanese automobile industry and, 451–452

石化产业与西欧　petrochemical industry in, 301–302, 311

西欧的财产权　property rights in, 135–136

西欧的半导体产业　semiconductor industry in, 350

西欧的技术扩散　technology diffusion in, 156

技术转移与西欧　technology transfer and, 163164

西屋公司　Westinghouse Company, 115, 242, 244, 252, 263, 279, 538, 544

西屋空气制动公司　Westinghouse Air Brake Company, 240–242, 432n11

希克斯—阿哈默德模型。参见微观经济模型　Hicks-Ahmad model. See Microeconomic model

希克斯中性　Hicks neutrality, 55b, 56

希望之城医院　City of Hope Hospital，391

洗涤器　Scrubbers，268，278，511，514

系统工程　Systems engineering，549-550b

系统论方法　Systems approach，549-550b

细胞　Cells，419

细胞培养技术　Cell culture techniques，374，394

细胞融合　Cell fusion，374，419

细菌　Bacteria，386-387，411

细菌的定义　defined，419

仙童半导体公司　Fairchild Semiconductor，325，327，329，350，551

先发明制　First-to-invent ownership rule，543

先锋良种国际公司（美国）　Pioneer Hi-Bred International，213，397-398

先进技术项目　Advances Technology Program（ATP），459，559，571，578-579，580

先进技术项目　ATP. See Advanced Technology Program，

先进技术中心　CAT. See Centers for Advanced Technology，

先进技术中心　Centers for Advanced Technology（CAT），583

先灵公司　Shering，404

先申请制　First-to-file ownership rule，543

咸海流域　Aral Sea basin，202

现代汽车　Hyundai，351

限制性内切酶　Restriction enzymes，421

线性（流水线作业）模型　Linear（assembly line）model，80，536-537，538

相对价格　Relative prices，56

香港　Hong Kong，350

向癌症宣战　War on cancer，555-556

向贫困宣战　War on Poverty，555

象限模型　Quadrant model，537-538

橡胶，合成橡胶　Rubber，synthetic，287，303-304

橡胶研究所（马来亚）　Rubber Research Institute（Malaya），214

橡树岭国家实验室（美国）　Oak Ridge National Laboratory，87，265，538，541，571

肖克利半导体实验室　Shockley Laboratories，329

消除有害事物的成本　Abatement costs，517-518，519

消费　Consumption，

文化消费　cultural，10

消费的定义　defined，506，507-509b

生态学家对消费的定义　ecologist's meaning of，508-509b

消费对环境的影响　environmental impacts of，505-511

材料消耗　material，10

物理学家对消费的定义　physicist's meaning of，507-508b

社会学家对消费的定义　sociologist's meaning of，508b

小阿尔弗雷德·索兰　Solan，Alfred P.，Jr.，435

小科学　Little science，571，575

小麦　Wheat，187，218，222，370

小水电能源　Small hydroelectric energy sources，272t，278-279

小詹姆斯·沃森　Watson, Thomas, Jr.，321-322

小专利　Petty patents，129n33，543

斜率　Slope，151

谢尔盖·列别捷夫　Lebedev, Sergoy V.，303

新产品偏差　New goods bias，41b

新耕作法　New husbandry，182

新古典理论的直观视角　Literal view of neoclassical theory，118n16

新古典模型　Neoclassical model，23，24-25，26

新古典模型的内容及发展趋势　literal and tendency view of，118n16

新增长理论与新古典模型对比　new growth theory compared with，28，29

索洛—斯旺新古典主义模型　Solow-Swan，27b，29

新古典模型中的技术变革　technical change in，114，116

新古典主义理论的发展趋势　Tendency view of neoclassical theory，118n16

新加坡　Singapore

新加坡电脑产品公司　Computer Products Singapore（CPS），169-170b

新可持续性发展前景　New Sustainability variant scenario，610，611

新闻委员会　Press Committee，563，564，567，568，569

新药申请　NDA. See New Drug Application，

新药申请　New Drug Application（NDA），383b

新英格兰电力系统　New England Electric System，273

新英格兰军械系统　New England Armory System，426-427，429，432，436，547

新泽西标准石油公司　Standard Oil Company of New Jersey，297，298，301

新增长理论　New growth theory，13，28-29，115

信使 RNA　Message RNA（mRNA），421

信息分权　Information decentralization，133

形式理论　Formal theory，160

熊彼特创新　Schumpetrian innovation，64-65

休斯　Hughes，329

需求　Demand，

化学产业与需求　chemical industry and，309

对环境服务的需求　for environmental services，479-480

均衡模型与需求　equilibrium models and，160

对制度创新的需求　for institutional innovation，120，121-130，133，

需求拉动　Demand pull，101-102

旋风　Whirlwind，341b

旋转变流机；回转炉　Rotary converters，243-244，245

选择性序列电子计算器　SSEC. See Selective Sequence Electronic Calculator，

选择性序列电子计算器　Selective Sequence Electronic Calculator（SSEC），

320, 321
学校教育模式　Schooling model, 26
血吸虫病　Schistosomiasis, 205
寻租行为　Rent seeking, 131

Y

哑管理者假设　Dumb manager assumption, 111
雅达利8000　Atari 8000, 339
雅达利8800　Atari 8800, 332
亚历山大·弗莱明　Flemming, Alexander, 372
亚瑟·狄翁·理特　Arthur D. Little,
亚瑟·诺伊斯　Noyes, Arthur H., 295-296
亚洲　Asia,
亚洲农业发展　agricultural development in, 181, 187, 191
亚洲农业研究体系　agricultural research system in, 214
牛生长激素和亚洲　bovine growth hormone and, 401
东亚　East. See East Asia,
亚洲食品供应　food supply in, 613-614
亚洲半导体产业　semiconductor industry in, 350
南亚　South, 191, 401, 506
东南亚　Southeast, 181, 191, 350, 401
烟草，抗病毒烟草　Tobacco, virus-resistant, 394
研究　Research,
农业研究。参见农业研究系统　agricultural. See Agricultural research system,
应用研究　applied, 87, 541
基础研究　basic, 87, 540-542, 590
通信研究　communications, 148, 150-151
好奇心驱动型研究　curiosity-driven, 537
研究成本的间接回收　indirect cost recovery for, 584
研究的制度化　institutionalization of, 132-133
技术扩散研究　on technology diffusion, 148
研究管理文献　Research management literature, 83
研究和开发（研发）　Research and development (R&D),
美国研发系统　American system of, 438, 439, 464, 467
生物技术与研发　biotechnology and, 379, 382
化学产业与研发　chemical industry and, 311t, 313
商用技术与研发　commercial technology and, 576-578, 582
研发费用降低　decline in spending on, 39
能源发展与研发　energy development and, 267, 271
联邦研发　federal, 563-564
联邦资助基金　federal funding of, 554-557
联邦资助研发函数　federal funding of by function, 548t
德国的研发　in Germany, 458, 467
日本的研发　in Japan, 466, 467
军事研发。参见军事采购　military. See

Military procurement,
核能与研发 nuclear power and, 263
石油价格冲击与研发 oil price shocks and, 259-260
半导体产业与研发 semiconductor industry and, 356
根据资金来源和执行者的研发 by source of funds and performer, 553f
研发费用 spending on, 462
研究技术 Research technology, 89
研究型大学 Research universities, 82, 118, 132, 438
德国的研究型大学 German, 456
衍生 Spin-off, 547-551
氧化亚氮 Nitrous oxide (N2O), 206, 279, 501, 514, 574
药物 Drugs. See Pharmaceuticals,
药物产品 Pharmaceuticals, 382, 389-393, 452, 457
发酵与药物产品 fermentation and, 372-373, 391
药物产品的市场结构 market structure of, 401-404
药物产品的发展阶段 stages in the development of, 383b, 384f
制药业前15道德模范企业 Top 15 ethical firms, 404t
要素比例 Factor-factor ratio, 192-193
要素禀赋 Factor endowment,
农业与要素禀赋 agriculture and, 153, 193
化学产业与要素禀赋 chemical industry and, 287
诱导性技术变革与要素禀赋 induced technical change and, 101, 102-105

要素—产物比例 Factor-product ratios, 192-193
要素价格 Factor prices,
农业发展与要素价格 agricultural development and, 192-196
要素价格的变化 change in, 52-53
要素生产率 Factor productivity,
增强总和要素生产率 augmented joint, 30, 31b, 32, 33t
总和要素生产率 joint, 29, 30-32, 33t, 34, 47
剩余要素生产率 residual, 30, 31b, 33t
全要素生产率 total, 29, 30, 34, 47, 455
要素市场不均衡 Factor market disequilibrium, 58
要素替代 Factor substitution, 192-196
冶金技术差距 Metallurgy technology gap, 443t
业绩标准 Performance standards, 511
一款苹果电脑 I-Mac, 335
一元扩散过程 Unary process of diffusion, 156
一种多用户的计算机操作系统 UNIX, 332, 352b
伊朗 Iran, 305
伊利诺斯州公共服务公司 Public Service Company of Illinois, 246
伊利诺伊大学 University of Illinois, 320
医学研究所 Institute of Medicine, 361-362
胰岛素 Insulin, 378, 391, 393, 414
遗传学 Genetics, 370-372
乙二醇 Ethylene glycol, 301

乙烯　Ethylene，299，309f
以科学为基础的技术　Science-based technology，601
德国以科学为基础的技术　in Germany，457
日本以科学为基础的技术　in Japan，452-454，455
美国以科学为基础的技术　in the United States，436-440
以客户为导向的技术　Client-oriented technology，586-587，602
以市场为基础的环境政策方法　Market based approaches to environment，511-513
异戊二烯；橡胶基质　Isoprene，303-304
意大利　Italy，19，28，159，168，275，406
意大利电信公司　Olivetti，336
溢出效应　Spillover effects，
农业生产的溢出效应　from agricultural production，214，222
计算机技术的溢出效应　from computer technology，330，361，362
环境的溢出效应　environmental，492
提炼过程的溢出效应　from extraction processes，485
科技的溢出效应　science and technology，539
半导体产品的溢出效应　from semiconductors，92-93
银湖计划　Silverlake project，335-337
隐性知识　Tacit knowledge，94
印第安纳标准石油公司　Standard Oil Company of Indiana，297，298

印度　India，
印度的农业生物技术　agricultural biotechnology in，409-411b
印度的农业研究系统　agricultural research system in，222，223
印度的生物技术　biotechnology in，385，408
孟买牛奶计划　Bombay Milk Scheme，401
印度的计算机产业　computer industry in，351-353，361
印度的水电　hydropower in，274
核能与印度　nuclear power and，266
印度的专利　patents in，543
印度的石化产业　petrochemical industry in，305
印度的可持续发展转变　sustainability transitions in，612
印度尼西亚　Indonesia，200，266，486
印度科学研究院　Indian Institute of Science，410b
英格兰。参见英国　England. See Great Britain
英格索兰公司　Ingersoll-Rand，154
英国　United Kingdom. See Great Britain
英国　Great Britain，456，547
英国的农业发展　agricultural development in，183
英国的农业研究体系　agricultural research system in，208
英国的农业改革　agricultural revolution in，122，182
英国的汽车产业　automobile industry in，445
英国的生物技术　biotechnology in，406

索引词中英对照　727

英国的化学产业　chemical industry in, 286, 300-301, 310
趋同与英国　convergence and, 19
英国的棉纺织品　cotton textiles from, 441, 442
英国的能源政策　energy policy in, 269-270
德国的技术创新体系与英国　German technical innovation system and, 457
英国的诱导性技术变迁　induced technical change in, 105
核能与英国　nuclear power and, 263
石油价格冲击与英国　oil price shocks and, 257, 258
英国的石化产业　petrochemical industry in, 301
英国的制药业　pharmaceutical industry in, 372, 373
英国的生产率发展　productivity growth in, 31
英国的抵制技术运动　resistance to technology in, 170
英国的蒸汽机　steam engine in, 236
英国的合成染料　synthetic dyestuff synthesis in, 289
英国的技术扩散　technology diffusion in, 156159
英国作为技术领导者　as technology leader, 425
英国电线线径规范　Brown and Sharp, 432, 433
英国化学工业公司　ICI, 310
英国化学工业公司　Imperial Chemical Industry, 292, 293, 298
英特尔　Intel, 78, 79, 325, 326, 330, 332, 334, 340, 348, 356, 551
英特尔8088　Intel 8088, 339, 348
英特网　Internet, 316, 340-342b, 362, 578, 602
影子价格　Shadow price, 487
应用研究　Applied research, 87, 541
用中学　Learning by using, 89-95, 264, 513
用中学的定义　defined, 90
优利系统　Unisys, 349n24, 351
优先权规则　Rule of priority, 536
尤金·阿姆达尔　Amdahl, Eugene, 322
由好奇心驱动的研究　Curiosity-driven research, 537
有规定的开放准入　Regulated open access, 487
有害污染物　Hazardous pollutants, 512n29
有形资本，实物资本　Physical capital, 20, 25-26
有性繁殖（植物）　Sexual reproduction (of plants), 185b
诱导性创新　Induced innovation, 115-116, 601
诱导性创新模型　Pattern model of induced innovation, 133-137
诱导性技术变革　Induced technology change, 101-108, 114, 117, 167, 601
农业部门的诱导性技术变革　in agriculture, 153, 188-196
需求拉动与诱导性技术变迁　demand pull and, 101-102
用数据对话　dialogue with data, 105-108

要素禀赋与诱导性技术变革 factor endowments and, 101, 102-105
工厂动力电力化 factory motive power electrification, 250-253b
诱导性制度创新 Induced institutional innovation,
诱导性制度创新模型 pattern model of, 133-137
菲律宾的诱导性制度创新 in Philippines, 124-127b
渔业 Fisheries, 486-487
与采购相关的技术 Procurement-related technology, 586
与贸易相关的知识产权协议 TRIPS. See Trade-related intellectual property rights,
与贸易相关的知识产权协议 Trade-related intellectual property rights (TRIPS), 405, 409, 546
雨果·德·弗里斯 de Vries, Hugo, 372
玉米。参见杂交玉米 Maize. See also Hybrid corn, 187, 222, 370
育种者权利 Breeders rights, 129n33, 386
预防方法 Preventionist approach, 517
阈值效应 Threshold effects, 492
原材料 Raw materials, 37
原生产函数 Metaproduction function, 192-196
原生质体融合 Protoplast fusion, 421
原子弹 Atomic bomb, 571
原子能。参见核能 Atomic energy. See Nuclear Power,
约翰·巴丁 Bardeen, John, 324, 325
约翰·本尼特·劳斯 Lawes, Sir John Bennet, 208
约翰·丁格尔 Dingle, John, 584
约翰·冯·纽曼 Von Neumann, John, 319, 320n4, 338
约翰·格里哥·孟德尔 Mendel, Gregor Johann, 10, 74n, 198, 370, 371-372b
约翰·吉布斯 Gibbs, John D., 240, 241
约翰·凯利 Calley, John, 70-71
约翰·克鲁西 Kreusi, John, 84b
约翰·肯尼迪 Kennedy, John F., 557
约翰·莫奇利 Mauchley, John W., 319, 320
约翰·史卡利 Scully, John, 335
约翰·威尔金森 Wilkinson, John, 73, 74
约翰·威斯利·鲍威尔 Powell, John Wesley, 428n6
约翰·文森特·阿塔纳索夫 Atanasoff, John V., 319n3
约瑟夫·利克里德尔 Licklider, Joseph, 341
约瑟夫·斯旺 Swan, Joseph, 239
越南战争 Vietnam War, 556, 558, 576

Z

总投入的单位产出 per unit of total input, 29
杂草综合治理 Integrated weed management (IWM), 204-205
杂交玉米。参见玉米 Hybrid corn. See also Maize

知识产权与杂交玉米　intellectual property rights and, 213

技术扩散与杂交玉米　technology diffusion and, 149, 151-153, 154, 156

技术转移与杂交玉米　technology transfer and, 167

杂种细胞　Hybridoma, 374, 420

再发明理念　Reinvention concept, 160

再生能源　Renewable energy, 267, 268-269, 279

再生能源的重要特征　important characteristics of, 272t

再生能源的基本类型综述　overview of primary types, 274-279

再生资源　Renewable resources, 485-487

赞比亚　Zambia, 401

早期采用者　Early adopters, 149

早期的多数使用者　Early majority, 149

增强总和要素生产率　Augmented joint factor productivity, 30, 31b, 32, 33t

增长经济学　Growth economics, 23-29

增长理论模型　Growth-theoretic model, 101, 103, 106, 117

赠地大学　Land-grant universities, 209, 576

詹姆斯·帕沃斯　Powers, James, 317

詹姆斯·瓦特　Watt, James, 71, 73-74, 236, 261

詹姆斯·沃森　Watson, James D.

战略贸易理论　Strategic trade theory, 469, 540

张德慈　Chang, T. T., 76

长安汽车　Chana, 275

沼气　Methane, 574

照明系统　Lighting system, 237-244

折现　Discounting, 617-618

浙江农业大学　Zhejiang Agricultural University, 409b

珍珠母贝壳收获　Mother-of-pearl shell harvesting, 486

蒸汽动力；蒸汽能　Steam power, 235, 600

蒸汽机　Steam engines, 236-237, 247, 249, 250, 252, 603

纽科门蒸汽机　Newcomen, 70-71, 72f, 73f

瓦特—博尔顿蒸汽机　Watt-Boulton, 70-74, 236, 250b

蒸汽涡轮机　Steam turbine, 245, 250-253

政策改革前景　Policy Reform variant scenario, 609

政府。参见公共部门　Government. See Public sector

政府间气候变化专门委员会　Intergovernmental Panel on Climate Change, 520-521

政治市场暗喻　Political market metaphor, 133

支撑技术　Back-stop technology, 485

只读存储器　ROM. See Read Only Memory,

只读存储器　Read Only Memory (ROM), 79, 327

芝加哥爱迪生公司　Chicago Edison Company, 245

芝加哥大学　University of Chicago, 30, 263

芝加哥大学社会学家　University of

Chicago sociologists, 66n6

芝加哥大学斯塔格广场实验室（费米实验室） Stag Field laboratories, University of Chicago, 263

芝加哥菲斯克发电站 Chicago Fisk Street Station, 252

知识产权。参见专利 Intellectual property rights. See also Patents., 213, 385, 404, 405, 438, 542, 545–547, 588

直接驱动系统 Direct drive system, 247–249

直流电系统 Direct current systems, 237–240, 241, 242–244, 245

植物产业局 Bureau? of? Plant Industry, 209

植物培育 Plant breeding, 385, 409–411b

育种者的权利 breeders rights, 129n33, 386

遗传学与植物培育 genetics and, 370–372

专利与植物培育 patents and, 386, 387

转基因品种与植物培育 transgenic varieties and, 390, 394–395, 397–398, 408, 410–411b

植物组织培养 Plant tissue culture, 394, 421

指数法 Index number approach, 48–49, 50, 52

制表机 Tabulator, 317–318

制表机器公司 Tabulating Machine Company, 117

制度 Institutions,

日本汽车产业与制度 Japanese automobile industry and, 447–451

模型与制度 pattern model and, 133–137

制度策略 Institutional strategy, 88

制度创新 Institutional innovation, 118–137

生物技术与制度创新 biotechnology and, 384–388

制度创新的定义 defined, 119–121

制度创新的需求 demand for, 120, 121–130, 133

电力与制度创新 electricity and, 245–247

能源与制度创新 energy and, 266–270

诱导性制度创新 induced. See Induced institutional innovation,

公共财产的非市场制度与制度创新 non-market institutions for public goods and, 127–130

财产权、市场机制与制度创新 property rights, market institutions and, 121–127

社会科学知识与制度创新 social science knowledge and, 132–133

制度创新的根源 sources of, 118–133

制度创新的供应 supply of, 120, 130–132, 133

制度能力 Institutional capacity, 87

制度设计 Institutional design, 520–521, 618–619

制度租金 Institutional rents, 122, 131

制造技术推广中心 Manufacturing Technology Extension Centers, 459

制造部门 Manufacturing sector, 36, 38, 43–44

索引词中英对照 731

制造业扩展合作伙伴关系 MED. See Manufacturing Extension Partnership
制造业扩展合作伙伴关系 Manufacturing Extension Partnership (MED), 580
质粒；质体［遗］ Plasmid, 421
质量偏差 Quality bias, 41b
质量循环 Quality circles, 447
智利 Chile, 19, 397
中国 China, 122
中国的农业生物技术 agricultural biotechnology in, 409-411b
中国的农业发展 agricultural development in, 122, 180, 183, 200, 201
中国的农业研究体系 agricultural research systems in, 219, 222, 223
中国的生物技术 biotechnology in, 394, 408
棉纺织品进口与中国 cotton textile imports and, 442
中国的制度创新 institutional innovation in, 132
核能与中国 nuclear power and, 266
中国的可持续发展过渡阶段 sustainability transitions in, 612
中国科学院 Chinese Academy of Science, 410b
中国水稻研究所 China National Rice Research Institute, 409-410b
中国四川省 Sichwan Province, China, 122
中美洲 Central America, 275
中欧 Central Europe, 473
中西部公用事业公司 Middle West Utilities Company, 246
中性 Neutrality, 55-56b

由于中性变化而产生的偏差 bias due to changes in, 56-58
中性技术变革 Neutral technical change, 55b
中央处理器 Central processing units (CPU), 326, 327b, 333
中央电力局（英国） Central Electricity Generating Board (Great Britain), 270
中央接收器系统 Central-receiver system, 276
忠州化肥公司 Chungju Fertilizer Company, 305b, 306b
终极愿景 Terminal visions, 607
钟形曲线 Bell-shaped curve, 149
种间杂交 Interspecific hybridization, 185b
重组牛生长激素 Recombinant bovine somatotropin (rbST), 394, 398-401
重组生长激素 rbST. Recombinant bovine somatotropin,
轴系；［材］制轴材料 Shafting, 247
主机计算机 Mainframe computers, 322-323, 331, 347t, 349
住友化学公司 Sumito Chemicals, 302
专利 Patents, 129, 130, 535, 536, 542-547
农业专利 agricultural, 213
生物技术专利 biotechnology, 385-388, 408, 545
专利争议 controversy about, 543-545
专利申请的主要程序 main parts of application, 542-543
专利的常规模型 normal pattern, 544-545
小专利 petty, 129n33, 543

732 技术、增长与发展

医药专利 pharmaceutical, 403
专利的新颖性、创造性和实用性测试 tests of novelty, nonobviousness, and utility, 543
专门的生物技术公司 DBFs. See Dedicated biotechnology firms,
专门化企业 SEFs. See Specialized engineering firms,
专门化企业 Specialized engineering firms (SEFs), 299-300, 301, 310
转化器 Converters, 243-244
转换[遗] Transformation, 422
转基因 Transgene, 406
转基因作物/粮食作物 Transgenic plants/crops, 390, 394-395, 397-398, 409, 410-411b
转录（生物学）Transcription, 422
转租 Subtenancy, 124b, 125t
转座因子[遗] Transposable element, 422
资本存量 Capital stock, 34
资本节约偏差 Capital-saving bias, 29
资本节约型技术变革 Capital-saving technical change, 56b
资本生产率 Capital productivity, 30b
资本信息 Capital information, 37-38
资本质量 Capital quality, 34
资源 Resources, 6, 106, 428-429, 478-487, 605
农业发展限制与资源 constraints on agricultural development and, 199-207
资源的非弹性供应 inelastic supply of, 29
不可再生资源 nonrenewable, 485-487
资源稀缺指数 scarcity indexes, 482-485

三次资源忧患浪潮 three weaves of concern about, 479-480
资源禀赋 Resource endowments,
模式与资源禀赋 pattern model and, 133-137
菲律宾的资源禀赋 in Philippines, 123-124b
资源经济学 Resources economics, 480-487, 492
资源开采模型 Resource exploitation model, 180-181
紫杉醇 Paclitaxel, 580
紫杉酚 Taxol, 580
自动出口限制 Voluntary export restrictions (VERs), 451
自动控制计算器（马克1号）Automatic Sequence Controlled Calculator (Mark 1), 318
自行车产业 Bicycle industry, 429
自然保护区 Conservation Reserve, 200
自然保护运动 Conservation movement, 480-481
自然率 Natural rate,
经济增长的自然率 of economic growth, 24
工资的自然率 of wages, 5-6
自然资源。参见资源 Natural resources. See Resources,
自然资源无弹性供应 Inelastic supply of natural resources, 29
自由轮 Liberty ships, 91-92
字星处理器 Word Star processor, 333
综合评估模型 Integrated assessment models, 550b, 607

总和要素生产率 Joint factor productivity, 29, 30-32, 33t, 34, 47

总统材料政策委员会报告 President's Materials Policy Commission Report, 479, 485

总统科学顾问委员会 PSAC. See President's Science Advisory Council,

总统科学顾问委员会 President's Science Advisory Council（PSAC），558

总统与科学 President, science and, 557-560

总轴，动力轴 Line shafts, 249, 250b, 252b

租赁 Leasehold, 124b, 125t

组件供应团体 Component supply groups, 447, 448

组织培养技术 Tissue culture techniques, 374, 394, 411

最低安全标准原则 Safe minimum standard principle, 490, 492

最优控制理论 Optimum control theory, 299

#

1862年《莫里尔联邦赠地法案》 Morrill Land Grant Act of 1862, 209, 437, 576, 581

1862年《宅地法》 Homestead Act of 1862, 132

1882年《英国电气照明法》 British Electric Lighting Act of 1882, 240

1890年《休曼反垄断法案》 Sherman Antitrust Act of 1890, 437n17

1930年《植物保护法案》 Plant Protection Act of 1930, 386

1946年《原子能法》 Atomic Energy Act of 1946, 263

1954年《原子能法》 Atomic Energy Act of 1954, 263

1965年《国家技术服务法案》 State Technical Services Act of 1965, 576

1970年《曼斯菲尔德修正案》 Mansfield Amendment of 1970, 584

1970年《清洁空气法》 Clean Air Act of 1970, 267-268, 496b, 512, 513

1970年《植物品种保护法》 Plant Varieties Protection Act of 1970, 213, 386

1977年《国家农业研究、扩展和教育政策法案》 National Agricultural Research, Extension, and Teaching Policy Act of 1977, 210

1977年《清洁空气法修正案》 Clean Air Act Amendments of 1977, 267-268

1980年《拜杜法案》 Bayh-Dole Act of 1980, 388n15, 576-577

1980年《史蒂文森—魏德勒技术创新法案》 Stevenson-Wydler Technology Innovation Act of 1980, 388n15, 577

1984年《合作研究法案》 Cooperative Research Act of 1984, 577

1988年《综合贸易与竞争法》 Omnibus Trade and Competitiveness Act of 1988, 580

1990年《清洁空气法修正案》 Clean Air Act Amendments of 1990, 268, 270, 513

1992年《能源法案》 Energy Act of 1992, 269

《半导体芯片保护法》 Semiconductor

Chip Protection Act, 354

《沉寂的春天》（卡逊） Silent Spring (Carson), 210

《创新的扩散》（罗杰斯） Communication of Innovations (Rogers), 150-151

《得出正确的价格：关于居民消费价格指数的辩论》（贝克编著） Getting Prices Right: The Debate Over the Consumer Price Index (Baker, ed.), 42b

《东方专制主义》（魏特夫） Oriental Despotism (Wittfogel), 135

《福利经济学》（庇古） Economics of Welfare, The (Pigou), 489

《国家合作研究法》 National Cooperation Research Act, 354, 388n15

《哈奇法案》 Hatch Act, 209

《机械发明史》（厄舍尔） History of Mechanical Invention, A (Usher), 65

《技术促进美国经济增长》（报告） Technology for America's Economic Growth (report), 558-559

《技术抉择》（大卫） Technical Choice (David), 114

《技术与文明》（芒福德） Technics and Civilization (Mumford), 369

《坚硬的西红柿，艰难的时光》（海拓华） Hard Tomatoes, Hard Times (Hightower), 210

《经济变迁的演化理论》（纳尔逊和温特） Evolutionary Theory of Economic Change (Nelson and Winter), 109

《经济发展理论》（熊彼特） Theory of Economic Development, The (Schumpeter), 112

《考尔德·山》 Calder Hill, 263

《科学、技术与国会》（报告） Science, Technology and Congress (report), 561

《科学：无止境的前沿》。参见布什报告 Science: The Endless Frontier. See Bush Report,

《科学》 Science, 3

《科学管理原理》（泰勒） Principles of Scientific Management (Taylor), 433

《美国的挑战》（施旺—施莱博） American Challenge, The (Servan-Schreiber),

《蒙特利尔议定书》 Montreal Protocol, 480, 496b, 516n32

《能源与美国经济》（舒尔与内彻特） Energy and the American Economy (Schurr and Netschert), 253

《人口爆炸》（埃利希） Population Bomb, The (Ehrllich), 3

《生物技术与生物工程》 Biotechnology and Bioengineering, 373

《史密斯—利威尔法》 Smith-Lever Act, 209

《收入分配》 Income distribution, 470-471b, 491

《微生物和生物技术工程和技术》 Journal of Microbiological and Biotechnological Engineering and Technology, 373

《有机化学与农业和生理学的关联》（尤斯图斯·冯·李比希） Organic Chemistry in its Relating to Agriculture and Physiology (von Liebig), 208

《增长的极限》（米都斯等人） Limits to Growth (Meadows et al.), 7, 607

《政府绩效与成果法》 GPRA. See Gov-

ernment Performance and Results Act,
《政府绩效与成果法》 Government Performance and Results Act（GPRA）, 567

《植物杂交》（福柯） Die Eflanzenmischlinge（Focke）, 148

《重化工业化宣言》 Declaration of Heavy and Chemical Industrialization, 305b

《资本主义、社会主义与民主》（熊彼特） Capitalism, Socialism and Democracy（Schumpeter）, 112

《2050 年计划》 2050 Project, 608